Principles and Practice of
Brain-Based Learning

뇌기반 학습의 원리와 실제

정종진 저

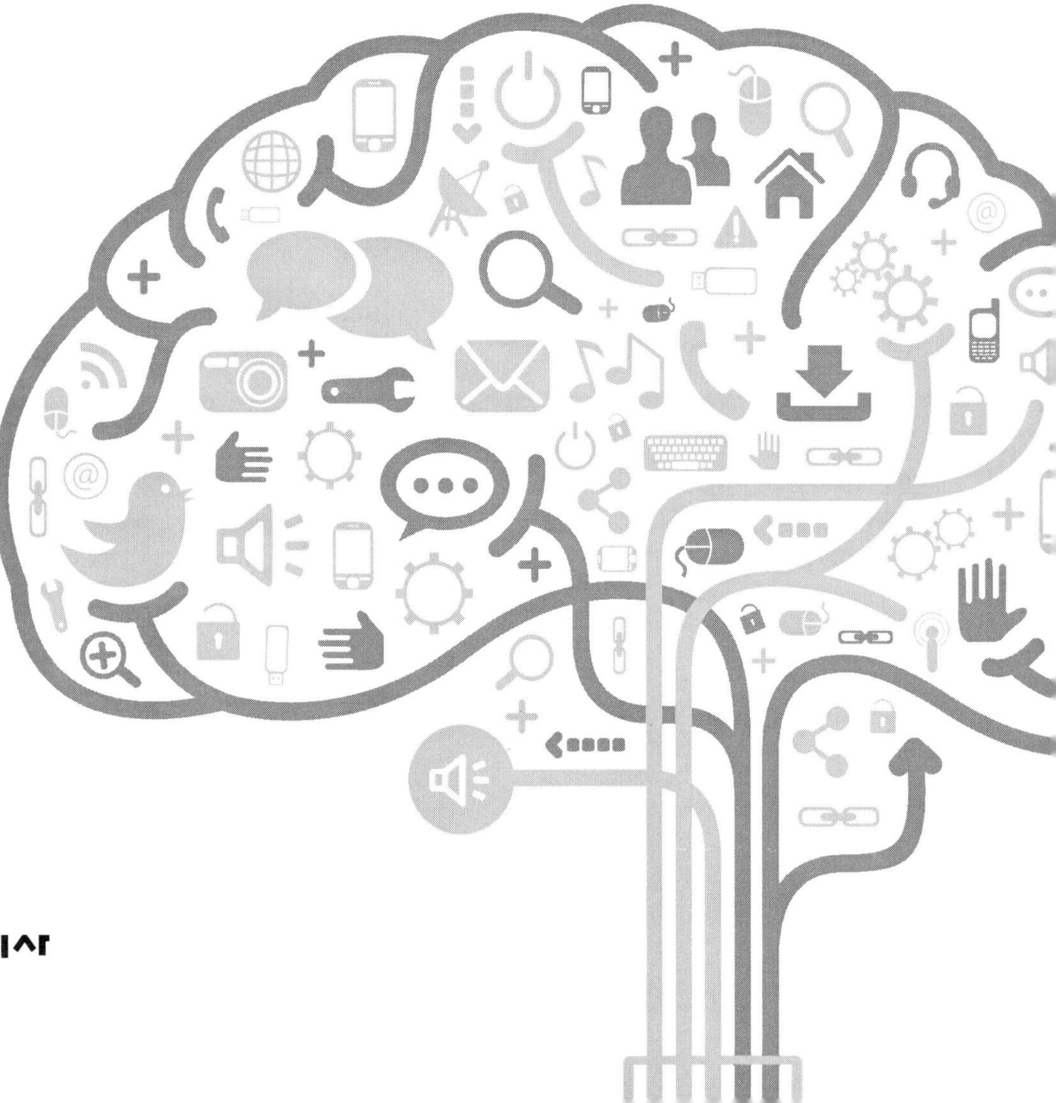

학지사

이 저서는 2012년도 정부재원(교육부 학술연구조성사업비)으로 한국연구재단의 지원을 받아 연구되었음
(NRF-2012S1A6A4016511)

추천사

뇌는 사람을 사람이게 하는 가장 중요한 부분이다. 따라서 학습의 목표는 이 뇌를 잘 발달시키는 데 있다. 이를 위해서는 뇌의 동작 원리에 기반을 둔 학습이 필요하다. 지금까지 우리나라의 암기 위주 교육도 반복에 의한 효과적인 기억이라는 뇌의 동작 원리에 충실하여 선두를 따라 잡는 데 크게 기여한 것이 사실이다. 그러나 이제 우리가 한 단계 더 발전하기 위해서는 앞에 아무도 없는 데에서 스스로 길을 찾아갈 창의력과 어려움을 극복하고 목적을 달성할 의지력을 갖춘 인재가 필요하다. 우리가 새로운 뇌기반 학습에 주목하는 이유가 여기에 있으며, 이 책이 큰 가치를 가지는 까닭이다.

… 이수영(한국과학기술원 교수, 뇌과학연구센터 소장/
Neural Processing Letters 및 Cognitive Neurodynamics 편집위원)

최근 신경과학의 급속한 발달로 많은 뇌연구 결과가 누적되기에 이르렀다. 더구나 다양한 매체에서 앞다투어 뇌연구 결과들을 소개하면서 많은 교육자가 뇌 관련 지식과 효과적인 뇌 활용에 관심을 기울이게 되었다. 이렇게 뇌에 대한 관심이 높아지면서 교육장면에서 뇌연구 결과를 적절히 활용하여 그 효과를 체험하고 검증하는 경우도 있으나, 일부에서는 뇌연구 결과를 왜곡하거나 확대 해석하여 혼동과 오류를 자아내고 있다. 이러한 시점에서 뇌에 대한 교사들의 지적 호기심을 충족시키고 교실에서의 활용방안을 제시하는 『뇌기반 학습의 원리와 실제』가 나오게 되어 아주 반갑다. 이 책은 그동안 이 분야를 꾸준히 연구해 온 저자의 역작으로, 뇌기반 학습에 대한 체계적이고 섬세한 노력이 집약되어 있다. 이 책은 뇌과학 관점에서의 학생 이해와 교수-학습에 대한 교사의 성찰을 높이고 뇌기반 교수-학습을 구현하려는 교사들에게 유용한 지침서가 될 것이다.

… 김유미(서울교육대학교 교수, 브레인업연구센터 소장 / 한국초등상담교육학회 이사)

우리나라 교육계에는 교사를 중심으로 현장전문가들이 최근 확산되고 있는 뇌와 신경과학에 대한 여러 정보를 비판적으로 살펴보고 지나치게 확대해석하거나 과잉일반화하는 오류를 줄일 뿐만 아니라, 설익은 탐색적 연구를 성급하게 적용하여 잘못 사용하지 않도록 하는 구체적인 지침이 필요하다. 이에 우리에게도 잘 정리된 신경교육학 입문 교과서가 필요한 바, 이 책은 교육학자에 의하여 체계적으로 준비된 좋은 '뇌기반 교육'의 길잡이로서 앞으로 널리 활용될 수 있을 것으로 기대한다.

… 김동일(서울대학교 교수, 특수교육연구소 소장 / 한국아동청소년상담학회 회장)

뇌는 교육을 위해 고안된 것이 아니라 생존을 위해 진화해 온 물질이다. 그러나 모든 학습과 교육은 뇌를 통해 일어난다. 이러한 모순을 해결하는 길은 뇌의 기능을 최적화할 수 있는 학습환경을 제공하는 것이다. 뇌에 관한 이해는 인간 본성에 대한 근본적 성찰인 동시에 미래 교육의 혁신적인 변화를 이끌 나침반이기도 하다. 이 책은 뇌 발달 과정을 비롯하여 뇌기능의 특성 및 한계에 대한 명확한 이해가 효율적인 학습환경을 설계하는 데 필수적이라는 점을 강조하고 있다. 저자는 뇌과학 연구 결과를 교수-학습, 교육과정, 평가 등과 연결함으로써 이미 새로운 학습환경을 제안하고 있다.

… 김성일 (고려대학교 교수, 두뇌동기연구소 소장 / 한국교육심리학회 회장)

차 례

제2부 뇌기반 학습의 원리

제3부 뇌기반 학습의 실제

프롤로그

뇌기반 학습을 지향하며

최근 인지신경과학의 발달에 힘입어 인간의 뇌(brain)가 어떻게 기능하고 작용하는가에 대한 사실들이 과학적으로 밝혀지고, 관련 연구 결과들이 나오면서 뇌기반 학습(brain-based learning)이 강조되고 있다. 요즈음 많이 회자되고 있는 가속 학습(accelerated learning), 전뇌 학습(whole-brain learning), 뇌맞춤식 학습(brain-compatible learning), 뇌친화적 학습(brain-friendly learning)이란 용어들이 바로 이러한 뇌기반 학습에 기초하며, 뇌기반 학습의 다른 표현들이다.

현재 미국과 캐나다를 비롯한 외국 교육 선진국에서는 뇌연구 결과를 바탕으로 뇌의 학습기제(learning mechanism)와 작용에 기반을 둔 학교의 교육과정, 학교·학급 경영, 교수–학습 활동, 생활지도 등의 필요성을 강조하고, 이를 실천하기 위한 교사교육의 필요성을 강조하는 연구들이 등장하기 시작하면서 이를 진보된 학교모형으로 통합시키려는 움직임이 활발히 진행되고 있다. 미국과학재단(NSF)에서는 일찍이 뇌과학을 기반으로 하는 교육과정 개발 연구 6개년(2000~2005년) 계획을 세운 바 있으며, 경제개발협력기구(OECD) 산하 세계과학포럼에서도 뇌기반 학습을 주제로 2001년 이후 여러 차례에 걸쳐 국제학술회의를 개최하였다. 이러한 관심에 힘입어 현재 미국에서는 뇌연구 결과를 실제 교육에 적용하려는 움직임이 R. N. Caine과 G. Caine, Eric Jensen, David A. Sousa를 비롯한 많은 학자에 의하여 활발히 이루어지고 있으며, 2004년에는 국제마음두뇌교육협회(International Mind, Brain, and Education Society: IMBES)가 결성되어 매년 학술세미나를 개최하고 있다. 그리고 하버드대학교에서는 마음두뇌교육(Mind, Brain, Education: MBE) 프로그램을 통해 뇌기반 학습에 대한 석사 및 박사 학위과정을 운영하고 있다.

마침내 국내에서도 처음으로 2003년 2월 14일 뇌과학, 인지과학, 심리학 및 교육학 분야의 학자들이 한자리에 모여 '두뇌기반 학습과학 심포지엄'이 개최된 바 있으며, 이후 국제마음두뇌교육협회의 한국지부인 한국마음두뇌교육협회(Korean Mind, Brain & Education Society: KMBES)가 2006년에 결성되기도 하였다. 또한 고려대학교에 두뇌동기연구소(Brain & Motivation Research Institute: *b*MRI)가 설립되어 뇌 관련 교육에 대한 연구를 수행하고 국내 및 국제 학술대회를 개최하고 있으며, 최근에는 생리학 · 교육학 · 심리학 · 정신의학 등 각 학문 영역의 전공자들이 뇌 관련 제반 지식을 활용한 융 · 복합적인 학문활동과 교육의 필요성을 인식하여 2012년 4월 20일 한국뇌활용융합학회가, 그리고 2014년 11월 9일 뇌교육학회가 설립되었다. 이 분야의 연구자들은 학습이 뇌에 있는 학습 프로그램에 의해 이루어짐에도 우리의 교육 현실은 이러한 뇌 원리와 동떨어져 많은 문제를 야기하고 있다는 점을 지적하고 있다. 이제는 우리나라 교육도 학습자의 뇌에서 일어나는 학습과정에 대한 정보와 이를 교수-학습에 어떻게 활용할 것인지에 대한 지침을 제공함으로써, 교육자들이 학습자의 뇌 발달 및 학습에 대한 통찰을 얻고 이를 교수-학습 상황에서 적극 활용할 수 있도록 해야 할 것이다.

더욱이 지식정보화 사회의 도래와 함께 우리 사회에서도 자기조절능력, 탐구력, 창의력, 문제해결력 등이 강조되면서 교육 분야에서 이런 특성을 지닌 학습자를 육성해야 할 필요성이 강조되고 있다. 이러한 자기조절능력, 탐구력, 창의력, 문제해결력 등이 결국 뇌의 고차적 기능이라는 점에서 뇌기반 학습은 우리의 교육적 과제를 해결하는 중요한 대안으로 등장하였다. 따라서 교육자들은 급변하는 지식정보화 사회, 더불어 뇌의 잠재력 개발에 부응하는 교육을 위해 뇌의 기능과 작용을 정확히 파악하고 뇌의 고차적인 기능을 개발할 수 있는 방안을 모색해야 할 것이다.

최근 교수-학습 분야에서 널리 강조되고 있는 자기조절능력, 탐구력, 창의력, 문제해결력 등은 전두엽의 주요 기능으로 간주되고 있다. 전두엽의 기능을 구체적인 교수-학습 과정과 관련지어 살펴보면 관련 정보의 활성화, 목표 도달에 유용한 정보의 선택, 과제 수행에 대한 계획, 획득한 정보의 저장, 무관한 정보의 통제 등으로 세분할 수 있다. 그런데 뇌에서 고차적 사고를 담당하는 이러한 전두엽의 기능이 제대로 발휘되기 위해서는 뇌의 여러 부위가 조화롭게 상호작용해야 한다고 한다. 뇌의 여러 부위는 그 기능이 각각 전문화되어 있는 동시에 여러 부위가 서로 밀접하게 관련되어 총체적으로 작용하기 때문이다. 이러한 사실은 MacLean(1990)의 삼위일체뇌이론을 통해서도 지지되고 있다. MacLean은 뇌가 뇌간(brainstem), 변연계(limbic system),

피질(cortex)의 3층으로 구성되어 있으며, 과제에 따라 개별적으로 작용하거나 상호적으로 작용한다고 보았다.

이와 같은 사실에 비추어 볼 때, 학습자의 전두엽 개발을 위해서는 변연계나 뇌간과 같은 다른 뇌 부위와의 조화가 중요함을 인식하고 실제 교수-학습 과정에서 이를 어떻게 고려해야 할지 모색해야 할 것이다. 이와 관련하여 Hannaford(1995)는 다양하고 풍요로운 경험을 통해 아동의 뇌가 활성화될수록 수초와 수상돌기 가지가 증가하고 뇌량(corpus callosum)이 두꺼워지면서 뇌 영역 간이나 양반구 간의 처리속도가 더욱 빨라진다고 제시한 바 있다. 이처럼 통합과 신속한 연결을 통해 아동은 풍부한 조작적 사고를 하고 아이디어와 개념을 다루는 능력이 길러지며 형식적 추리가 가능해진다. 따라서 뇌기반 교육에서는 뇌 발달 과정에서 이러한 고차적 능력을 촉진하려는 데에 주요 관심을 두어야 할 것이다.

그렇다고 한다면 고차적인 사고를 하도록 전두엽을 어떻게 활성화하고 발달시킬 것이며, 뇌의 좌반구와 우반구 간의 교류를 어떻게 촉진할 것인가 하는 것이 교육의 당면 과제의 하나가 아닐 수 없다. 이러한 당면 과제를 해결하는 데에 유용한 하나의 접근법이 바로 뇌기반 학습과학이다. 뇌기반 학습과학은 모든 학습은 뇌에서 이루어진다는 대전제 아래 인간의 사고 및 학습과정에 대한 과학적이고 체계적인 접근방법으로, 뇌의 인지기능 및 구조에 대한 과학적 이해를 바탕으로 학습자의 뇌를 효율적으로 활용할 수 있는 적절한 교수-학습 환경을 설계하는 데 목표를 둔 새로운 접근이다. 뇌기반 학습과학은 인간의 뇌, 마음, 컴퓨터를 연결하는 학제적(간학문적)이고 과학적인 연구 결과를 토대로 보다 효율적인 교육환경을 설계하여 개인에게 최적의 교육환경을 제공하는 데 그 의의가 있다. 교육이 투자에 비해 성공을 거두기 어려운 것은 학문 또는 과목에 대한 고정관념 때문이다. 학습의 기본 목적은 자기조절능력과 문제해결력의 함양이다. 자기조절과 문제해결은 일상에서 항상 부딪히는 기본적인 경험인데도 우리는 과학과 수학, 기술 등을 일상의 경험과 유리된 추상적 개념 체계로 배우고 암기해야만 했고, 언제 어떻게 활용되는지도 모르는 채 공식의 암기와 계산 실력으로 능력을 평가받는 우리 교육의 전통이 바로 이러한 고정관념을 만들어 낸 것이다.

교육체제, 정책 및 연구가 교사 중심의 '교육'이라는 개념에서 학생 중심의 '학습' 개념으로 재편되고 있다. 이제 상하 혹은 수직 개념인 전통적 교육이라는 개념은 낡은 개념이고, 21세기의 우리에게는 더 이상 맞지 않으며, '학습'과 '배움'이라는 개념으로 그 중심이 옮아 가야 한다는 것이 인지과학자, 교육학자, 정책결정자들의 공통된 견해다. 개개인의, 그리고 배움을 일구어 나가는 학습공동체의 능동적 배움과 '학습'이 중요하고 '함께' 이루어 내는 협력학습(collaborative learning)이 필요하며, 암기식 지식의 주입이나 훈육적 교육이 아니라 '행함으로써

의 앎과 학습'이 핵심이 되어야 한다. 이 모든 것이 '학습'이라는 인간의 가장 중요한 기능에 대한 과학적 연구를 토대로 이루어져야 함에 합의점을 모으고 있는 것이다.

최근 20여 년간은 교육의 거시적 효과에 중점을 두던 교육행정이 개인 학습자의 학습 효과와 같은 미시적 효과에 기반하여 거시적 효과를 증대시키고, 공동체 협동학습이나 서비스 기반 학습과 같은 방법들을 통해 개인의 학습과정이 사회와의 연계성과 같은 거시적 네트워크 속에서 이루어짐으로써 학습과 교육의 인지생태적 가치를 높이려는 방향으로 전개되어 왔다고 볼 수 있다. 최근의 뇌연구와 인지연구의 급속한 신장은 주로 미시적 수준에서 이루어지고 있지만 이미 학습자의 학습과정에 대한 중요한 시사점을 던져 주고 있으며, 교육과정의 설계는 물론 학습자료 및 교수방법 등을 포함하는 학습환경의 설계와 학습 효과 및 수행평가의 설계가 달라져야 함을 강력히 함의하고 있다.

교육 관련 연구의 경우 과거에는 '뇌'나 '인지'에 대한 연구가 독립적으로 이루어지면서 교육학 분야에서 필요한 연구 결과들을 발췌해 적용해 나가는 방식으로 이루어졌다. 학제적 연구 경향은 인지과학과 교육학 간에, 그리고 뇌과학과 인지과학 간에, 또한 뇌과학과 교육학 간에 새로운 학제적 협력을 유발하고 있지만, 동시 협력을 통한 시너지 효과를 일으키지 못하고 있는 실정이다. 하지만 최근 뇌연구의 비약적 발전과 뇌연구와 인지과학연구의 활발한 협력은 기존의 학습과학에 대한 새로운 가능성을 열어 주고 있다. 그 가능성이 바로 뇌기반 학습과학이다. 이제 교육학자들은 교육의 질을 높이기 위해 뇌연구에 눈을 돌려야 하고, 나아가서는 뇌의 특정 기능 훈련에 치중하는 데에서 벗어나 역동적으로 작용하는 뇌의 학습기제에 기반을 둔 교육을 모색할 때라 생각한다. 또한 교육학자들은 학습자의 뇌에서 일어나는 학습과정에 대한 직접적인 정보와 이를 교수-학습에 어떻게 적용할 것인지에 대한 지침을 제공함으로써 교육자들이 학습자의 뇌 발달 및 학습에 대한 통찰을 얻고 이를 교수-학습 상황에서 적극 활용할 수 있도록 해야 할 것이다.

그러므로 학교를 비롯한 교육장면에서 학습의 효율성을 극대화하기 위해 뇌기반 학습과학을 교육학적인 견지에서 학문적으로 체계화하고 정리할 필요가 있다. 이를 위해 뇌기반 학습의 원리를 도출하고, 그에 따라 실제 교수-학습장면에서 어떻게 적용할 수 있는지 구체적인 방법을 제시할 필요가 있다. 이러한 필요성에 따라 이 책은 신경과학 · 심리학 · 교육학의 학제적 접근, 즉 뇌와 마음, 그리고 교육의 융합적 접근에 의해 새로운 학습 패러다임으로 부상하고 있는 뇌기반 학습의 원리에 대한 이론적 토대를 구축하고, 교수-학습장면에서 뇌기반 학습을 실천하기 위한 구체적인 방법을 제시하고자 한다. 저자가 교육학자인 만큼 뇌에 관한 신경과학, 심리학적 지식을 토대로 교육학적으로 음미하고 해석하여 '뇌기반 학습'의 원리를 도출하고, 교육현장에서 그 원리에 적합하고 부응하는 교육실제가 무엇인지 구체적으로 드러내 보고자 한다. 이 책의 목적을 더 구체적으로 제시하면 다음과 같다. 첫째, 뇌연구가 밝혀 준 사실에 기초하여 뇌에 대한 신경과학적 · 심리학적 지식을 정리하여 뇌기반 학습의 이론적 기저를 형성한다. 둘째, 뇌기반 학습을 개념화하고 관련 요소를 도출하여 뇌기반 학습의 원리를 구축한다. 셋째, 뇌기반 학습의 원리를 교육장면에서 적용할 방법과 그 원리에 부합하는 교수방법, 교육과정, 학습평가에 대해 살펴보고자 한다.

이러한 목적 달성을 위해 이 책은 제1부 뇌기반 학습의 기저, 제2부 뇌기반 학습의 원리, 제3부 뇌기반 학습의 실제 등 3개 부에 걸쳐 총 10개 장으로 구성된다. 제1부에 속하는 제1장 '뇌의 구조와 기능'에서는 뇌연구에서 밝혀진 뇌의 구조와 기능에 대해 살펴봄으로써 뇌에 대한 이해를 제공한다. 구체적으로 학습과 관련된 뇌의 구조, 뇌의 기능적 특성, 뇌의 정보처리 특성, 학습에서의 뇌의 지배성 등에 대해 살펴본다. 제2장 '뇌의 발달과 학습'에서는 연령별(태아에서 10대까지) 뇌의 발달, 뇌의 개인차(남아와 여아, 장애아, 영재아)와 학습에 대해서 다룬다.

제2부에 속하는 제3장 '뇌기반 학습의 개념과 요소'에서는 뇌기반 학습의 개념에 대한 정의와 뇌기반 학습과 관련되는 요소들, 즉 영양, 환경과 경험, 움직임, 주의 집중, 음악, 패턴과 의미 등에 대해 살펴본다. 제4장 '뇌기반 학습의 원리와 단계'에서는 뇌연구에서 밝혀진 결과를 토대로 뇌기반 학습을 위한 기본 원리와 절차에 대해서, 제5장 '기억, 전이, 사고와 학습'에서는 학습과 밀접하게 관련되는 기억(memory), 전이(transfer), 사고(thinking)라는 주제에 대한 뇌기반 관점에서의 효율적인 전략(방법)에 대해서, 그리고 제6장 '동기, 정서와 학습'에서는 역시 학습과 밀접하게 관련되는 동기(motivation)와 정서(emotion)라는 주제에 대한 뇌기반 관점에서의 효율적인 전략(방법)에 대해서 살펴본다.

제3부에 속하는 제7장 '뇌의 특성화와 학습'에서는 뇌의 편재화(lateralization), 뇌기반 읽기와 수학 교과의 학습에 대해서 다룬다. 제8장 '뇌기반 교수전략'에서는 교사의 역할, 학습양식, 다중지능, 시각화, 협동학습 등 뇌기반 교수전략(방법)에 대해서, 제9장 '뇌기반 교육과정'에서는 뇌기반 교실에서 교육과정을 어떻게 계획 · 구성하고 운영할 것인가에 대해서, 그리고 제10장 '뇌기반 학습평가'에서는 뇌기반 학습에 부응하는 학습평가의 방법, 피드백(feedback) 체제에 대해서 살펴본다. 끝으로 에필로그 '뇌기반 학습과학의 전망과 과제'에서는 앞으로 뇌기반 학습과학이 어떻게 흘러가고 발전해 갈지 전망하고, 새로운 교육환경과 학습 공동체의 구축에 대한 교육의 방향과 과제에 대해서 언급한다.

이 책은 새로운 학습 패러다임으로서의 뇌기반 학습을 이론적으로 체계화함으로써 교육학 분야에서 뇌기반 학습에 대한 관심과 관련 연구를 자극 · 촉진하고, 그로 인해 최근 새롭게 제기되고 있는 뇌기반 학습과학의 학문적 구축과 토대를 이루는 데 기여함으로써 해당 분야 연구에서 선도적 역할을 할 수 있을 것이다. 또한 최근 뇌기반 교육에 기초한 브레인 트레이너를 양성하는 기관이 늘고 있는 추세인데, 이 분야에 관심 있는 사람들의 뇌기반 학습에 관한 지식의 지평을 열어 주는 데에 중요한 문헌이 될 것으로 사료된다. 그리고 이 책은 신경과학 · 심리학 · 교육학의 학제적 · 융합적 접근에 의해 뇌기반 학습의 원리를 도출하고 교수-학습장면에서 그 원리를 실천하기 위한 구체적인 교육실제를 제시함으로써 교육학은 물론 뇌기반 관련 학문 분야에서의 뇌기반 학습에 대한 논의를 활성화하고 학제적 공동 연구를 수행하는 데에 발판을 제공할 것이며, 이로 인한 학문의 파급 효과가 예상된다. 이뿐만 아니라 이 책은 교육현장에서 뇌기반 학습의 원리와 실제에 기초한 교육 프로그램을 개발하고, 효율적인 교수방법과 교육과정의 재구성 및 학습평가를 모색하고 점검하기 위한 기준을 설정하는 데에도 중요한 자료가 될 수 있을 것이다. 따라서 새롭고 효율적인 교수-학습방법을 모색하는 교육자들의 교수-학습 개선에 큰 도움이 될 것이다. 아울러 우리나라 사교육 시장에 아무런 이론적 근거 없이 두뇌계발이니, 영재교육이니 하면서 소비자를 현혹하는 경우와, 뇌연구 결과를 아무런 교육학적 지식 없이 자의적으로 해석하고 과잉 일반화하는 브레인 관련 학원이 많은 상황에서 이 책은 뇌연구 결과의 남용과 오용을 막고 잘못된 뇌기반 학습을 바로잡는 데에도 일조할 수 있다는 점에서 의의가 있다고 하겠다.

끝으로, 이 책의 추천사를 흔쾌히 작성해 주신 국내 뇌기반 교육의 권위자이자 연구자인 한국과학기술원(KAIST) 이수영 교수님, 서울교육대학교 김유미 교수님, 서울대학교 김동일 교수님, 고려대학교 김성일 교수님께 깊은 감사를 드린다. 또한 이 책의 저술 · 출판을 지원해 준 한국연구재단(NRF)과 출판을 독려해 준 학지사 김진환 사장님, 편집 · 교정을 맡아 수고해 준 이지예 님께 감사를 드린다.

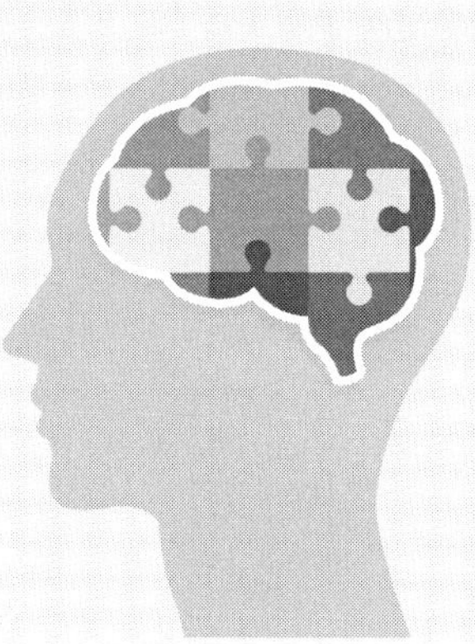

제 1 부

뇌기반 학습의 기저

제 1 장

뇌의 구조와 기능

인간의 모든 행동과 정신과정은 뇌에 의해 통제되고 조절된다. 최근 뇌영상 기술을 비롯한 뇌연구 기법의 발달로 인간의 행동과 정신과정 동안의 뇌의 활동을 직접 · 간접적으로 관찰할 수 있게 됨으로써 인간의 인지 및 학습과정에 대한 더욱 직접적이고 과학적인 연구가 가능하게 되었다. 뇌기반 학습의 원리를 이해하고 교육실제에 시사하는 바를 논의하기 위해서는 먼저 뇌연구에서 밝혀진 뇌의 구조와 기능에 대한 이해가 선행되어야 한다. 그리하여 이 장에서는 지금까지 밝혀진 학습과 관련된 뇌의 구조, 뇌의 기능적 특성, 뇌의 정보처리 특성, 학습에서의 뇌의 지배성 등에 대해 살펴본다.

1. 뇌의 구조

1) 뇌 속 살펴보기

우주상에 인간의 뇌만큼 복잡하고 매력적인 것도 없다. 1,000억 개의 신경세포(뉴런)로 구성된 1,400g의 뇌가 우리의 감정, 행동, 사고를 전부 책임진다. 뇌는 정보의 수집과 분류, 복잡한 기능의 학습, 언어 구사, 기억 저장 및 자신의 비밀 유지를 담당한다. 몇 세기 동안 신경과학자들은 뇌가 어떻게 이처럼 놀라운 기관으로 발달했는지를 연구해 왔다. 예전에는 사체해부를 통한 뇌 검사가 뇌의 구조(structure)에 대한 많은 정보를 제공해 주었는데, 뇌의 기능(function)을 이해하는 데는 많은 한계가 있었다. 오늘날에는 뇌영상 기술(brain imaging technology)이 등장하여 살아 있는 인간의 뇌 구조와 기능을 모두 관찰할 수 있게 되었다. 읽기나 셈하기처럼 학교에서 하는 과제와 유사한 과제를 수행하는 동안 뇌가 어떻게 작동하는지, 모든 학생이 공통적으로 가지고 있는 신경망과 이러한 신경망을 효율적으로 이용하는 개인차 사이에 어떤 연결고리가 있는지, 무언가를 전문가 수준으로 학습한 뇌와 초보 수준인 뇌의 차이가 무엇인지를 알아내는 데에 이러한 뇌영상 기술이 유용하게 쓰인다. 여기서는 뇌의 구조와 기능에 관한 이해를 도울 뇌영상 기법과 장비에 대해서 간단히 살펴보기로 한다(권형규 역, 2011; 김유미 역, 2008a, 2011; 박승호, 서은희 공역, 2009; 정종진 역, 2010).

(1) 컴퓨터단층촬영법

1973년 처음 소개된 컴퓨터단층촬영법(computerized tomography: CT)은 X선이 발전된 것으로, 조직의 횡단면을 영상화한다. 많은 X선이 조직을 다각도로 통과하는데, 이때 흡수된 방사선의 양을 측정한다. 그 후 컴퓨터가 조직 각 부위의 밀도를 판독해서 영상화한다. CT 스캔은 뇌의 구조를 보여 준다. CT는 뇌실의 확장, 좌우비대칭성, 뇌혈관 장애, 뇌종양, 두부외상 등 여러 가지 뇌질환에 대한 진단과 식별, 평가를 가능하도록 하여 뇌장애에 대한 진단적 가치를 높여 주고 있다.

(2) 양전자방출단층촬영법

1980년대 초반 도입된 양전자방출단층촬영법(positron emission tomography: PET)은 혈류 속에 해가 없는 방사능 물질을 주사하여 뇌의 변화 활동을 컴퓨터의 도움을 받아 재현한 것으로, 뇌의 구조보다는 기능에 대해 알려 준다. 이 검사를 받을 때 피험자에게 양자를 방출하는 방사성 포도당을 주사한다. 활발한 뇌 부위에서는 포도당 대사가 더 많이 일어나기 때문에 활동이 활발하지 않은 부위에 비해 방사능 밀도가 더 높다. 이런 방사능이 스캐너에 탐지되면 컴퓨터가 이를 영상화한다. 컴퓨터는 뇌의 단층촬영에서의 혈류 사진으로 방사능의 농축을 보여 준다. 이 사진은 더 활성화된 영역들을 빨간색과 노란색으로, 비활성화된 영역들을 파란색과 녹색으로 나타낸다. PET를 통해 뇌의 구조를 아주 자세히 관찰할 수 있음은 물론, 뇌의 어떤 부분이 특정 활동과 관련이 되는지, 뇌가 다양한 유형의 자극에 어떤 영향을 받는지 등 뇌 여러 부위의 활동 수준을 상당히 정확하게 측정할 수 있다. 그리고 각기 다른 개인에게서 비슷하거나 다양한 뇌 발달 패턴과 신경학적 기능에 대한 결론을 내릴 수 있다. PET 스캔의 심각한 문제점은 주사를 하기 때문에 침습적이라는 점과 방사성 용액을 사용한다는 점이다. 이 기술은 결국 방사성 용액의 위험이 너무 커서 아이들에게는 잘 사용하지 않는다.

(3) 자기공명영상법

언어 습득이나 읽기 등 복잡한 뇌의 작용을 이해하는 데 아주 유용한 자기공명영상법(magnetic resonance imaging: MRI)은 CT와 마찬가지로 뇌의 구조에 대한 영상을 제공한다. 그러나 CT와 달리 MRI는 방사선에 노출하지 않고도 뇌와 같이 부드러운 조직의 횡단면을 고화질의 영상으로 볼 수 있게 해 준다. 그 장비는 조직 내의 원자에서 신호를 일으키기 위해 강한 자기장과 라디오파를 이용한다. 방사선에 노출되지 않고도 뇌 조직을 고화질의 영상으로 볼 수 있게 해 주는 MRI는 뇌가 자기장을 접할 때 뇌 조직의 원자에 반응하는 에너지를 측정하여 그 결과를 자세한 영상으로 바꾼다. CT보다 해상도가 훨씬 높으며 모든 각도의 영상을 얻을 수 있다.

(4) 기능성자기공명영상법

뇌의 활성화된 영역과 덜 활성화된 영역의 위치를 정확하게 나타내는 기능성자기공명영상법(functional magnetic resonance imaging: fMRI)은 혈액에 있는 헤모글로빈과 산소의 자성적(磁性的) 특성으로 나타나는 미세한 변화를 탐지하여 뇌의 구조와 기능을 측정한다. fMRI의 작동 원리는 뇌의 어떤 부분이 더 활성화될 때 산소와 영양분의 요구량이 증가한다는 사실에 바탕을 두고 있다. 산소는 헤모글로빈에 의해 뇌세포로 전달된다. 헤모글로빈은 자기장의 성격을 띠는 철분을 함유한다. fMRI는 뇌세포에 들어가는 산소를 가진 헤모글로빈의 양과 뇌세포를 떠나는 산소를 잃은 헤모글로빈의 양을 비교하기 위해 큰 자기장을 사용한다. 컴퓨터는 더 많은 산소를 가진 혈액을 공급받는 뇌의 영역을 색깔로 표시하고 활성화된 뇌 영역의 위치를 1cm 오차 범위에서 보여 준다.

(5) 기능성자기공명분광법

기능성자기공명분광법(functional magnetic resonance spectroscopy: fMRS)은 fMRI와 같은 장비를 사용하지만, 피험자가 생각하는 동안 뇌의 다양한 화학물질의 정도를 기록하기 위하여 다른 컴퓨터 소프트웨어를 사용한다. fMRS는 fMRI처럼 활성화된 영역을 정확하게 지적할 수 있을 뿐만 아니라 추가적으로 그 활성화된 영역에 어떤 주요 화학물질이 나타났는지를 식별할 수 있다. fMRS는 언어 등의 과제를 수행하는 동안 뇌의 활성화에 반응하는 유산염과 같은 특정 화학 물질들의 변화를 지도로 나타냄으로써 뇌의 언어 기능을 연구하는 데 사용되고 있다.

(6) 뇌전도와 뇌자도

뇌전도(electroencephalography: EEG)와 뇌자도(magnetoencephalography: MEG)는 뇌에서 어떤 일이 얼마나 빨리 일어나는지를 확인하는 데 유용하다. 이를 위해 이 두 가지 기법은 뇌에서 일어나는 전기 활동과 자기장 활동을 측정하고 기록한다. 뇌의 전기 방출 상태를 알게 해 주는 뇌파전위기록술인 EEG는 19개에서 128개의 전극을 전도성의 겔을 묻힌 두피의 다양한 위치에 붙이고 이를 통해 전자신호들을 컴퓨터에 기록하는 방법이다. 신호가 나오는 부위를 판단하기 어렵기 때문에 주로 수면 각성 사이클이나 간질발작과 같이 전반적인 뇌 활동을 검사하는 데 이용된다. 뇌의 신경망에서 나타나는 희미한 자기장을 탐지하기 위해 첨단공학의 센서를 이용하는 전자식뇌촬영법인 MEG는 자기장의 활동을 기록하기 위해 약 100개의 자기장 탐지기를 머리 주변에 놓아 둔다. MEG는 뉴런의 전기 활동에서 일어나는 미세한 자기장을 측정하는데, 신호의 출처를 찾을 때 훨씬 유용하다. EEG와 MEG는 일반적으로 뇌가 언어를 처리하는 속도인 1,000분의 1초의 속도로 발생하는 뇌의 활동 변화들을 기록할 수 있다. 뉴런 집단이 단어와 같은 특정 사건에 반응할 때 이들은 활성화되고, 이들의 전기 활동과 자기장 활동이 비활성화된 뉴런들의 잡음 위로 탐지될 수 있다. 이 반응을 사건관련전위(event-related potential: ERP)라고 한다. ERP의 자료는 뇌가 수학적 계산 혹은 읽기를 처리하는 데 필요한 시간에 대한 정보를 제공한다. 뇌전도와 뇌자도의 장점은 공간적 해결이 아니라 시간적 해결이다. 즉, 전기적 사건이 정확하게 어디에서 연유한 것인지를 알기는 어렵지만, 전기적 사건이 언제 발생했는지를 정확하게 알기는 매우 쉽다. 이러한 뇌전도와 뇌자도는 여러 가지 전기적 신호의 근원지에 대한 도표와 발생 시기를 알려 준다. 따라서 이들은 어떤 영역들이 언제 활동하는가에 기초하여 뇌가 정보를 어떻게 처리하는가에 대한 통찰을 제공한다. 이런 영상기계들은 뇌파 패턴을 파악하고 뇌일혈이나 치매와 같은 대뇌의 이상(異常)을 탐색하기 위해 이용된다. 또한 문제를 해결하는 동안 뇌 활동이 얼마나 빨리 일어나는지를 추적하는 데에도 도움이 될 수 있다.

(7) 분광계

최근 활용이 증가하고 있는 분광계(spectrometer)는 어떤 활동이 실제로 일어날 때의 뇌의 화학적 움직임을 상세하게 측정해 준다. 예를 들어, 우울한 기분을 느끼고 있다면 분광계를 통해 전두엽에서 발생한 특정 신경전달물질의 수준 변화를 알 수 있다.

연구자들은 또한 신경전달물질(neurotransmitter)이라고 불리는 글루타민산염, 도파민, 세로토닌, 아세틸콜린, 코르티솔 등 수십 가지의 다양한 뇌 화학물질에 관해 많은 연구를 하고 있다. 이 물질들은 뇌세포를 뒤덮고 있으며, 뇌세포 사이를 지나는 신호들을 허락하거나 제지한다. 뇌의 특정 영역에서 신경전달물질들의 다양한 농축 정도의 변화는 기분을 바꾸고, 움직임에 영향을 주고, 경계태세를 낮추거나 높이고, 학습능력을 방해할 수 있다.

뇌의 어떤 부분이 다양한 기능을 통제하는가를 확인하기 위해 신경외과의들은 뉴런들을 개별적으로 자극하고 작은 전극들을 사용해 이들의 반응을 기록한다. 이 기법으로 수집된 정보뿐만 아니라 다양한 유형의 뇌손상으로부터 회복하는 사람들에 관한 많은 사례연구는 뇌가 어떻게 발달하고, 변화하고, 학습하고, 기억하며, 상해로부터 회복되는가에 관한 새로운 증거와 통찰을 제공한다.

2) 뇌의 외부 영역

인간의 기억, 사고 및 문제해결 등에서 정보처리를 담당하는 것은 다름 아닌 뇌다. 성인의 뇌는 무게가 몸무게의 2%밖에 안 되는 1,300~1,400g이다. 그중 물이 78%로 대부분을 차지하며, 지방이 10%, 단백질이 8%다. 고도의 복잡한 작용을 수행하는 뇌는 신체기관 중 가장 많은 에너지를 활용하여, 몸무게의 2%밖에 되지 않으면서도 신체가 소모하는 에너지의 약 20%를 소모한다. 이처럼 뇌는 무게는 가볍지만 신진대사가 활발한 기관이다.

뇌는 그 모양이 굴곡과 주름이 많아 흔히 호두에 비유된다. 그러나 딱딱한 호두와는 달리 뇌는 젤리처럼 부드럽고, 희거나 회색이며 부분적으로 붉은색을 띤다. 뇌의 구조는 매우 복잡하다. 위치에 따라 전뇌, 중뇌, 후뇌로 구분하기도 하고, Paul MacLean(1969)의 삼위일체뇌 이론(triune brain theory)에 의해 제안된 바와 같이 진화 단계에 따라 가장 오래된 뇌간과 소뇌를 포함하는 파충류의 뇌(reptilian brain), 그다음에 나타난 대뇌 변연계 혹은 구포유류의 뇌(old mammalian brain), 최근에 나타난 신피질 혹은 신포유류의 뇌(neomammalian brain)의 삼위일체의 뇌로 구분하기도 하지만, 크게 보아 뇌의 외부(표면) 영역과 내부 영역으로 구분할 수 있다(박승호, 서은희 공역, 2009). 여기서는 뇌의 외부 영역과 내부 영역으로 구분하여, 먼저 뇌의 외부 영역([그림 1-1] 참조)들을 살펴보기로 한다.

(1) 뇌의 엽

대뇌 양반구는 뇌에서 가장 큰 부위로 대뇌로 불리며 그 표면에는 주름이 아주 많다. 주름진 표면은 6층으로 되어 있으며, 그 두께는 약 2~3mm다. 이 주름 때문에 한정된 두개골 안에 더 많은 피질이 들어갈 수 있다. 작은 주름은 사람마다 다르지만, 몇 개의 큰 주름은 모든 사람의 뇌에서 공통으로 나타난다. 이 주름들은 각 반구에서 네 개의 엽을 형성하며, 각 엽은 각기 고유한 기능을 담당한다.

- 전두엽(frontal lobe): 양쪽 대뇌반구의 약 50%에 해당하는 뇌의 앞부분을 전두엽이라고 한다. 전두엽 중에서 맨 앞, 즉 이마 바로 뒷부분을 전전두엽이라 한다. 전두엽은 고차원적인 사고를 조정하고 문제해결을 지휘하며 정서체제를 조절하는 뇌의 이성 및 실행 통제 센터다. 전두엽은 또한 자기 자신의 성격을 포함하며, 전두엽에 외상이 있으면 행동과 성격에 큰 변화를 일으킬 수 있다. 작업기억의 대부분이 여기에 위치하기 때문에 전두엽은 주의집중이 발생하는 영역이다(Smith & Jonides, 1999; Geday & Gjedde, 2009). 그러나 전두엽은 성장 속도가 느리다. MRI 연구에서 전두엽이 성인기 초기까지 계속 성장하는 것으로 밝혀졌다. 따라서 정서체제를 조절하는 전두엽의 능력은 청소년기에 완전하게 기능하지 않는다(Goldberg, 2001; Sowell et al., 1999). 더욱이 청소년기에는 성호르몬의 자극으로 1차 정서를 담당하는 편도가 지나치게 활성화되어 있다. 이는 청소년들이 성인에 비해 정서의 영향을 더 받고 위험한 행동을 할 가능성이 큰 이유를 설명해 준다. 만일 전두엽이 손상되거나 이상이 생기면, ADHD(주의력결핍 과잉행동장애)가 나타날 수도 있고, 계획을 세우거나 복잡한 행동을 하거나 아이디어를 구상하는 일이 불가능할 뿐만 아니라 새로운 환경에 적응하지 못하고 비합리적인 자극에 예민해져 인성 · 도덕성 기능이 손상된다. 그뿐만 아니라 감정의 뇌를 적절히 제어하거나 조절하지 못해 이성적 행위가 아닌 학교폭력과 같은 감정적

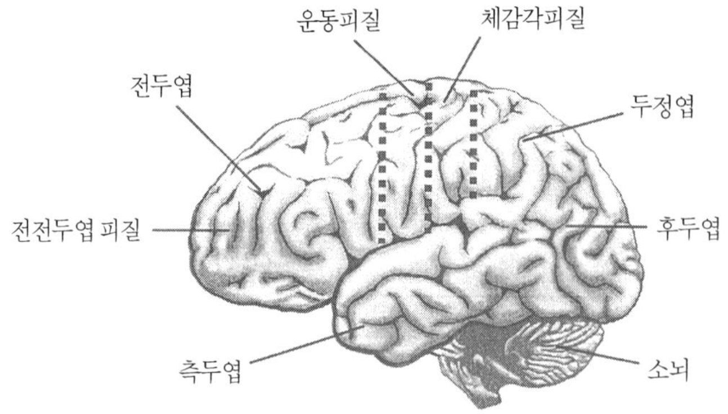

[그림 1-1] 뇌의 주요 외부 영역

출처: Sousa(2011b), p. 16.

충돌이 나타나게 된다(서유헌, 2014).

- 측두엽(temporal lobe): 소리, 음악, 얼굴과 물체 인식, 그리고 장기기억의 일부를 처리하는 측두엽은 양쪽 귀의 윗부분과 그 주위에 위치한다. 측두엽은 언어 중추들(주로 좌반구에 위치)을 포함하기 때문에 언어센터로 불리며 주로 듣기, 기억, 의미, 언어를 책임진다.
- 후두엽(occipital lobe): 주로 시각 처리를 담당하는 한 쌍의 후두엽은 뇌의 중간 뒤쪽에 위치한다. 후두엽에 시각 중추가 있기 때문에 시각피질이라고도 한다. 눈으로 들어온 시각 정보가 시각피질에 도달하면 모양, 위치, 운동 상태를 분석한다. 시각을 언어 영역과 연결시키면 듣고 말하는 것들을 볼 수 있게 해 주며, 이는 읽기의 본질인 고도의 시·청각적 연결의 일부다. 시각피질이 손상되면 나머지 시각 경로에 이상이 없다하더라도 시각장애가 생긴다.
- 두정엽(parietal lobe): 공간, 지각, 계산, 그리고 특정한 유형의 인지를 처리하는 두정엽은 거의 머리 끝에 위치한다. 주로 자극에 대한 주의 집중, 감각 통합, 방향감각 등과 관련된다. 따라서 두정엽 부위가 손상되면 촉각과 통각을 인식할 수 없고, 공간상에서 자신의 위치를 알 수 없으며, 물체를 잘 조작하지 못한다. 두정엽은 또한 주의를 집중하거나 공간적인 주의를 유지하는 역할을 한다. 개인이 특정한 자극에 주의를 집중할 때나 주의를 바꾸어야 할 때 두정엽이 활성화된다.

(2) 운동피질과 체감각피질

두정엽과 전두엽 사이에 한쪽 귀에서 다른 쪽 귀로 뇌의 꼭대기를 가로지르는 두 개의 띠가 있다. 전두엽에 더 가까운 띠는 운동피질(motor cortex)로, 이 가늘고 긴 줄은 몸의 움직임을 통제하며 운동기술의 학습을 조정하기 위해 대뇌와 함께 활동한다. 운동피질 바로 뒤, 두정엽 시

[글상자 1-1] 운동피질과 체감각피질로 그려 본 신체지도

뇌의 각각의 영역은 세상에 대한 정보만 처리하는 것이 아니라, 때로는 세상에 대한 지도(map)를 갖고 있기도 하다. 예를 들면, 뇌의 중간 부분에 있는 운동피질과 체감각피질은 신체 구조를 나타낸다. 신체의 특정 부위를 만지면 뇌의 관련 부분에서 활발한 반응을 보이므로 뇌를 통해 몸의 지도를 그릴 수 있다. 뇌에서 신체를 나타내는 인체모형(homunculus, 사람 속에 있는 작은 난쟁이라는 뜻임)은 약간 우습게 보인다. 손가락이나 얼굴 같은 부분은 실제보다 크게, 목이나 등은 실제보다 작게 표현되기 때문이다. 뇌는 손가락, 손, 다리 등을 실제 크기로 나타내는 것이 아니라 정보를 처리하는 중요도에 따라 나타낸다. 결국, 손가락이나 입 혹은 혀에서 오는 운동 정보나 감각 정보가 목이나 등에서 오는 정보보다 중요하다는 뜻이다.

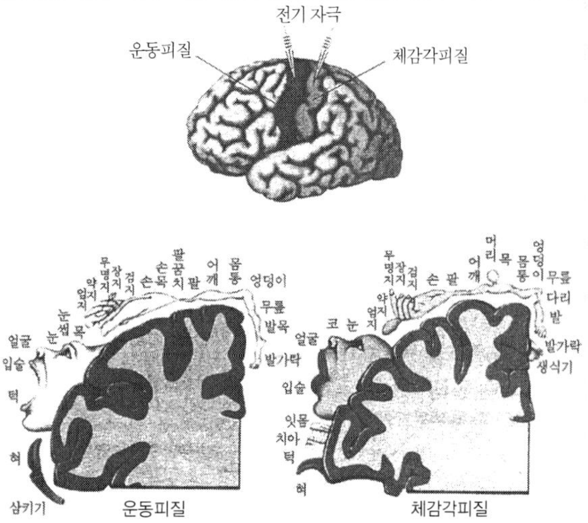

[그림 1-2] 운동피질과 체감각피질

작 지점에 있는 또 하나의 띠인 체감각피질(somatosensory cortex)은 몸의 다양한 부분에서 전달받은 신호들을 처리한다.

(3) 소뇌

뇌 무게의 약 11%를 차지하는 소뇌(cerebellum, 라틴어로 '작은 뇌')는 대뇌의 뒷부분 바로 아래, 즉 뇌간의 바로 뒤에 위치한다. 소뇌는 깊숙이 접혀 있고 뇌의 나머지 영역 모두를 합친 것보다 많은 뉴런을 포함한 잘 조직된 구성체다. 소뇌의 전체 표면은 대뇌 한쪽 반구와 비슷하다.

소뇌는 자세, 조정, 균형, 운동기억에 관여하며, 또한 셈하기와 배열하기 및 기타 인지활동에 관여한다. 소뇌는 평형과 균형을 유지할 수 있도록 회전 운동을 하는 작은 조직이다. 동작과 가장 관련 있는 영역으로 널리 알려진 소뇌는 사실상 인지 활동의 배전반(switchboard)인 것으로 드러났다. 소뇌는 뇌에서 차지하는 크기는 10분의 1에 지나지 않지만, 뇌에 있는 전체 뉴런의 거의 반을 갖고 있다(Ivry & Fiez, 2000). 소뇌는 4,000만 개의 신경섬유를 갖고 있으며, 이는 매우 복잡한 시신경계의 신경섬유보다 40배나 더 많은 것이다. 이러한 소뇌의 신경섬유들은 피질에서 소뇌로 정보를 줄 뿐만 아니라 또한 피질로 정보를 되돌려 주기도 한다. 만약 소뇌가 단지 운동 기능만을 한다면, 어째서 뇌의 모든 영역에 양방향으로 고르게 결합들이 그토록 강력하게 이루어져 있겠는가? 자세, 균형, 순서와 배열, 리듬, 움직임과 관련한 역할을 한다고 오랫동안 알려져 온 소뇌는 인간 뇌의 잠자고 있는 거인(sleeping giant)일지도 모른다(정종진 역, 2010).

3) 뇌의 내부 영역

뇌의 내부는 기본 기능에 따라 뇌간, 변연계, 대뇌, 소뇌로 나뉜다([그림 1-3] 참조). 이들을 중심으로 그 위치와 기능에 대해 살펴보면 다음과 같다.

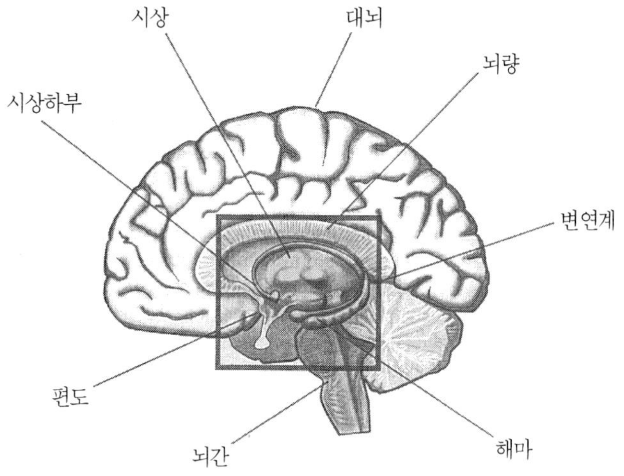

[그림 1-3] 뇌의 단면도

출처: Sousa(2011b), p. 17.

(1) 뇌간

뇌간(腦幹, brainstem)은 뇌에서 가장 오래된 부위로 뇌 깊은 곳에 위치하고 있다. 뇌간은 파충류의 뇌와 닮아서 '파충류의 뇌'로 불린다. 뇌간은 안면감각과 움직임을 조절하는 뇌교(腦橋, pons)와 심장박동, 숨 쉬기, 음식 소화와 같은 무의식적 작동을 조절하고 중계하는 연수(延髓, medulla)를 포함하고 있다. 몸에서 뇌로 가는 12개의 신경 중에 11개가 뇌간으로 간다. 냄새를 담당하는 후각신경은 곧바로 변연계로 가는데, 이는 진화의 산물이다. 뇌간은 생명과 직결된 신체 기능, 즉 맥박, 호흡, 체온, 소화 등을 점검하고 통제한다. 뇌간에는 또한 뇌의 경계를 책임지는 망상활성화계(reticular activating system: RAS)가 있어서 수면, 각성, 주의 등에 중요한 역할을 한다. 뇌간이 손상되면 혼자 힘으로 생명을 유지할 수 없는 뇌사 상태에 빠진다.

(2) 변연계

'구(舊)포유류의 뇌' 혹은 원시 뇌(Primitive brain)라고도 불리는 변연계(Limbic area)는 대뇌 아래에, 뇌간보다 위에 위치하고 있다. 변연계의 구조들은 대부분 뇌의 각 반구에 한 쌍씩 존재하며, 정서 유발과 정서기억을 비롯해 여러 가지 기능을 수행한다. 변연계가 대뇌와 뇌간 사이에 위치하고 있어 정서와 이성의 상호작용을 가능하게 한다. 오늘날 많은 연구자는 변연계의 모든 요소가 뇌의 많은 다른 영역과 상호작용하기 때문에 변연계를 개별적으로 기능하는 존재로 보아서는 안 된다고 경고한다. 학습과 기억에 중요한 변연계의 네 개 부위는 다음과 같다.

- 시상(thalamus): 후각 정보를 제외하고 들어오는 모든 감각 정보는 예비적 처리와 해석을 위해 맨 먼저 시상(그리스어로 '안쪽의 방')으로 간다. 시상에 도착한 정보는 추가적 처리를 위해 뇌의 다른 부위로 간다. 이런 점에서 시상은 대부분의 감각 정보를 분류하는 '뇌의 정거장'이라 할 수 있다. 대뇌와 소뇌 또한 시상에 신호들을 보내어 여러 인지 활동에 관여한다.
- 시상하부(hypothalamus): 시상 바로 아래에 위치한 시상하부는 뇌하수체와 함께 항상성(homeostasis)에 필요한 기능을 조절하여 신체의 정상적인 상태를 유지한다. 예를 들어, 체온이 너무 높으면 시상하부는 땀 분비를 증가시키고, 체온이 정상 이하로 떨어지면 모세혈관이 수축되어 열 손실이 느려지고 온 몸이 덜덜 떨려 약간의 열이 생긴다. 게다가 시상하부는 먹고 마시는 활동의 기반이 되는 자극을 조절하는 중추다. 예를 들어, 우리의 혈액에 염분이 너무 많으면 소금 농도를 낮추기 위해 물을 마시라는 신호를 보낸다. 혈액 중에 설탕이 너무 많으면 식욕을 억제한다. 시상하부는 성욕, 수면, 공격행동 및 쾌락을 조절하는 데에도 한몫을 하고, 생존에도 중요한 역할을 한다. 뱀을 보고 놀란 적이 있는 사람이 산길에서 뱀을 본 순간 정상적이던 신체상태가 갑자기 변하고 심장박동이 빨라지고 손바닥에 땀이 나며 호흡이 빨라졌다면, 바로 시상하부가 활동한 것이다. 요컨대, 시상하부는 우리 몸속의 혈액을 점검하고 배고픔, 갈증, 산소 필요량과 체온 변화를 조절한다. 이것은 활동적 에너지는 물론, 대뇌와 그 밖의 몸 전체로 흘러 들어가는 물과 산소를 유지하는 기능을 한다. 이처럼 시상하부는 신체의 정상적인 상태를 유지하기 위해 내부 시스템을 조정하며, 다양한 호르몬을 분비하여 수면, 음식 섭취, 수분 섭취를 포함한 신체의 많은 기능을 조절한다. 만약 신체 시스템이 균형을 잃으면, 사람들은 교과과정의 인지적 처리에 집중하기가 어렵다.
- 해마(hippocampus): 변연계의 중심 지역 근처 아래에 위치한 해마(海馬, 그 모양 때문에 그리스어로 '바다의 말')는 초승달 모양의 구조로 측두엽 안쪽을 끌어안고 있다. 해마는 전기 신호를 통해 작업기억으로부터의 정보를 장기저장소로 전달하고 학습을 공고화하는 데 주요한 역할을 한다. 해마는 작업기억으로부터 들어오는 정보를 계속 확인하고, 그 정보를 저장된 기억과 비교한다. 이 과정은 의미 형성에 필수적이다. 해마의 역할은 질병으로 해

마가 손상되거나 제거된 환자들을 통해서 처음 밝혀졌다. 이 환자들은 수술 전에 일어난 일은 모두 기억하면서 수술 후에 일어난 일은 기억하지 못했다. 만약 해마가 손상되거나 제거된 환자들에게 오늘 당신을 소개하더라도 내일 당신을 만나면 기억하지 못할 것이다. 그들은 정보를 단 몇 분 동안만 기억할 수 있기 때문이다. 그들은 같은 기사를 반복적으로 읽더라도 그때마다 처음 읽는 것이라고 믿는다. 뇌 정밀검사를 통해 장기기억 저장소에 대한 해마의 역할이 확인되었다. 알츠하이머병(Arzheimer's disease)은 해마의 뉴런들이 점차 파괴되어 결국 기억이 손실되는 것이다. 뇌손상 환자들에 대한 최근의 연구들은 비록 해마가 사실, 대상, 위치의 회상에 중요한 역할을 하지만, 장기기억의 개인적 기억에 대한 회상에는 큰 역할을 하지 않는다는 사실을 밝혀냈다(Lieberman, 2005).

- 편도체(amygdala): 해마의 끝부분에 붙어 있는 편도체(그리스어로 '아몬드')는 정서, 특히 공포 반응에 중요한 역할을 한다. 편도체는 대항할지 도피할지, 먹을지 안 먹을지, 언제 짝지을지 등 유기체의 생존에 영향을 미칠 수 있는 환경과의 상호작용을 조절한다. 연구자들은 편도체가 해마와 근접해 있다는 점과 편도체의 활동을 기반으로 어떤 경험이 장기기억 저장소로 갈 때 정서적 메시지가 PET 정밀검사에서 나타나면 편도체가 이를 부호화하고 처리한다고 본다. 이런 기억은 무의식적으로 이루어진다(LeDoux, 2002a). 이는 곧 우리가 자신에게 일어난 최고의 사건이나 최악의 사건을 생생히 기억하는 이유이기도 하다. 그러나 현재까지 정서기억 자체가 편도체에 실제로 저장되는지는 밝혀지지 않았다. 하나의 가능성은 다른 인지적 요소들(이름, 날짜 등)이 다른 곳에 저장되는 동안, 그 기억의 정서적 요소는 편도체에 저장된다는 것이다(Squire & Kandel, 1999). 그 기억이 회상될 때마다 정서적 요소도 회상된다. 이는 강렬한 정서기억을 회상하는 사람이 종종 그 정서를 다시 경험하는 이유를 설명해 준다. 편도체와 해마의 상호작용은 중요하고 정서적인 사건들을 오랫동안 기억하도록 한다. 교사들은 학생들이 배운 것을 영원히 기억하길 바란다. 그래서 뇌에서 장기기억으로의 저장을 주로 담당하는 편도체와 해마의 조직들이 뇌의 정서 영역에 위치한다는 것은 교사들에게 흥미로운 사실이 아닐 수 없다. 정서, 인지 학습과 기억 간의 관계에 대해서는 제5장과 제6장에서 논의될 것이다.

(3) 대뇌

부드러운 젤리 같은 덩어리인 대뇌(cerebrum)는 뇌 무게의 80% 정도를 차지하는 가장 큰 영역이다. 뇌 표면은 연한 회색으로 주름져 있으며 열(fissure)이라는 깊은 주름이 있다. 뇌의 앞에서 뒤로 가는 하나의 큰 열이 있어 대뇌를 두 개로 나누는데, 이렇게 나뉜 두 개를 각각 대뇌반구(cerebral hemisphere)라 한다. 좌반신의 신경은 우반구로 가고, 우반신의 신경은 좌반구로 가는데, 그 이유는 아직 밝혀지지 않았다. 두 개의 반구, 즉 좌반구와 우반구는 두꺼운 케이블인 뇌량(corpus callosum)이라 불리는 2억 5,000만 개가 넘는 신경섬유들의 묶음으로 연결되어 있다. 좌반구와 우반구를 연결하는 '뇌의 다리'인 뇌량을 통해 양반구의 정보 교류가 이루어진다.

각 반구는 얇지만 여러 층의 피질(cortex)로 덮여 있으며, 그 두께는 약 2~3mm이고 넓이는 대략 신문지 한 장 크기다. 피질은 6층으로 되어 있고, 피질의 세제곱 인치당 신경섬유를 연결할 경우 약 1만 마일에 이르며, 대부분의 행위가 여기에서 이루어진다. 사고, 기억, 말, 근육운동은 대뇌 부위가 담당한다. 피질은 뇌의 회백질이라고도 한다. 얇은 피질에 있는 뉴런들이 기둥을 이루는데, 그 기둥의 가지가 피질층을 지나 아래의 조밀한 백질까지 내려간다. 여기에서 뉴런들이 서로 연결되어 특정 기능들을 수행하는 거대한 뉴런 연결망을 형성한다.

(4) 뇌세포

뇌 활동은 뇌세포를 따라 이동하는 신호에 의해 이루어진다. 뇌에는 1조 개의 세포가 있으며, 신경세포와 이를 지지하는 세포로 구성된다. 신경세포를 뉴런(neuron, 그리스어로 '힘줄')이라 하며, 그 수는 전체 뇌세포 수의 약 10분의 1로 1,000억 개 정도다. 대부분의 세포는 지지세포인 교세포(glial cell, glial은 그리스어로 '접착제')로, 뉴런에 해로운 물질이 들어오는 것을 막아주는 여과기 역할을 하고 뉴런을 결합한다.

뉴런은 대부분 출생 전에 소수의 전구세포(precursor cell)에서 생성된다. 임신 중 최고 생성기에 뉴런은 분당 약 25만 개에 이르는 엄청난 속도로 생성된다(Restak, 2001). 뉴런은 그 수가 교세포보다 적지만, 뇌의 활동을 수행하는 데에는 절대적인 역할을 한다. 다른 세포와는 달리 뉴런([그림 1-4] 참조)은 세포체(cell body)에서 나오는 1만 개 정도의 수상돌기(dendrite, 그리스어로 '나무')가 있다. 수상돌기는 다른 뉴런으로부터 온 전기 자극들을 받아서 축색돌기(axon, 그리스어로 '축')라 불리는 긴 섬유질을 따라 이 자극들을 전달한다. 각 뉴런에는 하나의 세포체와 하나의 축색돌기가 있다. 어떤 축색돌기는 몇 mm에 불과하여 근처에 있는 뉴런에 영향을 주는가 하면, 또 어떤 축색돌기는 다른 쪽 반구까지 뻗어 있어서 상당히 멀리 있는 뉴런에도 영향을 준다. 수초(myelin sheath)라고 불리는 층은 축색돌기를 감싼다. 뉴런을 지나는 전기 활동이 증가하면서 수초가 두꺼워지는데, 이 과정을 수초화(myelination)라 한다. MRI 스캔에서 아동기에 수초화가 급속도로 이루어진다는 것이 확인됐다(Blanton et al., 2001). 수초는 다른 세포들로부터 축색돌기를 분리시키고 자극의 전달 속도를 높인다. 이 자극은 전기·화학적 과정을 통해 뉴런을 따라 이동하고, 성인의 전체 신장을 이동하는 데에 약 0.2초 걸린다. 하나의 뉴런은 1초에

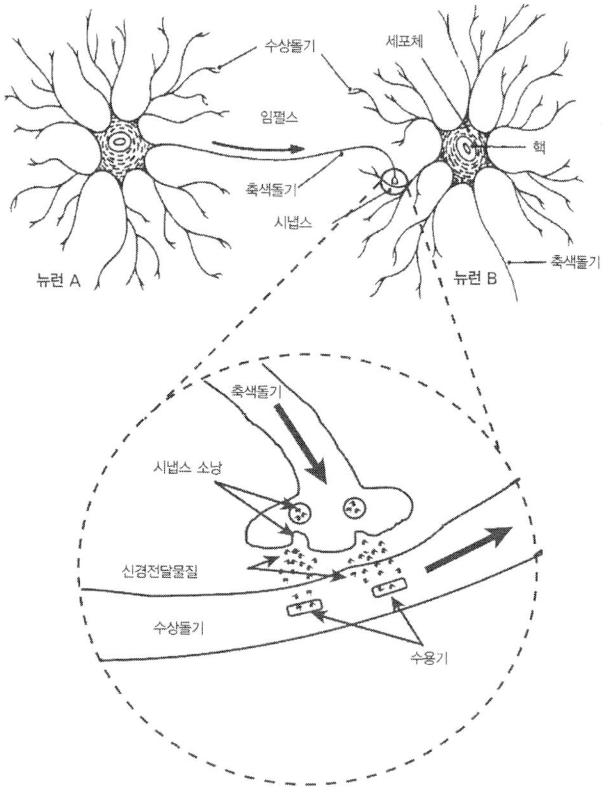

[그림 1-4] 뉴런

* 뉴런에서 축색돌기를 따라 자극을 보내면 그 자극이 시냅스를 지나 이웃하는 뉴런의 수상돌기로 전달된다. 자극은 시냅스 소낭 안의 신경전달물질에 의해 시냅스를 지나 수용기로 전달된다.

출처: 김유미 역(2008b), p. 14.

250~2,500개의 자극을 전달할 수 있다.

뉴런은 서로 직접적으로 연결되어 있지 않다. 각각의 수상돌기와 축색돌기 사이에는 시냅스(synapse, 그리스어로 '잇다')라고 불리는 약 100만 분의 1인치의 작은 틈이 있다. 이런 체계 덕분에 뇌가 그렇게 유연한 것이다. 즉, 뉴런들이 물리적으로 연결되어 있지 않아서 순간순간 뉴런 간의 연결이 형성되고 재구성되며 사라질 수 있다. 이런 유연성으로 뇌에는 가소성(plasticity)이 있으며, 평생학습이 가능하다. 뉴런 안의 신호 전달은 전기적이지만, 뉴런 간의 신호 전달은 화학적이다. 뉴런은 보통 수상돌기를 통해 다른 뉴런들로부터 신호들을 모은다. 시냅스에서 이 수상돌기는 스핀(spine)이라고 불리는 수천 개의 작은 융기로 뒤덮여 있다. 이 세포는 급격하게 상승한 전기 자극을 축색돌기를 통해 시냅스로 보낸다. 시냅스에서 이 자극은 축색돌기 끝의 주머니, 즉 시냅스 소낭(synaptic vesicle) 안에 저장된 화학물질들을 방출시킨다([그림 1-4] 참조).

신경전달물질이라고 불리는 이 화학물질들은 시냅스 간극을 지나 수용기로 가서 인접한 뉴런을 흥분시키거나 억제시킨다. 지금까지 발견된 신경전달물질은 아세틸콜린, 에피네프린, 도파민, 감마아미노낙산, 세로토닌 등 100여 가지에 이른다(Gazzaniga, Ivry, & Mangun, 2002). 시냅스들이 변화되어 또 다른 뉴런을 변화시킴으로써 학습이 발생한다.

성인의 뇌에는 약 1,000억 개의 뉴런이 있다. 이는 지구상 인구 수의 약 16배이고, 이 은하계 별들의 수 정도다. 각각의 뉴런은 1만 개에 이르는 수상돌기 가지들을 가진다. 이는 뇌 안에서 1,000조 개에 이르는 시냅스 연결고리들을 만들 수 있다는 것을 의미한다. 이 상상할 수도 없이 큰 숫자는 뇌가 감각기관으로부터 끊임없이 들어오는 정보들을 처리하고, 수십 개의 기억 · 얼굴 · 장소를 저장하고, 언어를 학습하며, 이 지구상의 다른 누구도 이전에 생각한 적이 없는 방법으로 정보를 조합할 수 있게 한다.

[글상자 1-2] 거울신경세포(mirror neuron)

최근 fMRI 기술을 활용한 과학자들은 동작을 하기 직전에 전운동피질에서 발화하는 뉴런 집단을 발견했다. 흥미롭게도 이 뉴런들은 움직이는 다른 누군가를 볼 때에도 발화되었다. 예를 들면, 직접 커피 잔을 잡을 때의 뉴런들의 발화 패턴은 다른 누군가가 대신 이 행동을 하는 것을 볼 때의 패턴과 동일하였다. 다시 말해, 뇌의 같은 영역에서 동작의 생성과 인식 모두를 처리한다. 신경과학자들은 이 거울신경세포 덕분에 우리가 다른 사람의 의도를 해석하고 행동을 예측한다고 본다. 가령 누군가의 손이 보이지 않더라도 상대방이 공을 노린다는 것을 알고 있으면, 거울신경세포는 그가 공을 빼앗을 것이라고 말해 준다(Fadiga, Craighero, & Olivier, 2005). 연구에서는 자신이 아플 때 활성화되는 변연계 부위가 고통을 공감할 때에도 활성화되었음을 제시하고 있다. 거울신경세포는 우리에게 다른 사람들의 경험을 우리 안에서 재생성하도록 하고, 다른 사람들의 정서를 이해하고 공감하게 한다. 거울신경세포는 다른 사람의 혐오 혹은 기쁜 표정을 볼 때에도 우리가 비슷한 정서를 느끼도록 한다. 즉, 다른 사람의 행위와 느낌을 자신이 직접 하는 것처럼 느끼게 한다(Singer, Critchley, & Preuschoff, 2004). 거울신경세포는 어린아이가 우리의 미소나 기타 행동을 따라 하고 흉내 내는 이유를 말해 준다. 우리 모두는 누군가가 하품을 하는 것을 본 후 따라 하려다 참으려 한 적이 있다. 신경과학자들은 거울신경세포가 미스터리로 남아 있는 심적 행동들의 많은 부분을 설명해 줄 것이라고 믿고 있다. 예를 들어, 자폐증 아이들은 거울신경세포 체계에 결함이 있다는 실험적 증거가 있다. 이는 다른 사람들의 의도와 심리적 상태를 추론하는 데 어려움이 있는 이유를 말해 준다(Oberman et al., 2005). 연구자들은 또한 거울신경세포가 언어를 조리 있게 구사하는 능력에도 한몫할 것이라고 추측한다.

출처: Sousa (2011b), p. 23.

2. 뇌의 기능

1) 뇌의 기능적 특성

인간을 비롯한 유기체들의 학습은 본질적으로 적응적 행동이다. 학습이 일어나는 동안 뇌는 단 하나의 통합된 시스템으로서 작동한다. 이러한 작동 과정에 대해 McClelland와 Rumelhart를 필두로 하는 PDP(parallel distributed processing) 연구 그룹(1986)은 컴퓨터와 달리 병렬 분산 처리를 할 수 있는 '뇌로서의 마음' 모형을 구성하였다. 뇌기반 학습과학 역시 '학습'하는 마음에 작용하는 기능적 특성들을 기초로 '뇌'의 기능들을 분할하여 접근한다. 이러한 기능적 뇌는 상호작용을 통해 영향을 주고받는다. 뇌의 기능적 특성에 따라 정서적 뇌(emotional brain), 동기적 뇌(motivational bain), 실행적 뇌(executive brain), 인지적 뇌(cognitive bain), 사회적 뇌(social brain), 발달적 뇌(developmental brain)로 구분하고([그림 1-5] 참조), 각각의 뇌의 기능에 대한 학제 간 기반연구와 이를 응용한 실제 학습 · 교육 프로그램의 구성을 제안한다. 개인의 학습과정에 관여하는 기능적 뇌는 정서적 · 동기적 · 실행적 · 인지적 뇌일 것이다. 그러나 학습은 개인 내에서만 발생하는 것이 아니라 개인 간의 상호작용을 통해서도 이루어진다. 이때 작동하는 기능적 측면을 '사회적 뇌'로 명명하였다. 이외에도 발달적 특성을 고려한 발달적 뇌, 개인마다 그 특성이 다른 차이를 보이는 고유한 뇌(unique brain) 등을 함께 분류할 수 있을 것이다(김성일, 2004).

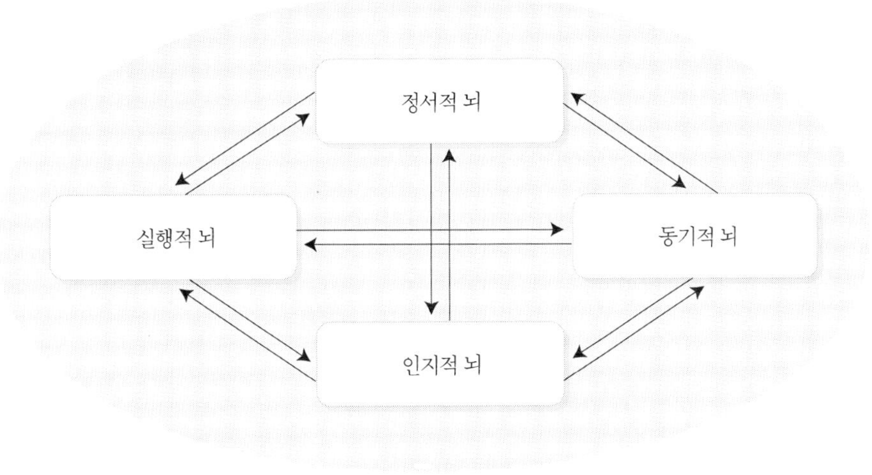

[그림 1-5] 기능적 특성에 따른 뇌의 구분

출처: 김성일(2004), p. 13.

(1) 인지적 뇌

인지적 뇌는 외부 환경으로부터 입력되는 정보들을 처리하여 의미를 구성하는 기능을 한다. 하위 기능으로는 형태를 파악하고, 연합하고, 새로운 상황에서 연결하는 등의 기능이 있다. 주의, 형태 재인, 공간, 심상, 언어, 이해, 추론, 판단, 의사결정 등의 과정을 담당한다. 각 인지과정은 뇌의 전 영역에 걸쳐 고르게 분포되어 있으며 세부 과정에 따라 특정 영역을 중심으로 편재화되어 있는 경우도 있다. 인지적 뇌의 기능은 수행에서의 동기적 뇌의 과제 집착 기능, 정서적 뇌의 정서적 평가 기능 등에 의해 영향을 받게 된다.

(2) 정서적 뇌

탐지된 정보는 일단 정서적 뇌에 의해 먼저 연합된 정서적 가치 차원에서 평가가 일어난다. 정서적 뇌는 동기적 뇌, 인지적 뇌, 사회적 뇌 등과 상관관계를 유지한다. 정서적 뇌는 생물학적 생존과 안전에 최우선 가치를 두며, 자기 중심의 가치체계를 유지한다. 자기 중심의 가치체계는 의미를 자기 중심 또는 관련 정보 중심으로 재구성하도록 하는 동기를 제공한다. 정서적 뇌는 인지적 뇌와 상호작용하는 인지적-정서적 뇌와, 동기적 뇌와 상호작용하는 동기적-정서적 뇌로 작용한다. 정서와 관련된 뇌기능에는 주로 대뇌의 변연계와 전두엽이 관여하고 있다.

전통적으로 정서와 인지는 독립적 개념으로 간주되어 왔으며, 정서와 인지의 상호작용도 독립된 뇌 구조 간의 상호작용으로 여겨져 왔다. 한 가지 예를 들면, 해마를 제외한 변연계는 정서를 담당하고, 기타 고차적인 인지기능은 전전두피질이 담당한다고 생각되었다. 그러나 최근의 정서신경과학적 연구 결과에 따르면, 인지과정과 관련된 뇌 회로망과 정서와 관련된 뇌 회로는 부분적으로 중복된다(Davidson, 2000). 예를 들면, 작업기억이나 미래 계획과 관련이 있다고 알려진 배외측 전전두엽(dorsolateral prefrontal cortex)은 공포와 행복과 같은 정서와도 관련이 있는 것으로 밝혀졌다(Davidson, 1998). 미래의 사건을 기억하는 기제는 공포와 행복의 정서를 계산하는 기제와 일치한다고 볼 수 있다. 즉, 공포는 불확실한 유관을 기대할 때 발생하며, 행복은 미래의 긍정적 결과를 기대할 때 발생한다. 한편, 편도체는 공포를 비롯한 여러 정서를 담당하는 변연계의 뇌 영역으로 알려져 있지만, 편도체 역시 감각, 지각 및 선택적 주의과정에 중요한 역할을 하는 것으로 밝혀졌다(Morris et al., 1998).

이러한 연구 결과가 시사하는 점은 동일한 뇌 영역이 정서와 인지 각각의 기능을 모두 담당하는 이중적 역할을 한다는 것이다. 인지 혹은 정서 기능만을 배타적으로 담당하는 뇌 영역은 없다고 볼 수 있다. 따라서 정서와 인지를 통합된 하나의 시스템으로 간주하는 접근방법이 필요하다. 정보처리 패러다임은 학습과정에서의 인지적 기능의 중요성에 많은 관심을 가져 왔으며, 그 결과 많은 교수-학습방법이 학습자의 인지적 능력 향상에만 초점을 맞추어 왔다. 그러나 학습의 효율성을 높이기 위해서 인지적 기능만을 강조하는 교수-학습 접근에는 한계가 있다. 학습과정에서 발생하는 학습자의 부정적 정서(공포, 열등감, 수치심, 불안 등)를 최소화하고 긍정적 정서(행복감, 자신감, 유능감 등)를 유발하는 학습환경을 조성하는 것이 학습자의 인지적 기능을 극대화하는 길이다.

(3) 동기적 뇌

동기란 유기체의 행동의 방향과 강도를 결정하는 힘으로, 유기체의 생존이나 안전과 관련된 생물학적 수준에서부터 다양한 사회문화적 수준에 걸쳐 작용한다. 동기는 발생학적 위계에 따라 가치가 설정되어 있으며, 생물학적 항상성(homeostatic equivalence)뿐만 아니라 인지적 · 정서적 균형을 추구하려는 방식으로 작용한다. 흥미나 재미는 균형이 아닌 차이나 변화로 인한 적절한 균형의 깨짐, 즉 긴장 상태를 유발하고 이렇게 유발된 긴장 상태를 해소하는 과정상에서 경험하는 일련의 심리적 상태다. 흥미나 재미의 강도는 초기에 유발된 긴장의 강도, 긴장 해소 정도, 유발된 긴장의 유지 시간, 긴장이 유지되는 동안의 긴장 강도 변화의 기울기 등에 따라 변화된다. 동기적 뇌는 참여하는 과제나 활동 자체가 지니는 가치, 지각된 자기효능감 등과 같은 자기 수행이나 보상에 대한 기대, 그리고 목표와 같은 속성 차원을 지닌다.

목적지향적 행동의 동기적 조절을 담당하는 영역은 영장류의 안와전두엽(orbitofrontal lobe)이다(Tremblay & Schultz, 2000). 이 영역은 보상과 관련된 예측과 연관이 있으며 선조체에서 기저핵까지의 여러 경로와 연관된다. 선조체와 흑질은 도파민계 뉴런이 많은 곳으로 보상과 관련된 접근행동, 학습, 보상의 결과 평가, 중독행동에 관여하는 것으로 알려져 왔다. 그러나 생물학적 보상이나 강화물을 통한 영장류 연구와는 달리 인간에게 다양한 강화물을 사용하는 최근 뇌영상화 연구 결과를 살펴보면, 기대한 보상이 주어지면 활성화되고 기대한 보상이 주어지지 않으면 활성화가 감소되는 영역을 발견하였는데 이곳이 바로 내측 전전두엽이다(Knutson et al., 2003).

(4) 실행적 뇌

실행적 뇌의 가장 중요한 기능은 초인지(metacognition) 기능이다. 정서적 뇌와 동기적 뇌 및 인지적 뇌로부터의 정보들을 수합하여 정보처리과정을 자기조절(self-regulating)하는 기능을 한다. 세부 과정으로는 계획, 모니터링, 평가로 구성된다. 이러한 각 과정 동안 수행하는 과제나 활동의 특성에 따라 인지적 · 정서적 · 동기적 각 처리과정의 조절이 포함된다. 주로 대뇌의 전전두엽이 관여하는 것으로 알려져 있다.

초인지는 사고, 기억 및 행위에 대한 의식적이고 수의적인 조절기능을 말한다. 이러한 초인지는 선택적 주의를 비롯하여 갈등해결, 실수 탐지 및 억제조절 등의 중앙집행 통제과정에 해당한다. 이러한 기능에는 전전두엽이 관여하는데, 이 영역은 추상적 추리와 문제해결 등의 고차적 사고를 담당하는 것으로 알려져 있다. 그러나 인지신경과학적 연구에 따르면 정서적 조절과 인지적 조절에 관여되는 대뇌피질 영역은 전대상회(anterior cigngulate)나 안와전두엽으로 밝혀졌다(Fernandez-Duque, Baird, & Posner, 2000; Shimamura, 2000). 정서적 조절과 인지적 조절이 동일한 대뇌 영역의 활성화를 수반한다면, 초인지의 개념은 인지적 조절은 물론 정서적 조절을 모두 포함하여야 할 뿐만 아니라 초인지보다 자기조절의 개념이 적절한 구인임을 시사한다.

(5) 사회적 뇌

사회적 뇌는 유사한 다른 개체와 함께 변화 탐지와 대응 솔루션을 공유하기 위한 목적과 이를 위한 커뮤니케이션 과정의 산물이다. 사회적 뇌는 우세한 인자 중심의 번식을 위한 짝짓기, 위험에 대한 공동 대응, 협력적 먹이 사냥 등을 통한 개체와 종의 생존과 적응에 효율적이도록 발달했고, 변화 탐지와 대응 솔루션 및 커뮤니케이션의 효율성을 추구하며, 생물학적 생존과 안전과 관련되는 물리적 변화 · 차이가 아닌 다른 개체와의 관계에 대한 지각에 기초한다. 관계에 대한 지각은 자기와 타인의 개념을 형성시키고, 물리적 인과관계가 아닌 다른 개체와의 상호작용 과정상의 인과관계에 대한 지각을 일으킨다. 사회적 뇌는 정서적 뇌, 동기적 뇌와 아주 밀접한 상호 관계성을 지닌다.

2) 뇌의 정보처리 특성

학습과정 동안 뇌에서는 어떤 일이 일어나는 것일까? 초기 정보처리심리학에서는 사람들이 한 번에 하나씩의 정보만을 순차적으로 처리하는지, 아니면 한 번에 여러 개의 정보를 동시에 처리할 수 있는지에 대한 문제를 두고 이론적 논쟁이 일어난 적이 있고, 이러한 논쟁은 학습이론에도 영향을 주었다. 그러나 뇌연구를 통해 밝혀진 것은 뇌는 병렬처리가 가능한 정보처리 시스템이라는 점이었다. 또한 뇌에서 영상이나 소리와 같은 감각 이미지를 그대로 처리하는지, 아니면 상징이나 의미 명제로 모두 바꾸어 처리하는지에 대한 문제 역시 1980년대까지 중요한 논쟁거리였으며, 당시에는 명제 표상 처리 입장이 우세했지만, 1990년대 중반 이후의 뇌 연구를 통해 감각 이미지는 그대로 처리된다는 것이 밝혀졌다. 인간의 마음에 대한 중요한 이론적 논쟁들이 이처럼 뇌연구를 통해 하나둘씩 해결되고 있다.

Caine과 Caine(1997)은 많은 뇌연구를 학습과정 연구에 활용하고 학습과학 연구를 도출하기 위한 기초를 마련하기 위해 열두 가지의 뇌 · 마음 학습 원리를 분류하였다. 뇌기반 학습과 관련된 원리들의 특성은 기존의 전통적인 학습이론들이 개념의 이해와 기억에 초점을 맞춘 것과는 달리 정서와 동기, 그리고 능동적인 의미 학습과 다양하고 풍부한 경험을 강조한다는 점이다. 뇌의 정보처리기제의 기본 원리는 병렬분산처리(parallel distributed processing), 상향 · 하향 동시처리, 패턴화에 의한 의미 중심 처리의 세 가지로 요약할 수 있다. 〈표 1-1〉 〈표 1-2〉 〈표 1-3〉은 뇌의 일반적 정보처리 특성과 의미정보처리 특성, 그리고 뇌기반 학습 특성을 중심으로 분류하여 본 뇌의 정보처리 특성들이다(김성일, 2004). 뇌의 기본 원리에 대해서는 학습과 관련하여 제4장에서 더 구체적으로 살펴볼 것이다.

표 1-1 뇌의 일반적 정보처리 특성

뇌의 기본 원리	설명 및 일차 관련 개념	이차 관련 개념
1. 뇌는 병렬처리체인 동시에 복잡한 적응체다.	• 병렬분산처리 • 적응적 시스템(적응적=지능적, 학습능력, 변화대처능력)	• 분산적 인지 • 신경회로망
2. 뇌는 전체와 부분을 동시에 지각-창조한다.	• 통합/분석 동시처리능력 • 좌뇌-분석적 • 우뇌-직관적/종합적	• 상향 · 하향 처리 • 활동 중심 학습 • 사회문화적 학습이론
3. 정보는 뇌의 여러 영역에 저장되고 다원적 · 수렴적 신경경로에 의하여 이루어진다.	• 정보 양상별 처리 패턴	• 다중지능 • 확산적/수렴적 사고
4. 각 사람의 뇌는 독특하다.	• 개인차	• 지능, 성격, 인지양식 및 학습양식 • 개별화 학습
5. 뇌는 사회적이다. 다른 뇌(사람)들과 함께 상호작용할 때 더 잘 발달된다.	• 사회적 뇌 • 언어능력 및 의사소통능력	• 협동학습 • 협력학습 • 공동체 중심 학습

표 1-2 뇌의 의미정보처리 특성

뇌의 기본 원리	설명 및 일차 관련 개념	이차 관련 개념
6. 인간의 의미 추구와 탐색은 생득적이다.	• 생득적 의미 추구 • 의미 추구=경험에 의미 부여 • 학습=시간에 따른 경험의 변화에 의미 부여 • 뇌는 끊임없이 새로운 자극을 추구 • 의미 추구는 생존에 필수적 • 뇌의 목적은 세상을 내적으로 표상하는 것	• 게슈탈트(Gestalt) • 인지적 흥미 • 호기심 • 자극 추구 성향 • '과학자로서의 인간'
7. 패턴을 통한 의미의 추구와 탐색이 학습을 위해 중요하다.	• 패턴 지각, 재인 • 패턴화의 핵심은 유사성과 차이에 기초한 범주화 • 패턴화는 뇌 속의 일련의 뉴런 간의 활성화 패턴으로 작용. 새로운 자극 패턴, 또는 차이가 발생하면 활성화 패턴을 변화시킴으로써 학습이 발생	• 개념 형성 • 범주화 • 패턴 인식
8. 의미가 정보보다 중요하다.	• 의미=자기관련성	
9. 정서(감성)가 패턴화에 결정적이며 주의, 의미, 기억을 좌우한다.	• 정서가 의미를 부여 • 정서, 흥미, 동기의 중요성과 상호작용 • 신념이나 태도(이것도 하나의 패턴)의 변화가 어려운 것은 바로 정서가 개입되어 있기 때문	

표 1-3 뇌의 학습 특성

뇌의 기본 원리	설명 및 일차 관련 개념	이차 관련 개념
10. 학습에는 신체 전체가 개입된다.	• 모든 학습이 마음-신체의 작용임 • 움직임, 음식, 주의 관련 화학물질 중요	
11. 학습에는 초점적 주의와 주변적 지각(peripheral perception)이 개입된다.	• 초점적 주의-의식 수준 • 주변적 지각-암묵적 기억	• 초인지/인지 수준의 과제 설계 • 풍요로운 자극환경의 설계 • 활동 중심 학습
12. 학습에는 항상 의식적 · 무의식적 과정이 관여된다.	• 자동화 • 습관, 신념, 태도 등	• 우연 학습
13. 뇌에는 최소한 두 유형의 기억이 있다.	• 정적 기억('경험'에 독립적인 기억): 서술적 기억, 의미적 기억, 절차적 기억, 정서적 기억 • 공간 관련 기억('경험'에 의존적인 기억): 공간과 시간 차원에서 발생하는 사건에 대한 기억	• 기억술 • 정교화, 조직화, 심상화 등

14. 뇌는 자연적 공간기억체계 하에서 사실과 기술을 가장 잘 습득하고 이해하며 기억한다.	• 정적 기억이 '경험'과 결합되면 더 잘 기억됨	
15. 복잡한 학습은 도전에 의하여 향상되고 위협, 스트레스에 의하여 억제된다.	• 편도체가 정서 반응에 관여 • 위협적인 상황이라는 느낌이 들면 외부로부터의 입력 정보들은 감각피질 부위를 거치지 않고 곧장 편도체로 전달되며, 편도체는 전투와 경계 반응을 촉발시키고 결과적으로 학습 관련 반응을 억제함 • 스트레스, 무력감, 피로, 낮은 자기효능감	
16. 학습은 발달적이고 단계적이며, 또한 유연성과 가변성이 있다.	• 뇌의 발달은 계통발생을 따름 • 정서적 뇌가 먼저 발생하고 인지적 뇌가 이후에 발생함 • 성장에 따른 뇌의 발달 특성도 다름 • 새로운 자극에 의해 끊임없이 새로운 뇌신경 통로가 만들어짐	

[글상자 1-3] 뇌연구에 관심을 가져야 하는 열 가지 이유

첫째, 사람들은 누구나 뇌를 갖고 있기 때문이다. 여러분을 포함해서 여러분과 함께 일하고 함께 생활하는 모든 사람이 뇌를 갖고 있다.

둘째, 뇌에 대한 연구 결과들이 뉴스에서 다루어지기 때문이다. 점차 많은 사람이 뇌연구 결과들을 접하고 있다. 새로운 뇌연구 결과를 다루는 수백 개의 전문잡지와 수천 개의 인터넷 자료들이 있다. 여러분은 그러한 전문잡지와 인터넷 자료들을 접하고 알려진 사실들을 잘 이용해야 할 것이다.

셋째, 뇌연구가 지금 새롭게 부흥하고 있기 때문이다. 지금이 인류역사상 뇌연구에 대해 가장 흥미를 보이는 시대일 것이다. 그다음에 여러분은 개인적으로 다빈치, 아인슈타인, 퀴리를 만날 수 있을 것이다.

넷째, 뇌연구는 여러분의 삶을 윤택하도록 하는 데에 도움이 될 수 있기 때문이다. 여러분은 새로운 사실을 배울 수 있고, 훨씬 영리해질 수 있으며, 기억력을 더욱 좋게 할 수 있다. 또한 뇌연구는 여러분이 뇌손상을 피하거나 손상되었을 경우 더욱 빨리 회복하도록 하는 데에 도움이 될 수 있다.

다섯째, 뇌의 무게는 체중의 2%에 불과하지만 신체 에너지의 20%를 사용하기 때문이다. 여러분은 그 에너지의 모두가 어디로 가는지 알고 있는가?

여섯째, 뇌연구는 여러분이 교실에서 좌절을 겪고 종종 다시 가르쳐야 하기보다는 옳게 행함으로써 훨씬 효율적이게 하는 방법을 찾아내어 여러분의 일을 더욱 쉽게 만들어 줄 수 있기 때문이다.

일곱째, 뇌연구를 통해서 여러분은 기억력을 증진하고, 집중하여 일하게 하고, 직무에 대한 스트레스를 감소시키고, 심지어는 개인적으로나 직업적으로 학습을 촉진하는 방법 등 정말로 유용한 사실들을 더러 발견할 수 있기 때문이다.

여덟째, 여러분은 매일 수천 개의 뇌세포를 잃고 있으며, 또한 새로운 세포를 증식[신경발생(eurogenesis)이라 불림]시키고 있기 때문이다. 그러므로 매일 뇌세포망이 형성될 수 있도록 무엇을 어떻게 해야 하는지 뇌연구 결과를 통해서 발견할 수 있다.

아홉째, 뇌연구를 통해 알게 된 지식은 매우 실용적일 수 있기 때문이다. 뇌연구는 어떤 학생들이 다른 학생들과는 달리 학습이 부진한 이유와 그런 학생들을 위해 어떻게 해야 하는지에 대한 처방을 알려 준다. 뇌연구는 학습지체, 난독증, 실서증(失書症), 자폐증 혹은 난산증(難算症)에 대한 비밀을 밝혀 주기도 한다.

열째, 우리는 모두 언젠가는 죽게 될 것이기 때문이다. 여러분이 오래 살아 점차 나이가 들어 갈수록 더욱더 치매(dementia), 알츠하이머(Alzheimer)병, 파킨슨(Parkinson)병과 같은 질환에 걸릴 가능성이 커진다. 여러분은 뇌연구를 통해 그러한 질환들을 예방하고 치료하는 방법에 대해 알 수 있다.

출처: 정종진 역(2010), pp. 34-35.

3) 학습에서의 뇌의 지배성

인간의 뇌는 구조적으로 형태와 크기가 거의 같은 두 개의 반구, 즉 좌반구(좌뇌)와 우반구(우뇌)로 나뉘어 있으며, 이 양쪽을 연결해 주는 뇌량이 있다. 각 반구는 몸의 반대편에서 오는 정보를 수용하고 신체의 반대편을 조절한다. 다시 말해, 오른쪽으로 들어온 시각정보는 좌반구에서, 왼쪽으로 들어온 시각정보는 우반구에서 처리된다. 이러한 좌반구와 우반구는 약 2억 개가량의 신경섬유 다발로 된 뇌량으로 연결되어 있는데, 이 뇌량을 통해 좌뇌와 우뇌의 정보가 1초에 수만 번의 상호교류를 함으로써 양쪽 뇌가 하나의 통합된 기능을 수행하게 된다.

많은 연구자는 좌뇌와 우뇌의 인지과정이 개인에 따라 다르고, 학습자들은 정보를 어느 반구로 처리하느냐에 따라 과제 수행상의 차이가 있다고 한다. 뇌반구의 특성과 기능을 이해하고 좌뇌와 우뇌의 기능을 고루 발달시키기 위해서는 교육장면과 관련된 특성을 이해해야 한다.

(1) 좌반구와 우반구의 기능

1960년대 Roger Sperry의 분할 뇌 환자들에 대한 연구 이후에 신경과학자들은 좌우 뇌반구의 기능이 서로 다르다고 보았다. 즉, 뇌의 두 부분이 정보를 다른 방식으로 저장하고 처리한다는 것이었다. 이 과제들에 대한 대뇌의 분할을 초기에는 반구성(hemisphericity)이라고 하였으나, 오늘날에는 편측성(laterality)이라는 용어를 더 많이 사용한다. 독특한 기능을 수행하는 뇌의 특정 영역의 능력을 특수화(specialization)라고 하고, 만약 이 활동이 하나의 반구에 주로 제한된다면 이를 대뇌의 편재화(lateralization)라고 한다.

뇌의 기능 분화 혹은 편측성에 관한 연구들을 보면, 좌우 뇌반구는 서로 다른 인지과정의 특성을 보이고 있다. 즉, 좌뇌는 언어적 · 분석적 · 논리적 · 계열적이며 숫자를 조작하는 기능으로 특징지어지는 반면에, 우뇌는 비언어적 · 전체적 · 시각-공간적 · 직관적 · 형태적 · 창의적이며 미적인 기능으로 특징지어진다. 매 순간 평가되어야 하는 수많은 과거의 정보와 새로운 정보를 다루는 과정에서 반구들이 수행하는 기능들을 더 구체적으로 제시하면 [그림 1-6]과 〈표 1-4〉와 같다.

좌뇌는 논리를 담당한다. 좌뇌는 언어 영역을 모니터하며, 단어와 글자뿐만 아니라 쓰인 숫자들을 인지한다. 좌뇌는 분석적이고, 사실적인 내용들을 이성적인 방식으로 평가한다. 또한 단어를 문자 그대로 해석하고, 시간과 계열을 탐지하며, 단순한 숫자 계산을 수행한다. 외부 자극을 다루기 위한 주의 집중은 좌뇌의 또 다른 특성이다. 반면, 우뇌는 단어들보다는 이미지로

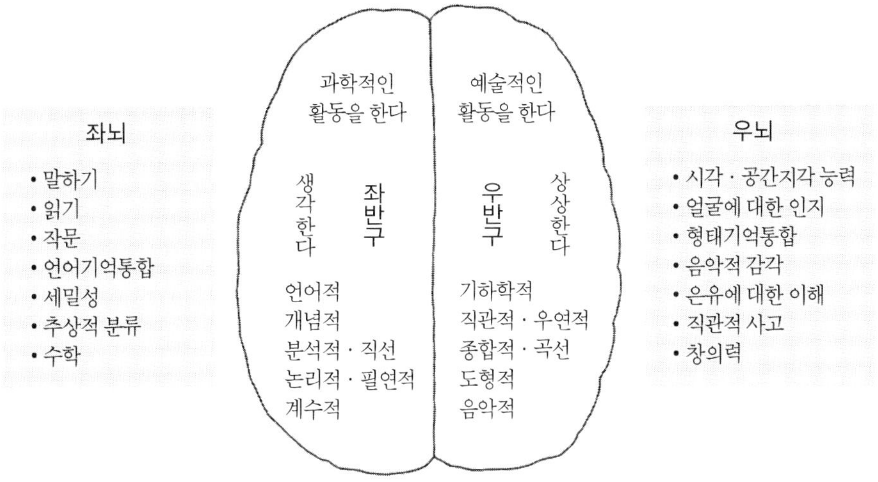

[그림 1-6] 좌반구와 우반구의 기능

* 뇌의 좌우 반구는 특수화되어 있어서 정보를 각기 다르게 처리한다.

표 1-4 좌우 반구 기능의 차이

좌반구의 기능		우반구의 기능
• 신체의 오른쪽과 연결됨		• 신체의 왼쪽과 연결됨
• 정보를 순차적이고 분석적인 방식으로 처리함		• 정보를 좀 더 전체적이고 추상적으로 처리함
• 시간에 민감함	뇌	• 공간에 민감함
• 구어를 산출함		• 몸짓, 얼굴 표정, 정서, 신체 언어를 통해 언어를 해석함
• 산수에 관한 조작을 함		• 상관적, 수학적 조작을 함
• 단어와 수를 인식하는 데 특수화됨		• 얼굴, 장소, 사물, 음악을 인식하는 데 특수화됨
• 틀린 기억들을 구성하는 데 더 활성화됨	량	• 진실을 회상하는 데 더 활성화됨
• 사건이 발생한 이유에 대한 설명을 찾음		• 사건을 공간적 형태로 인식함
• 외부 자극을 처리하는 데 주의 집중이 더 잘 됨		• 내부 과정을 처리하는 데 주의 집중이 더 잘 됨

정보를 모으고 패턴을 탐색한다. 우뇌는 문자 그대로의 의미보다 몸짓 언어, 정서적 내용, 목소리 톤과 같은 맥락을 통해 언어를 해석한다. 또한 우뇌는 공간인식이 특수화되어 있고 창의성을 담당한다. 그 밖에도 우뇌는 장소, 얼굴 및 사물을 인식하고, 기하학과 삼각법과 같은 상관적이고 수학적인 연산에 초점을 맞춘다(김유미 역, 2008a; Sousa, 2011b).

좌뇌는 순차적이고 계속적인 행동을 끊임없이 점검한다. 시간 · 순서 · 상세에 대한 인식과 청각적 수용 및 언어적 표현, 옳고 그름에 대한 경계와 인식을 담당한다. 좌뇌는 단어, 논리, 분석적 사고, 읽기와 쓰기를 전문적으로 다루며, 규칙과 최종 기한을 알고 따른다. 반면, 우뇌는 신기성(novelty)에 주의를 기울이게 하고, 누군가가 거짓말이나 농담을 할 때 이를 알려 준다. 우뇌는 전체 그림을 이해하는 것과 음악, 미술, 시각-공간적 및 시각-운동적 활동을 전문적으로 다룬다. 책을 읽거나 이야기할 때 심상(mental images)을 형성하도록 돕고, 직관적 및 정서적 반응을 담당한다. 또한 우뇌는 관계를 형성하고 유지하도록 돕는다(정종진, 임청환, 성용구 공역, 2008).

이와 같이 좌반구와 우반구가 서로 다른 기능을 한다는 뇌의 편재화와 특수성에 대한 원인은 아직 정확하게 밝혀지지 않고 있지만, 세 가지 가능한 설명이 있다(김유미 역, 2008a; Sousa, 2011b). 하나는 뇌의 구조와 신경망에 있을 것이라는 설명이다. 오늘날 신경과학자들이 일반적으로 동의하는 사항은 구어와 같은 특정 기능은 뇌에 미리 신경망이 형성되어 있고 그런 신경망 덕분에 편재화가 이루어진다는 것이다. 또 다른 가능성은 신호가 뇌로 이동하는 데 걸리는 시간에 있다. Ringo 등(Ringo et al., 1994)은 반구 특수화를 설명할 수 있도록 제안된 신경 연결망 모델을 사용하였다. 이 연구자들은 반구 내의 신경섬유들이 반구들을 연결하는 뇌량의 신경섬유들보다 짧다고 지적하였다. 따라서 신경신호들은 반구 간보다 반구 내에서 더 빨리 이동한다. 즉, 각 반구가 자체 내에서 정보에 빨리 접근하기 위해 뇌가 그렇게 발달해 왔다는 것이다. 그러나 뇌량을 통해 여기저기 전달되어야 하는 과제의 경우, 더 천천히, 그리고 더 제한된 반응을 보이게 된다. 반구 간의 전달과 연합된 시간 지연은 반구들의 협력 정도를 제한할 수 있고 반구 특수화의 발달에 기여한다. 또 다른 설명은 좌우 반구들이 물질적으로 다르다는 것이다. 좌우 반구들은 회백질(gray matter)이라는 피질과 그 아래 지지조직인 백질(white matter)로 이루어져 있다. 우뇌는 백질이 많은 반면, 좌뇌는 회백질이 더 많다. 또한 좌뇌는 뉴런들로 꽉 차 있어 집중적이고 세심한 일 처리에 능숙한 반면, 우뇌의 백질에는 더 멀리 떨어진 모듈과 연결하는 더 긴 축색돌기가 있어 다소 애매하지만 포괄적인 개념 형성에 능숙하다. 그리고 뇌량을 가로질러 신호를 전달함으로써 좌뇌와 우뇌의 정보가 모아진다(Carter, 1998).

(2) 좌뇌지배형과 우뇌지배형

Sperry의 업적 이래로 연구자들은 여러 연구 결과와 추가적인 검사 과정을 통해 각 반구의 기능들을 더 잘 이해할 수 있게 되었다. 연구자들은 대부분의 사람이 선호하는(혹은 지배적인) 반구가 있고, 이런 선호도는 성격, 능력 및 학습유형에 영향을 미친다는 것을 밝혀 냈다. 좌반구를 선호하는, 즉 좌뇌지배형 사람은 언어적이고 분석적인 경향이 있으며, 계열적인 문제를 잘 해결한다. 반면, 우반구를 선호하는, 즉 우뇌지배형 사람은 그림을 잘 그리고, 수학을 잘 하고, 언어적인 것보다 시각적인 것을 더 쉽게 다룬다.

Springer와 Deutsch(1998)는 좌뇌가 우세한 사람들은 분석적이고 시간지향적인 좌반구에 의해 이끌린다고 설명한다. 좌반구는 청각적 투입에 가장 강하게 반응한다. 달리 말하면, 좌반구는 말, 소리, 언어적 메시지에 민감하다. 좌뇌는 시간, 순서, 상세에 대한 인식을 담당하는 특성이 있다. 좌뇌는 숲(전체적인 큰 그림)이 아니라 나무(부분적으로 상세하게)에 초점을 둔다. 좌반구는 기하(geometry)의 공간적 형태보다는 대수(algebra)의 규칙을 선호한다. 좌뇌형의 사람들은 그림이나 접촉보다는 사실과 단어에 초점을 둠으로써 정보를 처리하는 경향이 있다. 언어를 이해하고 말하는 능력들은 좌반구에서 조직된다. 왼쪽 측두엽에는 언어의 이해와 표현에 기여하는 두 개의 영역, 즉 베르니케 영역(Wernicke's area)과 브로카 영역(Broca's area)이 있다. 베르니케 영역은 환경으로부터 청각적 정보를 수용하는 기능을 담당한다. 브로카 영역은 우리 자신을 언어적으로 표현하도록 해 주는 뇌의 부분이다. 브로카 영역에 신경적 손상을 입으면 언어적 기제(mechanism)가 손상을 입지 않았음에도 정확하게 말을 하지 못하는 실어증이 초래된다.

[글상자 1-4] 브로카 영역과 베르니케 영역

좌뇌에는 언어를 담당하는 중요한 부분으로 브로카 영역과 베르니케 영역이 있다. 브로카 영역이란 프랑스의 인류학자이자 외과의사인 브로카(Paul Broca, 1824~1880)가 밝힌 뇌의 언어 담당 영역으로, 말을 만들어 내는 역할을 한다. 유아기에 외국어를 학습하면 모국어와 같은 브로카 영역에서 처리되지만, 성인이 되어 배우면 새로운 브로카 영역이 생긴다는 연구 결과가 최근에 나와 주목을 받고 있다. 그리고 베르니케 영역이란 폴란드 태생의 독일 해부학자이며 신경병리학자인 베르니케(Carl Wernicke, 1848~1904)가 언어장애에 대한 연구를 하다가 밝혀 낸 좌반구의 영역으로, 문장 전체를 이해하고 처리하는 역할을 한다. 따라서 브로카 영역에 손상을 입은 사람은 다른 사람의 말을 이해는 하지만 말하는 데 지장이 있고, 베르니케 영역에 손상을 입은 사람은 끊임없이 무슨 말을 하지만 듣는 사람이 이해할 수 없다.

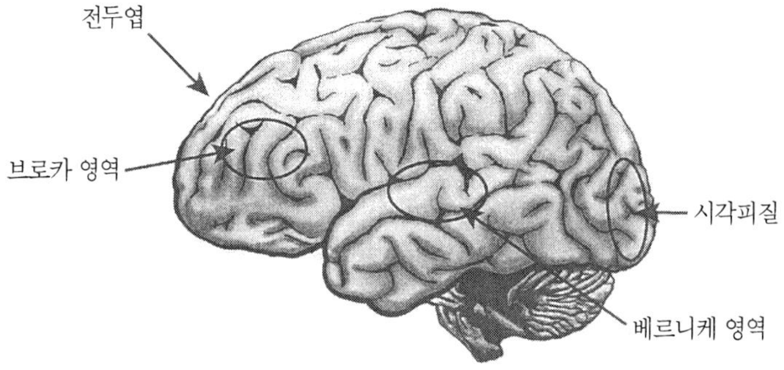

[그림 1-7] 브로카 영역과 베르니케 영역

이와는 반대로, 우뇌가 우세한 사람들은 정보를 시각적으로 처리한다. 우뇌형의 사람들은 그림이나 도표를 처리함으로써 가장 쉽게 배운다(Semrud & Hynd, 1990). 우반구는 어떤 감각을 빨리 이해하도록 직관적 도약대를 만들며, 시간에 대한 고려 없이 정보를 처리한다. 우리의 우반구는 누군가가 거짓말이나 농담을 할 때 그러한 사실을 알려 줌으로써 신기성에 주의를 기울이게 한다. 우반구는 공간적으로 인식하고 양손을 가지고 창조하는 특성이 있다. 사실, 우뇌는 눈과 손의 협응적 혹은 시각-운동적 활동을 담당한다. 우리는 어떤 산출물이 완성되었을 때 어떻게 생겼을지 마음의 눈으로 시각화하여 양손을 이용하여 예술품, 목공품, 조각품, 편물, 도기 제품, 건축물을 창조할 수 있다. 시각-운동적 및 시각-공간적 강점이 스포츠, 그림, 조각 활동을 지향하는 결과를 가져오게 할 수 있다. 또한 우뇌의 시각-공간적 능력은 우리가 책을 읽고, 이야기를 나누고, 농담을 들을 때 심상을 형성하도록 돕는다. 우뇌형의 사람들에게는 대수보다는 기하가 더 쉽다.

학습과 관련하여 좌뇌지배형 학습자는 대체로 순차적인 것을 선호하고, 부분에서 전체로 가장 잘 학습하고, 음성적 읽기 체제를 선호하고, 단어와 기호, 그리고 글자를 좋아하고, 주제에 대해 먼저 읽는 것을 선호하고, 특정 관련 사실에 근거하여 정보를 수집하고, 자세하고 질서정연한 가르침을 선호하고, 내적 초점을 더 경험하며, 구조와 실용성을 원한다. 반면, 우뇌지배형 학습자는 대체로 임의적인 것을 선호하고, 전체에서 부분으로 가장 잘 학습하고, 언어적 읽기 체제를 선호하고, 그림이나 그래프, 그리고 차트를 좋아하고, 주제를 먼저 보거나 경험하기를 선호하고, 사실들의 관계성에 대한 정보를 수집하고, 자발적이고 시대 흐름에 맞는 학습환경을 선호하고, 외적 초점을 더 경험하며, 열린 결말 접근법과 새롭고 신기성을 원한다(Jensen, 2008). 좌뇌지배형과 우뇌지배형 학습자의 인지과정을 비교해 보면 〈표 1-5〉와 같다(정종진, 2011).

표 1-5 좌뇌지배형과 우뇌지배형 학습자의 인지과정 특성의 차이

좌뇌지배형 학습자	우뇌지배형 학습자
• 언어적 지시나 설명에 잘 반응한다. – 기억하고 생각하는 데 언어를 사용한다. – 청각적 자극에 잘 반응한다. – 말하고 쓰는 것을 좋아한다. – 몸짓 언어에 비교적 둔하다. – 은유나 유추를 거의 사용하지 않는다.	• 시범, 그림에 의한 설명이나 상징적인 지시(기호, 부호, 몸짓)에 잘 반응한다. – 기억하고 생각하는 데 심상에 의존한다. – 그림을 그리고 물건을 조작하는 것을 좋아한다. – 동작에 잘 반응한다. – 몸짓 언어를 잘 해석한다. – 은유나 유추를 사용한다.
• 객관적으로 판단한다. – 한 가지 방법으로 공부하는 것을 좋아한다. – 선다형 검사를 좋아한다. – 확고하고 확실한 지식을 좋아한다.	• 주관적으로 판단한다. – 자유기술형 검사를 좋아한다. – 파악하기 어렵고 불확실한 정보를 좋아한다.
• 구체적이고 계획된 연구나 일을 좋아한다. – 계획적이고 구조적인 것을 좋아한다. – 잘 통제된 상황에서 실험하거나 공부하는 것을 좋아한다. – 감정을 통제한다.	• 임의적으로 설명하고 타인의 제약에 개의치 않는다. – 사전에 구체적으로 계획되지 않는 일을 좋아한다. – 자발적이고 유동적이다. – 비교적 자유롭게 감정을 표현한다.
• 내용을 부분적으로 나누고 논리적 · 계열적으로 문제를 해결하기를 좋아한다. – 분석적인 방법으로 공부한다. – 논리적인 추리나 경험적인 검증에 의하여 대답을 얻는다.	• 문제를 전체적으로 주관적인 생각으로 해결하기를 좋아한다. – 주관적으로 문제를 해결하기를 좋아한다. – 종합적으로 해결하기를 좋아한다.

이처럼 인간은 양반구의 기능을 모두 소유하고 사용하고 있지만 자신의 신경적 강점에 의해 영향을 받는다. 인간의 행동은 뇌 선호를 반영하며, 자신의 우세한 뇌반구를 통해서 의사결정을 한다. 학습자들은 자신의 강점 영역에서 학습하고 과제를 수행할 때 가장 흥미를 갖고 적극적으로 수업에 참여한다(정종진, 임청환, 성용구 공역, 2008). 그러므로 학습자가 좌뇌지배형 학습자인지 아니면 우뇌지배형 학습자인지를 파악하여(다음의 '뇌 선호도 검사' 참조) 그 기능적 특성을 고려한 학습전략을 이용해 교육해야 할 것이다.

이에 교육심리학자인 Cherry, Godwin과 Staples(1989)는 각 학생이 교실에서 자신의 우세 반구를 활용하기 위한 활동들을 설정하는 것이 중요하다는 점을 논의하였다. 이 교육심리학자들은 각 학생에게 자신의 우세 반구의 깊이와 넓이를 풍부히 하도록 기회를 제공해야 한다고 주장하였다. 또한 학생들이 자신의 덜 우세한 반구에서 자료를 처리할 기회를 통해 도움을 받을 것이라고 강조하였다. 요컨대, 교사들은 동일한 내용을 학습하기 위해 서로 다른 수단과 방법(예: 강의와 집단 활동)을 창출함으로써 학생들의 학습을 도와주어야 한다. 뇌 선호도 혹은 뇌 지배성에 따른 학습 원리와 교수-학습 전략에 대해서는 제8장의 학습양식에서 다루어질 것이다.

성인용 뇌 선호도 검사

한 문항도 빠짐 없이 여러분에게 해당하는 것을 선택하시오.

1. A. 나는 위험을 무릅쓰는 것이 재미있다.
   B. 나는 위험 감수가 없을 때 재미있다.
2. A. 나는 익숙한 일을 행하기 위해 새로운 방법을 모색한다.
   B. 나는 어떤 방법이 별 문제가 없으면 바꾸지 않는다.
3. A. 나는 하나의 일을 마치지 않고서도 새로운 많은 일을 시작한다.
   B. 나는 하나의 일을 마쳐야 새로운 일을 시작한다.
4. A. 나는 일을 할 때 매우 상상적이지 못하다.
   B. 나는 어떤 일을 하든 나의 상상력을 이용한다.
5. A. 나는 다음에 무슨 일이 발생할지 분석할 수 있다.
   B. 나는 다음에 무슨 일이 발생할지 감각적으로 알 수 있다.
6. A. 나는 어떤 문제를 해결하기 위한 가장 좋은 방법을 찾고자 애쓴다.
   B. 나는 어떤 문제에 대한 가능한 여러 가지의 답을 찾고자 애쓴다.
7. A. 나의 사고는 내 머리를 통해 지나가는 그림과도 같다.
   B. 나의 사고는 내 머리를 통해 지나가는 단어와도 같다.

8. A. 나는 새로운 아이디어를 수용하고 실천한다.
   B. 나는 새로운 아이디어에 대해 의문을 갖는다.
9. A. 다른 사람들은 내가 어떻게 일을 조직하는가를 알지 못한다.
   B. 다른 사람들은 내가 일을 잘 조직한다고 생각한다.
10. A. 나는 잘 자제하는 편이다.
   B. 나는 대체로 내 감정에 따라 행동한다.
11. A. 나는 시간 계획을 세워 일한다.
   B. 나는 시간 계획을 세우지 않고 일한다.
12. A. 나는 어려운 결정을 할 때 내가 옳다고 알고 있는 것을 선택한다.
   B. 나는 어려운 결정을 할 때 내가 옳다고 느끼는 것을 선택한다.
13. A. 나는 쉬운 일을 먼저 하고 중요한 일을 그다음에 한다.
   B. 나는 중요한 일을 먼저 하고 쉬운 일을 그다음에 한다.
14. A. 나는 가끔 새로운 상황에 처하면 너무나 많은 아이디어가 떠오른다.
   B. 나는 가끔 새로운 상황에 처하면 어떤 아이디어도 떠오르지 않는다.
15. A. 나는 내 삶에서 많은 변화와 다양성을 가져야만 한다.
   B. 나는 순서적이고 잘 계획된 삶을 살아야만 한다.
16. A. 나는 내가 이성적이기 때문에 내가 옳다는 것을 안다.
   B. 나는 내가 이성적이지 못하더라도 내가 옳다는 것을 안다.
17. A. 나는 주어진 시간을 고르게 분산하여 일한다.
   B. 나는 마감 시간에 임박하여 일을 수행하는 것을 좋아한다.
18. A. 나는 모든 물건을 특정 장소에 보관한다.
   B. 나는 내가 행하는 것이 무엇인가에 따라 물건을 보관하는 곳이 다르다.
19. A. 나는 나 자신의 계획을 세워야만 한다.
   B. 나는 누군가의 계획을 따를 수 있다.
20. A. 나는 매우 융통성이 있고 예측할 수 없는 사람이다.
   B. 나는 일관되고 안정적인 사람이다.
21. A. 나는 새로운 과제가 주어지면 나 자신의 수행방법을 찾고자 노력한다.
   B. 나는 새로운 과제가 주어지면 그것을 수행하기 위한 최선의 방법이 무엇인지 다른 사람들로부터 듣고 싶어 한다.

[채 점]

1, 2, 3, 7, 8, 9, 13, 14, 15, 19, 20, 21번 문항에 A로 대답했을 경우,
그리고 4, 5, 6, 10, 11, 12, 16, 17, 18번 문항에 B로 대답했을 경우 각각 1점을 주어 합산한다.

- 0~4점: 강한 좌뇌형
- 5~8점: 보통의 좌뇌형
- 9~13점: 중뇌형
- 14~16점: 보통의 우뇌형
- 17~21점: 강한 우뇌형

출처: 정종진, 임청환, 성용구 공역(2008), pp. 69-71.

아동용 뇌 선호도 검사

각 문항을 읽고 하나를 선택하여 ○표 하시오.

1. 글을 읽을 때, 나는 대체로
   머릿속에서 단어와 문장을 듣는다. (L)
   읽고 있는 것을 마음속에서 본다. (R)
   듣기도 하고 보기도 한다. (M)
2. 길을 안내할 때, 나는 대체로
   가는 방법에 대해 설명한다. (L)
   지도를 그린다. (R)
   지도를 그려 설명한다. (M)
3. 학교에 있지 않을 때, 나는
   친구들에게 전자우편(e-mail)을 보내곤 한다. (L)
   운동을 한다. (R)
   전자우편을 보내거나 운동을 한다. (M)
4. 학교에서 내가 좋아하는 활동은
   쓰기다. (L)
   그리기다. (R)
   쓰기와 그리기 모두다. (M)
5. 단어를 암기하려고 애를 쓸 때, 나는 더 쉬운 방법이
   단어를 소리 내어 계속해서 말하는 것이다. (L)
   페이지 위에 있는 단어들을 기억하는 것이다. (R)
   앞의 두 방법을 결합해서 사용하는 것이다. (M)
6. 내가 선생님을 통해 가장 잘 학습하는 것은 선생님이
   명확하게 말로 설명해 줄 때다. (L)
   많은 그림, 그래프, OHP를 사용할 때다. (R)
   언어와 그림을 모두 사용할 때다. (M)
7. 시간 지키기에 대해서 말하자면, 나는
   거의 항상 제시간에 온다. (L)
   종종 늦게 온다. (R)
   가끔 늦기도 하고 가끔 제시간에 오기도 한다. (M)
8. 자유 시간에 나는
   책을 읽는 것을 좋아한다. (L)
   블록 쌓기와 점토 놀이를 좋아한다. (R)
   책을 읽거나 아니면 블록과 점토를 가지고 만들기 하는 것을 좋아한다. (M)

9. 자유 시간에 나는
 내가 좋아하는 책을 읽는 것을 좋아한다. (L)
 퍼즐 조각 맞추기 하는 것을 좋아한다. (R)
 책을 읽거나 퍼즐 조각 맞추기 하는 것을 좋아한다. (M)
10. 내가 가장 잘 기억할 때는
 메시지를 경청할 때다. (L)
 그림을 볼 때다. (R)
 그림을 보고 메시지를 경청할 때다. (M)
11. 태양계에 대해 기술하기 위해서 나는
 태양계에 대해 쓰기를 좋아한다. (L)
 태양계 모빌을 만드는 것을 좋아한다. (R)
 앞의 두 방법을 모두 이용하는 것을 좋아한다. (M)
12. 과제를 수행할 때, 나는 혼자서
 대부분의 시간을 스스로 하는 것을 좋아한다. (L)
 대부분의 시간을 집단 구성원들과 함께하는 것을 좋아한다. (R)
 앞의 두 방법을 모두 좋아한다. (M)

[채 점]

여러분이 L, R, M에 응답한 수를 합산한다.

Ls (좌뇌 선택) = ( )

Rs (우뇌 선택) = ( )

Ms (중뇌 선택) = ( )

한 영역에 ○표를 한 개수가 6~8개이면 그 학습양식을 선호하는 것이며, 9~12개이면 그 학습양식을 강하게 선호하는 것을 나타낸다.

* 주의: 이 검사는 '비공식적'인 것이며, 반드시 어떤 반구가 더 강한지를 정확하게 나타내 주는 것은 아니라는 점을 기억하라. 우리는 학습을 하고 놀이를 할 때 양 반구를 모두 사용한다는 것을 기억하라.

출처: 정종진, 임청환, 성용구 공역(2008), pp. 84-86.

(3) 좌우 반구 기능의 통합

위에서 살펴본 바와 같이 연구에서는 각 반구가 정보처리와 사고 측면에서 고유의 기능을 한다는 이론을 지지하고 있다. 그러나 이러한 기능이 항상 한쪽 반구에만 해당하는 것은 아니다. 몇 가지 단순한 과제에도 두 반구가 모두 개입한다. 한쪽 반구가 다른 쪽보다 잘 수행할 수 있지만, 어찌되었건 많은 과제는 둘 중 어느 쪽이든 한쪽에 의해 수행될 수 있다. 개별적인 과정의 결과들은 일반적으로 뇌량을 통해 반대쪽 반구와 교류된다. 대부분의 활동에서는 각 반구의 목표가 조화를 이루고 서로를 보완한다. 그래서 사람들은 두 반구에서 수행되는 과정들을 통합할 수 있고 어떤 상황에서든 충분히 이해할 수 있게 된다. 몇 가지 예를 들면 다음과 같다(Sousa, 2011b).

- 논리는 좌반구에 제한되지 않는다. 우뇌에 손상을 입은 일부 환자들은 그들의 사고에서 논리적이지 못한 부분을 찾지 못한다. 즉, 이들은 몸이 완전히 마비된 상태임에도 산책하러 가자고 제안한다.
- 창의성 또는 직관이 우뇌에만 존재하는 것은 아니다. 우반구에 심각한 손상을 입은 후에도 창의성은 여전히 남아 있을 수 있다.
- 정상적인 뇌에서 두 반구들이 독립적으로 기능하지 않기 때문에 한쪽 반구만 교육하는 것은 불가능하다.
- 특수화가 독점적임을 의미하지는 않는다. 사람들이 순전히 좌뇌형 또는 우뇌형이라는 증거는 없다. 대부분 사람의 경우 하나의 반구가 더 활동적일지는 모르나 정도의 차이는 다양하다.
- 두 반구는 정보의 조각들을 의미 있는 하나의 전체로 통합할 수 있다.

따라서 뇌 선호도가 있다고 해서 한쪽 뇌 반구만 사용한다는 것을 의미하지는 않는다. 간단한 과제를 해결할 때에는 좀 더 효율적으로 처리하는 뇌 반구를 더 많이 사용하지만, 좀 더 복잡한 과제일 경우에는 선호하는 반구가 주도하되 선호하지 않는 반구도 그 과제에 관여하고 특수화된 방식으로 기여한다(Weisman & Banich, 2000).

뇌의 한쪽 부분은 논리적이고 다른 한쪽은 창의적이라는 개념은 시대에 뒤처진 생각이다(Jensen, 2008). 우리는 논리적 순서, 패턴, 변화를 활용하고 이를 따름으로써 창의적으로 변화한다. Debono(1970)의 수평적 사고에 대한 연구에 의하면, 사람은 좌뇌 체계를 통해 창의적으로 된다. 수년간 그는 창의적 해답을 찾기 위하여 순차적 과정을 통해 작용들을 유기적으로 연관지었다. 음악은 우뇌적 경험인가? 연구자들에 의하면, 음악가들은 특히 좌반구에서 더 높은 수준의 음악 처리가 이루어진다. 이러한 역설이 뇌 기능의 복잡성을 나타내 준다. 앞서의 경우 음악가들은 음악 초보자들보다 음악을 분석하는 경향이 있기 때문에 좌반구가 더 높은 관련 정도를 보이는 것이다.

PET와 EEG 스캔은 연구자들로 하여금 특정 활동, 기분, 사고 과제에 대해서 특정 뇌 부위들이 어떻게 관련되어 있는지 볼 수 있도록 해 주었다. 예를 들어, 스캔을 통하여 학습자가 우울하거나 스트레스를 느끼면 대체로 우반구가 더 활성화됨을 볼 수 있었다. 성별 및 주로 사용하는 손에 따라 예외적일 수도 있지만(Schiffer et al., 2007) 학습자가 삶과 미래에 대해 낙천적으로 느끼면 좌반구의 관련성이 더 높게 나타났다.

정서가 뇌의 어디에서, 언제, 어떻게 발견되는지에 대해서는 아직 명확하게 밝혀지지 않았지만, 이에 대한 한 가지 의견은 우반구가 정서적 경험의 감지에는 더 지배적이라는 점이다. 그러나 정서적 경험이 긍정적인지 부정적인지를 판단하는 것은 우반구의 활성화 정도에 의해 결정된다. 우반구의 지나친 관여는 오히려 부정적인 정서적 경험을 초래할 수 있는 반면에, 더 적게 관여하게 되면 오히려 긍정적인 정서적 경험과 관련된다(Hellige, 1993). 좌반구의 기능은 정서적 반응의 강도를 조절하여 능동적인 이해를 만들어 내는 것이라 할 수 있다. 이를 통해 좌반구 활성화는 우반구 활성화의 과잉에 의한 것임을 알 수 있다.

우뇌는 논리적인 것을 이해할 수 있다. 그리기, 작곡, 색칠하기 등은 우뇌 활동의 경향을 띤다. 예술 활동을 위한 작업을 계획할 때 예술가들은 모양, 색깔, 소리 등에 관하여 논리와 규칙을 따른다. 종이, 금속, 유리, 진흙, 캔버스에 그들이 원하는 것을 표현할 수 있지만, 균형, 조화, 질서 등의 특정 규칙들을 고려해야 한다. 우반구는 일종의 전체적인 질서를 선호하는 것 같다(Jensen, 2008).

비록 많은 증거가 각 반구에 특수화된 능력이 있다고 제안하지만, 사람들이 두 개의 뇌를 가지거나 한쪽 반구만으로 기능한다고 성급하게 결론지어서는 안 된다. 현재 뇌연구는 항상 우리가 대부분의 시간 동안 양쪽 뇌를 모두 사용하고 있음을 말해 준다. 사람들은 하나의 마음과 하나로 통합된 뇌를 가지고 있다. 기억해야 할 중요한 점은 두 반구가 뇌량을 통해 다른 자극들을 공유하면서 통합된 전체로 작업한다는 것이다. 그러므로 학습을 최대화하기 위해서 우리는 두 반구 모두를 강화하는 학습 활동을 해야 한다. 가장 이상적인 것은 우리가 우뇌 학습 혹은 좌뇌 학습이 아니라 전뇌 학습(全腦學習, whole-brain learning)에 초점을 둔 노력을 하는 것이다.

전뇌 학습은 우뇌의 종합적이고 상상적인 기술과 좌뇌의 분석적-언어적 기술을 통합하는 방법을 사용한다. 많은 교육학적 · 심리학적 연구에 따르면, 학습자에게 적절한 언어적이고 시각적인 사고로 설계된 전략을 제공할 때에 학습을 가장 잘할 수 있으며, 따라서 좌뇌와 우뇌의 기능과 특성을 통합한 다양한 정보처리체계를 이용해 학습시키는 것이 효율적이다.

인간의 몸 중에서 자동차의 엔진에 해당하는 부분이 바로 뇌다. 좌뇌와 우뇌의 연결은 우리의 엔진이 전속력으로 작동할 수 있도록 도와준다. 좌뇌와 우뇌를 연결하기 위해서는 많이 움직여야 한다. 삶의 자연스러운 과정인 움직임은 학습, 창의적 사고, 고차적인 형식적 추리에 중요하다. 특히 몸의 중앙선을 가로지르는 움직임이 사고와 학습을 위한 새로운 회로를 만들어 좌뇌와 우뇌의 기능을 통합한다.

우뇌는 그림의 전체를 보지만, 좌뇌는 그림의 일부분만을 본다. 다시 말해, 좌뇌는 숲을 못 보고 나무만을 보고, 우뇌는 숲을 보지만 나무를 못 본다. 그러므로 몸의 중앙선을 가로지르는 움직임을 통해 나무와 숲을 모두 볼 수 있도록 좌반구와 우반구를 모두 연습시키는 것이 중요하다. 몸의 중앙선을 가로지르는 동작은 우리의 뇌를 연습시키며, 읽기기능에 도움이 된다(Teplitz, 2001). 몸의 중앙선을 가로지르는 활동들로는 청소하기, 야구배트로 스윙하기, 골프공 치기, 로프에 매달리기, 트램펄린(쇠틀 안에 스프링을 단 즈크의 탄성을 이용하여 도약하는 운동용구) 위에서 점프하기, 손가락 놀이, 태극권, 쿵푸, 줄넘기, 팔을 흔들면서 걷기, 곤봉, 장기, 요가, 태극권, 퍼즐게임, 마루 닦기, 배드민턴하기, 테니스하기, 악기 연주 등을 들 수 있다.

양쪽 뇌를 골고루 발달시키기 위한 하나의 방법이 양손을 다 사용하는 것을 연습하는 것이다. 오른손잡이 사람들은 오른손을 주로 사용하여 생활하는 경향이 강하다. 그리하여 오른손잡이 사람들은 좌뇌만 발달하게 되어 뇌의 불균형을 가져오게 된다. 따라서 오른손잡이 사람은 왼손의 활동이 많은 놀이나 운동을, 그리고 왼손잡이 사람은 오른손의 활동이 많은 놀이나 운동을 많이 하는 것이 좋다. 예를 들어, 오른손잡이의 경우 글씨를 쓸 때는 오른손을 사용하더라도 이를 닦을 때는 왼손을 사용하는 것이 한 방법이다. 이것은 수많은 시냅스 연결을 강하게 만드는 좋은 전략이다. 그 밖에 전뇌 개발을 위한 몇 가지 방법을 더 살펴보면 다음과 같다(정종진, 2011).

- 이미지 활동하기: 이미지는 패턴이나 도형을 추상화하여 만들어진다. 일반적으로 이미지는 영상적(시각적) 이미지를 가리키지만, 그 밖에도 음악을 통해서 얻는 청각적 이미지, 맛을 통한 미각적 이미지, 냄새를 통한 후각적 이미지 등도 있다. 가령 음악을 듣고 '바다의 이미지가 떠오른다'고 할 때 광활하게 펼쳐진 모래사장, 파도, 따스한 햇빛 등이 머릿속에 그려질 것이다. 머릿속으로 그림을 그려 보는 활동은 우뇌의 기능인 것이다. 이미지 훈련을 위해 냉장고 안에 무엇이 들어 있을까를 생각해 본다거나, 자신이 토끼가 되었다고 생각하고 자유로운 행위를 연출해 볼 수 있다. 또한 빈 깡통의 그림을 보고 어떤 소리가 날까, 어떤 음식의 사진을 보고 무슨 냄새가 날까 혹은 맛이 있을까 등을 생각해 볼 수 있다.
- 긴장이완 활동하기: 대체로 학교나 사회에서는 논리적이고 체계적인 사고를 강요하는 활동에 치우쳐 있기 때문에 우뇌의 활동 기회가 별로 없다. 그런데 신체적으로나 정신적으로 이완 상태가 되면 우뇌가 활발해진다. 이완 활동을 위해서는 코로 천천히 숨을 들이마셨다가 잠시 멈춘 다음 천천히 입을 통해 내뱉는 방법으로 5~6회 정도 심호흡하는 방법, 신체의 일정 부위에 천천히 힘을 주었다가 잠시 멈춘 다음 서서히 힘을 풀고 그 후 다른 부

위에 힘을 주었다가 푸는 방법으로 돌아가면서 신체 곳곳을 이완하는 근육이완의 방법이 있다. 그 밖에도 정신적으로 이완하는 방법으로 참선, 명상, 요가, 생체리듬 조절(바이오피드백), 단전호흡 등을 통하여 이완 활동을 할 수 있다.

- 오감 연마하기: 한 송이 붉은 장미, 슈베르트의 자장가, 달콤한 오렌지 주스, 국화 향기, 보드라운 양탄자를 떠올리면 붉은색, 감미로운 소리, 독특한 맛, 향기로운 냄새, 손가락에 닿는 촉감 등이 생각난다. 이를 오감이라고 한다. 우리의 뇌는 외부로부터 오는 감각 자극을 받아들여 반응하는 과정에서 발달한다. 그러므로 오감을 연마하면 뇌가 활성화된다. 뇌는 하나하나의 미묘한 감각을 동시에 받는다. 예를 들면, 우리는 매일 식사를 한다. 식사를 할 때 맛만이 아니고 눈으로도 음식을 먹는다고 한다. 음식을 담은 그릇, 색, 또는 상차림의 방법도 식욕에 영향을 준다. 고기 굽는 냄새를 맡으면 침을 흘리며 입맛을 다시기도 하고, 탄산음료를 따르는 소리에 시원함을 느끼기도 한다. 때로는 누군가와 함께 식사하느냐에 따라 입맛이 달리지기도 한다. 이와 같이 음식의 맛은 다양한 감각 자극이 뇌에 동시적으로 전달됨에 따라 일어나는 뇌 반응의 일환으로 결정된다. 오감의 경험은 주로 우뇌를 자극하고, 우뇌로 하여금 새로움을 느끼게 한다. 그러므로 우리는 주위의 색깔이나 향기, 소리, 냄새, 촉감 등에 관심을 가지고 느껴 보는 훈련을 해야 한다.
- 패턴 인식력 높이기: 어떤 형태의 특징들을 끌어내어 전체로 통합하는 능력을 패턴 인식력이라 한다. 길게 늘어진 코를 보고 코끼리임을 판별하거나, 몇 개의 줄무늬를 보고 얼룩말의 형태를 인식하거나, 어린아이가 엄마의 얼굴을 구별해 내는 것이 모두 패턴 인식력이다. 패턴 인식의 훈련으로는 우선 그림책 등 눈으로 보는 재료를 사용하는 경우를 생각할 수 있다. 예를 들면, 일종의 '숨은 그림 찾기'와 같이 정글이나 초원에 어떤 동물들이 숨어 있는가를 찾아내게 하는 것, 또는 이와 비슷한 것으로 숲속 그림 안에 몇 마리의 원숭이가 숨어 있는지 등을 찾아내도록 하는 것이다. 이와 같이 혼동하기 쉬운 형태들 안에서 정확한 모양을 상상하는 것도 패턴 인식의 좋은 훈련이 된다. 동물의 일부분만을 보인 뒤 전체를 상상하게 하는 그림 등도 패턴 인식의 전형적인 훈련방법이라 할 수 있다. 가정에서 자녀와 즐기면서 패턴 인식력을 증진할 수 있는 것으로는 장기와 바둑을 들 수 있다. 장기와 바둑은 형태를 기억하는 것이므로 우뇌의 패턴 인식력을 높이는 데 효과적인 방법이다. 패턴 인식력을 향상시키는 일은 곧 우뇌 개발법이지만 결국은 좌뇌를 개발하는 방법도 된다.
- 우뇌 음악 듣기: 음악은 사람의 마음을 평안하게 하고 정신을 안정시킨다. 아름다운 멜로디는 뇌를 이완시켜 마음을 온화하게 하며 정신을 안정시킨다. 그래서 음악을 들려주면서

치료하면 통증을 줄일 수 있다. 음악에 의해 형성되는 이미지의 힘으로 병의 치료를 빠르게 하는 치료법이 개발된 것이다. 최근에는 스트레스, 정신불안증, 대인공포증 등의 정신 치료는 물론 태아에서부터 죽음을 앞둔 환자를 위한 호스피스 케어(임종 환자들의 치료)에 이르기까지 인간이 전 생애에 걸쳐 겪을 수 있는 문제에 대해 음악치료(music therapy)를 시행하고 있다. 대체로 음악은 우뇌와 관련이 있다. 그렇다고 모든 음악이 우뇌적인 것은 아니다. 대중가요는 우뇌적이라기보다는 좌뇌적이다. 가사가 있는 음악도 좌뇌적이다. 조용하고 가벼운 클래식과 바로크풍의 음악은 우뇌를 자극해서 뇌력을 향상시킬 수 있다. 요한 슈트라우스의 〈아름다운 도나우 강〉, 브람스의 〈자장가〉, 바흐의 〈G선상의 아리아〉, 비발디의 〈사계〉, 베토벤의 〈전원교향곡〉, 모차르트의 〈아이네 클라이네 나하트 무지크〉, 헨델의 〈수상음악〉, 파헬벨의 〈캐논〉, 알비노니의 〈아다지오〉 등과 같은 음악은 뇌의 추상적 추리 센터에서 구체적인 뉴런 간의 연결을 촉진해 머리를 좋아지게 한다.

제 2 장

뇌의 발달과 학습

신경과학자들은 신체의 다른 기관과 마찬가지로 뇌도 동적이긴 하지만 영원히 고정되지 않는, 믿기 어려울 정도의 유연성을 가진 기관이라는 것을 인정하고 있다. 즉, 뇌는 끊임없이 성장하고 변한다는 것이다. 학습은 뇌 안에서 이루어지기 때문에 뇌가 어떻게 발달하고 학습하는가를 이해하는 것은 효과적인 교육방법을 모색하는 데 관건이 된다. 그리하여 이 장에서는 연령에 따라 뇌가 어떻게 발달하는지 그 특징적인 면을 학습에 시사하는 바를 중심으로 살펴본 다음, 뇌의 개인차와 관련하여 남성과 여성의 뇌가 어떻게 다르고, 장애아와 영재아의 뇌는 어떻게 학습하며 그에 영향을 미치는 요소가 무엇인가에 대해서 살펴본다.

1. 연령별 뇌와 학습

대부분의 교육자는 모든 학생이 주의력이 있고, 협동하고, 정신적 외상이 없고, 알코올과 흡연을 하지 않으며, 건강한 뇌를 갖고 학교에 오기를 기대하고, 학생들이 긍정적인 생활 경험과 학습에 대한 사랑으로 넘쳐 흐르길 원할 것이다. 여기서는 뇌에 영향을 미치는 여러 가지 요소를 어떻게 관리할 것인가에 초점을 두고 Jensen(2005)이 구분한 뇌 발달의 4단계에 따라 연령별 뇌가 어떻게 발달하고 학습하는가를 알아본다(권형규 역, 2011).

1) 태내기: 태아에서 출생까지

아이들이 학교를 준비하는 기회가 최초로 주어지는 곳을 자궁 안이라고 말하는 것은 과장된 것이 아니다. 우리는 마약, 흡연, 영양, 그리고 스트레스가 모두 태아에 영향을 미친다는 것을 안다(van Dyke & Fox, 1990). 임신한 여성이 태아의 발달을 위해 할 수 있는 가장 중요한 일은 잘 먹고, 약물과 흡연을 피하며, 스트레스를 최소화하는 것이다. 발달 중의 태아는 스트레스와 영양부족에 대단히 민감하다(Georgieff & Rao, 2001). 태아 민감성의 원인은 작고 밀폐된 환경, 독소에 대한 완충장치 없는 지나친 노출, 그리고 새로운 세포의 급격한 급증 등이다.

대부분의 뇌세포는 임신 4개월에서 7개월 사이에 생성된다(태아 뇌 발달의 속도를 보여 주는 [그림 2-1] 참조). 빨리 발달하는 뇌세포(뉴런)는 처음에는 뉴런관을 통해 쭉 뻗어 가다가 가지를 치며 결과적으로 다른 세포와 연결된 광대한 네트워크를 형성한다. 발달하는 뇌는 너무 빨리 자라서 뇌세포를 세는 일이 눈보라의 눈송이를 세거나 허리케인의 물방울을 세는 것과 같이 불

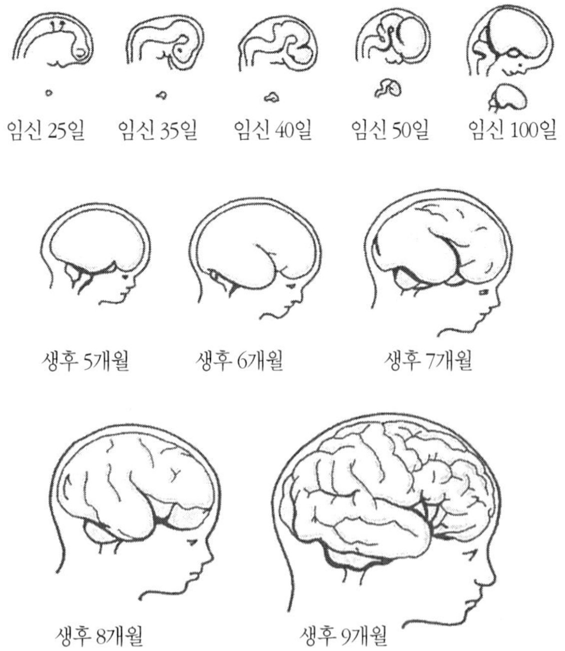

[그림 2-1] 태아의 뇌가 급격하게 발달하는 모습

출처: 김대식(2003), p. 39.

가능하게 된다. 임신 후 1주에서 1개월 동안 분당 25만 개, 시간당 150억 개에 이를 정도로 엄청나게 많은 뇌세포가 생성된다.

출생 당시 아기의 뇌는 1조 개 이상의 연결을 갖고 있으며, 일생을 통해 발달할 시냅스 수의 60%에 도달해 있다. 만약 아이의 뇌가 그런 속도로 형성된다는 것을 알았다면, 우리는 그것에 좀 더 주의를 기울이지 않았을까? 교육자는 부모들이 태아의 뇌 발달에 대해 이해하도록 도와야 한다.

2) 출생에서 2세까지: 결정적 시기 대 민감한 시기

이 발달단계는 아동의 뇌 발달을 위해 총력을 다해야 하는 생물학적 기회의 시간대(window of opportunity), 즉 결정적 시기(critical period)로 일컬어진다. 그러나 출생에서 2세까지는 뇌가 어떤 것을 배울 수 있는 유일한 시기가 아니기 때문에 급한 것을 추후에 해도 된다는 비판이 있다. 이러한 비판적 입장에서는 결정적 시기라는 말보다는 민감한 시기(sensitive period)라는 말을 사용할 것을 제안한다. 어떤 경험을 적시에 하는 것이 효과적이지만, 다소 늦은 경우에도 관련 기능이 아예 손상되는 것은 아니며 이후에도 상당히 회복 가능하기 때문이다. 다만, 모두가 그런 것은 아니지만 대부분은 일찍 발달시켜 주는 것이 바람직하다.

어떤 운동기술이나 외국어와 같은 많은 것이 인생에서 나중에 배울 수도 있지만, 일찍 배우는 것이 낫다. 비계효과(scaffold effect)와 내일효과(manana effect) 때문이다. 예를 들어, 아이들이 많은 운동기술을 15세에 배울 수도 있지만, 운동기술은 초기에 필요한 읽기, 쓰기, 추론과 같은 다른 중요한 기술의 토대가 되며(비계효과), 미룰 수 있는 모든 것은 거의 모두 미루게 된다(내일효과: 그것을 내일 하자). 많은 운동기술, 외국어, 예술에 대한 것을 20세에 학습할 수도 있지만, 그러한 모든 것을 20세에 한꺼번에 하는 것이 바람직할까? 이러한 기술은 생물학적인 결정적 시기가 있는 것은 아니지만 선호하는 시기가 있는데, 그 선호 시기가 발달을 시작할 가장 적정한 시기라 할 수 있다. 출생 후 2세까지 뇌 발달에서 가장 중요한 네 가지 측면은 '기회의 시간대'와 '결정적 시기'로 불리는 정서, 감각운동, 청각 및 시각의 발달이다(권형규 역, 2011).

[글상자 2-1] 뇌 발달의 결정적 시기

발달-학습단계에서 특정 기간에 반드시 획득해야 하는 중요한 시기를 결정적 시기 혹은 임계기(臨界期)라 일컫는다. 뇌의 발달에도 가장 중요한 시기인 결정적 시기가 있다. 이 시기에는 아이가 어떤 환경에서 자라는가가 중요한 관건이 되며, 이미 만들어진 시냅스 연결성들이 계속 유지될 뿐만 아니라 더 강화되어 훨씬 효율적으로 작용한다. 즉, 한 뉴런의 축색돌기와 다른 뉴런의 수상돌기 사이에 있는 시냅스가 서로 정보를 교환함으로써 그 신호가 한 뉴런에서 다른 뉴런으로 전달된다. 하지만 결정적 시기 동안 사용되지 않은 연결성은 그냥 사라져 버리는데, 대개 그 공간은 더 활발하고 효율적으로 작용하는 다른 시냅스에 의해 채워진다.

뇌 발달에 결정적 시기가 있음을 보여 주는 대표적인 예가 노벨의학상 수상자인 미국 하버드대학교 의과대학의 David Hubel과 Torsten Weisel이 수행한 고양이 시각 시스템을 이용한 실험 연구다(김대식, 2003). 연구자들은 고양이의 시각피질을 구성하는 뉴런들이 왼쪽 눈과 오른쪽 눈 둘 중 하나의 자극에만 반응한다는 것을 알아냈다. 즉, 어떤 뉴런은 왼쪽 눈에 빛을 비추었을 때만 활동적이고, 어떤 뉴런은 오른쪽 눈에 준 자극에만 반응한다는 것이다. 또한 그들은 좌우 눈에 각각 따로 반응하는 뉴런들이 큰 무리를 이루고 있으며, 시각피질 중 50%는 왼쪽 눈에 대해서, 나머지 50%는 오른쪽 눈에 대해서 반응을 보인다는 것을 발견했다.

그 후 연구자들은 새끼 동물의 뇌에도 두 눈에 의해 구분되는 영역이 존재하는지 흥미로운 실험을 하였다. 새끼 동물의 왼쪽 눈을 마스크로 가리고 한동안 오른쪽 눈만 사용해서 생활하게 하였다. 그 결과, 실험을 시작한 지 1주일쯤 지나서 두 눈에 똑같은 자극을 주자 오른쪽 눈에 주어지는 자극에는 정상적으로 반응했지만, 왼쪽 눈의 자극에는 전혀 반응이 없었다. 왼쪽 눈의 자극에 반응하던 뉴런이 완전히 기능을 잃어버린 것이다. 또한 외눈박이 실험을 한 지 몇 주가 지나자 시각피질의 모든 뉴런, 심지어는 실험을 하기 전에 왼쪽 눈에 대해서 반응을 보이던 뉴런들까지도 오른쪽 눈에 자극을 줄 때 반응을 보이기 시작했다. 뇌가 자라는 동안 왼쪽 눈이 가려졌기 때문에 뇌는 더 이상 왼쪽 눈의 자극에는 반응을 보이지 않고, 활발한 자극을 받은 오른쪽 눈으로 선호도를 바꾸어 버린 것이다. 실험 대상이던 동물은 다 자란 후에 왼쪽 눈이 정상인데도 왼쪽 눈을 쓰지 못하게 되었다. 눈이 볼 수 없게 된 것이 아니라 뇌가 장님이 된 것이다. 연구자들은 이런 실험을 통해 뉴런이 선호도를 바꿀 수 있는 특정한 시간대(time window)가 있다는 것을 발견해 냈다.

고양이의 경우 결정적 시기는 생후 4주째 시작되어 10주째에 끝난다. 일단 이 시기가 지나면 어떤 훈련을 해도 시각피질 뉴런의 선호도는 바뀌지 않는다. Hubel과 Weisel은 동물의 뇌를 좀 더 깊이 연구하면서 이런 놀라운 변화가 생길 때 뇌에서 무슨 일이 일어나는지 이해하게 되었다. 결정적 시기가 시작되면서부터 주위 환경이 시냅스의 연결을 결정한다. 결정적 시기 동안 왼쪽 눈을 가리면 더 이상 사용되지 않은 왼쪽 눈의 시냅스들은 연결성이 점점 약해지다가 마침내 어떤 자극에도 반응을 보이지 않게 된다. 대신 오른쪽 눈을 더 많이 사용하게 되어 오른쪽 눈의 연결성은 훨씬 강해진다. 흥미롭게도 시냅스의 연결성은 특정 환경에서 다시 바뀔 수도 있다. 예를 들어, 결정적 시기 동안 왼쪽 눈을 가려서 왼쪽 눈의 시냅스 연결을 잃은 경우에는 대부분 왼쪽 눈은 장님이 된다. 그러나 곧바로 오른쪽 눈을 가리고 왼쪽 눈으로만 볼 수 있게 하면 그때까지와는 반대의 현상이 나타난다. 이제는 왼쪽 눈의 시냅스들이 점점 강해지고 오른쪽 눈은 약해지기 시작한다. 결국, 뇌는 왼쪽 눈에 자극을 주었을 때만 반응하고, 오른쪽 눈의 자극에는 전혀 반응하지 않게 된다. 이런 과정을 보류봉합(reserve suturing: RS)이라고 부르는데, 반드시 결정적 시기 동안에 이루어져야 한다. 그리고 한쪽 눈을 가리고 난 후 얼마 지나지 않아 바로 반대쪽을 가려 주어야 한다. 일단 결정적 시기가 끝나고 나면 시냅스의 연결성은 더 이상 바뀌지 않는다. 즉, 결정적 시기 동안 뇌의 하드웨어가 결정된다.

인간의 경우 결정적 시기가 끝나는 것은 대략 12세 전후인 것으로 알려져 있으나 사람에 따라 차이가 있다. 어떤 아이들은 10세에 끝나는가 하면 15세까지 지속되는 아이도 있다. 그러나 대략 12세 전후로 아이들의 시냅스 연결이 굳어진다고 보는 것이 옳다. 이후에 배우는 모든 것은 12세 전후에 결정되고 굳어진 시냅스의 통로를 따라 움직이는 것이라고 할 수 있다.

(1) 정서 발달

생후 첫 24개월 동안의 건강한 정서적 애착이 삶에 기본이 되는 사회적 및 정서적 기술의 발달에 도움이 된다(Siegel, 1999). 이 시기는 아이가 사회적 세계에서 정서를 표현하는 방법을 배우는 시기이기 때문에 엄마(혹은 다른 주요 양육자)가 적절한 정서적 반응의 본보기를 보여 주는 것이 중요하다. 이러한 본보기는 아이가 실망, 기쁨, 불안, 슬픔, 공포, 자랑스러움, 부끄러움, 미안함 등과 같은 정서를 언제 표현하는 것이 적절한지 이해하는 데에 도움이 된다. 엄마가 보여 주는 초기 애착 행동은 아이가 초기 정서적 체계를 형성하기 시작하고(Polan & Hofer, 1999), 심지어 청소년기에 가서 부모와 질적인 관계를 가질 때에도 영향을 준다. 출생에서 2세까지 아이가 부모와 애착 관계를 제대로 형성하지 못하면, 그들의 관계는 수난을 겪게 된다(Hodges & Tizard, 1989).

연구에 따르면 아동기 초기에 스트레스, 방치, 학대 혹은 폭력에 노출되면 뇌가 재조직되고, 세포 내 수용 영역에 경계심과 스트레스 화학물질의 증가를 가져올 수 있다(McEwen & Schmeck, 1994). 초기 관계가 잘못 형성되면 아이의 뇌가 인지기능을 지원하기보다는 스트레스를 다루기 위해 포도당을 사용하는 원인이 된다. 무섭고, 학대적이거나 방치적인 환경은 전두엽에서의 잘못된 시냅스 가지치기나 정서 발달의 손상을 가져올 수 있고, 이는 장차 아이의 정서조절능력을 감소시킬 수 있다(Perry, 1997).

만약 아이들이 아동기 초기에 적절한 정서적 모델에 노출되지 않으면, 나중에라도 정서적 기술을 발달시킬 수 있는가? 이 문제에 대한 연구가 잘 이루어져 왔는데, 그 대답은 모호하지만 정서적 기술을 발달시킬 수 없다는 입장이 지배적이다(Gunnar, 2001). 몇몇 연구는 뇌가 후에 부모교육, 사회서비스, 학교 프로그램과 같은 부가적인 자원 덕분에 정서적으로 연결될 수 있지만 확실하지는 않다는 것을 시사하고 있다. 더욱이 독립적으로 사고하는 10대의 청소년보다 2세 아이의 정서적 기술을 발달시키는 것이 훨씬 쉽다는 것이다. 그러므로 부모가 정서적으로나 사회적으로 건강한 아이를 원한다면 건강한 정서적 주고받음을 열심히 해야만 한다(Greenspan, 1997).

(2) 감각운동 발달

보고 듣는 것과 같은 감각 경험과 움직임과 같은 운동 경험은 뇌에서 매우 밀접하게 엉켜 있어서 과학자들은 뇌가 이러한 활동을 어떻게 처리하고 통제하는가를 설명하기 위해 '감각운동체계'라는 용어를 흔히 사용한다. 감각운동체계, 특히 시각체계와 운동체계 및 청각체계는 생후 첫 2년 동안의 탐색을 통해서 발달한다.

전정체계(前庭體系, vestibular system)는 움직임과 균형의 감각을 통제하는 귓속에 있는 체계로 다른 감각체계에 큰 영향을 미친다. 많은 과학자는 읽기, 쓰기, 수학을 포함한 학습의 많은 문제가 전정자극의 결여와 관련 있는 것으로 본다. 전정자극은 움직임의 활동을 통해서 일어나는데, 심지어 흔들리는 것과 같은 간단한 움직임에 의해서도 일어난다.

오늘날의 어린아이들은 충분한 운동감각 자극을 받지 못하고 있다. 오늘날의 유아들은 많은 귀중한 운동 발달 시간을 텔레비전 앞이나 보행기 또는 차 안에서 보낸다. 1960년대에는 출생하여 2세가 될 때까지 차 안에서 평균 200시간을 보냈지만, 오늘날의 2세 아이는 500시간을 차 안의 유아용 카시트에서 보내는 것으로 추정된다(권형규 역, 2011). 비록 차의 유아용 카시트가 유아의 안전을 위해 중요하긴 하지만 유아들이 보내는 그러한 시간을 보상하기 위해서 추가적으로 감각을 자극하는 활동을 추후에 하려고 하는 부모는 거의 없다.

미국 미네소타에 소재한 위노나주립대학교의 특수교육과 Lyelle Palmer 교수는 운동감각을 자극하는 활동이 긍정적 영향을 미친다는 것을 분명히 보여 주었다. 그의 혁신적인 유치원과 초등학교 저학년 프로그램(Smart Start)은 더 높은 수준의 학업적 성공을 이루도록 아동들의 감각운동체계를 자극한다. 20년 이상 그는 초기의 운동 자극이 더 나은 주의력, 듣기 기술, 읽기 점수 및 쓰기 기능으로 이끈다는 것을 보여 주었다(Palmer, 2003).

(3) 청각 발달

청각피질은 임신 7개월부터 출생 후 1년까지 엄청난 성장과 안정화를 겪는다. 유아는 생후 6개월까지 정상적인 환경에서 대부분의 소리를 변별할 수 있다(Aslin & Hunt, 2001). 여러 발달의 임계치가 출생과 생후 6개월 사이에, 그리고 다시 생후 6개월과 24개월 사이에 일어난다. 이러한 이정표는 유아의 청각체계가 듣는 소리의 범위(데시벨), 소음 상태에서 소리를 변별하는 능력, 소리와 소리를 서로 변별하는 능력에서 성인의 수준으로 얼마나 성숙했는가를 제시한다. 청각체계의 발달에 문제가 있을 때 아이들은 집중할 수가 없기 때문에 학업적인 어려움을 겪게 된다. 아이들은 화자가 말을 빠르게 하면 접두어나 접미사를 듣는 데 어려움을 느낄 수 있다. 이러한 청각기술은 큰 소리로 읽는 자료를 이해하고, 음소 식별 능력을 개발하고, 읽기 학습을 할 때 매우 중요하다. 출생하여 5세까지 뇌의 언어능력을 개발하는 데에는 경험이 중요하지만, 어휘력의 가장 큰 진전은 19개월과 31개월 사이에 일어난다(권형규 역, 2011). 언어의 발달은 주로 듣기와 말하기에 의해서 자극된다. 즉, 아이가 단어를 많이 들을수록, 말을 많이 할수록 언어가 발달된다. 생후 6개월 후에는 언제든 정상적인 성인의 말도 아기들의 언어 발달에 도움이 된다.

(4) 시각 발달

신경생물학자들에 따르면, 시각은 생후 1년 동안 주로 발달하는데, 특히 생후 4개월 이후의 시점에 큰 발달이 이루어진다고 한다. 시각체계에서 시냅스의 밀도는 불필요한 연결에 대한 가지치기가 급속도로 이루어지는 생후 10개월쯤 절정에 달한다(Wilson, 1993). 뇌에서 색상, 움직임, 색조, 깊이의 지각과 관련된 영역을 포함하여 15개 이상의 시각 영역이 뚜렷이 구분됨에 따라 발달하는 유아는 다양한 자극 정보를 필요로 한다. 아기들은 모양, 무게, 움직임에 대한 학습과 물체를 다루는 연습을 많이 해야 한다.

Fine과 그의 동료들(2003)의 연구는 초기의 자극이 시각 발달에 얼마나 영향을 미치는가에 대한 놀라운 설명을 제공한다. 3세에 눈이 먼 남자는 43세에 시력을 회복하였지만, 2년 후 여전히 시력에 의해 아내를 인지할 수 없고 목소리를 통해서만 인지할 수 있었다. 더욱이 대부분의 세계는 혼란스러운 형태의 눈보라로 남아 있다.

비록 시각체계의 특성이 매우 복잡하긴 하지만(단순하게 묘사한 [그림 2-2] 참조), 심리학자인 Daphne Maurer는 "내재하는 기제(mechanism)가 무엇이든 간에 경험과 경쟁적인 상호작용이 공간적 시각의 발달에 중요한 역할을 하는 것이 분명하다."(Maurer & Lewis, 2001, p. 237)라고 말하였다. 경험과 상호작용이 종종 보모로 이용되는 텔레비전에서 비롯되어서는 안 된다(Tonge, 1990). 샌디에이고에 소재한 캘리포니아대학교의 신경과학자이자 시각전문가인 Ramachandran (1990)은 텔레비전은 이차원적이지만 발달하는 뇌는 시각적인 입체적 자극을 필요로 한다고 말

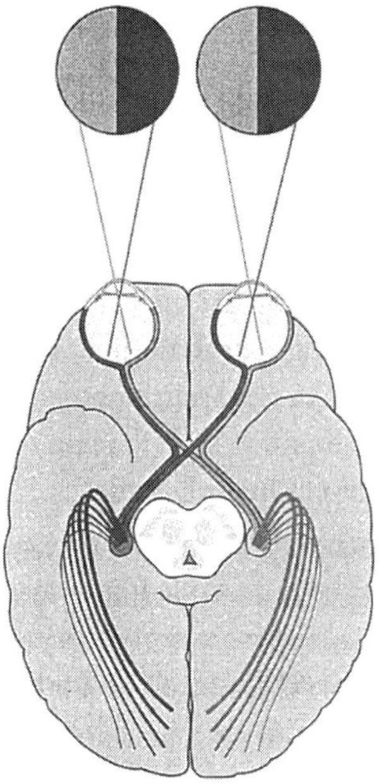

[그림 2-2] 시각통로

* 시각통로는 뇌의 양반구를 가로지르며, 앞면에서 뒷면으로, 다시 뒷면에서 앞면으로 이동한다.
출처: 권형규 역(2011), p. 57.

하였다. 텔레비전 영상은 급격히 나타나서 눈이 긴장을 풀 시간을 주지 않으며, 더욱이 텔레비전에 나오는 사람들은 아이의 환경에 존재하지도 않는 추상적인 것에 대해 말하는 경우가 많다. 영상을 처리하려고 시도하면서 생기는 스트레스는 학습의 어려움을 가중시킬 수 있다.

(5) 영양

좋은 영양은 인생의 어떤 시기에든 권장될 만하지만, 뇌 발달을 위해서는 영양소가 안정적이고 성공적인 성장을 도와주는 어린 시절에 특히 중요하다(Georgieff & Rao, 2001). 음식은 단백질, 불포화지방, 탄수화물, 설탕을 포함하여 학습에 필요한 영양소를 제공해야 한다. 뇌는 또한 붕소, 철, 셀레늄, 바나듐, 칼륨과 같은 요소를 골고루 소량 필요로 한다.

1990년대 이전에는 좋은 영양 섭취가 인지에 미치는 영향에 관한 많은 연구에 오류가 있었지만, 이후 Pollitt와 그의 동료들(Pollitt & Gorman, 1994; Pollitt et al., 1995; Pollitt, Watkins, & Husaini, 1997)의 아주 흥미로운 종단적 연구는 좋은 영양 섭취의 효과를 확실하게 보여 주었다. 영양 섭취가 인지에 미치는 영향에 관한 장기적인(출생에서 7세까지) 연구는 사실상 매우 중요하다. 영양 보충을 받은 아이들은 통제집단에 비해 다양한 사고와 표현, 읽기, 10년 후의 어휘력에서 더 높은 점수를 보였을 뿐만 아니라 연구자가 대상 아이들을 11세와 26세 사이에 계속 추적해 봤을 때 사회경제적 지위가 더 향상되었다. 연구는 영양이 향상되면 인지가 향상된다는 것을 강력하게 시사한다. 영양에 관한 잘 설계된 연구의 결과들을 요약 제시하면 다음과 같다(권형규 역, 2011).

- 영양은 모유로부터 시작되어야 한다. 엄마의 영양 상태가 좋다면 모유는 아기에게 가장 좋은 초기 음식 공급원이다.
- 저혈당증(낮은 수준의 피혈당)은 해마에 엄청난 부정적인 영향을 끼쳐 학습과 기억에 치명적인 역할을 한다. 아이들은 저혈당증을 예방하기 위해 시리얼, 파스타, 쌀과 같은 영양이 풍부한 복합 탄수화물을 섭취하는 것이 필요하다.
- 충분한 단백질 섭취는 어린 시절에는 절대적으로 필수적이다. 자라는 몸은 물을 제외하고는 다른 어떤 물질보다도 단백질로 만들어져 있기 때문이다. 몸은 성장과 정신적 기능을 위해 단백질을 필요로 한다. 단백질은 빠른 반응, 사고 및 작업기억에 필수적인 도파민과 노르에피네프린으로 합성된다.
- 미네랄과 철, 아연, 요오드(아이오딘), 셀레늄과 같은 미량의 요소는 적절한 기분 조절, 피로 감소, 집중력 향상에 필수적이다.
- 비타민 A, B, C와 E는 뇌의 유지, 보호 효과, 시력 강화 및 기억에 필수적이다.
- 필수 지방산, 특히 오메가 3와 6가 필요하다. 필수 지방산은 세포막 기능, 뇌와 눈의 발달에 통합적인 역할을 한다.

3) 2세에서 5세까지: 학교를 위한 뇌의 준비

아이가 학교를 위한 준비를 하는 것은 쉬운 일이 아니며 저절로 되는 것도 아니다. 사려 깊은 노력과 부모로서 하기 어려운 몇 가지 결정이 요구된다. 그리고 아이가 세 가지 측면, 즉 학업적 기술, 정서적 · 사회적 기술, 그리고 영양과 건강을 갖추도록 해야 한다.

(1) 학업적 기술

우리는 많은 능력이 우리의 뇌 안에서 만들어진다고 생각한다. 예를 들면, 우리는 빨리 움직이는 물체가 우리에게 예기치 않게 접근할 때 움찔한다. 그러나 학문적 능력의 경우는 어떠한가? 수학, 과학 혹은 언어의 어떤 면들이 뇌 안에서 만들어져 타고난 것일까? Steven Pinker(1994)

와 같은 일부 연구자들은 언어를 타고난 본능적인 것으로 보지만, 다른 연구자들은 그렇게 보지 않는다. 오늘날 많은 연구자는 발달하는 뇌는 유아가 실제로 방금 학습한 것을 본능적으로 알 수 있을 정도로 빠르게 학습하게 하는 전략을 갖고 있다는 관점을 지지한다. 학습방법을 학습하게 하는 것이 신경망의 주요 역할인데, 신경망은 만들어진 타고난 관점보다는 생물학적 관점(Elman et al., 1996)으로부터 더 많은 지지를 받을 수 있다. 그러나 이러한 빨리 학습하는 신경망은 예외 없이 일관성이 있으면서 다양성이 있는 풍부한 인생 경험을 요구한다.

출생에서 2세까지의 단계에서처럼 2세부터 5세까지의 단계에서도 일차적으로 중요한 것이 텔레비전 시청을 제한하는 것이다. 텔레비전은 감각운동 발달, 탐색적 놀이, 주요 대인관계의 발달에 도움이 되지 않는, 시간을 소비하기 위한 형편없는 대체물이다. 부모는 일상생활에서 이 연령의 아이에게 텔레비전, 비디오 게임, 비디오 영화를 보도록 하는 대신에 많은 자유시간과 창의적이고 탐색적인 놀이시간을 제공해 주어야 한다.

우리는 아이가 독서를 잘하도록 돕는 가장 좋은 방법 중의 하나가 취학 전 시기에 자주 책을 읽어 주는 것이라고 들어 왔다. 이러한 충고는 정말로 좋은 것이다. 놀랍게도 아이가 발달적으로 읽기에 준비된 절대적인 시간표는 없다. 일반적으로 남아가 여아보다 읽기 준비가 늦는 경향이 있다. 1년에서 3년 사이의 차이는 정상적인 것이다. 이것은 4세에 읽기 준비가 된 아이들이 있는가 하면 7세가 되어야 읽기 준비가 된 아이들도 있으며, 이는 정상적인 것이라는 뜻이다. 총체적 언어와 발음에 대한 직접 수업 중 어느 것이 뇌를 발달시키는 데에 더 나은가? 연구에 따르면, 각 접근법은 나름 가치가 있고 아이에 따라 어느 것이 다른 것보다 효과적일 수 있음을 시사하고 있다. 따라서 두 접근법을 조합하는 것이 가장 좋다고 볼 수 있다(권형규 역, 2011).

취학 전의 아이가 학교의 학업적 요구에 대해 잘 준비하도록 하기 위해 부모가 해야만 하는 가장 중요한 몇 가지 일을 제시하면 다음과 같다.

- 아이에게 책을 읽어 준다.
- 아이에게 스스로 발견하고 학습할 시간을 준다.
- 아이에게 율동적인 게임과 철자를 가르친다.
- 4세까지는 배터리가 있는 장난감을 모두 피하고 대신 많이 만지는 장난감을 선택한다.
- 상상력을 자극하는 단순한 장난감을 제공한다.
- 아이와 이야기하고 질문을 하도록 한다.

(2) 정서적 · 사회적 기술

취학 전 아이들의 정서적 · 사회적 기술의 발달을 돕기 위해서 부모는 텔레비전 시청 시간을 실제 사람과의 상호작용으로 대체해야 한다. 몇 가지 문제해결 활동을 추가하는 것도 도움이 된다. 따라서 이 시기의 아이들에게 세탁하기, 쇼핑하기와 같은 일상 활동들에 대해서 이야기를 나누고 관련된 과정들을 설명해 주는 것이 좋다. 슈퍼마켓에서 부모가 아이들과의 이러한 귀중한 상호작용 시간에 그들의 행동에 대하여 꾸짖고 질책하는 것을 종종 볼 수 있다. 아이의 나쁜 행동에 초점을 두고 질책하기보다는 좋은 행동에 초점을 두고 칭찬하고 보상하는 방법을 찾는 것이 더 좋다. 긍정적인 면에 대한 칭찬과 보상을 통해 아이의 자아개념을 강화해야 한다.

이러한 꽤 민감한 시기 중에 부모가 아이의 정서 발달에 긍정적인 방식으로 계속 영향을 주는 것이 매우 중요하다. 많은 연구가 공격성의 기제와 공격성에 영향을 미치는 요인들에 대해 조사하였다. 연구자들은 일반적으로 공격적 경향에 대한 증거가 생후 첫 4년 동안 발견될 수 있다는 점에 동의한다(Huesmann et al., 2003). 실제 한 연구에서는 공격적인 10대 자녀에 의한 괴롭힘을 겪고 있는 부모의 80%가 아이가 생후 17개월 정도 되었을 때 적대적 성격장애와 과잉행동과 같은 공격적 행동의 시작을 알아차렸다(Tremblay et al., 2002). 이러한 연구 결과는 신체적 공격을 금하는 것을 학습하기 위한 민감한 시기가 일반적으로 출생에서부터 4세 사이라는 것을 시사한다. 뇌의 인지적-정서적 지도는 일찍 그려져서 부모는 그것을 좋게 만들거나 나쁘게 만들 수 있다. 부모가 할 수 있는 한 가지 간단한 일은 폭력적인 시각 이미지를 감소시키는 것이다. 아이들의 폭력적인 비디오 게임 이용과 공격성 간에는 관계가 있다는 확실한 증거가 있다(Anderson & Bushman, 2001).

취학 전 아이들의 좋은 정서적 · 사회적 기술의 발달을 도와주기 위한 몇 가지 제안을 하면 다음과 같다.

- 사회적 게임과 활동의 기회를 제공한다.
- 정서적인 안정성과 친절에 대한 역할모델이 된다.
- 아이가 또래에게 어떻게 행동하는가에 대해 가르친다.
- 아이가 부모와 떨어져 편안하게 지내는 법에 대해서 배우도록 돕는다.

(3) 영양과 건강

빨리 진행되는 생활방식에 기인하여 많은 사람이 집에서 영양가 있는 음식을 준비하는 시간이 거의 없다. 패스트푸드 사회에서 취학 전의 아이들이 일상적으로 탄산음료를 소비하는 것에 놀랄 사람은 없다. 2세 이하의 아이들에 대한 한 연구에서는 11%의 아이들이 매일 감자튀김을 먹고 24%의 아이들이 핫도그를 먹는 것으로 밝혀졌다(Fox et al., 2004).

뇌에 특별히 좋은 음식으로는 잎이 있는 초록 채소, 연어, 견과류, 살코기, 신선한 과일 등 많은 종류가 있다. 그러나 아이들이 그런 음식을 충분히 섭취하는 일은 드물다. 최근에 연구자들은 감자와 여러 오렌지 채소에서 발견된 비타민 A가 학습과 기억에 도움이 된다는 것을 밝혔다(Misner et al., 2001). 빨리 작동하기 위해서 뇌세포는 미엘린(myelin)이라 불리는 지방으로 덮인 것이 필요하다. 단백질, 철, 셀레늄의 부족은 축색돌기의 수초화에 손상을 주어 정신적 효율성을 감소시킨다(Georgieff & Rao, 2001). 비록 음식 섭취가 최적의 뇌 기능과 발달을 지원해 주는 비타민과 미네랄을 얻기 위한 가장 좋은 방법이긴 하지만, 영양제와 같은 보충물도 부족한 식사를 만회하는 데 도움을 줄 수 있다.

우리는 물을 영양소라고 생각하지 않을 수도 있지만, 뇌의 관점에서는 영양소다. 탈수는 뇌의 정상적인 발달과 기능에 중요하다(Maughan, 2003). 물은 하루 내내 마시는 것이 가능해야 하며, 하루 8잔에서 12잔을 마시는 것이 권장되고 있다.

영양은 우리가 쉽게 긍정적인 차이를 만들 수 있는 영역이다. 학교에서 대부분의 아이는 영양을 공급받지 못하는 것이 아니고 적절하지 못하게 공급받고 있다. 부모는 영양에 대해 좀 더 진지하게 생각하는 것이 필요하다. 부모가 할 수 있는 것은 아이에게 전적으로 자신의 음식 선택을 맡기지 않도록 하고, 대신에 아이에게 바람직한 대안 중에서 선택하도록 하는 것이다("소고기, 두부, 구운 닭고기 중에서 뭘 먹고 싶니?"). 영양가 있는 간식([그림 2-3] 참조)을 제공하거나 간식을 주지 마라. 탄산음료 대신에 물을 주고, 매주 탄산음료의 소비를 줄여라. 이런 초기의 습관이 학창 시절 내내 지속적으로 긍정적인 효과를 가질 수 있다. 우리가 제공하는 음식은 아이

• 팝콘	• 홍당무	• 건포도	• 쌀과자	• 강장 캔디
• 요구르트	• 혼합견과	• 건조 과일	• 신선한 과일	• 채소과자

[그림 2-3] 영양 간식

출처: 권형규 역(2011), p. 63.

의 일상생활에 필요한 에너지를 공급해 줄 뿐만 아니라 아이의 뇌 발달을 도와준다.

4) 5세에서 10대까지: 학령기의 뇌

5세까지 뇌는 언어를 배우고, 감각운동 기술을 개발하며, 활동적인 탐색에 관여한다. 비록 생후 첫 5년 동안 급속한 변화가 늦었다 하더라도 뇌는 계속해서 성장하며, 다음 5년이 지나면 성인 무게의 90%에 달한다. 이 시기 중에 아이가 세상에 대해 더욱 활동적으로 탐색하게 됨에 따라 뉴런은 크고 세밀하게 수상돌기의 가지를 발달시키고 시냅스의 밀도는 일생 중 가장 높은 수준에 달한다(Huttenlocher, 1994; Huttenlocher & Dabholkar, 1997). 같은 시기에 아이의 뇌는 내일이 없는 것처럼 스스로 가지치기를 한다. 약하고 좀처럼 활동하지 않는 시냅스는 제거된다.

(1) 초등학교와 중학교 시절

5세와 12세 사이 아이의 뇌는 읽기, 쓰기, 수학, 이성의 세계를 포함하여 새로운 도전을 할 준비가 되어 있다. 하버드대학교 교육대학원 Kurt Fischer 교수는 아이들은 이 시기에 두 번의 급격한 성장을 경험한다고 말한다. 첫 번째 성장은 공간 지각력을 담당하는 두정엽과 언어를 담당하는 측두엽의 시냅스가 활발하게 형성되기 시작하는 6~7세경에 일어나고, 두 번째 성장은 두 반구의 특수화가 완전히 이루어지고 전두엽과 뇌량이 상당히 왕성하게 발달하는 11~12세경에 일어난다. 그는 둘 다 추론하는 능력, 인과관계를 이해하는 능력, 그리고 정직 · 자유 · 희망과 같은 추상적 개념을 파악하는 능력 등 인지능력을 지원하는 것 같다고 말하였다(Fischer & Bidwell, 1991). 또한 5세에서 10세 사이의 아이들은 세계가 제공하는 것에 대한 더욱 넓은 감각을 발달시킨다. 신기성, 음악에의 노출, 새로운 급우, 옷에 대한 여러 선택, 학교에서의 활동적인 수업, 자전거를 타고 이웃을 탐구하는 것은 모두 젊은 뇌를 만드는 것이다. 대체로 이 시기에 아이들은 처음으로 컴퓨터, 취미, 스포츠, 성적인 것에 관심을 가지게 된다. 부모에게는 아이의 친구 선택 기준("저 여자애는 내 옷을 좋아해." 혹은 "그 남자애는 정말 좋은 비디오 게임을 가지고 있어.")이 다소 엉뚱하게 보일 수 있지만, 이 시기의 아이들은 사회적 감각을 더욱 발달시키고 우정에 더 관심을 가지게 된다.

초등학교와 중학교 저학년 시기의 아이들은 또한 먹고 싶은 것에 대한 분명한 생각을 갖고 있다. 그들은 대개 기계에서 나오는 것에서 선택한 영양가 없는 음식, 학교 점심과 유혹적인 슈퍼마켓 진열대에서 선택한 것을 소비한다. 이러한 모든 정크푸드(칼로리는 높으나 영양가가 낮은 인스턴트 식품)는 학습과정에 문제를 야기한다. 영양 결핍은 시험 성적을 떨어뜨리며, 영양 보충은 시험 성적을 높이는 것으로 알려져 있다(Lozoff et al., 1987). Halterman(2001)의 연구에서 철분이 결핍된 학령기 아이들은 철분 섭취가 정상적인 아이들에 비해 수학에서 평균 이하의 성적을 받을 가능성이 두 배인 것으로 나타났다. 또 다른 Louwman 등(2000)의 연구에서는 비타민 B_{12} 함량이 낮은 식사를 하는 학생들은 학습능력이 저하되는 것으로 밝혀졌다. 또한 지방이 너무 많은 음식의 섭취(Greenwood & Winocur, 2001)와 불균형적인 식사(Ramakrishna, 1999)는 일반적으로 인지를 손상시킬 수 있다.

(2) 10대

흔히 10대라고 부르는 사춘기에는 심리적으로나 신체적으로나 엄청난 변화가 찾아온다. 매일 10대와 생활하거나 일하는 어른들이 종종 경험하는 것은 당혹감과 분노다. 10대는 종종 도무지 이해할 수 없는 나쁜 행동들만 골라 하며 그것을 덮기 위한 거짓말을 한다. 10대 시기에 뇌에 일어나는 급격하고 막대한 구조적인 변화의 가장 큰 이유는 실제로 일어나는 이상야릇한 행동 때문이다. 10대는 그들의 뇌에서 무엇이 일어나는지를 알아차릴 시간이 필요할 수 있다. 수면은 10대가 뇌에서 무엇이 일어나는지를 알아차리고, 10대의 뇌가 새로운 학습을 조직하고 저장하도록 한다(Wolfson & Carskadon, 1998).

해부적인 수준에서 볼 때 뇌의 대부분 영역은 청소년기에 중요한 변화 과정을 거친다. 사실, 그런 변화는 유아기의 뇌에서 일어나는 것과 비슷하다. 중요한 변화를 겪는 두정엽은 크기가 2배, 또는 3배가 된다. 회색질의 큰 부분이고 사려 깊고 반성적인 추론 능력의 책임을 맡고 있는 영역인 전두엽은 뇌가 성숙하는 마지막 영역이다([그림 2-4] 참조). 뇌세포는 11세와 13세 사이에 처음 두꺼워지며, 13세와 20세 사이에 7~10% 얇아진다. 어떤 경우에는 그 과정이 30세까지

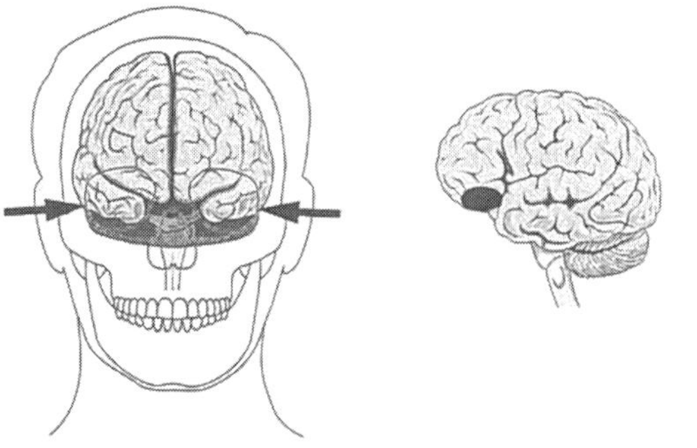

[그림 2-4] 안와전두피질

* 안와전두피질에서 사고와 정서가 감각으로 통합된다. 이 영역은 다른 영역보다 훨씬 늦게 16세와 30세 사이에 성숙된다.
출처: 권형규 역(2011), p. 66.

진행되어 10대의 뇌가 특히 미성숙한 것을 암시하기도 한다.

발달하는 뇌를 조사하기 위해 MRI를 사용한 Durston과 그의 동료들(2001)의 연구에서는 청소년의 뇌세포가 두꺼워지는 것은 더 많은 연결이 형성되고 있음을 의미하는 시냅스 재조직의 막대한 변화 때문이라고 제시하고 있다. 이러한 재조직에 포함된 세포들은 새로운 정보에 대해 더욱 수용적이 된다. 그러나 이렇게 증가하는 뇌는 더 많은 선택지를 가지지만 종종 비효율성에 의해 마비된다. 유아의 뇌와 마찬가지로 청소년의 뇌는 더 효율적인 결정을 하기 위한 시냅스의 가지치기에 의존한다. 로스앤젤레스에 소재한 캘리포니아대학교의 Elizabeth Sowell에 의해 수행된 연구에서 사춘기 동안 여자 아이의 전두엽이 남자 아이보다 빨리 성숙하는 것으로 나타났다(Sowell et al., 1999). 비록 대부분의 뇌가 18세와 30세 사이에 성숙하지만, 남자 아이가 24세가 될 때까지는 여자 아이의 뇌 발달을 따라잡지 못한다. 이러한 과정은 발달 중인 뇌의 영역이 불안정하고 변덕스러우며 예측할 수 없다는 것을 시사한다.

화학적인 수준에서 10대의 뇌는 즐거움이나 중독과 같은 쾌(快) 정서를 느끼게 하는 신경전달물질인 도파민의 변덕스러운 수준에 영향을 받는다. 청소년기에 도파민 수준이 너무 낮다고 주장하는 연구자들이 있는가 하면, 이 시기에 도파민 수준이 성인의 수준보다도 높다고 주장하는 연구자들도 있다. 어떤 경우이든 10대의 뇌는 다르다. 어바인에 소재한 캘리포니아대학교의 Frances Leslie는 10대들이 니코틴과 알코올의 기분 좋게 하는 효과에는 민감하고 그 반대의 효과에 대해서는 덜 민감하다고 말하였다. Leslie와 그의 동료들(2004)은 위험 감수, 약물, 성적 활동이 도파민 수준을 활성화시킨다고 하였다. 청소년기 학생들은 이러한 신기성을 추구하는 행동 성향을 가지게 된다. 그들은 종종 크고 지연된 보상보다는 작고 즉각적인 보상을 선택한다. 에너지가 넘치고 상상력이 풍부한 청소년 시기에 짝을 선택하도록 격려하는 것이 자연스러운 방법일 수 있다.

또한 다른 화학물질의 양은 10대 시기 중에 격렬하게 오르내린다. 호르몬 멜라토닌은 수면주기를 조절하는 데 관련되는데, 10대에는 그 수준이 대체로 매우 낮다. 대부분의 10대는 늦게까지 잠을 안 자고 늦게 일어나고 싶어 한다. 그 결과, 일찍 등교하는 학교생활은 수면 부족과 낮의 졸음으로 이어진다(Carskadon et al., 1998). 동료집단과 같은 심리사회적 영향과 수면을 통제하는 생물학적 조절체계(멜라토닌 수준)는 10대들이 이른 등교시간에 적절히 적응하지 못하게 할 수 있다. 그래서 수업 중에 조는 학생이 많고 학업 수행도가 떨어진다(Maquet, 2001).

10대의 뇌에서는 시냅스의 형성보다 시냅스의 제거가 활발히 이루어진다. 그러나 전두엽에서만큼은 시냅스의 형성이 여전히 활발하다. 이로 인해 10대는 정서조절이 쉽지 않아 많은 어려움을 겪는다. 사소한 일에도 쉽게 흥분하고 화를 내며 '이유 없는 반항'을 보인다. 전두엽의 시냅스가 아직 정리되지 못한 상태에서 성호르몬의 영향을 받아 편도체가 과잉 활성화되기 때문이다. 사춘기를 '질풍노도의 시기'라고 부르는 까닭이 바로 여기에 있다. 사춘기를 지나고 성인기 초기가 되면 전두엽의 시냅스가 정리되고 성호르몬이 안정되면서 점차 정서조절이 가능해진다(김유미, 2009).

10대의 흡연이나 음주는 성인에 비해 뇌에 치명적이다. 이는 10대들의 뇌가 아직 발달 중이기 때문이다. 한 연구의 결과에 따르면, 14세부터 술을 마신 18세 학생의 뇌는 여전히 14세의 뇌 발달 수준이라는 것이다. 음주로 뇌의 발달이 진척되지 못함을 의미한다. 동일한 음주량일 경우에도 10대는 성인보다 단기간에 알코올 중독이 된다. 알코올 중독일 경우 뇌실이 확대되고 해마가 손상된다. 해마는 기억의 중추이므로 학생들의 학습과 일상생활에 치명적인 영향을 미친다(김유미, 2009).

이러한 최근의 뇌연구에 대한 여러 가지 결과는 우리가 생각한 것보다 10대는 훨씬 많은 변화를 겪는다는 것을 말해 준다. 이러한 연구 결과는 부모나 교사에게 기분, 주의, 수면, 학습 및 기억에 관한 다음과 같은 많은 실제적인 시사점을 준다(권형규 역, 2011).

- 간단명료하게 하라. 10대의 전두엽은 많은 아이디어를 한꺼번에 저장하기 곤란하다. 지시를 할 때 한 번에 하나만 하라. 빈정대거나 돌려 말하거나 선심 쓰는 체하지 말고 솔직담백하게 말하라.
- 모델링을 사용하라. 10대 초기에는 교실에서 구체적이고 실제적인 모델을 필요로 한다. 실제 작업하는 모델을 사용하고, 학생으로 하여금 안내된 토론에서 설명을 통해 요약하고 생각하도록 하라.
- 코치가 되어라. 10대는 뇌의 증가된 시냅스의 풍부함(가지치기를 하지 않은 너무 많은 연결) 때문에 의사결정을 하는 데 어려움을 겪는다. 10대가 결정과 선택을 할 때 코치를 하면서 브레인스토밍 하게 하라. 대부분의 10대는 가능한 선택의 모든 것을 인지할 수 없다. 결과적으로 10대는 거짓말을 하게 된다. 즉, 그들은 가능한 여러 선택을 알 수 없기 때문에 거짓말이 암흑으로부터 벗어나게 도와줄 것이라고 믿는다. 그들이 강의가 아닌 토론을 통해 힘든 결정을 해 나갈 수 있도록 안내하라.
- 판단하기보다는 이해하도록 하라. 사회적으로 10대는 얼굴 표정에 의해 전달되는 정서를 정확하게 구분할 수 없다(Killgore, Oki, & Yurgelun-Todd, 2001). 다른 사람들의 정서를 인지하는 능력은 18세가 될 때까지 20% 더 약해진다(McGivern et al., 2002). 사실 10세보다는 11세, 12세에 다른 사람의 정서를 인지하는 능력이 더 약하다. 청소년들은 그들 자신의 정

서를 판단하는 데에 능숙하지 못하다. 그러나 그들이 어떻게 느끼는지에 대해 말하지 마라. 여러분이 보는 행동이 무엇인지 그저 확인하고 그들로 하여금 자기 자신의 결론에 도달하게 하라.

- 요령 있게 하라. 16세에서 18세 때까지 학생들은 미묘한 차이를 알아내는 데 어려움을 겪는다. 사회적 추론을 담고 있는 어떤 시사점이나 농담을 이해하지 못하며, 종종 다른 사람

[글상자 2-2] 신경전달물질

신경전달물질은 가장 잘 알려진 인간 뇌의 생화학적 전달자다. 우리는 약 100개의 신경전달물질을 갖고 있다. 이러한 신경전달물질은 신경 활동을 촉진하거나 방해하는 조절자다. 몇 가지 대표적인 신경전달물질을 살펴보면 다음과 같다.

- 아세틸콜린(acetycholine): 많이 알려진 신경전달물질의 하나로, 뇌간 바로 위에 있는 피질하 구조에서 생성되지만 뇌 전체에 걸친 많은 시냅스에서 이용된다. 아세틸콜린은 신경근육의 결합을 해제하고, 수면 중에 더욱 활성화되며, 기억(특히 장기기억)을 형성하는 데에 필요하다.
- 도파민(dopamine): 주로 긍정적 기분이나 감정을 야기하는 데에 관여하는 강력하면서도 많이 알려진 신경전달물질의 하나다. 단백질에 의해 합성되고 흑질(substantia nigra), 중뇌, 시상하부에 있는 분화된 신경세포들에 의해 분비되는 도파민은 움직임과 작업기억을 돕는 역할을 한다. 파킨슨병(Parkinson's disease) 환자들은 도파민이 부족하다.
- 감마아미노낙산(Gamma-aminobutyric acid: GABA): 뇌에서 스위치를 끄는 반응 억제자 역할을 한다. 모든 학습은 신경 활동(촉진 화학작용)과 신경 억압(억제 화학작용)의 적당한 조화가 필요하다. GABA가 없다면, 신경 활동이 지나쳐 발작을 일으키게 된다.
- 세로토닌(serotonin): 대체로 긴장이완을 일으키고, 기분과 수면을 조절하는 역할을 담당하는 대표적인 신경전달물질의 하나다. 남자가 여자보다 평균 20~30% 적게 지니고 있다. 세로토닌은 학습, 주의, 수면, 각성 및 기억에 영향을 주며, 행동적·인지적 유연성을 증가시킨다. 그래서 적당한 양은 좋지만, 너무 많으면 두렵고 자신감이 없으며 강박-충동적이 되고, 반대로 너무 적으면 공격성과 우울증을 가져온다.
- 코르티솔(cortisol): 뇌와 신체가 경계태세를 유지하도록 하는 데에 중요한 역할을 하지만, 결과적으로는 학습과 기억을 감소시킨다. 스트레스를 받으면 코르티솔이 분비되어 스트레스의 원인으로부터 벗어나려는 반응을 하게 된다. 일시적인 스트레스라면 별 문제가 없겠지만 스트레스가 지속적일 경우에는 코르티솔의 농도가 높아져서 뉴런에 치명적인 영향을 주게 된다. 특히 뇌에서 코르티솔 수용체는 해마에 많이 존재하기 때문에 심한 스트레스 상태는 주의 집중과 기억력에 엄청난 피해를 주게 된다.

의 행동을 잘 예측할 수 없다. 그들은 어떤 추론을 이해하지 못할 때 무시하고 넘어가기를 원하지 않고 설명을 해 주기를 바랄 것이다.

- 어떤 기회를 주어라. 10대는 자신의 잘못에 대한 결과를 느낄 필요가 있지만, 벌을 줄 때는 신중히 해야 한다. 때때로 그들의 뇌는 어리석은 짓을 하지 않도록 하는 데에 도움을 주지 못할 수 있다.
- 잠자게 하라. 대체로 청소년은 많은 잠을 필요로 한다. 하루에 7~9시간을 자야 한다. 수면 중에 뇌는 막대하게 재조직하고, 시냅스를 가지치기하며, 새롭게 저장된 경험을 조직한다.
- 약물남용의 위험성에 대해 명확하게 지적하라. 젊은 뇌는 이 시기에 약물의 영향에 쉽게 빠져들 수 있기 때문에 불법적인 뒷거래의 약물이나 마약의 오용을 피하도록 명백하고 엄중하게 해야 한다. 알코올과 흡연 중독의 위험성은 12세에서 19세 사이에 가장 크다.

2. 뇌의 개인차와 학습

사람마다 지문이 다르고 얼굴 모습이 다르듯 모든 사람의 뇌도 동일하지 않고 독특하다. 남녀의 차이를 포함하는 뇌 발달의 개인차는 유전 요인에서 비롯되기도 하지만 개인마다 조금씩 다를 수밖에 없는 환경 자극 자체와 개인과 환경 간의 상호작용 방식에 의해서도 결정된다. 여자의 뇌와 남자의 뇌는 어떻게 다른가? 장애아동과 영재아동은 일반아동과는 구조적으로나 절차적으로 다른 뇌를 갖고 있는가? 이들의 뇌는 어떻게 발달하고 학습하는가? 여기서는 이런 질문에 대해 그동안 신경과학적으로 밝혀진 사실에 기초하여 답해 봄으로써 교육대상에 따라 교수-학습방법이 달라져야 한다는 교육적 원리를 뒷받침하고자 한다.

1) 남자와 여자의 뇌

(1) 뇌의 성차

뇌의 개인차와 관련하여 먼저 남자의 뇌와 여자의 뇌가 어떻게 다른지 알아보기로 한다. 여기서 남자의 뇌와 여자의 뇌는 절대적인 것이 아니라 상대적인 것이고, 통계적인 평균치에 기초한 것이며, 실생활에서는 개인에 따라 호르몬 수준, 행동 및 뇌구조에 큰 차이가 있을 수 있다는 것을 기억해야 한다. 신경과학자들이 일반적으로 부르는 평균적인 남자의 뇌와 여자의 뇌에 대해 개괄해 보면 다음과 같다(손영숙, 2004; 정종진 역, 2010; Carter, 1999).

① 남자의 뇌

- 뇌 전체의 크기가 여자보다 크고, 전체 크기 대비 대뇌에서 뉴런 간의 연결 회로들이 모인 부분인 백질의 양이 여자보다 많다.
- 대뇌피질 전체의 뉴런 수가 여자보다 많다.
- 시상하부의 성적 이형(sexual dimorphic nuclei: SDN) 크기가 여자보다 2배 이상 크다.
- 여자보다 우반구가 일찍 발달한다. 이것은 교실훈육의 문제를 가져오며, 스포츠를 좋아하는 데에 영향을 준다.
- 더 높은 수준의 테스토스테론(testosterone, 남성호르몬의 일종)을 유지하며, 이는 추상적 조작, 공간, 과학, 수학, 스포츠의 기능에 도움이 된다.
- 여자보다 기능 영역들이 더 구분되어 있고 덜 분포되어 있다.
- 여자보다 20~30% 더 적은 세로토닌을 갖고 있으며, 이러한 세로토닌의 낮은 수준은 충동적 공격성, 자살, 알코올 중독, 폭발적 분노와 상관이 있다.
- 스트레스에 대한 반응성이 여자보다 민감하게 나타난다.
- 말하기와 읽기 학습이 여자보다 느리다.
- 우반구보다 좌반구가 늦게 발달한다.
- 공간 능력과 관련이 있는 우반구 두정평면이 여자보다 크다.
- 언어기능을 좌반구에 전적으로 의존한다.
- 뇌에서 더 많은 모듈 학습이 이루어지고 더 특수하며, 이것은 학습장애의 가능성을 높인다.
- 정서적 사건을 순차적 부분이 아닌 전체로 처리한다.
- 다른 사람들과의 의사소통에 덜 관심을 가지며, 일과 과정에 더 많은 관심을 기울인다.
- 두려움과 수줍음을 덜 나타내며, 높은 자신감을 보인다.
- 전두엽이 다른 뇌엽들보다 늦게 발달한다.
- 행동에서 더 고집스럽고 융통성이 적지만, 새로운 습관을 잘 유지한다.
- 여자보다 학습장애, 난독증, 자폐스펙트럼장애, 투렛증후군(Tourette syndrome, 의도하지 않은 행동을 무의식적으로 반복하는 신경장애), 정신분열증에 취약하다.
- 노화과정에서 여자보다 뇌조직을 더 일찍 더 많이 잃게 되며, 주로 전두엽과 측두엽 조직이 손상된다. 이 부위들은 사고, 언어 및 정서와 관련되며, 이 부위들에 있는 조직이 손상

될 경우 조급함이나 성격 변화가 나타난다.

② 여자의 뇌

- 뇌 전체의 크기가 남자보다 작지만, 전체 크기 대비 뉴런의 몸체가 모인 대뇌피질 부분인 회백질의 양은 남자보다 많다.
- 언어기능에 중요한 측두엽과 계획 · 판단 · 사고 기능에 중요한 전두엽의 뉴런 수가 남자보다 많다.
- 뉴런 수가 남자보다 적지만 뉴런 하나하나의 크기는 여자가 더 크고, 뉴런 간의 연결구조인 시냅스와 수상돌기 가지도 여자가 더 풍부하다.
- 학습과 기억을 담당하는 해마 영역의 가소성이 남자보다 잘 나타난다.
- 좌반구가 우반구보다 일찍 발달한다.
- 언어기능과 관련이 있는 브로카 영역과 측두평면, 상측두회 등이 전체 뇌에서 차지하는 면적 비율이 남자보다 크다.
- 언어기능을 좌반구와 함께 우반구에도 의존한다.
- 남자보다 큰 뇌량(섬유가 3~10% 더 많음)을 갖고 있다.
- 프로게스테론(progesterone, 황체호르몬)과 에스트로겐(estrogen, 여성호르몬) 등 두 호르몬 수준이 매달 변동되며, 이는 공간, 수학, 언어 및 미세운동 검사에서의 점수 변동을 야기하는 원인이 된다(더 낮은 호르몬 수준은 공간 및 수학 검사에서의 점수를, 그리고 더 높은 호르몬 수준은 언어 및 미세운동 검사에서의 점수를 향상시키는 결과를 가져온다).
- 남자보다 20~30% 더 많은 세로토닌(혈액-뇌 속에 있는 혈관 수축 물질)을 갖고 있으며, 이것은 두려움, 수줍음, 낮은 자신감 및 심하게 기가 꺾인 공격성과 상관이 있다.
- 더 넓은 뇌 영역에 걸쳐 사고기능이 미치며, 이것은 학습장애를 가져올 가능성을 줄인다.
- 한꺼번에 여러 가지를 처리하는 일을 더 잘 수행한다.
- 달래는 말과 노래에 더 잘 반응한다.
- 종종 심하게 기가 꺾인 공격성과 더 은밀한 부정적 행동을 표출한다.
- 성형한 얼굴과 성형하지 않은 얼굴을 더 쉽게 잘 구별할 수 있다.
- 실익보다는 관계에 더 토대를 둔 친구들과의 생존 동맹을 추구한다.
- 언어와 미세운동 기능에 도움이 되는 에스트로겐의 기준선이 높다.
- 말의 내용에 담긴 정서를 더 쉽게 간파할 수 있다.
- 좌반구와 우반구 간의 교류가 더 많다.

- 남자보다 우울증, 치매, 거식증에 취약하다.
- 노화과정에서 해마와 두정엽 조직이 손상되는 경향이 있다. 이 부위들은 기억과 시공간 능력과 관련되며, 이 부위들에 있는 조직이 손상될 경우 상황을 기억하거나 길을 찾을 때 어려움을 겪게 된다.

남녀의 차이는 오랫동안 심리학자들의 연구대상이 되어 왔다. 일반적으로 여자 아이는 언어 습득이 빠르고 어휘력이나 언어 표현력이 풍부한 데 비해, 남자 아이는 언어 발달이 좀 느린 대신 모형 장난감을 조립하는 데 탁월한 능력을 보인다. 또한 대체로 여자들이 소심하고 겁이 많으며 쉽게 불안해하고, 남자들은 변화와 모험 및 새로움을 추구하는 경향에서 여자들에 앞선다. 그런가 하면 여자들은 관계 지향적이고 어떤 일을 할 때 목표 자체보다 그 주변의 포괄적인 맥락을 중시하는 데 비해, 남자들은 성취 지향적이고 목표 중심적이라고 말한다. 이러한 남녀의 행동, 인지기능, 성격 및 기질의 차이는 뇌의 구조나 기능의 차이와 관련이 있다.

같은 남자, 같은 여자들 사이에서도 키, 몸무게, 팔 길이, 발 크기 등이 제각기 다르듯이 같은 남자, 같은 여자들 사이에서도 뇌의 영역별 크기나 뉴런 간의 연결 강도, 뉴런의 수 등이 제각기 다르다. 그러나 위에서 개괄적으로 제시한 바와 같이 평균적으로 보면 남자의 뇌와 여자의 뇌는 서로 같지 않다. 남자와 여자의 뇌가 구조적 혹은 기능적으로 다른 점을 좀 더 구체적으로 살펴보기로 한다.

생물학적으로 볼 때, 남자는 여자보다 성호르몬인 테스토스테론의 수준이 높다. 높은 수준의 테스토스테론 자체만으로 공격행동이 일어나는 것은 아니지만, 유전적 성향이 존재하는 상태에서 주변 상황이 공격 성향을 자극한다면 문제행동이 발현될 가능성이 커진다(Booth et al., 2006). 한편, 연구에서는 여자들에게 해당하는 낮은 수준의 테스토스테론이 언어능력, 의사소통능력, 사회적 기술 및 눈 맞춤을 증가시킨다는 사실을 보고했다(Baron-Cohen, 2003). 여자가 남자에 비해 면대면 의사소통이나 대화를 통해 갈등을 해결할 가능성이 더 큰 것은 바로 이러한 낮은 수준의 테스토스테론 덕분이라 할 수 있다.

남자의 뇌는 여자의 뇌보다 약 8~10% 크다. 남녀 간 뇌구조의 차이 중 하나는 전두엽을 덮고 있는 피질의 두께다. 남자의 경우 우측 전두엽피질이 좌측 전두엽피질보다 두꺼운 반면, 여자의 경우에는 양쪽 전두엽의 피질 두께가 거의 비슷하다. 뇌량은 남자에 비해 여자가 더 두껍고 밀도가 높은 편이다. 그리고 여자의 경우 에스트로겐 수용기가 전두엽 전반에 골고루 분산되어 있지만, 남자는 고르지 않다. 전두엽에 있는 도파민과 노르에피네프린 통로의 분산 정도에서도 성차가 나타난다.

이런 차이로 남자와 여자의 전두엽이 아주 다르게 기능할 가능성이 크다. 좌측 전두엽은 우측 전두엽과 달리 기능하며, 이런 차이는 여자보다 남자에게서 더 크게 나타날 것이다. 이것은 여자의 경우 뇌량이 더 두꺼워 두 반구간의 기능이 더 통합되기 때문이다. 다시 말해서, 여자들의 뇌는 대부분 반구 간의 교류가 우수한 반면, 남자들의 뇌는 대부분 반구 내의 교류가 우수하다(김유미 역, 2008a).

최근의 몇몇 MRI 연구에서는 여자는 두 반구의 용량이 비슷하지만, 남자는 그렇지 않은 것으로 나타났다. 또 두정엽은 여자에 비해 남자가 상당히 더 크다. 그런가 하면 인지수행에 대한한 검사에서는 언어 과제일 경우에는 여자가 더 우수한 반면, 시공간 과제일 경우에는 남자가 더 우수한 것으로 나타났다(Frederikse et al., 1999; Gur et al., 1999). MRI가 등장하기 전에도 학습양식 연구자들이 이미 유사한 결과를 관찰한 바 있지만, MRI 연구에서는 인지수행의 차이가 적어도 뇌구조의 차이와 관련된다는 견해를 지지하고 있다.

뇌구조의 성차가 중요한 다른 영역으로는 언어처리를 들 수 있다. 음운을 처리할 때 양성이 동일한 속도와 정확도로 과제를 수행할지라도, fMRI 스캔상에서 남자는 언어처리와 관련된 좌측 측두엽이 활성화된 반면, 여자는 양쪽 측두엽이 활성화된 것으로 나타났다. 이 결과는 좌측 측두엽 발작이 일어났을 때 남자의 경우에는 언어문제가 나타나지만, 여자에게는 그런 현상이 덜 나타나는 이유를 말해 준다(Shaywitz, Shaywitz, & Gore, 1995).

남녀 간의 행동과 뇌의 차이는 유전과 환경 요인의 산물이다. 남녀 각 성의 유전적 특성은 전혀 다른 역할을 성공적으로 수행하기 위해 선택된 것이다. 유전자는 생물학적 과정을 시작하고 점검할 뿐만 아니라 뇌구조의 성장과 발달에 영향을 준다. 남자와 여자는 유전자 구성이 다르기 때문에 뇌구조의 해부학적 성차가 존재하는 것이다. 그런 뇌 부위로는 기억, 사회적 행동, 정서처리 및 정서 반응과 관련된 부위를 들 수 있다(김유미 역, 2011).

앞의 장에서 살펴본 바와 같이 편도체는 정서로 가는 뇌의 관문이다. 뇌영상에서는 무서운 얼굴 사진을 볼 때 남자의 편도가 여자의 편도보다 훨씬 활성화된 것으로 나타났다. 이런 반응의 차이 역시 생존과 관련된다. 남자는 가족을 지켜야 한다. 다른 사람의 얼굴에 나타나는 무서운 모습이나 적대적인 모습은 갈등이 일어난다는 경고 신호가 될 수 있다. 한 사람의 뇌에서 그런 얼굴에 대한 정서 반응 처리와 방어자세가 더 빠를수록 그 사람의 생존 가능성이 높아진다. 그러나 여자의 편도체는 사진 속의 눈(eyes)을 보거나 다른 사람의 생각이나 의도를 파악하려 할 때 남자의 뇌보다 훨씬 활성화된다. 그래서 여자는 의사소통과 이성을 통해 정서적 위협에 대한 반응방식을 계획하는 경향이 있다. 더욱이 남녀의 편도체에는 테스토스테론 수용세포가 풍부하다. 대체로 남자는 여자에 비해 테스토스테론의 양이 많기 때문에 정서적 위협에 대해 먼저 행동하고 나중에 말하는 경향이 강하다. 그리고 물론 여자에게는 정반대의 사실이 적용된다.

남자와 여자의 뇌 차이와 관련하여 고려해야 할 또 다른 뇌구조로는 양쪽 뇌를 연결하고 양쪽 뇌의 정보 교류를 가능하게 하는 두툼한 신경뭉치인 뇌량이 있다. 여자의 뇌가 남자의 뇌에 비해 약 8~10% 정도 작지만, 여자의 뇌량은 남자에 비해 큰 편이다. 뇌량이 더 큰 것은 양쪽 뇌를 연결하는 신경섬유가 더 많기 때문이다. 따라서 의도 파악이나 의사소통 등 좌반구와 우반구 간의 급속한 정보 교류가 요구되는 과제에서는 여자가 더 우수하다. 실제로 많은 연구에서는 그런 사실을 지지하고 있다(Bishop & Wahlsten, 1997; Cahill, 2005).

정보를 장기기억으로 전환하는 과정에서 해마가 중요한 역할을 한다는 것을 앞의 장에서 논의한 바 있다. 이는 어둡더라도 집 주변의 길을 찾거나 출근길을 운전해 가는 것과 같은 공간기억을 기록할 때 아주 중요하며, '개인적 공간'에도 영향을 준다. 개인적 공간의 크기는 문화마다 다르지만(예: 지중해 문화에서는 더 좁고, 북아메리카 문화에서는 더 넓다), 모든 문화에는 개인이 두려움을 느끼는 최소한의 거리가 있다. 남자 아이의 해마가 여자 아이의 해마에 비해 훨씬 빨리 자란다(Suzuki et al., 2005). 남자 아이는 여자 아이에 비해 자신의 개인적 공간을 더 빨리 정하는 것 같다. 그래서 다른 사람이 아주 가까이 다가오면, 위협적으로 느껴 공격적으로 반응할 가능성이 크다.

해마 근처에는 작지만 중요한 부위인 시상하부가 있다. 이런 신경핵 모음이 협력하여 신경체계의 내적 안정성을 유지한다. 그러나 남자의 뇌와 여자의 뇌에서 시상하부의 두 영역이 극명한 차이를 보인다. 바로 시신경교차상핵과 시각전영역이다. 시신경교차상핵은 24시간의 사이클 리듬과 생식 사이클 조절에 중요하다. 특히 이 핵의 남녀 간 차이는 그 모양에서 나타나는데, 남자는 구형인 반면에 여자는 가늘고 긴 모양이다. 오늘날 연구자들은 이런 모양의 차이가 이 영역과 다른 뇌부위 간의 연결에 영향을 미치는지를 확인 중이다. 시각전영역은 짝짓기 행동과 관련이 있다. 남자는 이 영역이 여자보다 2배 이상 크고 세포 역시 2배나 많다. 4세만 되어도 이 부위의 크기 차이가 분명해진다. 그래서 대부분의 청년은 대체로 같은 또래 여자들보다 강한 짝짓기 행동을 더 빨리 보인다. 남자가 다른 남자의 행동 때문에 자신의 부부관계가 위협받는다고 느낄 때 일어나는 공격적인 반응이 바로 이런 행동에 속한다(Cahill, 2005).

이상에서 살펴본 바와 같이 남자의 뇌와 여자의 뇌는 다르다. 뇌 생김새가 다르고, 덩어리 구조가 다르며, 개별 세포의 미세 구조가 다르다. 남자와 여자의 뇌는 생김새와 구조만 다른 것이 아니라 같은 일을 하면서도 뇌의 서로 다른 부분을 사용하거나 같은 부분을 사용하더라도 그 패턴에서 차이를 보이기도 한다.

(2) 남자와 여자의 뇌가 서로 다른 이유

그러면 이렇게 남자의 뇌와 여자의 뇌가 서로 다른 이유는 무엇일까? 왜 다르게 설계되었을까? 남자의 뇌와 여자의 뇌를 다르게 하는 중요한 요인이 성호르몬이다. 그런데 왜 성호르몬을 통해 남자와 여자의 뇌가 달라지게 되었을까? 왜 성호르몬은 남자의 뇌를 공간정보처리에 더 능하게 만들고, 여자의 뇌를 언어정보처리에 더 능하게 만들었을까? 캐나다의 웨스턴온타리오대학교에서 30년 동안 남녀의 차이를 연구해 온 심리학자 Doreen Kimura는 자신의 연구 결과와 다른 사람들의 연구 성과를 종합하여 1999년에 출간한 『성과 인지(*Sex and cognition*)』라는 그의 저서에서 인간의 뇌가 수백, 수천만 년에 걸쳐 이루어진 진화의 역사를 반영하고 있다고 설명하였다.

진화론에 의하면, 모든 유기체에서 생존 가능성을 높이는 특성은 대를 이어 전달되고 나머지는 도태한다. 생존이 힘들던 원시사회에서 남자와 여자는 서로 협동해야만 살아남을 확률을 높일 수 있었을 것이므로 각자 역할 분담을 하였을 가능성이 크다. 남자들은 도구나 무기를 만들고, 사냥을 하기 위하여 때로 집에서 멀리 떨어진 데까지 나가기도 하였을 것이다. 여자들은 주로 집 근처에서 먹을 것을 구하고, 음식을 만들며, 자녀를 돌보았을 것이다. 이러한 역할분담은 남자와 여자에게 서로 다른 기능 특성을 요구하였을 가능성이 있다. 먼 거리를 이동하며 살아 움직이는 동물들을 사냥하고 무기와 도구를 만들어야 하는 남자들은 방향감각과 정확한 표적 맞추기 능력, 3차원 공간인식능력이 필요했을 것으로 보인다. 여자들은 음식을 만들고 주변에서 먹을 것을 채집하기 위해 섬세한 운동기술을 필요로 했을 것이고, 아기 얼굴의 작은 표정 변화나 침입자의 흔적일 수도 있는 집안 물건의 작은 변동 등에 민감해야 하므로 지각변별기능도 필요했을 것이다. 또 남자들이 사냥을 나간 동안 부족 내에 남아 함께 생활해야 했으므로 사회적 상호작용기술이 발달하지 않을 수 없었을 것이다.

그러므로 오늘날 남자와 여자들이 보이는 행동이나 기능의 차이는 수많은 세대를 거치며 전해 내려온 과거 생활양식의 유산이라고 볼 수 있다. 생존을 위해 남자와 여자에게 요구되는 기능 특성이 성호르몬을 통해 효율적으로 뇌에 구현되도록 진화해 온 셈이다. 오늘날의 인간은 원시 수렵사회는 물론 농경사회에서도 벗어났지만 최근의 달라진 생활양식이 뇌구조나 성 차이에 반영되기에는 산업사회, 정보화사회의 역사가 너무 짧다.

2) 장애아의 뇌

뇌연구의 역사는 뇌장애연구의 역사라고 해도 과언이 아니다. 원인이 유전적이든 환경적이든 장애아 교육과 치료를 위해서는 장애아의 뇌를 연구하는 일이 필수적이다. 최근 영상공학이 발달하면서 지적장애와 학습장애 등이 있는 특수아동은 일반아동과는 구조적으로나 기능적으로 매우 다른 뇌를 지니고 있는 것으로 밝혀지고 있다(Baker, Vernon, & Ho, 1991; Castellanos & Acosta, 2002). 여기서는 모든 교과 학습의 기본이 되는 기초학습기능의 하나인 읽기와 최근 학교 현장에서 교사들이 심각하게 토로하고 있는 학생들의 주의산만, 정서 · 행동문제에 초점을 두어 읽기장애, 주의력결핍 과잉행동장애, 정서 · 행동장애에 초점을 두고 장애아의 뇌가 구조적인 면과 기능적인 면에서 어떤 특징이 있으며 학습을 위해 어떤 도움을 주어야 할 것인지를 살펴보기로 한다.

(1) 읽기장애와 학습

읽기에서 해독(decoding)하고 이해(comprehension)하려면 [그림 2-5]에서 보듯이 세 가지 신경망, 즉 단어를 보는 시각체계(철자법), 뇌에서 단어를 음으로 전환하는 청각체계(음운론) 및 이해를 위한 실행체계(의미론)가 협응해야 한다. 가령 'dog'라는 단어를 읽을 때, 시각신경이 시각피질에 신호를 보내고 시각처리체계가 알파벳 상징을 종합해야 한다. 해독과정이 청각체계를 각성시켜 알파벳 상징이 'd/aw/g'라는 음을 표상한 것임을 알게 된다. 이해하려면 브로카 영역과 베르니케 영역 같은 다른 뇌 부위가 전두엽과 협응해야 한다. 이런 모든 체계가 제대로 작동한다면, 마음속에 '털이 있고 짖는 동물'이라는 심상이 떠오른다(Gailard et al., 2006; Shaywitz, 2003). 이 체계에 한 군데라도 문제가 있으면 읽기곤란이 나타날 수 있다. 일부 아동의 경우 초기 뇌 발달 동안 문제가 생겨 음처리능력에 영향을 주고 결국 문자로 된 교재의 해독에도 영향을 준다. 이런 발달 결함이 읽기곤란의 주원인이 되며, 그럴 경우 읽기로 인해 평생 어려움에 처한다. 청각과 시각 결함에 기인한 읽기문제는 드문 편이며, 일생의 어느 시점에서든 나타날 수 있다.

대부분의 읽기 연구에서는 주로 발달적 읽기문제에 관심을 두는데, 과학자들은 이를 발달적 난독증(developmental dyslexia)이라 한다. 발달적 난독증 아동은 지능, 환경, 감각기관이 정상임에도 읽기 학습에 어려움을 겪는다. 최근 신경영상 연구에서는 난독증이 있는 사람의 뇌와 일반인의 뇌가 여러 면에서 다른 것으로 확인되고 있다. 그 몇 가지 사실을 간추려 살펴보면 다음과 같다(김유미 역, 2008b).

- 뇌의 구조적 차이: 일부 MRI 연구에서 난독증 환자들의 뇌가 전형적인 뇌와 구조적으로 다르다는 것이 확인됐다. 한 연구에서는 난독증 남자 16명의 뇌가 통제집단 14명의 뇌에

비해 좌측 측두엽, 전두엽, 소뇌의 회백질이 더 작았다(Brown et al., 2001). 베르니케 영역이 있는 좌측 측두엽과 이해가 일어나는 부위인 전두엽, 그리고 뉴런이 더 적음을 의미하는 회백질이 더 적을 경우 난독증 관련 장애에 영향을 줄 수 있다는 것을 알 수 있다. 또한 뇌 영상 연구에서는 난독증이 있는 사람의 뇌가 일반인의 뇌에 비해 좌측 측두엽과 두정엽 부위의 백질 시냅스가 더 적다는 것이 밝혀졌다. 이 부위는 읽을 때 활성화되며 시냅스가 더 적을 경우 읽기능력이 떨어질 수 있다(Beaulieu et al., 2005; Niogi & McCandliss, 2006).

- 어형 영역 손상: PET 사용 연구자들은 일부 발달적 난독증 환자가 좌측 후두-측두엽에 손상이 있다는 데 주목했다. 이 부위는 문자 교재를 해독할 때 읽기에 유능한 사람들이 가장 많이 활용하는 어형 영역으로 확인되었다. 이 연구들의 또 다른 결과에서는 이 부위의 혈류량이 난독증의 심각성을 예언하는 것으로 나타났다(Rumsey et al., 1999). 원인이 무엇이든 손상과 혈류 감소로 문자 교재를 해독하는 능력이 감소할 것이다.
- 문자맹: 문자맹(word blindness)은 눈이 시각적으로 정상임에도 단어를 읽지 못하는 것으로, 선천적 문자맹과 후천적 문자맹의 두 가지 형태가 있다. 선천적 문자맹은 태내에서의 시냅스 결합과 관련되며 읽기 관련 신경계의 영향을 받는다. 오랫동안 이 장애에 주목하지 않았는데, 읽기에 영향을 주고 가끔 구어에도 영향을 준다. 후천적 문자맹은 뇌졸중이

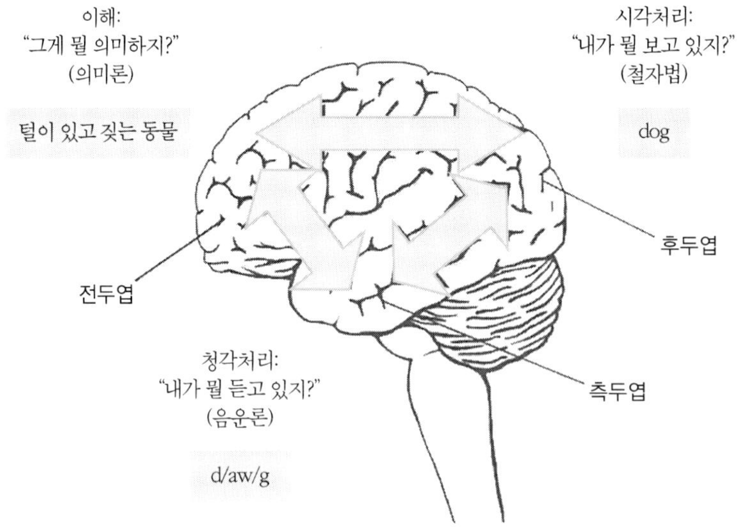

[그림 2-5] 읽기를 위한 세 가지 신경망

* 읽으려면 세 가지 신경망, 즉 단어를 보는 시각체계, 뇌에서 단어를 소리로 전환하는 청각체계, 이해를 위한 실행체계가 협응해야 한다.

출처: 김유미 역(2008b), p. 106.

나 종양 등 뇌 외상에 기인한 것으로, 살면서 발생하며 이미 확립된 체계가 제 기능을 못하는 경우다. 손상 영역은 보통 좌뇌로 우반신이 약해지며 단어를 발음하거나 사물을 명명하기 어렵다(Shaywitz, 2003).

- 청각처리 속도와 시각처리 속도의 차이: 정신작용에 의해 뇌가 활성화되는 동안 방사된 전기 신호를 측정하는 기법인 뇌자도(MEG)를 통해 난독증을 비롯한 읽기곤란 연구에서는 읽는 동안 시각 활성화는 정상이지만 청각 활성화가 비정상임에 주목했다(Renvall & Hari, 2002; Temple et al., 2003). 제대로 읽으려면 시각처리체계와 청각처리체계가 협력하여 동시에 작용해야 한다. 아동이 읽기 학습을 시작할 때 아동이 보는 글자가 아동이 속으로 듣는 음소와 일치해야 한다. 그러나 청각처리체계가 손상되어 시각처리체계보다 지연되면, 아동의 눈에서 이미 dog의 'g'를 스캔했는데 청각체계에서는 아직 음소 '/d/'나 'duh'를 처리 중이어서 아동의 뇌에서 글자 'g'와 음소 '/d/'나 'duh' 음을 짝짓게 된다. 이럴 경우 아동에게 'dog'를 쓰라고 하면 아동은 첫 음소인 '/d/'나 'duh'를 듣지만 실수로 글자 'g'를 회상하여 결국 'god'를 쓰게 될 것이다. 현재 일부 연구자들은 읽기곤란 아동을 대상으로 시각처리체계를 늦추어 청각처리체계가 첫 음소를 충분히 처리하도록 하여 청각처리체계와 시각처리체계를 일치시키는 패스트 포워드(Fast ForWord)라는 프로그램을 적용하여 성공적인 결과를 얻고 있다.
- 동작협응과 소뇌: 몇몇 뇌영상 연구에서는 많은 난독증 환자에게 소뇌처리장애가 있음을 제시하고 있다(Nicolson, Fawcett, & Dean, 2001). 또 다른 연구에서는 난독증 피험자의 약 75%가 통제집단에 비해 우측 소뇌가 더 작다는 것을 확인했다(Eckert et al., 2003). 1장에서 살펴본 바와 같이 소뇌는 후두엽 바로 아래 뇌간 뒤에 있다. 소뇌는 주로 학습된 동작협응을 담당한다. 연구자들에 따르면, 이 부위 장애로 읽기, 쓰기, 철자 학습에 문제가 생길 수 있다. 소뇌장애로 영아의 앉기, 걷기, 옹알이, 말하기 시기가 지연되며 읽기문제가 나타날 것이다. 동작협응이 부족하다는 것은 곧 말의 명료성과 유창성이 떨어짐을 의미할 수도 있다. 그 결과 언어의 온셋(onset, 단어의 의미를 바꾸는 첫 자음), 라임(rime, 단어 속에서 변치 않는 모음-자음 결합 부분), 음소 구조가 더 둔해진다. 이러한 동작협응과 시·청각 및 시·청각기억에 장애가 있으면 읽기장애아들끼리도 읽기 과제에서 큰 개인차를 보이게 될 것이다.
- 뇌기능 차이: 많은 뇌기능 영상 연구에서는 난독증이 있는 사람들이 일반 사람들과 다른 뇌 통로를 사용하는 것으로 나타났다. [그림 2-6]에서 보듯이 모든 연령에서 읽기에 유능한 사람들은 후두-측두 영역이라는 좌측 뒷부분에 의지한다. 이 부위는 어형을 해독하며

브로카 영역의 정보를 조금밖에 요구하지 않는다. 읽기에 문제가 없는 일반 사람들은 어형을 인지할 때 좌측에 있는 세 부위만 이용하고, 연습과 더불어 점차 자동화되며 유창해진다. 반면, 난독증이 있는 사람들은 어려서 단어를 처리할 때 좌측 뒷부분을 이용하지 않고 오히려 교재를 해독할 때 주로 브로카 영역에 의지하는 것으로 나타났다. 나이가 들면서 점점 의지하게 되어 청소년기 무렵에는 브로카 영역이 과도하게 활성화되고, 읽을 때 다른 전두엽 부위까지 가세할 정도다. 전두엽을 더 활용하여 좌측 뒷부분의 이상을 보상하려는 것이다. 읽는 동안 난독증인 사람의 뇌에서는 브로카 영역 외에 주로 시각기억을 담당하는 우측 전두엽이 상당히 활성화되었다. 이처럼 좌측 뒷부분 이상으로 단어 인지의 자동화가 어려워 과도하게 기억에 의존할 경우 읽기가 더디고 힘들어진다(Byring, Haapasalo, & Salmi, 2004; Simos et al., 2000). 난독증 성인에 대한 뇌기능 영상 연구에서는 읽는 동안 전두엽을 많이 사용하는 것으로 나타났다(Shaywitz, 2003).

읽기가 원래부터 인간의 뇌에 있던 것이 아니기 때문에 아동이 구어를 알파벳이나 단어 인지와 관련지으려면 많은 노력이 필요하다. 그들이 이런 것을 잘하려면 음운 인식(phonological awareness)과 음소 인식(phonemic awareness)이 필수적이다. 음운 인식이란 문장을 단어로, 단어를 음절로, 음절을 음소로 나누는 것처럼 구어를 더 작게 나눌 수 있음을 인식하는 것이다. 이런 인식은 곧 두운, 라임, 분철, 억양 인식뿐만 아니라 온셋과 라임을 확인하고 다루는 것을 의미한다. 음소 인식은 음운 인식의 하위영역으로, 단어가 음소로 이루어져 있고 음소가 새로운 단어를 구성함을 이해하는 것이다. 여기에는 단어를 처음, 중간, 마지막으로 나누는 능력, 단어를 음소로 나누는 능력, 단어에서 특정 음소를 없애는 능력이 포함된다. 읽기장애아들을 위한 읽기중재 프로그램에서는 이러한 음운 인식과 음소 인식을 다루어 일반아동의 뇌와 유사해지도록 뇌를 재구성하는 데에 중점을 두어야 한다.

연구에서는 읽기문제가 있는 아동이 독해기능을 촉진하는 학습전략을 배울 수 있는 것으로 나타났다. 학습문제아들에게는 질문 전략을 활용한 학습이 특히 중요하다. 이들은 자신의 독해에 대해 자문이나 모니터를 잘 못하기 때문이다. 연구자들과 교사들이 유창성과 이해 촉진에 효과적이라고 밝힌 세 가지 읽기 전략은 다음과 같다(김유미 역, 2008b).

- 질문하기와 부연설명하기(상호교수): 상호교수는 읽고 있는 교재와 학생의 상호작용을 촉진하는 전략적 접근이다(Palincsar & Brown, 1984). 상호교수에서 학생들은 질문하기, 요약하기, 명료화하기, 예상하기 등을 통해 교재와 심도 있게 상호작용한다. 토론 형태로 조직될 경우에는 리더가 있어서 먼저 교재의 일부를 읽은 후 집단이 대답할 질문을 고안한다.

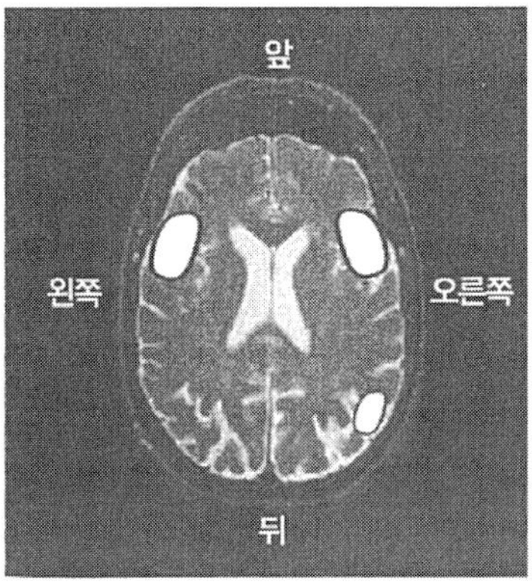

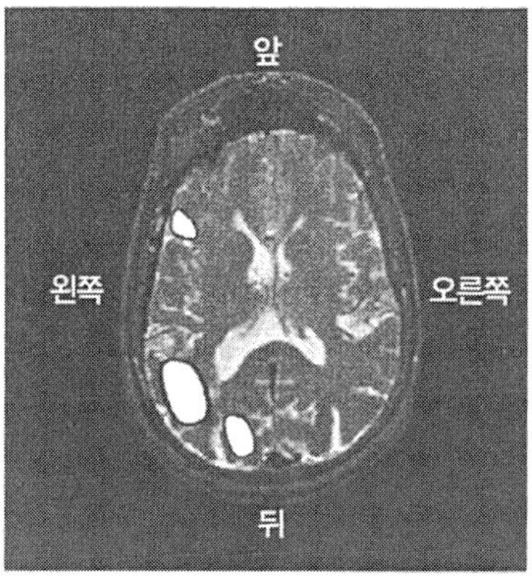

[그림 2-6] 난독증 독자와 유능한 독자의 활성화된 뇌 부위

* 읽는 동안 활성화된 뇌 부위는 이 표본 fMRI 영상에서 흰색으로 나타나 있다. 읽는 동안 난독증 독자들은 뒷부분이 별로 활성화되지 않고 앞부분, 특히 좌측 전두엽(브로카 영역)이 더 활성화된 반면에, 유능한 독자들은 전두엽이 적게 활성화되고 뒷부분이 더 활성화되어 있다.

출처: 김유미 역(2008b), p. 115.

둘째, 참여자들이 질문을 공유한다. 셋째, 리더가 교재의 핵심을 요약하고 참여자들은 그 요약에 대해 부연설명하거나 정교화한다. 토론의 어느 시점에서든 리더나 참여자들이 교재나 토론에서 명료화해야 할 측면을 확인한 후 협력하여 혼란을 없앤다. 마지막으로 리더는 새로 출발할 때임을 알리고 교재의 뒷부분에 어떤 일이 펼쳐질지 예상해 보게 한다. 부연설명하기, 자문(自問)하기, 중심 생각 찾기의 가치에 대해서는 체계적으로 연구된 바 있다. 학생들은 지문을 절, 하위 절, 단락 등으로 나눈다. 각 부분을 읽은 후, 자문 전략을 활용해 중심 생각과 세부사항을 확인할 단서를 준다. 그렇게 하려면 읽기 과제에 주의를 집중해야 하는데, 이는 학생들이 각 절, 하위 절 및 단락을 읽은 후 질문과 부연설명을 교대로 하기 때문이다. 또 읽기, 쓰기, 말하기, 듣기 등 모든 의사소통방식을 통합한다. 결국 학생들은 자신이 읽고 있는 내용에서 의미를 발견하여 내용을 기억할 가능성이 커진다. 읽은 내용을 이해할 때마다 부연설명이 필요한 것은 아니지만, 그래도 부연설명은 이해를 촉진하는 효과적인 방법이다(Fisk & Hurst, 2003).

- 중심 생각 파악을 위한 자문하기: 자문 전략은 단락의 중심 생각이나 요약을 확인하여 질문하는 데 주된 관심을 둔다. 학생들은 먼저 중심 생각의 의미와 자문방법을 배운 다음, 각 단락의 중심 생각에 대해 크게 자문하면서 연습한다. 이때 단서카드를 활용할 수도 있다. 연습한 후 교사가 즉각적 피드백을 제공한다. 이렇게 짧은 단락을 이해하고 나면 더 긴 단락을 제시하고 단서카드를 없앤다. 교사는 계속 교정적 피드백을 하고, 학생의 진보

와 전략의 유용성에 대해 논의하면서 수업을 마무리한다. Idol(1987)의 연구에서 자문 전략 훈련을 받은 학습장애아들이 통제집단에 비해 성취 수준이 의미 있게 높은 것으로 나타났다.

- 이야기 도식하기: 이 전략에서는 학생들이 이야기를 읽고 그 사건과 아이디어를 도식한 후 질문에 대답한다(Idol, 1987). [그림 2-7]은 이야기 도식의 한 예다. 도식을 채우려면 학생들이 이야기의 상황, 주인공, 시간, 장소, 문제, 목표, 일어난 사건, 결과를 확인해야 한다. 교사가 도식화 방법의 시범을 보인 후 학생 혼자서 도식화를 연습하고 교정적 피드백을 받을 기회를 충분히 제공한다. 도식은 효과적인 시각 도구로, 이야기의 중요한 사건을 이해하고 개념화하며 기억할 틀이 된다. 교사가 전략을 활용해 직접교수법으로 가르치고 전략을 자주 활용하길 기대하며 혼자서 전략을 활용해 보도록 격려하면, 학생들의 독해가 상당히 개선될 것이다. [그림 2-7]의 이야기 도식은 이야기 내용에 중심을 두고 있지만, 읽기곤란 학생들의 이야기 문법 이해를 촉진하려 할 때에도 활용할 수 있다(Boulineau et al., 2004).

일반 학급에서 읽기에 어려움이 있는 학생들의 읽기 학습을 도와주기 위한 전략을 제시하면 다음과 같다. 이러한 전략은 일반 학생들의 읽기 학습을 도와주는 데에도 효과적이며, 모든 학생의 학습과정이 더 쉽고 성공적일 것이다(DITT, 2001).

[그림 2-7] 이야기 도식의 예

* 빈 칸을 채워 학생들이 생생하게 시각화하면 이야기의 주요 측면을 이해하고 개념화하며 기억하는 데에 도움이 된다.

① 일반 전략

- 학급에서 기대를 분명히 한다.
- 학급 절차를 질서 있고 구조적이며 예측 가능하게 한다.
- 읽기장애가 있는 학생들도 읽기를 배울 수 있음을 명심한다. 단지 그들에게는 다른 교수-학습전략이 필요할 뿐이다.
- 건설적이고 긍정적인 태도를 갖는다. 교사가 학생의 행동이 아닌 그의 인격에 꼬리표를 붙이면 그로 인해 학생이 무능해질 수 있다. 꼬리표를 달거나 비꼬는 것은 수업환경을 훼손하고 학생의 자아개념과 수행에 부정적인 영향을 주므로 피하도록 한다.
- 읽기장애가 있는 학생의 경우 과제 완성 시간이 오래 걸리고 쉽게 피곤해진다는 점을 알아야 한다.
- "더 열심히 해."라고 말해서는 안 된다. 읽기장애가 있는 학생들의 뇌는 인쇄물을 해독하느라 이미 과외의 노력을 한 상태이기 때문에 더 열심히 하라고 호소해도 별로 나아지지 않을 것이다. 오히려 "제대로 이해하면서 천천히 해."라는 말이 필요하다.
- 읽기에 어려움을 겪는 학생들의 능력을 파악하고 칭찬하며 장점을 활용해 가르친다. 학생들이 성취감을 느낄 수 있는 수업을 계획한다.

[글상자 2-3] 독해 교수를 위한 PASS 과정

읽기장애아는 자신이 읽은 내용에서 의미를 도출하기 어려울 때가 많다. 읽은 후 의미를 도출하지 못하면 읽으려는 동기가 점차 감소한다. 더욱이 의미는 읽는 내용을 장기적으로 파지하는 데 필수적이다. 읽기장애아 및 일반학생의 독해 향상 및 읽기 학습 개선에 성공적인 전략의 하나가 Deshler, Ellis와 Lenz(1996)가 제시한 PASS(Preview, Ask, Summarize, Synthesize) 4단계 과정이다. 교사는 4단계를 따라 학생들을 안내하면서 단계별 관련 활동에 구두와 문자로 반응하게 한다. 협동학습을 활용하면 적극적인 참여를 격려하고 반응 결과에 대한 불안을 줄일 수 있다. 어떤 단계에서든 학생들이 어려워할 경우에는 이전 단계로 돌아가 어떤 정보가 필요한지 판단할 수 있다.

1. Preview(미리 보기), 검토하기, 예측하기
   - 제목과 한두 문장을 읽으면서 미리 훑어본다.
   - 이 주제에 대해 이미 알고 있는 내용을 검토한다.
   - 교재나 이야기에서 어떤 내용이 전개될지 예상한다.

2. Ask(질문하기), 답하기

- 내용 중심 질문
  - 누가, 무엇을, 왜, 어디에서?
  - 내가 이미 알고 있는 것과 어떤 관련이 있는가?
- 모니터하는 질문
  - 이해가 가는가?
  - 내 예상이 맞는가?
  - 일어날 것이라 예상한 것과 어떻게 다른가?
- 문제해결 질문
  - 이해하는 것이 중요한가?
  - 일부를 다시 읽어야 하는가?
  - 정보를 시각화할 수 있는가?
  - 모르는 단어가 너무 많은가?
  - 도움을 받아야 하는가?

3. Summarize(요약하기)

- 자신이 읽은 짧은 단락이 대략 어떤 내용인지 설명한다.

4. Synthesize(종합하기)

- 짧은 단락과 전체 맥락이 얼마나 일치하는지 설명한다.
- 새로 배운 내용과 이미 알고 있는 내용이 얼마나 일치하는지 설명한다.

② 초등학교 학급에서의 전략

- 읽기문제에 대한 학생의 발달사를 진지하게 경청한다.
- 체계적으로 연구된 읽기 전략을 선택하고 다감각 접근을 활용한다.
- 학생들이 읽기로 어려워할 때 그들의 좌절감을 이해한다.
- 관심과 이해를 보여 준다.
- 학생의 잠재력에 비해 수행이 낮을 수 있음을 인식한다.
- 읽기장애가 있는 학생들도 학습방법은 다르지만 학습할 수 있음을 명심한다.
- 읽기장애가 있는 학생에게 행동문제나 자존감문제가 있음을 인식한다.
- 학생과 교사 간에 친밀감과 신뢰감을 조성한다.
- 학생의 부모와 유대를 유지하고 진보 정도를 주기적으로 알린다. 가정에서 부모들이 적용

할 만한 전략을 제안한다.

- 학급 또래들이 난독증을 이해하여 난독증 학생이 따돌림을 당하거나 조롱당하지 않게 한다.
- 학급에서 읽기장애가 있는 학생을 도와줄 친구를 배정한다.
- 학생에게 자신의 재능과 장점을 말해 보도록 격려한다.

③ 중등학교 학급에서의 전략

- 읽기문제에 대한 학생의 발달사를 진지하게 경청한다.
- 수업에서 다감각 접근을 활용한다.
- 난독증 10대의 복합적인 좌절감을 파악한다.
- 난독증 학생들의 학습방법이 다르긴 하지만 이들도 학습할 수 있음을 명심한다.
- 난독증 학생들에게 자존감문제가 있음을 인식한다.
- 난독증 학생들에게 행동문제나 무단결석문제가 있음을 인식한다.
- 난독증 학생들의 경우 수행과 잠재력의 차이가 크다는 점을 인식한다.
- 가르칠 때 도표와 그래픽 조직자를 활용한다. 수업의 중요한 내용을 포함한 선행 조직자는 아주 유용하고 실패 예방에도 도움이 된다.
- 학생과 교사 간에 친밀감과 신뢰감을 형성한다.
- 학생의 부모와 유대를 유지하고 진보 정도를 주기적으로 알린다. 가정에서 부모들이 적용할 만한 전략을 제안한다.
- 시험을 볼 때 학생들의 법적 권리가 준수되도록 한다.
- 초등학교에서는 경도 난독증 학생들을 위한 대처 전략을 개발하기도 하지만, 복잡하고 다면적인 중등 교육과정에서는 그런 전략이 잘 맞지 않음을 인식한다.
- 어떤 자료든 학생의 성숙 수준에 적절해야 한다.
- 난독증 학생들의 경우 교재를 낭독하기가 매우 어렵다는 것을 알아야 한다. 낭독하게 할 경우 그들의 자존감에 부정적 영향을 줄 수 있다.

(2) 주의력결핍 과잉행동장애와 학습

학습을 위해서는 일단 뇌가 주의를 집중해야 한다. 정서가 주의를 유도하기 때문에 경계(alerting), 지향(orienting), 실행적 통제(executive control)를 담당하는 신경망이 협응해야 한다(Gazzaniga, Ivry, & Mangun, 2002). [그림 2-8]에서 보듯이 경계는 맨 먼저 뇌간에서 일어나며, 이는 뇌가 배경 자극과 진행 중인 활동을 억제하는 데 도움이 된다. 피질 내부와 변연계 부위의

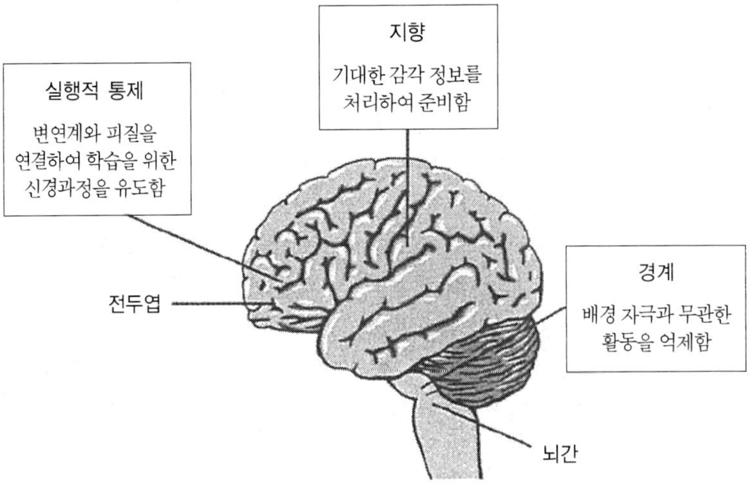

[그림 2-8] 학습에 대한 주의 집중에 필요한 세 가지 신경망

* 학습을 위해 주의를 집중하려면 경계, 지향, 실행적 통제의 세 가지 신경망이 협응해야 한다.

출처: 김유미(2009), p. 199.

지향체계는 다른 모든 정보 전달을 억제하면서 신경자원을 동원해 기대한 정보에 주의를 기울여 처리한다. 실행적 통제는 대뇌의 이성중추와 변연계를 연결해 해당 정보에 대한 반응방법을 판단할 여러 신경과정을 유도한다. 이런 세 체계의 어디에서든 문제가 생기면 과잉행동과 충동성을 동반한 주의장애, 즉 주의력결핍 과잉행동장애(attention-deficit hyperactivity disorder: ADHD)가 발생할 수 있다.

ADHD는 주의 집중, 행동조절, 행동 억제에 문제가 있는 부주의, 과잉행동, 충동성을 보이는 장애다. ADHD는 유치원이나 초등학교 저학년 아동에게 가장 흔한 행동장애이자 학습장애로, 여아에 비해 남아의 발생 비율이 3배 정도 많다. 대부분의 아동에게 부주의, 과잉행동, 충동성의 증세가 약간씩 있지만, ADHD 아동의 경우에는 이런 증세가 가끔이 아니라 항상 나타난다.

ADHD로 진단하려면 『정신장애 진단 및 통계편람 제4판(*DSM-IV-TR*)』에 소개된 부주의, 과잉행동, 충동성 관련 증세(〈표 2-1〉 참조) 중 여섯 가지 이상이 6개월 이상 나타나고, 7세 전에 나타나며, 두 장면(가정, 학교, 운동장) 이상에서 나타나야 한다. ADHD를 세 가지 유형, 즉 부주의, 과잉행동-충동, 그리고 이 두 가지가 결합된 유형으로 분류한다(APA, 2000). 이러한 ADHD 진단이 주관적인 판단으로 이루어지다 보니 정말 ADHD 아동인지에 대해 불일치할 수도 있다. 그리하여 연구자들은 주의문제와 과잉행동을 객관적으로 측정할 도구를 꾸준히 모색해 왔는데, 그 중의 하나가 Tiecher 등(1996)이 개발한 광학추적주의검사(Optical Tracking and Attention Test)다.

표 2-1 ADHD의 증상

증상	구체적인 관련 증세	
부주의	• 세부적인 것에 주의를 기울이지 못한다. • 주의 유지가 어렵다. • 경청하지 못하는 것 같다. • 과제를 마무리하지 못한다. • 과제를 조직하기 어렵다.	• 꾸준히 노력하지 못한다. • 물건을 잘 잃어버린다. • 외부 자극에 의해 바로 주의가 산만해진다. • 잘 잊어버린다.
과잉행동	• 시종 떠든다. • 학급에서 자리에 앉아 있지 못한다. • 물건을 내던지거나 아무 데나 올라간다.	• 조용히 놀지 못한다. • 손이나 발을 꼼지락거린다. • 많이 움직인다.
충동성	• 불쑥 답을 말한다. • 차례를 기다리기 어려워한다.	• 방해하거나 끼어든다.

이 도구는 아동이 15분 동안 가만히 앉아 과제에 주의를 집중하는 것을 적외선 운동감지 카메라로 측정한다. 이 검사는 ADHD 아동의 fMRI 연구와도 상관이 높은 것으로 나타나(Tiecher et al., 2000) 부주의와 과잉행동을 발견하는 데 성공적인 것으로 평가되고 있다.

ADHD의 원인은 아직 정확하게 밝혀지지 않은 상태이지만, 과학적 증거가 누적되면서 신경학적 의료문제로 밝혀지고 있다. ADHD의 생물학적 기반으로는 유전적 이상 외에 뇌 구조와 기능의 차이를 들 수 있다(김유미 역, 2008b). ADHD 아동과 일반아동의 고해상도 MRI 뇌 영상을 비교한 결과, ADHD 아동의 양측 전두엽과 측두엽 크기가 상당히 작은 것으로 나타났다. 이 들 부위는 주의체계의 일부로 행동조절에 기여한다(Sowell et al., 2003). 가령 전두엽이 발달하지 못하면 과도한 정서 반응을 조절하지 못한다. 또 뇌 영상에서는 ADHD 아동과 청소년이 정상의 통제집단에 비해 전체 뇌 용량이 매우 작은 것으로 나타났다(Castellanos et al., 2002).

몇몇 뇌 영상 연구에서는 동일 과제를 수행하는 동안에도 ADHD 집단의 뇌가 통제집단의 뇌와 달리 기능하는 것으로 나타났다. 심지어 통제집단에 비해 약간 미흡한 경우에도 정상집단과 완전히 다른 뇌 부위가 활성화되었다(Bush et al., 1999). 이는 바로 ADHD 아동의 실행적 통제 기능이 손상되어 일반아동이 인지과제 해결 시 활용하는 뇌 부위와 전략을 사용하지 못하기 때문일 것이다. 연구자들은 ADHD 아동의 뇌가 이런 결함을 보상할 때 언어 전략이 아니라 시공간 및 운동 처리에 의존할 것이라고 추측하고 있다(Fassbender & Schweitzer, 2006).

또 다른 요인은 뇌의 주의 집중과 행동조절을 담당하는 신경전달물질의 불균형이다. 도파민이나 노르에피네프린 같은 신경전달물질이 부족하면 각성과 경계에 영향을 줄 것이다. 낮은 세로토닌 수준은 충동성이나 엉뚱한 행동과 관련된다. 그런데 왜 이런 불균형이 생기는 것일까?

몇몇 신경영상 연구에서는 변연계의 미상핵(caudate nucleus)과 담창구(globus pallidus), 소뇌의 충부(vermiss)가 일반인에 비해 ADHD 집단에서 더 작은 것으로 나타났다. 미상핵과 담창구는 도파민 네트워크와 관련되는 것으로 추정된다. 도파민은 주의 통제와 동작협응에 기여하는 신경전달물질이다. ADHD 집단의 경우 이 두 조직이 더 작다 보니 도파민이 부족해 주의 유지가 어려울 것이다(Barkley, 1998; Raz, 2004). 또 충부는 원활한 동작협응에 기여하는데, 이 구조에 문제가 있으면 ADHD 집단의 증세인 과잉행동과 충동성이 나타날 수 있다. 또 다른 연구에서는 ADHD 집단의 경우 도파민을 생성하는 효소가 현저히 적은 것으로 나타났다(Swanson et al., 1998).

ADHD 관련 행동문제는 뇌의 실행적 통제체계인 전두엽에 문제가 생겨 나타난다. 이 체계는 충동적인 반응이나 무관한 자극을 억제하고 미래를 예측하며 계획한다. 여기에 장애가 있으면 무관심하고 무례하며 건방진 행동을 한다. 이런 문제가 행동 패턴으로 자리 잡게 되면 아동이 부정적 피드백을 자주 받게 되고, 결국 효과적인 중재를 받지 못할 경우에는 분노와 우울증이 나타난다.

ADHD는 가족력이 있다 보니 오랫동안 유전 가능성이 의심되어 왔다. 연구 결과에 따르면, ADHD 아동은 최소한 ADHD 친척이 한 명 정도 있으며, 어려서 ADHD가 있던 아버지 중 3분의 1이 ADHD 자녀를 두는 것으로 나타났다. 또 일란성쌍생아들의 경우에는 한 명에게 ADHD가 있으면 다른 한 명에게도 ADHD가 있을 것으로 추측된다(김유미, 2009). 이런 연구 결과는 ADHD가 유전 가능성이 아주 높음을 시사해 준다. 그러나 ADHD가 유전적 성향이 있다고 해서 양육과 학교교육의 영향을 안 받는 것은 아니다. 오히려 ADHD 유전자는 아주 민감해서 환경에 따라 유전적 특성이 얼마나 발현될지가 달라진다. 부모와 교사가 ADHD 아동을 어떻게 대하느냐에 따라 그들의 발달과 상호작용 방식이 달라질 것이다(DeGrandpre & Hinshaw, 2000). 일부 과학자들은 생물학적 요소보다 오늘날의 가족 패턴 변화나 양육문제가 ADHD 아동의 증가와 관련될 것으로 보고 있다. 많은 아동이 낯선 사람, 비디오 게임, TV 속에서 양육되면서 유사 ADHD 행동이 더 흔해졌다. 그러므로 부모와 교사가 ADHD 아동에게 어떻게 반응하느냐에 따라 ADHD의 영향이 줄어들거나 악화할 수 있다.

연구자들은 아동의 TV 시청이 뇌 발달에 미치는 영향에 관심을 가져왔다. Christakis 등(2004)의 연구에서는 아동의 TV 시청이 증가할수록 주의 집중 관련 문제가 더 많고 불안하며 충동적인 것으로 나타났다. 연구자들은 ADHD의 유전 요인이 클지라도 환경 역시 중요하다고 지적했다. 그래서 ADHD 성향이 있는 아동이 TV 시청을 너무 많이 할 경우에는 그 증세가 악화할 수 있고, 심지어 ADHD가 아닌 경우에도 유사 ADHD 증세가 나타난다는 것이다. 음식에 대한 알레르기 반응으로 과잉행동이 나타날 수 있으며, 이런 아동의 경우에는 행동을 조절하려면 식이요법이 필요하다. 그 밖에 ADHD의 요인으로는 스트레스 반응, 약물의 부작용, 경직된 환경을 들 수 있다.

ADHD 치료를 위해 약물치료가 권장되기도 한다. 덱스트로암페타민과 암페타민의 화합물(상품명: 아데랄), 메틸페니데이트(상품명: 리탈린)와 같은 자극성 약물과 아토목세틴(상풍명: 스트라테라), 모다피닐(상품명: 프로비질)과 같은 무자극성 약물이 ADHD 치료를 위해 사용되고 있지만, 이런 약물치료가 얼마나 효과적인지는 정확하지 않다(Biederman & Faraone, 2005). 과학자들은 약물치료 외의 치료법도 찾고 있다. 뇌 영상 연구에서 ADHD의 생물학적 근거를 제시하게 되면서 신경과학자들은 인지기능, 특히 기억치료에 주목하고 있다. 오랫동안 인지신경과학자들은 작업기억과 장기기억이 주의력과 인지능력의 주요인일 것이라 생각하고 기억이 개선되면 주의체계와 인지체계도 개선될 것이라 보았다(Rockstroh & Scuweizer, 2001). 부주의나 ADHD와 가장 밀접한 시공간기억의 개발에 주력한 Klingberg 등(2005)의 연구에서는 5주간 작업기억 훈련을 받은 ADHD 아동 20명 중 60%가 ADHD의 임상 기준에 해당하지 않는 것으로 나타났다.

행동치료와 관련된 Pelham과 그의 동료들(2000)의 연구에서는 2년간 행동치료만 받은 아동이 다량의 약물치료를 받은 아동 못지않게 향상된 것으로 나타났다. ADHD 아동에게 효과적인 다른 방법은 학습장애아에게 성공리에 적용되는 자기조절 전략이다. 자기조절 전략에서 학생들은 자신의 행동과 학업성취를 점검 · 관리 · 기록 · 평가한다. 평가에서는 피드백을 제공하여 학생이 하고 있는 것과 해야 할 것을 비교한다. 일반적인 자기조절의 네 가지 방법으로는 자기점검, 자기강화, 자기점검과 자기강화, 자기관리가 있다. 많은 연구에서 이 네 가지 모두 ADHD 아동 대상 중재 프로그램에 유용한 것으로 나타났다(Reid, Trout, & Schartz, 2005).

학교에서 유사 ADHD 행동을 예방하고 감소하기 위한 지도 전략을 제시하면 다음과 같다(김유미, 2009; 김유미 역, 2008b).

첫째, 적당한 학습 속도를 유지하라. 진도를 너무 빨리 나갈 경우 학생들이 정보처리에 필요한 충분한 시간을 얻지 못해 학습 내용을 이해하지 못한다. 정보처리를 위해 충분한 시간을 더 할애하지 않으면, 학생들은 이전에 공부한 내용을 계속 생각하느라 현재 과제와 무관한 행동을 하거나 다음 진도로 나아가려는 의욕을 보이지 않는다. 그러다 보니 그런 학생들이 교사에게는 ADHD로 보일 수 있고, 비슷한 상황이 반복되면서 수업 내용을 이해하지 못해 학습에 흥미를 잃고 주의 집중을 하기 어려워질 수 있다.

둘째, 시각적 이미지와 적극적 참여를 최대한 활용하라. 최근에는 교사의 설명을 듣기만 해서 공부를 잘하는 학생이 적다. 요즘 학생들은 다채롭게 바뀌는 풍부한 시각적 자극 속에서 성장했다. 그야말로 멀티 환경에서 자란 학생들이다. 또한 적극적인 참여를 강조하는 문화에서 자랐다. 따라서 교사의 설명이 너무 길어지면 대부분의 학생은 자신의 마음을 시각적으로 표상하는 낙서를 하게 되는데, 이 경우 학생들의 행동은 딴짓으로 여겨지기 십상이다. 청각을 활용한 단감각적인 접근보다는 시각을 비롯해 다양한 감각을 자극하는 교수방법을 통해 학생들을 참여시키면 더 많은 학생의 주의 집중을 유도할 수 있다.

셋째, 학생들을 모두 볼 수 있는 좌석 배치를 하라. 학생들이 교사의 시야에 들어오지 않아 학습지도가 원활하게 이루어지지 않을 경우, 학생들은 딴짓을 하거나 장난을 칠 수 있다. 특히 수업에 적극적으로 참여할 기회가 없는 경우에는 더욱 그러하다. 따라서 교사가 모든 학생의 행동을 주시할 수 있도록 좌석을 재배열해야 한다.

넷째, 일관된 행동규칙을 적용해라. 교사마다 행동규칙을 개별적으로 정하다 보면 과목마다 교사가 바뀌는 중 · 고등학교에서는 수업시간마다 학생들에게 적용되는 수업의 규칙이 다를 수 있다. 물론 교과전담 교사가 들어오는 초등학교 고학년의 경우도 마찬가지다. 더욱이 학생들이 일부 교사의 규칙 적용과 시행을 독단적이라고 판단할 경우에는 저항과 반발심이 생길 수 있다. 따라서 학교 전체적인 차원에서 큰 틀의 수업 및 행동 지도 규칙이 일관되게 적용되어야 한다. 훈육문제가 적은 학교에서는 일반적으로 모든 교사가 공통으로 적용하는 소수의 규칙만 존재한다.

다섯째, 오랫동안 한자리에 앉아 있게만 하지 마라. 뇌연구에서는 동작이 신경통로를 형성하고 기억을 인출한다고 제시하고 있다. 오늘날 주의 집중을 위해 다양하고 활발한 동작이 필요한 학생이 더 많아졌다. 오랫동안 자리에 앉아 있으라고 지시할 경우, 유사 ADHD 행동의 전형적 표시인 안달하기, 몸부림치기, 일어나서 돌아다니기 등이 나타난다. 적당히 학생들의 동작 활동을 유도하여 지루함이나 불안한 행동들을 조기에 예방하고 주의를 환기시켜 주어야 한다.

여섯째, 교실의 조명을 밝게 하라. 많은 학생이 평균 시간 이하의 수면으로 잠이 부족한 상태로 등교한다. 이때 조명까지 흐리면 학생들은 집중력을 잃고 졸게 되는데, 이는 교사의 눈에 주의집중력이 없는 것으로 보인다. 더욱 밝은 조명으로 학생들의 생체 리듬을 각성 상태로 유도하고 학습에 참여하도록 독려해야 한다.

일곱째, 교과서 외의 수업자료로 흥미를 돋워라. 교과서가 유익한 수업자료인 것은 사실이지만, 대부분의 교과서는 전형적인 틀이 있어 재미나 흥미로움을 유발하기에는 한계가 있다. 교과서만으로 수업하다 보면, 학생들이 주의가 산만해지고 딴짓을 할 가능성이 커진다. 교과서 외에 다양한 정보를 활용하여 학생들의 이목을 끌고 지루함을 환기시켜야 한다. 또한 교과서에서 만날 수 없는 과외의 정보를 통해 학습에 대한 호기심과 관심을 촉진할 수 있다.

여덟째, 토론수업을 진행하라. 칠판에 적은 내용을 그대로 옮겨 적기만 하는 것은 수동적인 학습의 전형적 패턴이다. 주의를 집중시키는 가장 좋은 방법은 직접 참여하게 함으로써 스스로 생각하게 하고, 스스로 움직이게 하는 것이다. 집단을 편성해 '~라면 어떨까?'라는 장면을 중심으로 토론하면 관심이 높아져 딴짓을 덜할 것이다. 이는 상상력을 자극하여 사고력을 키우고 또래집단과 논리적으로 소통하는 방법을 학습할 수 있게 하는 데에도 도움이 된다.

아홉째, 정서 욕구를 충족시켜라. 학생들은 집에서 정서 욕구를 충족시킬 수 없기 때문에 학교에서 그 욕구를 충족시키려 한다. 교사는 학교와 학급에서 의도적이고 긍정적인 정서 분위기가 중요함을 깨달아야 한다. 뇌연구에서는 학습에 집중하려면 먼저 생존 욕구와 정서 욕구가 충족되어야 함을 제시하고 있다.

ADHD 혹은 주의가 산만한 학생을 가르치는 교사들의 가장 큰 어려움은 그들의 주의를 포착하고, 학습목표에 주의를 집중시키며, 학습기간 내내 주의를 유지하는 것이다. 이런 단계들 각각에 적합한 몇 가지 활동을 제시하면 다음과 같다(김유미 역, 2008b).

① 주의 포착하기

- 흥미로운 질문으로 수업을 시작한다.
- 종, 타이머, 삐삐, 음악 소리 등 청각 신호를 활용한다.
- 조용히 해야 할 때는 교사가 손을 들거나 빛으로 신호하는 등 시각자료를 활용한다. 아니면 "모두 ~할 준비가 됐죠?" 하고 말한다.
- 화이트보드, OHP, 비디오 화면에 컬러 펜을 사용한다. 주요 낱말, 단계, 패턴을 강조할 때 색지를 활용할 수도 있다.
- OHP를 사용할 경우 OHP 위에 신기한 것을 놓아 주의를 포착한다. 중요한 내용에는 컬러 펜으로 표시한다.
- 눈을 맞춘다. 교사가 학생들에게 말하는 동안 학생들이 교사를 바라보아야 한다. 수업시간에는 특히 그러하다.
- 유머나 이야기를 활용한다. 이야기에 미스터리를 약간 추가하여 구두로든 문자로든 뒷부분을 상상해 보게 한다. 관심을 끌고 유지하기 위해 소도구를 활용한다.

② 주의 집중시키기

- 직접교수를 할 때 자주 OHP를 활용한다. 이는 주의 집중에 도움이 되고 학생들과 마주 보면서 글씨를 쓸 수 있기 때문이다. 관심을 끌려면 컬러 펜을 사용하거나 물건을 올려놓을 수도 있고, 무관한 정보는 가릴 수도 있다. 혼란을 피하려면 화면에서 주의를 산만하게 하는 요소를 없앤다. 학생이 집중하기를 바라는 자료를 가리킬 때에는 지시봉이나 레이저 포인트를 사용한다.
- 프레젠테이션을 하는 동안 다감각 전략을 활용한다. 모든 학생이 교사의 시야에 들어오고 모든 학생이 들을 수 있게 한다. 가능할 경우에는 발표나 체험 활동을 활용한다.
- 요란한 환풍기 소리나 차 소리 등 소음을 파악하여 주의를 산만하게 하는 요소를 줄인다.
- 그림을 활용하고 가능한 한 많이 그려 보게 한다. 이런 경우 정확하게 그리거나 잘 그릴 필요가 없고 개념 이해만 확실하면 된다. 이런 식으로 재미를 늘려 가야 한다. 어설픈 그림이라 할지라도 사건, 주요 사항, 문제해결 단계, 추상적 정보를 기억하는 데 유익할 수 있다.
- 학생들에게 칠판이나 스크린이 잘 보이도록 좌석을 배열한다. 학생들의 시야가 가릴 경우 좌석을 조정한다.

③ 주의 유지하기

- 수업을 활기차고 생동감 있게 진행하고, 조금씩 왔다 갔다 하면서 학생들이 교사의 시야에 들어오게 하며 적절한 속도를 유지한다. 그림, 도표, 조작물, 제스처 등 보조 자료를 활용한다.
- 교사가 적게 말한다. 말은 강력한 기억방법이기 때문에 공부하는 내용에 대해 학생들이 서로 대화할 기회를 준다. 책임감을 갖게 하려면 또래들과 대화한 내용을 교사에게 말해 보게 한다.
- 비판적 사고와 토론을 자극하고 개방적이며 추리를 요구하는 고차적 질문을 제시한다.
- 다음에 누가 호명될지 예측할 수 없게 다양하게 호명한다. 짝이나 집단을 이루어 답에 대해 토론하거나 일지로 쓰게 한다.
- 협동학습을 적절히 활용한다. 물론 협동학습의 구조와 기대가 분명치 않을 경우 ADHD 학생들은 잘하지 못한다.
- 학생 개인용 화이트보드를 활용하게 한다. 이는 동기 유발에 유익하며 과외의 도움과 연습이 필요한 학생을 파악하고 확인할 때 효과적이다.
- 기능 습득과 연습을 위해 피드백과 자기조정이 잦은 컴퓨터 프로그램을 활용한다.

끝으로, 주의력결핍 과잉행동장애(ADHD) 혹은 주의력결핍장애(ADD)와 관련한 행동 상황에 따라 적합한 전략을 살펴보면 다음과 같다(김유미 역, 2008b).

- 활동이 과도한 학생: 허용 가능한 방식으로 활동하게 한다. 가령, 학생의 활동을 줄이려 하지 말고, 다른 학생을 방해하지 않는 범위에서 적절히 움직이게 한다. 특히 과제를 마무리할 때나 자습할 때 서서 하는 것을 허용한다. 또한 보상으로 활동할 기회를 준다. 가령, 적절한 행동에 대한 보상으로 심부름시키기, 칠판 지우기, 교사의 책상 정리하기 등을 활용한다. 그리고 수업에서 적극적인 반응을 활용한다. 적극적인 반응을 격려하는 활동(움직이기, 대화하기, 조직하기, 일지 쓰기, 위원회 활동)을 가르치면 ADHD 학생에게 유익하다.
- 기다리지 못하는 학생: 기다리는 동안 말하거나 움직이게 한다. 가령, 교사의 도움을 기다리는 동안 쉬운 문제를 풀게 한다. 가능하다면 기다리는 동안 공상이나 계획하는 것을 허용한다. 가령, 기다리는 동안 낙서하거나 무언가를 가지고 노는 것을 허용한다. 관련 정보에 밑줄을 긋거나 기록하는 방법을 보여 줄 수도 있다. 더 이상 기다릴 수 없을 경우 리더십을 격려한다. 충동적인 말이나 행동에 공격적 의도가 없다고 생각한다. 다음 과제는 어려워서 더 주의해야 할 것이라는 단서를 준다.
- 일상 과제와 활동에 주의를 유지하지 못하는 학생: 과제를 짧게 구성한다. 즉, 과제를 작게 나누어 여러 번에 걸쳐 완성하게 하거나 아예 더 작은 과제나 문제를 할당한다. 또한 과제를 흥미롭게 한다. 가령, 학생들이 짝이나 소집단을 이루어 활동하게 한다. 각종 시청각 기자재를 활용하고, 흥미로운 활동과 단조로운 활동을 혼용한다. 학생의 활동을 검토하는 게임을 만들고 게임을 이용해 암송자료를 익히게 하는 등의 호기심과 관심을 유지할 수 있는 방법을 구사한다.
- 불복종하고 과제를 미완성하는 학생: 과제가 학생의 학습능력과 학습양식에 맞는지 확인한다. 컴퓨터, OHP, 테이프 등 다양한 방식으로 해 보게 하면 과제 완성이 증가할 것이다. 교사의 지시가 분명치 않아 과제 완성을 못하는 것은 아닌지 확인한다. 그리고 학생이 선택할 기회를 제공하거나 과제에 대한 관심을 촉진할 방법을 찾는다. ADHD 학생들에게 과제, 주제 및 활동을 선택하게 한다. 학생들의 선호 활동을 찾아 유인체제로 활용한다.
- 과제에 착수하기 어려운 학생: 과제를 구조화하고 중요한 부분을 강조한다. 여기에 사용되는 방법으로는 써 보게 하기, 말과 글로 동시에 지시하기, 허용 가능한 수준을 확실히 제시하기, 과제가 어떻게 구조화되었는지 제시하기 등을 들 수 있다. 그리고 과제 착수에 필요한 단계를 적은 후, 그 단계를 반복해서 말하게 한다.

- 제시간에 과제를 완성하지 못하는 학생: 목록과 과제 조직자(노트 폴더)를 활용하도록 촉구하고, 칠판에 과제를 써 주고 그것을 적게 한다. 책, 과제, 옷 등 자주 사용하는 물건을 보관하고 찾는 과정을 정한다. 주머니 폴더를 이용하여 진행 중인 과제와 완성한 과제를 서로 다른 곳에 두면 편리하다. 가정에서 부모들은 책, 숙제 등의 물건을 보관할 장소를 정한다. 각 항목에 해당하는 라벨지를 붙여 책상이나 서랍을 정리하게 한다. 또한 장소를 옮길 때마다 학생들이 '내가 할 일을 다 했나?' 하고 자문하게 가르친다.

(3) 정서 · 행동장애와 학습

최근 들어 정서가 인간의 뇌 발달과 학습 과정에 영향을 미친다는 사실이 여러 연구에서 밝혀지고 있다. 뇌는 인간의 생명유지를 위해 정보를 수집하고 기능을 개발하도록 유전적으로 프로그램되어 있다. 수천 년 동안 인간의 뇌는 신체감각을 통해 유입되는 모든 신호 중 생존과 정서 관련 메시지가 최우선임을 학습해 왔다. 제1장에서 살펴본 바와 같이 뇌간은 체온, 호흡 속도, 혈압 같은 생존기능을 점검하고 조절한다. 정서 메시지는 전두엽의 도움을 받아 변연계에서 처리 · 해석된다. 이런 생존과 정서 관련 메시지는 학습 상황에서 주의 집중을 비롯한 개인의 행동에 영향을 준다. 다시 말해, 정서가 주의를 유도하고 주의는 학습을 유도한다.

그러나 정서적 주의가 인지적 인식보다 먼저임을 명심해야 한다. 가령, 우리는 국세청에서 온 편지봉투를 보자마자 손바닥에 땀이 나고 혈압이 올라가는데, 이 모든 것은 편지 내용을 모르는 상태에서 일어난다. 그것은 바로 정서 반응을 담당하는 변연계의 일부인 편도체가 활성화되었기 때문인데, 편도체는 전두엽에서 온 정보가 없어도 활성화될 수 있다. 이 경우에 뇌는 사고, 추리, 의식 같은 인지기능의 도움 없이 정서적으로 반응하는 것이다(Damasio, 2003; LeDoux, 2002b). 그러나 불안 반응이 일어나더라도 전두엽이 상황을 제대로 파악한 후에는 불안이 사라진다. 편지봉투를 보고 불안했다 하더라도 고지 내용이 세금 환급임을 알게 된다면 불안 증세는 금방 사라질 것이다. 정서의 안정은 부정적 정서를 유발하는 편도체와 이를 억제하는 좌측 전두피질의 상호작용 덕분이다. 균형을 유지하고 정신적으로 건강하려면 편도체와 좌측 전두피질이 적절히 기능해야 한다.

여기서는 뇌의 정서통로를 간단히 제시한 후에 정서 · 행동장애 중에서 아동과 청소년들에게 가장 흔하고 학교에서 흔히 접하는 불안장애, 우울장애, 품행장애, 자폐스펙트럼장애에 대해 그 증상과 원인 및 치료법을 살펴보기로 한다.

냄새를 제외한 외부의 모든 감각 정보를 받은 시상은 추가적인 처리를 위해 이를 다른 부위에 보낸다. 이때 시상에 유입되는 감각 정보는 [그림 2-9]에서 보듯이 두 개의 통로를 지나 편도로 간다. 빠른 통로(시상통로, A통로)는 시상에서 곧장 편도체로 신호를 보내고, 두 번째 통로(피질통로, B통로)는 시상의 신호가 피질(대뇌)을 지나 편도체로 간다. 신호가 이 두 통로를 지날 때 걸리는 시간은 각기 다르다. 가령, 소리 신호가 통로 A를 지나는 데에는 약 12밀리초(1밀리초는 1/1,000초) 걸리며, 통로 B를 지나는 데에는 약 2배 걸린다. 신호가 어떤 통로를 택할지가 생과 사를 의미할 수도 있다. 요란한 경적의 소리 신호가 통로 A를 지나면 무슨 일이 생길지 모르더라도 잽싸게 길 옆으로 도망칠 것이다. 이후에야 피질이 무슨 일이 일어났는지를 설명해준다. 이처럼 생존이 우선이고 설명은 나중이다. 이 두 통로가 교란되면 이상행동이 생길 수 있다. 가령, 대중 속을 걷는 행위가 두려움과 연합되면 불안장애가 생길 수 있다. 그런 행동이 항상 통로 A를 지난다면 이성으로 조절하기 힘든 공포를 느낄 것이다. 이것이 많은 공포장애와 불안장애를 심리치료만으로 치료하기 어려운 이유일 것이다(Restak, 2000).

이처럼 편도체가 정서반응센터지만, 요즘 신경과학자들은 다른 정서는 다른 뇌 부위에서 처리한다고 본다. 즉, 좌반구 전두엽은 긍정적 정서를 처리하는 반면, 우반구 전두엽은 부정적 정서에 관심을 갖는다. 좌반구 전두엽이 손상되면 절망감과 우울증이 나타나는 반면, 우반구 전두엽이 손상되면 지나치게 기분이 좋아 모욕마저 무시할 정도다. 보통 우반구 선호자들은 기본적으로 일상생활을 불안하고 두렵게 접근하는 경향이 있고, 좌반구를 선호하는 사람들은 좀 더 자신 있게 접근한다. 이런 선호도는 유전, 경험, 뇌의 조직방식 등 여러 요인에 기인한다. Davidson (2000)의 EEG 연구에서는 우반구가 더 활발한 유아가 부모와 헤어질 때 더 울고 당황하는 것으로 나타났다.

불안장애(anxiety disorder)는 아동기에 가장 흔한 장애로, 9~17세의 학생 중 약 13%에게 이 장애가 있는 것으로 추정되며, 과도한 불안과 공포 또는 걱정으로 일상생활이 어려울 정도다. 공포증, 범불안장애, 공황장애, 강박장애, 외상후 스트레스장애가 불안장애에 속한다.

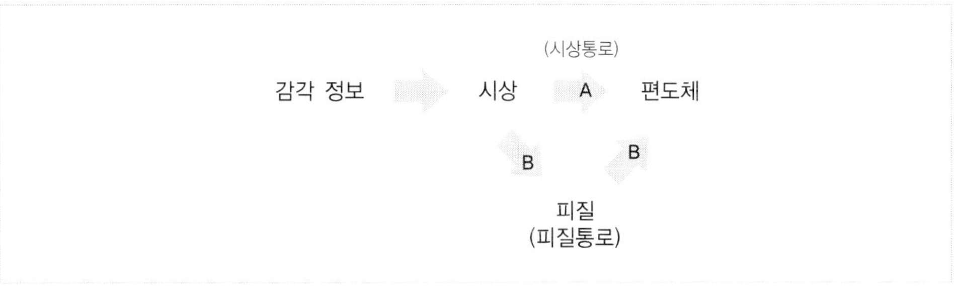

[그림 2-9] 정서 신호의 통로

* 감각 정보는 시상으로 가고, 시상에서는 정보가 곧장 편도로 가거나(시상통로 A) 피질을 거쳐 편도로 간다(피질통로 B).

- 공포증: 중요한 두 가지 유형으로 사회공포와 특정공포가 있다. 사회적 불안장애인 사회공포가 있는 아동은 시험을 볼 때 극도로 두려워하고 또래들과 함께 있을 때 당황하거나 무안해한다. 그들의 공포는 아주 심해서 학업과 일상생활을 방해할 정도다. 사회공포는 남 앞에서 말하거나 먹거나 글을 쓸 때 느끼는 공포처럼 한 상황에만 제한될 수 있으며, 가장 심한 경우에는 주변에 다른 사람들이 있을 때마다 그런 증세가 나타난다. 신체적 증세로는 얼굴 붉힘, 다한(多汗), 떨림, 메스꺼움, 말하기 곤란 등을 들 수 있다. 사회공포는 대체로 아동기나 청소년기 초기에 나타나고, 유전 요인과 관련된다는 증거가 있다. 특정공포는 위험이 거의 없는 상황이나 물체에 대해 느끼는 극도의 비현실적인 공포로 폐쇄공포, 고소공포, 터널공포, 고속도로운전공포, 물공포, 비행공포, 개공포, 혈액공포 등이 이에 해당한다. 이런 공포는 극단적인 공포일 뿐만 아니라 특정 대상에 대한 비합리적 공포다. 특정공포는 보통 아동기와 청소년기에 나타나고 성인기까지 지속되는 경향이 있다. 사회공포와 특정공포는 주의 깊은 표적 심리치료로 치료될 수 있다.
- 범불안장애(generalized anxiety disorder: GAD): 범불안장애 아동은 미래에 대해 끊임없이 두려워하고, 그럴 만한 이유가 없어도 최악의 상태를 예측하며, 비현실적이고 과도한 걱정으로 일상생활이 어렵다. 이들의 불안은 피로, 두통, 근육긴장, 근육통, 삼키기 곤란, 떨림, 경련, 과민, 발한 등을 동반한다. 범불안장애 아동은 이완할 수 없는 것처럼 보이고, 잘 놀라며, 집중이나 숙면도 어렵다. 이 장애의 발생률은 아동기에서 중년기에 가장 높지만 점진적으로 나타나고, 남성에 비해 여성이 두 배 이상이며, 유전이 약간의 영향을 주는 것으로 보고 있다.
- 공황장애: 예고 없이 일어나는 무서운 공황발작 에피소드가 반복된다. 공황장애가 있는 사람은 에피소드 사이사이에 강한 불안을 느끼고 또 언제 그런 일이 일어날지 걱정한다. 신체적 증세로는 빠른 맥박, 흉통, 마비, 손 저림, 메스꺼움, 복통, 현기증 등을 들 수 있다. 공황발작은 아무 때나 일어날 수 있으며 심지어 수면 중에도 일어날 수 있다. 대체로 10분 이내에 발작이 가장 심하지만 일부 증세는 더 오래 지속되기도 한다. 쌍생아연구에서는 공황장애의 발생 가능성이 유전될 수 있음을 제시하고 있다. 연령이 증가하면서 발생 가능성이 현저히 줄어들어 40세 이후에는 거의 드물다(Reilly, 2004). 공황장애는 대부분 청소년기 후기에서 성인기 초기에 시작된다. 공황발작이 일어나면 자신이 무력해지기 때문에 공황장애 환자들은 어떤 상황이든 피하려 한다. 그들의 약 3분의 1은 생활이 아주 제한되어 있는데, 이를 광장공포증이라 한다. 공황장애를 조기에 치료하면 광장공포증을 예방할 수 있다.

- 강박장애: 반복적인 사고와 행동 패턴으로 조절하거나 멈추기 어려운 장애다. 아동기에는 강박장애 발생률이 매우 낮지만, 청소년기가 되면서 증가한다. 강박장애가 있는 사람들이 벌레나 오물에 대해 강박적일 경우에는 계속 손을 씻거나 의심하고 몇 번씩 확인하려 한다. 그중 일부는 자주 폭력을 생각하고 주변 사람들이 자기를 해칠까 봐 두려워한다. 그들은 물건을 만지거나 숫자를 세느라 상당한 시간을 소모하고 질서나 균형에 몰두한다. Reilly(2004)의 연구에서는 강박장애가 가족력과 관련 있는 것으로 나타났다. 강박장애는 보통 세로토닌을 조절하는 약물치료나 주의 깊은 표적 심리치료로 치료될 수 있다.
- 외상후 스트레스장애(post-traumatic stress order: PTSD): 신체적 · 성적 학대나 폭력의 피해 또는 목격, 태풍 · 홍수 · 폭격 등 외상 사건 경험과 같이 심리적으로 고통스러운 사건을 겪은 아동에게서 발생한다. 악몽, 정서적 무감각, 분노 또는 신경질이 일반적인 증세이고, 어떤 연령에서나 나타날 수 있다. 외상후 스트레스장애는 일반적으로 외상 후 3개월 이내에 나타나며, 병의 경과는 다양하여 6개월 이내에 회복되는 사람이 있는가 하면 더 오래 지속되는 사람도 있다. 외상후 스트레스장애는 우울증, 약물남용, 기타 불안장애를 동반하기도 하는데, 약물치료와 주의 깊은 표적 심리치료로 치료될 수 있다.

뇌 영상 덕분에 신경과학자들이 불안장애의 원인을 파악할 수 있게 되었다. 가령, 기능장애로 일상적인 감각 정보까지 항상 시상통로([그림 2-9] 참조)를 지나 공황발작이 일어나는데, 이는 곧 그 신호가 조절적인 인지의 영향을 받지 않기 때문이다. 예를 들어, 누구든지 과속하는 오토바이 소리에 놀라긴 하지만, 그렇다고 해서 그것을 총소리로 오해하지는 않는다. 그러나 자기 친구나 가족이 총에 맞아 사망한 것을 목격한 청소년이라면 과속 오토바이 소리에도 강한 스트레스 반응이 일어날 것이다. 이런 반응으로 그 청소년은 숨으려 하고 완전히 공황 상태가 될 것이다. 과속 오토바이 소리가 바로 편도(시상하부)로 가서 공황 상태를 일으킨 것이 분명하다. 이런 경우에는 전두엽에서 아무런 입력 신호가 없어 이후 반응을 줄이지 못한 것이다. 한편, 오랫동안 정신과 의사들은 강박장애가 심리적 원인에 기인한다고 보고, 이를 정신분석으로 치료해 왔다. 그러나 뇌 영상 연구에서는 전두엽과 미상핵을 연결하는 뇌 회로의 과활성화로 강박행동이 일어나는 것으로 나타났다. 강박 에피소드 사이사이와 치료 후에는 이 회로의 활동이 감소했다(김유미 역, 2008b).

우울장애(depression disorder) 혹은 우울증은 흔히 '마음의 감기'라고 불린다. 누구나 쉽게 걸릴 수 있고 치료가 그다지 어렵지 않기 때문이다. 하지만 우울증은 개인의 능력과 의욕을 저하시켜 현실적 적응을 어렵게 하는 주요인으로, 심각할 경우에는 죽음에 이르는 다리가 되기도 한다. 더구나 젊은 세대가 이전 세대에 비해 우울증 빈도가 더 높게 나타나고 우울증에 걸리는 연령도 점점 낮아지는 추세다. 실제로 서울대학교 병원에서 고등학생 이상의 일반 성인을 대상으로 실시한 조사 결과에 따르면, 17.4%가 우울증이 있는 것으로 나타났다. 그중 일반인은 9.65%, 대학생은 12.1%임에 비해 고등학생의 경우에는 22%가 우울증이 있는 것으로 나타나 청소년들의 우울증이 더 심각함을 알 수 있다. 이뿐만 아니라 초등학생을 대상으로 실시한 보건복지가족부의 조사 결과에서는 20.1%가 우울, 공포, 강박 등의 정서문제가 있는 것으로 나타났으며, 제주대학교 의과대학팀의 조사 결과에서는 17.3%가 우울증 발병 위험이 높은 것으로 나타났다(김유미, 2009). 우울증 아동의 증세는 우울증 성인의 증세와 다르게 슬프거나 위축되기보다 짜증과 신경질을 내는 경향이 있다.

우울증에는 주요 우울증(단극 우울증), 기분저하증(주요 우울증이 약한 상태), 양극성 우울증(조울증)이 있다. 모든 유형의 우울증이 아동과 청소년의 기능과 적응에 영향을 주고 질병, 대인관계 곤란, 사회적 곤란을 가져오며, 심한 경우 약물남용이나 자살로 이어질 수 있다. 주요 우울증의 증세는 아동, 청소년, 성인에게 공통적이다. 우울증 진단 기준은 〈표 2-2〉에 제시된 모든 연령에 공통적인 증세 중 다섯 가지 이상이 장기간 나타나는 것이다. 공통적인 증세만으로 아동기 우울증을 진단하기는 어렵기 때문에 임상가들은 그 장애와 관련된 다른 징후를 조사하기

표 2-2 우울증의 증세

구분	증세	
모든 연령 공통	• 시종 슬프거나 신경질적인 변덕 • 예전에 즐겁던 행동에 대한 관심이 사라짐 • 식욕이나 체중이 크게 변함 • 잠을 못 자거나 너무 많이 잠 • 정신운동 동요나 지체	• 활력이 없음 • 무가치함이나 부적절한 죄책감 • 집중하기 어려움 • 죽음이나 자살 생각을 자주 함
아동과 청소년	• 시도 때도 없이 두통, 피로, 복통, 근육통을 호소함 • 결석이 잦고 학교 성적이 좋지 않음 • 가출한다고 말함 • 갑자기 울고 소리 지르며 불평함 • 지루해함 • 친구들과 놀려고 하지 않음 • 알코올이나 약물 남용	• 사회적 고립이나 의사소통 부족 • 죽음에 대한 두려움 • 거절이나 실패에 매우 민감함 • 적대감이나 신경질 증가 • 무모한 행동 • 관계형성곤란 • 자해
아동과 노인 (양극성 우울증)	• 지나친 기분 변화 • 과도한 자존감 • 힘이 넘침 • 오랫동안 잠을 안 잠	• 막을 수 없을 정도로 너무 빨리 너무 많은 말을 함 • 모험행동이 과도함

도 한다. 아동과 청소년의 조울증은 극단적인 기분 변화를 주요 지표로 삼는다.

우울증은 유전, 일상적 사건, 신체 상태가 결합되어 유발될 수 있다. 양극성 우울증의 경우 가족력이 있어서 생물학적 취약성이 유전될 수 있음을 시사한다. 각 세대의 구성원에게 양극성 우울증이 발생한 가족 대상 연구에서 이들의 유전구조가 일반인들과 약간 다름을 발견했다 (King et al., 2006; Reilly, 2004). 그러나 그 반대는 사실이 아니다. 즉, 양극성 우울증에 민감한 유전구조를 가진 사람이라 하더라도 모두 그 장애가 발현되는 것은 아니었다. 환경적 원인이 양극성 우울증 발병과 관련 있는 것이 분명하다. 심각한 상실, 이혼한 부모, 사고, 외상, 생활 패턴의 극단적 변화가 우울 에피소드를 유발할 수 있다. Nomura 등(2002)의 10년간의 추적 연구에 따르면, 부모의 우울증과 가족불화가 심한 가정의 아동은 통제집단의 아동에 비해 우울증 발병률이 훨씬 높았다. 신체 변화로 정신 변화가 일어날 수 있다. 뇌졸중, 심장발작, 암, 호르몬 장애와 같은 의료질환이 우울증을 유발하여 환자들은 무감각하고 뭘 먹으려 하지 않는다.

유전이든 아니든 주요 우울증은 뇌 구조 및 기능의 변화와 관련된다. 전반적으로 우울한 사람의 뇌는 일반인의 뇌보다 활성화 정도가 현저히 낮은 편이다. 이는 곧 전반적인 느림, 무기력, 흥분 부족을 설명해 준다. 특히 우울한 사람은 문제해결, 자기조절, 기획력같이 고차적 기능을 담당하는 전두엽이 충분히 활성화되지 않기 때문에 자기의지에 따라 행동하고 그 행동에 따른 책임감을 다하기 어렵다. 전두엽은 우리가 살아 있음을 느끼게 하는 부위로, 망상 환자의 뇌에서는 제대로 기능하지 않는다. 실제로 뇌 영상을 이용해 우울증 아동의 뇌를 측정한 결과, 보통 아동의 뇌에 비해 전두엽의 크기가 감소한 반면, 외측 뇌실의 크기는 증가한 것으로 나타났다.

우울한 사람들에게 활성화되지 않는 부위는 주의와 관련된 부위로, 특히 외부의 정보에 주의를 기울이는 두정엽과 상부 측두엽이다. 이러한 사실은 우울한 사람들이 외부 자극에 민감하지 못하고 자기 문제에 더 얽매여 있는 이유를 설명해 준다. 뇌의 뒤에서 앞에 걸쳐 중앙 간극 아래의 앞부분도 활성화되지 않는다. 이 부위는 진화상 피질보다 오래되고 두꺼운 신경통로를 통해 변연계와 연결되어 있다. 이 통로를 따라 충동, 욕망 및 무의식적인 기억과 새로운 계획, 아이디어 및 상상이 교류된다.

이와는 반대로 어떤 부위는 지나치게 활성화되어 있는데, 그중의 하나가 외측 전전두피질이다. 이 부위는 보통 사람의 경우 장기기억으로부터 무언가를 인출해야 할 때 활성화되는 부위다. 자신의 슬픈 일을 생각해 보라고 할 때 활성화되는 부위이기도 하다. 이러한 사실은 이 부위의 역할이 장기기억을 의식하게 하는 것임을 의미한다. 또한 부정적인 정서를 담당하는 편도체도 과잉 활성화된다. 편도체를 자극하는 시상과 전대상도 활성화되는 부위인데, 전대상은 우리가 무엇인가에 집중하거나 고통처럼 머릿속에서 유발된 것을 등록할 때 활성화된다. 뇌에서 이 부위 중 하나가 활성화되면 다른 부위가 바로 자극을 받아 거의 동시적으로 활성화된다. 가령, 편도체가 부정적 정서를 의식하게 되면, 외측 전전두엽이 그 정서와 관련된 장기기억을 인출하고 전대상이 그 기억에 고착되며, 시상이 전체 회로를 활성화시켜 우울을 경험하게 된다(김유미, 2009).

우울증은 단기 심리치료나 약물치료 또는 이 두 가지를 결합해 가정과 학교에서 표적 중재할 경우 치료가 가능하다. 최근 Kaufman 등(2005)의 연구에서는 인지행동치료(cognitive-behavioral therapy: CBT)가 아동과 청소년은 물론 성인의 우울증 완화에 도움이 되는 것으로 나타났다. 인지행동치료는 우울증 환자의 자신, 세계, 미래에 대한 인지적 사고가 왜곡되었다는 전제를 기반으로 하여 왜곡된 사고를 바꾸는 데 집중한다. 인지행동치료는 전두엽의 고차적 기능을 표적으로 하지만, 전두엽의 변화로 추후 다른 뇌 부위에도 영향을 준다. 항우울제는 기분이 기질과 관련된 변연계의 원시구조에 영향을 주고, 다음에는 복잡한 신경전달물질 통로를 통해 전두엽에 피드백을 제공한다. 인지행동치료가 주로 전두엽에 영향을 주는 반면, 항우울제와 같은 약물치료는 변연계와 뇌간에 영향을 준다(Seminowicz et al., 2004). 우울증 치료마다 뇌에 미치는 영향이 다르기 때문에 요즘은 임상가들이 한 가지 방법만 사용하지 않고 약물과 심리치료를 병행하고 있다.

품행장애(conduct disorder)는 유치원 시절 적대적이고 반항적인 행동, 즉 적대적 반항장애로 나타나기 시작한다. 어떤 아동이든 부모나 교사에게 언쟁, 말대꾸, 대들기 등을 하지만, 일상 기능을 방해할 정도로 지속적이고 노골적인 적대행동을 할 경우에는 적대적 반항장애라 한다. 적대적 반항장애 아동은 일부러 다른 사람을 괴롭히고 어른과 과도하게 언쟁하며 짜증을 잘 내고 어른의 말을 듣지 않는다. 이런 아동은 ADHD 아동과는 달리 난폭하고 동물을 해치며 다른 사람을 때릴 뿐만 아니라 기물까지 파괴할 정도다. 그 원인은 밝혀진 바 없지만 주로 심리치료를 하며, 치료를 받고도 효과가 없으면 그 행동이 더 악화하거나 전반적인 품행장애로 발전할 수 있다. 품행장애 청소년은 자신의 감정과 충동을 파괴적으로 표출하고, 사회의 제반 규칙을 항상 위반하며, 다른 사람의 기본권을 침해한다. 시간이 지나면서 거짓말, 공격, 절도, 무단결석, 방화, 기물 파괴까지 나타난다. 그러나 품행장애 청소년의 품행문제와 반사회적 행동이 평생 가지는 않는다.

Haberstick, Smolen과 Hewitt(2006)는 품행장애가 유전과 관련성이 있으며 뇌 변연계의 문제로 발생하는 것으로 보았고, Sterzer 등(2005)의 fMRI 연구에서는 품행장애가 있는 사람은 정서자극을 인식하는 체계와 정서행동을 조절하는 체계에 결함이 있는 것으로 나타났다. Meyer-

Lindenberg 등(2006)은 공격성과 관련된 한 유전자가 X염색체상에 존재한다고 보았으며, 남자들이 X염색체가 하나뿐이라서 그 영향에 더 민감하다고 하였다. 품행장애는 치료하기 어려운 행동장애 중의 하나이지만 가족치료, 부모 훈련, 그리고 지역사회 지원 서비스 등으로 개선될 수 있다. 품행장애 청소년에 대한 Masi 등(2006)의 연구에서는 올란자핀(olanzapine)이라는 약물치료가 공격행동 감소에 효과적이며, 다른 치료제와는 달리 그 효과가 6~12개월 정도 지속되는 것으로 나타났다.

자폐스펙트럼장애(autism spectrum disorder: ASD)는 전형적 자폐증을 의미하는 자폐장애, 아스퍼거증후군(Asperger syndrome), 달리 분류되지 않은 전반적 발달장애를 일컫는다. 자폐스펙트럼장애는 아동에게 흔한 장애로 사회적 상호작용 결함, 언어적 · 비언어적 의사소통 결함, 반복적이고 상동적(stereotyped)인 행동이 나타난다. 구체적인 주요 증상으로는 비언어적 행동에 기인한 사회적 상호작용 장애, 부적절한 또래관계, 다른 사람과의 상호작용 장애, 사회 · 정서적 상호작용 부족, 자발적 놀이나 사회적 모방놀이 부족, 구어 발달 지연이나 장애, 상동적 · 반복적인 언어, 특이한 언어사용 등 의사소통 장애, 하나 이상의 제한된 패턴에 대한 이상할 정도의 강한 몰입, 무익하고 단순한 일에 대한 과도한 집착, 반복적인 동작, 물체에 대한 몰입 등 반복적이고 제한된 상동적 행동 패턴 등을 들 수 있다.

[글상자 2-4] 아스퍼거증후군

1944년 오스트리아의 의사 아스퍼거(Hans Asperger)에 의해 확인된 이 증후군은 자폐증세 중에서도 기능적 질환이 심할 때 나타난다. 중도 자폐증은 1만 명 중에서 한 명꼴로 발병하는 희소한 증세이지만, 아스퍼거증후군은 160명 중에 한 명꼴로 종종 발병하는 것이다. 아스퍼거증후군을 자폐스펙트럼장애의 경도 상태로 보기도 하는데, 이는 아스퍼거증후군 환자들이 전형적인 자폐스펙트럼장애 환자들에 비해 정신적으로 고기능이며 의사소통기능도 더 낫기 때문이다. 아스퍼거증후군의 전형적인 특징은 사회적 상호작용의 질적인 손상(예: 공감의 표현을 보이지 않음, 사람과의 접촉을 거부하지는 않으나 듣는 이의 반응을 신경 쓰지 않고 이야기를 장황하게 늘어놓는 식의 적절하지 못한 사회적 반응), 제한적이거나 반복된 행동과 관심사(예: 특정 주제에 대한 강한 관심, 손을 꼬는 등의 복잡한 동작의 반복 등), 그리고 임상적으로 의미 있는 정도로 언어 및 인지 발달이 지연되지 않은 점 등이다. 아스퍼거증후군은 자폐장애와 마찬가지로 사회적인 상호작용 및 의사소통 기술의 결함과 제한적이고 반복적이며 상동적인 행동 특성을 보인다.

아스퍼거증후군의 진단은 보통 4세에서 11세 사이에 이루어지며 임상적 판단과 관찰, 면접 등 다면적 방법을 통해 이루어진다. 표준적인 진단 기준은 사회적 상호작용의 장애, 반복적이고 정형화된 행동 및 관심사 패턴, 언어 및 인지 발달 지연의 부재로 구성된다. 그러나 종종 ADHD와 혼동되기도 하며, 정확한 감별진단을 위하여 다른 자폐성장애, ADHD, 정신분열 스펙트럼, 강박장애, 우울증, 비언어적 학습장애, 양극성장애 등과 구분할 필요가 있다. 원인에 대하여는 다양한 견해가 제시되어 왔는데, 일반적으로 유전, 신경학적 요인, 뇌손상 등의 생물학적 요인, 환경오염이나 백신접종 등의 다양한 환경적 요인, 그리고 소뇌, 뇌간, 측두엽, 편도체, 전두엽 결함 등의 뇌의 구조 및 기능상의 차이 등이 원인으로 제기되고 있다. 아스퍼거증후군 아동의 중재 및 치료에서도 아직 확실한 치료법으로 합의된 것은 없으나 일반적으로 의사소통문제나 반복행동 및 신체제어문제를 개선시키기 위한 행동수정요법이 이루어지고 있다.

자폐스펙트럼장애의 정확한 원인은 아직 알려지지 않은 상태이지만, 최근의 뇌 영상 연구에서는 유전적 요인에 기인한 비정상적인 뇌 발달 때문인 것으로 나타났다. 이를 성장조절장애가설(growth dysregulation hypothesis)이라 하며, 이 가설에서는 자폐스펙트럼장애의 해부학적 이상이 유전적 결함에 기인한 뇌 성장조절장애 때문이라 본다. Courchesne, Carper와 Akshoomoff(2003)는 출생 시 자폐스펙트럼장애 아동 48명의 머리 크기가 전국 규준보다 작지만 출생 직후 2개월간과 6~14개월에 극적으로 증가했음을 발견했고, 이러한 급속한 성장이 더 큰 손상을 가져올 것으로 예측된다고 하였다. 자폐스펙트럼장애 아동의 체중과 신장은 정상이었지만, MRI 영상에서 대뇌와 소뇌의 뇌 조직(brain tissue)이 더 많았다. 연구자들은 5세 무렵 자폐스펙트럼장애 아동의 머리 크기가 보통 10대의 뇌와 비슷함을 발견했다. 그러나 성인이 되면 두 집단의 뇌 크기에 별 차이가 없었다. 영아에게 자폐스펙트럼장애의 특징인 행동이상이 나타나는 상태에서 뇌 성장이 특이할 정도로 빠르게 진행되면 아주 당황스러울 것이다. 사람들은 보통 뇌 조직이 더 많으면 결함보다 이점이 많은 것이라고 생각한다. 그러나 백질이 과도하게 증가하여 균형에 안 맞게 뇌 부피가 증가한 것이다. 어떤 면에서는 과외의 뉴런이 더 많아 서로 연결되지 못해서 기능장애가 일어날 수 있다(Herbert, 2005). 요컨대, 자폐스펙트럼장애는 영아기에 갑자기 급속도로 진행된 뇌 성장과 관련 있다는 것이다.

쌍생아와 가족 연구에서는 유전적 요인이 자폐스펙트럼장애의 주요 원인임을 제안하고 있다(Spence, 2004). 단일 유전자나 단일 염색체가 유전되는 다운증후군이나 헌팅턴병과는 달리 자폐스펙트럼장애는 많은 유전적 변이가 관여한다. 적어도 3, 7, 15, 17번 염색체 및 X염색체 이상과 관련되는 것으로 추정되고 있다(Samaco, Hogart, & LaSalle, 2005). 연구자들은 이런 유전적 변이가 발달 중인 뇌의 가소성뿐만 아니라 신경전달물질의 활동에 영향을 주고, 그 결과 특별한 경험을 하여 신경 연결이 바뀐다고 생각한다. 자폐스펙트럼장애 가족을 대상으로 한 Scott와 Deneris(2005)의 연구에서는 뇌에서 세로토닌을 조절하는 17번 염색체의 특정 유전자, 즉 세로토닌수송단백질에 변이가 일어났고, 자폐스펙트럼장애 아동의 약 25%가 세로토닌 수준이 높았으며, 선택적 세로토닌 재흡수억제제가 일부 자폐스펙트럼장애 환자의 증세를 완화시키는 것으로 나타났다.

자폐스펙트럼장애 아동 중 약 10%에게 현저한 능력과 기능이 있다. 다른 아동이 겨우 선을 긋거나 끄적거릴 무렵, 일부 자폐스펙트럼장애 아동은 아주 상세하고 실감나게 그림을 그리며 원근감까지 살릴 정도다. 일부는 말하기 전부터 읽거나 혼자서 악기를 연주하기도 한다. 어떤 아동은 믿기지 않을 정도로 계산을 빨리 하거나 몇 페이지에 이르는 전화번호, 몇 년간의 스포츠 득점, 모든 TV 쇼 등 엄청난 양의 정보를 기억한다. 그런 능력을 서번트 기능(savant skill)이라 한다. 물론 극단적인 경우는 드물며, 또 서번트 기능이 있다고 해서 모두 자폐스펙트럼장애인 것도 아니다.

현재로서는 자폐스펙트럼장애 치료법이 없으며, 자라면서 저절로 자폐스펙트럼장애가 사라지지도 않는다. 그러나 조기 중재, 장애아 교육 지원, 약물치료를 병행할 경우 자폐스펙트럼장애 아동과 청소년이 좀 더 정상적인 생활을 누릴 수 있다. 약물치료는 일부 증세를 완화시키며, 장애아 교육 지원은 자폐아가 생산적으로 학습하고 상호작용하는 데 유익하다. 효과적인 치료 프로그램에서는 아동의 관심을 중심으로 예측 가능한 절차를 제공하고 과제를 한 단계씩 가르친다. 또 아주 구조화된 활동으로 아동의 관심을 적극 유도하고 바람직한 행동에 대해서는 규칙적으로 강화한다. 성공적인 치료의 주요인으로는 부모의 참여를 들 수 있다. 부모들은 교사나 치료자들과 협력하여 자폐스펙트럼장애 아동의 변화된 행동과 그들에게 가르칠 기능을 확인한다. 많은 프로그램에서는 부모가 아동의 첫 교사라는 점을 인식하여 가정에서도 치료가 계속되도록 부모연수를 실시한다.

자폐스펙트럼장애 아동 대상의 효과적인 치료법 중의 하나는 응용행동분석(applied behavior analysis: ABA)이다. 응용행동분석은 자폐스펙트럼장애 아동의 부적절한 행동을 감소시키고 의사소통, 학습, 적절한 사회적 행동을 증가시키는 효과가 있는 것으로 여러 연구에서 제시되어 왔다. 바람직한 행동을 강화하고 바람직하지 않은 행동을 감소시키는 데에 목표를 두는 응용행동분석은 목표를 아주 작은 단위로 나누어 각 단계에 성공할 때마다 보상을 제공한다. 일부 전문가들은 이 방법을 어릴 때부터 적용할 경우 어린 뇌의 재구성에 유익할 것이라 믿고 있다(Simpson, 2001).

[글상자 2-5] 서번트증후군

1980년대 다운 증후군(Down syndrome)이라는 이름으로 유명한 Down은 지적장애가 있지만 그들의 장애를 초월할 정도로 탁월한 재능이 있는 '백치천재(idiot savants)'를 소개했다. 오늘날 서번트증후군으로 불리는 이 장애는 다양한 발달장애와 더불어 현저한 능력이 있는 희소한 장애다. 이 장애가 있는 사람 중 극히 일부는 재기가 워낙 탁월해서 정상인과 비교하더라도 대단할 정도다. 자폐아 중 약 10%에게 약간의 서번트 능력이 있으며, 이 집단이 서번트 집단의 약 반을 차지하고 나머지는 지적장애 같은 다른 발달장애에서 나타난다. Treffert(2000a)는 이들의 기능이 음악, 공간, 빠른 계산과 수학, 날짜 계산, 조각과 그림, 기계조작 등 범위가 극히 좁다고 말한다. 물론 특이한 언어능력, 지도 기억, 촉각과 후각 능력 등 다른 희귀한 능력도 있지만, 이 기능은 순서·논리·언어를 담당하는 좌반구 활동이 아니라 오히려 직관적이고 바로 지각하는 우반구 활동과 관련된다. 특수기능이 무엇이든 항상 엄청난 기억력과 관련되며, 이 기억력은 극히 편협하고 아주 깊다. Treffert에 따르면, 이런 기억력은 정상적인 사람에게 나타나는 수준 높은 인지기억이 아니라 절차기억의 자동화 수준에서 작용한다.

많은 서번트가 우반구 편재화와 관련되기 때문에 연구자들은 그 증후군이 출생 전이나 출생 도중 또는 출생 직후 좌뇌가 손상된 결과일 것이라고 추정한다. 최근의 CT와 MRI 연구에서 서번트에게 좌반구 손상이 있는 것으로 나타났는데, 특히 전두엽 근처가 손상되어 있었다(Treffert, 2000b). 이러한 결과는 서번트증후군이 좌측 전두엽 손상에 기인하며, 그 영향으로 우반구 보상을 자극할 것이라고 설명한다. 즉, 그 손상으로 수준 높은 전두엽의 인지기억이 하위 수준인 절차기억으로 전환되어 기억회로에 보상이 일어난 것이라는 설명이다. 태아기 뇌손상에 대한 한 가지 설명은 순환하는 테스토스테론이 태아에게 미치는 치명적인 영향 때문이라는 것이다. 좌반구는 우반구에 비해 발달이 느리기 때문에 테스토스테론의 독성에 더 취약한데, 이는 서번트증후군과 자폐증 및 기타 학습장애가 여성보다 남성에게 더 많은 이유를 말해 준다. 출생 후 일어난 손상에 대해서는 Carter(1999)가 9세 소년에 대해 보고한 바 있는데, 그 소년은 총알로 좌반구 일부가 파괴된 후 보통 아이에서 기계적인 천재로 변했다.

지금까지 몇 가지 정서·행동장애의 증상과 뇌 영상 연구 결과에 비추어 본 원인 및 치료법에 대해 간단히 살펴보았다. 정서·행동장애의 유형에 따라 지도방법이 다소 다르겠지만, 어떤 유형의 학생이든 공부에 주의를 기울이기 전에 무엇보다 정서적으로 안정된 환경을 마련해 주는 것이 그들의 학습을 위해 중요하다. 교실 분위기는 교사에 의해, 학교 분위기는 행정가에 의해 크게 좌우된다. 예전에 비해 가정의 기능이 약화되고 학생들의 스트레스가 증가한다는 점에서 교사와 행정가들은 많은 학생이 학교에서 정서적 욕구를 충족시키려 한다는 점을 알아야 한다. 교사와 직원이 협력하여 과단성 있는 조치를 취하면 긍정적인 정서적 분위기가 마련될 것이다. 긍정적인 정서적 분위기를 유지하게 할 몇 가지 방법을 제시하면 다음과 같다(김유미 역, 2008b; 김유미, 2009).

첫째, 비꼬기보다는 유머를 활용하라. 유머는 주의를 끌고 따뜻한 분위기를 유지하는 아주 효과적인 방법이다. 웃음은 우리 모두에게 일상적인 것으로, 이를 통해 다양한 사람이 유대를 맺고, 함께 있는 것이 편안해진다. 다만, 대상을 비꼬는 유머는 상처를 주는 파괴적인 행동이다.

둘째, 학생들 간의 상호존중을 강조하라. 교사가 학생을 존중하고 학생이 교사를 존중하는 것도 중요하지만, 학생들 간의 존중도 중요하다. 예를 들어, 발표할 차례를 기다리는 것만이 아니라 서로의 발표를 경청하고, 다양한 의견이나 대립되는 의견을 존중하고, 다른 학생이 보충 설명을 해 주면 고마워하고, 적절한 경우에 서로 칭찬하고 돕고, 다른 사람의 의견을 구하며, 비꼬지 않는 것 등이 중요하다.

셋째, 모든 교사가 함께 시행하는 규칙을 몇 가지 정하라. 정서 · 행동장애 학생들은 자신이 정당한 대우를 못 받는다고 생각하면 바로 동요한다. 학교훈육에 대한 연구에서는 훈육문제가 거의 없는 학교의 경우 모든 교사가 함께 시행하는 몇 가지 규칙이 존재하는 것으로 나타났다. 중등학생들의 경우에는 하루에 6~8명의 교사를 만난다는 점을 명심해야 한다. 한 교사는 수업 시간에 떠드는 것에 대해 그리 나무라지 않는 반면, 다른 교사는 크게 나무랄 수도 있다. 이런 일관적이지 않은 지도가 아닌 일관된 지도의 학교훈육규칙이 마련되어야 한다.

넷째, 정서조절방법을 가르칠 기회를 찾아라. 교사들은 교실과 학교 수준에서 학생들에게 정서조절방법을 가르칠 기회를 모색해야 한다. 즉, 학생들의 대인관계, 만족 지연, 충동조절, 감정표현을 도울 방법을 찾아야 한다.

다섯째, 진심 어린 칭찬을 하라. 정서 · 행동문제를 지닌 학생들은 자아존중감이 낮다. 그들의 노력에 대해 진심으로 칭찬하면 그들의 자아존중감 향상에 큰 도움이 될 것이다. 물론 한두 번 칭찬한다고 해서 자아존중감이 갑자기 높아지는 것은 아니라는 점을 고려해 꾸준한 관심과 지지가 필요하다. 그리고 '나'로 시작하는 말보다는 '너'로 시작되는 칭찬의 말을 사용해야 한다. 예를 들어, "나는 말이지, 네가 한 걸 보니 참 기쁘구나."라는 말보다 "너는 네 작품에 대해 자부심을 가질 만하다."라는 말이 자아존중감 고양에 더 효과적이다.

여섯째, 시험불안을 줄여라. 시험불안이 대다수 학생에게 영향을 주는 것은 사실이지만, 정서 · 행동장애 학생들의 경우에는 시험불안으로 스트레스가 가중되면 심각해진다. 따라서 시험불안을 줄일 방법을 모색해야 한다. 교사가 결과지향적이거나 상대적으로 비교하는 경우에는 시험불안이 더 높다는 사실에 비추어 볼 때, 학습의 과정을 강조하고 목표지향적이고 성장지향적인 평가를 강조하는 교사의 태도 변화가 중요하다. 그리고 정서 · 행동장애 학생들의 시험불안 감소를 위해 인지행동수정(cognitive behavior modification)을 적용하는 것이 좋다. Wachelka와 Katz(1999)의 연구를 비롯한 몇몇 연구에서는 인지행동수정을 받은 학생들이 통제 집단보다 시험불안이 감소하고 학습에 대한 자신감이 더 높은 것으로 나타났다.

위와 같은 긍정적인 정서적 분위기를 조성하고 유지해 나가는 한편, 정서 · 행동장애 학생들에게 사회적 기능(social skill)을 가르쳐야 한다. 정서 · 행동장애 학생들은 또래나 교사와의 성공적인 관계 유지에 필요한 사회적 기능이 부족하다. 결국 그들은 교사거부, 학교실패, 사회거부, 학습부진을 겪게 된다. 교사가 이들의 사회적 기능을 돕는다면, 학교에서 이들의 성공 가능성이 높아질 것이다. Lane 등(2005)은 초등학생을 대상으로 다음과 같은 사회적 기능을 설계 · 실행 · 평가하는 연구 기반 6단계를 제안했다.

- 1단계–참여할 학생 판별하기: 관찰, 행동관찰도구(행동장애의 체계적 분류), 평정척도(학생위험분류척도)를 활용해 중재로 가장 도움을 받을 학생을 선정한다.
- 2단계–특정 기능장애를 판별하고 중재 프로그램 설계하기: 첫 단계에서 얻은 자료를 활용해 각 학생의 장점, 단점, 수행장애, 문제행동을 확인한다. 3~5명의 학생을 대상으로 30~60분씩 1주에 2회 실시할 사회적 기능 수업을 개발한다.
- 3단계–중재집단 조직하기: 기능장애나 인구통계학적 특징을 고려하거나 무작위로 중재집단을 조직한다.
- 4단계–중재 지도자 준비시키기: 중재 지도자를 꾸준히 연수해야 중재가 의도대로 진행되고 최선의 사회적 기능 수업이 가능할 것이다.
- 5단계–중재 실시하기: 매 수업에서 5단계가 포함된 역할극 체제로 효과적인 수업 전략을 활용한다. 즉, 말하고 보여 주고 직접 해 보고, 철저히 연습한 후 일반화한다. 중재계획이 계획대로 실행되었는지 검토하려면 행동 체크리스트를 활용하면 된다. 수업을 방해하는 문제행동을 예방하려면, 집단에서 어떻게 해야 할지에 대한 규칙을 정해야 한다.
- 6단계–학생의 진보 검토하기: 교사평정, 자기보고, 직접 관찰을 활용해 학생의 진보를 모니터하고 평가해야 한다.

이 접근을 적용한 학교에서는 교실에서 파괴적 행동이 감소하고 공부시간이 증가했으며 운동장에서 사회적 상호작용도 향상된 것으로 나타났다. 사회적 문제해결을 위한 사고기능, 대인갈등해결 방법, 또래의 압력과 스트레스에 대처할 방법을 포함한 사회적 기능을 향상시키기 위한 중재 활동이 정서・행동장애 학생의 학습과 지도를 위한 필수 사항이다.

3) 영재아의 뇌

모든 학생에게 똑같이 학습하게 할 것이 아니라 각자에게 최적의 기회를 주어야 한다. 한 분야 이상에서 수행 수준이 특별히 우수하거나 그럴 잠재성이 있는 학생을 영재아(혹은 영재)라고 한다. 학습부진아와 마찬가지로 영재아의 경우에도 그들에게 적절한 교육의 기회가 제공되어야 한다. 그렇지 못할 때, 영재아는 학교에서 성취감을 느끼지 못하고 자아존중감이 손상되며 방향감을 잃게 되고, 또한 그로 인해 지루해하거나 미성취하게 된다. 여기서는 영재아의 뇌를 이해하는 데에 초점을 두고, 영재아의 뇌가 구조와 기능 면에서 어떻게 다르며, 영재아의 뇌와 학습에 도전감을 주기 위한 방안에는 어떤 것이 있는지 살펴보기로 한다.

(1) 영재아의 심리・사회・정서적 특징

과거에는 영재성을 주로 지능으로 설명했지만, 지금은 창의성과 동기가 추가되어 설명되고 있다. 예를 들어, Renzulli(1978)는 영재성을 평균 이상의 일반 능력이나 특수 능력, 과제집착력 및 창의성이 상호작용한 결과라고 본다. 한편, Sternberg(1985)는 지능이 분석적 지능, 창의적 지능, 실용적 지능의 세 가지 유형의 행동으로 정의된다는 삼원지능이론을 제안했다. 분석적 지능은 분석하고 비판하며 평가하는 능력이고, 창의적 지능은 발견하고 발명하며 창조하는 능력이며, 실용적 지능은 응용하고 활용하며 실행하는 능력이다. 그에 따르면, 영재성은 이 세 분야 중 한 분야 이상에서 아주 정확하고 효율적으로 수행하는 능력으로, 이 세 분야를 다양하게 결합할 경우 다양한 영재성이 나올 수 있다.

영재아의 심리적 특징에 대한 대부분의 연구에서는 인지와 초인지에 관심을 두고 있다. 이 연구에서 연구자들은 영재아들이 일정한 문제나 상황을 얼마나 철저하게 생각하고(인지), 문제해결과정 내내 자신의 사고에 대해 어떻게 생각하는지(초인지)를 관찰했다. 연구의 결과, 영재아들이 범재아들에 비해 정보 습득과 문제해결이 빠르고 우수한 것으로 나타났다. Robinson과 Clinkenbeard(1998)의 연구에서는 IQ가 높은 영재아가 효율적인 기억, 많은 정보처리전략, 광범위하고 정교한 지식 기반, 우수한 수학적 문제해결능력 등을 지니는 것으로 나타났다. 영재아의 다양한 사고양식이 그들의 학업 수행에 어떤 영향을 주는가를 살펴본 Grigorenko와 Sternberg(1997)의 연구에서는 영재아들의 경우 수업 유형과 무관하게 사물의 분석, 평정, 비교와 관련된 사고양식이 그들의 학업 수행을 의미 있게 예언하는 것으로 나타났다.

자신의 사고에 대한 사고, 즉 초인지 연구는 주로 학생들이 사고 전략에 대해 얼마나 알고, 그 전략을 활용할 수 있으며, 자신의 인지처리를 모니터할 수 있는가에 관심을 두었다. Alexander 등의 연구(Alexander, Carr, & Schwanenflugel, 1995; Carr, Alexander, & Schwanenflugel, 1996)에서는 영재아들이 범재아들에 비해 초인지 전략을 더 많이 알고 있고 새로운 상황에서 그런 전략을 쉽게 활용하였지만, 더 다양한 초인지 전략을 활용하지도 않고 자신의 인지 전략을 더 모니터하지도 않는 것으로 나타났다. 이 분야의 연구자 중 일부는 동기와 창의성이 초인지연구 결과에 영향을 미칠 수 있다고 말한다.

학교에서 영재아를 외톨이라고 말하지만, 연구에서는 사춘기 무렵의 영재아들이 또래의 다른 학생들 못지않게 인기가 있고, 자신이나 또래관계에 만족하는 것으로 나타났다. 그러나 우수 영재아들은 또래관계에서 어려움이 더 많아 그런 상황에서 대처 전략을 개발한다(Mayseless, 1993). 고등학교 신입생 영재아와 범재아를 대상으로 한 Field 등(1998)의 연구에서 영재아들은 자신이 친구들과 친하고 가족부담을 적게 느끼며, 범재아들보다 스포츠나 위험한 모험을 더 많이 했고, 자신의 사회적 기능이 또래보다 높다고 보고했다. 다른 연구에서는 영재 청소년과 성인이 지적 상황에서뿐만 아니라 사회적 상황에서도 아주 성공적임을 제시했다. 영재아의 이런 능력과 뇌기능 간에는 어떤 관련이 있을까? 한 가지 설명은 자신이 어떤 상황에서 어떻게 반응할지 인식하는 능력 및 다른 사람이 어떻게 생각하고 행동할지 판단하는 능력과 관련된다는 것이다. 그로 인해 상대방의 정신과정에 대한 내적 표상, 즉 '마음의 이론(theory of mind)'이 형성된다. 어떤 사회적 상황에서 다른 사람의 반응에 대한 예언이 성공적일수록 상호작용행동이 성공적일 것이다. 다른 사람의 정신과정에 대한 이런 통찰은 퀴즈를 푸는 것보다 훨씬 복잡하며, 그 숙달 정도가 곧 신뢰할 수 있는 사회적 기능의 측정치다.

영재아의 정서, 인성 및 동기에 대한 많은 연구에서는 유사한 결과를 제시하고 있는데, 범재아들과 비교하여 영재아들은 잘 적응하고, 호의적인 인성 특성이 많고, 정서적으로 성숙한 인성 특성을 나타내고, 학교에 대한 불안이 낮고, 자아개념 점수가 높으며, 내재적 동기와 자율성이 높은 특성을 보인다. 그러나 미성취 영재나 고도 영재는 사회·정서적 측면에서 또래와 어울리기 어렵다(김유미 역, 2008a).

영재아들은 그들의 우수한 성적과 높은 검사 점수(IQ 검사, 인성검사 등)로 칭찬받기 마련이다. 그러나 지능과 학업 수행에 대해 아동을 과도하게 칭찬할 경우, 아동이 새로운 것을 학습하기보다 우수한 성적과 높은 검사 점수만을 중시한다고 지적하고 있다(Mueller & Dweck, 1998). 여러 심리학적 연구 결과를 보면, 우수한 수행을 했거나 성공했을 때 지능이나 능력에 대해 칭찬받은 아동은 매우 수행지향적으로 되어 기대에 미치지 못하고, 실패할 경우에는 큰 상처를 받으며, 지능을 고정된 특성으로 생각하고, 수행 부족을 자신의 지능 부족 때문이라고 생각한다. 반면, 노력에 대해 칭찬받은 아동은 학습목표와 성취 전략에 집중하고, 수행 부족의 원인을 자신의 노력 부족으로 돌리고 수행을 촉진하는 전략을 배우려 한다. 이런 연구 결과는 교사들이 능력에 대한 자신감을 높여 주기 위해 '영리하다'고 칭찬하지만, 의도와 달리 동기와 수행에 부정적 영향을 줄 수 있음을 시사한다.

그러므로 너무 일찍부터 '영재아'라고 말하면 그들에게 부정적 영향을 줄 수 있다. 그렇게 부를 경우 아동이 '영재아'라는 말에만 과도한 관심을 가져 학습능력을 촉진하는 도전을 소홀히 한다. 그들은 과제에 실패하여 영재아로 불리지 못할까 봐 걱정한다. 연구자들은 영재 프로그램에서 도전, 노력, 새로운 학습전략 등을 중시해야 한다고 조언한다. 또 학생들이 성공할 경우 최종적인 결과나 능력보다 노력에 관심을 갖고 인정해 주어야 한다.

(2) 영재아의 뇌 발달 특징

많은 영재아가 왜 또래의 범재아보다 어른스러울까? 이는 부분적으로 전두엽과 변연계의 성숙 속도 차이에 기인한다. 제1장에서 이미 변연계가 양쪽 측두엽 사이의 깊은 곳에 있으며, 정서적 메시지를 도출하고 해석하며 저장한다는 사실을 언급한 바 있다. 신경생물학자들은 변연계가 10~12세 무렵에 거의 완전히 성숙한다고 본다. 뇌구조의 성숙은 축색돌기를 덮고 있는 수초의 양으로 판단한다. 그래서 수초화가 충분히 이루어지면 신경 임펄스가 효율적으로 이동하여 여러 뇌 부위의 교류가 더 신속하고 정확해진다.

변연계에 비해 전두엽의 수초화는 훨씬 오래 걸리며, 대부분의 경우에는 18~20세쯤 수초화가 거의 마무리된다. 이는 바로 전두엽이 뇌의 모든 부위와 교류하기 때문이며, 그처럼 먼 통로가 공고화되고 수초화되려면 시간이 더 걸리는 것은 당연하다. 전두엽의 기능 중 하나는 과도한 정서를 조절하는 것이다. 전두엽이 충동을 조절하지 못하여 충동적일 수밖에 없던 상황을 누구나 경험했을 것이다. 변연계와 전두엽이 완전히 성숙하는 데 약 8년간의 지체가 나타나는데, 이것이 바로 충동적이고 모험적인 사춘기 행동의 주원인이다. Field 등(1998)은 고등학교 영재아들이 아주 모험적임을 발견했다. 그러나 그녀는 그들이 자기 부모에게서 심리적으로 일찍 독립하여 또래와 친하다 보니 이런 결과가 나온 것이라고 지적하였다. 즉, 사춘기 시절에는 부모로부터의 독립, 교우관계, 다 컸다는 느낌 등으로 모험행동이 증가될 수 있다.

그러나 신경과학 연구에서는 영재아들이 또래의 범재아들에 비해 행동과 의사결정이 더 성숙한 이유를 달리 설명한다. 영재아들의 전두엽 용량이 더 크다(Thompson et al., 2001)는 것은 그들의 뇌에서 수초화가 더 신속하고 폭넓게 일어나 전두엽이 일찍 성숙함을 의미한다. 이 견해를 지지하는 증거는 Alexander, O'Boyle과 Benbow(1996)의 EEG 연구에서 나왔는데, 이 연구에서는 영재 청소년, 보통 청소년, 대학생 각각 30명을 대상으로 알파파 활동을 측정하였다. 그 결과, 일련의 인지 과제가 주어졌을 때 영재 청소년의 알파파 수준이 보통 청소년의 알파파 수준보다 대학생의 알파파 수준과 더 비슷했다. 이러한 결과는 영재 청소년이 또래의 보통 청소년에 비해 뇌가 더 발달한 상태임을 말해 준다.

영재아들은 전두엽의 발달 속도가 남다를 뿐만 아니라 좌뇌와 우뇌의 상호보완이 뛰어나고, 신경연결망의 효율성이 뛰어나며, 작업기억이 우수하다(김유미, 2009). 영재아의 뇌연구에서 수학 영재 청소년들은 일반 청소년들에 비해 좌뇌와 우뇌의 교류 정도가 우수하고, 머릿속에서 도형을 회전시키는 과제에서 양쪽 뇌의 여러 부위가 활성화되는 것으로 나타났다. 음악 영재아들은 일반아동보다 뇌량 앞부분과 좌뇌의 측두평면이 더 큰 것으로 나타났다. 이러한 결과들은 영재아들의 좌뇌와 우뇌의 교류가 활발하다는 증거다.

제1장에서 언급한 바와 같이 전두엽이 적응적 의사결정이나 복잡한 문제해결과 같은 경험을 많이 하게 되면, 이 과정을 담당하는 뉴런의 통로가 효율적이게 되어 노력을 별로 요구하지 않는다. 이런 신경효율성은 오랫동안 영재의 뇌를 설명하는 이론적 모델이었다. 이 견해에 따르면, 영재아의 뇌는 과제를 더 빠르고 정확하게 수행할 수 있는데 이는 영재아의 뇌에는 아주 효율적으로 협력하는 거대한 네트워크가 있기 때문이라는 것이다. 뇌 활동 수준을 측정하는 한 가지 방식은 뇌의 전기 활동인 뇌파 패턴을 모니터하는 것이다. 이 견해를 지지하는 실험적 증거를 얻으려면 다양한 기능을 수행하는 동안 EEG를 이용해 뇌 활동을 측정해야 한다. 뇌기능을 탐지하려고 EEG를 이용할 때 알파파(8~13cps)와 베타파(13~30cps)에 특히 관심을 갖는다. 신경생물학자들에 따르면, 알파파 활동은 뉴런이 함께 발화하고 함께 휴식한 결과로, 신경효율성 지표다. 알파강도라는 알파파의 폭이 클수록 뉴런의 발화가 더 효율적이게 되어 노력을 별로 요구하지 않는다. Jausovec(2000)은 지능과 창의성을 기반으로 청소년들을 영리한 집단, 영재 집단, 창의적 집단, 보통 집단으로 나누어 문제해결을 하는 동안 EEG 차이를 연구했다. 즉, 그는 수렴적·논리적 사고를 요구하는 폐쇄적인 문제와 적응적 의사결정을 요구하는 창의적인 문제를 풀 때 네 집단의 알파파를 측정했다. 그 결과, 폐쇄적인 문제를 해결할 때 IQ가 높은 영재집단과 영리한 집단이 IQ가 보통인 다른 두 집단보다 문제를 쉽게 해결하였고, 창의적인 문제를 해결할 때는 창의성이 높은 영재 집단과 창의적 집단이 창의성이 보통인 다른 두 집단보다 문제를 쉽게 해결하는 것으로 나타났다. 이런 결과는 문제해결과정에서 영재아가 더 많은 노력을 할 필요가 없음을 보여 주는 것으로, 이는 곧 높은 신경효율성의 지표임을 제시해 준다.

영재아의 뇌와 관련해 가장 주목받는 기억은 주의나 문제해결과 직결된 작업기억이다. 많은 연구에서는 작업기억과 지능 간에 높은 상관이 있는 것으로 나타나는데, 이는 전두엽의 작업기억 담당 부위에서 추가적 처리를 하기 때문이다. 따라서 영재아의 경우 범재아에 비해 작업기억 용량이 더 클 것이라 예측할 수 있다. 작업기억을 담당하는 전전두피질의 용량이 클 경우 문제해결 과제에 주의를 집중하고, 비록 간섭 자극이 있더라도 이를 무시하며 과제 수행에서 더 우수하다는 연구 결과도 있다. 작업기억과 관련해 꼭 짚고 넘어가야 할 부분이 음악가들의 작업기억이다. 일반 연주일 경우에는 장기기억에서 인출하여 연주하게 되지만, 즉흥 연주일 경우에는 주로 작업기억을 활용한다. 문제는 일반인의 작업기억 항목 수가 7±2개에 불과한데, 음악가들은 어떻게 즉흥적으로 다양한 변주를 하느냐는 것이다. 이에 대해 연구자들은 뇌파의 조화 진동수가 항목을 묶어 주는 매체라고 말한다. 결국 음악가의 뇌는 조화 진동수와 동조하여 민감하기 때문에 일반인에 비해 묶음이 훨씬 크며, 작업기억의 묶음이 효율적으로 장기기억이 된다. 요컨대, 영재아들은 간섭 자극을 무시하고 해당 과제에 주의를 집중하며 다양한 방식으로 작업기억 용량을 확대함을 알 수 있다.

(3) 영재아의 뇌와 학습에 도전감 주기

영재아의 뇌에 대한 이해를 바탕으로 영재아의 뇌가 학습하는 것을 어떻게 도울 것인가? 실제로 영재아의 욕구는 교육과정과 교수전략이 다양하고 특별한 산출물을 기대하는 다양한 학급(속진반, 우등반 등)에서 충족될 수 있으므로, 여기서는 영재아 대상 교육과정과 교수전략을 선택하고 산출물을 평가할 때 고려해야 할 몇 가지 사항을 검토해 보기로 한다(김유미 역, 2008a).

초·중등학교에서 대부분의 영재아들이 주로 일반학급에서 배우기 때문에 교사들은 이들의 학습 경험을 차별화할 방법을 찾아야 한다. 교육과정을 차별화하여 영재아들을 학년 수준 이상으로 안내하고 그들의 관심사와 교육과정을 연결하고, 교수방법을 차별화하여 영재아들의 능력에 맞게 심도와 복잡성을 부여하는 학습전략을 활용하고, 영재아들의 산출물을 차별화하여 지필검사 외의 다양한 방식으로 재능과 호기심을 발휘하고 여러 사람 앞에서 산출물을 발표하도록 하며, 학습환경을 차별화하여 영재아들이 혼자서 프로젝트에 착수하거나 다른 학생들과 협력하고 일반학급 밖에서 관심사를 추구하도록 해야 한다.

영재아들도 범재아들과 마찬가지로 기초 개념, 사실, 논쟁점, 기능을 학습할 것이다. 하지만 영재아들은 관계 도출을 잘하고 추상적 개념을 잘 다루며, 더 나이 많은 선배들과 같은 정도의 깊은 관심을 보인다. 결국 그들은 수준 높은 수업에서 학습양식에 맞게 차별화된 내용을 빠른 속도로 공부해야 한다. 따라서 일반학급에서 교사들은 유연한 학습환경을 마련하고 교육과정을 차별화하여 영재아들이 도전감을 맛 보도록 해야 한다.

일반학급의 영재아들을 가르치려면 학급의 물리적 환경과 분위기가 유연하고 지원적이어야 한다. 교사는 책임감과 자율성을 격려하고 영재의 장점을 강조하며 각자의 욕구에 부응해서 도전적인 환경을 마련해야 한다. 유연하고 개방적인 학급을 조직하려면 개별적으로나 소집단으로 공부할 공간을 마련하고, 과제를 수행하는 동안 교실 안, 컴퓨터실, 도서관(실) 등을 자유롭게 다닐 수 있고, 스스로 학습 활동을 계획하고 선택할 기회를 제공하며, 학습한 것을 주기적으로 제출하도록 해야 한다. 긍정적인 학습환경에는 안정과 수용이 중요 요소이므로 교사는 학생 각자의 장점을 강조하고 그들을 배려하며 존중해야 한다. 학생들 역시 자신과 타인의 장점을 인정하고 존중해야 한다. 특히 학급 분위기에서 수용이 중요하다. 영재아들의 경우 완벽주의 성향이 있어서 빠른 과제 완성과 정확한 답을 강조하기 때문이다. 남다른 능력으로 영재아들은 주변인이 되거나 유리한 위치에 있는 것을 당연시할 수 있다. 영재아들은 문제해결 활동이나 개방적인 탐구 활동을 할 때 불안을 느끼기도 하는데, 이는 뭔가 확실한 절차를 알고 싶어 하기 때문이다. 그러므로 교사는 영재아들에게 실수도 학습과정의 중요한 부분이며, 정확한 답 못지않게 답을 구하는 방법도 중요하고 문제를 해결하는 옳은 방법이 여러 가지임을 상기시켜 줄 필요가 있다.

영재아는 범재아에 비해 더 수준 높은 수업에서 더 빠른 속도로 학습해야 한다. 그동안 중·고등학교 교육과정 체제 안에서뿐만 아니라 영재학급에서 내용을 개선하려는 몇몇 지원책이 나왔다. 속진, 교육과정 압축, 집단 편성이 그것이다. 학생들의 학습 수준이 다르고, 교과와 발달 단계가 달라지면 학생마다 다른 내용을 다른 속도로 학습한다고 보는 속진에서는 영재아들의 다양한 욕구에 부응하기 위해 조기입학과 조기졸업, 단축하기(telescoping, 더 오랜 기간에 걸쳐 가르칠 내용을 짧은 기간에 가르치는 것), 학년 월반, 우등반 프로그램 등의 방법을 도입한다. 교육과정 압축(compacting)은 학문 영재아들에게 가장 흔한 교육과정 조정 방법으로, 영재아들이 정규 교육과정에 소요하는 시간을 줄여 주며, 그들이 이미 알고 있는 것을 확인하고 미진한 분야만 공부한 후 다른 교육과정 분야로 나아갈 수 있다. 기본적으로 교육과정 압축에서는 특정 단원의 주요 개념과 기능을 정의하고, 영재아들이 이미 도달한 학습목표를 파악한 후, 목표에 도달한 내용 대신 대체 내용을 제공한다. 집단 편성은 어떤 학생들에게나 효과적일 수 있지만 특히 영재아들에게 더욱 효과적이다. 집단 편성이 차별화에 적절한 방법이기 때문이다. 몇몇 연구에서는 영재아들이 능력별 동질집단에서 가장 이익을 본 것으로 나타났는데, 이는 그들이 심화 지식과 기능에 접하여 학습 과제를 더 깊이 공부할 수 있기 때문이다(Gamoran et al., 1995; Pallas et al., 1994). 집단 편성 체제는 학급 내 능력별 집단 편성, 풀아웃 집단 편성(각 학급에서 영재아로 판별된 학생들이 정규적으로 한 번씩 모여 학습하는 것), 전일제 능력별 집단 편성, 소집단 학습(영재아들이 능력 수준이 다른 학생들과 동일 학급에 있으면서 학급에서 능력이 상위 5%인 학생으로 구성된 소집단을 이루어 학습하는 것), 독립 연구(한두 명이 잘 계획된 개별 프로젝트에 착수하거나, 전문적인 환경에서 인턴을 하거나, 아니면 영재아의 관심 분야에서 전문적인 성인 멘토와 제휴하는 것) 등 다양할 수 있다.

영재아 대상 수업과정에서는 이해와 의미를 촉진하는 학습 활동에 영재아들을 참여시키는 교수방법을 구사해야 한다. 어떤 방법이든 영재아들에게 고차적이고 창의적으로 사고할 기회를 제공해야 하며, 문제해결을 위한 교수전략이 바람직하다. 고차적 사고란 뇌가 정보를 다룰 때 활용하는 사고과정인 복잡성과 복잡성 수준 안에서 학습목표에 도달하기 위해 학습자가 부여하는 노력의 양인 난이도가 있는 사고를 말한다. Bloom이 제시한 지식, 이해, 적용, 분석, 종합, 평가의 여섯 가지 수준 가운데 분석, 종합, 평가가 고차적 사고에 해당한다. 교사들이 영재아들에게 분석, 종합, 평가와 같은 상위 수준의 활동에 참여시킬 때 지루해하지 않고 열심히 하게 된다. 우측 전두엽과 측두엽을 활성화시키는 창의적 활동 역시 영재아들에게 필요하다. 창의적 사고는 보통 창의적 학습행동으로 정의되는데, 창의성과 관련된 행동이 유창성, 유연성, 독창성, 정교성이다. 이러한 창의적 행동은 우측 전두엽과 측두엽을 활성화시킨다. Sternberg (2000)는 학교에서 학생들이 성공하려는 태도를 가지고 창의성을 개발해야 한다고 제안하면서 창의성 증진을 위한 열 가지 의사결정을 제시했다. 어떤 문제를 풀 때 보통 사람들과 다르게 보는 '문제 재정의하기', 자신이 제시한 아이디어의 장단점을 비판해 보는 '자신의 아이디어 분석하기', 자신의 아이디어를 대중에게 널리 알리는 '자신의 아이디어 널리 알리기', 제한된 범위에서만 이론이 적용 가능함을 깨닫는 '지식은 양날의 칼이다', 새로운 아이디어가 수용되기 어려움을 깨닫는 '장애 극복하기', 창의성이 상당한 정도의 모험과 관련됨을 깨닫는 '분별 있는 모험하기', 자신의 신념에 도전하여 성장하도록 격려하는 '기꺼이 성장하려는 마음 갖기', 뭔가 할 수 있다고 생각하면 실제로 할 수 있음을 보여 주는 '자기 자신 믿기', 창의적인 모험이 성공하기 위해서는 애매함을 견딜 줄 알아야 한다는 것을 인식하는 '애매함 견디기', 자신이 하고 싶은 것을 할 때 최선을 다하는 '하고 싶은 것 찾아서 하기'가 그것이다. Sternberg는 창의적 의사결정은 고정된 능력이 아니기 때문에 창의성을 촉진하는 결정을 격려하고 그런 학생들에게 보상해야 한다고 했다. 문제중심학습(problem-based learning: PBL)에서는 현실 상황과 비슷한 문제를 해결하기 위해 먼저 다양한 관점에서 문제를 분석하고 다양한 해결책을 찾으며 그 한 가지 해결책을 선택하여 활동계획을 세운다. 학생들은 대개 집단으로 활동하며 필요한 정보를 스스로 검색하고, 역할 분담을 하며, 산출물을 포트폴리오, 비디오테이프, 전시, 보고서 같은 형태로 나타낸다(Burruss, 1999). 문제 중심 학습에서 교사는 질문을 제기하고 학생의 계획 수립을 돕고 안내하며 진보를 평가하는 초인지적 코치다.

산출물은 영재아들이 특정 지식과 기능을 학습했음을 입증하는 것으로, 영재아가 상당한 시간을 할애하여 학습단원에 참여한 결과로 얻은 것들을 누적한 것이다. 좋은 산출물이 나오기 위해서는 다음과 같이 해야 한다(Tomlinson, 1995).

- 영재아들이 지식을 확대하고 능력을 발휘하며 도전적인 참된 학습 경험에 참여할 기회를 제공한다.
- 심화자료, 독창적 연구, 일차자료를 통해 결론을 얻는다.
- 영재아들이 정보를 그대로 정리할 뿐만 아니라 정보를 변형하여 새로운 아이디어를 도출하거나 산출물을 만들어 낸다.
- 현실적인 문제를 다루고 문학 저널을 출판하거나 공공장소에서 전시하거나 역사 녹음테이프를 준비하는 등 현실적인 대상에 관심을 둔다는 점에서 이들의 산출물은 전문가의 산출물과 비슷하다.
- 연구원이나 대학교수 등 해당 분야 전문가들의 평가를 받는다.

[글상자 2-6] 독립 연구에서 영재아 안내하기

독립 연구는 교육과정 차별화에 유용한 전략이다. 그러나 막상 영재아들이 독립연구자가 되려면 도움이 필요하다. 교사의 적절한 안내하에 영재아들이 학습목표를 정하고 연구를 판단할 준거를 정한 후, 자신의 진보를 평가하며 대상에 맞게 연구물을 발표하면서 자신의 관심을 추구해야 한다. 독립 연구에서 영재아를 안내할 때 고려해야 할 사항은 다음과 같다(김유미 역, 2008a).

- 교육과정 단원 중 영재아들이 연구 활동으로 선택할 대안을 미리 마련한다. 이 대안은 다양한 능력 수준을 고려하고 다양한 기능과 관련되며 다양한 학습양식에 부응해야 한다.
- 자기와 밀접하다고 생각하는 주제를 선택하도록 격려한다. 교사들은 대안이 영재아의 욕구, 장점, 바람과 얼마나 잘 맞는지 상의하며 영재아의 결정을 도와야 한다.
- 영재아가 각자 구할 수 있는 적절한 자원을 안내한다.
- 영재아 스스로 교육과정 단원에 적합한 기타 대안을 개발할 수 있는데, 그런 경우에는 연구에 착수하기 전에 교사와 꼭 상의하도록 한다.
- 영재아의 학습목표 도달에 필요할 경우, 가끔 소집단을 구성하여 공부하도록 제안한다.
- 영재아들에게 과제에 도움이 될 다른 환경, 예컨대 다른 학급, 매체센터, 컴퓨터실을 찾아가도록 격려한다.

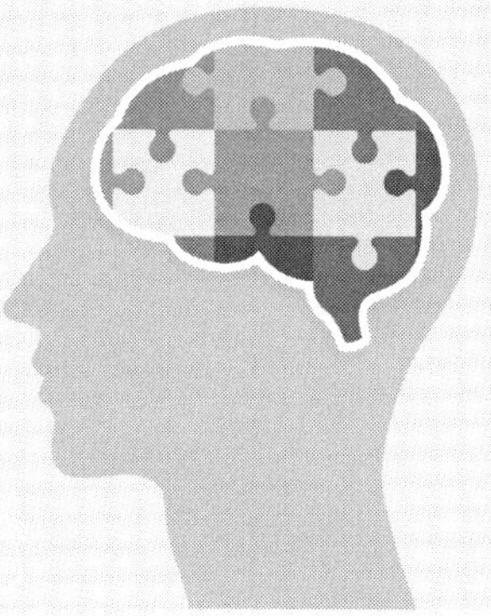

제 2 부

뇌기반 학습의 원리

제 3 장

뇌기반 학습의 개념과 요소

뇌기반 학습(brain-based learning)은 뇌에 일치하고 뇌와 어울리는 뇌맞춤식 학습(brain-compatible learning), 혹은 뇌가 좋아하는 뇌친화적 학습(brain-friendly learning)으로도 표현된다. 이 장에서는 21세기의 새로운 학습 패러다임으로 제시되고 있는 이러한 뇌기반 학습의 개념적 의미를 제시한 다음, 뇌기능을 활성화함으로써 학습과 수행의 최적화를 도모하기 위해 뇌기반 학습 활동에서 고려해야 할 중요한 요소에 대해서 살펴본다.

1. 뇌기반 학습의 개념

1) 학교교육 모형

최초의 학교교육 방식은 도제(徒弟, apprenticeship)에 의한 방식이었다. 인류 역사상 오랫동안 인간은 학습하고 싶은 사항이 있으면 그 사항에 대해서 자기보다 잘 아는 사람을 찾아 그 사람으로부터 학습해야만 했다. 그 후 산업혁명이 일어나면서 새로운 모형이 등장하였다. 그것은 모든 사람이 한 장소에 모여 표준화된 컨베이어 장치에 대한 교육과정을 제공받는 것이었다.

이러한 두 번째 학교교육 모형 혹은 패러다임은 1800년대에 개발되어 20세기 대부분에 걸쳐 널리 보급되어 왔다. 이 모형은 종종 '공장 모형(factory model)'이라고 불린다. 복종, 질서정연함, 통일성, 권위에 대한 존중과 같은 공장 기능들이 강조되었다.

1950년에서 오늘날에 이르기까지 정보화 시대에 접어들면서 학교가 어떤 역할과 기능을 할 수 있고 해야만 하는가에 대한 많은 모형이 제시되었다. 정보와 사회화의 흐름을 통제하는 데에 초점을 둔 더 전통적인 모형들이 있는가 하면, 또 '요구 모형(demand model)' '무대 위의 박식한 사람(sage-on-the-stage)' '서서 전달하기(stand-and-deliver)'와 같은 모형들도 있다. 학습자들은 교사가 '요구하는' 질문의 답을 즉시 하도록 기대되었고, 교사는 교실 앞에서 '지식'을 가르치는 일을 하는 '전문가'로 여겨졌다(정종진 역, 2010).

1950년대에 대중화되어 현재에도 여전히 존재하는 모형이 '적자생존(survival of the fittest)' 모형과 '결정론적 행동주의(determined behaviorist)' 모형이다(Jensen, 2008). 적자생존 모형은 "말을 물가에 끌고 갈 수는 있지만 물을 마시게 할 수는 없다."라는 속담에 잘 나타나 있다. 이 속담은 자신의 책임이 말을 물가에 끌고 가는 것으로 끝난다고 생각하는 교육자들의 생각을 잘 반영하고 있다. 즉, 성공과 실패는 학습자의 몫이라는 것이다. 가령, 학생이 정규 프로그램을 통해 읽는 법을 배우지 못한다면, 이는 학생 자신이 부족하기 때문이라는 것이다. 이 모형은 결국 교육자의 책임을 줄여 주고, 많은 학습자가 부족함으로 인해 실패의 길을 걷게 된다는 것을 말해 준다. 결정론적 행동주의 모형은 '처벌과 보상이 충분하다면, 당신이 바라는 어떠한 행동도 유발할 수 있다'는 입장이다. 이 모형은 근본적으로 학습자를 실험용 쥐로 보며, 학교 마음대로 학생들을 조종할 수 있다고 간주한다. 만약 폭력이 증가하면 안전요원과 금속 탐지기를 더 배치한다. 이 모형은 학습자를 조종함과 동시에 교실이라는 곳을 학생들의 목소리나 선택권이 거의 없는 장소로 만들어 버린다.

그러나 인간은 쥐가 아니다. 인간은 의식적 선택을 할 뿐만 아니라 창의적이기도 하고, 불안하기도 하고, 저항하기도 하며, 동기부여가 되기도 하고, 새로운 것을 배우고 싶어한다. 인간은 열망하는 학습목표와 환경이 주어질 때 동기부여가 최적이 되어서 도전하고 성장할 수 있다. 그리하여 최근 새로운 교육 패러다임으로 등장한 것이 '뇌기반 자연주의(brain-based naturalist)' 모형이다. '어떻게 하면 말이 갈증을 느끼고 물통에 있는 물을 마시고 싶도록 만들 수 있을까?' 이러한 사고의 전환이 뇌기반 교육자의 접근법이다. 뇌기반 자연주의 모형을 따르는 교육자의 경우 '어떻게 하면 학습자들의 선천적인 장애를 발견할 수 있고, 바람직한 행동이 자연스러운 결과로 나오도록 동기부여할 수 있을까?'를 생각한다. 1980년대에 등장한 뇌기반 교육 모형은 최근 전혀 다른 품종의 교수-학습과학으로 발육되고 있는데, 그것은 다름 아닌 교육신경과학

표 3-1 신 · 구 패러다임의 비교

낡은 패러다임	새로운 패러다임
• 전통적 접근	• 주요 원리에 대한 이해
• 행동주의 모형	• 큰 그림의 사용/총체적 사고
• 통제 모형	• 협동학습
• 요구 모형	• 뇌의 차이를 수용하고 다루기
• 환원주의적 사고	• 학생들을 그들 자신의 이전 학습과 관련하여 비교하기
• 무대 위의 박식한 사람	• 과학에 근거를 둔 희망
• 긍정적 사고에 기초한 희망	• 뇌의 긍정적 변화를 야기하는 데 초점 두기
• 학생들을 위한 목표 확인	• 학습을 위한 규칙에 관여하기
• 다른 사람들과의 비교	• 스트레스 수준을 관리하기
• 학생들이 학습하도록 요구하는 것	• 뇌에 좋은 음식-풍부한 음식물/포도당/이온수
• 서서 전달하기	• 정서적 준비도: 안전, 최선을 다하기, 신기성, 도전감, 목표
• 바람직한 행동에 대한 보상	• 한계점 투입/주의 집중 간격 범위
• 부정적 행동에 대한 처벌	• 충분한 처리 시간

(educational neuroscience)이라 불리는 교수-학습과학이다. 교육신경과학은 뇌를 이해하기 위한 생화학, 인지과학, 신경과학, 심리학, 교육학의 간학문적 접근으로 시작되었으며, 뇌기반 교육으로 알려졌다.

학교에서 하는 모든 활동에 뇌가 관련되고, 모든 학습은 어떤 식으로든 뇌와 연관되기 때문에 뇌에 적절한 모형인 뇌기반 교육으로의 패러다임 전환이 요구된다(〈표 3-1〉 참조). 뇌기반 교육은 우리의 뇌가 학교 상황에서 어떻게 작용하는가에 대한 원리들에 기초한 전략을 적용하는 것이다. 뇌가 가장 잘 학습하는 방법에 대한 뇌기반 학습과학은 학습에서 하나의 혁명, 즉 교사로 하여금 모든 학생이 잘 학습할 수 있도록 직무를 수행하게 하는 데 전기를 마련해 주는 새로운 학습혁명이다.

[글상자 3-1] 뇌 모형의 발전과정

뇌의 작용에 대한 초기의 모형들은 2,000년 동안이나 존재하면서 퍼져 왔다. 이러한 모형들은 각기 시대에 따라 적합하게 통용되었으며, 은유의 기술을 가장 널리 사용하였다. 2,000년 전으로 거슬러 올라가면 뇌는 수압체제로 불리었다(그리스-로마 모형). 1700년대까지 뇌는 유동체제였고(르네상스), 1800년대에는 매혹적인 베틀이었다(초기 산업혁명). 더 최근에는 뇌는 도시의 배전반으로 불리었고(1900년대 초 · 중반), 지난 반세기에는 놀라운 컴퓨터로 불리었다(1950년대부터 최근까지). Roger Sperry가 제안한 1970년대의 분할뇌이론(split-brain theory)은 우리에게 우뇌학습(right-brain learning) 혹은 전뇌학습(whole-brain learning)이 더 필요하다는 것을 말해 주었다. Karl Pribram이 제안한 1980년대의 홀로그래픽(holographic) 모형은 우리에게 모든 중요한 일이 뇌 속 어디에서나 일어난다는 것을 말해 주었다. 홀로그래픽 모형은 뇌 모형으로서 은유의 기술을 사용한 또 다른 하나의 예였다. Richard Restak가 1980년대 말에 제안한 모듈뇌이론(modular brain theory)은 우리의 뇌가 독자적 기능이 있는 많은 모듈을 갖고 있으며 각 모듈은 우리의 행동을 설명할 수 있다는 것을 말해 주었다. 이러한 환원주의 모형(reductionist model)은 만일 여러분이 뇌의 각 부위를 분리할 수 있다면 각 부위의 중요성을 이해할 수 있을 것이라고 말해 주었다. 환원주의 모형에서는 뇌를 전체로서가 아니라 각 부위를 분리하여 하나씩 연구한다. 예를 들면, 편도를 제거하면 우리의 정서적 반응이 일어나지 않으므로 편도가 우리의 정서를 다스리는 것이 틀림없다.

오늘날 우리는 뇌가 훨씬 복잡하다는 것을 알고 있다. 1952년에 처음 제안되어 1990년대에 널리 알려진 삼위일체뇌이론(triune brain theory)은 진화에 기초한 세 부분의 도식(schema)을 소개하였다. 이 이론은 우리에게 생존 학습은 하뇌에서, 정서는 중뇌에서, 그리고 고차적 사고는 상뇌에서 이루어진다고 말해 주었다. 이 모형은 매우 간단하여 상당히 인기를 끌었다. 그러나 현재 우리가 이해하고 있는 뇌는 더욱 복잡하다. 현재의 뇌 모형은 홀로그래픽 모형에 가까울지 모르지만 더 정확하게 설명하고 있다. 현재의 뇌 모형에서는 뇌의 모든 구조가 어느 정도 서로 관련성(물리적, 화학적, 전기적, 혹은 주변적)이 있다고 주장한다. 이 모형에서는 몸과 마음을 정보 교환을 위한 이차적 회로로 받아들인다. 펩티드(아미노산)를 통해 신체가 뇌의 다른 신경결합계인 시냅스(synapses)만큼이나 정보 교환을 위해 중요하다는 것을 분명하게 알게 되었다. 현재의 뇌 모형에 따르면, 뇌는 역동적이고 매일 변화하고 있다. 요컨대, 오늘날 뇌의 이 부위가 무슨 일을 하는지 질문하는 경우가 줄어들고 있다. 현재 우리가 아는 바로는 뇌의 기능은 종종 구체적인 상황, 당시의 정서 상태, 개인의 연령과 건강 및 과거 경험에 따라 달라진다. 우리의 뇌는 참으로 복잡하다.

출처: 정종진 역(2010), pp. 36-37.

2) 학생들의 뇌 특징

교사들이 예전 학생들의 학습방식과 요즘 학생들의 학습방식이 다르다는 말을 많이 한다. 요즘 학생들은 주의 집중 시간이 짧고 곧 지루해한다. 왜 그럴까? 뇌 영상 사진을 통해 요즘 학생들은 예전 학생들과 뇌가 다르다는 것이 증명되고 있다. 오늘날 학생들의 뇌가 과거 학생들의 뇌와 다른 것은 첫째로 뇌는 경험의 결과에 따라 변하기 때문이고, 둘째로 오늘날의 학생들은 2세대 전의 학생들과 비교하여 다른 경험을 하기 때문이다(정종진 역, 2010). 인간이 진화사에서 성공한 것은 뇌가 신기성(novelty), 즉 환경에서 일어나는 변화에 꾸준히 관심을 가졌기 때문일 것이다. 뇌는 자극을 찾아 항상 주변을 탐색한다. 빈 방에서 갑자기 큰 소리가 나는 것처럼 예기치 않은 자극이 생기면, 아드레날린이 급증하여 불필요한 모든 활동을 차단하고 뇌가 주의 집중하여 바로 행동을 개시할 수 있다. 이와는 반대로 주변에 예측 가능하고 반복되는 자극만 있을 경우에는 외부 세계에 대한 뇌의 관심이 줄어들고 내부에서 신기한 감각을 찾으려고 한다.

최근 우리 문화가 크게 바뀌면서 신기성에 대한 뇌의 관심을 촉진하고 있다. 과거의 환경과 오늘날의 환경이 매우 다르다. 몇십 년 전 대다수 학생의 가정환경은 오늘날 대다수 학생의 가정환경과는 사뭇 달랐다. 그 예로 다음과 같은 사항을 들 수 있다(김유미 역, 2008b; Sousa, 2011a).

- 집이 아주 조용했다. 어떤 사람들은 오늘날에 비해 더 지루했다고 말할 정도였다.
- 부모와 자녀가 대화와 독서를 많이 했다.
- 가족단위가 건실했고, 가족이 함께 식사하면서 부모의 사랑과 지원을 재확인하며 자녀에 대해 대화할 기회가 많았다.
- 가정에 TV가 있더라도 TV를 거실에 두어 어른이 관리할 수 있었다. 자녀가 무엇을 보는지 주의 깊게 모니터할 수 있었다.
- 학교에 가면 TV, 영화, 현장학습, 초청연사를 접할 수 있어서 학교가 재미있었다. 다른 흥밋거리가 별로 없어 학교가 학생의 생활에 큰 영향을 주었으며 주로 학교에서 정보를 얻었다.
- 이웃도 성장에 중요한 역할을 했다. 학생들이 이웃집 아이와 어울려 놀면서 서로 잘 지내는 데 필요한 운동기능과 사회적 기능을 발달시켰다.

그러나 최근 들어 학생들은 아주 다른 환경에서 자라고 있다. 그 예로 다음과 같은 사항을 들 수 있다(김유미 역, 2008b; 정종진 역, 2010; Sousa, 2011a).

- 가족단위가 예전처럼 건실하지 않다. 한 부모 가정이 많아졌고, 아동이 부모와 대화할 기회가 줄어들었다. 이는 정서적 안정의 결여와 마음 맞추기 발달의 결핍을 가져와 종종 뇌를 변화시킨다. 또한 그것은 일상적인 스트레스 유발인자에 대해서 민감하게 반응하도록 이끌 수 있다(Ramey & Ramey, 2000; Schore, 2000). 가정에서 요리하는 일도 줄어들면서 아동의 식습관이 변하고 있다.
- 학생이 핸드폰, 다중기능성 TV, 영화, 컴퓨터, 비디오게임, 이메일, 인터넷 등 매체에 둘러싸여 있다. 10대 청소년의 경우 주당 인터넷에 약 17시간을, 텔레비전 시청에 약 14시간을

소모한다(Guterl, 2003). 과도한 텔레비전 시청은 수동성과 반사회적 행동의 결과를 많이 가져오며, 사고할 기회를 감소시킨다.

- 오늘날 많은 학생이 자기 방에서 텔레비전을 보거나 컴퓨터를 하여 수면 부족이 일어날 수 있다. 더욱이 더 많은 학생이 과거보다 더 위협, 스트레스, 폭력성을 띤 비디오 게임과 텔레비전에 노출되고 있고, 과도한 텔레비전 폭력물과 가정과 학교 및 사회에서의 폭력에 강하게 영향을 받고 있다. 실생활에서의 폭력은 간접흡연이나 지구 온난화 현상보다 디지털 폭력과 상관이 더 높다는 것이 널리 인정되고 있는 상황이다(Anderson & Bushman, 2001; Joy, Kimball, & Zabrack, 1986).
- 학생들이 학교 외의 여러 곳에서 정보를 얻는다.
- 다중매체 환경이 학생들의 주의를 분산시킨다. 과거에는 스크린에 아나운서의 얼굴만 보였다. 오늘날 TV 화면을 보면 구석에 다른 정보가 있고 맨 아래에는 자막이 움직인다. 학생들이 범람하는 정보와 급변하는 메시지에 익숙해졌다. 그러다 보니 동시에 여러 가지에 주의를 기울일 수는 있지만, 한 가지에 깊이 주의를 집중하지 못한다.
- 과거에 비해 걷기보다는 자동차를 많이 타고, 텔레비전을 시청하거나 컴퓨터 앞에서 보내는 비활동적인 시간량이 증가하고, 학교 체육교육 프로그램이 감소하면서 학생들이 대부분의 시간을 실내에서 지내다 보니, 다른 학생과 직접 교류하는 데 필요한 운동기능이나 사회적 기능을 발달시킬 야외 활동이 부족하다. 원치 않게 너무 많은 시간을 실내에서 지내게 되면서 아동과 청소년의 비만이 급속도로 증가하여 6~19세의 15% 이상이 비만일 정도다.
- 어린 뇌가 TV나 인터넷을 접하면서 뇌의 기능과 구성이 변하여 주변에서 일어나는 많은 자극을 수용하게 되었다. 뇌 자체가 주변의 변화에 적응하여 요즘에는 신기성을 더 추구하는 경향이 있다. 이처럼 신기성 추구 행동이 증가하는 이면에 부정적 측면이 있다. 일상에서 신기성을 거의 느끼지 못한 일부 청소년의 경우 엑스터시와 암페타민같이 중추신경을 자극하는 각성제 약물에 호소하여 자극을 추구하고 있다. 30년 전과 비교하여 오늘날의 청소년들은 의사의 처방 없이도 살 수 있는 옥시콘틴, 비코딘, 발륨 등과 같은 약물을 훨씬 사용하고 있다. 금지 약물을 남용하는 10대들은 그러한 약물을 남용하지 않는 10대들과 비교하여 알코올을 사용할 가능성이 2배, 마리화나를 사용할 가능성이 5배, 헤로인을 사용할 가능성이 12배, 엑스터시를 사용할 가능성이 15배, 코카인을 사용할 가능성이 21배나 높다(National Center on Addiction and Substance Abuse at Columbia University, 2005). 이런 약물의존으로 뇌가 신기성을 더 요구하여 정서가 불안하거나 극단적인 모험행동을 추구하게 된다.

- 학생들의 식사에 뇌와 신체의 기능에 영향을 주는 물질이 점점 증가하고 있다. 카페인이 뇌를 강하게 자극하지만, 대부분의 성인은 적은 양이라면 별 문제가 없다고 생각한다. 그러나 10대가 매일 섭취하는 많은 음식과 음료에 카페인이 함유되어 있다. 카페인 섭취가 너무 많을 경우 불면증, 불안, 구토가 일어날 수 있다. 일부 10대의 경우 아스파탐 같은 인공감미료나 기타 식품 첨가물로 알레르기가 나타날 수 있다. 알레르기 반응으로 과행동, 집중곤란, 두통 등도 나타날 수 있다. 학습장애로 여겨지는 일부 학생의 증세가 식사에 대한 심한 알레르기 반응에 불과할 수도 있다.

오늘날 학생들은 지방과 당분이 많고 단백질이 적은 탄수화물 음식을 섭취하는데, 이는 뇌의 기능에 영향을 미칠 뿐만 아니라 장기적으로 유전자 단백질을 합성하는 세포의 능력에도 영향을 미칠 수 있다(Fox et al., 2004).

앞서 살펴보았듯이 오늘날의 학생들은 과거 학생들과는 다른 환경에서 다른 경험을 하고 있으며, 이에 따라 뇌도 변화하고 있다. 이렇게 달라진 뇌를 다룰 만큼 학교는 변하고 있는가? 많은 교사가 요즘 학생들의 뇌 특징을 알고 있다 하더라도 어떻게 해야 할지를 잘 모른다. 교수방법을 바꾸고 새로운 공학기술을 이용하며 대중음악이나 대중문화까지 도입하여 기존의 교수-학습자료를 보충하고 있지만, 학교와 수업은 여전히 변화 속도를 따르지 못하고 있다. 교외에 비해 교내에 흥미로운 것이 더 적다 보니 대다수 학생은 학교가 따분하고 재미없다고 말한다. 그들은 장시간 주의 집중을 하기가 어렵고 금방 주의가 산만해진다. 그들이 배우는 것에는 신기성과 관련성이 별로 없어서 학습의 의미와 이유를 찾지 못하고 학습에 소홀하게 된다. 학생의 이런 태도에 대해서 어떤 교사들은 학교 부적응으로 보는가 하면, 또 어떤 교사들은 학습곤란의 표시로 보기도 한다. 그러나 이 학생들이 정말 학습곤란이 있어서가 아니라 경직된 학교 환경이 그들의 변화된 뇌에 맞지 않는 데에 그 원인이 있을 수 있다는 점을 간과해서는 안 된다. 변화된 환경과 그에 기인하여 변화된 뇌의 특징을 간과하지 않고 그 변화를 수용하려면 학교가 변해야 한다. 오늘날의 뇌와 그런 뇌의 학습방식에 부합하는 뇌 맞춤식, 뇌친화적인 뇌기반 학습으로 나아가야 한다.

3) 뇌기반 학습의 발전 배경

뇌기반 학습은 어떻게 시작되었는가? 1970년대에 '정신'이라는 단어를 대신하여 '뇌'라는 단어가 인기 있는 자기계발서에 등장하기 시작했다. 그중에 Tony Buzan(1974)의 『당신의 양쪽 뇌를 사용하라(*Use both sides of your brain*)』와 Betty Edwards(1979)의 『오른쪽 뇌로 그림 그리기(*Drawing on the right side of the brain*)』가 새로운 장르의 자기계발서로 큰 성공을 거두었다. 1980년대에는 기존의 뇌 관련 지식과 뇌가 교육에 미치는 영향에 기초하여 뇌기반 교육이라는 완전히 새로운 분야가 드디어 등장하였다.

뇌 영상 기술과 의약산업의 영향력으로 신경생물학 및 인지신경과학 분야가 활기를 띠게 되었다. 자기공명영상법(MRI), 기능성자기공명영상법(fMRI), 양전자방출단층촬영법(PET)과 같은 뇌 영상 기술의 도입과 발전은 뇌의 내부를 볼 수 있고 살아 있는 사람의 뇌를 분석할 수 있게 하였다. 쿠마딘(Coumadin), 졸로프트(Zoloft), 세레브렉스(Celebrex), 비아그라(Viagra)와 같은 의약산업이 발전하면서 전 세계의 엄청난 액수가 연구소로 유입되었고, 이 거대한 금액이 뇌기능 관련 이해 증진을 위한 과학자들의 연구 기금으로 사용되었다. 그 결과, 생체지표를 통해 뇌에서 발생하는 변화와 과정을 더 쉽게 찾아낼 수 있게 되었다. 경우에 따라 뇌와 개별 신경단위, 그리고 심지어는 유전자에도 무해한 염료를 주입하여 추적 시스템을 만들어 이를 통해 병의 진전, 유전자 발현 또는 신경세포 발생과 같은 뇌의 변화 사항을 추적할 수 있었다.

1983년 뇌의 기능과 전통적 교육훈련을 연결하는 새로운 패러다임이 등장하였다. Leslie Hart(1983)은 『인간의 뇌와 인간의 학습(*Human brain and human learning*)』에서 교실 내 위협 요소에 의해 인지과정 손상이 상당수 초래될 수 있다고 주장하였다. 세계를 떠들썩하게 할 정도의 결론은 아니었으나 학생들의 뇌기능을 무시하는 것은 그들의 성공을 위험에 빠뜨리는 것과 같다는 그의 발언은 도전과 같았다. 많은 사람이 뇌의 기능을 Howard Gardner(1983)가 『마음의 틀: 다중지능이론(*Frames of mind: The theory of multiple intelligences*)』이라는 책에서 언급한 것과 같은 새로운 사고 모형이나 Caine과 Caine(1994)이 『연결하기: 가르침과 인간의 뇌(*Making connections: Teaching and the human brain*)』라는 책에서 언급한 것과 같은 교실교육과 연결하고자 시도하였다(Jensen, 2008).

1990년대 신경과학은 다수의 하위 학문을 폭발적으로 증가시켰다. 겉으로 보기에 다소 관련이 없어 보이는 학문 분야가 같은 과학 저널에 언급되기 시작하였고, 학습과 뇌 이론 관련 논문에 면역학, 물리학, 유전자학, 정서학 및 역학이 엮여 사용되었다. 이로 인해 생화학자, 인지과학자, 신경과학자, 심리학자, 교육학자 등이 적극 표면 활동에 나서고 새로운 저널을 만들었다. 정신의학 분야에서의 생물정신의학 저널, 사회학 분야에서의 사회신경과학 저널이 그것이다.

뇌기반 학습의 필요성에 대해서는 이미 뇌과학에 대한 연구가 활발하게 진행되고 있는 미국과 일본, 영국, 그리고 이들이 주축이 된 경제협력개발기구(OECD)의 교육연구혁신센터에서 1999년부터 2002년까지 '학습과학과 뇌연구' 프로젝트를 진행하여 2000년 6월에는 '뇌 기제와 초기 학습'이라는 주제로, 2001년 2월에는 '뇌 기제와 유년기 학습'이라는 주제로, 2001년 4월에는 '성인들의 뇌 기제와 학습'이라는 주제로 세 차례의 포럼을 개최했고, 2002년에는 '뇌의 이해: 신 학습과학을 향해'라는 주제의 보고서를 발표한 바 있다. 이들의 포럼과 보고서는 뇌과학이 이미 밝혀 놓은 연구 결과뿐만 아니라 현재의 발전 속도를 감안할 때 인지심리학과 교육학, 컴퓨터과학 등과 함께 인간의 '학습' 신비를 밝혀 낼 새로운 뇌기반 학습과학의 잠재력을 일깨웠다.

이러한 관심에 힘입어 현재 미국에서는 뇌연구 결과를 교육실제에 적용하려는 움직임이 『마음속에 뇌와 함께하는 수업(*Teaching with the brain in mind*)』『뇌기반 학습: 새로운 교육 패러다임(*Brain-based learning: The new paradigm of teaching*)』의 저자 Eric Jensen과 『뇌는 어떻게 학습하는가?(*How the brain learns*)』『교육신경과학(Educational neuroscience)』의 저자 David A. Sousa를 비롯하여 많은 학자에 의하여 활발히 이루어지고 있다. 심리학자, 신경과학자, 교육학자가 중심이 되어 국제마음두뇌교육협회(International Mind, Brain, and Education Society: IMBES)가 결성되어 매년 학술세미나를 개최하고 또한 관련 저널과 책을 출간하고 있다. 그리고 미국 하버드대학교에서는 마음두뇌교육(Mind, Brain, Education: MBE) 프로그램을 통해 뇌기반 학습에 대한 석사 및 박사 과정을 운영하고 있다. 마침내 뇌기반 학습의 새로운 학문 분야가 출현해 그 자체의 가치와 준거를 지니는 영역을 더욱더 확립하기 위한 여정이 시작된 셈이다.

우리나라에서도 처음으로 2003년 2월 뇌과학, 인지과학, 심리학 및 교육학 분야의 학자들이 한자리에 모여 '두뇌기반 학습과학 심포지엄'이 개최된 바 있으며, 이후 국제마음두뇌교육협회의 한국지부인 한국마음두뇌교육협회(KSMBE)가 결성되기도 하였다. 또한 고려대학교에 두뇌동기연구소(bMRI)가 설립되어 뇌 관련 교육에 대한 연구를 수행하고 국제학술대회를 개최하고 있으며, 최근에는 생리학, 교육학, 심리학, 정신의학 등 각 학문 영역의 전공자들이 뇌 관련 제반 지식을 활용한 융·복합적인 학문활동과 교육의 필요성을 인식하여 2012년 4월 한국뇌활용융합학회와 2014년 11월 뇌교육학회가 설립되었다. 이 분야의 연구자들은 학습이 뇌에 있는 학습 프로그램에 의해 이루어짐에도 우리의 교육 현실은 이러한 뇌 원리와 동떨어져 많은 문제를 야기하고 있다는 점을 지적하면서 뇌기반 학습의 필요성과 중요성을 역설하고 있다.

4) 뇌기반 학습의 정의

모든 학습은 어떤 식으로든 뇌와 연관되어 있다. 뇌기반 학습이란 무엇을 의미하는가? 먼저 뇌기반 학습에 대한 개념적 정의를 살펴보면 다음과 같다.

- 뇌의 학습기제와 작용에 적합하게 배우는 것이다(Caine & Caine, 1994).
- 뇌의 기능을 가장 효과적으로 발휘하게 하는 교육환경을 만들어 뇌가 작동하는 방식대로 자연스럽게 배울 수 있도록 하는 것이다(Kovalik, 1994).
- 뇌/마음이 의미를 만들어 기억하는 방식과 비슷하거나 뇌의 처리과정에 부합화는 방식으로 배우는 것이다(Fogarty, 2009).
- 학습자의 뇌가 학습하는 방식에 기반을 둔 포괄적(통합적, 학제적) 접근으로, 뇌가 어떻게 작용하는지에 대한 원리들을 기반으로 배우는 것이다(권형규 역, 2011). 뇌에 대한 연구로부터 알게 된 것에 기초하여 이해하고 가르침을 받는 것이다. 뇌에 관해 알고 있는 사실과 일치되어 보이는 원리와 전략을 학습에 적용하는 것, 즉 뇌가 학습 상황에서 어떻게 작용하는가에 대한 원리들에 기초한 전략들을 적용하는 것이다(정종진 역, 2010). 화학, 신경학, 심리학, 사회학, 유전학, 생물학, 컴퓨터 신경생물학 등 다양한 학문 분야를 통해 알게 된 뇌에 대한 이해로부터 도출된 원리에 기초한 의미 있는 전략들을 적극적으로 적용하는 것이다(Jensen, 2008).
- 뇌가 어떻게 작용하는가에 대한 정보를 토대로 학습을 설계하는 것이다. 이를 위해서는 교육자가 자신의 전문 분야에 관한 지식을 뇌연구로 밝혀진 결과들과 결합하여 학습자 중심의 수업을 만들어 내야 한다(Stevens & Goldberg, 2001).
- 모든 학습은 뇌에서 이루어진다는 대전제 아래 인간의 사고 및 학습 과정에 대한 과학적이고 체계적인 접근방법으로, 뇌의 인지기능 및 구조에 대한 과학적 이해를 바탕으로 학습자의 뇌를 효율적으로 활용할 수 있는 적절한 학습환경을 설계하는 데 목표를 둔 새로운 학습 접근이다(김성일, 2003).
- 인지심리학, 신경과학(뇌과학), 교육학 등의 학제적 접근과 연구 결과를 바탕으로 학습자의 잠재력을 일깨우고 뉴런의 활동과 좌반구와 우반구 사이의 연결을 활성화시킴으로써 뇌기능이 효과적으로 작용할 수 있도록 가르치고 배우는 가속 학습과 전뇌 학습의 원리에 기반을 둔 학습법이다(정종진, 2004).

이 내용을 종합해 보면, 뇌기반 학습을 가장 잘 설명하는 단어는 적용, 전략, 원리다. 결국, 뇌기반 학습이란 뇌의 이해로부터 추론된 원리에 기초한 전략의 적용이다. 뇌기반 학습은 자연적으로 설계된 뇌의 학습방식에 따라 배우는 것을 의미하며, 여러 관련 학문 분야를 융합적으로 활용하고 '뇌에 좋은 것으로는 무엇이 있는가?'라는 근본적인 질문을 토대로 한다.

뇌기반 학습은 학습에 대한 또 하나의 사고방식이기도 하다. 즉, 우리가 연구해야 할 사고 영역 중 하나다. 뇌기반 접근은 사람들이 보고 따라 할 수 있는 방법을 제공하지는 않지만 우리가 의사결정을 할 때 뇌의 특성을 고려할 수 있게 해 준다. 이를 통해 뇌에 대해 알고 있는 것을 적용·활용함으로써 더 좋은 결정을 내리고, 더 많은 학습자를 더 적은 실수로 가르칠 수 있게 되었다. 다시 말해, 뇌기반 학습은 마음속에 뇌와 함께하는 학습이다.

뇌기반 학습은 뇌가 학습할 수 있는 최선의 방법을 고려한다. 뇌는 학교의 딱딱하고 경직된 시간표의 요구에 의해 학습하는 것이 아니다. 뇌는 정규교육에 맞춰 설계되지 않았으며 자기만의 리듬을 갖고 있다. 학습을 극대화하려면 먼저 자연의 엔진, 즉 뇌가 어떻게 가동되는지 알아야 한다. 뇌는 생존과 적응을 위한 최적의 기능을 추구하며, 어떤 지능이나 능력도 적절한 환경이 주어지지 않으면 펼쳐질 수 없다. 개체의 뇌는 타고난 유전적 특성과 발달과정 동안 환경과의 상호작용을 통해 독특하고 고유한 특성을 띠게 된다. 뇌기반 학습에서는 개인 뇌의 고유한 기능의 극대화를 위해 개별화된 학습, 학습자의 흥미와 동기 중심의 학습, 전이를 목적으로 하는 학습, 그리고 사회적 상호작용을 중시하는 공동체 기반 학습에 초점을 맞춘다.

뇌기반 학습에서는 교육체제, 정책 및 연구가 교사 중심의 '교육'이라는 개념에서 학생 중심의 '학습' 개념으로 재편된다. 이제 상하 혹은 수직 개념인 전통적 '교육'이라는 개념은 낡은 개념이고, 21세기의 우리에게는 더 이상 맞지 않으며, 학습과 배움이라는 개념으로 그 중심이 옮아 가야 한다는 것이 뇌기반 연구자들의 공통적인 견해다. 이들은 개개인의, 그리고 배움을 일구어 나가는 학습공동체의 능동적 배움, 함께 이루어 내는 협동학습이 중요하고, 암기식 지식의 주입이나 훈육적 교육이 아니라 '행함으로써의 앎과 학습'이 핵심이 되어야 하며, 이 모든 것이 '학습'이라는 인간의 가장 중요한 기능에 대한 과학적 연구를 토대로 이루어져야 한다는 데에 합의점을 모으고 있다.

2. 뇌기반 학습의 요소

뇌기능을 활성화시킴으로써 학습과 수행의 최적화를 도모하기 위한 뇌기반 학습 활동에서 고려해야 할 요소들이 있다. 이러한 요소들을 학습에 충분히 반영할 때 뇌기반 학습이 된다고 하겠다. 대표적인 몇 가지 요소만을 간단히 살펴보면 다음과 같다.

1) 영양

(1) 영양과 뇌 및 학습과의 관계

사람이 살아가는 데에는 산소와 물을 포함해 대략 50여 가지의 기본 영양소가 필요하다. 영양 섭취는 지적인 능률과 뇌의 생화학적 작용에 다양한 방식으로 영향을 미친다. 예를 들어, 에너지와 영양분 부족은 학습과 집중력 등 정신 활동에 민감하게 작용하며, 영양 성분은 호르몬의 규칙적인 순환과 뇌신경전달물질의 활동과 세포벽의 원활한 기능에 결정적인 영향력을 갖는다.

기억과 학습은 전기화학적 과정을 수반한다. 그리고 우리의 뇌는 과학자들이 신경전달물질이라 부르는 화학적 흐름을 만드는 에너지를 필요로 한다. 뇌는 주로 섭취하는 음식에서 에너지를 얻기 때문에 효과적인 학습과 좋은 영양 섭취 사이에는 밀접한 관계가 있다. 뇌의 기능과 학습능력은 무엇을 먹느냐에 따라 크게 달라질 수 있기 때문에 뇌기능과 학습능력 향상을 위해서는 뇌에 연료를 공급해 주는 건뇌식(健腦食)을 섭취하는 것이 좋다.

(2) 학습과 뇌에 좋은 식품과 섭취방법

성공적인 학습을 위해 뇌에 영양을 충분히 공급해 주는 음식물과 음식 섭취방법에 대해 살펴보면 다음과 같다.

- 에너지 수준을 높게 유지한다. 뇌가 활발히 움직이기 위해서는 대량의 에너지가 필요하다. 성인의 경우 뇌는 무게가 체중에서 차지하는 비율이 2% 정도이지만 에너지 소비량은 20%에 가까운 것으로 알려져 있다(안수경 역, 2003). 뇌는 혈액 속의 포도당(혈당)을 기반으로 에너지를 만들고 활동한다. 하루에 소비하는 포도당은 뇌에서만 약 120g(성인 남성의 경우)이며, 결핍되면 에너지가 부족해져 뇌가 제 기능을 할 수 없게 된다. 공부를 하는 동안 집중력과 동기를 유지하기 위하여 혈당을 높게 유지시켜 주는 것은 매우 중요하다. 과일을 비롯해 포도당을 함유한 음식을 적당히 먹는 것이 작업기억, 주의 집중, 운동기술의 수행과 정확성을 향상시킬 수 있다(Korol & Gold, 1998; Scholey et al., 1999).
- 과일과 채소를 섭취한다. 뇌는 많은 포도당을 필요로 하므로 포도당이 풍부하게 함유된 신선한 과일과 채소를 섭취하는 것이 좋다. 정신건강을 해치는 원인으로 철분의 결핍을 들 수 있다. 철분의 결핍은 다른 영양소의 결핍보다도 큰 영향을 미친다. 철분이 부족하면 집중력이 떨어지고, 이해력과 논리적 사고능력이 떨어지며, 학습력과 기억력이 약화되고 학교 성적이 떨어진다. 거의 모든 과일, 특히 바나나, 오렌지, 살구, 아보카도, 메론, 복숭

아, 배에는 칼륨이 많다. 감자, 토마토, 호박 같은 채소에도 많다(이순주 역, 2000).

- 조금씩 먹는다. 과일이나 채소, 곡류와 땅콩과 씨앗 등을 80~90분 간격으로 조금씩 씹어 먹는 것은 뇌가 사고하고 학습하는 데 활성화될 수 있도록 혈당을 높게 유지시켜 준다. 물을 자주 마시는 것 또한 중요하다. 과식이나 폭식은 그 에너지가 음식물을 소화시키는 데 사용되므로 졸음을 유발한다. 그러므로 하루에 똑같은 양의 음식을 골고루 나누어 섭취하는 것이 바람직하다.
- 아침식사를 반드시 한다. 절대로 아침을 거르지 말아야 한다는 것이 모든 영양학자의 공통된 의견이다. "아침은 황제처럼, 점심은 평민처럼, 저녁은 거지처럼"이라는 말이 있다. 그만큼 아침식사가 중요하다는 말이다. 아침식사를 하지 않으면 혈당치가 떨어져서 두뇌가 연료 부족으로 능률적으로 활동할 수 없다. 신경 활동이 자극을 받으면 뇌는 혈액에서 포도당을 많이 사용하게 되고, 그럴 때에는 뭔가를 먹어서 포도당을 보충해야 한다. 전문가들이 아침식사가 뇌에 시동을 거는 좋은 방법이라고 말하는 것은 그 때문이다. 아침식사가 밤새 굶주린 두뇌에 공급하는 포도당의 양을 증가시키기 때문에 특히 학령기의 아이들이나 사춘기 청소년들에게 아침식사는 뇌기능과 학습능력 및 일반적인 정서적-심리적 건강을 향상시킬 수 있다.
- 균형 잡힌 식사를 한다. 음식을 골고루 균형적으로 먹어야 건강에 좋을 뿐만 아니라 뇌가 사고하고 학습하는 데 도움이 된다. 뇌 에너지의 가장 좋은 자원은 곡류, 열매와 콩류, 신선한 과일과 채소에서 섭취하는 탄수화물이다. 이러한 음식을 골고루 먹는 학습자는 더 높은 에너지 수준을 가지고, 더 좋은 성적을 받게 되고, 의욕과 사기가 증진되며, 병원비용이 줄어들고, 전체적으로 건강이 더 좋아질 것이다.
- 산과 알칼리성 음식의 조화가 중요하다. 유기체 내에서 알칼리성을 더 많이 형성하고, 더 균형 잡힌 신경조직이 만들어지는 데에 효과적인 음식들이 있다. 60% 정도의 알칼리성 음식 섭취가 일상생활에서 에너지를 높이고 불안을 감소시켜 침착하고 자신감 있는 학습이 쉽게 일어날 수 있도록 하는 데에 이상적인 것으로 여겨져 왔다. 알칼리성 음식에는 다음과 같은 것들이 있다.
  - 채소: 시금치, 순무, 오이, 양배추, 당근, 셀러리, 양상추, 감자, 토마토, 리마콩
  - 건조 과일: 무화과, 대추야자, 건포도, 살구
  - 과일: 복숭아, 사과, 수박, 포도, 파인애플
  - 견과: 아몬드, 호두, 코코넛
  - 곡류: 조, 수수, 메밀

생선, 육류, 달걀, 쌀, 밀, 치즈, 렌즈콩과 앞에 제시된 것을 제외한 모든 견과와 곡류와 같은 산성 음식들은 40% 정도의 섭취로 제한되어야 한다.

- 필수 비타민과 미네랄과 기름을 포함시킨다. 비타민E는 뇌가 산소를 더 잘 사용할 수 있도록 도와주고, 비타민B와 비타민C는 정신을 바짝 차리게 해 준다. 특히 비타민E는 메시지를 전달하는 뉴런과 정상적인 뇌기능에 중요한 역할을 하는 미토콘드리아라고 하는 세포 내 에너지 공장의 막을 손상시키는 유리기를 중화하고, 세포 상호 간과 세포 내의 메시지 전달을 통제하고, 뇌졸중과 치매를 비롯한 뇌질환의 주범으로 주목받고 있는 염증을 줄이는 면역과 관련된 기능을 하며, 뇌세포에 산소를 전달하는 생명선인 혈관이 막히는 것을 예방해 줌으로써 뇌를 보호한다(이순주 역, 2000). 천연 과일, 채소와 곡류는 비타민E 섭취에 매우 좋은 음식이다. 청어, 참치, 고등어, 정어리와 같은 어류는 뇌기능을 향상시키는 미네랄과 비타민과 기름이 풍부한 음식이다.
- 천연 음식을 많이 먹는다. 천연 과일과 채소를 씹는 것은 신체를 유지하고 뇌의 활동을 촉진하는 데 빠르고도 쉬운 방법이다. 천연 음식은 주로 조리된 음식을 먹기 직전에 먹었을 때 몸의 면역체계를 강화시킨다. 미성숙한 열매가 매우 귀중한 영양소를 가지며, 싹이 튼 콩과 다른 열매들은 신체적-정신적 원활한 작동을 위해 더 많은 영양소를 가지고 있다.
- 요구르트는 신비스러운 효능이 있다. 요구르트는 자연적 항생물질이며 신경을 진정시키고 다른 음식의 효과적인 소화작용을 도움으로써 에너지를 발생시키는 데 뛰어나다. 단, 유산균 등 활발한 성분이 가공 처리나 보존과정에 의해서 사라지지 않고 인공 감미료가 들어가 있지 않은 종류를 섭취해야 한다.
- 패스트푸드와 인스턴트 식품을 자제한다. 햄버거나 치킨 같은 패스트푸드는 거의 튀긴 음식이거나 매우 기름지고 열량이 높은 음식이다. 튀긴 음식과 기름진 음식은 소화되는 과정에서 독소가 많이 생기기 때문에 이 독소로 체내에 노폐물이 쌓이고 순환이 잘 이루어지지 않아 뇌를 탁하게 만든다. 패스트푸드 외에 라면이나 냉동식품 같은 인스턴트 식품도 많이 먹으면 체내에 활성산소를 발생시키고, 독소가 생겨나 뇌에 피로물질이 많이 쌓이게 되므로 정신 활동을 많이 하는 수험생이나 학습자에게는 특히 좋지 않다. 인스턴트 식품에는 오래 보관하기 위해 인산염이 필수적으로 첨가되는데, 인산염이 체내에 축적되어 필수 미네랄인 아연이 파괴되면 머리가 무겁고 둔해질 뿐 아니라 칼슘 함량도 감소되어 정서가 불안해질 수 있다. 아연 성분은 굴, 게, 셀러리, 무 등에 많으므로 평소에 이를 많이 먹으면 좋다. 또 패스트푸드는 풍부하고 진한 맛을 내기 위해 화학조미료를 사용할 수밖에 없는데, 화학조미료의 주성분인 글루탐산이 신경조직에 흡수되면 신경세포막을

파괴하고 칼슘의 흡수를 방해한다(대한총명학회, 2003).

- 뇌에 좋은 지방을 섭취한다. 햄버거나 밀크셰이크, 감자튀김, 치즈가 듬뿍 들어 있는 피자 등의 음식에는 포화 지방이 들어 있다. 이 음식들에 들어 있는 포화 지방은 뇌세포의 성장과 기능을 방해하며, 기억력과 학습능력에 해가 된다. 육류, 우유, 버터, 치즈에 많이 들어 있는 동물성 포화 지방과 마가린, 마요네즈, 가공식품에 많이 들어 있는 경화 식물성 기름과 전이 지방산은 뇌에 나쁜 지방이다. 반면에 해산물이나 보조식품을 통해 섭취할 수 있는 DHA, 생선이나 어유를 통해 섭취할 수 있는 EPA, 푸른잎채소와 견과류를 통해 섭취할 수 있는 리놀레산과 같은 오메가-3 유형의 지방은 뇌에 좋은 지방이다.

[글상자 3-2] 머리를 좋게 해 주는 식습관

- 아침은 반드시 챙겨 먹는다.
- 저녁은 늦어도 밤 8시 이전, 잠들기 최소 3시간 전에 먹되 아주 조금만 먹는다. 그리고 밤중에는 될 수 있으면 아무것도 먹지 않는다.
- 음식을 먹고 나서 바로 자리에 눕거나 격렬한 운동을 하지 않는다.
- 균형 잡힌 식단으로 오미(五味), 즉 맵고 시고 달고 짜고 쓴 맛을 골고루 섭취한다.
- 간식으로 신선한 과일과 채소, 호두와 아몬드 같은 견과류를 먹는다.
- 단백질을 충분히 공급하기 위해 기름기가 적은 육류나 콩, 된장 등을 많이 섭취한다.
- 연어, 정어리, 고등어, 청어와 같은 DHA가 많이 함유된 등 푸른 생선이나 조개류를 많이 먹는다.
- 가금류(家禽類: 집에서 기르는 날짐승, 닭, 오리, 거위 따위)는 껍질을 벗기고 먹거나 지방이 없는 고기를 먹는다.
- 피를 탁하게 하여 뇌세포의 성장을 방해하는 패스트푸드나 기름에 튀긴 음식, 가공식품은 되도록 먹지 않는다.
- 당분과 나트륨을 제한하고, 단 음식을 적당히 먹되 백설탕과 같은 인공당이 아닌 식혜나 엿처럼 자연당으로 된 것을 먹는다.
- 음식을 먹을 때는 되도록 여러 번 꼭꼭 씹어서 소화를 돕고 뇌에 적절한 자극을 준다.
- 비타민과 무기질 보조식품을 복용한다.

출처: 정종진(2007), p. 30.

(3) 물의 중요성

물은 삶을 유지하기 위해 필요한 필수 영양소다. 인간의 뇌는 75%가 물, 10%가 지방, 8%가 단백질로 구성되어 있다. 이처럼 우리의 뇌는 75%가 물로 이루어져 있기 때문에 매일 물을 보충해야 할 필요가 있다. 물은 마신 지 30초 후면 혈액에 도달하고, 1분 후에는 뇌조직과 생식기에, 10분 후에는 피부에, 20분 후에는 장기(臟器)에 도달한다. 인체의 어느 곳이든지 30분이면 도달하여 우리 몸에 직접적인 영향을 준다.

이처럼 물은 우리 몸의 구성 물질 중 가장 높은 비율을 차지하는 물질로, 사람의 몸속에는 매일 200리터의 물이 신장에 의해 여과되어 깨끗한 물로 변하고 다른 장기로 공급된다. 몸속의 물을 50% 잃으면 우리는 살 수 없다. 사람은 물을 통해 영양분을 섭취하고, 그것을 혈액과 체액으로 몸 곳곳에 옮긴다. 물이 몸속을 흐름으로 해서 생명은 생명일 수 있다. 생명이라는 관점에서 볼 때, 물이란 에너지의 전달 매체다. 에너지의 전달 매체인 물은 몸속을 다니는 화물차라 할 수 있다. 화물차에 쓰레기가 가득 쌓이면 운반하는 물건도 오염되고 말 것이다. 그러므로 물은 늘 깨끗해야 한다(양억관 역, 2002).

물은 피를 구성하는 성분으로서 몸의 각 부분에 산소를 공급하고, 림프액을 구성하는 성분으로서 체내에 쌓이는 노폐물을 밖으로 내보내고, 세포막 사이에서 일어나는 전기분해에 필요한 소금을 이온화하고, 관절을 움직이고, 음식을 소화할 수 있도록 하며, 몸에 필수적인 단백질의 순환을 돕고, 학습하는 데 필요한 신경조직을 발달시킨다.

우리의 엔진인 뇌가 탈수되면 제 기능을 다하기가 어려우므로 뇌기능의 활성화를 위해 깨끗한 물을 많이 마셔야 한다. 깨끗한 물이란 물분자의 크기가 작고 미네랄과 활성수소, 육각수를 풍부하게 함유한 물, 체액과 같은 약알칼리성을 띤 물로 인체에 필요한 미네랄을 공급하고 각종 질병과 노화의 원인인 활성산소를 제거하는 힘을 가진 물을 말한다. 다시 말해서, 깨끗한 물이란 필터를 통해 화학물품과 살충제가 제거된 정제된 물로서 우리의 뇌에 중요한 미네랄이 함유된 물이다.

깨끗한 물은 우리의 몸속에서 식료품과 향료나 액을 첨가한 물과는 다르게 반응한다. 청량음료, 주스, 카페인과 알코올은 물을 몸 밖으로 배출하는 효과인 이뇨제 역할을 한다. 이러한 물질을 마시면 수분의 부족을 채우기 위해 더 많은 양의 물이 필요하다. 따라서 갈증이 날 때는 청량음료보다는 물을 마시도록 해야 한다(Hannaford, 1995). 깨끗한 물의 공급을 위해 수돗물보다는 정제된 물, 즉 필터로 여과된 물이나 병에 들어 있는 물을 마시는 것이 좋다. 오늘날 우리가 마시는 물은 대부분 미량의 미네랄 성분이 부족하므로 정제된 물에 미네랄을 첨가할 필요가 있다. 가능하다면 박테리아와 중금속 성분이 없는 것으로 판명된 솟아나는 우물물을 마시는 것이 가장 좋다.

물은 신장(콩팥)에 특별한 문제가 없다면 가능한 한 자주 많이 마시는 것이 좋다. 하루에 8잔, 약 2리터를 여러 차례에 걸쳐 나누어 마시는 것이 좋다고 전문가들은 조언한다. 매우 격렬한 신체적 활동을 하거나 정서적 스트레스가 증가할 때는 그러한 활동과 스트레스의 결과 배출되는 체내 수분으로 일어날 탈수 현상을 극복하기 위해 더 많은 양의 물 섭취가 필요하다. 전자 에너지가 방출되어 우리의 신체에 부정적인 영향을 미칠 수 있는 컴퓨터나 비디오게임을 하거나 전기제품을 사용할 경우에도 물을 많이 마셔야 한다. 체중 10kg당 250ml의 물을 매일 마셔야 한다. 예를 들어, 체중이 60kg이면 1,500ml의 물을 마셔야 한다. 여기에다 커피 혹은 카페인 성분의 음료수를 1잔 마실 때마다 물 1잔을 추가하고, 술을 1잔 마실 때마다 물 2잔을 추가해야 한다. 심한 운동을 하거나 스트레스를 받는 경우에는 물을 더 많이 마셔야 한다(Promislow, 2005).

우리 자신의 건강을 위해서뿐만 아니라 뇌기능을 향상시키기 위해서라도 물의 형태로 많은 양의 수분을 섭취해야 한다. 에너지는 음식 섭취로 얻어지지만 이 에너지를 잘 사용하기 위해 몸이 탈수 현상을 겪지 않도록 체내 수분을 적절히 유지시키는 능력이 필요하다. 효율적인 정신적-육체적 기능은 모든 신체와 뇌세포가 이용할 수 있는 물의 양에 달려 있다. 최근 미국 예일대학교 심리학과의 David Benton과 Naomi Burgess 교수는 물 소비와 아동의 인지과정에 대한 연구를 수행했는데, 아동들이 물을 한 잔 마신 후 즉각적인 기억과 지연된 기억이 모두 통계적으로 유의한 향상을 보였다(Brown, 2012).

뇌는 다른 어떤 신체 기관보다도 물이 많은 기관이기 때문에 탈수는 뇌에 즉각적인 피해를 준다. 탈수 증상은 일시적 기억, 선택적 주의 집중, 정보처리, 의사결정, 호흡 등 인지능력과 신체에 손상을 가져온다(Tomporowski, 2003). 특히 탈수 현상이 나타날 때에는 곧 주의 집중이 안되고 나른함을 느끼게 되기 때문에 학습부진을 초래할 수 있다. 이러한 사실은 학습 효과를 얻기 위해서는 물을 충분히 마셔야 함을 말해 준다. 학습하는 도중에 물을 마시면 스트레스에 대한 전형적인 호르몬 반응이 현저하게 감소하거나 사라졌다는 연구 결과도 있다(Levine & Coe, 1989). 이는 스트레스 수준을 낮추려 할 때 물이 중요한 역할을 한다는 것을 시사한다.

요컨대, 시원하고 깨끗한 물을 많이 마시면 에너지가 강화되고, 집중력이 증진되고, 정신적-신체적 협응이 잘되며, 학업기능이 향상된다. 따라서 신선하고 깨끗한 물을 자주 마시는 것을 습관화하고 생활화해야 한다.

2) 환경

(1) 환경과 뇌 발달

환경은 동물이나 인간이나 할 것 없이 모두 뇌 발달에 지대한 영향을 미친다. 신경과학자인 Diamond(1988)는 어린 쥐들을 대상으로 실험을 수행하였다. 일부 쥐들은 놀이용 미로, 장난감 및 사회적 환경(쥐 가족과 동료)이 갖추어진 풍요로운 환경에서 길러졌다. 반면에 다른 일부 쥐들은 동료 쥐들로부터 고립되고, 그들의 뇌를 자극시키기 위한 장난감이 전혀 없는 빈약한 환경에서 길러졌다. 풍요로운 환경에서 길러진 쥐들은 대뇌피질에 있는 수상돌기가 더욱 완전하고 풍부하게 발달하였다. Diamond는 1주일밖에 지나지 않았지만 풍요로운 환경에 있는 쥐들의 대뇌피질 크기가 빈약한 환경에 있는 쥐들의 대뇌피질 크기보다 7~11%나 더 큰 것을 발견했다. 2주일쯤 되었을 때 풍요로운 환경에 있는 쥐들의 대뇌피질에 있는, 특히 전두엽 피질과 뇌의 시각-공간적 영역에 있는 수상돌기가 16%나 더 광범위하게 성장하였다.

Diamond(1998)는 풍요로운 환경 대 빈약한 환경에서 성장하는 인간을 나뭇가지에 비유하면서 적절하고 다양한 환경적 자극이 인간의 뇌로 하여금 새로운 수상돌기를 결합시키고, 새로운 신경회로를 만들고, 기존의 신경회로를 강화시킬 수 있게 한다고 보고하였다.

교육전문가인 Caine과 Caine(1994)은 뇌의 물질적 구조는 경험의 결과로 변화하며, 풍요로운 환경에서 자란 아이들이 뇌가 더 잘 발달했다고 하였다. 그들이 말하는 풍요로운 환경이란 다양하고 풍부한 정서적 · 사회적 · 인지적 상호작용을 위한 기회를 제공하는 안전하고 일관된 환경이다. 그들은 경험이 실제로 뇌 형성에 크게 기여하며, 따라서 미래의 학습에 큰 영향을 미치기 때문에 뇌가 세상과 새롭고 더 복잡한 방식으로 소통하고 상호작용할 수 있도록 경험을 풍요롭게 할 때 뇌를 더 잘 사용하는 것이라고 주장하였다.

Kotulak(1997)은 환경이 뇌에 시사하는 바를 논의하였는데, 풍요로운 환경이 아동의 뇌 발달을 촉진한다는 것을 증명하고 있는 C. Ramey와 S. Ramey가 수행한 종단적 연구에 대해 기술하였다. 연구자들은 도시에 살고 있는 유아들을 두 개의 집단으로 나누어 연구를 수행하였다. 한 집단은 학습 경험의 기회가 많고, 좋은 영양 섭취를 하고, 함께 놀 아이들이 있고, 장난감이 있는 풍요로운 환경을 제공받았다. 반면, 통제집단으로 설정된 다른 집단은 가정에서 양육되었지만 풍요로운 환경을 제공받지 못했다. 그들은 3년 후에 두 집단 아이들의 IQ를 검사한 결과, 풍요로운 집단 아이들의 IQ가 통제집단 아이들의 IQ보다 20점이나 더 높은 것을 발견하였다.

(2) 뇌 발달과 학습을 촉진하는 환경적 요인

뇌 발달과 학습에 영향을 미칠 수 있는 가정과 학교의 환경적 요인을 살펴보면 〈표 3-2〉,

표 3-2 뇌친화적 가정환경적 요인

환경적 요인	이유와 설명
애정 있는 가정환경	안정감을 느끼고 존중받는 아이들이 더욱 기꺼이 자신의 성향을 신뢰할 것이다. 부모가 아이들의 말을 경청하고 아이들과 함께 놀 시간을 가질 때, 아이들의 대뇌 변연계는 새로운 활동을 시도해도 좋다는 메시지를 보낸다.
풍요로운 가정환경	아이들에게 다양한 활동을 제공하는 것은 뇌의 여러 부위를 자극시킬 것이다(예: 다른 아이들과 함께 놀 기회, 가정에서 책 읽기, 블록 쌓기, 퍼즐 놀이, 스포츠나 음악 활동에 참여할 기회, 정찰 놀이, 자전거 타기와 가족 소풍, 점토 · 크레용 · 물감 등을 가지고 작업하는 것과 같은 미술 프로젝트)
아동과 청소년을 위한 종합 비타민	대부분의 사람들은 음식 섭취를 통해 뇌에 필요한 필수 비타민과 미네랄을 얻지 못한다. 기억과 주의력은 비타민에 의해 증진된다.
균형 있는 식사와 영양	적당한 영양은 하루 세 끼를 통해 쉽게 얻어진다. 아침식사는 특히 중요하다. 많은 아이가 아침식사를 거르고, 결핍된 단백질을 충분히 얻지 못하고 있다.
매일 운동	연구 결과에 의하면, 운동은 발달하고 있는 뇌의 성장을 촉진하고 이미 발달한 뇌의 퇴화를 예방한다.
TV 시청의 제한	새로운 연구 결과에 따르면, 1일 TV 시청의 양과 주의력결핍장애는 상관관계가 있다. TV를 더 많이 시청하는 아이들이 주의력결핍장애로 진단될 가능성이 더 크다.

표 3-3 뇌친화적 학교환경적 요인

환경적 요인	이유와 설명
안전한 교실환경	학생들의 신피질이 새로운 정보를 흡수하고 학습하기 전에 그들의 대뇌 변연계가 신피질에 학습하기에 '안전'하다는 것을 말해 주어야만 한다. 학생들은 다문화적 차이나 학습 차이에 관계없이 항상 모든 학생이 존중받고 있다는 것을 교사가 보여 줄 때 학습하기에 안전하다는 느낌을 갖게 될 것이다.
자극적 · 도전적인 교실환경	하루 일과 중 교실환경의 변화(예: 전체 집단, 소집단, 일대일)는 뇌의 여러 부위를 자극시킬 것이다.
다양한 수업방법	하루 일과 중 학생들의 학습유형에 따른 여러 형태의 자료 제시(수업 중에 가능한 한 많은 다중지능 활용, 다양한 좌뇌와 우뇌의 접근, 시각적 · 청각적 · 운동감각적 활동의 활용)는 뇌의 여러 부위를 자극시키고 새로운 뉴런 결합이 이루어지도록 할 것이다.
교사의 목소리 음색	학생들은 언어적 메시지와 비언어적 메시지를 모두 듣고 이를 처리한다. 교사가 새로운 (그리고 기존의) 자료를 가르칠 때 진심 어린 격려를 하고 흥분된 표정을 보이는 것은 학생들의 변연계가 의아함을 느끼게 한다. 이때 변연계는 신피질에 '학습할 시간'이라는 정보를 주게 된다.
교사의 손, 표정 및 기타 제스처	의사소통의 거의 65%가 비언어적이다. 학생들의 변연계는 학습하기에 완전한지, 학습과 관련되는 정보인지를 알기 위해서 교사의 메시지를 해석한다.

학생들에게 물 마시기 권장	인간의 뇌는 최적의 기능을 위해서 하루에 5잔의 물이 필요하다. 인간의 신체는 섭취하는 소금과 물의 균형을 유지하기 위해서 애쓴다. 카페인이 포함된 음료(커피, 차, 탄산음료), 소금 및 설탕이 함유된 음료(과일 주스, 탄산음료)는 신체와 뇌에 대한 물의 공급을 격감시키는 탈수의 원인이 되기 쉽다. 탈수는 두통과 학습능력 감소를 가져올 수 있다.
매일 운동의 기회 제공	운동은 뇌에 혈액과 산소의 공급을 증진시킨다.
비형광성의 조명	형광성의 조명은 혈액 속에 코르티솔(cortisol) 수준을 높일 수 있는 윙윙거리는 소리인 '잡음'이 있다. 코르티솔은 스트레스를 받을 때 분비되는 호르몬이다.
스트레스의 감소	계속되는 스트레스는 학생들의 뇌에 부정적인 영향을 미친다.
매일 반성의 시간 제공	반성과 성찰을 위한 시간은 뇌에 신경 결합을 추구하고, 발전시키고, 더욱 강하게 할 시간을 주기 위해서 필요하다.

〈표 3-3〉과 같다(정종진, 임청환, 성용구 공역, 2008).

교사는 학생들의 뇌 발달과 학습에 도움이 되는 뇌친화적 환경을 제공해야 한다. 뇌친화적 환경이란 학습자가 안전하다고 느끼고, 위협이나 스트레스 수준이 낮으며, 실패를 두려워하지 않고 다양하게 시도해 볼 수 있는 환경이다. 그런 환경에서는 주어진 학습 활동에 대해 학생들이 적극적으로 도전하고 지적으로 자극받을 수 있어야 한다. 이러한 환경이 학생들에게 최적의 환경이라 할 수 있다. 학교와 교실 내의 환경을 의미 있고 몰입할 수 있는 풍요롭고 지지적인 것이 되도록 보장함으로써 최적의 환경을 제공할 수 있다. 풍요롭고 지지적인 환경을 조성하는 데에 도움이 되는 요소들로는 소속감, 성취를 위한 강한 지지, 권한 의식, 더욱 많은 진입로, 학생들의 회복탄력성 등이다(성용구, 임청환, 정종진 공역, 2007).

우리는 누구나 어디엔가 소속하기를 원한다. 우리는 남들이 하는 경험을 함께하고, 남들에게 수용되고 있다고 느끼고 싶어 한다. 학생들은 어떤 이유로 수용되고 있지 못하다고 느낄 때, 부정적인 소속 장소를 찾으려고 하는 경향이 있다. 따라서 교사는 학생들이 안전하고 수용되고 있다는 느낌을 받을 수 있는 환경, 즉 모두가 함께하고 있다는 느낌을 받을 수 있는 환경을 조성해 주어야만 한다.

교사와 학생은 질 높은 공부를 기대한다. 학생들에게 성공하기 위해서 무엇을 해야 하는가에 관해서 매우 명확한 안내를 하고, 그러한 성공을 가능하게 하기 위해서 필요한 도구들과 성공을 쟁취할 수 있는 기회를 허용해 주어야 한다. 일관되게 성공할 수 있다는 강한 기대와 지지가 필요하다.

우리는 누구나 자신에게 일어나는 일에 대해 어느 정도 권한을 갖고 있다고 느낄 때 자신을 둘러싼 환경에 대해 훨씬 기분 좋게 느낀다. 학생들은 그들의 일상적인 삶에 영향을 미치는 결정에 참여해야 한다. Hanson과 Childs(1998)는 "긍정적 풍토를 갖춘 학교에서의 정책들은 윈-윈(win-win)하는 결과를 격려하고 추구한다."라고 말하였다. Covey(1989)는 윈-윈을 "모든 인간의 상호작용에서 끊임없이 상호 이익을 추구하는 마음의 틀"이라고 기술하였다. 윈-윈 해결은 모든 당사자가 결정에 대해 좋게 느끼고 기꺼이 실행계획을 따르겠다고 느끼는 것을 의미한다. 윈-윈은 세상을 경쟁의 투기장이 아니라 협동의 장으로 본다. 교실에서 우리가 학급규율을 정할 때 학생들을 참여시키고, 과제를 부과할 때 학생들에게 선택의 기회를 주는 것은 학생들에게 권한을 주는 것이다.

학교는 학생들에게 신체적으로나 정신적으로 중도에 낙오하도록 많은 기회를 제공하고 있다. 은유적으로 표현하면, 이러한 기회는 출구로(off-ramps)다. 우리가 필요로 하는 것은 학생들이 학교와 교육과정에 몰두하도록 하기 위한 더 많은 진입로(on-ramps)다. 첫째, 학교는 대학 진학을 위한 입시 교과뿐만 아니라 직업 준비를 위한 실제적이고 의미 있는 교과에서 선택의 기회를 많이 제공함으로써 더 많은 진입로를 제공할 수 있다. 둘째, 우리는 교육과정 내에서 학습양식과 다중지능과 연계하여 다양한 선택의 기회를 제공함으로써 진입로를 제공할 수 있다. 개별 프로젝트는 학생들에게 산출물을 위한 선택의 기회를 제공하는 데에 기본이 된다. 교사는 교실에서 프로젝트 활동을 위한 준거를 설정하지만 그 활동 내에서 선택의 기회를 학생들에게 제공하며, 또한 학생들에게 학습의 산출물을 위한 다양한 기회를 제공함으로써 활동의 질을 떨어뜨리지 않으면서 학습의 깊이를 강화한다. 다양한 기법으로 가르치는 교사들은 학생들로 하여금 다양한 학습양식(운동감각적, 청각적, 시각적)으로 학습하도록 하기 때문에 학생들에게 더 많은 성공의 기회를 제공한다. 셋째, 학교는 학생들이 실패하거나, 실수를 범하거나, 규율을 어긴다면, 그것을 극복할 수 있다는 것을 스스로 알도록 지도함으로써 진입로를 제공할 수 있다.

학생들은 누구나 지지(支持)받고 싶어 하기 때문에 교사는 모든 학생에게 누군가가 자신의 어깨 너머로 지켜보고 있고, 얼마나 자주 결석을 했는지, 실패의 위험에 처해 있지는 않은지, 졸업에 필요한 교과들을 잘 이수하고 있는지, 교실에서 어떤 문제가 있지는 않은지를 알고 있다는 것을 인식시켜 주어야 한다. 특히 폭력이나 위기에 처한 학생들을 돕고 지지를 보내기 위해서는 Rutter가 언급한 바와 같이 위기에서 적응에 이르기까지 삶의 궤도에서 변화를 야기하는 보호적 과정에 초점을 둘 필요가 있다. 이는 보호적 과정으로 위기의 영향을 감소시키는 과정, 부정적인 연쇄 반응의 가능성을 감소시키는 과정, 자아존중감과 자아효능감을 증진하는 과정, 기회를 열어 주는 과정을 포함한다(Werner & Smith, 1992).

어린 아동들은 외상적 및 정서적 경험으로부터 회복하기 위한 엄청난 능력을 갖고 있다. 폭력적이고 학대적인 환경에서 자라는 아동들에게 자기가치감을 주고 그들이 무기력하지 않다는 것을 가르쳐 주고, 그런 열악한 환경에서 빠져나오도록 회복탄력성(resilience)을 길러 주어야 한다. 회복탄력성을 촉진하는 가정, 학교, 지역사회 및 동료집단의 특성을 열거하면 다음과 같다(Henderson & Milstein, 2003).

- 친밀한 결속력의 증진
- 교육을 중히 여기고 교육을 받도록 격려함
- 상호작용에서 매우 온정적이고 비판이 적음
- 돌봐 주는 다른 많은 사람과 지원적인 관계를 갖도록 격려함
- 책임을 함께 나누고, 다른 사람들에 대해 봉사하고 도움이 됨
- 주택, 고용, 건강, 오락과 같은 기본적 욕구 충족을 위한 자원에의 접근이 용이함
- 성공에 대해 높으면서도 현실적인 기대를 표출함
- 목표 설정과 완전 습득을 격려함
- 친사회적 가치(이타주의와 같은)의 발달과 삶의 기능(협동과 같은)을 격려함
- 지도성, 의사결정 및 의미 있는 참여를 위한 다양한 기회를 제공함
- 각 개인의 독특한 재능을 인정함

요컨대, 뇌 발달과 학습을 촉진하기 위해서는 Kovalik(1994)가 주장한 바와 같이 위협의 부재, 신뢰와 수용, 온정과 안전함, 협동과 풍부한 자극, 즉각적이고 긍정적인 피드백, 유의미한 내용, 선택의 기회, 충분한 시간, 학습 내용을 숙달하게 하는 교수법 등을 갖춘 뇌친화적 환경을 조성해야 한다. 따라서 뇌기반 학습을 실행하기 위해서는 학생들이 스트레스, 위협, 혼란, 불안감을 느낄 수 있는 요소나 장애물을 제거하고 교사와 학생 간의 건전하고 끈끈한 상호관계가 유지되는 긴장이완의 환경을 만들기 위한 방안을 강구하고, 학생들의 동기와 참여, 그리고 도전의식과 호기심을 최대한 이끌어 낼 수 있는 긍정적인 정서가 넘치는 환경을 구축해야 할 것이다.

[글상자 3-3] 스트레스와 위협의 영향을 줄이는 방법

스트레스와 위협을 많이 받는 환경에서 자란 아동들은 코르티솔 수준이 높고, 그 결과 주의집중력이나 자제력이 약하다. 특히 만성적이거나 예측불허의 스트레스에 시달린 아동들은 정서적으로 혼란스러울 뿐만 아니라 학습능력과 자아존중감도 저하된다. 스트레스와 위협은 신체적 또는 정신적 위험, 협박, 수치심, 명성 하락, 거절에 대한 공포, 실패, 시간의 압박, 선택권의 한계를 느낄 때 발생한다. 과한 스트레스와 위협으로 가장 많은 영향을 받는 뇌의 부분은 기억력 형성의 핵심 영역인 해마로, 코르티솔에 매우 민감하다. 만성 스트레스는 세로토닌 수준을 떨어뜨려 폭력과 공격성으로 이끌 수도 있다(Casolini et al., 1993). 이러한 스트레스와 위협이 학생들에게 미치는 영향을 감소시키기 위한 네 가지 방법을 제시하면 다음과 같다.

1. 학교에서 학생들이 안전한 느낌을 받을 수 있도록 하라. 자신들의 공포, 걱정, 스트레스의 원인 요소에 대해서 이야기할 수 있도록 격려하라. 때로는 단순히 이러한 사항들을 이야기할 수 있는 기회만으로도 부담을 덜어 주는 데 도움이 된다. 소집단 활동을 결합하고 효율적인 의사소통과 문제해결 모형을 설계하라. 팀 활동과 그 밖의 전략 사용을 증가시켜 집단 정체성 및 지원을 개발하라. 필요할 경우 외부의 도움과 지원을 요청하라.
2. 학생들 사이에 긍정적인 관계를 만들어 주어라. 외면적 관계를 넘어 더 깊이 서로 연관될 수 있는 시간을 마련해 주어라. 팀 구성에서 개인이 선택할 수 있도록 하라. 팀이 형성되면 강력한 대인관계를 형성할 수 있도록 충분히 긴 시간 동안 팀에 있을 수 있도록 해 주어라. 도우미 역할을 통해 학생이 마찰을 해결할 수 있도록 도와주어라. 학생들의 의사결정과 문제해결 기술을 도와주되 교사가 직접 의사결정이나 문제해결을 하지는 마라. 학생들의 기분을 좋게 만들어 줄 수 있는 팀 격려, 칭찬, 기타 지지를 보내라.
3. 학생들로 하여금 스스로 표현할 수 있는 다양한 기회를 제공하라. 이는 미술, 춤, 시, 노래, 저널 감상하기, 스포츠, 토론, 소집단 활동을 통해 할 수 있다. 학생 스스로 기본 원칙과 학급 기준을 설정하게 한다. 스스로 기여한 것에 대해서는 큰 저항 없이 받아들이고 따르게 될 것이다. 요가, 호흡운동, 뇌체조, 긴장이완의 방법을 사용하라.
4. 이전 수업의 복습을 통해 사전 학습을 실행하라. 관대한 피드백 제공과 자기평가 및 동료의 상호평가 체제를 수립하라. 적어도 이러한 간단한 전략을 통해 학생들의 스트레스 감소와 자신감 증가를 가져올 수 있다.

출처: Jensen(2008), pp. 49-50.

3) 움직임

(1) 학습에서의 움직임의 중요성

신체적 활동, 운동, 체육을 포함한 신체적 움직임(movement)이 뇌를 자극하고 학습에 도움이 된다는 것이 인지과학자, 운동생리학자, 교육심리학자, 신경생물학자, 체육교육학자들의 공통된 주장이다. 이러한 주장은 체육 활동이 있는 아동들과 없는 아동들의 학업성취도를 비교한 실제 연구 결과(Brener, Billy, & Grady, 2003)에 의해서도 타당성이 지지되고 있다.

움직임은 뼈, 근육, 심장과 폐를 형성시킬 뿐만 아니라 기저핵(basal ganglia), 소뇌, 뇌량을 강화하고, 뇌에 산소를 공급하도록 하며, 뉴런의 성장과 뉴런 간의 더 많은 연결을 촉진한다. '기는 단계'를 놓친 아동들이 후에 학습곤란을 보일 수 있다는 것은 수년간 알려져 온 사실이다. 기는 동작, 즉 교차적-측면적 움직임은 뇌량의 발달을 촉진한다. 기는 동작은 팔, 다리, 눈, 귀를 포함하여 신체의 좌우 영역을 통합시켜 준다. 학습과정에서 아동들로 하여금 모든 움직임의 측면을 탐색하게 하고 그들의 환경 속에서 균형을 갖게 하는 것은 중요하다. 탐색 활동이 없으면 움직임과 균형 곤란을 가져오고, 이는 학교에서 읽기와 쓰기 학습에서의 곤란과 연결될 수 있다(Hannaford, 1995).

신경과학자들은 움직임과 관련된 뇌 부위와 인지적 활동과 관련된 뇌 부위 간의 실제적 신경연결을 밝히기 위해서 노력해 왔다. 최근의 연구 결과에 따르면, 근육 동작의 통제와 관련된 뇌의 두 영역, 즉 기저핵과 소뇌는 사고를 통합하는 데에 중요하다. 이러한 두 영역은 미래 행동의 발생 순서와 시간을 계획하는 전두엽과 연결되어 있다.

뇌 영상 연구에서는 움직임이 장기기억과 회상을 자극한다는 사실을 제시하였다. 30분 이상 앉아 있으면 혈액이 다리와 엉덩이로 몰려 뇌로 가는 혈액의 양이 감소한다. 일어나서 움직이면 고여 있던 피를 돌려 산소가 풍부한 혈액을 뇌로 보내고, 걷기를 담당하는 소뇌가 자극을 받아 장기기억 저장소가 활성화되어, 결과적으로 주어진 일을 해결하는 데 유용한 정보가 장기기억 저장소에 더 많아진다(김유미 역, 2011).

신체적 움직임은 뇌에 여러 작용을 한다. 첫째로 순환 활동을 촉진해 각각의 뉴런이 산소와 영양분을 더 확보할 수 있도록 한다. 학습에 몰두하기 위해 최상의 뇌 컨디션을 유지해야 하는 경우 그 중요성이 더욱 커진다. 둘째로 뇌의 기능을 향상시키는 호르몬인 신경 성장 요소의 생산력을 자극한다. 셋째로 큰 동작 반복운동은 기분 전환 신경전달물질인 도파민의 생성을 촉진한다. 마지막으로 적절한 운동은 새로운 뇌세포 생성에 도움을 준다(Jensen, 2008). 유산소운동은 각종 대처능력을 좌우하는 데 핵심 역할을 하는 아드레날린과 노르아드레날린의 빠른 반응을 일으켜 사고력과 학습능력을 발달시킨다. 활기차게 하루 30분 동안 움직이는 것만으로도 몸과 마음을 충족시키기에 충분하다.

신체적 움직임은 뇌에 산소를 공급하며 성장, 기분, 기억력, 뉴런 간의 연결을 증진시키는 요소인 신경보호단백질 뉴로트로핀의 방출을 유발한다. 규칙적인 운동은 새로운 뇌세포의 성장을 자극하고 현존하는 세포의 생존력을 늘려 주며, 새로운 뇌세포의 생성은 기분, 기억, 학습의 발달과 관련이 있다(Van Pragg et al., 1999). 더욱 최근에 수행된 Pereira 등(2007)의 연구에서도 학교에서의 체육 활동이 새로운 뇌세포를 형성하는 것으로 밝혀졌다.

새로운 뇌세포 생산, 즉 신경세포 발생은 학습 및 기억의 증진과 상관이 있다(Kitabatake et al., 2007; Shores, 2001). 캘리포니아대학교 어바인 캠퍼스의 신경과학자들은 움직임이 신경세포성장인자(BDNF)의 방출을 유도한다는 점을 밝혀 냈다. 신경세포성장인자는 자연적 물질로 뉴런의 상호 간 의사소통 능력을 높여 줌으로써 인지력의 증진을 가져온다(Griesbach et al., 2004, Jensen, 2008 재인용).

유네스코의 연구에서는 3~17세 사이의 미국 도시 아동들에게서 신체 활동이 약 75% 감소하였음을 지적하고 있다. 이것은 연구대상 학교에서 교육과정에 주지교과를 더 넣기 위해 신체 활동을 거의 없애 버렸기 때문인데, 그 결과 이 학교들에서는 자기조절능력의 부재, 과행동성, 주의산만, 학습부진 등이 현저하게 증가하였다. 또한 500명 이상의 캐나다 아동을 대상으로 한 연구에서 매일 1시간을 체조반에서 보낸 아동들이 덜 활동적인 아동들보다 시험에서 현저하게 높은 수행을 보였다. 마찬가지로 4개월 동안 활기차게 걷는 에어로빅 훈련 프로그램에 참여한 50~60대 남녀가 정신능력검사에서 10% 향상된 수행을 보였다. 13개의 다른 연구를 면밀하게 조사한 연구에서 운동이 뇌의 발달을 촉진하고 노인들의 뇌의 퇴화를 예방하는 데에 도움이 되는 것으로 밝혀졌다(Hannaford, 1995).

한편, 많은 연구자는 감각운동 통합이 취학 전 아동에게 중요하다고 믿는다. 만일 감각 자극이 없다면, 유아의 뇌에서 움직임의 즐거움이라는 연결고리를 발달시키지 못할 것이다. 대부분의 연구에서 촉감, 움직임, 그리고 상호작용이 부족한 유아의 경우 폭력적 기질을 초래할 수 있다는 우려의 목소리가 커지고 있다. 평소의 활동 분야나 즐거운 활동을 통해 기쁨을 경험하지 못한다면 감정적 상태의 욕구, 즉 폭력이 이들을 반사회적으로 만들 수 있다(Jensen, 2008).

이처럼 신체적 움직임은 마음, 기분, 기억, 학습 및 전반적 건강에 영향을 준다(Dishman et al., 2006; Lengel & Kuczala, 2010). 연구에서 밝혀진 영향력 외에도 신체적 움직임의 부차적 이점은 바로 스트레스를 감소시킨다는 사실이다. 이런 점에서 볼 때, 신체적 움직임은 뇌와 학습 증진에 자극을 주는 최상의 선택이자 방법이다.

이상에서 살펴본 바와 같이 움직임은 새로운 정보와 경험을 신경연결망 속으로 통합·정착시켜 지적인 능력들을 일깨우고 활성화시킴으로써 학습을 이끌고, 학습과 밀접한 관계를 갖고 있는 사고를 촉진하며, 따라서 움직이면 움직일수록 학습은 더욱더 증진된다는 것을 알 수 있다. 요컨대, 움직임은 학습에 본질적이라 할 수 있다.

(2) 학교 학습에서의 움직임의 활용

앞에서 언급한 바와 같이 움직임과 학습은 밀접한 관계가 있으므로 학교교육에서 움직임에 기초한 학습 활동을 적극 활용해야 한다. 그러기 위해서는 첫째, 체육교육을 내실화해야 한다. 입시와 공부에 대한 심리적 압력을 강하게 받으면 노르아드레날린이나 코르티솔과 같은 신경전달물질이 과잉 분비될 수 있다. 적절한 운동을 통하여 과다 축적된 노르아드레날린이나 코르티솔을 적절하게 소모하지 못할 경우에는 정서적-인지적 부작용뿐만 아니라 여러 가지 신체적 부작용도 일어날 수 있다. 따라서 체육시간에 운동을 통해 즐거움을 느끼고 과잉 에너지를 방출하며 스트레스를 줄이는 것은 신체 자체는 물론 뇌의 학습을 위해서도 중요하다.

둘째, 모든 교과에서 신체를 활용한 수업을 도입해야 한다. 다시 말해, 모든 교과에 걸쳐 수업시간에 게임, 모의 활동, 역할극, 연극, 흉내 내기, 따라 해 보기 등과 같은 신체 활동을 통합시키도록 노력해야 한다. 교실에 있는 물건들을 몸을 이용하여 재어서 그 결과를 발표하게 할 수 있고, 복습을 하고 어휘를 확장시키거나 이야기를 하거나 자기표출을 해야 할 때 공을 이용하는 게임을 할 수도 있고, 높이·깊이·길이·거리 등에 대한 공간적 추리력도 움직임을 통해 더욱 명확해지고 움직임을 비교해 봄으로써 분류 개념도 습득할 수 있다.

셋째, 뇌체조(brain gym)를 활용할 필요가 있다. 학습·사고·창조 등의 정신 활동이 뇌만의 작용이 아니라 뇌와 신체 모두의 작용이며, 뇌의 기능을 일깨우기 위해서는 무엇보다도 신체의 움직임이 중요하다는 이론적 근거에서 출발한 뇌체조를 교육과정 내외의 장에서 활용할 필요가 있다. 교차측면적이고 소근육 운동으로 이루어진 뇌체조는 양반신의 근육을 고루 활성화시켜 주고, 기저핵과 소뇌뿐만 아니라 대뇌의 전두엽에 있는 동작피질을 통합하고 활성화시켜 준다. 뇌체조 외에도 요가를 비롯한 스트레칭이나 신체를 이용한 게임을 활용해도 좋다.

4) 주의 집중

(1) 뇌의 주의력 체계

일단 학습이 이루어지려면 뇌가 주의(attention)를 집중해야 한다. 강한 주의력은 각 신경망을 특정한 곳에 맞추어 끌어오고 유지할 것을 요구한다. 이뿐만 아니라 내 · 외부적인 방해 요소를 차단하거나 억제해야 한다. 모든 학습이 주의와 참여를 요구하는 것은 아니지만 사실, 명칭, 표면적인 것과 같은 명시적 학습은 주의를 필요로 한다. 전형적인 언어 기반이나 의미 형태를 다루는 학습에서는 더 높은 주의와 참여가 효과적이다.

학습을 위해 주의체계가 제대로 기능하기 위해서는 환경 내의 중요한 요소를 확인하고, 중요한 것에 관심을 유지하는 동시에 관련 없는 자극을 무시하고, 장기기억에 있는 정보를 인출하며, 새로운 정보가 들어왔을 때 주의를 변화시켜야 한다. Sylwester(1994)에 의하면, 뇌의 주의체계가 이와 같은 기능을 하기 위해서는 뇌의 여러 부위가 이 과정에 관여해야 한다. 가령, 신속한 반응이 요구되는 상황에서 시상에서 편도체로 가는 통로는 정서가 개입된 자극에 주의를 모으는 데 관여하는가 하면, 전두엽은 더욱 복잡한 정보를 처리하고 적절한 자극에 주의를 유지하며 선행 정보와 새로운 정보를 통합하는 데 중요한 역할을 한다. 물론 주의가 곧 정서는 아니지만, 주의는 정서와 상호적으로 작용하여 정서 상태의 영향을 받는 동시에 정서 상태를 조절하는 데에도 중요한 역할을 한다. 이처럼 정서는 주의에 영향을 주어 학생이 정적 강화나 위협적인 정보에 주의를 기울이는 것과 같이 정서가 주의를 유도하는 경우도 있지만, 외상 후 스트레스의 경우에서처럼 정서가 주의 집중을 방해하는 경우도 있다(김유미, 2002a).

Keller(1979)는 학생의 동기를 설명하기 위해 ARCS(attention, relevance, confidence, satisfaction) 모형을 제안한 바 있는데, 학습에 대한 동기의 유발과 유지를 위한 첫 번째 요소로 주의를 제시하고 있다. 그것은 학습이 일어나기 위해서는 일단 학생이 학습 자극에 주의를 기울여야 하기 때문이다. 이처럼 주의 집중은 학습에 대한 동기 유발을 위해서도 필요하다. 한편, Csikszentmihalyi (1990)는 몰입(flow)의 발생 가능성을 높이기 위해서 필요한 요소 중 하나가 주의력이라고 보았다. 그에 의하면, 몰입이란 능동적인 활동에서 내재적으로 느끼는 기쁨과 환희의 경험으로 개인의 능력, 주의력, 환경 및 의지가 결합될 때 몰입의 발생 가능성이 높아진다. 창의성과 학습은 학생이 스스로를 즐기고 학습의 도전을 명료화하고 구체화하여 몰입할 것을 격려받을 때 가속화된 형태로 나타난다. 몰입 상태에 빠져 주의가 학습과 행동에 집중될 때 학습을 위한 최적의 상태라 할 수 있다. 이처럼 주의는 학습에의 몰입을 위한 필요조건이기도 하며, 또한 몰입되어 주의가 학습에 집중될 때 최고의 학습 성취를 발휘할 수 있다.

뇌의 주의력 체계와 관련하여 간과해서는 안 될 사항이 뇌는 주의력의 고-저 사이클을 갖고 있으며, 이런 사이클에 따라 인지능력이 달라진다는 점이다. 주의력의 고-저 사이클에 따라 뇌의 인지능력이 달라지는 것은 이 사이클에서 나타나는 혈액의 흐름과 호흡의 변화가 학습에 영향을 주기 때문이다. 이처럼 뇌는 고-저 사이클이 있어서 지속적으로 주의를 집중하는 데에 능숙하지 못하다. Sousa(1997)의 연구에 따르면, 작업기억은 순간적이라서 매우 짧은 시간 동안만 정보를 처리한다. 정보를 처리하는 데에 걸리는 시간이 초등학생의 경우 7분 정도이고, 중 · 고등학생의 경우 15분 정도다. 즉, 그 이상이 되면 지적인 능력이 떨어지는 경향이 있고, 주의력이 떨어진다는 것이다.

이러한 뇌의 주의력 고-저 사이클과 학생들의 집중시간에 비추어 볼 때, 우리의 뇌는 학습한 내용을 공고화(consolidation)하기 위해서는 어느 정도의 시간과 휴식을 필요로 한다는 점을 알 수 있다. 기억이 뇌에 완전히 자리 잡기 위해서는 어떤 사건이 기억으로 옮겨진 후에도 어느 정도 시간이 경과되어야 한다. 공고화는 암송(recite)에 의해 촉진될 수 있다. 암송을 통해 경험을 재연할 때 공고화할 기회가 더 많을 것이기 때문이다. 이것은 학생들에게 새로운 정보를 이전의 경험과 관련지어 보게 함으로써 신경연결의 강도와 복잡성을 증가시켜 새로운 정보에 대한 파지를 증가시키는 이유이기도 하다.

공고화는 학습한 정보를 파지하는 데에 기반이 되는 생물학적 변화의 결과로 간주되고 있다. 그러면 이러한 생물학적 변화는 어디에서 일어나는 것일까? 장기기억 형성에서 해마의 중요성을 고려할 때, 해마와 해마 근처에 있는 구조들이 공고화에 중요하다는 것은 당연한 일이며 해마의 조정작용이 있어야만 공고화가 일어날 수 있다. 그러나 경험이나 연습을 반복하면서 공고화되고 난 후에는 더 이상 해마가 필요하지 않을 것이다. 공고화가 이루어지는 동안에는 외부로부터의 정보 투입이 차단되고 뇌가 이미 학습한 것을 다른 연합, 용도, 그리고 절차와 연결할 수 있어서 학습이 더 효과적일 수 있다. 이는 외부로부터의 정보 투입이 차단될 경우에 신경연결이 대립하는 다른 자극에 반응하지 않고 신경연결을 공고화할 시간이 주어져서 시냅스가 강화되기 때문이다(권형규 역, 2011). 이런 사실은 교수-학습과정에서 새로운 내용을 학습한 후 몇 분의 반성(reflection) 시간을 허용해야 함을 시사해 준다. 그것은 이런 활동을 함으로써 새로운 내용을 학습한 후에 학습 내용을 공고화할 개인적인 처리 시간이 마련될 것이기 때문이다(김유미, 2002a). 따라서 학생들이 새로 학습한 내용을 완벽하게 처리하기 위해서는 외적 주의를 중단하고 내적 처리를 해야 할 시간이 주어져야 하며, 일정한 시간에 지나치게 많은 내용을 주입하거나 어떤 내용을 학습하자마자 곧 다른 내용으로 넘어가는 것은 학습과 기억에 도움이 되지 못한다.

(2) 최적의 학습을 위한 주의 집중 관리법

먼저 교사는 인간의 뇌가 주의력의 고-저 사이클이 있어서 장기적으로 주의를 유지하기 어렵다는 사실을 알고, 에너지나 각성이 낮은 상태에 거슬러서 학생들을 끌고 가려 하는 것보다 오히려 그런 사이클을 어떻게 활용할지에 더 많은 관심을 두어야 한다. 이를 위한 한 가지 방안으로 교사는 교수-학습 상황에서 학생의 주의를 집중시킨 후에 적절한 처리 시간을 가져서 새로 형성된 시냅스가 강화되도록 해야 한다. 만약 교수-학습과정에서 교사가 학생들에게 지속적으로 주의 집중을 요구한다면, 그것은 비생산적이고 비효과적이다.

따라서 학생의 주의 사이클을 고려하는 교사는 20~30%만 주의 집중을 요구하고, 그 밖의 시간에는 학생이 학습한 정보를 처리하는 데 도움이 될 만한 교수-학습 활동을 마련하며, 학생에게 평가 시기를 선택할 기회를 제공하거나 평가 시기와 횟수를 다양화할 것이다(김유미, 2002a). 이와 관련하여 David A. Sousa는 수업에서 다루어야 할 적정 분량을 주의력을 가장 잘 기울일 수 있는 시간으로 따지고 있는데, 수업시간의 첫 20분 동안에 학생들이 가장 잘 학습하기 때문에 새롭고 중요한 정보는 이 시간 중에 가르쳐야 한다고 본다. 그는 교사가 학생의 학습을 강화하고 주의를 집중하도록 하기 위해서 학습 리듬을 어떻게 활용할 것인가를 [그림 3-1]과 같이 나타내고 있다.

학습의 공고화와 관련하여 보더라도 교사는 특정 주제에서 다른 주제로 나아가기 전에 학생들의 뇌가 특정 주제를 공고화할 시간이 필요하다는 것을 알고, 학생들에게 계속적으로 주의 집중을 요구하지 않고 학생이 내적 처리를 하는 데 도움이 될 기회를 제공해야 한다. 이를 위해 새로운 자료나 정보를 소개한 후에 학생들이 의미를 형성할 기회를 다양한 방식으로 제공하고, 조직화 전략이나 정교화 전략과 같은 다양한 학습전략과 토의나 마인드맵과 같은 여러 가지 학

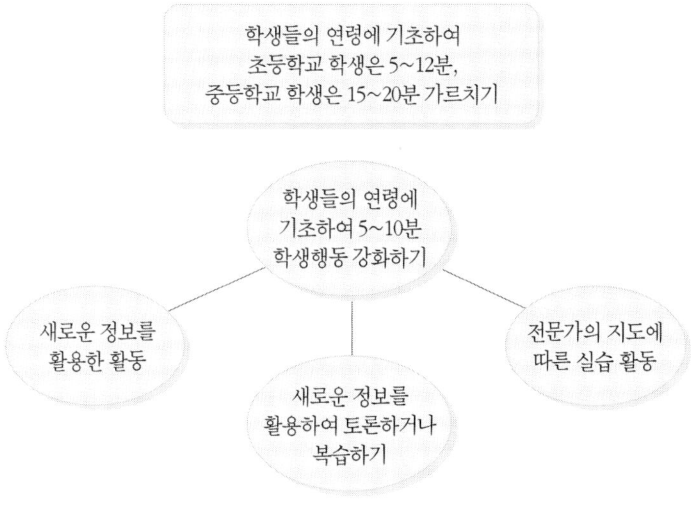

[그림 3-1] 수업의 리듬

출처: 성용구, 임청환, 정종진 역(2007), p. 27.

습활동을 전개할 필요가 있다. 아울러 학생들이 운동, 스트레칭, 심호흡과 같은 신체 활동을 통해 정신적 · 신체적으로 이완하고, 적절히 휴식을 취하도록 해야 한다. 교실에서 점심 후에 학생들에게 10분 정도의 조용한 '선택 시간'을 주어 낮잠을 자거나 독서를 하거나 명상을 하거나 글을 짓거나, 아니면 그림을 그리게 하는 것도 권장해 볼 수 있다. 이러한 휴식 시간이나 처리 시간 역시 학생 자신의 선택이다. 교사가 이런 시간에 밀린 아침자습이나 숙제를 마무리하라고 강요한다면, 뇌는 결국 쉬지 못하는 셈이다(김유미, 2002a).

앞에서 소개한 Keller(1979)의 학습 동기 유발에 관한 ARCS 모형에 따르면, 주의는 동기의 요소이면서 학습의 선행조건이다. 동기 요소로서의 주의는 어떻게 하면 학생의 주의를 끌고 그것을 유지시키느냐에 관심을 둔다. 다시 말해, 학습의 선행조건으로서의 주의는 어떻게 하면 학생의 관심을 학습의 필수적인 자극에 집중시키느냐에 초점을 맞춘다. 주의는 호기심, 주의 환기, 감각 추구 등의 개념들과 연관되어 있고, 특히 호기심은 학습자의 주의를 유발하고 유지하는 주요 요인이다. 호기심을 통해 유발된 주의를 계속 자극하고 유지하기 위해서 Keller는 학습자에게 더 '심화된 수준의 흥미를 자극'할 수 있는 탐구 기회를 주어야 한다고 주장한다.

Keller는 주의에는 지각적 주의 환기, 탐구적 주의 환기, 다양성의 세 가지 하위 범주가 있다고 보았다. 지각적 주의 환기란 새롭고 놀라우면서 기존의 것과 모순되거나 불확실한 사건이나

표 3-4 주의 환기 및 집중을 위한 전략과 그에 따른 구체적인 방법

전략	구체적인 방법
지각적 주의 환기의 전략	• 시각적 효과의 사용: 시청각 효과로서 각종 애니메이션과 삽화나 도표 및 그래프, 흰 공백, 다양한 글자체, 소리나 번쩍거림, 역상 문자 등을 사용할 수 있다. • 비일상적인 내용이나 사건 제시: 일상적이지 않은 내용이나 사건을 활용하는 것으로, 패러독스나 학생의 경험과는 전혀 다른 사실을 제시한다든지, 괴상한 사실 등을 사용하거나, 믿기 어려운 통계들을 제시하는 것이 학생의 주의를 끄는 효과적인 방법이다. • 주의 분산의 자극 지양: 위의 두 가지 방법을 남용하면 비효과적일 수 있으므로 너무 많은 지각적 자극이나 주의를 분산시키는 자극은 피해야 한다.
탐구적 주의 환기의 전략	• 능동적 반응 유도: 학생에게 흔치 않은 비유를 해 보라고 요구한다든지, 내용과 관련된 연상을 스스로 만들어 보라고 함으로써 학생의 능동적 반응을 유도하고, 질문-응답-피드백의 상호작용을 통해 적극적인 사고를 유도한다. • 문제해결 활동의 구상 장려: 학생 스스로 문제를 내고 풀어 보게 한 후 적절한 피드백을 제공하여 결과를 제시해 줌으로써 학생이 자신의 지적 호기심을 계속적으로 유지하도록 도와주는 문제해결 활동을 구상하게 하고, 학생에게 호기심을 충족시키는 학습 과제나 숙제, 프로젝트 등을 선택하게 한다. • 신비감의 제공: 탐색과정에서 문제 상황을 제시하면서 필요한 지식은 부분적으로만 제공함으로써 학생에게 신비감을 준다.

다양성의 전략	• 간결하고 다양한 교수형태 사용: 교수의 한 단위를 간결하고 짧게 잡되 학생의 주의 집중 시간에 따라 정보 제시, 연습, 시험 등의 다양한 형태를 적절히 사용한다. 각 페이지 혹은 각 화면의 형태는 일관성이 있어야 하되 흰 공백, 그림, 표, 다른 글자 형태 등을 사용하여 적절한 변화를 준다. • 일방적 교수와 상호작용적 교수의 혼합: 강의 형태로 이루어지는 일방적인 정보 제시와 토론식 수업에서와 같은 상호작용식 교수-학습 기회를 적절히 혼합한다. • 목표-내용-방법의 기능적 통합: 어떤 다양성의 방식을 사용하든지 그 방식이 교수목표와 수업의 주안점을 가르치는 것과 기능적으로 통합되도록 한다. 예를 들어, 교수에 사용된 그림이 독립적으로 있을 때에는 별 의미가 없으나 교수의 목표와 연결되어 수업의 중요 부분에 주의를 집중시키도록 도와준다면 그림의 사용은 교수와 기능적으로 통합되었다고 말할 수 있다.

정보를 교수 상황에서 사용함으로써 학생의 주의를 유발·유지시키는 것이고, 탐구적 주의 환기는 학생에게 스스로 문제나 질문 등을 만들어 보도록 함으로써 정보 탐색 활동을 자극하는 것이다. 일단 지각적 주의 환기 전략을 사용하여 학생의 주의를 끈 후에는 더욱 심화된 수준의 호기심을 유발·유지하도록 하여야 하는데, 이는 학생이 더욱 탐구적인 과정에 몰입하도록 함으로써 가능해진다. 그리고 다양성은 교수 요소들을 변화시킴으로써, 예컨대 교수 상황의 전개 순서와 정보가 조직되고 제시되는 방식을 변화시킴으로써 학생의 호기심이나 흥미를 유지시키기 위한 것이다. 〈표 3-4〉는 이러한 주의 환기와 집중을 위한 세 가지 전략의 구체적인 예를 제시한 것이다.

[글상자 3-4] 폰 레스토프 효과

폰 레스토프는 어떤 숫자를 다른 숫자들과 함께 제시했을 때보다 무의미 음절과 함께 제시했을 때 기억이 더 잘된다는 것을 발견하였다. 가령, LZKP8MRVJ를 기억하려고 할 때 사람들은 8이라는 숫자를 가장 잘 기억한다는 것이다. 그것은 무의미 음절만 있는 상태에서 숫자는 특이한 요소로 작용하기 때문이다. 이와 같이 우리의 뇌가 보편적인 사건이나 사물보다 독특하거나 특이한 사건이나 사물을 더 잘 기억하는 현상을 학자들은 폰 레스토프(Von Restorff) 효과라 한다.

새롭고 특이하게 보이는 요소들뿐만 아니라 어떤 것이 주변의 다른 것과 현저하게 구분되는 상황이거나 어떤 것이 과거의 경험과 확실한 차이가 있을 때 폰 레스토프 효과가 나타난다. 그래서 선명한 천연색 그림은 주변에 있는 흑백 그림보다 잘 기억되고, 허스키 목소리의 키가 큰 소녀는 다른 많은 소녀보다 기억에 오래 남을 것이고, 초등학교 입학일이나 회사에 처음 출근한 날과 같은 인생의 중요한 사건들은 잘 기억되는 경향이 있다. 이러한 현상을 주의와 관련지어 설명하면, 특이하고 현저한 요소가 개인의 주의력을 촉진하고, 이로 인해 더 오래 기억하도록 한다고 볼 수 있다. 실제로 이러한 가능성을 타진하기 위한 연구에서는 피부 반응, 즉 생리적인 각성 수준을 측정하였는데, 두드러진 항목이 제시될 경우 각성 수준이 상당히 증가하는 것으로 나타났다.

교수-학습과정에서 이러한 폰 레스토프 효과를 활용하기 위해서는 먼저 교사가 어떤 내용을 눈에 띄게 제시해야 하고, 나아가서는 학생 스스로 주어진 내용을 독특하게 재구성하도록 가르치는 것이다. 호기심과 신기성을 가질수록 학습할 내용을 과장하거나 다른 내용과 어떻게 다른지를 강조하고, 노트 정리와 독서를 할 때 중요한 내용이 눈에 띄도록 밑줄이나 굵은 글씨, 색깔, 다른 글자체, 글씨 크기, 형광펜 등을 사용하도록 하는 것이 기억과 주의를 증가시키기 위해 폰 레스토프 효과를 활용하는 예라고 할 수 있다.

5) 음악

음악은 신비하고 놀라운 힘이 있다. 구약성서를 보면 조울증에 걸린 사울 왕을 다윗이 하프를 연주해 진정시켰다는 이야기가 나온다. 또 그리스의 철학자 아리스토텔레스는 과잉된 것을 스스로 배출하도록 돕고 신진대사를 원활하게 해 봄으로써 몸과 마음의 건강을 유지하게 한다는 카타르시스(catharsis, 淨化) 이론을 정립하여 음악에 의한 감정의 발산과 해소가 심리치료에 효과가 있음을 밝히기도 했다. 우리의 조상도 음령(音靈)이라고 하여 소리의 영향력, 음의 에너지를 완전하게 활용하려고 했다. 가장 대표적인 것이 절에서 새벽과 저녁 예불 전에 치는 종소리다. 대개 범종이 있는 큰 절에서는 저녁 예불 전에 28번 종을 치고, 새벽 예불을 드리기 전에 33번 종을 친다(대한총명학회, 2003). 눈을 감고 종이 울리는 소리를 들으면, 종소리의 파장과 우리 머리와 몸의 파장이 어느 순간 일치하는 것을 느낄 수 있으며, 이때 평소의 잡념이 사라지고 머리가 텅 빈 듯한 느낌이 들면서 정신이 매우 맑아진다. 즉, 신체 리듬과 음악이 같은 주파수에 공명하면 동시성을 느끼고 더 잘 학습하며 인식력과 기민함이 상승한다.

(1) 뇌의 작용에서 음악의 역할

음악은 정서적 반응을 유발하고 수용적 또는 적극적 상태를 촉진한다. 또한 변연계를 자극한다. 뇌의 변연계와 피질하의 영역은 음악적 및 정서적 반응 관여에 연관되어 있고, 또한 장기 기억력을 조정한다. 다시 말해, 정보와 음악이 합쳐지면 뇌는 이 정보를 장기기억으로 부호화할 가능성이 더 커진다.

몇몇 신경 영상 연구에서 전문 음악가와 비음악가에게 음악을 듣게 하고 뇌의 활동과 혈액 흐름을 비교하였다. 그중 한 연구(Bangert & Altenmuller, 2003)에서 음악 초보자가 음악을 듣는 경우 우반구가 활성화된 반면에, 전문 음악가의 경우에는 좌반구와 편도체가 더 활성화되었다.

음악에 의한 뇌의 활성화는 관련 학습과제에 따라 다양한 뇌의 부위에서 발생한다. 뇌가 반응하는 것은 음악을 듣는 것, 연주하는 것, 악보를 읽거나 말로써 전달받는 것에 따라 다르고, 악보를 시각화하는 것에 따라, 그리고 콘서트를 회상하는 것이나 음악과 관련한 강한 정서 경험에 따라 서로 다르다. 각각의 사건은 뇌 속에 따로 등록되고 처리된다. 예를 들어, 멜로디는 우뇌를 활성화하는 반면에, 화성과 리듬은 좌뇌를 더 활성화한다. 또한 비트 측정은 소뇌를 활성화한다(Jensen, 2008). Peretz와 Zatorre(2005)에 따르면, 한 사람이 음악을 들을 때 뇌 전체가 관여한다는 점은 의심의 여지가 없다고 한다. 음악 교과과정은 뇌의 두 반구에 걸친 사고력 통합에 매우 유익한 수단이 될 수 있다.

뇌의 작용에서 음악은 각성 조절 요소, 단어의 전달 도구, 뇌를 자극하는 기폭원의 역할을 한다(김유미, 2002a). 이러한 역할들은 서로 밀접하게 관련될 수도 있고, 동일 현상의 다른 측면을 설명하는 것일 수도 있다.

첫째, 각성을 조절하는 도구로서 음악은 주의를 유도하는 신경전달물질을 증가시키거나 감소시킨다. 한 예로, 긴박한 음악이 흘러나올 때에는 간뇌와 교감신경에서 노르아드레날린과 아드레날린이 분비되지만, 이완 상태를 유도하는 음악이 흘러나올 때에는 아세틸콜린이 분비되어 장기기억 형성을 촉진할 수 있다. 또한 음악은 아동의 알파파를 유도하는 데 상당한 영향을 주고, 물론 그런 상태는 학습에 영향을 준다. 음악을 각성 조절 요소로 활용하는 예로는, 분위기를 살리기 위해 아동과 함께 가볍고 경쾌한 노래를 부르거나 아동의 기분을 이완시켜 주기 위해 부드러운 피아노 곡을 들려주는 것을 들 수 있다. 또 점심을 먹은 후에 잔잔한 음악을 들려주면서 조용히 동화책을 읽어 주거나 바로크 음악을 배경음악으로 하여 간단한 외국어 대화를 들려줄 수도 있다. 그 밖에 아동이 그림 그리거나 만들기, 꾸미기와 같은 표현 활동을 할 때에도 아이디어 창출을 돕기 위해 음악을 들려줄 수 있다.

둘째, 음악을 전달 도구로 활용하는 것이다. 이 경우에 음악의 멜로디는 단어를 기억하기 위한 도구의 역할을 한다. 음악을 전달 도구로 활용하는 예로는 교사가 아동이 이미 잘 알고 있는 동요에 새로 학습한 내용으로 가사를 바꿔 노래를 가르치는 경우나 아동 스스로 다른 교과에서 배운 내용을 동요나 최근에 유행하는 랩(rap)의 가사로 만들어 노래를 부르는 경우다. 독도의 역사를 공부할 때 '독도는 우리 땅' 이라는 노래를 부르는 것이 그 대표적인 예라 할 수 있다.

셋째, 음악을 아주 적극적으로 활용하는 것이다. 음악은 뇌의 신경회로를 자극할 수 있다. 뉴런은 계속해서 작용하는데, '신경 잡담'과 분명한 사고는 연결의 속도, 계열 및 강도의 영향을 받는다. 그런데 이런 요소들은 음악에 의해 촉발 또는 기폭되는 작용 패턴을 나타낸다. 글루탐산과 같은 신경전달물질은 흥분의 메시지를 전하고 GABA와 같은 신경전달물질은 억제의 메시지를 전달한다. 뇌에 이런 점멸 스위치들이 없다면, 뉴런은 아무렇게나 작용할 것이다. 실제로 학습하는 동안 GABA가 분비되면, 교실에서 연필 떨어지는 소리, 아이들이 재잘거리는 소리, 거리의 소음, 의자의 딱딱함 등 사소한 외부 자극은 무시하고 학습 과제에만 집중할 수 있는 선택적 주의 집중이 가능해진다. 그러나 뉴런이 아무렇게나 작용한다면, 모든 경험에 동일한 비중을 두게 되어 학습이 손상되거나 불가능할 수 있다. 음악을 기폭원으로 활용하는 예로는, 어떤 내용을 가르치기 전이나 주의를 끌어야 할 때마다 특정 노래를 부르는 것이다. 아동이 그 노래를 듣는 순간 그들이 전에 그 노래를 부르면서 하던 동작이나 자세를 취하게 될 것이다. 실제로 우리는 어딘가를 지나거나 어떤 장면을 보거나 어떤 내용을 공부하면서 듣던 노래를 다시 듣게 되면, 그 장소, 그 장면, 그 내용이 쉽게 생각나는 것을 알 수 있다. 아동들에게 어떤 동화책을 읽어 줄 때마다 특정 음악을 들려주면, 그들은 후에 그 음악이 우연히 흘러나올 때에도 그 음악과 함께 들은 동화책의 내용을 회상할 수 있을 것이다.

(2) 뇌력 개발에 도움이 되는 음악

음악이 심신에 미치는 잠재적 영향력으로는 근육 에너지와 분자 에너지 증가, 심장박동에의 영향, 신진대사 변화, 통증 및 스트레스 감소, 수술 환자의 빠른 상처 치료와 회복, 피로 완화, 정서적 안정, 창조성과 민감성 및 사고력 자극 등을 들 수 있다(Jensen, 2008).

음악신경학 연구에 따르면, 음악적 자극을 통해 다음의 세 가지 신경생리학적 측면이 활성화된다(대한총명학회, 2003).

- 음악은 리듬과 박자가 있어서 뇌의 청각을 담당하는 회백질에서 직접 정동(情動) 반응 중추로 전달되어 주변 시스템(뇌)에 반응하기 때문에 환자가 생각하지 않고 모든 것을 받아들인다. 그러나 말로 접근할 때에는 환자가 저항할 수도 있고, 좌뇌가 논리적 분석을 하려고 하는 불필요한 작용이 일어난다.
- 음악은 좌뇌와 우뇌의 연결 부분인 뇌량을 왕래함으로써 양쪽 뇌를 조화롭게 사용하게 한다. 그 결과로 축적된 기억의 흐름이 원활해진다.
- 조용한 음악은 몸속에서 아미노산들이 결합된 펩타이드라는 미립자를 만드는 일을 돕는다. 펩타이드는 뇌 속의 특수한 수용체에 작용해 아픔을 없애 주는 역할을 하므로 음악을

잘 선택해 환자에게 들려주면 통증을 완화시키고 기억 속에 쌓인 쓸데없는 앙금을 없애 준다.

최근에는 기능성 음악이 많이 개발되어 치료용으로 다방면에서 활용되고 있다. 미국의 Steve Halpern은 『소리가 왜 사람을 달라지게 하는가(*Sound health: The music and sounds that make us whole*)』라는 그의 저서에서 '음악(音樂)'의 시대는 끝나고 '음약(音藥)'의 시대가 시작되었다고 선언하였다(대한총명학회, 2003). 말하자면 이제 음악은 미적 감상의 재료일 뿐 아니라 심신을 치료하는 좋은 방법이라는 것이다. 음악으로 심신을 치료하는 기능성 음반들은 음향 속에 미세한 알파파 리듬과 함께 그 중심 주파수를 지구의 진동수인 슈만 레즈넌스(7~13Hz)에 맞추고 있다. 뇌에 자연스럽게 공명 현상을 일으킴으로써 자율신경의 균형을 회복하고 스트레스를 해소하며 집중력이 강화되게 하는 것이다.

뇌기능에 대한 연구는 음악이 우리의 능력을 어떻게 확장시키는가에 대한 몇 가지 대답을 제공해 왔다. 우리가 긴장을 풀고 초당 한 박자의 느린 음악을 들을 때, 우리의 뇌는 일종의 공명 상태가 되어 알파파와 세타파를 더 많이 방출한다. 이런 상태에서 우리는 놀라울 만큼 수용적인 상태가 되어 학습은 급속도로 이루어진다. 식물과 동물도 모두 '보편적인 리듬'과 동조하는 어떤 주파수를 가지고 있는 것 같다. 전리층의 초당 파동수는 7.5 사이클을 가진 것으로 밝혀졌으며, 이는 인간의 뇌가 분당 40~60비트의 음악을 듣고 있을 때 방출하는 사이클과 비슷하다. 이런 상태에서 우리는 우주 전체와 '조화'를 이루게 되고 최적의 생리적 수준에서 기능을 수행할 수 있을 것이다. 또한 베타파와 알파파, 그리고 세타파가 각각 3분의 1 정도로 섞인 뇌파 상태에서 우리는 최대한 학습을 잘 받아들일 수 있는 고요한 상태에 이를 수 있다.

뇌와 음악 간의 이러한 동조는 불가리아 소피아대학교의 George Lozanov 교수에 의해 처음 고안되어 현재 전 세계적으로 다양한 목적으로 기억의 기능을 강화시키는 데 사용되고 있는 유명한 학습방법의 기초가 되고 있다. Lozanov는 바로크 음악이 몸과 뇌를 조화롭게 하는 것을 발견했다. 바로크 음악은 특히 뛰어난 기억력을 갖게 하는 열쇠다. 즉, 뇌의 변연계를 움직이는 것이다. 변연계는 감정을 처리할 뿐만 아니라 의식적 뇌와 잠재의식적 뇌를 연결한다.

바로크 시대의 현악기 음악은 다양한 범위의 상황에서 학습을 강화하는 데 매우 효과적인 것으로 밝혀졌다. 특히 바흐(Bach)와 헨델(Handel), 코렐리(Corelli), 비발디(Vivaldi), 텔레만(Telemann), 알비노니(Albinoni) 등의 작품 속의 느린(안단테, 라르고) 속도는 매우 적합한 것으로 알려졌다. 바로크 시대의 작곡가들은 우주에는 성스러운 기하학이나 균형이 있다고 믿었다. 또한 그들은 베이스의 초당 한 박자 정도의 저음의 현악기 연주가 그 시대 사람들에게 가장 호소력이 있다는 사실을 발견했다. 이것은 이 음악이 사람들로 하여금 평소보다 알파와 세타 주파수를 더 많이 생성해 내어 우리의 뇌가 고요한 상태가 되는 리듬을 가지고 있기 때문이다. 고전파와 낭만파 시대의 음악, 인도의 시타르 음악, 그리고 일부 주문에 의해 만들어진 뉴에이지 음악 또한 이러한 효과를 자아낼 수 있다. 비발디의 〈사계〉는 고속도로를 주행할 때 주로 듣는 가장 잘 알려진 작품이다. 이 음악은 다른 생각을 차단하고 4계절의 풍경을 시각화한다. 헨델의 〈수상음악〉은 사람의 감정을 진정시킨다. 새로운 학습기술을 훈련시키는 교사들에게 파헬벨의 〈캐논〉은 긴장 해소에 가장 좋은 음악이다(Ward & Daley, 1993).

정보를 이런 음악과 함께 접하게 되면, 그 정보가 잠재의식 속으로 파고 들어가기 때문에 결국 신속하게 정보를 배울 수 있다. 이런 점에서 음악은 기억 창고로 가는 고속도로다.

(3) 학습에서의 음악 활용

위에서 살펴본 바와 같이 뇌로 정보를 전달하는 데 음악이 훌륭한 전달자 역할을 할 수 있음에도 많은 교사가 아직 자신의 목소리에만 의존하여 의미 전달을 하고 있다. 사실 최근 연구에서 음악이 추리력, 기억력 및 이해력을 높이는 강력한 수단임을 보여 주고 있다.

특정 목적을 위해 음악을 학습에 통합하는 데는 여러 방법이 있다. 음악 장르에 따라 학생 안정시키기, 준비운동, 휴식, 중요 순간이나 상황 주목시키기, 힘나게 하기 등을 돕는 수단으로 활용할 수 있다. 그뿐만 아니라 기분에 영향을 주는 것 외에도 학생에게 무의식적으로 긍정적 메시지나 내용을 전달할 때 활용하기도 한다. 가장 기본적인 음악의 효과는 장기적으로 음악을 들음으로써 행복감을 증진시켜 주고 교실과 학교가 행복하고 즐거운 장소라는 기분이 들게 해 준다. 구체적으로 음악이 학습에 주는 이점으로는 이완작용과 스트레스 감소, 뇌파 활성화를 통한 창조성 향상, 상상력과 사고력 자극, 운동기능과 말하기 및 어휘력 자극, 훈육상의 문제 감소, 집중력 및 집단 결집, 의식 및 잠재의식 정보 전달 등을 들 수 있다(Jensen, 2008).

수업계획과 음악의 통합에서 학생들의 선호도를 고려해야 한다. 음악에 대한 반응은 취향과 배경에 따라 다양하기 때문이다. 어떤 학생들은 낮은 배경음악(예: 장조의 바로크)을 선호할 것이고, 또 어떤 학생들은 자연의 소리나 영감적 가사의 유행곡에 더 반응하기도 한다. 음악 유형뿐만 아니라 음량 수준이나 악기에 대한 선호도도 학생들에 따라 다르다. 그러므로 학생들에게 가장 잘 맞는 방법을 찾아 적용하는 것이 무엇보다 중요하다. 또한 음악의 장르에 따라 다른 정신생리학적 상태를 유발하기 때문에 여러 장르의 곡을 활용해야 한다.

학생들이 교실로 들어올 때 기대감 또는 흥분을 형성하는 서사 영화 테마, 올림픽 팡파르, 안단테 운율의 비발디 〈사계〉 장조, 바흐의 〈브란덴부르크 협주곡〉 장조와 같은 음악이 좋고, 스토리텔링(storytelling) 시에는 판타지와 정서를 일으키는 굴곡 있는 음악이 좋으며, 배경음악과 함께 내용을 전달하고자 할 때는 고전주의 혹은 낭만주의 음악이 좋고, 눈을 감고 명상하는 경우에는 조용한 바로크 음악이 좋다. 그 외에도 목적과 상황에 따라 유명한 비트, 포크, 재즈, 왈츠, 빅 밴드, 건전한 랩, 힙합, 뉴에이지와 같은 다양한 형태의 곡도 좋다. 손뼉치기 게임, 노래하기, 자연의 소리, 간단한 리듬으로도 학생들의 생리적 · 정서적 상태를 변화시키고 학습의 수용성을 일으킬 수 있다.

일반적으로 학급 내의 에너지를 높이고 싶을 경우에는 분당 높은 비트로 구성된 음악이 좋고, 이완 분위기를 원한다면 자연의 소리나 부드러운 피아노 음악이 좋지만, 학습을 위해서는 느린 박자의 잔잔한 배경의 바로크 음악과 고전 음악이 적격이다. 뇌에 대한 정밀조사는 우리가 느린 박자의 배경음악과 말을 동시에 들을 때에 단순히 음악이나 대화를 따로 들을 때보다 대뇌피질이 더욱 활발하게 움직인다는 것을 보여 주었다. 다시 말해, 음악, 글, 말과 그림이 모두 혼합되었을 때 좌-우반구를 가로지르는 뇌의 활동이 가장 활발해진다. 느린 박자의 음악을 들으면서 공부하는 학생들은 공부가 더 잘된다는 것을 발견할 수 있다. 가속 학습 프로그램들은 종종 느린 음악과 설명과 글로 된 자료들을 동시에 사용하기도 한다. 학생들은 내용 요약 또는 어휘나 정의 등을 그것에 적합하게 느린 음악을 배경으로 직접 녹음할 수도 있으며, 그것을 글로 된 내용을 읽으면서 동시에 들을 수도 있다. 이것은 장기기억력을 최대화하기 위한 뛰어난 방법이다(Ward & Daley, 1993).

Lozanov는 정보의 종합을 돕기 위한 한 가지 방법으로 낭송을 제시한다(김유미, 1999). 학습자는 이 방법을 통해 별 어려움 없이 새로운 자료를 장기기억 저장소에 넣을 수 있다. 이를 위해 교사나 부모는 배워야 할 핵심 개념이나 가장 중요한 정보가 담긴 재미있는 이야기나 대본을 읽는다. 이때 읽는 것이 바로크 음악이나 고전주의 음악 또는 낭만주의 음악의 구조와 어울려서 단어들이 음악의 리듬 및 정서와 조화된다.

〈피터와 늑대〉를 들어 보면 배우의 목소리가 음악과 어떻게 얽혀 있는지를 쉽게 알 수 있을 것이다. 말과 음악이 상호작용할 때 말하는 사람은 마치 오케스트라의 악기와 같다. 그러므로 낭송 시간은 목소리가 악기와 같은 역할을 하기 때문에 목소리와 오케스트라가 협연하는 작품을 연주하는 예술적인 과정이 된다.

학생을 개별적으로 가르칠 때에는 학생이 직접 낭송해 보게 하는 것도 좋은 방법이다. 그러므로 가정에서는 잔잔한 배경음악을 틀어 놓고 온 가족이 돌아가며 읽는 가족 독서 시간을 가져 보는 것도 좋다. 매일 밤 가족 중 한 사람이 다른 식구들에게 미리 준비된 짧막한 글을 낭송해 주는 것도 괜찮은 방법이다. 만약 그렇게 한다면, 읽기 능력과 읽기에 대한 흥미가 급진전될 것이다.

낭송의 효과에 기여하는 또 다른 요소는 지루하고 위협적인 상황보다 재미있고 예술적인 방식으로 정보를 전달할 때 기억하기가 더 쉽다는 것이다. 특히 고전 음악이 이러한 과정을 촉진하는 데 도움이 되는데, 이는 고전 음악의 구조 자체가 뇌의 신경 반응을 자극하여 고도의 지적 통합 활동을 가능하게 하기 때문이다.

주제 요소와 화음 요소가 이렇게 조화되고 예술적으로 통일될 때, 집중적인 심리적 이완 상태에 이르게 된다. 집중적인 심리적 이완 상태에서는 뇌의 정서 중추가 새로운 정보를 적극적으로 처리하는 신피질의 지적 기능을 돕는다. 변연계에는 장기기억 저장소로 가는 입구가 있기 때문에 변연계를 자극하면서 제시된 정보는 쉽게 기억될 수 있다.

[글상자 3-5] 예술 활동: 창의성으로 가는 입구

존스홉킨스대학교의 연구자인 Limb과 Braun(2008)은 fMRI를 이용하여 전문 재즈 피아니스트들이 재즈 즉흥 연주를 하는 동안 뇌 활동을 관찰했다. 그들은 이 조건을 같은 음악가들이 악보를 암기해서 연주하는 조건과 비교해 두 조건의 뇌 활동에서 유의미한 차이를 발견했다. 즉흥 연주를 하는 동안 촬영한 뇌 사진은 전형적으로 자기조절, 자기검토, 주의 집중, 억제와 연관되는 외측전전두피질(lateral prefrontal cortex)에서 활성화가 광범위하게 줄어들었음을 보여 주었다. 이 뇌 영역의 활성화가 줄어들었다는 것은 계획되지 않은 즉흥적인 연상과 갑작스러운 통찰이나 깨달음을 가능하게 하는 이완 집중 상태의 한 유형과 관련된다. 연구자들은 자기표현 및 개성과 관련되는 내측전전두피질(medial prefrontal cortex)에서 활동이 증가하는 모습도 발견했다. 이는 재즈 그룹과 극단을 연구하면서 집단 작업의 협동적이고 즉흥적인 성격이 참신한 작품을 연출하도록 고무하는 것을 관찰한 Sawyer(2006)의 연구 결과와 일치한다. 즉흥성과 협동성은 아동의 창의성을 육성할 수 있는 강력한 도구다. Sawyer가 지적했듯이 이런 유형의 학습을 위해 가장 효과적인 방법 중 하나가 예술 활동이다. 시각 예술과 행위예술은 학생들에게 새로운 패턴으로 사고하고 학습할 기회를 제공한다. 학생들에게 새로운 차원의 학습 경험을 통해 상상력, 창의성, 혁신을 육성하는 예술의 힘을 보여 주고 있는 Deasy(2002)는 예술 활동이 다음과 같은 학습능력을 강화하는 것을 확인했다.

- 과제에 대한 주의집중력을 유지하는 끈기
- 여러 양식과 상징을 사용해서 생각을 의사소통하는 능력
- 좌절과 실패를 극복하는 회복탄력성
- 내용에 빠져들어 학습에 몰두하는 능력
- 집단의 한 구성원으로서 지식을 얻고 표현하는 과정을 통해 협력적으로 학습하는 능력

행동, 인지, 신경과학 연구자들은 예술 활동이 학습의 다양한 영역을 지원한다는 것을 입증했다. 예를 들어, Winner와 Hetland(2007)는 예술 프로그램이 읽기와 수학 학습에 영향을 미치며, 또한 비판적인 사고 습관과 다음과 같은 창의적 사고를 위한 전반적 능력에 기여한다는 것을 확인했다.

- 일정 기간 프로젝트에 지속적으로 참여하는 끈기
- 자기주장과 자기표현을 하기
- 학교 공부를 바깥 세상과 관련짓기
- 지각된 심상을 새로운 방식으로 구현하기
- 주변 세계 탐색을 통한 혁신
- 계획을 분석 · 판단 · 수정하기 위한 반성적 자기평가

인지 및 신경과학 연구는 예술이 비예술 분야에 영향을 미치는 방식에 연결되기 시작했다. 예를 들어, Cross, Hamilton과 Grafton(2006)은 음악과 춤이 거울신경세포(mirror neuron)의 중간 역할을 통해 기억처리를 돕는다는 것을 입증했다. 피험자가 어떤 동작을 수행할 때나 같은 동작을 수행하는 다른 누군가를 지켜볼 때도 거울신경세포가 활성화되는 수준은 비슷한 것으로 보인다. 여러 신경과학자의 연구 결과에 따르면, 예술에 노출되는 경험과 학습을 위한 인지 및 주의집중력 향상 간에는 밀접한 상관관계가 있다. 그러므로 모든 학생에게 성악과 기악, 시각 예술, 무용, 창작을 포함한 광범위한 예술 학습의 기회가 주어져야 한다. 학생들이 온갖 예술 활동을 경험하도록 하는 것을 학생들의 시험 점수 못지않게 좋은 학교의 평가 기준으로 삼아야 한다(Hardiman, 2010).

6) 의미 형성

뇌에 의미 형성은 수동적인 정보 수용보다 중요하다(Politano & Paquin, 2000). 그래서 인간의 뇌는 한꺼번에 쏟아지는 모든 자료에 반응하는 것이 아니라 의미 있는 것만을 다루면서 대처해 나간다. 이때 무의미한 정보들은 아예 처리되지 않거나 처리되더라도 피상적인 수준에서만 가능하다. 개인에게 의미 있는 방법으로 정보가 전달되었을 때 우리의 뇌는 이를 완벽하게 이해하게 된다.

의미 형성은 단순히 뇌의 한 영역에서만 발생하는 것이 아니라 뇌의 여러 부위에서 이루어진다(Jensen, 2008). 흔히 결정적이고 중요한 사건은 편도체에 저장된다. 무엇인가를 읽는 동안 그것이 의미 있다고 느껴지면 주로 좌측 전두엽이나 측두엽 또는 두정엽이 상대적으로 더 활성화된다(Posner & Badgaiyan, 1997). 정신적인 의미가 더 강한 경우에는 두정엽이 활발하게 움직일

가능성이 크다(Ramachandran & Blakeslee, 1998). 정서적으로 의미를 느끼게 되는 경우에는 뇌의 전두부, 후두부, 중뇌 영역이 활발하게 활동한다(Damasio, 1994). '아하!'와 같은 의미의 유형에는 좌측 전두엽이 활성화된다. 이처럼 접하는 정보가 개인에게 의미가 있고 관련성이 클 때 사건의 성질과 의미의 유형에 따라 뇌의 여러 영역이 활성화된다.

(1) 의미 형성과 관련된 요소

의미 형성에 영향을 주는 요소들은 관련성, 정서, 상황과 패턴이다(김유미, 2002a; Jensen, 2008). 관련성은 뇌가 기존의 신경들로부터 연결을 만들어 가게 하는 기능을 하고, 정서는 뇌의 화학물질에 의해 일어나며 학습을 중요하게 느끼도록 각인시키고, 상황과 패턴은 더 광범위한 신경장(neural field)을 형성하거나 활성화하는 것과 관련된 패턴 형성을 도모해 준다. 의미가 형성되는 상황에서 이 세 가지 요소는 서로 관련되어 작용하며, 이러한 세 가지 요소를 고려한 교수-학습은 학생의 적극적 처리를 유도하여 학생의 의미 형성과 기억을 촉진한다. 적극적 처리란 학생이 정보를 개인적으로 의미 있고 개념적으로 일관적이도록 공고화하고 내면화하는 것이다. 적극적 처리는 단순히 기억하는 것이 아니라 이해에 이르는 통로로, 이러한 적극적 처리를 위해서는 학습자의 반성 활동과 초인지 활동이 필요하다.

- 관련성(relevance): 이미 존재하는 뉴런이 근처의 뉴런과 연결되기만 하면 관련성이 가능해진다. 어떤 생각을 하면 할수록 그 생각을 다시 할 가능성이 커진다. 어떤 생각은 뉴런과 축색돌기 경계를 지나는 전체의 신경장을 활성화하기도 한다. 뇌에 연결과 연합의 수가 많을수록 관련된 신경 영역이 더 많아지고 정보는 신경학적으로 더 확고하게 연결된다.

  그러면 관련성을 높이기 위한 방법에는 어떤 것이 있을까? Keller(1979)에 따르면, 일단 학생이 과제에 주의를 기울이고 나면 왜 이 과제를 공부해야 되는가에 대한 의문이 생기게 되고 학습 내용에 대한 개인적 필요를 지각하려고 하며, 이때 개인적 필요(즉, 관련성)가 지각되어야만 학습동기가 계속 유지된다는 것이다. 학습내용이 학생의 장래에 중요한 목적을 달성하는 데 유익하거나, 학생의 과거 경험이나 가치와 연결되거나, 학생의 현재 흥미와 필요에 부합되어 그 중요성이 부각되면 관련성은 증가될 수 있다고 보았다.

  한 교과 내에서는 Keller와 같은 접근이 유용할 수 있겠지만, 최근 강조되고 있는 학제 간 접근은 교과 간의 관련성을 촉진하는 좋은 방법이다. 경제학과 지리학, 수학과 미술, 생태학과 정치학 등 학제 간 접근은 훨씬 많은 관련성과 상황을 창출하고 학습자들이 학습과정에서 관계를 파악하도록 도와준다.

토론, 마인드맵, 일기 쓰기를 통해 학생들이 본시의 과제를 선행 학습과 연결할 시간을 주거나 최근에 일어난 사건, 가족사, 이야기, 신화, 전설, 은유를 활용하는 것 또한 학습에 관련성을 부여하도록 하는 좋은 방법이며, 학생들이 배운 내용을 자신의 언어로 설명해 보게 하거나 교육자 자신의 사적인 이야기를 활용하거나 학생들이 자신의 경험을 공유하도록 하는 것도 관련성을 촉진하는 유용한 방법이 된다.

- 정서(emotion): 정서는 뇌의 화학적 상태에 의해 야기되고 뇌에 '이것이 중요하다'는 신호를 보낸다. 정서와 인지체계는 서로 밀접하게 관련되어 있어서 정서와 관련된 화학물질이 인지에 의해서도 분비된다(LeDoux, 1996). 따라서 어떤 내용이 개인에게 깊은 의미를 갖기 위해서는 정서가 중요한 몫을 하며, 학습자의 정서를 무시하면 어떤 과제에 대한 학습자의 의미 형성은 어려워진다. Pert(1997)는 뇌를 정서들로 가득 찬 하나의 작은 상자라고 말했다.

정서는 정보의 저장과 회상을 촉진하기 때문에 기억에 결정적 역할을 한다. 더욱이 대부분의 정서는 진행되고 있는 상태여서 어떤 수업이나 경험의 정서적인 영향은 특수한 사건이 지난 후에도 오랫동안 계속해서 영향을 준다. 그리고 정서는 우리의 목표, 신념, 기대, 성향과 편견, 자아존중감, 사회적 상호작용 욕구와 관련되기 때문에 의미에 관여하고 미래의 학습을 예측한다. 따라서 교사는 정서를 생산적으로 이용함으로써 학생들이 깊은 의미를 형성하도록 도울 수 있는 방법을 강구하여야 한다.

- 상황과 패턴(context and pattern): 두 반구의 기능은 전문화되어 있어 좌반구가 교재의 '내용'을 처리하고 우반구가 '상황'을 제공한다. 그렇지만 두 반구의 기능은 전문화되어 있으면서도 협력적으로 작용한다. 교수와 학습 과정에서 좌반구가 우세한 '내용'이 중요한 것은 사실이지만, 우반구가 우세한 '상황'이 없다면 그런 내용은 학생의 뇌에서 무의미한 상태로 남아 있을 가능성이 크다. 따라서 내용을 의미 있는 상황에서 가르치기 위해 학습자들이 교수와 학습 내용을 자신의 생활 및 경험과 관련지어 보도록 격려해야 한다.

인간의 뇌는 본래 멋진 패턴형성자다. 뇌는 감각을 통해 패턴과 연결을 찾기 위해 끊임없이 환경을 탐색하여 새로운 지식을 기존의 지식 및 이해와 연결한다. 각 패턴이 형성되면 미래에 참고하기 위해 뇌의 지각맵(perceptual map)에 추가한다. 패턴 형성으로 우리는 새롭게 조직을 하고 이를 기본적인 정보와 연결해 간다. 이때 상황이 중요한 역할을 하는데, 이는 전체적인 모습을 모르는 상태에서 잡다하고 단편적인 정보는 아무런 의미가 없기 때문이다.

효과적인 학습을 위해서는 의미 형성에 필요한 요소들을 포함하여 학습 과제를 구성하고 학생이 의미 있는 패턴을 도출할 기회를 충분히 제공해야 한다. 또한 학생들이 의미를 형성하기 위해서는 시간을 충분히 제공하는 것도 중요하다. 따라서 교수-학습과정에서 교사는 질문을 한 후에 학습자가 대답할 때까지 재촉하지 말고 기다려 줄 필요가 있다. 게다가 학생들이 피상적인 의미에서 깊게 내면화된 의미로 나아가기 위해서는 대화하고 반성하고 학습한 것을 적용할 기회를 제공해 주는 것이 필요하다.

(2) 학습에서의 패턴 형성과 의미 탐색의 기회 제공

뇌는 의미를 찾도록 설계되어 있다. 뇌는 관련이 적은 정보를 학습하는 것에 익숙하지 않으며, 특히 재미없고 의미가 없는 경우에는 더욱 그러하다. 학생들이 배우길 원하는 내용의 의미 발견을 위한 자료, 시간, 맥락, 기회를 제공하기 이전까지 학생들은 단지 로봇이나 학습부진아에 불과하다(Jensen, 2008). 학생들은 학습 내용으로부터 스스로 의미를 창출해야 한다. 교수-학습 활동에 임하는 교사는 의미 형성의 중요성을 인식하고 학생들의 의미 형성을 촉진해야 한다. 이를 위해서는 관련성, 정서, 상황과 패턴을 적극 활용함으로써 학생들이 학습 내용을 적극적으로 처리하여 의미를 형성하도록 해야 한다. 교육에 적용할 수 있는 몇 가지 활동으로는 학생들을 현실적인 문제에 참여시키기, 의미와 동기 유발을 향상시키기 위한 프로젝트의 활용, 의미형성자로서의 모의 학습과 역할극의 활용, 마인드맵의 활용 등을 들 수 있다(김유미, 2002a).

가장 강한 신경망 중 많은 것은 실제적인 경험에 의해 형성된다. 학교에서 현실적인 문제를 해결할 때 학생들을 참여시킴으로써 이런 타고난 성향을 이용할 수 있다. 교사는 가르치고 있는 내용의 의미를 증가시키기 위해 지역사회와 학교의 자원을 활용하여 학생들에게 비판적 사고와 문제해결 기회를 제공해야 한다. 학생들을 비판적 사고와 문제해결에 참여시키기 위해 지역사회와 세계가 직면한 많은 문제를 활용할 수 있다. 그 예로 천연기념물의 서식처 보호, 주택문제, 전염병의 확산, 10대 금연, 학교급식의 질 개선, 지구온난화, 교통문제, 환경문제, 학교폭력, 집단 따돌림 등과 관련된 것들을 들 수 있다. 이런 문제들은 교실에서의 행동과 학업문제를 동시에 해결하는 효과적인 방법이 될 수 있다.

학생들이 교사의 설명만 듣고 있을 때보다 그들이 프로젝트나 실험에 몰두하는 것은 의미 형성을 위해 훨씬 좋은 학습방법이다. 실제로 프로젝트 학습은 학생들을 몰두시키고 학생들의 이해를 증가시키는 방법으로서 많은 가능성을 가지고 있다. 교수-학습과정에서 이루어지는 프로젝트 활동은 그 자체가 목적이 아니라 학습을 촉진하는 수단이어야 하고, 어떤 프로젝트 활동이든 명료하게 정의된 목표나 기준과 직접 관련이 있어야 하며, 교사는 학생들 스스로 프로젝트 활동의 목적을 이해하도록 도와주어야 한다. 프로젝트가 꼭 문제해결에만 기반을 두어야 하는 것은 아니지만 학교에서 가르쳐야 할 내용을 의미 있게 하는 데 여러 이점을 제공한다.

학업을 신체적 활동과 창의적인 표현 혹은 게임 속으로 통합하는 것은 뇌로 하여금 더 복합적인 지각맵을 형성하게 하고, 정서가 개입될 가능성이 커진다. 이런 점에서 모의 학습(simulation)과 역할극(role-playing)은 의미를 향상시키는 유용한 교수-학습 전략이 될 수 있다. 초점이 학습보다 연극에 집중되면 학생들의 스트레스가 감소하고, 창의성이 증가한다. 지식은 상태에 의해 좌우되기 때문에 역할극을 통해 배운 내용은 이후 같은 상황에서 접근 가능하게 될 것이다. 이는 비행사가 모의 훈련에 의존하는 것에 비유할 수 있다. 가장 중요한 점은 모의 맥락 속 학습은 더 의미 있고 재미있다는 사실이다. 더 많은 선택권과 창의성 훈련이 가능하고 평가에 대한 최소의 압력이 존재한다. 거대한 연극을 기획하고 계획, 조사, 마케팅을 하는 데에 학생들이 푹 빠져 있는 동안 그들 내면의 부정적 생각들을 밀어내기란 어렵지 않다. 노력의 대가가 클수록 학습은 더 관련성이 높아지고, 학생들의 몸과 마음이 동화되면 다양한 목표, 예컨대 사회적 목표, 정서적 목표, 학업적 목표, 예술적 목표 등의 달성도 더 쉬워진다. 연기를 하는 학생들은 자기도 모르게 대사를 외우고 극을 만들며 기타 가능한 외적 과정을 경험하는 것을 통해 배움을 터득하게 된다. 교사의 입장에서는 모의 학습과 역할극을 하기 위해 많은 계획과 노력이 필요하지만, 이런 방법은 매우 동기유발적이고 지식의 전이를 촉진하며 의미를 증진시키는 훌륭한 방법이다.

또한 마인드맵(mindmap)은 관련성, 정서, 상황과 패턴 및 적극적 처리를 실천하는 중요한 방법이다. 마인드맵은 1970년대 초 뇌이론을 기반으로 영국의 심리학자 Tony Buzan이 발전시킨 학습방법이다. 그는 뇌이론과 인지심리학에서 시각적 사고과정이 중요하게 다루어지는 점에 착안하여, 시각적 사고를 효과적으로 활용할 수 있는 방법으로 마인드맵을 고안하였다. 마인드

[그림 3-2] 마인드맵의 작성 예

맵은 이미지와 핵심 단어, 그리고 색과 부호를 사용함으로써 좌뇌와 우뇌의 기능을 유기적으로 연결하여 인간의 능력을 최대한 발휘할 수 있게 해 주는 방법으로, 학습에 적용하여 마음속에 지도를 그리듯이 자신의 생각이나 학습 내용을 글자, 그림, 기호 등으로 표현하거나 정리하는 학습방법이라 할 수 있다([그림 3-2] 참조). 다른 어떤 방법보다 독특한 마인드맵의 유용성은 다음과 같다(이성은, 오은순, 성기옥, 2002). 첫째, 내용상의 무순서, 다차원적인 인간 뇌 활동이 가장 좋아하는 정리하는 방법으로서 무엇인가에 대해 생각하는 것이 더 이상 고역이 아니라 즐거움이 된다. 이는 조각난 생각의 흐름이 눈에 보이기 때문이다. 둘째, 뇌 활동의 조직성 및 효율성을 자연스럽게 향상시킬 수 있다. 셋째, 기억력, 회상력, 창조성, 집중력, 독창성을 자연스럽게 향상시킬 수 있다. 넷째, 복잡한 사실에 대한 체계적이고 논리적인 분석력이 발달한다. 마지막으로, 더 많은 내용을 빨리 쉽게 파악하고 나아가 지식이 구조화될 수 있다. 이처럼 마인드맵은 학생들에게 뇌가 쉽게 동화하고 기억할 수 있는 형태로 정보를 조직하게 해 줌으로써 기억력과 창의성 및 학습내용의 상호관계에 대한 이해력을 키워 줄 수 있다.

제 4 장

뇌기반 학습의 원리와 단계

뇌 연구를 교육에 활용하려는 궁극적인 목적은 뇌의 잠재력을 최대한 개발함으로써 학습 효과를 증진시키는 데 있다. 뇌기반 학습은 뇌가 학습 상황에서 어떻게 작용하는가에 대한 원리들에 기초한 의미 있는 전략들을 적극적으로 적용하는 것이다. 이 장에서는 뇌 연구를 교육 분야에 적용하기 위해 노력하고 있는 여러 연구자가 강조하는 뇌기반 학습의 원리를 살펴본 다음, 이러한 원리를 실현하기 위한 구체적인 방안으로 교수–학습의 단계와 각 단계에서 이루어져야 할 활동의 예를 제시한다.

1. 뇌기반 학습의 원리

Tileston(2011)은 뇌연구에 기반을 둔 『좋은 수업의 실제 10가지(*10 best teaching practices*)』라는 그녀의 저서에서 좋은 수업이란 학습을 의미 있고 풍요롭게 하는 것이라고 주장하면서 다음과 같은 뇌기반 학습의 원리 열 가지를 제시하였다(정종진, 성용구, 임청환 공역, 2013).

- 풍요롭고 정서적으로 지지해 주는 학습환경을 조성해야 한다.

- 학생들의 다양한 학습양식(learning style)에 따른 다양한 종류의 교수기법이 필요하다. 아울러 수업시간을 짤 때 주의력의 고저 리듬을 고려해야 한다.
- 뇌는 결합의 추구자이기 때문에 학습에 있어서의 결합 혹은 전이(transfer)를 꾀해야 한다. 이를 위해 선수학습과 후속학습의 경험을 연결 짓도록 해야 한다.
- 학생들이 정보를 장기기억에 넣고 그 정보가 필요할 때 회상할 수 있도록 수업을 이끌어야 한다.
- 학습에 대한 동기를 불러일으킬 수 있도록 자극적이고 도전적인 과제를 제공해야 한다. 즉, 학습에는 단순한 정보를 넘어 문제해결, 의사결정, 실험 · 탐구, 비판적 · 창의적 사고와 같은 고차적 수준의 사고기능을 포함해야 한다.
- 사회적 상황에서 학습할 때 더욱 효과적이므로 협동학습을 장려해야 한다.
- 모든 학생 간의 격차를 줄이기 위한 노력을 의도적으로 기울이고, 모든 학생이 성공적인 학습 지원(scaffolding)을 받도록 해야 한다.
- 단기적이고 기계적인 기억에 의해 영향을 받는 평가로부터 계속적이고 장기기억을 진정으로 평가하는 과정으로 옮겨 가야 하며, 이를 위해서는 다양한 참평가(authentic assessment)를 통한 학습평가를 실시해야 한다.
- 인간의 뇌는 생존을 위해 학습하도록 설계되어 있기 때문에 유용하고, 실제적이며, 사실적인 것으로 인식되는 것을 매우 잘 학습한다. 그러므로 학습은 실생활에 적용할 수 있도록 관련성과 심층적 이해를 도모해야 한다.
- 학생들이 더 어렵고 복잡한 과제를 수행할 수 있도록 생산성 있는 도구들, 예컨대 파워포인트 프레젠테이션, 전자우편, 웹 저작물, 인터넷이나 원격교육, 비디오 원격 화상회의 등 역동적이고 감동적이며 관련성이 있는 테크놀로지(technology)를 활용해야 한다.

Corbin(2008)은 뇌과학에 기반을 둔 『10대의 뇌 잠재력 깨우기(*Unleashing the potential of the teenage brains*)』라는 그의 저서에서 신경과학, 인지과학, 교육심리학에서 비롯된 개념이나 이론 및 과학적 원리를 이해하고 그러한 지식을 수업에 활용할 때 뇌기반 교수–학습이 가장 효과적으로 이루어질 수 있다고 주장하면서 다음과 같은 뇌기반 학습의 원리 열 가지를 제시하였다.

- 학습이 일어나기 위해서는 뇌에서 이미 알고 있는 내용을 바탕으로 새로운 정보를 연결하고 재조직하는 과정이 활발히 일어나야 한다.

- 지능은 여러 가지 차원이 있으며 사람마다 학습하는 유형도 여러 가지다.
- 뇌는 새로운 연결을 만들고 패턴을 구성하면서 학습한다.
- 뇌에는 다양한 기억경로가 있으며 새롭게 배운 정보를 여러 기억경로로 저장시킬 때 학습 효율성이 향상된다.
- 새롭게 배운 내용을 장기기억으로 만들기 위해서는 배운 내용을 계속 반복해서 연습해야 한다.
- 신체 활동과 움직임은 학습을 촉진한다.
- 정서는 학습에 중요한 영향을 미친다.
- 학습에 대한 성찰과 자기평가는 학습에 매우 중요하다.
- 학습은 여러 사람과 상호작용하는 과정에서 일어나는 협력 활동이다.
- 뇌의 학습시간 주기에 따라 학습효율이 최적인 시간대에 배우는 것이 가장 효과적이다.

김유미(2002b)는 뇌연구에 관심 있는 교육학자들이 제시하고 있는 뇌기반 교육의 요소들을 토대로 다음과 같은 뇌기반 교수-학습의 원리 여섯 가지를 제시하였다.

- 학생들의 다양성을 고려해야 한다.
- 풍요로운 경험의 기회를 제공해야 한다.
- 주의의 사이클을 고려하고 주의 촉진 전략을 활용해야 한다.
- 학생들의 정서를 고려해야 한다.
- 음악과 움직임을 적극 활용해야 한다.
- 패턴 형성과 의미 탐색의 기회를 충분히 제공해야 한다.

한편, Caine과 Caine(1994, 1997)은 그들의 방대한 연구에 기초하여 뇌가 학습을 위한 체제로서 어떻게 기능하는지를 보여 주는 다음과 같은 뇌기반 학습의 원리 열두 가지를 제시하였다.

- 뇌는 생동감 넘치는 하나의 체제다.
- 뇌는 사회적 뇌(social brain)다.
- 의미 추구는 타고난 것이다.
- 의미 추구는 패턴 형성을 통해 일어난다.
- 정서는 패턴 형성에 중요하다.

- 모든 뇌는 부분과 전체를 동시에 지각하고 창조한다.
- 학습은 초점 주의력과 주변 지각을 모두 포함한다.
- 학습은 언제나 의식적 과정과 무의식적 과정을 포함한다.
- 인간은 적어도 두 개의 서로 다른 기억 유형을 갖고 있다.
- 학습은 발달적이다.
- 복잡한 학습은 도전에 의해 강화되고 위협에 의해 방해된다.
- 개개인의 뇌는 독특하게 조직된다.

그리고 Jensen(2007)은 좀 더 뇌 신경과학에서 밝혀진 연구 결과에 기초하여 다음과 같은 뇌기반 학습의 원리 일곱 가지를 제시하였다(정종진 역, 2010).

- 변화의 원리: 뇌는 고정적인 것이 아니라 역동적이다. 이것은 아무리 좌절하고, 성취 수준이 낮고, 심지어 행동문제가 있다고 하더라도 뇌는 변화하는 능력이 있음을 의미한다.
- 다양성의 원리: 모든 뇌는 독특하다. 이것은 만병통치적인 수업방식, 환경, 교육과정, 혹은 평가란 없다는 생각을 뒷받침해 주는 것이다. 교사로서 우리는 학습자들을 위해 무엇을 할지 학습자들에게 적합한 방법을 계속해서 모색해야만 한다.
- 발달적 민감성의 원리: 연령에 따라 그에 따른 취약성과 가능성이 있다. 우리는 발달적으로 예민하고 취약한 특징에 따라 태아기, 출생에서 5세까지, 5세에서 12세까지, 12세에서 18세까지의 발달 단계로 구분할 수 있다. 발달 단계마다 간과해서는 안 될 위험과 기회가 공존한다.
- 상호작용의 원리: 인간은 '사회적 뇌(social brain)'를 갖고 있다. 인간은 고립되어서는 성공적으로 발달하지 못할 것이다. 우리의 문화는 정서적 발달, 문화적 기준 및 사회적 행동을 위한 신호를 제공한다. 거대한 위험과 기회의 영역으로서 맥락과 학교에서의 사회적 환경을 고려하는 것이 현명한 처사일 것이다.
- 결합성의 원리: 뇌는 '통합된 기관'이다. 이 원리는 우리에게 삶의 한 영역에서 일어나는 것은 무엇이든 다른 삶의 영역에 영향을 미칠 수 있다는 것을 상기시켜 준다. 이것은 우리가 학습에 잠재적으로 영향을 미치는 영양 섭취, 고통, 만성적 질환, 약물남용, 운동부족, 억압, 외상 및 기타 가정생활이나 학교 변인에 특별히 주의를 기울여야 한다는 것을 의미한다.
- 기억 유연성의 원리: 과거에는 기억이란 사진과도 같은 것이어서 일정 시간 변하지 않고

저장되어 지속된다는 신념이 강했다. 그러나 오늘날 우리는 기억이란 사실 여러 속성(위치, 일시, 같이 있던 사람, 들은 내용, 당시의 기분, 입은 옷, 냄새 등)의 총합이라는 것을 알고 있다. 이러한 속성들이 회상할 때 모두 재활성화되는 경우는 드물고, 변질되기도 하고 소멸되기도 하며 한쪽에 치우치는 경우가 많다. 요컨대, 대부분의 기억은 상당히 믿을 수 없다.

- 자원 소모의 원리: 학습과정에서 구조적 한계, 신체적 과정 및 자원 소모 등이 뒤따른다. 이러한 것들은 학습내용과 학습량을 정하는 데에 어느 정도 지침이 된다. 여러분이 학습을 강화하는 것과 제한하는 것을 알고 있다면, 여러분은 모든 학생의 잠재력을 극대화하는 변인들에 영향을 미칠 수 있다.

앞에서 소개한 여러 학자가 제시한 원리들은 서로 중복되고 상호 관련적인 면이 있지만, 여기서는 좀 더 뇌연구에 기초하여 뇌기반 학습의 원리를 제시한 Jensen(2007)의 견해를 중심으로 더욱 구체적으로 살펴본다(정종진 역, 2010).

1) 변화의 원리

인간의 뇌는 고정 뇌(fixed brain), 즉 변화하지 않고 고정적인 것이 아니라 끊임없이 변화하고 있다. 인간은 대략 2만 5,000개의 유전자를 갖고 있으며, 유전자는 두 가지 기능이 있다. 하나는 리보핵산(ribonucleic acid: RNA)을 통해서 세포를 복제하는 기능이고, 다른 하나는 환경적 신호에 민감하게 반응하는 기능인데 이는 유전자 발현(gene expression)이라고 불린다. 스트레스, 영양, 운동, 사회적 요인, 외상 및 정서 상태와 같은 요인들이 유전자 발현에 영향을 미칠 수 있다. 인간의 뇌가 새로운 뇌세포를 성장시킬 수 있고 실제로 성장시키며, 많은 새로운 뇌세포가 생존하고 기능을 발휘하며, 무엇보다도 좋은 것은 우리가 그 과정과 뭔가 관계하고 있다는 사실이다(Eriksson et al., 1998).

뇌는 우리가 취하는 선택에 의해서 변화한다. 텔레비전을 시청할까, 아니면 악기 연주법을 배울까? 악기 연주 혹은 자동차 운전과 같은 기능을 학습하는 것은 뇌의 구조들을 증대시키는 데에 도움이 된다(Gaser & Schlaug, 2003; Maguire et al., 2003). 새로운 것을 통달하기 위한 학습은 뇌의 혈류와 활동을 변화시킨다(Haier et al., 1992). 또한 공부하면 할수록 더욱더 뇌에 많은 변화가 일어난다. 학생들이 열심히 공부할 때 뇌세포의 길이, 즉 수상돌기가 증가함으로써 뇌를 변경시키며(Jacobs, Schall, & Scheibel, 1993), 학교에서 공부하지 않고 빈둥거리는 학생들의 뇌와 비교해 볼 때 실제로 커진다(Draganski et al., 2006). 한편, 가정폭력에의 노출은 불행히도 아이의 지능에 해가 될 수 있으며(Koenen et al., 2003), 약물남용과 같은 환경의 부정적인 영향은 뉴런을 포함하여 뇌의 구조들을 변경시킬 수 있다(Farber & Olney, 2003). 이처럼 환경적 조건에 따라 뇌의 변화에 긍정적인 영향을 미칠 수도 있고 부정적인 영향을 미칠 수도 있다. 유전자 발현은 일란성 쌍생아들 사이에서조차 그들의 신진대사에 강력하게 영향을 미친다(Berezovskii et al., 1986).

우리는 학생들의 삶을 직접 통제하지는 못하지만, 그들의 뇌를 긍정적인 방향으로 변화시키고 바꾸기 위한 기회를 많이 제공할 수는 있다. 그 기회에는 기능 연마와 운동, 영양물 섭취, 낮은 스트레스 수준, 안전한 환경, 도전적이고 새로운 학습, 휴식 시간, 의미와 관련성, 피드백과 잘못된 부분 교정, 기분, 정서, 개인적 연관성 등과 같은 것이 있다.

요컨대, 뇌는 항상 변화하고 있으며 끊임없이 유동적인 상태에 있다. 세포 성장(신경조직 형성), 수상돌기의 분기, 세포 사망(appoptosis), 화학적 변화와 같은 과정과 유전자는 모두 뇌의 변화에 기여하고 있고, 유전자는 한 가지가 아니라 두 가지의 기능(유전자 복제와 발현)이 있으며 환경적 투입의 영향을 매우 쉽게 받는다.

이러한 변화의 원리가 교수-학습에 함축하는 바가 무엇인가? 그것은 학생들이 긍정적 변화를 위한 기회를 가져야 한다는 것이다. 어떤 큰 변화가 없다면 현상 유지가 계속되고 학생은 변화 없이 같은 상태로 남아 있게 된다. 변화에 더욱 개방적이고 높은 기대를 지원하기 위한 방법을 몇 가지 제시하면 다음과 같다.

- 교사는 부정적인 말을 삼간다. "사과는 나무에서 결코 떨어지지 않는다."라고 말하는 것은 "나는 그의 부모가 매우 똑똑하지 않기 때문에 그가 잘 해낼 것이라고 기대하지 않는다."라고 말하는 것과 다름없다. 부정적인 태도를 취하지 말고 긍정적인 태도를 취하며 변화의 가능성에 대해서 말하도록 한다.
- 교사들이 일치단결하여 학생들을 지원한다. 교사들은 학생들의 수행을 최적화하는 데에 동의할 수 있다. 교사들이 협동해서 일해야 시너지 효과가 커지며 학생들의 개선도 더욱 빨라진다.
- 부모와 그들 자녀의 기회에 대해서 이야기한다.
- 좋은 영양물을 섭취하고, 더 많이 운동하도록 권장하고, 그리고 낮은 스트레스 수준을 유지하도록 격려한다.
- 학습을 위한 규칙을 준수하도록 한다.

2) 다양성의 원리

사람마다 지문이 모두 다른 것처럼 지구상에 있는 그 누구도 다른 사람과 뇌가 동일하지 않고 독특하다. 심지어 일란성 쌍생아조차 다른 뇌를 갖고 있다. 우리를 이렇게 독특하게 만드는 것은 바로 유전자와 우리를 둘러싼 환경의 영향이다. 예를 들어, 사람들은 성숙 속도가 각각 매우 다르다. 이것은 우리가 모든 학생의 성적 수준이 같은 날 혹은 같은 주에 똑같을 것이라고 기대하는 교육과정이나 평가를 멀리해야 한다는 뜻이다. 같은 연령 혹은 같은 학년의 모든 학생이 동일 수준에서 수행하도록 애써야 한다는 어떤 과학적 증거도 없다(Thompson et al., 2000).

확실한 것은 유전자 그 자체만으로는 인간의 다양성을 설명하지 못한다는 것이다. 유전적인 유사성의 한 예로, 모든 인간은 정확히 같은 DNA의 99.5%를 공유하고 있다. 그러나 사회적 · 문화적 · 환경적 요인들 또한 인간의 인지와 행동에 직간접으로 영향을 미친다. 직접적으로, 우리는 어떤 아이에게 하는 명령이나 자극-반응에 의해 이루어지는 학습 현상을 관찰할 수 있다. 그러나 간접적으로, 많은 요인이 유전자의 발현과 뉴런의 기능을 수정하도록 뇌에 피드백을 줌으로써 영향력을 행사한다. 우리의 뇌는 학교에서 새로운 내용을 학습할 뿐만 아니라 또한 유전자 발현으로 알려진 주요한 삶의 과정들을 바꾸는 것을 학습한다. 이와 같이 유전자는 타고난 것에 의해서가 아니라 삶을 통해 학습한 것에 의해서 우리의 삶에 계속해서 어떤 역할을 하고 있다. 이처럼 우리를 독특하게 만드는 것은 바로 우리의 유전자와 우리의 경험이다.

환경은 어떻게 해서 우리를 독특하게 만드는가? 어떤 학생에게는 효과적인 처방이 다른 학생에게는 비효과적인 처방이 될 수 있는 다수의 요인이 있다. 학생 각자에게 적절한 처방이 있게 마련인데 그 처방은 나쁜 기분, 고통, 학습, 요가, 외상 경험, 영양 공급, 운동, 약물치료, 악기 연주, 매일 걷기, 당뇨, 유전자 발현, TV 시청, 실제 과학 체험, 지루함, 수면 등의 존재 혹은 부재에 따라 성격을 달리한다.

거의 모든 환경적 투입은, 특히 지나칠 정도로 과도한 환경적 투입은 뇌의 변화를 가져온다. 예를 들어, 만성적인 스트레스는 더 일반적인 스트레스와 비교하여 우리의 뇌를 더 많이 변화(노화 촉진)시킨다(Epel et al., 2004). 지적장애와 학습장애 등이 있는 특수아동은 일반아동과는 구조적으로나 절차적으로 매우 다른 뇌를 갖고 있는 것으로 증명되었다(Baker, Vernon, & Ho, 1991; Castellanos & Acosta, 2002). 이와 같은 맥락에서 영재로 판명된 학생도 다른 일반 학생과는 다른 뇌를 갖고 있다는 증거가 많다. 뇌 차이의 유형은 다르지만, 공통점은 차이가 있다는 것이다(Alexander, O'Boyle, & Benbow, 1996; Bogolepova, 1994; Jausovec & Jausovec, 2004). Gregorc의 인지양식 모형, 4-MAT, Meyers-Briggs의 성격유형검사, VAK(시각적-청각적-운동감각적) 모형을 비롯한 학생들 간의 차이를 밝혀 주는 많은 모형이 있다. 어떤 사람들은 자신의 뇌를 차별적으로 사용하며, 이러한 뇌 차별성 혹은 뇌 선호도는 성격과 학습의 유형을 초래할 수 있다(Fox et al., 2005).

모든 인간의 뇌가 독특하다는 것은 학년별 비교, 성별 비교, 연령별 비교, 학교별 비교, 지역별 비교를 해서는 안 된다는 것을 말해 준다. 다만, 해야 하는 비교는 한 학생을 미래의 그 자신과 비교하는, 즉 발달 단계별 비교다. 각기 독특한 학생들을 돕기 위한 방법을 몇 가지 제시하면 다음과 같다.

- 과제 시간의 양: "여러분에게 7분간의 시간을 줄 것이다. 만약 여러분이 일찍 마치면, 여러분은 ……할 수 있다."
- 양식(modality): 교사가 학생들에게 보여 준 것에 대해 학생들이 토의하도록 하게 한다. 교사가 학생들에게 말한 것을 학생들이 그려 보도록 하거나 수행해 보도록 하게 한다.
- 사회적 상황: 개별적으로, 짝과 함께, 소집단으로, 조별로, 학급 전체로 학습이 이루어지도록 다양한 사회적 상황을 만든다.
- 내용의 복잡성: "여러분은 1수준, 2수준, 혹은 다른 수준을 선택하여 도전할 수 있다. 여러분에게 가장 적합한 수준이 어떤 것인지 나에게 말해라."
- 자원의 활용: 스스로 공부하기, 교재를 이용하여 공부하기, 웹을 이용하여 공부하기, 동료와 협동하여 공부하기 등이 있다.

3) 발달적 민감성의 원리

많은 교사가 발달적으로 아주 부적합한 교과목을 가르치도록 요구받기 때문에 좌절하고 있다. 교사들은 더 전통적인 방법이 별로 효과적이지 못하다는 것을 알고 있다. 뇌연구는 교사에게 학생들의 뇌에 대해서 어떤 정보를 제공해 줄 수 있으며, 교사는 어떻게 해야 할 것인가? 발달 단계 중 중요한 세 시기를 간단히 살펴보기로 한다.

(1) 출생에서 5세까지

이 시기의 인간의 뇌는 상당히 취약하다. 타고난 대로 보자면, 유아들이 세상이 어떻게 생겼는지에 대해서 이해할 기회를 가지도록 뇌가 본질적으로 문화를 '다운로드(download)' 하길 원한다. 그것은 사람이 세상의 CD를 복사하는 것과 거의 같다. 이러한 무분별한(아동의 전두엽은 부정적 투입을 평가, 삭제 혹은 재구성할 수 없다) 복사는 거의 모든 경험이 아동의 뇌를 움직이게 할 최후의 구조와 메시지의 일부를 형성한다는 것을 의미한다. 이 시기 아동의 뇌는 에너지를 불태운다. 4세 아동의 뇌가 포도당을 소비하는 양은 성인이 되어 소비하는 포도당의 양보다 두 배나 많다(Bower, 1999; Chugani, 1998; Tansey, Tansey, & Tachiki, 1994).

뇌는 세상에서 생존하는 방법을 파악하기 위해 노력한다. 그래서 뇌는 부정적인 경험일지라도 그 어떤 경험이든 받아들이고자 한다. 예를 들어, 어떤 아이가 부모의 학대, 부조화, 외상에 노출된다면, 그 아이의 뇌는 불확실성의 스트레스와 한쪽 혹은 양쪽 부모를 상실하는 두려움을 복사할 가능성이 크다. 어린 시절의 고통은 평생 장애가 될 수 있다(Bunge et al., 2002; Gunnar, 2000).

빈곤은 평생 인간의 뇌에 문제를 야기할 수 있다. 실제 이를 증명하는 많은 예가 있으며, 중요한 문제는 경제적인 것이 아니다. 많은 예가 밝히고 있는 것은 자원의 결핍이 경제적 수준이 낮은 아동들에게 어떻게 영향을 미치는가다. 경제적 수준이 낮은 아동들은 의학적 치료를 받기 어렵고, 영양물을 제대로 제공받지 못하며, 생활이 불안정하며, 만성적 스트레스 요인에 노출되기 쉽다(Bolger et al., 1995; Lewit, Terman, & Behrman, 1997).

(2) 어린 아동(5~11세)

5~11세는 감각운동 발달과 사회적 기능 형성에 중요한 시기다. 이 시기의 아이들은 축구, 체조, 격투기(태권도, 유도 등)와 같은 스포츠와 악기 연주를 특별히 잘할 수 있다. 이 시기에는 낭비할 시간이 없다. 아이들은 가만히 앉아서 하는 활동보다는 신체적으로 많이 움직이고(신체적 놀이) 또래들과 어울리는(사회화) 활동을 요구한다. 이것은 수학, 읽기, 과학 학습을 피하라는 의미가 아니라 성장하고 있는 뇌의 다른 욕구들과 함께 조화를 이루며 수학, 읽기, 과학 학습을 해야 할 시점이라는 것을 의미한다(Hirsh-Pasek, Eyer, & Golinkoff, 2003).

(3) 10대(11~18세)

11~18세의 시기는 숙련되지 않은 운전자가 경주 차의 엔진에 시동을 건 것에 비유할 수 있다. 10대의 뇌 구조와 기능은 그 이전 시기의 뇌와는 다르다. 이는 많은 신경과학자가 최근 중점적으로 연구해 온 부분이다.

뇌의 많은 영역이 청소년 시기 동안에 여전히 중요한 변화와 발달을 계속한다. 사실, 그 변화란 유아의 뇌에서 일어나는 변화만큼이나 크다. 두정엽은 12~17세까지 중요한 변화를 겪는다. 어떤 하위 영역들은 2~3배 더 커지기도 한다. 회백질(gray matter)의 큰 덩어리인 전두엽은 가장 늦게 성숙하는 영역이면서 큰 변화를 겪는다. 회백질(뇌세포들)은 처음에는(11~13세) 두껍다가 13~20세 사이에는 얇아진다(7~10% 감소). 10대의 뇌에서는 회백질이 급성장하는데, 회백질의 전체 양이 늘어나는 10대 시기에 매년 회백질의 1%를 줄이는 대량의 '가지치기'를 수반한다. 이러한 과정은 경험에 기초하여 성인기를 위해 뇌의 신경적 결합을 형성하는 것으로 여겨진다(Paus et al., 1999). 그 변화는 상당히 크며, 이는 10대의 뇌가 새로운 학습을 강화하고 조직하며 저장하기 위해서 더 많은 휴식 시간을 필요로 한다는 것을 의미한다(Carskadon et al., 1998).

10대의 뇌는 초고층 빌딩보다는 청사진을 더 닮았다는 것도 고려해야 한다. 교사와 부모는 10대의 마음을 가구를 필요로 하는 빈 집으로 생각하기보다는 여전히 벽과 배선 및 지붕을 필요로 하는 집의 틀로 이해하는 것이 더 바람직하다. 또한 10대를 성인과 같이 취급하지 말아야 한다. 그들은 성인이 아니다. 10대는 발달적으로 혼미 상태에 있고, 종종 매우 어리석을 정도의 의사결정을 하기도 한다. 그들의 뇌는 좀처럼 성숙한 의사결정을 하지 못하게 하는 궤도상에 있다(Sowell et al., 2002).

10대는 생물학적 이유로 다음과 같은 패턴을 나타낸다.

- 민감성: 10대는 상당히 모험적인 신기성(novelty)에 민감하다. 신기성은 도파민과 노르아드레날린과 같은 뇌 화학물질을 가진 10대의 불안정한 체제를 흥분시킨다. 그들은 장기적이고 지연된 보상보다는 단기적이고 즉각적인 보상을 선택한다. 그들의 미발달된 전두엽은 무모한 행동에 중요한 역할을 한다(Steinberg, 2005).
- 계획의 결여: 10대는 자신의 미성숙한 전두엽에 의존하기 때문에 자신의 행동이 가져올 결과를 잘 예상하지 못한다. 그들은 어떤 행동을 할지 다양한 선택의 여지가 있다는 것을 잘 파악하지 못한다. 또한 스트레스를 받으면 쉽게 혼란에 빠지고, 한 가지 이상의 계획들을 좀처럼 진전시키지 못한다. 이것은 부분적으로 전두엽이 미성숙한 탓이다(Durston et al., 2001).
- 정서적 불안: 정서는 학습에 필수적이며, 따라서 10대는 여전히 정서를 이해하고 관리하는 방법을 학습해야 한다. 그들은 정서를 잘 파악하지 못하고, 어떤 친구가 좋은 친구인지 잘 선택하지 못하며, 그 자신의 감정세계에 잘 빠져든다(Larson & Verma, 1999).
- 집단 도덕성: 10대는 그들의 전두엽이 발달할 때만이 도덕적 사다리를 기어 올라갈 것이다. 그들은 주당 평균 28시간을 통제받지 않은 채 대부분 혼자서 영상(TV, 비디오, 컴퓨터, 영화 등)을 보면서 지낸다(Strasburger & Donnerstein, 2000). 이와 균형을 맞추기 위해 그들은 종종 친한(비록 그것이 부정적일지라도) 또래들과 어울리고자 한다. 그러나 그들은 혼자 있

을 때보다 집단 속에 있을 때 더 위험한 행동을 할 가능성이 크다.

- 자기조절의 어려움: 10대는 화학적 불균형의 큰 위험에 처하기 쉽다. 그래서 불안, 우울, 스트레스, 섭식장애, 수면 습관의 잦은 변화와 같은 행동장애와 성격장애를 보인다. 10대는 성인보다 이러한 장애에 취약하고 대처하는 기능도 떨어진다. 그들은 하루의 대부분을 무감정하거나, 아니면 고민에 푹 빠진 채 보낸다(Eldridge et al., 2003).
- 위험 감수: 10대는 중독에 매우 취약하고, 성인과 비교하여 약물남용이 미치는 영향을 잘 알지 못하며, 중독에 빠졌을 때 치료가 더 어렵다. 그들은 대체로 약물이 해롭지 않다고 여기며, 어떻게든 생존할 수 있다고 믿는 경향이 있다(Bardo, 2004).

발달적 민감성의 원리는 뇌의 학습 역량을 극대화하기 위해서 해야 할 시기를 재조직해야 한다는 것을 함축하고 있다. 예를 들어, 새로운 언어와 악기에 대한 학습은 유치원에서 5학년까지의 활동이 되어야 하고, 이후의 활동으로 지연되어서는 안 된다.

학생들이 12세의 연령에 도달하면(22세까지) 신체의 시계가 조정된다고 여러 연구에서 밝히고 있다. 또래의 압력에 대한 반응이나 사회화보다는 오히려 생물학적 성질상 늦게 자고 늦게 일어나려는 욕구가 나타난다. 마지막 2시간의 수면이 학교에서 주의를 기울이는 데에 중요하다. 학생들의 주의, 학습, 기억을 극대화하기 위해서 유치원에서 초등학교 5학년까지의 학생들은 오전 7시 30분의 이른 시간에 하루 일과를 시작하는 것이 좋지만, 초등학교 6학년에서 고등학교까지의 학생들은 늦게 자고 늦게 일어나는 10대의 자연스러운 생물학적 경향에 맞추기 위해서는 하루 일과 시간이 오전 9시 30분에 근접해야 한다고 연구자들은 말한다.

5세 이하의 유아는 어떤 경험, 정서, 문화든 그것을 모두 다운로드하려는 경향이 있다는 것을 기억해야 한다. 어린아이들을 스트레스, 영양 부족, 외상, 방치, 혼란으로부터 보호하기 위해 바람직한 시간의 양이 보장되어야 한다. 이 시기에는 애정, 정서적 상호작용, 움직임 및 확실성에 초점을 두어야 한다.

5~11세의 어린 아동에게는 더욱 상세한 안내와 설명을 해 주고 사회적 기능을 훈련할 수 있는 기회를 많이 가지도록 해야 한다. 부모에게는 어린아이들의 삶을 여행, 자연 탐구, 박물관 방문, 놀이 활동, 격투기, 축구, 4H 클럽 활동, 무용, 보이스카우트 혹은 걸스카우트 활동 등을 통해서 풍부하게 해 줄 수 있는 좋은 기회(그들이 더 나이 들어 '너무 냉담'해지기 전에)다. 교실에서는 약물남용, 윤리, 영양 섭취, 도덕성에 대해 가르쳐야 할 시점이다.

11~18세의 10대에게는 위험을 관리하고, 그들의 삶에 밀접하게 관여하며, 질문을 하도록 하는 한편, 위험한 활동을 할 기회를 줄여야 한다. 10대의 뇌는 아직 성인이 아니며 성숙하고

신중한 의사결정을 하지 못한다는 점을 기억해야 한다. 10대의 뇌를 극대화하기 위해서 관심, 애정, 관계 형성을 통해 이 위험한 시기를 주의 깊게 다스려 나가야 한다. 이 시기에는 4H 클럽 활동, 야외 활동, 해외여행, 각종 캠프 프로그램을 실시하는 것이 좋다. 그들을 위험한 상황에 처하게 하지 말고, 또한 그들에게 성인 수준의 의사결정을 기대해서는 안 된다. 대신 그들의 파트너나 안내자가 되고 여러 경험을 공유하도록 하며, 그들에게 최고의 친구가 아니라 훌륭한 조언자(mentor)이자 확실한 안내자가 되도록 한다. 그리고 관리를 받으면서 모험을 즐길 수 있는 기회(실내 암벽 타기, 야외 활동, 스케이트보드 타기 등)를 제공하고, 그들의 강점에 초점을 맞추도록 한다.

4) 상호작용의 원리

우리 대부분은 종종 중첩되는 다수의 사회적 네트워크 속에서 기능한다. 우리에게는 가족, 친구, 지인, 동료 집단이 있다. 이들과의 사회적 접촉은 우리에게 영향을 미치며, 우리 또한 그들에게 영향을 미치고 있다. '사회적 뇌(social brain)'는 우리 자신을 사회적 집단의 일부로 관련시키고자 하는 우리의 내재한 욕구에 소용되는 용어다. 우리 자신을 사회적 집단의 일부로 관련시키기 위해서는 어느 정도 정서지능(emotional intelligence)과 사회적 기능(social skills)이 필요하다. 사회적 인지(social cognition)는 정보를 처리하는 것으로서 다른 사람들의 생각과 의도를 정확하게 파악하도록 해 준다.

사회적 구조에 헌신하는 뇌의 영역은 광범위한데 전부(前部)의 전전두엽(anterior prefrontal lobe), 전대상(anterior cingulate), 전두회(frontal gyrus), 편도체, 방추 모양의 회(gyrus), 후부(後部)의 측두엽이 해당하는 것으로 밝혀졌다. 우리가 매일 겪는 사회적 경험이 우리의 정서적 · 학업적 · 신체적 안녕에 큰 영향을 미친다(Champagne & Curley, 2005). 유기체의 한 수준에서의 사회적 및 환경적 사건들(분자, DNA, 세포, 신경계, 기관, 면역, 행동적, 사회적 등)이 다른 수준에서의 사건에 큰 영향을 미칠 수 있다(Cacioppo et al., 2001). 우리는 자신과 자신이 접촉한 것들을 조각조각 분해하여 생각할 수 없고 커다랗게 통합된 그림의 한 부분으로 본다. 신경해부학상 사회인지적 뇌의 영상도(imaging map)조차도 넓게 펼쳐진다. 사회적 정보를 처리하기 위해서 우리는 전두엽 피질을 포함하여 인지와 관련 있는 뇌의 영역을 사용한다. 이는 학교에서의 사회적 접촉이 연구자들이 일찍이 생각했던 것보다 훨씬 폭넓게 영향을 미칠 수 있다는 것을 시사한다.

사회적 상태는 주의, 기억, 기분, 신경조직 발생과 상당히 관련이 있는 신경전달물질인 세로토닌과 코르티솔의 수준과 상관관계가 있다. 또한 사회적 지지의 증가는 고혈압 환자의 혈압을 낮출 수 있다는 연구도 있다(Uchino, Cacioppo, & Kiecolt-Glaser, 1996). 건전한 사회적 접촉은 면역 활동을 증가시키며, 사회적 스트레스는 면역체계를 약화시킨다(Padgett & Sheridan, 1999). 연구자들은 사회적 고립이 흡연이나 고혈압만큼이나 파괴적인 위험 요인이라는 것을 발견하였다(House, Landis, & Umberson, 1988). 초기의 사회적 스트레스 요인은 스트레스 반응체계에 영구적인 변화를 일으킬 수 있다(Meaney, Sapolsky, & McEwen, 1985).

사회적 경험은 유전자 발현의 변화, 혈압 조절, 인지능력의 향상, 면역 활동, 주의력과 기억력의 조정, 스트레스 반응 수준의 변화, 배란 조절, 뇌의 화학적 작용에 영향을 미칠 수 있다. 이러한 모든 것이 왜 중요한가? 교실과 학교는 중요한 사회적 경험의 장이기 때문에 학생들의 뇌는 교실과 학교의 경험에 의해서 변화될 것이다. 사회적 경험이 학생들의 뇌에 미치는 영향을 소홀히 하는 것은 무책임한 짓이다. 이 사실을 아는 것은 윤리적인 측면 그 이상으로 중요하다. 우리가 학습소비자들의 뇌를 조형하고 있는 방식을 이해하고, 그에 책임을 갖는 것은 당연한 의무다. 비록 남학생과 여학생이 서로 다른 관계성을 경험한다 할지라도(여학생은 동료 상호 간의 관계에, 남학생은 교사와의 관계에 신경을 씀), 이러한 사회적 접촉이 긍정적일 때 학업성취도가 향상되기(Furrer & Skinner, 2003; Guay, Boivin, & Hodges, 1999) 때문이다.

이러한 상호작용의 원리가 교수-학습에 함축하는 바는 학생들에게 사회적 경험과 사회적 환경의 기회를 많이 제공하라는 것이다. 이를 위한 몇 가지 실천 방안을 제시하면 다음과 같다.

- 정보 수집: 우리는 학생들의 사회적 상태에 관한 정보를 수집하는 일을 더 잘 수행할 수 있다. 학생들이 혼자서 보내기를 원하는 시간은 얼마인가? 짝꿍과 보내고 싶어 하는 시간은 얼마이고, 집단이나 팀에서 보내고 싶어 하는 시간은 얼마인가? 이것은 정서적 학습자의 성공에 중요하다. 학생들의 연령에 따라 그 방법은 다를 수 있다. 어떤 경우에는 소집단 토론이 효과적일 수 있다. 교사는 학생들이 교실에 들어올 때 단순히 그들을 주시하고 귀담아듣기만 하더라도 정보를 얻을 수 있다. 일단 정보가 수집되면 교사는 학생들의 선호도에 대하여 더 많은 것을 알아야만 한다. 그리하여 다양한 교수방법이 일반적으로 좋은 전략이긴 하지만 학생들의 선호도에 맞는 교수방법을 모색해야 한다.
- 학교 협력자: 초등학생이건 중 · 고등학생이건 간에 누구도 학교에서 외톨이라는 느낌을 갖지 않도록 해야 한다. 모든 학생에게는 각자 그들을 보살펴 주는 한 학생(멘토 혹은 또래 상담자)과 그들을 잘 알고 있는 어른(생활지도교사 혹은 상담교사)이 있어야만 한다. 학생들은 상실감을 느끼거나 말할 상대가 아무도 없다고 생각하기 쉽기 때문이다.

- 빠른 사회적 집단 편성: 중요한 사회적 시간은 대부분 비공식적 집단의 편성에서 일어날 수 있다. 학생들에게 일어나 열 걸음을 걸어가서 짝을 찾도록 요구한다. 학생들이 일단 새로운 짝을 만나면 상호 인터뷰를 할 수 있고, 가설을 검증할 수 있으며, 이전의 학습을 복습할 수도 있다. 학생들은 한 집단에서 다른 집단으로 돌아가며 배치되거나 그들의 학습을 협동적으로 진행할 수 있다. 교실에서 돌아가며 간단히 사회적 인사를 나누는 방법을 활용할 수도 있다. 적절한 기회를 보아 학생들로 하여금 이웃 사람들에게 "안녕하세요?" 혹은 "잘했어요!"라고 말해 보도록 한다.
- 사회적 사건: 학생들은 하루에 잠깐이라도 구조화된 사회적 사건을 필요로 한다. 이러한 사회적 사건은 약간의 개인적 시간이 포함된 집단 모임일 수도 있고, 팀 혹은 짝으로 이루어질 수도 있다. 학생들이 자신의 강점을 살릴 수 있는 활동을 선택하고, 또한 최선을 다해 공부할 수 있는 방법을 택하도록 한다. 환경에 있어서 약간의 선택을 할 수 있도록 하는 것은 여러 가지 이유로 좋다. 그들의 환경에 대한 선택과 통제는 사회적 행동을 증진시키고 공격적 행동을 감소시킨다.
- 공식적 집단 편성: 협동학습에 관한 연구에 따르면, 협동학습이 학생 상호 간의 개별적인 경쟁학습보다 좀 더 나은 학습을 야기한다는 것을 시사하고 있다. 팀학습 또한 학습에 효과적일 수 있다. 팀학습과 협동학습의 차이점은 간단하다. 팀학습은 어떤 구체적인 프로젝트의 수행을 위한 것이다. 단체 스포츠나 프로 스포츠를 생각해 보라. 이러한 팀의 목적은 게임에서 이기는 것이며, 시즌이 끝나면 팀이 해체된다. 팀은 의미 있는 집단 목표를 가지고 있는 특수한 조직이면서 뛰어난 수행을 요하는 조직이다. 협동집단은 일주일간, 한 달간, 혹은 1년간 존재할 수도 있지만, '원대한' 목표를 염두에 두지 않는다. 결론적으로 팀이든 협동집단이든 개인을 사회적으로 결속시키는 조직이 중요하고 값진 것이다.
- 사회적 기능 교육: 흔히 교사는 학생들이 더욱 뛰어난 사회적 기능을 가져야 한다고 말한다. 그러나 이러한 사회적 기능은 그것에 최우선 순위를 두는 교사들이 가르쳐야 한다. 대부분의 초등학교 교사들은 사회적 기능을 기르는 데에 약간의 시간을 투자한다. 중학교와 고등학교 교사들은 사회적 기능을 기르는 데에 훨씬 덜 시간을 투자하고 있다. 그러나 만약 교사가 학생들의 사회적 기능에 중점을 둔다면 학생들의 성적은 어떻게 될까? 일반적으로 학생들의 성적은 나아지는 경향이 있다. 이는 같은 말을 반복하고 학생들의 기분과 정서를 흐트러뜨리는 훈육을 하는 데에 시간을 덜 소비하기 때문이다.

5) 결합성의 원리

인간의 뇌는 생각보다 훨씬 자체적으로 결합되어 있다. 신경과학자인 Damasio(1994)는 "신체는 마음을 위한 필요 불가결한 준거체제를 구성할 수 있다."(p. xvi)라고 언급하였다. 사실, "정서의 감소는 비이성적 행동의 중요한 원천이 될 수 있다."(p. 53) 모든 인간의 과정은 마음, 정서, 신체 및 정신의 복합적 상호작용의 산물이다. 가장 단순한 인지적 표현에서부터 가장 복잡한 인지적 표현에 이르기까지 우리가 학생들에게 주입하여 그들이 나타내 보이는 모든 것은 당시의 독특하고 역동적인 뇌 상태의 산물이다. 그 모든 것이란 행위, 사고, 말하기, 문학, 음악, 미술 등을 망라한다. 이 원리는 모든 행동을 발현시키는 기초, 엔진, 플랫폼(platform)이 있다는 것을 말해 준다. 그것은 곧 우리의 마음-신체-정서-뇌 체제이며, 우리의 상태(state)라고 부른다.

뉴욕대학교의 Joseph LeDoux, 조지타운대학교 의학센터의 Candace Pert, 하버드대학교의 Jerome Kagan, 아이오와대학교의 Antonio Damasio와 Hanna Damasio 등 많은 유명 신경과학자가 일반 사람들의 의식 속에 있는 마음-신체-정서 상태를 밝혀 냈다. 『정서의 인지적 신경과학(*The cognitive neuroscience of emotion*)』(Lane & Nadel, 2000)은 이러한 새 분야를 공식적으로 체계화한 것이며, Heilman(2000)은 화학적 작용이 우리의 정서 상태에 어떻게 영향을 미치는가를 보여 주고 있다. 우리의 정서 상태는 무엇이든 어떤 목적에 이바지한다. 건전한 정서는 더 주의를 기울이고, 의미를 창조하고, 심지어는 더 나은 기억회로를 만드는 데에 도움이 된다. 정서는 행동에 영향에 주며, 행동을 조절한다. 또한 정서는 우리가 주변 세상을 조직하는 데에도 도움이 된다.

이러한 새로운 이해는 위협, 고통, 스트레스와 같은 정서 상태의 역할이 전체적으로 보아 지대하다는 것을 시사하고 있다. 학생들이 두려움을 느낄 때는 위협을 지각하고 있다는 것이다. 극도의 위협에 직면하게 되면 우리의 뇌는 싸우거나, 도망가거나, 꼼짝 못하거나 이 세 가지 중에서 어느 하나를 선택한다. 사실 동물은 위협에 직면하여 도망갈 수 없다고 지각하거나 싸워서 이길 공산이 없다면, 꼼짝 못하게 된다. 교실에서도 크게 다르지 않다. 위협을 느낀 학생들은 그들이 그 위협을 제거할 수 있다고 여기면 반격하거나 저항할 것이다. 그렇지 않으면 그저 가만히 자리에 앉아 초조해할 것이다. 일반적으로 학생들은 도망갈 수 있다고 느끼지 않는다. 어떤 위협이 있을 경우 학생의 뇌가 최대한의 활동을 시작한다고 잘못 생각해서는 안 된다. 최근의 연구들은 학습환경에서 폭력의 위협이 있다고 지각하거나 실제 그러한 위협이 있으면 인지에 부정적인 영향을 미칠 수 있다는 것을 제시하고 있다. 동물을 대상으로 한 연구들에서 위협은 해마를 손상시키고 새로운 학습을 실패시킨다는 것이 분명하게 밝혀졌다(Diamond et al., 1999). 폭력과 관련된 학교 스트레스는 시험 점수, 장기결석, 지각, 주의 간격에 영향을 미친다(Hoffman, 1996). 4학년 35명과 5학년 39명을 대상으로 한 연구에서 Nettles, Mucherah와 Jones(2000)는 아동들의 지각된 폭력에의 노출은 시험 점수에 부정적인 영향을 미친다고 결론 내렸다.

악성 스트레스든 만성 스트레스든 간에 고통은 학령기의 아동들에게 치명적이다. 고통은 새로운 뇌세포의 생성을 감소시키며(Gould et al., 1997), 기분장애(mood disorders)와도 연관이 있다(Brown, Rush, & McEwen, 1999). 또한 만성 스트레스는 무엇이 중요하고 중요하지 않은지를 구분해 내는 학생의 능력을 손상시킨다(Gazzaniga, 1988).

학생들이 어떻게 느끼느냐 하는 것이 매우 중요하다. 우리가 혼란스럽거나 긴장을 하게 되면 기껏해야 마음이 편치 않을 뿐이지만 정서 상태가 훨씬 급성 혹은 만성이 되면 매우 심각한 상태에 빠지게 된다. 매우 심각한 정서 상태는 성적 저하, 경미한 뇌조직의 손상, 그리고 심지어는 신경조직 발생(새로운 뇌세포의 생성)의 감소까지도 초래할 수 있다.

결합성의 원리는 교사가 학생들의 좌절, 고통, 분노, 무감정, 공포, 증오와 같은 혼란 상태에 주목하면서 그들의 정서 상태에 깊은 주의를 기울여야 한다는 것을 시사하고 있다. 이러한 정서 상태는 학습을 최상으로 이끄는 데에 도움이 되지 못하며, 나은 정서 상태를 회복하기 전까지는 학생들이 학습에 어려움을 갖게 된다. 학생들의 정서 상태를 관리하는 데에 더욱 도움이 되는 방법을 몇 가지 제시하면 다음과 같다.

- 역할모델: 교사가 먼저 긍정적 감정을 가짐으로써 학습에 대한 호의적 태도와 하는 일에 대한 열정을 갖고 있다는 본보기가 되어야 한다. 예를 들어, 아주 흥미로운 뭔가를 가지고 교실에 들어가는 것이다. 수업 중에 의문과 호기심을 자아내도록 하고, 미소를 짓고, 감동적인 실화를 이야기하고, 새로운 CD를 보여 주고, 책을 읽어 주거나, 혹은 동물을 데리고 수업에 들어가도록 한다. 축제든, 재난 구조든, 서비스든 간에 지역사회에서 일어나는 일에 학생들을 참여시키는 것도 좋다. 그리고 교사를 흥미롭게 하는 것이 무엇인지 학생들이 깨닫게 하는 것도 필요하다. 열정은 전염되기 때문이다.
- 축하의식: 기세를 올리기 위한 단합 대회를 갖고, 연사를 초청하고, 시 낭독을 하고, 지역봉사를 위해 노력하고, 스토리텔링(storytelling)을 하고, 토론을 개최하고, 각종 클럽 활동과 스포츠 활동을 하며, 연극 행사를 개최한다. 교사는 감사의 표시를 하고, 파티를 열고, 학생과 손바닥을 들어 마주치며, 먹을 것을 제공하고, 음악을 들려주며, 수업이나 학급을

재미있게 이끌어 간다. 축하의식은 학생들에게 다른 방식으로 공부하도록 보여 줄 수 있다. 예를 들어, 학생들이 뭔가를 포스터 크기로 마인드매핑(mind-mapping)했을 때 그들에게 자리에 일어나서 그 마인드맵을 다른 조의 학생들에게 보여 주도록 한다. 이렇게 하는 목적은 두 가지 이상의 잘된 점을 찾아내도록 하는 것이다. 각자 다른 조 학생들의 잘된 점을 지적함으로써 결국 동료 학생들로부터 새로운 것을 배울 수 있다. 축하의식에서 축하 음악을 연주하거나 녹음된 것을 들려주고 모두가 축하받을 수 있도록 하는 것도 좋다. 학생들이 교사가 없어도 언제나 축하를 나눌 수 있도록 '제도화'하는 것이 가장 이상적이다.

- 움직임과 음악: 학생들의 정서에 개입하기 위해서 음악, 게임, 드라마 혹은 스토리텔링을 사용한다. 흥분과 재미도 뭔가를 더욱 잘 기억하도록 하는 데에 도움이 될 수 있다. 인간의 몸은 운동을 하고 재미난 활동을 하는 중에 도파민(뇌 안의 신경전달물질)과 노르에피네프린(부신 수질 호르몬)을 방출한다. 연구 결과에 따르면, 도파민과 노르에피네프린과 같은 아민(amine)들은 학습 전 혹은 학습 후에 기억검사를 실시했을 때 장기기억을 강화하는 것으로 나타났다. 긍정적인 정서를 일으키기 위해 학생들로 하여금 부정적인 면보다는 긍정적인 면을 기억하도록 하는 것이 좋다. 앉아 있기보다는 더 많이 서 있게, 서 있기보다는 더 많이 걷게, 걷기보다는 더 많이 조직적인 활동을 하도록 한다.
- 집단의식: 의식(ritual)은 주의 끌기와 같이 되풀이하여 발생하는 집단문제를 해결하는 간단하면서도 미리 협의된 활동이다. 집단의식은 바로 학생들을 관여시킬 수 있다. 그러한 의식에는 흉내 내기, 성원하기, 노래하기, 율동하기 등이 포함될 수 있다. 도착, 출발, 축하, 프로젝트의 시작을 알리기 위해서 이러한 의식을 사용할 수 있으며, 이때 의식을 재미있으면서도 아주 짧은 시간에 마칠 수 있도록 하고, 지루함을 막기 위해서 매주 바꾸는 것이 좋다. 모든 조가 주어진 과제를 완성할 때마다 특정 조에게 성원의 갈채를 보낸다. 또한 각 조는 구성원을 위해, 그리고 하루 수업을 마친 것을 위해 특별한 성원의 갈채를 보낸다. 의식은 연령에 적합한 것이어야 한다.
- 쓰기: 사건, 인물, 논쟁거리에 관한 일지 쓰기, 토론하기, 스토리텔링, 성찰하기 등은 학생들을 개인적으로 연관시킨다. 만약 어떤 재난에 관한 뉴스가 있다면, 학생들에게 그 재난에 관해 글을 쓰거나 이야기를 하도록 한다. 현재 발생한 사건을 다루거나 학생 자신에 관한 드라마를 쓰게 하는 것도 좋다. 필요할 경우 학생들은 자신의 생각을 이웃이나 동료집단과 함께 나눌 수도 있다. 학생들이 교실에서 행하는 일을 개인적으로 관련성을 갖도록 도와준다. 예를 들어, 학생들이 일지 쓰기를 할 경우 지역신문의 논설위원에게 그들이 쓴

글을 보여 주고 함께 토론 혹은 비평하게 한다. 학생들이 관심 있어 하는 이슈를 선택하여 그에 대한 글을 작성한 후 제출하도록 하고 소책자를 만들 수도 있다.

그 외에도 다른 많은 전략이 정서의 활기를 불러올 수 있다. 음악, 경연대회, 모의 학습(simulation)을 활용하는 것이 그 예다. 정서는 목표 설정에도 관여할 수 있다. 학생들에게 자신이 설정한 목표에 도달하고자 하는 이유를 설명하도록 한다. 교사는 학생들에게 "여러분이 설정한 목표에 도달해야 하는 세 가지 중요한 이유를 쓰시오."라고 한 다음, 자신이 응답한 것을 다른 동료 학생들과 함께 이야기 나누도록 한다. 목표 이면에는 정서가 깔려 있고, 목표를 성취하기 위한 에너지의 원천이 있다.

6) 기억 유연성의 원리

기억에 관한 낡은 사고방식은 기억이 사진과 흡사하다는 것이었다. 그래서 우리는 기억을 떠올리거나 확인하기 위해서 종종 사진을 들여다본다. 기억을 떠올리거나 아니면 떠올리지 못하거나 둘 중의 하나라고 믿기 때문에 기억을 떠올린다면 그 기억이 정말 지속되고 있는 것이고, 기억을 떠올리지 못하면 그 기억이 소멸된 것이라고 여긴다. 그 말은 어느 정도 맞기도 하지만 더 중요한 것은 우리의 기억이 유연하다는 점이다(Schacter, 2001). 우리는 기억을 조각조각 분리하여 저장하기 때문에 기억은 유연하고, 그래서 기억은 마치 만화경(kaleidoscope)을 보는 듯하다. 기억의 '조각'은 기억의 속성으로서 본 것, 소리, 사람, 냄새, 위치, 자신의 건강, 요일, 시간, 둘러싸고 있는 환경 등을 포함한다. 기억의 속성은 정말 다양하며, 이러한 속성이 함께 결합되어야 완전하게 기억할 수 있다(Shannon & Buckner, 2004).

그러나 일반적으로 기억의 속성을 모두 결합하여 완전하게 기억하는 경우는 거의 드물다. 정확한 기억을 부호화하기 위해 모든 속성에 주의를 기울일 수는 없다. 그런 이유로 우리가 어떤 기억을 회상할 때 기억 조각이 대체로 불완전하기 때문에 아주 잘못된 기억을 종종 하기도 한다. 이러한 일은 세상 곳곳에서는 물론 교실에서도 매일 일어나고 있다. 우리의 기억은 일반적으로 단편적이며, 부정확할 때가 많다.

기억은 여러 가지 방식으로 형성되며, 다양한 종류의 삶의 경험이 서로 다르게 부호화된다(Fuster, 1995). 그래서 각각의 경험은 서로 다르게 회상될 가능성이 크다. 기억에는 명시적 기억(explicit memory)과 암묵적 기억(implicit memory)의 두 가지 범주가 있다. 그것들은 또한 각각 선언적 기억(declarative memory)과 비선언적 기억(nondeclarative memory)으로 알려져 있기도 하다.

이러한 일반적인 기억 유형은 각각 나름의 강점과 약점이 있으며, 서로 다른 뇌의 부위에서 작용한다(Schacter, 2001).

이미 언급한 바와 같이 우리의 기억을 위한 회로들이 여러 개가 있다. 기억을 강화하기 위한 주요 열쇠 중의 하나가 하나의 회로가 아닌 둘 이상의 회로를 사용하는 것이다. 교사는 학생들에게 기억회로에 대한 자료를 보여 주거나 읽어 준 후 그것을 그리거나 실연(實演)하도록 할 수 있다.

명시적 학습은 의미(낱말과 그림)에 관한 것이거나 아니면 더 일화적(기억에 대한 자서전적 및 개인적인 연출, 기억에 관해 제삼자를 통해 학습한 것)인 것일 수 있다. 이러한 두 회로를 보통 '내용(what)회로'와 '장소(where)회로'라고 한다. 내용회로는 대체로 측두엽에서 학습을 처리하며, 장소회로는 대체로 두정엽에서 투입 정보를 처리한다. 즉, 명시적 학습의 회로는 우리에게 내용과 더불어 특정한 상황이나 장소를 생각나게 하는 "여러분은 …… 때(언제), 어디에서 있었지요?"와 같은 회로인 셈이다. "여러분은 어젯밤에 저녁식사로 무엇을 드셨나요?"라고 물으면, 대부분의 사람은 즉각 스스로에게 먼저 "내가 어디에 있었지?" 하고 묻는다. 이어서 장소와 그곳에 있었다는 것이 내용을 떠오르게 한다. 일반적인 예를 하나 들자면, "여러분은 9·11 테러 사건 당일 어디에 있었지요?"라고 물을 수 있다.

암묵적 기억의 범주에는 조건화된 반응들과 반사적, 정서적 및 절차적 기억이 포함된다. 이러한 기억은 종종 운동기억(motor memory), 신체학습(body learning) 혹은 습관기억(habit memory)으로 알려져 있다. 암묵적 기억은 학생들의 반응, 행위 혹은 행동에 의해서 표출되고, 신체적 움직임, 스포츠, 무용, 게임, 연극, 역할놀이에 의해서 활성화된다. 비록 수년간 자전거를 타지 않았다 할지라도 보통은 연습 없이 다시 자전거를 탈 수 있다. 절차적 기억은 저장하는 데에 용량 제한이 없고, 회상하는 데에 시간이 많이 소요되지 않으며, 내재적 동기 유발을 거의 필요로 하지 않는다(Bailey, Kandel, & Si, 2004).

우리가 학습하는 것이 처음에는 명시적인 것일 수 있지만, 후에 그 학습은 반사적인 것이 된다. 이러한 기억회로는 다시 정서적 기억(고등학교 때부터 좋아하는 노래, 첫 키스, 자동차 사고 등)과 비정서적 연합기억(나는 뜨겁다고 말하고, 당신은 차갑다고 말한다. 나는 위로 올리라고 말하고, 당신은 아래로 내리라고 말한다. 나는 안에 있으라고 말하고, 당신은 밖에 나가라고 말한다)으로 구분될 수 있다. 나는 당신과 악수하기 위해 손을 내밀지만, 당신은 아무 생각 없이 손을 내미는 경우다. 새로운 학습이 반사적으로 되는 데에는 두 가지 방법이 있는데, 하나는 강렬한 감각적 투입(외상, 축하 등)에 의한 것이고 다른 하나는 반복에 의한 것이다. 여러 개의 기억회로가 있다는 것을 알아야 하는 근본적인 이유는 간단하다. 회로가 많다는 것은 기억을 잘할 수 있다는 것이고, 회로를 많이 사용해야 기억을 강화할 수 있기 때문이다. 기억회로에 대한 더 자세한 사항은 제5장 제1절의 기억과 학습에서 다루어진다.

기억 유연성의 원리는 무엇보다도 교사들에게 인간은 기억을 부호화하고, 수정하고, 갱신한다는 것을 시사하고 있다. 그러나 우리의 기억 중에는 암묵적인 것도 있다. 다시 말하면, 우리가 그 기억을 알 수 있는 것이지만 알고 있다는 것을 모를 수도 있다는 뜻이다. 놀랍게도, 우리가 배우고 알고 있는 것의 상당수가 우리에게 가르쳐진 것이 아니라, 그저 '주워들어 알고 있는' 것이라는 점이다. 습득의 과정은 방대한 양의 자료가 감각기관을 통하여 우리에게 영향을 미치도록 한다. 이것은 수업시간에 포스터, 예시, 역할모델링 및 다른 학생들의 작품을 통해서 전개하는 수업환경을 조성해야 한다는 것을 함축하고 있다. 학생들이 정보를 쉽게 회상하지 못한다고 해서 절대로 그것을 알지 못한다고 가정하지 마라. 그 정보가 다른 회로에 저장되어 있을 수도 있다. 학생들이 그 정보를 알고 있는지 다양한 방법을 시도해서 알아보아야 한다. 유연한 기억을 강화하기 위한 몇 가지 방법을 제시하면 다음과 같다.

- 기억을 검색하는 방법: 최대한의 회상을 위해서 실수를 교정한 다음 여러 회로에 학습한 것을 저장한다. 그런 다음 학생으로 하여금 한 시간 이내에 학습한 것을 2~4회 복습하게 한다. 기억을 견고히 하기 위해 다음날 복습하고, 1주일 이내, 그리고 한 달 이내에 다시 복습하게 한다.
- 의미론적 학습(낱말, 교재, 강의, 그림): 학생들에게 약어, 핵심어, 주제어, 연상어, 연상기호를 만들고 사용하는 방법을 가르친다. 학생들이 읽은 내용과 관련하여 매핑(mapping)을 하거나, 일지를 쓰거나, 혹은 토론을 하도록 한다. 또한 학생들이 학습한 것들을 여러 개로 범주화하고 분류하도록 격려하고, 학습한 것들을 도식화하거나, 순서도(flowchart)를 그리거나, 그림문자로 나타내도록 한다.
- 일화적 방법: 학생들이 서서, 바닥에 앉아서, 혹은 책상 앞에 앉아서 학습하게 한다. 교실 밖의 수업, 구내식당에서의 수업, 혹은 현장 견학을 통한 수업을 준비한다. 초청연사를 부르고, 조명에 변화를 주고, 학생들에게 시대 의상을 입도록 하라. 그러면 학생들의 상상력과 정서가 개입되고 인물과 장소가 새로운 경험들은 쉽게 회상되도록 뇌 안에 있는 특별한 기억장치 주소에 등록될 것이다.
- 절차적 방법: 학생들이 심화된 학습을 할 수 있도록 움직이게 한다. 움직임, 실제 체험 학습, 만들기, 휴식시간의 연장, 드라마, 영화, 역할극 등의 기회를 제공한다.
- 반사적 방법: 학생들은 여러 차례 반복을 통해 자동화되는 플래시 카드(수업 중 교사가 단

어, 숫자, 그림 등을 잠깐 보여 주는 교수용 카드) 형태의 학습은 물론 강렬한 정서의 생산적 개입을 통해서 학습할 수 있다.

- 작업기억의 강화: 학생들은 투입 정보를 접한 지 얼마 지나지 않아 대부분을 기억하지는 못할 것이다. 그러므로 단기기억 혹은 일시적 기억을 강화해야 한다. 단기기억은 머릿속에 있는 적은 분량의 정보를 짧은 기간 기억하게 한다. 이는 학생들이 교실에서 활동을 지속하기 위해 갖고 있는 매우 중요한 능력이다. 교사는 여러 가지 방법으로 학생들의 작업기억을 강화할 수 있다. 첫째, 기억 기능의 훈련은 놀라운 성공을 만들어 낸다. 세계적으로 유명한 기억전문가조차 그들의 작업기억능력을 강화하기 위해 훈련을 한다. 둘째, 학생들에게 약어, 연상기호 등을 사용하여 잘 기억하도록 하는 기억술을 가르친다. 끝으로, 작업기억을 도와주는 도파민 수준을 높인다. 빠른 검토, 축하의식, 혹은 교실 주변 걷기와 같은 신속한 전신운동 활동을 통해 도파민 수준을 높일 수 있다(Denenberg, Kim, & Palmiter, 2004; Tanaka, 2002).
- 현실 체크: 책의 한 페이지도, 아니 몇 문장도 기억하지 못하는 학생들도 있다. 그런 학생들에게는 책의 한 장(chapter)을 읽으라고 할 때, 각 페이지를 읽은 후에 다음 페이지로 넘어가 읽지 말고 잠시 멈춰 간단히 노트 필기를 하게 한다. 만약 교실 안에서 읽기 활동이 이루어진다면, 한 사람은 책을 읽고 다른 한 사람은 그 내용을 매핑하는 것과 같이 파트너를 개입시키는 다양한 활동을 전개한다. 만약 설명식 수업을 하는 경우에는 몇 분 설명을 한 뒤에 학생들이 짝을 지어 재학습할 수 있도록 한다. 만약 학생들이 어려워하면, 잘못을 바로잡고 학습을 강화하기 위해 유인물을 이용한 집단 토론 등의 대집단 활동을 추가하도록 한다.
- 다양한 방식에 의한 반복: 학습을 강화하기 위해 시간의 경과에 따라 반복하여 다루어야 한다. 한 시간이면 충분하다는 생각을 버리고 매일, 매주 알아야 할 어휘를 미리 알려 주도록 한다. 복잡하고 어려운 주제를 다룰 때에는 학생들이 최대한 이해하기 쉽도록 도표, 예시, 모형 등을 활용한다. 학생들이 어떤 오개념(misconceptions)을 바로잡고 선수학습에 대한 피드백을 얻을 수 있도록 짝 혹은 조원들과 매일 복습하게 한다.

7) 자원 소모의 원리

학습의 과정에서 구조적 한계, 신체적 과정 및 자원 소모 등이 뒤따른다. 그러므로 학습을 위한 자원을 소모시키는 정서적 · 사회적 · 가정적 스트레스 요인을 잘 다룰 필요가 있다. 학습을 위해서는 신체적 자원이 필요하다. 교사는 학생들이 영양물과 학습, 영양물과 기억 간의 관계를 이해하도록 도와주어야 한다. 여러 연구에서 음식과 느끼고 수행하는 방식 간에 명확한 관계가 존재한다는 것을 입증하고 있다. 우리가 먹는 음식에 따라 다양한 화학적 반응이 일어난다. 도파민과 노르에피네프린은 경계경보를 일으키는 화학물질이고, 세로토닌은 마음을 차분하게 하는 화학물질이다. 단백질만을 섭취하거나 탄수화물을 섭취하기 전에 단백질을 섭취하는 것은 '경계경보의 뇌력(alert brain power)'을 증진시킨다. 반면에 단백질의 섭취 없이 탄수화물을 섭취하는 것은 긴장이완을 가져온다.

음식물 섭취는 여러 가지 방식으로 학생들의 행동에 영향을 준다. 학생들에게 고정적으로 몸에 좋은 아침식사를 잘하는 방법과 머리에 좋은 점심식사를 챙기는 방법에 대해 알려 주어야 한다. 기숙사 개방 파티에서 음식 영양물에 대해서 언급하고 학부모들에게 관련 지침을 제공해야 한다. 좋은 식습관의 본보기를 보여 주고, 학교 자판기에 건강식품을 구비하며, 급식 담당 직원들과 함께 더욱 영양가 있는 음식을 준비하도록 애써야 한다. 인간의 뇌는 78%가 물이다. 탈수가 일어나면 주의 집중, 비판적 사고, 학습 및 기억이 손상된다. 탈수를 막기 위해 여러분의 교실에 학생들이 물통을 갖고 들어오는 것을 허용하거나 아니면 학생들이 교실에 들어오기 전에 물을 마시도록 권장해야 한다.

전체적으로 보아 학습에 더할 나위 없이 좋은 음식물을 섭취하기란 쉽지 않다. 적당한 영양물은 충분한 단백질, 미량의 미네랄, 액체 및 비타민B를 포함한다. 우리는 탄수화물을 적게 먹고, 과식을 하지 않고, 조금씩 물어뜯어 잘 씹어 먹는 식습관을 들일 때에 최상의 학습을 할 수 있다. 학생들에게 좋은 학습과 기억에 도움이 되는 중요한 영양물을 섭취하도록 해야 하는데, 좋은 영양물이란 충분한 물, 포도당, 복합 비타민과 미네랄, 그리고 저지방의 음식물이다. 일반적으로 단백질은 뇌를 각성시키고, 복합 탄수화물은 장기 에너지를 공급하며, 색이 진한 채소는 산화(노화) 방지 효과가 있다. 비타민 A · B · E는 기억과 회상에 영향을 주는 것으로 밝혀졌으므로 충분히 섭취하도록 해야 한다(Bellisle, 2004; Kennedy & Scholey, 2000; Maughan, 2003). 영양물 섭취와 관련하여 몇 가지 실제적 제언을 하면 다음과 같으며, 더 자세한 것은 제3장 제2절의 뇌기반 학습의 요소 중 영양을 참조하기 바란다.

- 학부모들과 음식의 영양물에 관해서 대화를 나눈다.
- 좋은 영양물을 섭취하는 본보기를 제공한다.
- 정크푸드에 관한 정확한 정보와 그 대안식품에 대해 설명한다.
- 더 나은 음식 영양물 섭취에 관한 기사를 가져와서 전달한다.

- 학생들에게 음식의 영양물 섭취와 관련된 영화와 DVD를 보여 준다.

학습을 위해서는 정서적 준비성이 중요 관건이 된다. 학생들은 안전감을 느낄 때, 학습에 권한을 부여받을 때, 스트레스를 적게 경험할 때, 관련성이 있고 새로운 학습을 선택할 수 있을 때, 그리고 적절한 도전감을 느낄 때 학습에 최선을 다한다. 또한 학생들은 뚜렷한 목적의식을 가질 때, 학습이 이루어질 만한 충분한 강점이 있다고 인식하고 자신감을 가질 때 더욱 열심히 학습한다. 이러한 모든 것은 정서적 특성이다. 학생들의 불안은 끊임없이 그들의 처리기능을 떨어뜨린다(Mogg, Bradley, & Hallowell, 1994). 학생들의 강렬한 정서는 인지적 처리를 해치기 때문에 교사가 의미심장한 위협에 대해 가만히 있으면 사태를 더욱 악화시키게 된다(Simpson et al., 2001). 위협, 구타, 괴롭힘, 비난이 허용되는 교실은 학생들의 학습을 손상시킨다(Wessler, 2004).

학생들을 학습과정에 몰두시키는 방법은 매우 많다. 어떤 교사들은 학생들의 강점을 구축하도록 도와주면서 자신감을 갖게 하고, 또 어떤 교사들은 학생들과 관계, 신뢰를 구축한다. 그리고 과거에 많이 사용하던 방법으로 학생들의 호기심을 진작시키는 교사들도 있다. 학생들을 학습과정에 몰두시키기 위한 실제적 제언을 몇 가지 하면 다음과 같다.

- 열정과 관심을 보인다.
- 수업을 시작할 때 스트레칭 시간을 가진다.
- 반박과 폭력이 없는 안전한 교실 분위기를 조성한다.
- 목표를 설정하고 선택의 기회를 주는 계획을 세운다.
- 학습 내용을 학생 개인과 연관시키고 의미를 갖도록 한다.
- 일지를 쓰고 공유할 수 있는 시간을 별도로 가진다.
- 교수-학습과정을 단계화하여 작은 단위로 시작한다.
- 학생들에게 피드백을 구체적으로, 신속하게, 과제에 대해 세밀하게 제공한다.
- 집단의 리더가 있는 소집단 토론을 전개한다.
- 학생들에게 공부 기술과 기억 도구와 같은 자산을 구축하도록 투자한다.

어릴수록 뇌는 자유분방한 환경으로부터 영향을 받기 쉽다. 나이가 들어갈수록 뇌는 기존의 학습을 보존하기 위해 새로운 학습의 습득을 지체하기 쉽다. 많은 뇌의 구조와 과정은 실제로 뇌에 도달하는 새로운 정보의 양을 제한한다. 그러한 구조와 과정으로는 짧은 간격의 주의집중, 응집성의 결여, 학습자의 나쁜 배경을 들 수 있다(McNamara, 2001). 더욱이 뇌는 기억하는 데에 필요한 단백질의 재순환을 지원하기 위해서 영양분을 계속 공급받아야 한다(Frank & Greenberg, 1994). 새로운 내용의 습득을 지체시킬 수 있는 또 다른 뇌의 과정으로는 작업기억(Cowan, 2001), 불충분한 포도당의 공급과 해마 처리의 지연 및 불충분한 수면 시간(Wesseling & Lo, 2002), 시냅스의 형성과 접착 시간(Goda & Davis, 2003), 기억의 늦은 통합(Wiltgen et al., 2004) 등을 들 수 있다.

학생들이 그들의 머릿속에 간직할 수 있는 내용에는 상당한 한계가 있다는 것을 뒷받침하는 많은 증거가 있다(Callicott et al., 1999). 이것은 인지부하이론(cognitive load theory)으로 알려진 정신적 조작(mental juggling)이다. 관련 연구에 따르면, 교사가 수업을 통해 전달하는 정보량에 주의를 기울여야 한다는 것을 시사하고 있다(Carlson, Chandler, & Sweller, 2003). 학습이 점진적인 과정에 의해서 이루어지고 휴식 시간이 주어질 때 더욱 잘 수행된다는 점을 많은 연구 결과가 결론적으로 지적하고 있다(Bower, 1987; Colicos et al., 2001). 학습부진 학생들은 매우 응집성이 있는 교재가 필요하다. 그것이 갖추어지지 않으면 그들은 낮은 수행을 보이게 되므로(McNamara, 2001), 교사가 채택한 교재가 학습부진 학생들의 요구에 잘 부합하는지 살펴보아야 한다. 투입 정보의 제한과 관련하여 실제적 제언을 몇 가지 하면 다음과 같다.

- 나선형 교육, 예습하기, 되돌아가기, 복습하기 전략을 많이 사용한다.
- 휴식시간을 더욱 자주 갖고, 처리를 위해 기다리고 생각할 시간적 여유를 준다.
- 정보를 아주 작은 크기로 묶는다.
- 20분 안팎으로 원기 회복을 위해 낮잠을 자게 한다.
- 미리 조직하고 검토하는 기회를 자주 가진다.

2. 뇌기반 학습의 단계

교수-학습 상황에서 앞에서 제시한 뇌기반 학습의 원리를 실현하기 위한 구체적인 방안으로 학습의 단계를 어떻게 설정할 수 있을까? 여기서는 Hardiman(2003, 2006)의 뇌표적 교수모형(brain-targeted teaching model)을 간단히 살펴본 다음, 김유미(2002a)와 Jensen(2008)의 견해를 토대로 뇌기반 학습의 단계를 일곱 가지로 설정하고 이에 대해 살펴본다.

Hardiman(2003, 2006)은 예술 활동을 교수방법에 통합시켜 '뇌표적 교수모형'을 제시하였다. 이 모형을 전통적인 교수방법과 비교한 Bertucci(2006)의 연구에서 이 모형으로 지도를 받

[그림 4-1] 뇌표적 교수모형의 여섯 가지 요소

출처: Hardiman(2010), p. 236.

은 학생들이 실제로 학습 내용을 더 깊이 이해하고 학습목표에 잘 도달한다는 것을 입증했다. Hardiman의 뇌표적 교수모형은 신경과학과 인지과학에서 밝혀진 연구 결과와 그녀가 학교 교장으로 재직하는 동안 연구를 기반으로 한 최고의 실습과 다양한 학교, 학년, 과목을 잘 가르치는 교사들의 경험을 토대로 해서 효과적인 교수-학습을 계획하기 위한 틀이다. 이 모형은 예술 교과뿐만 아니라 모든 교과의 학습에 적용할 수 있다. 이 모형에 따르면, 뇌표적 교수-학습과정은 [그림 4-1]과 같이 여섯 단계로 구분된다.

① 1단계: 학습을 위한 정서적 분위기의 조성

신경과학자들은 정서적 뇌와 인지적 뇌 체계 사이에 복잡한 상호작용이 존재함을 입증해 왔다(Immordino-Yang & Damasio, 2007; Posner & Rothbart, 2007). LeDoux(1996)는 뇌의 정서센터인 변연계(limbic system)가 사고와 학습에 영향을 미치는 중요한 역할을 집중 조명했다. 교실에서 스트레스를 줄이고 긍정적인 정서적 분위기를 형성하는 것은 교수-학습에서 가장 중요한 요소라고 할 수 있다. 그러므로 뇌표적 교수모형은 정해진 절차와 의식, 긍정적 의사소통을 통해 정서적 안정감을 주는 교실 분위기를 조성하려는 의도적 전략들로 시작된다. 교사들은 여기에 추가해 새로운 학습 단원마다 학생들이 학습 내용에 정서적으로 몰입할 수 있는 활동을 설계한다. 시각 및 행위 예술을 수업에 도입하는 것은 학생들의 정서적 반응체계에 접근해 학습을 증진시키는 효과적인 방법이다. 정서는 학습이 이루어지는 데 필수적인 요소이므로 교수-학습 과정의 모든 영역에 영향을 미친다. 학생들이 안전하게 보살핌을 받고 있다는 정서적 분위기를 조성하는 몇 가지 방법은 다음과 같다.

- 몰라도 괜찮다는 편안함을 느끼면서 수업에 참여할 수 있도록 한다.
- 정서적 유대감을 가질 수 있는 정례화된 수업 활동을 실시한다. 예를 들어, 아침 조회 시간을 정해 놓고 학생들이 서로 인사를 나눈 다음, 가장 즐겨 먹는 아침식사가 뭔지와 같은 화제로 기분 좋은 생각을 공유하게 한다.
- 수업시간에 포스터 만들기, 촌극 공연하기, 편지 쓰기 등 어울리는 예술 통합 활동을 전개한다.
- 학생들의 학습에 대해 심판하는 평가가 아닌 학생들에게 학습을 위한 피드백과 교정을 제공하는 평가를 실시한다. 학습을 축하하는 잔치로 평가를 이끈다.

② 2단계: 물리적 학습환경의 조성

학습을 향상시키기 위해 물리적 학습환경을 활용해야 하며, 또한 이는 긍정적인 정서적 분위기의 형성을 지원한다. 인지과학자들에 따르면, 뇌의 시각적 주의 기제는 환경에 새로운 것이 있을 때 강하게 영향을 받는다(Posner & Rothbart, 2007). 물리적 학습환경의 조성은 학생들이 느끼는 편안함과 자신감에 영향을 미치기 때문에 학생들에게 매우 중요하다. 뇌표적 교수모형에 맞춰 수업을 하는 데서 물리적 학습환경은 학습을 구현하는 공간이 된다. 교실은 학생의 배움을 입증하는 질서와 아름다움을 보여 주고, 학생들이 만드는 학습 결과물이나 작품을 바꾸어 가면서 전시한다. 물리적 학습환경을 조성하기 위한 몇 가지 방법은 다음과 같다.

- 학생들의 관심과 흥미, 기대감을 유발할 수 있도록 수업 시수마다 교실 분위기를 바꾼다. 예를 들어, 게시판을 다시 디자인하고, 자리 배치를 바꾸고, 뜻밖의 자료를 전시한다.
- 교실에 차갑고 눈부신 백색 형광등 대신 자연광에 가장 가까운 부드러운 전파장 조명등을 단다. 가능한 한 많은 자연광이 들어오도록 창문의 차양을 올린다.
- 교실 안에 페퍼민트나 바닐라처럼 톡 쏘는 향이 나게 한다.
- 학생들이 일상 활동에 열중할 때는 차분한 고전 음악을 틀어 준다.
- 수학 문제 풀이처럼 고차적 사고를 필요로 하는 과제를 할 때는 주의를 흩뜨리는 소음과 자극을 최소화하여 집중하게 한다.
- 화분, 양탄자, 그림 등을 교실에 배치하여 안락한 '내 집 같은' 느낌이 들게 한다.

③ 3단계: 학습 경험의 설계

학생들이 학습해야 할 경험, 즉 학습 내용을 전체적이고 시각적으로 사고하는 인지과정에 적합한 방식으로 설계하는 단계다. 교사들이 전통적인 교수법에 입각해 작성하는 수업 계획서를 순차적으로 제시한다. 전형적으로 교육과정 지침이나 교과서의 목차에 따라 정보를 제시하고, 내용에 대해 시험을 치고, 다음 단원으로 넘어간다. 그 단원에 들어 있는 응용 활동이나 다른 내용으로는 연계시키지 않는 일이 많다. 이런 접근법은 뇌의 자연스러운 학습 체계를 제대로 이용하지 못하는 것이다. 새로운 자극을 익숙한 개념 또는 신기한 개념으로 범주화한 다음, 범주화된 개념들을 결합하여 새로운 패턴으로 사고하고 이해하는 인지과정인 '패턴화(patterning)'가 중요하다. 학생들은 기존의 경험을 토대로 새로운 의미를 만든다. 생물학자 Medina(2008)가 지적한 바와 같이, 뇌는 우선 전체적인 개념을 처리한 연후에 세부사항에 초점을 맞춘다. Medina는 전체적인 개념을 먼저 가르치면 학생들의 내용 이해가 40% 향상되는 것을 눈으로 확인할 수 있을 것이라고 말한다. 이 단계는 교사들이 공부할 단원의 표준 내용과 학습목표를 정한 뒤, 그래픽 조직자(graphic organizer)와 같은 시각적 표상을 통해 학생들에게 단원의 개요에 해당하는 배울 내용의 '큰 그림(전체적 조망)'을 그려 줄 것을 권장한다. 단편적 정보 조각을 가르치는 것은 학생들에게 전체 이미지를 보지도 못한 채 퍼즐을 맞추라고 하는 것과 같다. 그렇게 가르치면 학생들은 결국 이해도 하지 못하고 연결되지 않는 온갖 사실과 세부사항을 머리에 담고 있지 못할 것이다. Pink(2005)가 언급하였듯이 '관계들 간의 관계'를 이해하는 능력이 21세기 학습에서 가장 중요한 기술 가운데 하나일 것이다. 따라서 단원의 큰 그림 개념과 함께 교수-학습 활동과 내용의 연결관계를 보여 주는 시각적 웹(visual web)을 구성하고 동작, 드라마, 노래, 사진, 역사 유물, 창작 글쓰기 등 다양한 시청각자료를 활용하여 학생들을 심도 있는 학습 경험으로 끌어들여 시각적 사고를 할 수 있도록 해야 한다.

④ 4단계: 기술, 내용, 개념의 완전 습득을 위한 교수

단원의 목표를 정하고 큰 그림을 설계하고 나면, 기술과 내용 및 개념의 학습을 심화할 활동계획을 모색하여 가르친다. 이 단계는 장기기억을 자극하는 다양한 학습활동을 통해 내용을 숙지시키는 일을 한다. 기억 분야의 선도적인 연구자로서 노벨상을 수상한 Kandel(2006)은 장기기억이 형성되려면 새로운 정보를 뇌의 장기기억으로 부호화(encoding)하고 공고화(consolidation)해야 한다고 설명한다. 장기기억이 형성되려면 시냅스가 새로이 연결되고 단백질도 새로이 합성되어야 한다는 것이다. 보통 장기기억이 만들어지려면 정보가 간격을 두고 반복해서 입력되어야 한다. 우리가 정보를 얼마나 잘 기억하느냐를 결정하는 가장 중요한 요인은 바로 우리가 그 정보를 시연하고 반복하는 정도다(Squire, 2004). 교사들은 주요 학습목표를 충분히 반복시키는 동시에 그렇게 하는 과정에서 다중 전략을 사용해 학생들의 관심과 주의를 끌어들여야 한다. 정보를 다양하고 풍부한 방식으로 제시하는 한 방법이 예술 기반 학습 활동이다. 예술 활동을 다른 교과 수업에 통합시키면 새로운 방식의 학습이 가능해지고 자연스럽게 아동의 창의성을 계발할 수 있다(Stevenson & Deasy, 2005). 예를 들어, 과학 교과의 식물학 단원에서 식물 삽화를 활용하는 것이다. 식물 삽화는 전통적인 식물 그리기의 엄격한 규칙들을 통해 과학적 지식을 드러냄으로써 과학과 예술 활동이 밀접하게 연관되어 있다는 것을 보여 준다. 학생들은 식물 종의 수명과 진화 과정의 변화를 공부하는 동안 식물 표본을 절개하고, 이때 식물의 다양한 형태를 관찰한 그림을 그려 독창적인 식물화와 조각을 창작해 낼 수 있다. 이런 활동을 통해 학생들은 수업에 대한 참여도와 이해도가 높아지고, 관찰과 발견의 즐거움을 가질 수 있다.

⑤ 5단계: 지식의 확대와 적용을 위한 교수

학생들이 과제의 문제해결을 위해 지식을 응용할 수 있을 때 평생학습이 가장 잘 일어난다는 개념을 구현한 것이다. 지식의 확대와 적용을 위한 교수에서는 학생들이 아이디어를 내고, 문제해결에 다양한 해법을 찾아내고, 행동 계획을 설계하고, 배운 내용을 실생활에 응용하는 과정에서 발산적 사고 패턴을 장려한다. 지식을 의미 있게 사용하려면 학생들은 개념의 원리를 이해하고 분석적으로 살펴봄으로써 문제해결에 적용해 보아야 하는데, 그 과정에서 뇌는 문제해결에 도움이 되는 다양한 아이디어를 인출해야 하는 복잡한 시스템을 사용하게 된다. 지식의 확대와 적용을 위한 교수의 예를 들어 보자. 사회 교과의 고대 문명을 가르칠 때 학습 내용을 실제 세계에 적용하는 과제에서 이 내용을 학생들 자신의 삶에 어떻게 연결할 수 있을까? 지리정보의 개념을 활용해서 지리가 문화 발전에 미치는 영향을 학생들이 깨달을 수 있게 도와준다. 단원의 주요 주제 일부를 배우고 나면, 학생들이 이 지식을 응용하여 집단별로 나름의 원시문화를 창조하게 한다. 학생들에게 자신의 부족을 위해 주거지를 짓고, 식량 공급방식을 결정하고, 종교적 믿음과 종교 용품을 만들도록 한다. 이렇게 수업하면 단순히 교과서를 읽힐 때보다 내용을 더 깊이 이해하고, 학생들 자신의 문화적 경험과 더 깊이 연결될 수 있으며, 배운 지식을 실제 세계에 적용시켜 보는 활동을 통해 학생들이 거주하는 도시의 지리가 도시의 형태와 가족 전통, 그리고 생활에 어떤 영향을 끼쳤는지를 살필 수 있다.

⑥ 6단계: 학습평가

마지막 단계는 학습평가이지만, 실은 단계마다 평가 활동이 포함된다. 평가의 목적은 과제 수행에 대한 적절한 피드백을 제공함으로써 학생들이 제대로 배웠는지 확인하고, 교사가 잘 가르치고 있는지 확인할 수 있다. 인지과학은 교사들이 경험을 통해 알고 있는 것을 지지한다. 특히 즉각적으로 피드백하고 목적에 맞게 정보를 적용해 보는 것은 학습의 공고화를 강화하고 장기기억을 촉진한다는 사실을 지지한다(Karpicke & Roediger, 2008). 뇌표적 교수모형은 단원의 목표와 활동에 맞는 여러 창의적인 평가 척도를 사용할 것을 권장한다. 대표적인 것이 포트폴리오를 통한 평가다. 포트폴리오 내용은 학생들과 교사가 상의해서 선택하며, 거기에는 학습하고 있는 내용과 관련해 사색하는 글쓰기와 자기평가를 포함시키는 것이 좋다. 단원을 학습하면서 학생들은 자신의 포트폴리오를 검토해 볼 수 있고, 이를 통해 지속적인 피드백을 얻고 성장과정을 알게 되며 목표를 재설정할 수 있다. 뇌표적 교수모형에서는 퀴즈나 시험 같은 전통적 방법도 여전히 사용하지만 주로 창작, 공연, 작곡, 디자인과 같은 실제 과제 수행에 기반을 둔다. 학생들 개개인의 성장과 발달을 측정하는 루브릭(rubric)을 개발하여 개인의 학습 차이에 맞게 적용하도록 한다. 평가 기준인 루브릭을 개발할 때 과제의 구성 요소를 정하고, 기대하는 과제 수행의 수준을 기술하고 성취도 수준을 정하도록 한다. 그리고 학생들에게는 과제를 시작할 때 루브릭을 제공해서 학습의 목적과 결과물을 숙지하도록 한다. 진정한 평가를 위해서는 수행평가(performance assessment)가 바람직하다.

Hardiman의 뇌표적 교수모형에서 제시하는 교수-학습의 과정은 뇌기반 학습의 단계로 설정할 수 있지만 너무 단순하여 모든 교과에 일반적으로 적용하기에는 다소 한계가 있다. 좀 더 거시적인 측면에서 뇌기반 학습의 단계를 구체화할 필요가 있다. 여기서는 김유미(2002a)가 Wallas의 창의성 개발 단계(문정화, 하종덕, 1999)와 같은 맥락에서 제시한 뇌기반 교수-학습 단계와 Jensen(2008)이 제시한 뇌기반 학습계획 세우기 전략의 단계를 토대로 하는 뇌기반 학습의 단계를 [그림 4-2]와 같은 7단계로 설정하고 각 단계별 구체적인 활동에 대해 알아본다.

각 단계에 대해 알아보기 전에 먼저 [그림 4-2]의 뇌기반 학습 단계 모형의 특징과 전제 사항

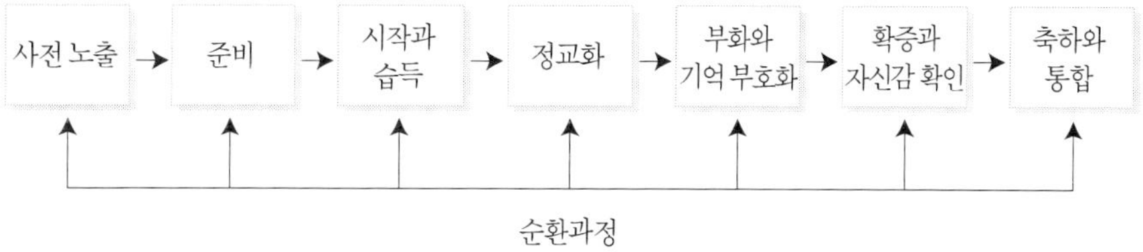

[그림 4-2] 뇌기반 학습의 단계

을 살펴보면 다음과 같다.

- 학습은 '학생'에서 시작되는 것이지 '내용'이 아니다. 따라서 '무엇을 가르쳐야 하는가?'보다 '어떻게 하면 학생들이 잘 배울 수 있을까?'라는 질문에서 학습계획을 마련해야 한다.
- 학습은 순서대로 움직이기보다는 때로는 먼저, 아니면 뒤에서, 그리고 때로는 돌아가 이루어지기도 한다. 다시 말해, 뇌기반 학습은 선형적 · 순차적 형태의 학습이 아닌 비선형적 · 순환적 형태의 학습으로 이루어진다.
- 수업은 학습이 자연스럽게 이루어질 수 있는 최적의 조건을 조성하는 데에 기반을 두어야 한다.
- 학생 개개인의 뇌는 유일무이하며 한 가지 학습방법으로 학생 개개인의 뇌에 맞추는 것이 불가능하기 때문에 학습방법의 다양화와 학습 활동 선택권의 기회가 제공되어야 한다.
- 복잡하고 통합적인, 간학문적 교과과정을 구성하고, 학생 개개인의 욕구와 경험을 존중하는 범위에서 학습 활동이 전개되어야 한다.
- 사전 노출부터 축하의 단계까지 잘 맞춰 학습을 설계하고 가능한 한 어떤 단계도 빠뜨리지 말아야 한다.
- 7단계는 뇌에 적합한 순서로 조직화된 것으로 학생들의 특성에 따라 추가될 수도 있으며, 단계별 활동도 뇌기반 학습을 구현하는 데 필요한 모든 활동을 망라한 것은 아니기 때문에 추가될 수도 있다.

1) 사전 노출 단계

새로운 학습을 실제로 시작하기 1~2주 전에 간략한 개요를 뇌에 소개시키는 단계로, 학생이 학습에 적극적으로 참여하기 전에 앞으로 학습할 내용에 간접적으로 접할 기회를 제공함으로써 뇌의 무의식적인 처리를 적극 활용하고, 특정 내용과는 무관하지만 뇌가 충분히 기능하는 데 필요한 여러 가지 기본적인 활동을 익히며, 교사와 학생 간에 긍정적인 유대 관계를 형성한다. 사전 노출(pre-exposure)은 주제에 대한 배경지식과 관련성을 높이고 후속 학습을 촉진할 수 있으며 더욱 좋은 개념 지도(conceptual map) 개발에 도움이 된다. 이 단계에서의 구체적인 활동을 열거하면 다음과 같다.

- 학습할 주제에 관한 개요를 게시판에 부착한다. 이때 마인드맵(mind map)을 활용하면 좋다.

- 학생이 학습 주제를 미리 접해 볼 기회를 제공한다. 이를 위해 미리 요점 정리를 게시판에 붙이고 비디오나 박물관 답사, 도서관 조사, 기타 방법을 통해 주제에 대해 조사하도록 한다.
- 학습하는 방법과 기억력 전략을 가르친다.
- 뇌에 좋은 음식에 대해 가르치고 충분한 물을 섭취하게 한다.
- 상황대처기능, 자아존중감 및 삶의 기술을 본보기와 연습을 통해 가르친다.
- 학생들이 학습에 몰입하도록 학습환경을 흥미롭게 구성한다.
- 교사 자신의 신뢰감과 권위를 강화시킨다.
- 오전 및 오후 학습 활동을 계획할 때 뇌의 순환주기(사이클)와 리듬을 고려한다.
- 학생들의 흥미와 배경을 알고, 그들 스스로 목표를 설정할 기회를 제공한다.
- 학습에 도움이 되는 긍정적인 인정을 포함한 다채로운 교실환경을 구성한다.
- 뇌가 활성화되도록 뇌체조(brain gym), 스트레칭 및 긴장이완 훈련을 실시한다.
- 학생에 대한 교사의 긍정적인 기대를 전달하고, 학생들 역시 자신의 긍정적인 기대를 표현하도록 한다.
- 교사와 학생 간에 긍정적인 유대감과 친화감을 형성한다.
- 수업 전에 학생들의 학습 상태를 파악하고 수업을 진행하면서 적절히 맞추어 간다.

2) 준비 단계

학생들의 호기심이나 열정을 자아내는 데 주된 관심을 두는 단계로, 학생들이 학습할 내용에 대한 준비 상태를 갖추고, 학습 내용과 자연스럽게 관련되도록 하는 데에 목적을 둔다. 준비(preparation) 단계는 적극적인 학습의 직접적인 기반이 되며 일종의 예상 단계와 비슷하지만, 학생들을 준비시키는 것과 관련하여 다음과 같은 활동을 포함할 수 있다.

- '나는 거기에 존재한다'는 경험을 만든다. 즉, 실생활을 바탕으로 하는 경험을 제공한다.
- 개관(overviw), 큰 그림(big picture), 마인드맵과 같은 것을 이용하여 학습할 주제와 배경을 알 수 있는 상황을 제공한다.
- 학습할 주제가 학생 개개인에게 어떤 가치가 있으며 관련성이 있는지를 유도한다.
- 실험, 현장견학, 전문가 초청 강연 등 간단하게나마 실질적이고 구체적인 경험의 기회를 제공한다.

- 한 가지 학습 주제에 대해 여러 교과의 측면에서 접근해 본다.
- 놀랍거나 신기한 활동을 이용해 학생들의 정서와 최적의 연결고리가 형성되도록 촉진한다.

3) 시작과 습득 단계

학생들이 자료를 적극적으로 처리하기 시작하는 단계로, 학생들이 학습 내용을 적극적으로 처리하도록 앞의 두 단계에서 이루어진 선행 활동들을 기반으로 학습 내용에 몰입하도록 하는 데에 목적이 있다. 다시 말해, 시작과 습득(initiation & acquisition) 단계는 학생들이 주제에 본격적으로 몰입하는 단계로, 이때 구체적인 경험이 주를 이루며 많은 학습 내용을 다루게 된다. 이 단계에서의 구체적인 활동을 열거하면 다음과 같다.

- 사례연구, 실험, 답사, 인터뷰, 체험학습 등의 구체적인 학습 경험을 제공한다.
- 다양한 다중지능을 활용하는 활동을 제공한다.
- 학생들에게 선택의 기회를 제공하고 모든 감각을 활용하도록 격려한다.
- 만들고, 발견하고, 탐색하고, 설계하기 위하여 집단학습이나 팀 프로젝트를 한다.
- 발견, 요구 및 주제를 중심으로 할 때 학습이 가장 잘 이루어지므로 학생이 관심을 갖고 있는 새로운 것을 발견하여 그것을 중요하고 쓸모 있는 것으로 만들거나 주제화하도록 도와준다.
- 학생들이 영화를 보거나 연극, CF, 학급/학교 신문 등을 만들 수 있다.
- 학생 자신이 선호하는 다양한 학습양식(시각적, 청각적, 운동감각적)을 통해 주제를 탐구할 수 있는 기회를 충분히 제공한다. 후에 이런 활동들이 토의 주제가 될 수 있다.
- 잘 설계된 컴퓨터 프로그램을 활용할 수도 있다.

4) 정교화 단계

시작 단계와 마찬가지로 적극적으로 자료를 처리하는 단계로, 학습한 내용에 몰입하여 그 내용을 재구성하는 과정이다. 학습이 자기의 것이 되기 전에 배운 내용의 처리과정이 반드시 선행되어야 한다. 정교화(elaboration) 단계에서는 특히 진지한 사고가 요구되고, 이전의 활동에 대한 의견을 자유롭게 제시해야 하며, 학생이 학습한 내용으로부터 지적 의미를 형성하는 데 주된 관심을 둔다(Caine & Caine, 1998). 학생들이 경험을 효과적으로 이해하고 학습하도록 격려하기 위해 교사는 학습 내용을 심사숙고하고 학생들이 다양하게 표상할 수 있는 다음과 같은 활동의 기회를 제공해야 한다.

- 이전 활동에 대해 열려 있는 형식의 결과보고를 한다.
- 학습 내용을 하나로 묶어 간학문적 학습이 이루어지도록 한다. 예를 들어, 태양계 수업과정 중에 우주 관련 과학 책을 읽고 문학과 과학의 연관성에 대해 토론한다.
- 학생 스스로 자신의 학습을 위한 평가절차나 평정척도를 만든다.
- 학생들에게 인터넷이나 도서관에서 주제에 대해 탐구하게 한다.
- 주제 관련 비디오, 슬라이드 또는 영화를 시청한다.
- 소집단 토론을 하고 그 결과를 학급 학생들 앞에서 발표한다.
- 새로운 자료를 반영하는 개인 또는 집단 마인드맵을 그린다.
- 학교포럼, 논쟁, 논술경연대회, 패널 토론 등을 개최한다.
- 질의응답 시간을 가진다.
- 소집단이나 짝을 지어서 학생이 다른 동료 학생을 가르치게 한다.
- 질문을 재진술하고 시험 문제를 만들며 동료 학생들과 토의를 할 수 있다.
- 교사가 학생들의 질문에 답하거나 내용을 정교화해 갈 수 있다.

5) 부화와 기억 부호화 단계

학생들이 학습한 내용을 공고화하고, 자신의 관점에서 자유롭게 활용하며, 관련 아이디어를 도출할 수 있도록 하기 위한 과정이다. 뇌는 한꺼번에 모든 것을 학습하는 것이 아니라 시간이 흐름에 따라 가장 효과적으로 학습하기 때문에 휴식과 복습 시간이 필요하다. 부화와 기억 부호화(incubation & memory encoding) 단계는 새로운 정보를 내적으로 처리하는 데 중요한 시간이라는 점에서 단순한 의미의 휴식시간은 아니다. 외부의 자극이 차단되고 뇌가 이미 학습한 내용을 다른 연합, 용도 및 절차와 연결해 보는 동안 더욱 실용적이고 창의적인 학습이 이루어질 수 있다. 이 단계에서는 다음과 같은 활동이 이루어질 수 있다.

- 학생들에게 스스로 성찰하고 반성할 수 있는 휴식시간을 준다.
- 학생들에게 자신의 학습에 관한 일지를 작성하게 한다.
- 학생들을 짝지어 주고, 산책하면서 주제에 관해 토론하도록 한다.

- 스트레칭과 긴장이완 운동을 한다.
- 음악을 들을 수 있는 공간을 제공한다.
- 새로 학습한 내용에 대해 가족과 친구들과 함께 토론하도록 하게 한다.
- 이미 학습한 주제에 대해 몇 시간 후나 며칠 후에 다시 다루어 본다. (이럴 경우에 뇌는 아이디어를 무의식적으로 분류 · 처리 · 연결한다.)
- 학생들이 기억 속의 학습 내용을 부호화할 수 있도록 기억법 기술을 가르치고 이를 활용하도록 한다.

6) 확증과 자신감 확인 단계

학생들이 스스로 자신의 학습과정을 확인하는 단계로, 뇌에 부응하는 총평을 이용하여 학생들이 알고 있는 내용을 확인할 수 있다. 이러한 총평은 학습자의 다양성을 고려하여 개인적으로 적절하게 이루어져야 한다. 학생들이 새로 학습한 내용에 대하여 모델이나 유추와 같이 다양한 방법을 활용하여 발표하는 것도 효과적이다(Green, 1999; Weber, 1998). 학생들이 새로운 개념이나 내용에 관한 모델이나 유추(은유)를 갖고 있을 때 학습이 가장 쉽게 기억되기 때문이다. 확증과 자신감 확인(verification & confidence check) 단계에서 실시할 수 있는 구체적인 활동은 다음과 같다.

- 학생들 자신이 학습한 것을 다른 사람들에게 발표한다.
- 학생들이 서로 인터뷰하고 평가하도록 한다.
- 학습한 내용을 일지, 에세이, 기사, 리포트 등의 형식으로 써 보게 한다.
- 프로젝트를 통해 학습한 내용을 작동 모형, 마인드맵, 비디오, 뉴스레터 등의 형식으로 시범을 보이거나 증명하게 한다.
- 역할극, 촌극 혹은 연극을 만들어 수행하도록 한다.
- 구두나 문어를 통해서 퀴즈 풀이를 한다.

7) 축하와 통합 단계

학생들에게 자신이 성취한 학습의 결과에 대해 축하해 주고 후속 학습과의 연계와 통합을 이끄는 단계로, 유쾌하고 즐겁고 정서를 유발하고 학습에 대한 애정을 갖게 하는 데에 목적이 있다. 대부분의 교사는 모든 학습이 끝난 뒤 축하하는 것을 잘 잊어버린다. 그러나 이는 최적의 학습을 위한 중요한 단계다. 마치 단체 운동선수들이 입상한 뒤 그동안의 노고를 서로 축하하듯이 학생들 역시 이제까지의 노력을 인정받고 싶어 한다. 축하와 통합(celebration & integration) 단계에서 동료 학생들과 교사의 찬사가 이루어지는 것이 핵심이다. 이러한 축하의 단계를 통해 학생들은 학습한 내용에 대해 그 의미를 재발견하고 학습과정의 즐거움과 같은 긍정적인 정서를 갖게 된다. 그러므로 다음과 같은 활동으로 학기를 마무리하도록 해야 한다.

- 학급 내에서 주스로 건배하거나 음식을 함께 나누어 먹는 등의 축하행사를 한다.
- 학생들이 서로 하이파이브를 하거나 악수를 하고, 격려와 인정의 말을 건네는 시간을 가진다.
- 축하음악을 틀고, 배지 등의 리본 장식도 하고, 재미있고 즉흥적이며 즐겁게 나팔도 분다.
- 수행한 프로젝트를 전시하거나 영상을 만들고 다른 학급의 학생들, 부모님, 교장선생님, 또는 지역사회 사람들을 초청하여 함께 감상한다.
- 학급 전체가 주도면밀하게 계획하고 준비한 축하파티를 개최한다.
- 새로 학습한 것을 후속 학습과 연계하고 통합시킨다.
- 작품을 평가하기 위해 지침을 활용한 학습자들은 자신이 어떻게 평가했는지에 대해 서로 말한다.

제 5 장

기억, 전이, 사고와 학습

읽기, 쓰기, 말하기, 문제해결, 공간 추리를 포함한 인간의 다양한 학습 활동에서 기억과 전이 및 사고가 중요한 역할을 한다. 학습은 경험의 결과로 생기는 인간 행동의 변화다. 기억은 이전의 경험을 회상하거나 인식하는 것이고, 전이는 기존의 경험과 새로운 경험을 연결시키는 것이며, 사고는 경험 자극에 주의를 기울이고 경험 자극을 식별하며 경험 자극에 유의하게 반응하고 새로운 것을 생산해 내는 뇌의 과정이다. 이 장에서는 기억과 전이 및 사고가 학습과 어떤 관련성이 있으며, 학습을 극대화하기 위해 기억과 전이 및 사고를 증대시키기 위한 방안이 구체적으로 무엇인지 살펴본다.

1. 기억과 학습

기억과 학습은 서로 복잡하게 연결되어 있다. 뇌과학 연구를 교육에 적용할 때 가장 핵심적으로 살펴봐야 할 주제는 우리가 정보를 인지하고 처리하며 기억하는 방식이다(Verner, 2001). 기억은 이전에 경험하거나 학습한 내용을 회상하거나 인식하는 능력이다. 학습은 정보가 우뇌의 장기저장 시스템에서 이미지로 저장되지 않는다면 효과가 없다. 기억이 저장될 때, 신경단위들은 신경조직망을 따라 통과되는 전기 신호에 의해서 자극을 받게 되므로, 성장에 필요한 새로운 수상돌기의 형성을 위해 필요한 새로운 시냅스를 생성하는 원인이 된다. 그 새로운 망은 새로운 기억 저장소를 가지고 있다. 새로 주입되는 자료가 기억 속에 이미 저장된 자료와 관련 있을 때, 오래된 연결망들이 재가동되거나 무언가가 연결망에 보태어지거나 혹은 새로이 입력된 자료를 통합시키기 위해서 어떻게 해서든 재편성되는 경향이 있다. 교사는 수업에서 학생들이 정보를 그들의 장기기억 속에 넣고 그 정보가 필요할 때 회상할 수 있도록 도와야 할 것이다. 여기서는 먼저 기억의 단계와 종류에 대해 살펴본 후, 기억 재생을 위해 촉매제 작용을 하는 것이 무엇이고, 기억력을 향상시키기 위한 방법과 전략에는 어떤 것이 있는지 알아본다.

1) 기억의 단계와 종류

우리는 깨어 있는 시간 동안 수많은 정보를 받아들인다. 우리가 받아들이는 대부분의 정보는 눈으로 들어오는 시각 정보와 귀로 들어오는 청각 정보다. 이러한 정보 중 중요하지 않은 것은 무시해 버리고 중요한 정보는 기억하고 있어야 한다. 우리가 정보를 처리하고 기억하는 과정은 기본적인 일련의 세 단계를 거친다(박재원, 2005; 황병철, 이종숙, 1990).

첫째 단계는 부호화(encoding) 단계로 외부의 다양한 자극(정보)을 뇌가 수용하는 과정, 새롭게 뇌 신경세포를 만드는 단계다. 부호화는 새로운 정보를 장기기억(long-term memory)에 표상하는 과정, 즉 작업기억(working memory)에 들어온 정보를 있는 그대로 저장하는 것이 아니라 상징의 형태로 전환하여 저장하는 과정이다. 이 부호화 단계에서는 시각, 청각 및 다른 많은 정보를 뇌가 알 수 있는 부호로 변환시킨다. 즉, 어떤 정보가 감각 기관을 통해 유입될 때 다른 어떤 형태의 부호로 변환되는 단계이며, 정보를 저장하기 위한 전 단계로서 정보를 입력하는 일련의 과정을 부호화과정이라고 할 수 있다. 부호화는 뒤에서 설명될 정교화, 조직화, 심상을 통해 촉진될 수 있다.

둘째 단계는 저장(storge) 단계로 부호화된 정보를 일정 시간 이상 유지시키는 과정 또는 일단 만들어진 신경세포망(지식회로망)을 관리하여 장기기억으로 발전시키는 단계다. 저장 단계에서는 정보를 얼마나 많이 잘 저장하느냐 또는 얼마나 오랫동안 저장할 수 있느냐 하는 것이 중요한 문제다. 뒤에서 살펴보겠지만 정보를 잘 저장하고 오랫동안 보관하기 위해서는 여러 가지 기억 조성 전략이 필요하다. 예를 들어, 무의미한 정보를 의미 있는 형태로 변환시켜 기억하거나 흩어져 있는 정보를 조직화해서 잘 저장할 수 있다.

셋째 단계는 인출(retrieval) 단계로 뇌가 신경세포망에서 필요한 정보를 뽑아 출력하는 과정,

자신의 지식회로망을 검색하고 필요한 정보를 끌어내는 단계다. 인출이라는 용어는 끄집어낸다는 의미로 기억 속에 저장되어 있는 정보를 생각해 내는 것을 말한다. 인출을 했어도 외형적으로 나타내어야만 반응한다고 말할 수 있다. 우리가 정보를 부호화하고 부호화된 정보를 저장만 한다면 기억할 필요성이 없을 것이다. 지갑 속에 동전을 넣어 두는 것과 같은 이치다. 인간은 기억 속에 다양하고 엄청난 정보를 기억할 수 있다. 기억이 무한정하다고 하지만 우리가 지식을 우리의 일부분으로 만드는 것이 필요하다.

다양한 방식을 통하여 뇌에 정보가 들어오면 다른 곳으로 보내기 전까지는 연합피질 속에 있다가 작업기억으로 보내지거나 혹은 장기기억 속으로 되돌려 보내진다(Sprenger, 1999). 일단 한번 새로운 학습이 지각적이거나 혹은 감각적인 방법으로 뇌간에 등록되면 그것은 차례대로 지각적인 등록을 확장하는 단기기억(short-term memory) 장소를 구성하는 임시 저장소로 이동하고, 그리고 정보처리가 일어나는 작업기억 장소로 이동한다(Sousa, 2011b). 단기기억 장소는 정보를 버릴까 혹은 일련의 과정으로 이동할까를 결정하는 동안 약 30초 정도 정보를 보관한다. Sousa는 전화번호를 보고 전화를 할 때까지 번호를 기억하는 것을 그 예로 들었다. 만약 나중에 다시 그 전화번호가 필요하면 전화번호부를 다시 보아야 한다는 것이다. 전화번호가 장기기억 장소에 저장될 만큼 충분히 중요하다고 인식되지 않아서 뇌는 전화를 걸고 나서는 정보를 버린 것이다. 단기기억은 일시적 기억(transient memory) 형태이며 현재 인지심리학에서는 작업기억이라는 개념으로 점차 대신하고 있다.

작업기억 장소는 정보가 처리되는 장소다. 이런 점에서 정보가 우리의 주의를 끈다. 작업기억은 한 번에 오직 몇 개의 정보만을 다룰 수 있다. Sousa는 유치원 어린이는 한 번에 두 개의 정보를 다룰 수 있는 반면, 청소년기 이전의 어린이는 한번에 세 개에서 일곱 개의 정보를 다루며 평균적으로 다섯 개를 다룬다고 하였다. 청소년기에서 성인기까지는 한번에 일곱 개에서 아홉 개를 다루며 평균적으로 일곱 개를 다룬다(Sousa, 2011b). Jensen(2003)도 Sousa와 유사한 정도로 작업기억에서 유아는 한 번에 약 한 개의 정보를 다룰 수 있고, 성인기로 가면서 1년에 한 개 정도로 증가하여 정보를 다룰 수 있어서 나중에는 한번에 일곱 개에서 아홉 개의 정보를 다룰 수 있다고 하였다. 정보가 장기기억으로 보내지거나 혹은 버려지기 전에 작업기억에 얼마나 오래 머무르느냐에 대해서는 의견이 분분하지만, 청소년기 이전의 아동은 5~10분 정도, 청소년기와 성인기에는 10~20분 정도 머무는 것 같다. Sousa는 만약 그 정보를 가지고 무엇인가를 하지 않는다면 20분 후에는 작업기억에서 사라진다고 하였다.

만약 학습자가 나중에 이 정보를 회상한다면, 그 정보는 분명히 장기기억에 저장되어 있는 것이다. 장기기억은 단기기억과 다르게 정보를 오랜 시간 동안 보존할 수 있다. 부모와 형제들의 이름 및 어린 시절에 재미있었거나 충격적인 사건들은 오랫동안 기억된다. 최근 많은 인지 심리학자는 장기기억이라는 개념 대신 영구기억(permanent memory)이라는 용어를 사용하고 있다. 어떻게 정보가 들어가고 저장되는가에 대한 간단한 지침을 보면, 모든 새로운 정보의 약 98%는 인간의 다섯 가지 감각(미각, 후각, 청각, 시각, 촉각)을 통하여 뇌에 들어온다.

뇌는 어떤 정보를 장기기억에 보낼 것인가 말 것인가를 결정하는 동안에는 그 정보를 작업 기억에 보관하고 있다. 장기기억을 이해하기 위해서는 뇌의 저장 시스템에 대하여 이해하여야 한다. 저장 시스템에는 낱말로부터 정보를 다루는 의미적 시스템, 장소나 위치를 다루는 일화적 시스템, 과정을 다루는 절차적 시스템, 조건 반응을 다루는 자동적 시스템, 그리고 모든 기억의 형태에서 선행하여 나타나는 정서적 시스템이 있다(Jensen, 1998; Sprenger, 1999; Tileston, 2007). 일반적으로 기억은 설명하고 쓰며 기술할 수 있는 외현적이고 의식적인 명시적 기억(explicit memory)과 알고 있으면서도 알고 있다는 것을 알지 못하는 자각 없고 무의식적인 암묵적 기억(implicit memory)의 두 가지 범주가 있다. 명시적 기억은 서술적 기억(declarative memory) 혹은 의식적 기억(conscious memory), 그리고 암묵적 기억은 비서술적 기억(nondeclarative memory) 혹은 절차적 기억(procedural memory)으로 알려져 있기도 하다. [그림 5-1]과 [그림 5-2]에서 보는 바와 같이 명시적 기억은 의미적(단어와 그림)이거나 일화적(자서전적)일 수 있으며, 암묵적 기억은 절차적이거나 자동적 혹은 조건반사적일 수 있다(권형규 역, 2011). 정서적 기억은 명시적인지 암묵적인지는 명확하지 않지만, 그것은 둘 다일 수도 있다(김현택, 김명선, 김재진 공역, 2012). 확실히 사람들은 식별할 수 있는 특정 자극에 공포 반응을 보일 수 있지만, 특정한

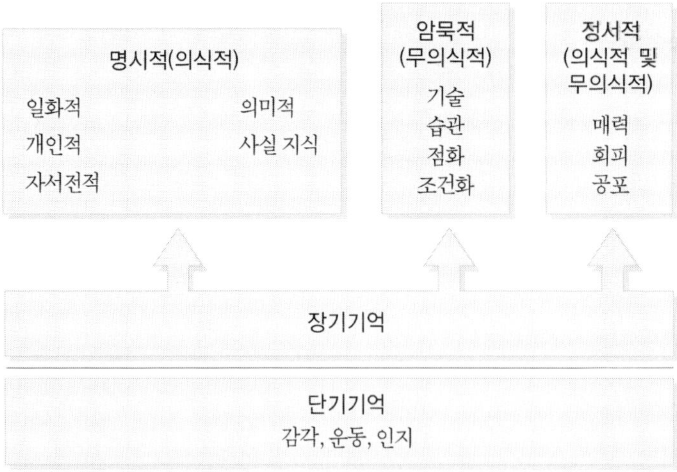

[그림 5-1] 다중기억체계

출처: 김현택, 김명선, 김재진 공역(2012), p. 548.

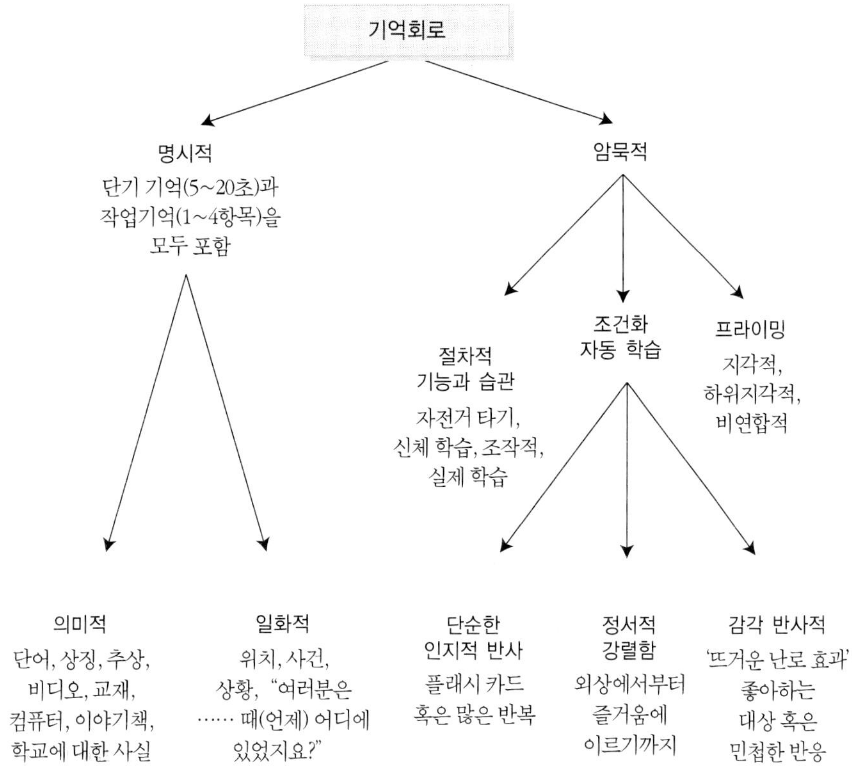

[그림 5-2] 기억회로

출처: 정종진 역(2010), p. 111.

[글상자 5-1] 암묵적 기억: 기억상실증 환자의 무의식적 기억

암묵적 기억은 이전 경험에 대한 의식적이고 의도적인 인출 노력 없이 인지적 수행에 영향을 미치는 기억을 말한다. 기억상실증 환자의 경우 명시적 기억에는 심한 손상을 보이지만 암묵적 기억에는 전혀 문제가 없는 경우가 많다. 주로 절차적 기억이 필요한 지각운동 기술이 여기에 해당한다. 역행성 기억상실증 환자는 자서전적 기억이 손상된 경우가 대부분이므로 자신이 운전이나 골프를 할 수 있는지에 대해 의식적으로 기억하지 못한다. 다만, 실제로 운전과 골프를 하였을 때는 이전 경험 수준의 수행을 보인다. 순행성 기억상실증 환자의 경우에는 새로운 기억을 형성할 수 없으므로 과제를 제시받을 때마다 과제 수행과 관련된 규칙에 대한 설명을 들어야 할 정도로 명시적 기억의 문제가 심각하다. 동일한 과제를 반복적으로 제시하더라도 환자에게는 늘 새로운 과제이자 처음 들어 보는 규칙에 대한 설명이다. 그러나 시간이 지날수록 의식하지는 못해도 과제 수행 정도는 지속적으로 향상된다.

기억상실증 환자의 손상되지 않는 암묵적 기억에 대한 또 다른 예는 점화(priming) 효과에서 찾아볼 수 있다. 점화란 동일한 자극이나 연합이 되는 자극에 사전 노출되어 자극의 제시 여부에 대한 의식적 지각 없이 나타나는 반응의 촉진 현상을 말한다. 예를 들어, 일본어와 같은 친숙하지 않은 자극을 역치 수준 이하로 50밀리초 동안 빠르게 제시한 다음 반복하는 경우에 의식적으로 재인은 못하지만 실제 자극 확인 시간에 소요되는 반응 시간은 감소하고 시각 영역의 활성화도 줄어드는 것을 알 수 있다. 기억상실증 환자가 암묵적 기억 과제에서 정상인과 동일한 정도의 점화 효과를 보인다는 사실은 많은 연구에서 일관되게 발견된다. 이러한 암묵적 기억과 명시적 기억의 해리는 L. H.와 H. M.의 사례를 비교해 보면 더욱 명확해진다. L. H.라는 환자는 내측 측두엽만 제외하고 하측두엽에서 후두엽에 걸친 광범위한 대뇌피질의 손상을 입은 환자이고, 잘 알려진 H. M.은 간질 발작을 억제하기 위해 측두엽 해마 영역의 약 2cm 정도를 절제하는 수술을 받은 환자다. L. H.는 재인기억과 같은 명시적 기억의 수행에는 결함이 없었으나 지각적 점화 과제에서는 수행이 저조하였다. 이와는 대조적으로 H. M.의 경우 재인기억에서는 심한 수행 결함이 나타났으나 지각적 점화 과제에서는 온전한 수행을 보여 주었다. 이러한 결과는 명시적 재인기억은 내측 측두엽이 담당하고, 시각적 점화와 같은 암묵적 기억은 후두엽이 관여함을 시사한다.

그러나 최근 연구들은 과제의 난이도가 높을 경우나 새로운 연합을 하게 되는 경우 기억상실증 환자도 점화 효과가 손상될 수 있다고 주장한다. 한 예로 지각운동 과제에서 기억상실증 환자는 정상적인 수행을 보였으나, 맥락 단서를 활용하는 데에는 실패하였다. 정상인들은 맥락 단서를 이용하여 성공적인 수행을 보였지만, 이러한 단서에 대한 명시적 재인기억은 없었으므로 맥락 단서의 활용은 암묵적이라 할 수 있다. 따라서 맥락을 비롯한 이전 정보와 새로운 정보의 연합 혹은 이전 항목 간의 새로운 연합 만들기에 해마가 핵심적인 역할을 하는 것으로 여겨진다.

출처: 성연신, 강은주, 김성일(2004), pp. 184-187.

기억이 없는 상황에도 공포 반응을 보일 수 있다.

의미적 기억(semantic memory)은 사실들에 관한 지식과 정보가 함의하고 있는 의미에 대한 기억을 말하며, 여러 차례의 반복을 통해 기억되는 경향이 있다. 의미적 기억은 학습자가 정보를 기억하기 위해서 충분히 여러 차례 시연이 일어나야 할 뿐만 아니라, 뇌가 정보를 장기기억 장소에 확실하게 저장하도록 하고 학습자가 정보를 기억회로로부터 용이하게 회상할 수 있도록 연결고리가 있어야 한다. 의미적 기억을 위한 첫 번째 연결고리는 관련성(relevance) 혹은 의미(meaning)다. 어린아이들은 언어가 그들의 세계와 관련성이 있기 때문에 학습하게 되는 것이다. 우리가 만약 수업에서 관련성이 있는 정보를 제공할 수 있다면, 그것은 기억되기에 아주 좋은 기회가 된다. Keefe(1997)는 경험으로부터의 예시와 기억을 돕는 연상기억법과 같은 인위적인 의미를 통한 모형 구성에 의해서 의미를 창조할 수 있다고 말하였다. 의미적 기억을 위한 두 번째 연결고리는 이전의 지식이나 경험에 의해서 창조된 패턴이다. Sousa(2011b)는 이것을 정보의 '의미 만들기(making sense)'라고 표현하였다. 새로운 정보와 잘 맞는 기존의 패턴이 있고, 새로운 정보와 연관을 지을 수 있는 이전의 지식이나 경험을 가지고 있다면 좀 더 쉽게 학습할 수 있을 것이다. Jensen(1995)은 학습에 선행하여 수업을 위한 패턴을 형성하는 데 도움을 주는 전체적인 개관을 창조하고, 수업 전의 구두 개관(oral previews)을 제공하고, 마인드맵을 제공해야 한다고 제시하였다. 학습하는 중에는 학생들이 주제에 대하여 토의할 수 있는 시간을 주어 모형, 마인드맵 혹은 도해(picture) 등을 창조할 수 있게 해야 한다. 하나의 주제를 마치고 난 후에는 그것에 대해 평가할 기회를 학습자에게 주어야 하며, 모형이나 역할 혹은 교수에서 패턴을 증명하는 기회를 주어야 한다. Jensen(1998)은 의미적 기억 경로는 학습의 반복을 요구하기 때문에 연상(associations), 비교(comparisons), 유사성(similarities)에 의해 자극받을 필요성이 있다고 지적하였다. Tileston(2004)은 학생들이 의미적 정보를 저장하고 회상하는 데 도움이 되는 다음과 같은 전략을 교사들에게 추천하였다.

- 학생들이 학습을 조직하고 기억하는 것을 돕기 위해서 마인드맵과 같은 비언어적 조직자(nonlinguistic organizer)를 사용하라.
- 학생들이 다른 학생들과 짝을 이루어서 정보를 자세히 검토하는 동료교수제(peer teaching)를 활용하라. 이를 위한 하나의 방법은 학생들이 주어진 정보에 대해서 무엇을 기억하는지 동료 상호 간에 묻고 가르치는 것이다.
- 정보를 긴 목록으로 분류하고 범주화하여 조작 가능한 묶음(manageable chunks)으로 제시하라.
- 학생들의 정보처리능력을 돕기 위해서 소크라테스식 질문법과 같은 발문 전략을 사용하라.
- 학생들이 공부하고 있는 단원을 반영하도록 교실을 꾸며라. 초등학교에서는 이런 것이 잘 되고 있지만, 중학교나 고등학교에서는 거의 찾아볼 수 없다. 각각의 단원을 반영하도록 교실을 바꿔 꾸미는 것은 정보를 학습했을 때 교실에 제시된 시각적인 것들에 근거한 정보를 뇌가 구분하는 데 도움을 준다.
- 학생들의 기억을 돕기 위해서 학습에서 모자를 쓰는 것처럼 상징물을 사용하라. 예를 들어, 준거 틀(frames of reference)에 대하여 공부할 때는 그림판을 사용한다. 종종 학생들이 기억을 잘 못할 때 "푸른색 그림판이 무엇인지 기억해 봐."라고 하면, 이것이 학생들의 기억을 돕는 계기가 된다.
- 정보를 기억으로 엮을 수 있는 기억술이나 이야기를 사용하라. 최근의 뉴스 쇼에서 전국 기억경진대회에 참여한 학생들에게 어떻게 사소하고 세세한 자료까지 기억해 내는지를

표 5-1 수학 수업을 위한 매트릭스

수학 단원	공식	설명	사용 예

질문했을 때, 한 학생은 '기억해야 할 것을 중심으로 이야기를 꾸미는 것'이 기억에 도움이 된다고 대답하였다.
- 음악을 활용하라. 음악은 우리 모두에게 정서적 인상을 남긴다. 교실에서 학습을 안내하고 강화하기 위해서 음악을 도입하여 사용하라.
- 언어적 조직자를 사용하라. 예를 들면, 수학에서 다양한 개념을 기억하는 것을 돕기 위해서 〈표 5-1〉에 제시된 것과 같은 조직자를 제시할 수 있다.

일화적 기억(episodic memory)은 사건이나 일화의 발생 여부와 시공간적 맥락에 대한 기억을 말하며, 한 번의 경험으로도 기억되는 경향이 있고 의미적 기억보다 인출 시 맥락의 영향을 많이 받는다. 일화적 기억은 크게 기억의 대상에 해당하는 내용기억과 장소, 사건 및 출처에 해당하는 맥락기억으로 구분할 수 있다(성연신, 강은주, 김성일, 2004). 일화적 기억의 한 유형으로 개인의 사적인 삶과 관련된 경험의 축적, 즉 개인의 인생사적 기억을 자서전적 기억(autobiographical memory)이라 한다. 이처럼 일화적 기억은 맥락과 위치(여러분이 자료를 학습할 때 어디에 있었는가? 혹은 여러분은 어떤 맥락에서 학습하였는가?)에 근거를 두고 있다. Tileston(2004)은 교사들에게 일화적 기억 체계의 효과적인 사용을 통하여 학생들을 도울 수 있는 다음과 같은 제안을 제시하였다.

- 시각적으로 학습을 잘하는 학습자에게는 정보를 시각적으로 꾸며서 제시하라. 영어 학습자를 위해서는 그들에게는 어의(語義)에 관한 언어 습득 전략이 제한적이기 때문에 시각적인 것이 대단히 중요하다.
- 특별히 아주 많은 어휘가 포함되어 있는 경우에는 컬러 코드 단원이나 상징물을 사용하라.
- 학생들이 학습을 잘할 수 있도록 그래픽(비언어적) 조직자를 사용하라. 그리고 학생들 스스로 그들의 학습을 위해서 그래픽 조직자를 개발하도록 가르쳐라.

- 새로운 단원을 학습하기 전에 교실 안의 배치를 바꾸어라. 이런 기법은 맥락에 영향을 준다.
- 학생들이 학습을 식별하는 것을 도울 수 있도록 상징물이나 의상 등을 사용하라. 예를 들어, 환경오염을 가르칠 때 준거 틀을 사용하라. 한 그룹의 학생들을 정치가라고 하는 축에, 다른 그룹의 학생들을 공장주라고 하는 축에 할당하고, 각각의 그룹은 그들에게 주어진 평가 기준에 따라서 환경오염에 대하여 주장할 수 있다. 좌표축이 학습을 위한 하나의 맥락을 제공해 준다.
- 시험을 치를 때, 학생들이 정보를 배운 동일한 교실에서, 혹은 그 교실과 유사한 상황에서 실시하라.

절차적 기억(procedural memory)은 운동, 지각, 인지적 기술(책 읽기, 색 구별하기, 음감 식별하기, 문제해결을 위한 절차 이해하기와 같은)에 관한 기억을 말하며 동작기억, 신체 학습 또는 습관 기억으로도 알려져 있다. 기술 습득의 초기에는 명제 형식의 서술적 기억(일화적 기억과 의미적 기억 모두 포함)의 형태로 저장된 내용이 반복적 경험과 연습에 의해 If-Then 형식의 산출 체계 형식으로 저장된다. 이러한 절차적 기억은 일단 자동화되면 명제와 같은 언어 형식으로 표현하기보다 실제 수행으로 시범을 보이는 것이 쉬워지는 특성이 있다(성연신, 강은주, 김성일, 2004). 절차적 기억은 실제로 소뇌에 저장되어 있으며 근육운동을 조정하는 역할을 한다(Sousa, 2011b). 예를 들면, 자동차를 운전하는 것과 같은 과정들이 뇌의 이 부분에 저장되어 있다. 이 기억에서는 반복 연습이 대단히 중요한 역할을 한다. 예를 들면, 우리는 자동차를 운전하는 과정을 실습하고 연습하지 않고서는 어떻게 자동차를 운전하는지 기억해 낼 수 없다. 만약 학생들이 어떤 조작을 쉽게 수행하기를 원한다면 과정적이 될 수 있도록 충분한 연습과 수행을 할 수 있도록 해야 한다. Jensen(1998)은 구체적인 활동과 조작 활동, 역할놀이, 신체적 기능 등을 통하여 절차적 기억을 향상시킬 수 있다고 하였으며, Tileston(2004)은 학습에 움직임(movement)을 부가하는 것을 제안하였다. 우리가 실제적인 행동으로 행할 때, 기억과 회상에 엄청난 힘을 주는 경향이 있다. 역할놀이, 드라마, 즉흥극, 낭독, 프로젝트, 구체적 활동, 조작적 활동, 발표, 토론, 그룹 활동과 같은 교수전략들이 절차적 기억을 강화해 줄 수 있다(Tileston, 2004).

우리가 회상하는 많은 것은 자동적이다. 자동적 기억(automatic memory) 혹은 조건반사적 기억(conditioned response memory)은 자극에 의하여 유발된다. 자동적 기억이 된 학습은 바로 이 기억 저장소에 저장된다. 예를 들면, 읽기능력은 바로 이 저장소에서 발견되지만 읽기에 대한 이해능력은 발견되지 않는다. 의미적 기억과 같이 다른 기억 저장소에 포함되는 내용 중 일부도 자동적 기억에 속해 있을 수 있다. 알파벳이나 구구단 같은 것들은 자동적 기억에 저장되어 있다. 일상생활에서 잘 사용되지 않는 어휘와 같이 어떤 정보가 자주 사용되지 않거나 지루한 내용이라 기억하기가 쉽지 않을 때 기억의 장치를 이용해 그러한 기억을 촉발할 수 있다. Jensen(1998)은 우리가 어떤 정보에 관해서 이야기(story)를 꾸밀 수 있다면 학생들이 훨씬 기억을 잘할 수 있을 것이라고 지적하였다. 교사는 해부학 중에서 신체의 여러 부분을 학생들에게 가르칠 때 다음과 같은 방법을 사용할 수 있다. 눈 속에 갇혀 있는 어떤 사람에 관한 정교한 이야기를 만들고, 그 이야기를 통하여 신체 각 부분의 이름을 제시한다. 예를 들어, 눈 속에서 차를 끌어내려고 애쓰는 사람은 풀먼(pullman)이다. 그는 대부분의 일을 밀지 않고 끄는 일을 하기 때문이다. 그는 폐의 동맥(pulmonary artery)과 같다. 이처럼 학생들이 기억하기 어려운 것은 이런 기법을 통하여 가르치면 쉽게 가르칠 수 있다. 자동적 혹은 반사적 기억을 위해서는 연습과 복습이 필요하며, 플래시 카드와 돌차기 놀이와 같은 게임, 민첩하게 반응하는 활동, 학습 내용을 가사로 하여 부르는 랩이 도움이 될 수 있다.

모든 기억 중에서 가장 강렬한 것은 정서적 기억(emotional memory)이다. 뇌는 정서적 연계를 가지고 있는 것들을 기억하려는 성향이 있다. Jensen(1995)은 정서가 강할수록 의미도 강해지며, 정서적 경험이 우리의 학습을 아주 중요한 것으로 부호화한다고 하였다. 우리는 어린 시절의 기억을 상기할 수 있다. 그 어린 시절의 기억은 매우 행복했든지, 아니면 어느 정도 잊지 못할 상처가 있든지 할 것이다. 이와 같이 어린 시절을 기억하는 것은 뇌가 생생한 정서적 경험을 기억하기 때문이다. 우리는 우리에게 가장 좋았던 것과 가장 나빴던 것을 기억하는 경향이 있다. 이것은 가장 좋았던 혹은 나빴던 휴가, 음식, 데이트, 직업, 날씨 등 모든 생활 영역에 적용된다. 학창시절에 좋아한 노래나 정서적으로 많이 개입된 축구게임에서 들은 소리는 과거의 감정을 되살아나게 할 것이다. 교사로부터 기립박수를 받거나 심한 비난을 받거나 프로젝트를 훌륭하게 완성했다고 칭찬을 받은 학생들은 그 순간을 오랫동안 기억할 것이다. 강력한 정서적 경험은 어떤 한 사건에 대한 순간적인 기억을 유발할 수 있는데, 이를 섬광기억(flashbulb memory)이라 부른다. 세계무역센터가 무너졌을 때 또는 챌린저 우주선이 폭발했을 때 여러분이 어디에 있었고 무엇을 하고 있었는지를 기억하는 것이 그 예라 할 수 있다. 정서가 기억에 영향을 줄 수 있다는 것은 학교와 교실 등 학습 상황에서의 정서적 분위기가 학생들의 인지적 기능에 매우 중요한 영향을 미친다는 것을 시사한다([그림 5-3] 참조). 그러므로 Jensen(1995)은 학습자의 내부에 긍정적인 정서를 끌어들이는 강력한 전략을 구사하라고 제안한다. 이것이 없다면, 학습자는 중요한 것으로서 학습해야 할 제재를 부호화하지 못한다. 길고 지루한 지속적인 강의와 새로운 것이 아무것도 없는 예상 가능한 수업은 기억에 도움을 주지 못한다. 열정, 연극, 역할놀이, 모의 학습, 퀴즈 쇼, 음악, 토론, 프로젝트, 초청 강연, 창의적인 논쟁, 모험, 강

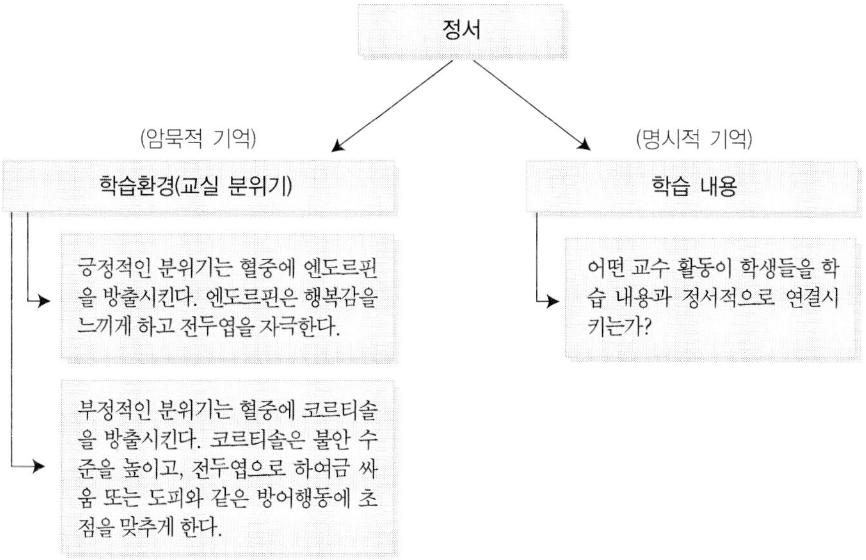

[그림 5-3] 정서가 학습에 영향을 미치는 두 가지 측면

출처: Sousa(2011b), p. 90.

렬한 인상을 주는 의식이나 축전 등과 같은 것을 수업에 활용해야 한다.

2) 기억 재생을 위한 촉매제

처음에 정보를 학습하는 방식이 이후의 재생에 영향을 미친다. 새로운 자료를 학습할 때는 장기기억 속에 이미 저장되어 있는 정보와 통합하여 이해해야 한다. 이때 정교화, 조직화, 맥락이 중요한 역할을 한다(Woolfolk, 2012).

정교화(elaboration)란 새로운 정보를 기존의 지식과 연결함으로써 의미를 부여하는 것이다. 예를 들어, '국화'를 학습할 때 자신의 사전 경험에 근거하여 가을에 피는 꽃, 엄마가 제일 좋아하는 꽃, 문상할 때 사용되는 꽃으로 기억하는 것이다. 학생들은 시를 암송하기 위해서 시연(rehearsal)을 사용하고, 그 시의 의미를 해석하기 위해 정교화를 사용한다. 이와 같이 정교화는 학생들이 새로운 학습을 저장된 지식과 연결하고 의미를 부여하기 위해 정보를 여러 차례 재처리하는 좀 더 복잡한 사고과정이다. 정교화는 흔히 자동적으로 이루어진다. 예를 들어, 고대 로마 시대의 역사적 인물에 대한 문단은 그 시대에 관한 기존 지식을 활성화하기 쉽다. 새 지식을 이해하는 데 옛 지식이 이용되는 것이다. 처음 학습할 때 정교화된 자료는 나중에 재생하기가 훨씬 쉽다. 그 이유는, 첫째, 정교화는 일종의 암송으로 정보가 작업기억 속에 충분히 오랫동안 활성화되어 있게 함으로써 장기기억에 영구히 저장될 수 있도록 하기 때문이다. 둘째, 정교화는 기존의 지식과 더 많은 연결고리를 만들어 주기 때문이다. 한 가지 정보나 지식이 다른 정보들과 더 많이 연합될수록 원래의 정보에 도달하게 해 주는 길의 수가 더 많아진다. 다시 말해서, 찾고 있는 정보를 알아볼 수 있게 해 주는 인출 단서가 더 많아진다. 학생들이 새로운 개념들을 더 많이 정교화할수록 그 개념들을 더 많이 자신의 것으로 만들게 되고 이해가 더 깊어질 뿐만 아니라 기억을 더 잘하게 된다. 우리는 학생들에게 정보를 자기 자신의 말로 바꾸어 보게 하거나, 예를 들어 보게 하거나, 친구에게 설명을 하거나, 관계를 파악하게 하거나, 그 정보를 새로운 문제를 푸는 데 사용하게 함으로써 학생들이 정교화하는 것을 도울 수 있다.

조직화(organization)는 학습을 증진시키는 정보처리의 두 번째 요소다. 조직화는 기억해야 할 대상을 하위집단 또는 하위집단의 위계에 배열시키는 것이다. 다시 말해, 조직화는 공통 범주나 유형을 기준으로 하여 새로운 정보를 장기기억에 저장되어 있는 정보와 연결하는 것이다. 예를 들어, '국화'를 학습할 때 식물의 하위 개념이며 꽃의 하위 개념으로 기억하는 것이다. 잘 조직된 학습 자료나 정보(그래프, 표, 순서도, 지도, 위계적인 개념 지도, 개요 작성 등)는 따로따로 떨어진 별개의 학습 자료나 정보들보다 학습하기 쉽고 기억하기 쉽다. 정보가 복잡하거나 방대할 때 특히 그러하다. 하나의 개념을 구조 속에 집어넣으면 그 개념의 일반적인 정의는 물론 구체적인 실례를 학습하고 기억하는 데에도 도움이 된다. 구조는 우리가 어떤 정보를 필요로 할 때 그 정보를 찾아내게 해 주는 길잡이 노릇을 한다. 연구 결과는 학생들 자신이 조직을 만들어 낼 때 교사들이 조직해 주는 경우보다 많은 것을 기억하는 것으로 나타났다. 이 결과를 생성 효과(generation effect)라고 부른다(McDaniel, Waddell, & Einstein, 1988). 조직화는 또한 범주를 만드는 과정이 기억해야 할 대상의 정교한 표상 구성을 촉진하여 기억을 도와준다.

맥락(context)은 학습에 영향을 미치는 정보처리의 세 번째 요소다. 물리적 맥락과 정서적 맥락—장소, 특정한 날에 느낀 감정, 함께 있던 사람—의 여러 측면이 다른 정보들과 함께 학습된다. 저장된 정보의 인출은 정보가 부호화된 맥락의 영향을 크게 받기 때문에(Williams & Zacks, 2001) 현재의 맥락이 당시의 맥락과 비슷할수록 나중에 그 정보를 기억해 내기가 더 쉬울 것이다. 예를 들어, 학교에서 알던 사람을 대학로에서 만났을 때 바로 그의 이름이 떠오르지 않기도 한다. 이는 그의 이름이 학교라는 맥락에서 부호화되었으나 대학로라는 맥락에서 인출하려 하였기 때문에 나타나는 현상이다. 시험을 볼 때에도 마찬가지다. 수업을 들은 교실 또는 공부한 장소에서 시험을 보는 것이 장기기억의 인출에 유리하다. 한 방에서 자료를 학습한 학생들은 그와 비슷한 방에서 시험을 칠 때에 전혀 다르게 생긴 방에서 시험을 칠 때보다 높은 점수를 받았다는 연구 결과(Smith, Glenberg, & Bjork, 1978)가 있다. 따라서 시험 공부를 할 때 시험 볼 때와 비슷한 조건에서 공부하는 것이 성적을 향상시키는 데 도움이 될 수 있다. 물론 어떤 것을 기억해 내기 위해 똑같은 또는 비슷한 장소로 언제나 되돌아갈 수 있는 것은 아니다. 그러나 그 장면, 그 시점, 같이 있던 친구를 떠올릴 수는 있으며, 그렇게 해서 결국 원하는 정보를 찾아낼 수 있을 것이다.

이러한 정교화, 조직화, 맥락 외에 심상(imagery) 또한 기억 재생을 촉진한다. 심상은 새로운 정보를 우리의 마음속에 그림으로 만드는 과정으로, 이중부호화이론(dual-coding theory)의 지지를 받는다. 이 이론에 따르면, 장기기억은 언어 기억체계와 심상 기억체계라는 두 개의 분리된 기억체계를 가진다(Paivio, 1991; Sadoski & Paivio, 2001). 따라서 '공' 또는 '강아지'와 같이 언어 및 시각적으로 표상될 수 있는 단어가 '진리' 또는 '능력'과 같이 언어적으로만 표상될 수 있는 단어보다 기억하기가 쉽다. 그러므로 새로운 정보를 성공적으로 부호화하고 기억하기 위해서는 언어적 정보와 함께 시각적 자료가 보충되어야 한다. 정보처리 모형에 대한 언어적 설명과 함께 제시된 [그림 5-4]는 정보처리 모형을 장기기억으로 부호화시키기 위한 심상 전략의 한 예다(신명희 외, 2014). 우리는 새로운 정보를 심상화함으로써 그 정보를 오래 기억할 수 있다. 대표적인 심상 전략에는 다음에서 설명할 장소법과 핵심단어법이 있다.

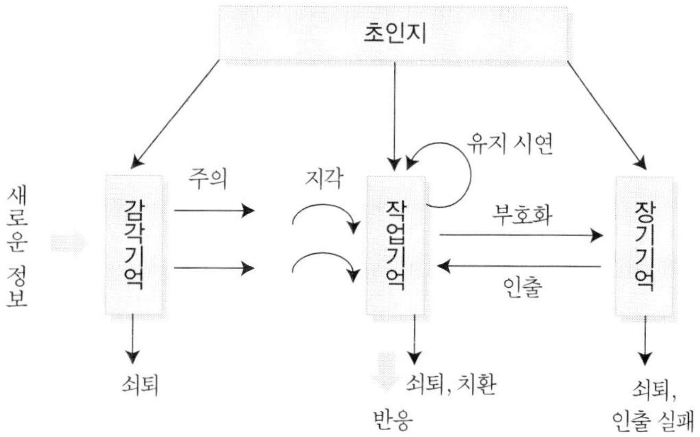

[그림 5-4] 정보처리 모형

출처: 신명희 외(2014), p. 243.

3) 기억에 도움이 되는 학습과정

학습한 내용이나 정보를 기억하려면 홀로 떨어져 있는 개별 정보가 아니라 서로 연결시켜 의미를 갖는 정보로 전환하여 기억해야 한다. 그러나 학생들은 아직 경험이 부족해서 정보에 경험과 의미가 풍부히 녹아들지 못하기 때문에 정보에 상상력을 통한 의미를 부여해 기억하는 것이 필요하다. 뇌기반 학습에서는 정보를 쉽게 기억하기 위해 뇌에 맞는 방법을 적용하라고 말한다. 학습 프로그램들은 정보를 저장하고 복구시키는 데서 다음 과정들을 주의해야 효과적이다(Ward & Daley, 1993). 이러한 과정들은 기억력을 효과적으로 사용하는 뇌기반 학습의 방법이 된다.

예습은 정보를 이해하기 위해 뇌가 물리적으로 준비되도록 하는 과정을 포함한다. 신체와 뇌에 공기를 통하게 하는 것, 이완운동을 하는 것, 알파 모드로 들어가기 위해 음악 듣기, 물 마시기, 그리고 뇌체조(brain gym)하기는 모두 뇌가 준비되도록 하는 데 좋은 방법이다. 결과적으로 학습과정에서 오는 좋은 결과를 가시화하는 것은 그들이 성공할 것이라고 확신하도록 하는 데 도움을 준다. 이러한 활동들은 시간이 걸리기는 하지만, 학습 그 자체를 기억하는 데서 최대의 효과를 얻을 수 있다는 것에 대해서는 의심할 여지가 없다.

또한 공부하기에 앞서 학습 자료를 개략적으로 살펴보는 것은 만족스러운 출발을 하게 하기 위해 필요하다. 이것은 우리의 정신이 연관성을 가지기 시작해서 어느 정도 학습을 받았고 그 학습한 것들이 우리의 뇌 속에 어떻게 배열되어 있는가에 대한 그림을 연상하게 하기 위해 연구된 학습과정을 훑어보는 과정이다.

학습 주제에 대한 분석은 표제와 그 하위표제를 필기할 때 시작된다. 주제를 분석하기 위한 가장 손쉬운 방법은 마인드맵을 그리는 것이다. 이것은 분석적이고 논리적인 좌뇌의 작용과, 종합적으로 다루어지고 시각적으로 만드는 우뇌의 전체적인 기능을 통합시키는 극히 중요한 뇌 전체의 활동이다.

시각화는 학습 주제를 기억 속 저장소에서 정신적 이미지로 바꾼다. 이 시각화는 마인드맵이 확대되고 발달되어 세련될 때 자연스럽고 손쉽게 그려진다. 마인드맵은 자료를 장기적으로 저장하기 위해 시각적 형태로 전환시킬 필요가 있는 정신적 과정과 유사하다. 그러한 마인드맵은 시각적 기억력의 흥미를 끌도록 가능한 한 화려하고 극적이어야 한다.

학습하는 동안 음악을 사용하는 것은, 특히 그 음악이 1초당 약 1비트 정도의 속도라면 기억의 기능을 훨씬 활성화시킬 수 있다. 이것은 Georgi Lozanov의 유명한 가속 학습(accelerated learning) 방법에서 '활동적 연주회'의 단계다. 이미 배운 말이나 정신적으로 그린 그림들이 음악의 비트에 맞춰 리드미컬하게 복습된다면 학습을 하는 데 최상의 효과를 얻을 수 있고 학습자는 매우 안정된 상태가 되는 것이다.

또한 일정 기간 학습한 후에 휴식하는 것도 기억이 학습 자료를 흡수 · 동화하는 데 필요하다. 느린 비트의 음악이 이러한 휴식 단계 내내 차분하게 유지되어야 한다. 몇몇 학생은 가볍게 악기를 연주하고 싶어 하거나 졸면서 시간을 보내고 싶어 한다. 이것은 이미 배운 주제인 '정신으로부터 벗어나는 것'과 일맥상통하는 듯 보일지도 모르지만, 실제로 정신은 계속적으로 작용하면서 그러한 행동과 연관성을 지니고, 다음에 상기시킬 것을 대비해 우리의 뇌에 각인시키도록 작동하고 있는 것이다. 학습과정의 마지막에 주어지는 몇 분간의 휴식은 필요한 하위 의식을 학습하는 데 매우 중요하다. Lozanov의 '수용적 연주회'와 같은 단계로 휴식을 취한 후 다음 학습과정에 들어가기 전에 약한 운동을 하거나 간단한 산책을 하는 것 혹은 물을 한 모금 마시거나 그렇지 않으면 약간의 음식을 먹는 것도 도움이 된다.

그리고 학습 자료에 관해 시연하거나 주기적인 복습을 하는 것은 이미 저장된 기억을 재활성화하고 더 새로운 학습으로 이전의 기억들이 묻혀 버리는 것을 막기 위해 필요하다. 검사 결과에 따르면 학습 후 몇 분 동안 기억력이 향상되다가 쇠퇴하기 시작하는 것을 보여 준다. 그러나 만약 마인드맵이나 다른 요약된 것들이 복습된다면, 기억해 둔 것들은 저장된 상태로 남아 언제든지 상기시킬 수 있게 한다. 시험과정을 대비해서 세울 수 있는 좋은 복습 계획은 학습 후 10분이 지난 후, 다음날, 1주일 후, 한 달 후와 같은 방식으로 세우는 것인데, 그러고 나서 시험을 치르기 전에 최종 복습을 해야 한다. 많은 연구는 반복의 중요한 역할을 확인해 주고 있다(Anderson, 1995). 시연에는 짧은 정보(전화번호, 이름, 날짜)를 기억하기 위해 정확한 순서로 회상될 때까지 계속해서 정보를 반복하여 소리쳐 말하는 단순 반복과 좀 더 긴 정보(시, 노래의 가사와 멜로디)의 경우 처음 몇 개의 정보를 시연한 후에 연속적으로 다음 차례의 정보를 첫 번째 정보에 추가하여 시연하는 누적 반복의 전략이 있다.

테스트나 시험에 앞서 최종 단계는 뇌를 복구하는 것이다. 학생들은 뇌에 산소를 공급하고, 물을 마시며 긴장을 풀고 뇌 훈련을 해야 한다. 그렇게 할 때 최적의 상태가 된 그들의 뇌는 좋은 결과를 얻기 위해 저장된 기억들을 상기시켜 말이나 기호로 바꿀 준비를 하게 된다.

학습을 할 때 긍정적 자기대화(self-talk)는 기억력 증진에 도움이 된다. 긍정적 자기대화는 학생들이 직접 성공에 관한 메시지를 남기는 것을 말한다. 활동의 최종 결과에 대해 심상을 하는 것은 성공에 대한 강한 직관력을 기억 속에 주입하는 것이다. 이것은 학생들이 그러한 직관력을 달성할 수 있게 돕는 방식으로 그들의 활동에 영향을 미친다.

4) 기억술: 기억전략

기억술(mnemonics)이란 정보를 장기기억에 저장할 때 사용하는 의도적이고 계획적인 활동들로 기억전략(memory strategies)이라고도 하며, 정보를 장기기억에 저장할 때 사용하는 체계화된 방법을 말한다. 기억술은 학습 내용에 존재하지 않는 연합들을 만들어 부호화하는 것을 의미한다. 그리고 이것은 새로운 것과 기존의 것 사이에 인위적인 고리를 만들어 주는 것이다. 정보를 더 쉽게 기억하기 위한 몇 가지 기억술을 살펴보기로 한다.

묶음(chunking)은 많은 작은 조각보다는 몇 개의 큰 묶음으로 정보를 처리하는 기억전략이다. 묶음으로 정보를 처리하는 방법은 작업기억의 용량 한계를 극복하는 데 매우 효과적인 방법이다. Miller는 「마력의 수 7±2」라는 유명한 논문에서 즉각적인 기억 범위가 항목 수의 제한을 받는다고 보고하였다(김유미 역, 1996). 그는 피검자에게 짧은 목록을 제시하고 곧바로 금방 들어 본 단어들을 회상해 보라고 요청하였다. 그 항목이 무엇이든(수이든, 단어이든, 색깔이든, 음악의 선율이든, 아니면 다른 어떤 것이든) 대부분의 사람들은 일곱 항목 이상의 목록을 회상하지 못하였다. 이런 결과에 비추어 볼 때, 우리 두뇌의 즉각적인 기억 범위는 일곱 항목 안팎이어서 그 이상의 것들은 쉽게 망각됨을 알 수 있다. 나아가 Miller는 즉각적인 기억 범위가 각 과제에 포함된 정보의 양에 의해 제한을 받는 것이 아니라 기억해야 할 '묶음 수'의 제한을 받는다는 사실을 확인하였다. 그런데 묶음은 아주 자연스러워서 일상생활에서 우리는 무의식적으로 이미 묶음을 하고 있다. 그래서 우리에게 572317482라는 수가 주어지면, 우리는 이 수를 572,317,482로 재분류하여 읽을 것이다. 이러한 예는 전화번호에서도 나타난다. 우리는 전화번호를 말할 때 023631333이라고 말하지 않고 02-363-1333과 같이 묶어서 말한다. 묶음은 두 가지 방식으로 발생한다(Gobet et al., 2001). 하나는 학습자에 의해 시작되고 통제되는 계획적이고 목표지향적인 처리다. 예를 들어, 시를 학습할 때 첫 줄을 시연한 후 두 줄, 그다음에는 세 줄을 시연하면서 전체 시를 알 때까지 묶음의 크기를 점차로 불려 나간다. 다른 하나는 좀 더 정교하고 자동적이고 지속적이며 연계된 지각적인 처리다. 예를 들어, 독서할 때 한 번에 한 단어에서 두 단어로, 그리고 더 나아가 문단을 처리하면서 단어의 수를 점차 늘려 나간다.

펙타입법(peg-type method)은 장소나 단어에 관한 어떤 표준 목록을 기억하도록 요한다. 펙(peg)이란 걸이 못이라는 뜻으로 여기서는 기억을 위한 기본 골격과 같은 의미다. 그러므로 우리가 어떤 일련의 항목을 배우기를 원할 때마다 이미 기억체계 속에 있는 기본 걸이 못에 이러한 새로운 정보를 관련시키는 것이다. 펙타입법 중의 하나가 장소법(method of loci)이다. 이 방법은 기억해야 할 항목을 잘 아는 장소의 심상과 연결시켜 기억하는 방법이다. 예를 들어, 마트에서 사과, 밀가루, 시금치, 맥주를 사 와야 한다면 방문에 사과가 화살에 꽂혀 매달려 있고 방바닥에는 밀가루가 쏟아져 있으며 화단에는 시금치가 심어져 있고 그 시금치에 맥주를 퍼 붓고 있는 모습을 연상하는 것이다. 전형적으로 연구자들은 학생들에게 사실을 목록화하도록 요구하고, 그런 후 자신에게 익숙한 길에 있는 건축물들에 각각의 사실을 정신적으로 '연결'하도록 요구한다. 예를 들어, 대학생이 4년 동안 매일 같은 길로 등교했을 경우 그 길은 매우 익숙할 것이고 쉽게 이미지화할 수 있을 것이다. 시험을 치기 위해 20개의 대상 목록이 주어졌을 때, 학생들은 그 길을 20개의 중요 장소(예: 이웃집, 코너에 있는 가게, 다음 코너에 있는 교회 등)로 나눈다. 그런 후 각각의 사실을 중요 장소에 덧붙여 상상할 수 있다. 시험이 실시되었을 때 단순히 경로를 생각하는 것만으로 기억한 자료를 이미지와 분리하여 읽을 수 있게 된다(김종백, 신종호 공역, 2008). 장소법은 일반적으로 단기간에 습득할 내용일 경우에 새로운 학습 자료를 배우기 위해 이용된다. 장기간의 저장을 요하는 정보를 기억해야 할 경우에는 또 다른 유형의 펙 방법을 이용하는 것이 효과적이다. 가장 일반적으로 많이 쓰이는 방법이 첫 글자를 모아서 만든 두문자어법(acronym method)으로 약어법이라고도 불린다. 어떤 단어나 구절, 문장의 첫 글자를 두문자라고 한다. 두문자어는 두문자를 가지고 만들어 낸 말이다. 예를 들면, 'NATO(North American Treaty Organization)' '산불아파(산성은 리트머스 시험지를 붉게, 알칼리성은 파랗게 변화시킨다)' '4중창단 앞에서 STAB(Soprano, Tenor, Alto, Bass)을 밟는다' 등이 이에 해당한다. 이 경우에 각 단어의 첫 글자가 펙이 된다.

연상법(chain method)은 첫 번째 항목을 외우기 위해서 두 번째 항목과 연결하고, 두 번째는 세 번째가 연상되도록 하고, 세 번째는 네 번째 …… 식으로 연상시켜 나가는 방법으로 쇠사슬을 고리로 연결해 나가듯이 한다고 해서 붙여진 이름이다. 이 방법에서는 목록에 있는 각 항목이 어떤 시각적인 연관성을 통하여 다른 항목과 연관된다. 만일 세탁소, 은행, 우체국, 슈퍼마켓에 들러야 할 경우 세탁소에서 은행으로 가게 될 돈을 세탁하는 것을 상상하기 시작하여, 그런 후 편지봉투 속에 들어 있는 것을 상상하고, 끝으로 쇼핑 카트에 실려 있는 편지봉투들을 연상할 수 있다. 이런 경우에 하나의 시각적인 단서가 다음 번 항목을 생각나게 하는 것이다. 나무꾼, 숲, 화살, 오리 떼, 울타리, 스케이트, 가구, 연인, 베개, 양말이라는 단어들을 외운다고 하자. 몇 번을 읽어도 쉽지 않고, 설사 외웠다 하더라도 금방 잊어버리고 말 것이다. 서로 연관이 없어 보이는 단어들이기 때문이다. 이런 경우 단어들을 서로 연결해서 "나무꾼이 숲 밖으로 화살을 쏘고, 한 무리의 오리 떼를 지나 울타리 주변에서 스케이트를 탔다. 그 후 그는 어떤 가구 위에서 경쾌하게 춤을 추었고, 서둘러 연인이 누워 있는 베개로 다가가는 동안에 그의 양말이 찢어졌다."와 같이 이야기를 만들어 내면 훨씬 많은 수의 단어를 기억할 수 있다. 이처럼 이야기 속에 단어를 배치하는 것만으로도 기억이 크게 향상된다.

핵심단어법(keyword method)은 암송해야 할 단어의 운과 심상을 연결하여 기억하는 방법으로, 새로운 단어와 같은 언어 자료를 학습하는 데 특히 유용하다(Pressley, Levin., & Delaney, 1982). 이 방법에서는 새로운 단어를 알게 되면 그 단어의 한 부분이 유사음이나 단어 내에서 심상화하기 쉬운 용어로 연결될 수 있는지를 찾아낸다. 예를 들어, caterwaul이라는 단어에서 학생은 cat과 wall(동음어가 사용될 수 있다는 것을 기억하라)이라는 두 단어를 확인하게 된다. 학생이 caterwaul이 '시끄러운 싸움'이라는 의미를 알게 되면, 그는 두 마리 고양이가 벽 앞에서 싸우면서 큰 소리로 우는 장면을 상상할 수 있다. 또한 영어의 capricious(변덕스러운)라는 단어를 암기하고자 할 때 이 단어의 발음인 '커프리셔스'에서 단서를 얻어 '까불이'는 옷을 변덕스럽게 입기 때문에 capricious는 '변덕스러운'이라는 뜻이라고 파악한다. 또한 '거대한'이라는 뜻의 huge를 암송할 때 huge의 발음을 이용하여 '거대한 휴지'를 연상할 수 있다. 이런 식으로 외국어와 자국어 단어의 뜻 혹은 발음의 유사성을 찾아 외우는 것이다. 그리고 국사 시간에 역대 조선 왕조의 왕 이름을 '태정태세 문단세 예성연중 인명선……' 하고 외운다든지 색을 '빨주노초 파남보' 하고 외우는 것도 핵심단어법에 속한다.

[글상자 5-2] 망각

시간이 경과함에 따라 기억에 어떤 일이 발생하는가? 어떤 것은 왜 다른 것에 비해 더 잘 기억되는가? 이런 질문에 대한 답은 망각의 개념으로 집중된다. 망각은 이전에 경험하거나 학습한 것에 대한 기억을 일시적 혹은 영속적으로 떠올리지 못하는 것을 뜻한다. 여러 해 동안의 실험을 기초로 심리학자들은 망각에 대해서 쇠퇴이론(decay theory), 간섭이론(interference theory), 인출 단서의 손실(loss of retrieval cues)이라는 세 가지 관점을 제시했다.

쇠퇴이론은 망각에 대한 가장 오래된 관점으로 보통 사람들의 관점과도 일치한다(Anderson, 1995). 이 관점은 더 많은 연습이 이루어지지 않거나 일정 기간 활성화되지 않는다면 시간의 흐름에 따라 기억 흔적이 사라진다는 것이다. 비록 시간과 연습이 망각에 어느 정도 영향을 미치는 것 같아 보이지만, 이 요소들이 망각을 전부 설명해 주지는 못한다. 때때로 이전에 존재한 기억과 방금 배운 정보 사이에 간섭이 발생할 수 있다. 간섭은 과거에 학습한 지식 또는 최근에 학습한 지식이 기억하고자 하는 정보의 인출을 방해하는 것을 말한다. 간섭에는 역행간섭(retroactive interference)과 순행간섭(proactive interference)이 있다. 역행간섭은 새로운 정보가 기존 정보의 기억을 방해하는 것을 말한다. 예를 들어, 우리는 이사 오기 전에 살던 집 주소를 잘 기억하지 못하는데, 이는 현재 살고 있는 집 주소에 대한 기억 때문이다. 반면, 순행간섭은 기존 정보가 새로운 정보의 기억을 간섭하는 것을 말한다. 예를 들어, 우리는 인터넷 사이트에 로그인을 할 때 예전의 비밀번호만 기억나고 최근에 바꾼 비밀번호가 떠오르지 않아 곤란해하기도 하는데, 이는 이전 비밀번호에 대한 기억이 새로운 비밀번호의 기억을 간섭하였기 때문이다. 망각의 또 다른 주요 원인은 인출 단서의 손실 혹은 인출 실패다. 인출은 장기기억에 저장된 정보를 작업기억으로 이동시키는 과정으로, 많은 연구자는 망각이 실제로는 장기기억에서 정보를 인출하지 못해 발생한다고 믿는다(Williams & Zacks, 2001). 우리는 동창 모임에서 옛 친구들과 있었던 에피소드를 이야기한다. 그럴 때면 분명히 알았는데 갑자기 이름이 생각나지 않는 경우가 있다. "걔 있잖아~ 키 크고 눈썹 진한 애. 그 애 이름이 뭐였더라? 갑자기 기억이 안 나네." 우리는 머릿속에는 분명히 정보가 있지만 그 정보를 찾아낼 수 없다. 이와 같이 혀 끝에서만 맴돌 뿐 기억이 나지 않는 현상을 설단 현상(tip of the tongue phenomenon)이라고 한다. 이는 인출 실패로 나타나는 현상이다.

망각은 학습 직후에 가장 많이 발생한다. [그림 5-5]의 Ebbinghaus(1885)의 망각곡선에서 보는 바와 같이 새로운 내용을 학습한 후 한 시간이 경과하면 내용의 50% 정도가 망각되고, 48시간 후에는 약 70%, 31일 후에는 약 80%가 망각된다. 따라서 망각을 예방하기 위해서는 새로운 내용을 학습한 직후에 바로 복습하는 것이 좋다. 망각은 또한 학습 중간 상황에서 가장 잘 일어난다. 즉, 우리는 학습 상황에서 처음과 마지막에 배운 것을 잘 기억하고 중간에 배운 것을 잘 기억하지 못한다. 이러한 기억 패턴을 초두-최신 효과(primacy-recency effect 또는 serial position effect)라고 한다. 이러한 현상이 일어나는 것은 우리가 중간에 제시되는 정보보다 처음에 제시되는 정보에 더 많은 주의를 기울이며 시연하기 때문이다(Anderson, 1995). 그리고 마지막으로 제시된 정보는 다른 정보의 간섭을 거의 받지 않고 작업기억에 머물러 있기 때문이다(Sousa, 2011b). 따라서 교사가 수업을 할 때, 수업의 첫 부분에서는 새로운 내용이나 개념을 제시하고 수업이 종료될 시점에는 배운 내용을 정리해야 한다. 그리고 기억의 효율성이 가장 떨어지는 중간 시간대에는 연습 또는 토론 등의 활동을 전개하는 것이 좋다.

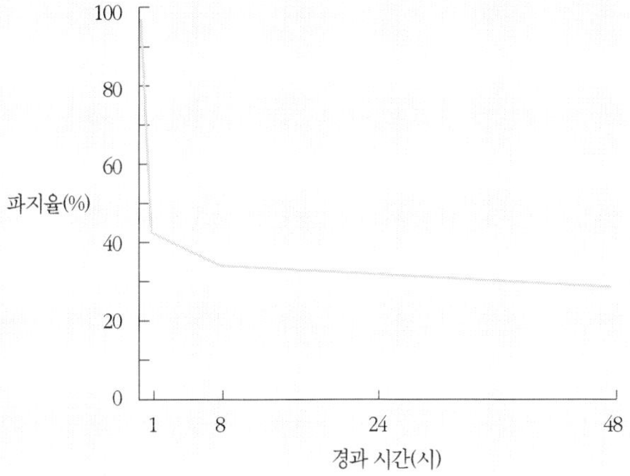

[그림 5-5] Ebbinghaus의 망각곡선

2. 전이와 학습

뇌는 새로운 자극을 받을 때마다 계속해서 자기 자신을 조직하고 재조직하는 역동적인 창조물이다. 새로운 정보들이 새로운 패턴에 결합될 때마다 더 많은 연결망이 형성된다. 오케스트라의 음악가들이 그들의 개별적인 악기 소리를 새롭고 선율적인 방식으로 결합하듯이 뇌는 서로 연결되지 않은 지식들을 멋진 하모니로 통합한다. 이를 통해 우리는 아름다움과 명쾌함을 덧붙일 수 있고 개별적인 지식들을 훌륭하게 묶을 수 있다. 전이(transfer)는 이 놀라운 발명이 펼쳐지도록 하는 하나의 과정으로, 한 상황에서 학습하고 난 후 그 학습한 것을 다른 상황에서 수정되거나 일반화된 형태로 사용하는 능력을 말한다. 전이는 문제해결과 창의적 사고 및 다른 모든 고등정신과정에 핵심이 되며, 교수와 학습이 추구하는 궁극적 목적의 하나다. 여기서는 먼저 전이의 의미와 유형에 대해 살펴본 후, 전이에 영향을 미치는 요인이 무엇이고, 전이를 향상시키기 위한 방법에는 어떤 것이 있는지 알아본다.

1) 전이의 의미와 유형

새로운 정보가 작업기억으로 들어올 때마다 장기기억은 새로운 정보와 관련된 선행지식을 찾는다. 관련된 선행지식이 있다면, 이 기억 연결망은 활성화되고 새로운 정보가 장기기억에 잘 저장되도록 돕는다. 이와 같이 선행학습이 새로운 학습에 영향을 미치는 것을 전이라고 한다. 전이는 또한 새로운 학습을 미래의 다른 상황에 적용하는 능력을 포함한다. 예를 들어, 우리는 곱셈을 이해할 때 덧셈에 대한 지식을 토대로 한다. 이는 덧셈에 대한 지식이 곱셈의 학습에 전이된 것이다. 또한 학교에서 배운 영어 실력으로 길에서 만난 외국 사람과 원활한 의사소통을 할 수 있다면 영어 학습이 실생활에 전이된 것이다. 이처럼 전이란 하나의 문제 혹은 상황에서 배운 지식을 새로운 문제 혹은 상황에 적용하는 것을 말한다(Detterman & Sternberg, 1993). 즉, 학습자의 학습 수준이 단순히 지식을 습득하는 단계를 넘어 그 지식을 일반화하고 적용하는 단계로 이동하는 것을 말한다. 학교는 학생들이 알아야 하는 모든 것을 가르칠 수 없기 때문에 전이능력은 필수적이다.

전이는 긍정적일 수도 있고 부정적일 수도 있다. 학습자가 새로운 학습을 처리하는 데 선행학습이 도움이 될 때 이를 긍정적 전이(positive transfer)라고 한다. 선행학습은 가끔 학습자가 새로운 학습을 이해하는 것을 방해해서 혼란 또는 오류를 낳기도 하는데 이 과정을 부정적 전이

(negative transfer)라고 한다. 다시 말해, 긍정적 전이는 앞선 상황에서의 학습이나 문제해결이 다른 상황에서의 학습이나 문제해결을 촉진할 때 일어나며, 부정적 전이는 앞선 상황에서의 학습이나 문제해결이 다른 상황에서의 학습이나 문제해결을 방해할 때 일어난다(Mayer & Wittrock, 2006). 예를 들어, 학생들이 포유류가 새끼에게 젖을 주고 폐로 숨을 쉰다는 사실을 알고 고래는 포유류라고 결론을 내린다면, 긍정적 전이를 보여 주는 것이다. 만일 학생들이 어류는 바닷속에 사는 포유류라고 믿고 있어서 고래는 어류라고 결론을 내린다면, 이것은 부정적 전이를 보여 주는 것이다. 또한 바이올린 연주자가 피아니스트보다 비올라를 더 쉽게 배울 수 있는 것은 바이올린 연주자가 가진 기술과 지식이 비올라를 학습하는 데 긍정적으로 전이되기 때문이고, 새로 배워야 할 불어 단어 공부에 어려움을 겪는다면 예전에 학습한 영어 단어가 불어 단어를 새롭게 학습하는 데 혼란을 일으켜 부정적으로 전이되기 때문이다.

전이에는 수평적 전이(horizontal transfer)와 수직적 전이(vertical transfer)도 있다. 수평적 전이는 한 분야에서 학습한 것을 다른 분야 또는 실생활에 적용하는 것을 말한다. 예를 들어, 수학시간에 사칙연산을 배우는 일은 물리시간에 배우는 공식을 이해하는 데 도움을 주고, 또한 가게에서 물건 값을 지불하고 잔돈을 계산할 수 있도록 해 준다. 수직적 전이는 기본 학습이 이후의 고차원적이고 복잡한 학습에 적용되는 것을 말한다. 예를 들어, 수학에서 사칙연산을 배우는 일은 이후에 방정식을 푸는 데 기초가 된다(신명희 외, 2014).

한때 교육자들은 라틴어, 수학과 같은 과목을 배우는 것은 정신을 도야하기 위해서라고 주장했다. 만약 그들이 이러한 목적을 성취했다면, 한 상황에서 배운 지식이나 기술을 다양한 다른 상황에 적용하는 능력인 일반적 전이(general transfer)가 일어난 것이라고 할 수 있다(Phye, 2005). 예를 들어, 체스 게임과 수학 모두 논리를 필요로 하기 때문에 체스 게임을 하는 것이 수학을 배우는 데 도움을 준다면 일반적 전이가 일어난 것이다. 특정적 전이(specific transfer)는 한 상황에서의 정보를 원래의 상황과 비슷한 다른 상황에 적용하는 능력이다. 예를 들어, 어떤 학생이 '사진'은 그리스어로 '빛'을 의미한다는 것을 알고 있을 때 '사진학'이라는 개념을 더 잘 이해할 수 있게 되었다면 특정적 전이가 일어난 것이다. Perkins와 Salomon(1988)은 특정적 전이와 일반적 전이의 변형을 각각 자동적 전이(low-road transfer)와 의식적 전이(high-road transfer)로 구분하여 제시하였다. 이 두 가지 전이 유형은 서로 다른 상황에서 발생한다. 자동적 전이는 숙달된 기술이 의식적이고 반성적인 사고 없이 한 상황에서 다른 상황으로 전이되는 것을 말한다. 즉, 자동적 전이는 이전에 학습한 기술이나 지식이 거의 자동으로 기억에서 인출되어서 현재의 매우 유사한 과업에 적용되는 상황을 설명한다. 컴퓨터의 사용이나 자동차를 운전하는 것을 그 예로 들 수 있다. 자동적 전이는 기술이 숙달되었을 때나 다양한 상황에서 많은 연습을 통해 그 기술을 자동적으로 사용할 수 있을 때 발생한다. 운전을 잘하는 사람은 어떤 차를 운전하든 운전을 잘한다. 그러나 자동적 전이는 전이되는 상황 간의 차이가 클 때 잘 발생하지 않는다. 곱셈 문제를 풀어 본 학생들이 반드시 나눗셈 문제를 잘 푼다고 볼 수 없다. 자동적 전이는 기본적으로는 Thorndike의 동일요소설의 현대판이다(Cox, 1997). 의식적 전이는 어느 한 상황에서 학습한 추상적인 지식을 다른 상황에 적용할 때 발생한다. 즉, 의식적 전이는 추상적인 수준에서 이해한 개념을 다른 상황에 적용하는 것을 말한다. 의식적 전이는 두 가지 방식으로 일어난다. 하나는 어떤 원리나 전략을 장애에 사용할 의도를 가지고 학습하는 것으로, 습득한 지식을 적용하기 위해 앞을 내다본다는 의미에서 전방지향적 전이(forward-reaching transfer)라고도 한다. 다른 하나는 새로운 상황에 직면할 때 다른 상황에서 배운 지식을 생각해서 이 문제를 해결하는 데 도움이 될 만한 지식을 찾을 때 일어나는데, 이것을 후방지향적 전이(backward-reaching transfer)라고도 한다. 유추에 의한 사고는 이러한 전이의 한 예로 볼 수 있다(김정섭 외 공역, 2010).

또한 일부 연구자들은 전이를 근접 전이(near transfer)와 원격 전이(remote transfer)로 구분하기도 한다. 근접 전이는 새로운 학습을 매우 비슷하고 밀접하게 관련된 상황에서 사용하는 것을 말한다. 그리고 원격 전이는 새로운 학습을 비슷한 상황에서 사용하는 능력뿐만 아니라 처음에 습득된 학습과 유사하지는 않지만 공통된 요소들이 있는 완전히 새로운 문제들을 해결하는 데 사용하는 능력도 포함한다(Mestre, 2002).

이상에서 살펴본 바와 같이 선행학습이 후속학습에 영향을 미치는 것을 뜻하는 학습의 전이는 연구자들에 따라 여러 유형으로 구분되지만, 서로 중복되는 부분도 있다. 수업하는 동안 교사들은 의도적 혹은 직관적으로 새로운 학습을 좀 더 의미 있게 만들고 이해시키기 위해 과거의 학습을 언급하며, 학생들은 새로운 지식과 기술을 처리하고 연습하면서 교과 내 혹은 교과 간에 지속적으로 전이를 처리한다. 그리고 학생들은 학교에서 배운 지식과 기술을 학교 밖의 일상생활이나 직업에 전이해야 한다. 작문과 말하기 기술은 다른 사람들과의 의사소통에 도움을 주어야 하고, 과학적 지식은 환경과 건강 문제에 대한 결정에 정보를 주어야 하고, 역사에 대한 이해는 당대의 개인적 · 사회적 · 문화적 문제들에 대한 반응의 길잡이가 되어야 한다. 학생들이 더 많은 지식과 기술을 학교로부터 일상생활로 전이할수록 좋은 의사소통자, 박식한 시민, 비판적인 사고가, 성공적인 문제해결자가 될 가능성이 크다는 점에서 전이는 중요한 교육적 의의가 있다.

2) 전이에 영향을 미치는 요인

학습체제의 많은 요인이 전이의 과정과 능력에 영향을 준다. 연구자들은 다음과 같은 네 가지 요인을 발견하였다(Hunter, 2004; Sousa, 2011b). 이 요인들은 종종 서로 함께 활동하기도 한다.

(1) 최초 학습의 정도와 맥락

새로운 학습이 일어나는 동안 발생하는 전이의 질은 주로 최초학습(original learning)의 질에 달려 있다. 우리는 자신의 주민등록번호나 어렸을 때 배운 동시를 쉽게 회상할 수 있다. 이처럼 최초 학습이 정확하게 잘 학습되면 새로운 학습에 대한 영향력이 더 건설적이게 되고 학생들이 더 많이 성취하도록 도와줄 수 있다. 예를 들어, 과학적 방법을 학습하지 않은 학생들은 효과적으로 실험 분석을 하지 못할 것이고, 이 학습을 미래에 성공적으로 전이할 수 없을 것이다. 따라서 무언가가 가르칠 만한 가치가 있는 것이라면 처음부터 그것을 잘 가르쳐야 한다.

교사가 학생들에게 새로운 학습과 그 학습에 맞는 맥락 모두를 인식하도록 가르친다면, 학생들에게 미래의 회상을 위해 강한 연합을 만들도록 돕는 것이 된다. 만약 새로운 학습이 하나의 맥락 안에서만 너무 머물게 되면, 다른 맥락에서의 지식이나 기술로 전이하는 데 실패하기 쉽다. 예를 들어, 학생들이 문법적 교정은 국어 수업에서만의 문제라고 인식한다면 다른 수업에서의 그들의 작문은 부정확해진다. 그러므로 학생들이 배운 정보를 시연하고 자주 사용할 기회를 한 가지 주제만으로 집중적으로 다루기보다 다양한 맥락에서 여러 중요한 주제를 자주 접하면서 다양한 실생활 과제를 풀어 보도록 해야 한다.

기계적 학습은 전이를 촉진하지 않지만, 이해를 동반한 학습은 전이를 촉진한다. 따라서 너무 많은 개념을 학습시키는 시도는 전이를 자주 방해할 수 있다. 학습자가 고립된 사실들을 선행지식과 연결하거나 의미 있게 조직할 기회를 거의 갖지 못한 채 단순히 암기할 것이기 때문이다. 학생들에게 의미를 더 철저히 처리하도록 할 때 새로운 상황에 전이되는 정도를 높인다. 연구자들은 의미를 더 철저히 처리하는 학생들이 유추를 일반화하도록 요구할 때에는 근본적인 개념적 정보를 사용하는 반면, 비슷한 정보를 단순히 기계적으로 회상하도록 요구할 때에는 표면적 정보를 사용한다는 것을 발견했다(Blanchette & Dunbar, 2000).

이전의 학습이 잘 가르쳐졌다면 학생들이 오늘의 학습 과제를 습득하는 데 도움이 되고 내일의 학습을 향상시킬 것이다. 또한 새로운 학습을 다양한 맥락에서 이해와 의미를 가지고 처리하도록 유도할 때 전이에 긍정적 영향을 미칠 수 있다.

(2) 유사성

전이의 의미와 유형에서 언급한 바와 같이, 두 학습 상황이 더욱 근접하게 관련될수록 전이가 일어날 가능성은 더 커진다(Phye, 2001). 즉, 전이는 이전에 학습된 상황과 지금 새로 학습할 상황이 유사할 때 발생한다. 그래서 한 상황에서 학습된 기술은 비슷한 다른 상황에 전이되는 경향이 있다. 예를 들어, 제트기 조종사들은 실제 비행기의 조종석에 앉기 전에 우선 모의 비행 장치에서 훈련을 받는다. 실제 비행기와 똑같은 모양인 이 모의 장치에서 습득된 모든 훈련과 학습은 실제 비행 상황에 전이되기 쉽다. 이러한 긍정적 전이는 비행사가 실제 비행기에 빨리 적응하도록 돕고 실수를 줄인다. 학생들이 생소한 장소보다는 평소 학습하던 장소에서 시험을 보는 것이 유리한 것은 상황의 유사성이 긍정적 전이에 도움을 주기 때문이다.

(3) 중요한 속성

전이는 중요한 속성(critical attributes)이라고 불리는 특별한 속성의 회상을 통해 일어나기도 한다. 우리는 정보를 유사성에 따라 연결망에 저장하는 반면, 차이점에 따라 작업기억으로 인출하는 경향이 있다. 중요한 속성은 다른 것과 구별해 주는 독특한 특성으로, 학습자들이 저장 과정에서 사용할 수 있는 차이점을 가리킨다. 여기서 독특한 말이 중요한데, 그것은 학생들이 용이하게 정보 회상을 할 수 있도록 아이디어들이 서로 어떻게 다른가를 확인해 주기 때문이다. Sousa(2011b)는 장기기억 저장소에서 새로운 정보와 비슷한 정보를 묶어서 하나의 파일로 저장한다고 본다. 그러나 회상할 때는 정보의 서로 다른 점을 구별하여 기억하기 때문에 정확한 정보가 회상되는 것이다. 이러한 예로, 우리는 친한 친구를 인식할 때 그 친구의 모든 측면의 특성을 인식하지 않고 그 친구의 독특한 특성만을 인식한다. "양서류는 땅과 물 모두에서 살 수 있다." "동음이의어는 서로 소리는 같게 나지만 뜻이 다른 단어들이다." "소리를 생성하기 위해서는 진동이 있어야 한다." 와 같은 진술들은 한 개념을 결정짓는 중요한 속성에 대한 예들이다.

한 개념의 중요한 속성을 식별하는 것은 강력한 기억 도구가 된다. 기억 저장소에서의 성공적인 인출은 개념 간의 차이점을 식별함으로써 성취된다. 따라서 교사는 하나의 개념을 다른 개념들과 다르게 만드는 결정적인 독특한 특성을 식별함으로써 학생들이 새로운 학습을 정확하게 처리하도록 도울 수 있다. 학생들은 개념들을 분류하기 위해 중요한 속성을 사용할 수 있고, 이 개념들은 적절한 단서들을 가진 논리적 연결망 안에 저장된다. 이것은 장기기억에서 정보를 찾는 것을 촉진하며 찾으려던 개념을 정확하게 식별하고 인출할 가능성을 높인다.

(4) 연합

연합(association)이란 어떤 사실을 상기시켜 다른 사실을 기억하도록 학습을 유발하는 행위나 감정이다(Sousa, 2011b). 두 가지의 사건이나 행동 또는 감정을 함께 배울 때 그들은 연합이 이루어진다. 그래서 하나를 회상하면 다른 하나가 자동으로 회상된다. '세종대왕'이라는 단어는 '한글'을 도출해 내고, '로미오(Romeo)'는 '줄리엣(Juliet)'을 이끌어 낸다. 쇼핑몰에서 들은 노래는 그 노래와 연합된 어떤 사건에 대한 기억을 이끌어 내기도 한다. 과거에 사귄 이성친구가 사용하던 화장품의 향기는 그 이성친구와의 관계에 대한 감정을 일으키기도 한다. 맥도날드의 금색 아치와 같은 상표와 생산물의 상징물은 그 생산품을 떠올리게 한다. 비록 이 두 정보 간에 유사성이 없어도 함께 학습되었기 때문에 함께 회상되는 것이다.

Tileston(2006)은 연합이 개인적으로 학습이 일어나게 하는 연결고리의 과정을 제공하기 때문에 연합을 개인적 연결(personal connection)이라고 표현하기도 했다. 연합은 개인적으로 연관 짓기와 마찬가지로 과거의 경험이나 지식에 기반을 두며, 이미 알고 있는 지식에 기초하여 모르는 지식을 알아 가는 과정이다. 우리는 각자 자신의 독특한 경험을 토대로 연결고리를 만들며, 이는 동일한 대상에 대해 다양한 연합이 형성될 수 있다는 것을 시사한다. 연합은 정보를 보유하는 뇌의 능력을 향상시킨다. 새로운 연결고리가 뉴런 간에 형성되고 새로운 통찰이 부호화된다. 새로운 가지가 자라나는 나무처럼 우리가 기억하는 모든 것은 새로운 기억들이 덧붙여질 수 있는 또 다른 가지가 된다. 우리가 더 많이 배우고 저장할수록 앞으로 더 많이 배울 수 있게 된다. 연합이나 개인적 연결은 학습과정에서 자기의 것으로 만들어 준다.

정서가 학습과 묶일 때의 연합은 특히 강력하다. 정서가 강렬할 때 뇌의 편도체가 정서적 메시지를 부호화하고 이것을 학습과 묶어 장기 저장소에 저장한다. 또한 주의 집중을 할 때 일반적으로 정서가 인지적 과정보다 우선순위에 있다. 낙태, 유대인 대학살, 사형제도와 같은 단어들은 종종 강렬한 감정을 유발한다. 학습에 대한 불안은 학습과 연합된 강렬한 실패 감정의 한 예다. 일부 학생들은 부정적인 정서를 피하기 위해 새로운 학습 상황을 피할 것이다. 한편, 우리는 자신의 취미를 위해 많은 시간을 쏟는다. 이는 취미가 즐거움 및 성공과 연합됐기 때문이다. 따라서 교사는 긍정적 정서를 새로운 학습과 묶어서 학생들이 유능하다고 느끼고 그 과정을 즐길 수 있도록 해야 한다. 그러기 위해서는 수업의 통합된 한 부분으로 유머를 사용하고, 개념들에 대한 이해를 향상시키는 이야기를 구성하여 사용하고, 의미 있는 실생활의 예를 제공하고, 학생들의 성공에 관심을 보이고 그들이 성공할 수 있도록 지원을 아끼지 말아야 한다.

3) 전이를 향상시키기 위한 교수방법

교사가 학생들이 이전에 학습한 것을 새로운 학습에 전이하길 원한다면, 전이하도록 가르쳐야 한다. 교사는 학생들이 지식과 기술을 충분히 습득할 경우 전이가 자동으로 일어날 것이라고 가정해서는 안 된다. 전이가 일어나도록 가르칠 때에만 의미 있고 효율적인 전이가 일어난다. 많은 학자(Hunter, 2004; Mestre, 2002; Perkins & Salomon, 1988 등)는 교사가 전이에 영향을 미치는 요인들을 이해할 때 학생들이 더 빨리 학습하고, 문제를 해결하고, 창의적이고 예술적인 성과를 만들도록 돕는 긍정적 전이의 힘을 사용한 수업을 계획할 수 있다고 제안하였다. 학생들의 전이를 향상시키기 위해 교사들이 사용할 수 있는 교수방법을 몇 가지 제시하면 다음과 같다(Sousa, 2011b).

(1) 이전 학습과 연결하기

전이는 학생들이 이미 아는 것과 새로운 학습 간에 연결고리를 만들도록 돕는다. 중요한 것은 연결고리들이 교사가 아닌 학생의 과거와 관련될 때에만 가치 있다는 사실이다. 이 과정은 또한 교사로 하여금 학생들이 이미 알고 있는 것을 찾아내도록 한다. 학생들이 이미 알고 있는 것을 발견하여 이전 학습이 새로운 학습을 촉진할 수 있는 활동을 몇 가지 제시하면 다음과 같다.

- 짧은 이야기: 학생들은 주어진 주제에 대해 이미 알고 있는 것을 기술하는 짧은 이야기를 쓴다. 이것은 어떤 과목에서나 사용될 수 있다. 쓰기는 지속적으로 연습되어야 하는 기술이기 때문이다.
- 인터뷰: 짝과 생각 나누기 형식으로 학생들은 그들의 지식 수준을 알아보기 위해 그들의 짝과 인터뷰를 한다.
- 그래픽 조직자(graphic organizers): 학생들은 그들의 이전 학습을 설명하고 관련짓기 위한 적절한 그래픽 조직자를 선택한다.
- 벽화 또는 콜라주: 학생들은 그들의 현재 지식을 전달하기 위해 벽화 또는 콜라주를 만든다.
- 음악 활동: 학생들은 그들의 이전 지식을 이야기하는 노래 가사를 쓴다.
- 모형: 학생들은 그들이 아는 것을 표현하는 모형을 만들거나 그린다.
- 학생의 아이디어: 학생들은 시 쓰기, 그림 그리기, 퀴즈 쇼 만들기 등 그들이 알고 있는 것을 표현하는 다른 방법을 제안할 수도 있다.

(2) 유사점과 차이점 사용하기

교사들은 종종 새로운 주제를 소개하기 위해 유사성을 사용한다. 그들은 "여러분은 이 주제에 관해 이미 어느 정도 배웠어요."라고 말한다. 이 말은 학생들에게 정보를 학습하는 데 도움이 될 수 있는 장기 저장소의 비슷한 정보를 회상하게 함으로써 긍정적 전이를 사용하도록 돕는다. 그러나 유사성은 문제가 될 수도 있다. 위도와 경도, 유사분열과 감수분열 또는 직유와 은유와 같이 두 개념의 차이점보다 유사점이 훨씬 클 때마다 학습자는 그들을 분리하여 말하지 못할 수 있다. 다시 말해, 유사점이 차이점을 압도하여 학습자로 하여금 두 개념에 같은 인출 단서를 붙이도록 한다. 그리하여 학습자가 이후에 정보를 인출하기 위해 이 단서를 사용할 때, 학습자는 두 개념 모두 혹은 둘 중 하나를 인출하고 어떤 것이 맞는지 인식하지 못한다.

그러므로 두 개의 매우 유사한 개념을 한 수업에 계획할 때는 그들의 유사점과 차이점을 목록화하는 것이 좋다. 유사점과 차이점의 수가 비슷할 경우, 학생들은 덜 혼란스러워할 것이다. 그러나 유사점의 수가 차이점의 수보다 훨씬 많을 경우, 학생들은 혼란스러워할 것이다. 이런 경우에는 두 개념을 다른 시간대에 가르친다. 첫 번째 개념을 가르치고, 학생들이 그 개념을 완전히 이해하고 정확하게 연습할 수 있도록 한다. 그런 후에 첫 번째 개념이 정확하게 공고화되고 장기 저장소에 완전히 저장될 수 있는 시간을 주기 위해 이와 관련된 개념을 가르친다. 몇 주가 지난 후에 두 번째 개념을 가르친다. 첫 번째 개념으로부터의 정보는 두 번째 개념을 학습하는 데 긍정적 전이로 작용한다. 또 다른 대안은 두 개념 간의 차이점을 먼저 가르치는 것이다. 그 차이점을 인식시키기에 충분한 이 전략은 나이 든 학생들에게 더 낫다. 이들은 미묘한 차이점을 인식하기에 충분한 이전 지식들이 있기 때문이다. 예를 들어, 위도와 경도 간의 유일한 실제적 차이점은 공간에서의 그들의 방위다. 그리고 이것은 위치를 붙일 때 혼란을 유발할 수 있다. 이 차이점에 집중하고 이를 연습하는 것은 학습자들에게 미래에 이 두 개의 유사한 개념들을 분리하고 정확히 변별하는 데 필요한 단서를 제공한다.

한편, 앞에서 언급한 바와 같이 중요한 속성은 여러 개념 중에서 하나의 개념을 유일하게 만드는 특성이다. 교사는 학생들이 이러한 특성을 식별하도록 도와서 그것을 정확하게 인출하는 데 사용할 수 있도록 해야 한다. Hunter(2004)는 다음과 같은 5단계의 과정을 제안하였다.

① 중요한 속성 식별하기: 만약 학습목표가 학생들에게 포유동물이 다른 동물들과 다른 점을 이해시키는 데 있다고 한다면, 포유동물의 중요한 속성은 첫째로 새끼에게 모유를 수유한다는 점과 둘째로 털을 가지고 있다는 점이다.

② 교사가 간단한 예를 제시하기: 교사는 이 개념을 확립시키기 위해 인간, 고양이, 개, 쥐와

같이 간단한 예를 몇 가지 제시한다. 이 시점에서는 학생이 아닌 교사가 예를 제시한다. 이 새로운 학습이 파지가 가장 잘되는 최적 시간대에 일어나고 있어서 예가 정확해야만 하기 때문이다. 이 예를 두 개의 중요한 속성과 연결한다.

③ 교사가 복잡한 예를 제시하기: 이제 교사는 대부분의 포유동물과는 달리 물속에 사는 돌고래와 고래 같은 좀 더 복잡한 예를 제시한다. 여기서 중요한 속성이 어떻게 적용되는지를 다시 보여 주는 것이 중요하다.

④ 학생들이 예를 제시하기: 이 시점에서 교사는 중요한 속성이 정확하게 사용되고 이 개념이 굳게 자리 잡았는지를 확인하기 위해 학생들의 이해 정도를 확인한다. 학생들은 또한 이 속성이 그들의 예에 적용되었음을 증명해야 한다.

⑤ 중요한 속성의 제한점 가르치기: 학습자는 중요한 속성이 제한점을 갖고 있어서 모든 예에 적용되는 것은 아니라는 점을 인식해야 한다. 이 수업에서 포유동물의 중요한 속성 두 가지는 모든 포유동물을 정확하게 식별하지만, 일부 비포유동물을 부정확하게 식별할 수도 있다. 포유동물의 특성뿐만 아니라 양서류와 조류의 특성들을 함께 보이는 오리너구리라 불리는 소집단의 동물들도 있다. 이들은 별개로 분류된다.

교사는 가르치는 교과목의 주요 개념을 골라서 그 개념의 중요한 속성을 식별하기 위해 위의 5단계를 사용할 수 있다. 이 속성은 학생들이 그 개념과 다른 개념 간의 차이점을 분명히 인식하도록 돕는다. 이 속성은 정확성과 이후의 인출을 위한 가치 있는 단서가 된다. 중요한 속성을 식별함으로써 학생들은 하나의 개념이 다른 유사한 개념들과 어떻게 다른지를 학습한다. 이는 이해를 더 분명하게 하고, 개념을 확실히 습득하게 하고, 새로운 개념을 다른 것들과 적절히 연결하는 능력을 키우며, 정확히 저장하고 기억하고 회상할 가능성을 높인다. 모든 교과목에는 중요한 속성이 명확하게 확인되어야 할 주요 개념이 있다. 예를 들어, 사회 교과에는 법(행동의 통제를 위해 사용되고, 단속되고, 어겼을 때는 벌을 받는, 정부에 의해 만들어진 규칙), 문화(특정 음식, 옷, 예술, 종교, 음악으로 식별될 수 있는 집단 구성원들의 공통된 행동), 민주주의(시민들이 선발한 대표자들을 통해 힘을 가지는 정부 체제) 등의 주요 개념이 있고, 과학 교과에는 원자(원소의 속성을 갖고 있는 원소의 가장 작은 부분), 포유동물(젖샘과 털이 있는 동물), 행성(별 주변을 회전하고, 자전하며, 스스로 광채를 만들어 내지 못하는 자연적인 천체) 등의 주요 개념이 있다.

(3) 다리 놓기와 껴안기

전이는 과거에서 현재로, 또는 현재에서 미래로 발생할 수 있다. 따라서 교사는 학생들에게 이해와 의미를 더하도록 그들이 과거에 학습한 것을 새로운 학습과 연결해야 한다. 그러기 위해서는 분명하면서 새로운 학습과 밀접한 관련성이 있는 경험을 선택하는 것이 중요하다. 또한 교사는 새로운 학습이 전이되도록 현재의 학습 상황을 미래의 상황과 가능한 한 비슷하게 만들어야 한다. 그러기 위해서는 학생들이 이전 학습을 상당 수준 달성해야 하고 비슷하거나 다른 상황을 만드는 중요한 속성과 개념을 인식할 수 있어야 한다. 다리 놓기(bridging)와 껴안기(hugging)와 같은 교수기법들은 학생들이 과거에서 현재로, 그리고 현재에서 미래로 전이하도록 도와주는 데에 유용하다(Perkins & Saloman, 1988).

다리 놓기라 불리는 기법을 통해 교사는 학생들에게 그들이 아는 것과 다른 새로운 학습과 맥락 사이를 연결하는 것을 도와줌으로써 전이를 유발한다. 여러 방법이 있는데, 몇 가지를 소개하면 다음과 같다.

- 브레인스토밍(brainstorming): 새로운 주제를 소개할 때 학생들에게 이 새로운 학습이 다른 상황에 어떻게 적용될 수 있는가를 질문한다. 예를 들어, 학생들이 방금 학습한 기능들을 도표, 표, 그래프를 분석하는 데에 활용할 수 있는가? 학생들은 수요와 공급의 법칙에 관해 이해한 것을 그 밖의 다른 것에 어떻게 사용할 수 있는가? 원자력 발전과 대체 에너지에 관해 아는 것은 미래에 어떤 가치가 있을까?
- 유추(analogies): 하나의 주제를 학습한 후에 한 체계와 다른 체계 간의 유사점과 차이점을 검토하기 위해 유추법을 사용한다. 예를 들어, 학생들에게 비교를 하도록 한다. 베트남 전쟁이 끝난 후의 베트남 상황과 미국 남북전쟁이 끝난 후의 미국 상황이 어떤 점에서 비슷하고 다른가? 소비에트 연방 이후의 러시아 상황과 미국 독립전쟁 이후의 미국 상황은 어떤 점에서 비슷하고 다른가?
- 초인지(metacognition): 문제를 해결할 때 학생들에게 각각의 장점과 단점을 논의하고 해결 접근방법들을 조사하도록 요구한다. 예를 들어, 인구밀집지역에 전력 수요를 맞추기 위해서는 어떤 해결책이 있는가? 어떤 전력들이 사용될 수 있으며, 그중 어떤 것이 가장 안전하고, 가장 경제적이며, 가장 현실적인가? 정부가 공공사업의 경제성과 효과성을 향상시키기 위해 지방분권화할 수 있는 방법들은 무엇인가? 지방자치단체와 민주적 절차에 미치는 영향에는 어떤 것이 있는가? 학생들은 그들의 해결책을 적용한 후에 그 해결 접근방법이 얼마나 효과적이었는지, 그리고 좀 더 성공적이기 위해서 다음에는 해결 접근방법을 어떻게 바꾸어야 하는지를 논의한다.

껴안기는 새로운 학습 상황을 전이가 요구되는 미래의 상황과 더 비슷하도록 유사성을 사용하는 것이다. 즉, 껴안기는 새로운 학습이 학생들이 미래에 직면할 환경과 요구에 최대한 근접하도록 가르치는 것을 의미한다. 이것은 새로운 상황에 직면할 때 학습자로부터의 거의 자동적인 반응에 의존한다. 교사는 상황의 유사성이 전이되어야 할 기능이나 지식을 학생들이 실제로 사용할 수 있도록 해야 한다. 껴안기를 위한 몇 가지 방법은 다음과 같다.

- 시뮬레이션 게임(simulation games): 학생들이 다양한 상황에서 새로운 역할들을 연습하는 것을 돕는 데 유용하다. 토론, 모의재판, 그리고 노동쟁의 조사하기는 학생들이 복잡한 법적 · 사회적 문제들을 해결하기 위해 다양한 접근을 실험할 수 있는 방법들이다.
- 심적 연습(mental practice): 학생이 다가올 상황을 복제할 수 없을 때 그 상황이 어떠할 것 같은지를 심적으로 연습하는 것은 매우 유용하다. 학생은 그 상황의 잠재 변수들을 검토하고 다양한 시나리오에 대처하기 위한 심적 전략을 고안한다. 어떤 학생이 학교 신문에 기사를 내기 위해 한 정치 후보자를 인터뷰하려 한다고 가정해 보자. 그 학생은 준비된 질문 외에도 후보자의 반응에 따라 어떤 다른 질문을 할 수 있는가? 만약 그 후보자가 과묵하거나 질문의 방향을 바꾼다면 어떻게 할 것인가?
- 유관 학습(contingency learning): 학습자는 하나의 문제를 해결하기 위해서 어떤 다른 정보나 기술이 습득되어야만 하는가를 질문하고 나서 그것을 학습한다. 예를 들어, 어떤 학생이 기체 법칙을 증명하기 위한 모형을 만들 경우, 그 학생은 효과적으로 기체 법칙을 보여 주기 위해 적정한 비용으로 그 장치를 고안하고 만들기 위해서 어떤 다른 것을 학습해야만 하는가?

(4) 은유 사용하기

학습 상황에서 전이가 일어나는 방법은 매우 표면적인 유사성에서부터 매우 복잡하고 추상적인 연합에까지 이른다. 은유(metaphor)는 학습자에게 새로운 상황에 지식과 기술을 추상적으로 적용하도록 하는 유용한 장치다. 은유는 다른 대상 또는 개념과의 비교를 위해 어떤 대상 또는 개념에 글자 그대로의 의미가 아닌 단어나 문구를 적용하는 것을 말한다. 은유는 종종 글자 그대로의 언어만큼 빠르게 추상적인 내용의 의미를 전달할 수 있으며, 복잡한 개념이나 과정들을 설명하는 것을 돕는다. 한 지질학자는 빙하의 움직임을 번철 위의 반죽같이 흐른다고 설명하고 빙하가 육지에서는 거대한 쟁기와 같다고 설명했다. 인생을 긴 여행에 비유하는 것 또한 은유다. West, Farmer와 Wolff(1991)는 수업설계에 은유를 사용하는 다음과 같은 7단계의 과정을 제안하였다.

① 은유 선택하기: 적절한 은유를 선택하기 위한 주된 준거는 적합도(은유가 표적 개념이나 과정을 얼마나 잘 설명하는가), 심상의 정도나 풍부성, 학생들과의 친숙성과 신기성이다.
② 은유 강조하기: 은유는 수업의 처음부터 끝까지 일관되게 강조되어야 한다. 학생들에게 은유를 문자 그대로가 아닌 비유적으로 해석하도록 주의시켜야 한다.
③ 맥락 형성하기: 은유를 적절하게 해석하기 위해 교사는 그것을 사용할 맥락 혹은 상황을 만들어야 한다. 은유는 맥락이 고려되지 않은 채 별개로 사용되어서는 안 된다. 특히 학생들이 그것을 이해할 배경지식이 부족하다면 더욱 그러하다.
④ 심상에 대한 설명하기: 학생들에게 보통 은유로 표현되는 풍부한 심상으로부터 얻게 되는 이점을 설명한다. "이에 대해 심적 그림을 만들어 보라."라고 하는 것은 좋은 충고가 된다. 심상은 단순하고 구체적인 그림에서부터 복잡한 운동 학습과 다단계 절차에 이르기까지 전 범위에 걸쳐 있다.
⑤ 유사점과 차이점 강조하기: 은유는 알고 있는 한 가지 대상이나 절차와 다른 대상이나 절차의 유사점을 나란히 제시한 것이기 때문에 교사는 은유와 새로운 학습 간의 유사점과 차이점을 강조해야 한다.
⑥ 시연 기회 제공하기: 학생들이 은유와 새로운 학습 간의 유사점과 차이점을 인식하도록 돕고 연관성의 유형과 이해의 깊이를 향상시키기 위해 기계적 시연과 정교화 시연 전략을 사용한다.
⑦ 혼합된 은유 주의하기: 은유는 매우 강력한 학습 장치이기 때문에 교사는 주의 깊게 선택해야 한다. 혼합된 은유는 혼란을 야기하고 정확성을 떨어뜨린다.

(5) 일지 쓰기

전이는 학생들이 새로운 학습에 대해 성찰할 기회를 가질 때 더 많이 일어날 수 있다. 학습 성찰이란 학습자가 배운 내용을 뇌에 단순히 새겨 두기 위해 학습과정과 내용을 곰곰이 살펴보는 과정을 말한다(Corbin, 2008). 성찰 시간은 마무리 혹은 정리 활동을 하거나 구체적인 과제가 주어질 때 일어나기 쉽다. 일지 쓰기(journal writing)는 3~5분 정도밖에 걸리지 않지만 전이와 파지를 향상시키기 위한 매우 효과적인 전략 중 하나로, 특히 마무리 전략을 위한 유용한 기법이다. 구체적인 단계들이 학생들로 하여금 이전 지식과의 연결고리를 만들고 저장소의 연결망 안에 개념들을 집어넣도록 돕기 때문이다. 일지 쓰기의 효과를 극대화하기 위한 제안을 몇 가지 하면 다음과 같다(Sousa, 2011b).

- 학생들은 각각의 수업이나 과목에 따라 별도의 일지를 작성한다.
- 마무리 활동으로 일지 쓰기를 사용하기 위해 학생들에게 다음의 세 가지 질문에 대해 답을 쓰도록 한다.
  - "오늘 우리가 배운 것은 무엇인가?" (여기에 구체적인 학습목표를 삽입한다.) "우리가 오늘 한 것을 적으시오."와 같은 질문은 피한다. 어린 학생들은 학습한 것보다 활동에 초점을 두는 경향이 있기 때문이다. '오늘 우리가 배운 것은 무엇인가'라는 질문은 이해를 형성하는 데에 도움이 된다.
  - "오늘 배운 것은 우리가 이미 알고 있는 것과 어떤 관련성이 있는가?" (여기에 학생들의 긍정적 전이를 도울 수 있는 과거 학습을 몇 가지 삽입한다.) 학생들의 생각을 도울 힌트를 주는 것이 좋다. 궁극적으로 교사는 학생들의 정확성을 촉진하길 원하기 때문이다. 이러한 질문은 학습자가 새로운 학습을 기존의 연결망에 묶도록 도울 수 있다.
  - "오늘 배운 것은 우리를 어떻게 도울 수 있는가, 혹은 오늘 배운 정보나 기술을 미래에 어떻게 사용할 수 있는가?" 필요할 경우 힌트를 준다. 이러한 질문은 의미를 찾는 데 도움이 된다.
- 만약 다음날의 수업이 관련된다면, 교사는 다음날의 사전 활동으로 그날의 일지 쓰기를 사용할 수 있다.

(6) 교과과정의 재구성

주제별 구성과 통합 교과과정에 의해서도 전이를 향상시킬 수 있다. 이 접근은 미래의 응용을 위해 이해와 의미를 강화하면서 학생들에게 더욱 흥미로운 경험을 제공하고 다양한 내용 간의 공통점을 찾을 수 있도록 돕는다. 예를 들어, 주제별 구성은 환경(지구온난화, 재활용, 대기오염), 역사(남북전쟁, 서부개척), 과학(자원, 우주개발, 생태계), 또는 언어(현실주의 소설, 시)에 초점을 맞출 수 있다(Roberts & Kellough, 2006). 통합된 주제별 구성은 교과 영역들을 넘나든다. 인터넷은 통합된 구성을 위한 아이디어들의 훌륭한 자원이 된다.

3. 사고와 학습

인간의 뇌는 이 세상을 표현하기 위해 그것에 대한 정보를 수집하고 이를 조직한다. 이의 표현 또는 심리적 모델은 사고(thinking), 즉 개인이 이 세상에서 기능하기 위해 사용하는 처리 과정으로 설명된다. 학습과 사고는 밀접한 관계가 있다. 학습 활동이나 과정에 사고기능이 수반되기 마련이다. 배우되 생각하지 않으면 의미가 없다. 따라서 교사는 학생들에게 사고하는 방법과 기술을 가르쳐야 한다. 학생들이 매우 빠르게 변화하는 엄청난 정보의 시대에 살고 있기 때문에 이런 시대에서 성공적인 삶을 살려면 고차적 수준의 사고를 가르쳐야 한다. 여기서는 먼저 사고의 의미와 범주에 대해 살펴본 후, 복잡성 수준에 따른 사고 과정과 고차적 사고를 자극하는 방법에 대해 알아본다.

1) 사고의 의미와 범주

학교의 일반적 교육목표는 학생들이 학업뿐만 아니라 일상생활에서 자신의 생활에 도움이 될 수 있는 지식 획득을 도와주는 것이다. 생활 속에서 이용할 수 없거나 활용할 수 없는 지식을 비활성 지식(inert knowledge)이라고 한다면, 대부분의 사람들은 지식을 잘 활용할 수 있는 능력을 사고라고 한다(김정섭 외 공역, 2010). 우리가 "지금 생각 중이야."라고 말할 때, 이 말의 참뜻은 '나는 지금 내부적인 상징들을 의미 있는 방식으로 조정하려고 애쓰고 있다'는 것을 의미한다. 사고란 뇌가 이전 표상을 이해하거나 또는 기존에 존재하지 않는 새로운 모형을 창조하기 위해 이전 표상과 접촉하는 하나의 과정이다(Jensen, 2008).

사고는 그 순간에 어디에 있었고, 목적지가 어디이고, 거기까지 어떻게 도달하는지에 대한 일상적인 추론을 포함한다. 사고는 또한 개념을 발전시키고, 단어를 사용하며, 문제를 해결하고, 미래를 예측하고 추론하고 직관하는 것을 포함한다. 사고의 다른 면들은 학습, 기억, 창의성, 의사소통, 논리 및 일반화를 포함한다. 우리가 이러한 면들을 언제, 어떻게 사용하는가는 환경과의 많은 상호작용의 성공과 실패를 좌우한다.

인간의 사고는 질문에 따라 적절한 해답을 얻기 위해 서로 다른, 그리고 좀 더 복잡해지는 사고과정을 필요로 한다. 따라서 일부 사고는 다른 사고들보다 복잡하다. 뇌 정밀연구에 따르면, 문제해결 과제가 더 복잡해짐에 따라 전두엽의 서로 다른 부분들이 관여하게 된다(Goldberg, 2001; Jausovec & Jausovec, 2000). 또한 서로 다른 상황에 직면할 때마다 개인의 사고유형은 다양하다. 뇌는 다양한 상황에 대처하기 위해 다양한 기제(mechanism)를 발달시켜 왔으며, 논리는 그중 하나다. 그리고 정서는 사고과정에서 중요한 역할을 한다. 배우고 있는 것을 더 좋아하게 되면 더 주의 집중을 하고 관심을 가지며 고차원적인 사고를 할 수 있다. 만약 배우고 있는 것을 싫어한다면 학습하는 데 최소한의 시간만 쓰고 가장 낮은 수준의 처리과정에 머물 것이다. 이는 학습자들이 긍정적 정서를 가지면 주의 집중 범위가 넓어지고 비판적 사고기술 능력이 향상되는 반면, 중립적이거나 부정적인 정서를 가지면 주의 집중과 사고의 범위를 줄인다는 최근 연구들에서 확인되고 있다(Fredrickson & Branigan, 2005). 이처럼 인간의 사고과정은 유형과 복잡성이 다양하고 정서가 중요한 역할을 한다는 특성이 있다.

사고의 범주는 크게 저차원적인 수렴적 사고(convergent thinking)와 고차원적인 확산적 사고(divergent thinking)로 구분된다. 수렴적 사고는 주어진 문제를 해결하기 위하여 다양한 대안을 분석하고 평가하여 최종적으로 가장 적합한 문제를 선택해 가는 사고이고, 확산적 사고는 문제해결과정에서 정보를 광범위하게 탐색하고 상상력을 발휘하여 미리 정해지지 않은 다양한 해결책을 모색하는 사고다. 즉, 수렴적 사고가 하나의 주어진 정보를 통하여 가장 안전하고 확실한 대안을 산출하는 것이라면, 확산적 사고는 기존에 알려지지 않은 새로운 대안을 창출해 내는 능력을 의미한다. 인지심리학자들은 사고의 모든 영역을 자세히 설명하고자 사고의 범주를 다음과 같이 세분화하여 제시하고 있다(Sousa, 2011b).

- 영역 특정적 지식(domain-specific knowledge): 정보를 변형하고 평가하기 위해 사용하는 도구라 할 수 있는 관찰(인식, 회상 포함), 유형 찾기와 일반화(분류, 비교와 대조, 관련 정보와 관련 없는 정보 찾기 포함), 유형에 기반을 둔 결론 내리기(가설, 예측, 추론, 적용 포함), 관찰에 기반을 둔 결론 평가하기(일관성, 편견과 고정관념, 진술되지 않은 가정, 과잉 일반화와 과소 일반화 등을 검토 확인하기와 결론을 사실로 확증하기 포함)와 같은 기본 절차들을 수행하기 위해 습득되어야만 하는 특정 분야의 지식을 말한다.
- 비판적 사고(critical thinking): 객관적 기준과 일관성에 기초한 복잡한 과정이다. 비판적 사고는 객관적 준거를 활용하여 판단하고 합당한 이유와 근거가 있는 의견을 제공하는 것을 포함한다.
- 창의적 사고(creative thinking): 완전히 새로운 개념, 아이디어 또는 이해에 도달하기 위해 정보를 종합하는 것을 포함한다. 창의적 사고는 종종 준비(필요한 정보를 모으고 조사하기), 배양(곰곰이 생각하고 다른 경험들과의 관련성 만들기), 영감(새로운 아이디어가 떠올랐을 때의 "아하!"), 검증(아이디어를 검증하기 위한 방법들)의 4단계로 이루어진다.
- 초인지(metacognition): 자신의 사고과정에 대한 인지다. 초인지는 학생들이 위에서 언급한 기본 절차들을 사용할 시점과 이유, 그리고 이러한 기능들이 학습하는 내용과 어떻게 관련되는지 아는 것을 의미한다. 초인지는 동시에 발생하는 두 가지 과정으로 구성된다. 하나는 학습하는 동안의 진전 정도를 점검하는 과정이고, 다른 하나는 학습하는 동안 문제가 발생했을 때 적절한 변화를 만드는 과정이다.

2) 복잡성 수준에 따른 사고 과정

사고과정에서 복잡성(complexity)과 난이성(difficulty)은 서로 다른 심리적 작용을 한다. 복잡성은 뇌가 정보를 다루기 위해 사용하는 사고과정으로, Bloom의 교육목표 분류의 각 단계는 서로 다른 복잡성 수준을 나타낸다. 난이성은 학습자가 학습목표를 달성하기 위해서 하나의 복잡성 수준에서 기울이는 노력의 양을 뜻한다. 어떤 학습자는 학습 과제를 달성하기 위해 낮은 수준의 사고를 처리하면서도(즉, 낮은 수준의 복잡성에서도) 상당히 많은 노력을 기울일 수 있다(즉, 높은 수준의 난이성을 보일 수 있다). 미국의 각 주와 주의 수도를 말해 보라고 요구하는 질문은 교육목표 분류체계에서 가장 낮은 수준에 있지만, 대답하는 사람의 입장에서는 상당한 노력을 요하는 일이다.

교사들은 학생들을 도전적으로 자극하기 위해 무의식적으로 복잡성보다는 난이성을 더 높이는 경향이 있는데, 이는 두 개념 간의 차이를 인식하지 못하거나 난이성이 고차원적인 사고를 달성하는 방법이라고 믿기 때문일 것이다(Sousa, 2011b). 학생들에게 낮은 수준의 사고를 넘어서 생각할 기회가 제공되지 않거나, 낮은 수준의 사고에 너무 많은 노력을 하여 고차적 사고를 할 시간을 제한하는 것은 그들이 정신적으로 높은 수준으로 성장할 기회를 박탈하는 것이다.

Bloom(1956)의 초기 교육목표 분류에서는 [그림 5-6]에서 보듯이 복잡성 원칙에 따라 지식(knowledge), 이해(comprehension), 적용(application), 분석(analysis), 종합(synthesis), 평가(evaluation)의 여섯 수준으로 구분하였다. 1995년부터 많은 교육학자는 학습에 관한 최근 지식들을 토대로 초기 분류법을 개정하는 작업을 하여 2001년에 그들의 결과를 [그림 5-7]과 같이 제시하였다(Anderson et al., 2001). 개정된 분류법에서는 학습목표에 사용되기 좋도록 모든 수준의 명칭을 동사 형태로 바꾸었고, 또한 세 개 수준의 명칭을 바꾸고 두 개 수준의 위치를 바꾸었다. 지식은 암기하다(remember), 이해는 이해하다(understand), 적용은 적용하다(apply), 분석은 분석하다(analyze), 평가는 평가하다(evaluate)의 동사로, 그리고 종합은 평가와 위치를 바꾸어 창조하다(create)의 동사로 개칭되었다. 이러한 변경은 인지신경과학 분야의 최근 연구들이 최초의 성과물을 일반화하고 계획하고 생산하는 것이 수용되는 준거에 따라 판단을 내리는 것보다 복잡한 사고를 요구한다는 것을 시사한다고 연구자들이 느꼈기 때문이다. 비록 여전히 여섯 개의 개별 수준들이 있지만, 복잡성의 위계 구조는 엄격하지 않으며 광범위한 사고과정에서 수준 간의 이동을 쉽게 할 수 있다. 개정된 분류법에 따라 여섯 가지 수준을 간단히 살펴보면 다음과 같다.

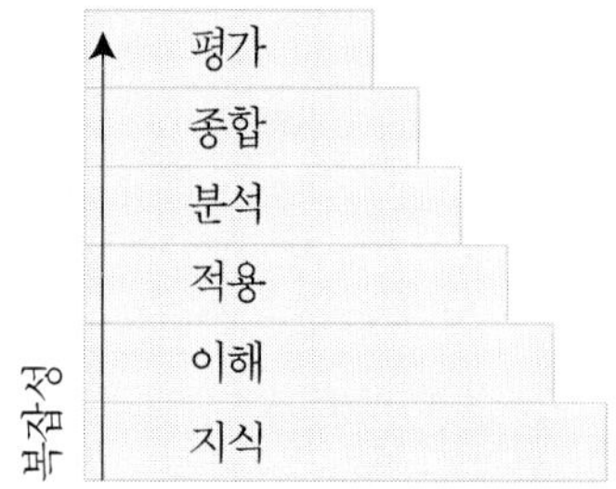

[그림 5-6] Bloom의 분류법(초판, 1956)

출처: Sousa(2011b), p. 256.

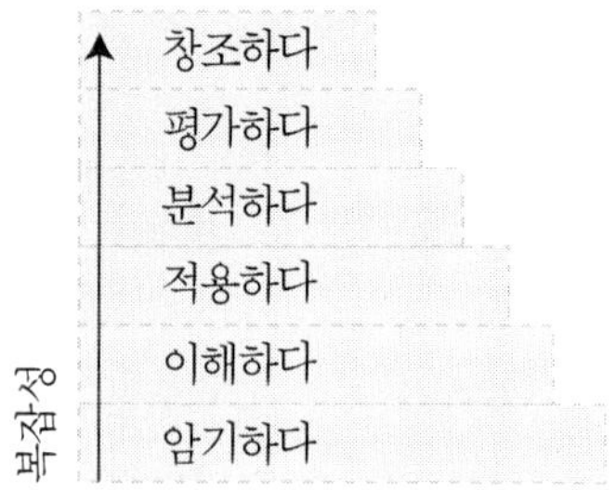

[그림 5-7] Bloom의 분류법(개정판, 2001)

출처: Sousa(2011b), p. 257.

① 암기하다: 암기는 구체적 사실에서부터 정의 또는 이론에 이르기까지 이전에 학습한 자료의 단순한 기계적 회상과 인지를 말한다. 이 수준에서 요구되는 것은 장기기억에서 정보를 학습된 형태로 가져오는 것이다. 이는 의미적 기억의 회상으로, 인지 영역에서 가장 낮은 수준의 학습이다.

② 이해하다: 이해는 자료를 이해하는 능력을 말한다. 이는 자료를 하나의 형태에서 다른 형태(언어에서부터 숫자까지)로 전환하거나, 자료를 해석하거나(이야기의 요약), 또는 미래의 경향들을 가늠하는(결론이나 결과의 예상) 것이다. 이 수준에서의 학습은 단순한 기계적 회상 이상이며, 학습자가 자료를 이해할 때 그것을 단순히 회상하는 것을 넘어 미래의 문제해결과 의사결정을 위해 사용할 수 있게 된다.

③ 적용하다: 적용은 학습한 내용을 새로운 상황에서 도움을 거의 받지 않고 활용하는 능력을 말한다. 이 수준은 문제해결을 위해 규칙, 개념, 방법 및 이론을 적용하는 것을 포함한다. 학습자는 새로운 과제를 수행하기 위해 자료를 모으고, 전달하고, 분석하는 확산적 사고를 사용하며 절차적 기억을 활성화한다. 이 수준에서는 연습이 무엇보다 중요하다.

④ 분석하다: 분석은 내용의 구조를 파악하기 위해 내용을 요소들로 쪼개는 능력을 말한다. 이 수준은 부분들을 식별하고, 부분 간의 관계를 개별적-전체적으로 검증하고, 조직적인 원리들을 인식하는 것을 포함한다. 학습자는 정보를 목록 안에 조직-재조직할 수 있어야 한다. 뇌의 전두엽은 이 수준에서 열심히 활동하며, 학습자는 사용하는 사고과정을 인지(즉, 초인지)하고 자료의 내용과 구조를 모두 이해하고 있어야 한다.

⑤ 평가하다: 평가는 구체적인 기준(학습자가 정할 수도 있고 주어지기도 함)을 토대로 내용의 가치를 판단하는 능력을 말한다. 이 수준에서 학습자는 여러 목록으로부터 기준들을 검증하고 그 상황에 가장 관련이 있는 기준을 선택한다. 이 수준에서의 활동들은 거의 항상

복합적이고 동등하게 수용 가능한 해결책을 가진다. 평가하는 것은 다른 수준들의 요소뿐만 아니라 명확한 기준을 토대로 의식적인 판단을 포함하기 때문에 높은 수준의 인지적 사고 단계다.

⑥ 창조하다: 창조는 학습자가 새로운 계획을 만들기 위해 부분들을 종합하는 능력을 말한다. 이 수준은 독특한 의사소통의 산물(에세이, 연설), 작업계획(연구제안서), 또는 정보를 분류하는 도식을 포함한다. 이 수준에서는 새로운 유형이나 구조의 형성을 매우 중요하게 여기며, 학습자가 '아하!'의 경험을 하는 확산적 사고, 즉 창의성을 강조한다. 창의적이기 위해서는 많은 정보, 이해 및 적용이 필요하다.

교사들은 능력이 뛰어난 학생들만이 분석, 평가, 창조 수준의 사고과정을 수행할 수 있다고 생각하는 경향이 있다. 그러나 능력과 실제적으로 관련이 있는 것은 복잡성이 아니라 난이성이다(정종진, 성용구, 임청환 공역, 2013; Sousa, 2011b). 복잡성과 능력 간의 잘못된 연관은 의도하지 않은 자기충족적 예언(self-fulfilling prophecy)의 결과일 수 있다. 즉, 교사들은 하나의 개념을 가르치기 위해 수업에 일정한 시간을 할당한다. 이 시간은 평균적인 학생이 학습하는 데 소요되는 시간을 토대로 하는 것이 일반적이다. 빠른 학습자들(fast learners)은 할당된 시간보다 빨리 그 개념을 학습한다. 남는 시간 동안 그들의 뇌는 종종 그 개념의 하위요소들을 중요한 것과 중요하지 않은 것으로 분류한다. 즉, 그들은 저장을 위해 중요한 특성들을 선택하고 중요하지 않은 것은 버린다. 이것이 빠른 학습자들이 그들의 기억 연결망을 혼란스럽게 하지 않고 더 빨리 회상하는 이유다. 반면, 느린 학습자들(slow learners)은 그 개념을 학습하기 위해 할당된 시간보다 많은 시간을 필요로 한다. 더 많은 학습 시간이 주어지지 않으면, 그들은 하위요소들의 일부분을 놓칠 뿐만 아니라 분류 작업을 할 시간도 갖지 못한다. 교사가 분류법의 수준을 높이려 할 경우, 빠른 학습자들은 높은 복잡성 수준에서 그 개념을 적절하고 성공적으로 사용하기 위해 그 개념의 중요한 특성들을 작업기억에 위치시키지만, 분류할 시간을 가지지 못한 느린 학습자들은 중요한 것과 중요하지 않은 모든 하위요소를 그들의 작업기억에 흩어 놓고 복잡한 사고과정에 필요한 요소들을 찾지 못한다. 결과적으로 교사들은 고차원적인 사고가 빠른 학습자들을 위한 것이고, 이들의 능력은 복잡성과 관련 있다고 확신하게 된다.

만약 교사들이 이러한 자기충족적 예언의 함정을 피한다면 느린 학습자들에게도 고차적인 사고를 자주, 그리고 성공적으로 하도록 할 수 있다. 이를 달성하기 위한 한 가지 방법은 고차적 수준에서의 연습에 필요한 시간을 확보하기 위해 덜 중요한 주제를 제거하고 교육과정을 검토하는 것이다. Sousa(2011b)는 교사들이 교육과정을 세심히 검토하고 덜 중요하다고 판단되는 잡다한 정보나 주제를 제거하여 시간을 충분히 갖고 고차적 사고를 연습하게 하면 느린 학습자들도 고차적 수준의 사고를 할 수 있다고 하였다. 교육과정의 모든 개념을 중요한 순서에 따라 목록화한 다음, 하위 20~25%의 덜 중요한 것들을 제거하고, 이를 통해 확보된 시간을 분류법의 복잡성 수준을 높이는 데 사용하며, 이 개념들을 이전에 배운 자료와 통합하고 다른 교과 영역의 적절한 개념들과 연결함으로써 긍정적 전이의 힘을 이용하면 된다는 것이다. 여하튼 교사들은 모든 학생에게 뇌의 전두엽을 관여시키고 이해력과 파지를 높이는 복잡한 수준의 고차적 사고를 할 수 있도록 가르쳐야 한다.

3) 고차적 사고를 자극하기 위한 방법

학생들이 비판적으로 사고하도록 하기 위해서는 교사가 그들에게 사고하도록 요구하는 상황을 지속적으로 제시해야 한다. 대부분의 경우, 학교는 여전히 여러 수준의 수렴적 사고를 요구한다. 학교에서의 연습과 시험은 분석과 종합을 위한 사고과정보다 기계적 암기를 통한 지식 습득에 초점을 맞춘다. 고차적 사고를 요구하는 활동을 의식적으로 포함시키려는 교사들조차 학생들에게 주로 회상과 적용에 초점을 맞춘 고부담 시험(high-stakes testing)을 준비시키는 현실에 직면한다. 답을 반복하여 암기하는 것이 답을 얻기까지의 과정보다 중요한 것이 된다. 결과적으로 학생들과 교사들은 복잡성 수준이 낮은 학습을 자주 다루게 된다. 이러한 한계점을 인식하고 교사는 학생들이 더 고차적으로 사고하도록, 즉 더 비판적이고, 더 논리적이고, 더 창의적이며, 더 깊이 있게 사고하도록 가르쳐야 한다.

(1) 긍정적 학습 분위기의 조성

교사들은 그들의 교육실제를 개선하기 위해서 창의적이고 비판적으로 성찰할 때 가치 있고 참다운 역할모델로서 기여할 수 있다. 학생들은 교사들이 학습에 대해 사랑하는 마음을 길러 주고 창의적이고 비판적인 사고를 유도하는 상황을 만드는 교실에서 사고 기술을 더 많이 학습한다. 이와 같은 긍정적 학습분위기는 교사들이 다음과 같이 행할 때 나타난다(Sousa, 2011b).

- 학습에 대한 진정한 관심과 열정을 보인다.
- 자신의 사고과정과 교실 활동을 분석하고 자신이 하고 있는 것을 설명한다.
- 정당한 근거가 있으면 자신의 입장을 고수하지 않고 바꾼다.

- 실수를 기꺼이 인정한다.
- 학습과 평가와 관련된 규칙을 설정하고 의사결정을 할 때 학생들을 참여시킨다.
- 학생들에게 교사의 견해에 무조건 동조하지 않고 그들 자신의 생각을 따르도록 격려한다.
- 학생들에게 적절한 범위에서 과제와 활동을 선택하도록 허용한다.
- 학습목표를 성취하기 위해서 고차적 사고를 요구하는 수업을 준비하고 제시한다.

이러한 학습 분위기에서 다음과 같은 다른 과정의 맥락 속에서 고차적 사고를 가르칠 수 있다(Jensen, 2008).

- 요약과 학기 말 보고서: 고차적 사고를 가르치기 위한 가장 좋은 방법은 학생들이 무언가를 쓰게 하는 것이다. 글을 쓰는 것은 자신의 생각을 조직화하고 주제에 대해 생각하며 자신이 가지고 있는 자료를 논리적으로 평가하며 설득력 있게 결론을 내리도록 한다. 좋은 글쓰기는 훌륭한 비판적 사고의 축이다.
- 직접교수법: 수업시간 동안 고차적 사고를 가르치는 방법으로 수업 자료의 이해뿐만 아니라 새로운 상황에 응용해야 하는 질문을 한다.
- 양적 연습: 수학 문제 연습 등은 일상에서 활용할 수 있는 문제해결의 기술을 가르쳐 준다. 이는 곧 고차적 사고의 증진으로 이어진다.
- 체험 학습: 과학시간의 실험을 통해 필연적으로 고차적 사고를 연습하게 된다. 실험을 통해 과학적 과정을 배우기 때문이다.
- 숙제: 전통적인 읽기 숙제나 특별한 쓰기 문제 또는 질문은 고차적 사고의 증진을 돕는다. 숙제를 통해 학생들에게 다양한 고차적 사고의 기회가 주어진다.
- 퀴즈 및 시험: 퀴즈나 시험 문제는 기계적 기억력보다도 고차적 사고력을 촉진하는 수단으로 활용될 수 있다. 논술형 및 선다형 문제 모두 해당한다.

[글상자 5-3] 고차적 사고를 자극하는 질문

고차적 사고를 자극하기 위한 수업을 계획할 때 다음의 질문을 이용하는 것이 좋다. 학생들은 매일의 수업이나 숙제 혹은 퀴즈나 시험에서 이런 유형의 질문에 친숙해질 필요가 있다(Sousa, 2011b).

- 여러분이라면 어떻게 했을까? 여러분은 이것이 왜 최고의 선택이라고 생각하는가?
- 이 상황에서 여러분이 궁금한 것은 무엇인가?
- 이것이 실제로 일어날 수 있는가? 그다음에는 무엇이 일어날까?
- 여러분은 '만약 ……라면', 어떻게 될 것이라고 생각하는가? 이것이 발생한 원인이 무엇이라고 생각하는가?
- 이것은 '……와' 어떻게 다른가? 예를 하나 든다면?
- 우리는 다음에 어디로 가야 하는가? 어디에서 이것에 관한 도움을 얻을 수 있을까?
- 우리는 중요한 어떤 점을 무시했는가?
- 이 자료의 출처를 믿을 수 있는가?
- 이것을 다른 어떤 방법으로 할 수 있는가? 여러분은 이 이론을 어떻게 검증할 수 있는가?
- 여러분은 얼마나 많은 방법을 사용할 수 있다고 생각하는가?
- 여러분은 이 저자/강연자의 주장에 동의하는가? 동의한다면/동의하지 않는다면 그 이유는 무엇인가?
- 여러분은 가장 중요한 아이디어를 분리할 수 있는가?
- 여러분은 이것을 어떻게 수정할 수 있는가? 이런 과정을 바꾸면 결과에 어떤 영향을 미칠까?
- '……'와 '……'의 차이점을 어떻게 말할 수 있는가?

(2) 고차적 사고의 기법

학생들이 교실 활동에서 새로운 개념, 원리, 이론을 학습하거나 설명할 때 고차적 사고를 촉진하는 기법을 활용할 수 있도록 가르쳐야 한다. 대표적인 고차적 사고의 기법을 몇 가지 살펴보면 다음과 같다(성용구, 임청환, 정종진 공역, 2007; 정종진, 성용구, 임청환 공역, 2013).

- 분류: 분류를 할 수 있는 학생들은 어떤 것들을 범주 안에 놓기 위한 속성을 어떻게 사용하는지를 이해한다. 그들은 또한 어떤 것들이 하나의 범주보다 많은 범주에 포함될 수도 있다는 것을 이해한다. Marzano와 Kendall(2008)에 따르면, 분류과정의 요소는 항목의 범주를 나타내고 그들이 어떻게 연관되는지를 설명하기, 항목이 분류된 속성을 정의하여 나타내기, 항목이 속한 상위 범주를 나타내고 왜 그 항목에 속하는지를 설명하기, 하나 이상의 범주를 나타내기, 벤다이어그램을 이용하기 등을 포함한다. Marzano(1992)는

학생들이 분류하는 데 도움을 주는 다음과 같은 질문을 사용하였다.
- 이것들을 어떤 그룹으로 조직할 것인가?
- 각 그룹의 멤버가 되는 규칙은 무엇인가?
- 각 그룹의 특성을 정의하는 기준은 무엇인가?

- 귀납적 추론: 이것은 구체적인 사실이나 관찰로부터 합리적이고 일반적인 결론을 도출하는 과정을 말한다. 다시 말해, 알려진 것을 이용하여 알려지지 않은 것을 예상하는 과정이다. 귀납적 추론은 학생들의 현재뿐만 아니라 생애 전체를 통하여 그들의 세계에 대해 정보에 근거한 의사결정을 도와주는 중요한 고차적 수준의 기능이다. 우리는 학생들이 그들의 생애에서 반드시 알아야 할 모든 것을 가르쳐 줄 수는 없다. 그러나 학생들이 그들의 생애를 통하여 특별히 사용할 수 있는 고차적 사고기능을 가르칠 수 있다. 지진의 형태와 지금까지 일어난 주요 지진에 대하여 공부하면 학생들은 한라산에서 앞으로 언제 어디서 지진이 일어날 것인가를 추론할 수 있다.

- 연역적 추론: 이것은 한 가지 이상의 전제들로부터 타당한 결론을 이끌어 내는 과정을 말한다. 즉, 귀납적 추론이 관찰과 사실에 근거하여 가능한 결론을 도출하는 것과는 다르게 절대적인 개념이나 기준으로 이끄는 규칙이나 원리에 기초를 둔다. 귀납적 추론은 알려지지 않은 것을 다루지만, 연역법은 원리나 규칙에 기초를 두고 알려진 것을 다룬다. 예를 들면, 피보나치 수학(Fibonacci math)에서 수열 1, 2, 3, 5, 8 다음은 13이다. 이것은 이미 알려진 사실이다. 앞의 두 수를 더하여 다음의 수를 만드는 규칙이기 때문이다. 이와 같이 우리는 수열에서 다음의 수가 13이라는 것을 이끌어 낼 수 있다. 연역적 추론은 오직 전제가 참일 때만 가능하다. 연역적 추론을 연습하는 가장 좋은 방법 중 하나는 삼단논법(syllogism)을 사용하는 것이다. 삼단논법은 두 개의 전제로부터 하나의 결론을 이끌어 내는 것을 말한다(Marrero & Gámez, 2004). 흔히 쓰이는 삼단논법은 아래와 같다.
- 모든 A는 B다.
- 모든 B는 C다.
- 따라서 모든 A는 C다.

- 오류 분석: 사고하는 데서 오류를 알아내고, 자기 스스로의 사고를 평가하고 다른 사람의 사고를 평가하는 능력은 개발해야 할 가치가 있는 기능이다. 이런 능력은 개인적인 가치

평가를 포함하기 때문에 반드시 대중적인 기능은 아니다. Marzano(1992)는 오류를 분석하는 데에 도움이 되는 다음과 같은 몇 가지 질문을 권장하였다.
– 이 정보 안에 있는 논리의 오류는 무엇인가?
– 이 정보는 어떻게 오류로 이끄는가?
– 이것은 어떻게 교정되고 개선될 수 있는가?

- 근거 구성하기: 아이디어의 근거를 구성하는 것은 삶의 중요한 부분이다. 능숙하게 근거를 수집하는 능력이 포함된 원리를 학습하는 학생들은 중요한 삶의 기능뿐만 아니라 그들의 지식을 확장하는 데 도움이 되는 도구를 갖게 될 것이다. 이런 능력에 기초를 둔 설득력 있는 글이 있다. Marzano(1992)는 근거 구성하기에 대한 네 개의 범주를 다음과 같이 제시하였다.
– 인물을 통한 호소: 이런 호소를 사용할 때는 화자나 작자가 이를 목적으로 선호해야 한다. 이것은 보통 이야기나 일화의 형식에 대한 화자나 작자의 개인적인 정보를 통하여 이루어진다.
– 인정된 신념과 전통을 통한 호소: 화자나 작자가 청중에게 널리 퍼져 있는 보편적 진실을 사용한다. 예를 들면, "대구에서는 이것이 우리가 일을 행하는 방식이다." 등이다.
– 수사(修辭)를 통한 호소: 언어와 몸짓을 사용하여 화자나 작자가 청중에게 호소한다.
– 논리를 통한 호소: 화자나 작자가 증거와 예시 등을 사용하여 자기의 사고과정을 청중에게 설득한다. 예를 들면, "이 나라에서는 세계의 모든 사람이 매일 2,500 킬로칼로리 이상을 섭취할 만큼의 충분한 식량을 매년 생산하고 있습니다. 그런데도 세계 곳곳에서는 왜 빈곤 문제가 발생하고 있는 것입니까?" 등이다.

- 관점 분석하기: 이것은 자기 자신이 아닌 다른 사람들의 관점에서 사건과 정보를 조망하는 학습자의 능력이다. Marzano(1992)는 관점을 분석하기 위해 다음과 같은 질문을 제안하였다.
– 어떤 사람은 왜 이것을 좋게(혹은 나쁘게 혹은 보통으로) 생각하는가?
– 그들의 관점 뒤에 숨어 있는 이유는 무엇인가?
– 대안적인 관점은 무엇이며, 그 뒤에 숨어 있는 이유는 무엇인가?

제 6 장

동기, 정서와 학습

동기와 정서는 학습에 영향을 미치는 주요 요인이다. 동기 없이는 학습이 제대로 이루어지기 어렵고, 정서는 그 상태에 따라 기억이나 판단을 비롯한 인지 학습에 강력한 영향을 미치기 때문이다. 동기는 정서와 행동을 연결하는 과정으로서 중요한 몫을 하며, 정서 상태는 특수한 행동을 유발하기도 한다. 동기와 정서의 가장 핵심적인 신경구조는 시상하부와 뇌하수체, 변연계, 전두엽 등이다. 이런 점에서 동기와 정서는 밀접한 관계를 가지기도 한다. 이 장에서는 동기와 정서가 학습과 어떤 관련성이 있으며, 학습을 극대화하기 위해 동기를 유발하고 최적의 정서 상태를 유지하기 위한 방안이 구체적으로 무엇인지 살펴본다.

1. 동기와 학습

인간의 동기를 뇌와 관련지어 상상력 있게 펼친 Werber(2002)의 소설 『뇌(*L'Ultime secret*)』를 보면 "마침내 사뮈엘 핀처가 세계 최고의 컴퓨터인 딥 블루IV와의 체스 경기에서 이긴다. 승리자인 핀처는 다음과 같이 승리연설을 한다. '…… 저의 이 승리는 어떤 은밀한 동기 덕분에 이루어졌습니다. 이론적으로 컴퓨터는 언제나 사람보다 체스를 잘 두게 되어 있습니다. 컴퓨터는 기분에 휩쓸리지 않기 때문입니다. …… 컴퓨터는 제 능력을 오직 한 경기에만 집중합니다. 이미 둔 수에 연연하지 않고 언제나 최선의 수를 찾아서 둡니다. 그래서 사람과 컴퓨터의 체스 대결을 보면 항상 컴퓨터가 이깁니다. …… 하지만 컴퓨터는 동기의 영향을 받지도 않습니다. 딥블루IV는 설령 승리한다 해도 얻을 게 없습니다. …… 하지만 강한 동기를 지닌 사람은 한계를 모릅니다. 오디세우스가 수많은 위험과 맞서며 지중해를 건넜던 것은 그에게 강한 동기가 있었기 때문입니다. …… 사람들이 더 이상 자신의 한계를 극복하려 하지 않는다면, 인류는 죽음을 면치 못하게 될 것입니다. …… 여러분을 이렇게 또는 저렇게 살아가도록 만드는 주된 동기는 무엇입니까?"(이세욱 역, 2002)라는 동기의 중요성을 강력하게 드러내는 글이 있다.

이처럼 동기는 인간이 어떤 목표를 추구하게 하는 원동력으로, 인간의 놀라운 진보는 바로 강력한 동기가 있기에 가능한 것이다. 구체적으로 동기란 어떤 행동을 발생시키고, 그 행동을 유지시키며, 그 행동의 방향을 정해 주는 요인으로 정의할 수 있다(정종진, 1996; Gage & Berliner, 1998). 결국 동기란 인간의 행동을 활성화하고 행동의 방향을 정해 주는 심리적 요인으로 인간의 행동을 특정한 목표로 이끄는 내적인 힘을 의미한다. 학습에 동기가 미치는 과정을 보면 동기는 학습목표를 향하여 행동하도록 하고, 노력과 에너지를 증가시키고, 활동을 시작하게 하고 지속하게 하며, 인지적 과정을 촉진하고 수행을 높인다. 여기서는 학습과 관련하여 동기 저하의 원인으로서의 학습된 무기력, 외재적 동기의 문제점과 내재적 동기의 중요성, 그리고 동기 유발을 위한 전략에 대해 알아본다.

1) 동기 저하의 원인: 학습된 무기력

학생들의 동기를 저하시키는 원인은 매우 다양하고 학생에 따라 다르지만, 다음과 같이 상당히 보편적이고 공통적인 원인들이 있다(권형규 역, 2011).

- 긍정적 관계의 결핍: 교사와의 부정적인 관계나 가장 친한 친구의 결핍은 동기를 저하시킬 수 있다.
- 학습된 무기력: 이러한 태도는 초등학교 학생들보다 중학교와 고등학교 학생들에게서 더 흔히 나타난다.
- 자신의 문화나 윤리성에 대한 경시: 모든 문화는 언어, 일련의 가치, 일련의 학습양식, 그리고 직업윤리를 후세대에게 전한다.
- 위협의 지각: 위협은 실제적이거나 상상적일 수 있는데 등 · 하교 동안에, 복도에서, 또는

교실에서 위협을 느낄 수 있다.

- 뇌 염색체: 비정상적인 뇌기능은 발달지체, 난독증, 정서불안 혹은 집중력 결핍의 결과를 가져올 수 있다.
- 약물 사용: 마리화나의 사용은 동기를 크게 저하시킨다. 만성적인 알코올 사용은 대부분 처방전 없이 치료를 받는 것처럼 동기를 감소시킨다.
- 학습문제나 숙제가 관련성이 없다는 지각: 중요하지 않다고 생각하는 일을 열심히 하지 않듯이 학습문제나 숙제가 자신과 관련이 없고 중요한 것이 아니라고 지각하면 열심히 수행하지 않는다.

이러한 원인 중에서 여기서는 학습된 무기력(learned helplessness)에 초점을 두고자 한다. 보통 대부분의 좋은 학습환경은 학생들의 적극적인 학습을 장려한다. 건강한 뇌는 현명한 선택을 하는 반면에 건강하지 못한 뇌는 현명하지 못한 선택을 한다. 학습된 무기력이라는 증상을 경험하는 학생들은 후자 부류에 속한다. Seligman(1975)은 학습된 무기력이란 유기체가 자신의 환경을 통제할 수 없게 되면 그 결과로 통제하려는 시도를 포기하는 것을 학습한다고 하며 무기력도 학습된다고 주장하였다. 그에 의하면 인간이 통제할 수 없는 혐오적인 사건에 직면하여 자신의 반응으로 미래의 결과를 통제하지 못할 것이라는 예측, 즉 자신의 반응이 결과에 영향을 미치지 못한다는 예측에서 무기력이 발생한다고 하였다. 이것은 원래 실험실에서 통제 불가능한 전기 충격에 노출된 개가 나타내는 반응을 묘사하기 위해 사용되던 개념이다. 즉, 우리에 넣어진 개가 충격을 피할 수 없다는 것을 학습하게 되면 반응 없이 전기 충격을 받게 되며, 나중에는 전기 충격을 피할 수 있는 상황이 되어도 피하려 하지 않는 실험 결과에서 나온 것이다.

학습된 무기력은 교육 상황에서 보면 아무리 노력해도 실패할 수밖에 없다는 신념 때문에 노력을 하지 않는 것을 말한다. 즉, 아무리 노력해도 성공할 수 없다고 생각하고 목표 자체를 설정하지 않으며 학습에 대해 어떠한 시도조차 하지 않고 쉽게 포기하는 상태를 말한다. 실패가 거듭될수록 '나는 바보야'라고 실패의 원인을 자신의 능력 부족으로 돌리며, 그로 인해 절망감과 수치감에 휩싸인다. 그리고 누구도, 그 무엇도 자신에게 도움을 줄 수 없다고 생각해 도움을 구하지 않고 과제를 수행하려는 시도조차 하지 않는다(신명희 외, 2014). 학습된 무기력의 주요 증상과 관련 행동은 〈표 6-1〉과 같다.

어떤 이유에서 학생들이 학습된 무기력을 느끼게 되는 것일까? 도대체 무엇이 학생들을 학습에 참여하지 않고 교실에 우두커니 앉아 있는 존재로 만드는 것일까? 학습된 무기력을 겪고 있는 학생들은 앞에서 언급한 증상에도 나타나듯이 노력과 결과 사이에 믿을 수 있는 인과관계

표 6-1 학습된 무기력의 주요 증상과 관련 행동

주요 증상(Jensen, 2008)	관련 행동(전성연, 최병연 공역, 1999)
• 무슨 일이든 주의를 기울이지 않는다. • 시작하기 전에 포기하거나 긍정적 결과를 회피한다. • 동기가 결핍되어 있고 우울과 불안의 정서를 보인다. • 요청에 응하지 않거나 지시에 따르지 않는다. • 적대적인 유머에 크게 관심을 보인다. • 인지적 손상이 있다. • 어떤 일의 결과는 노력과 무관하다고 믿는다. • 수동성을 보인다. • 자기 스스로 부과한 한계를 느낀다.	• "난 할 수 없어." 라고 말한다. • 교사의 지시에 주의를 기울이지 않는다. • 도움이 필요할 때에도 도움을 요청하지 않는다. • 아무것도 하지 않는다. • 성공에 자부심을 느끼지 않는다. • 지루하고 재미없어하는 것처럼 보인다. • 노력하라는 교사의 충고를 받아들이지 않는다. • 쉽게 좌절한다. • 교사의 질문에 자발적으로 대답하지 않는다. • 교우관계가 원만하지 않다.

가 없다고 정말로 믿기 때문에 행동으로 실천하려 하지 않는다. 다시 말하면, 자신의 주변환경에 대한 통제력이 없다고 생각하기 때문에 시도를 하지 않는 것이다. 학습된 무기력을 초래할 수 있는 몇 가지 원인은 다음과 같다(Jensen, 2008).

- 반복적으로 외상 경험에 노출되거나 과도한 스트레스가 계속되면 학습된 무기력이 발생할 수 있다. 자신이 통제할 수 없거나 영향력이 부족하다고 느낄 때 학습된 무기력의 발생 가능성이 커진다.
- 학습된 무기력은 사회의 영향을 받을 수 있다. 많은 문화권에서 좋은 일이 발생하든 나쁜 일이 발생하든 간에 '그것은 신의 뜻이다'라는 태도가 우세하다. 이는 '신은 우리에게 자신의 운명을 선택할 수 있는 힘을 주었다'는 것과 다른 관점이다.
- 학습된 무기력은 특정 맥락에서 반복되는 통제 불능의 경험에 의해 학습될 수 있다. 예를 들어, 풀 수 있는데도 과거 곱셈 문제에서 틀린 기억 때문에 무기력을 느낀다.
- 다른 사람의 통제 불능 사건을 관찰하게 되면서도 학습된 무기력이 발생할 수 있다. 예를 들어, 날마다 텔레비전에서 세계 재앙을 보게 되면 학습된 무기력에 영향을 미칠 수 있다. 또한 오랜 기간의 심각한 빈곤으로 사회복지 지원을 받은 가정에서 성장한 학생의 경우에도 학습된 무기력이 발생할 수 있다.
- 좋은 의도였지만 지나치게 통제적인 관계는 학습된 무기력을 강화할 수 있다. 자녀의 숙제를 대신해 주는 부모나 학생이 도움을 요청할 때 대신 떠맡아 하는 교사의 경우 모두 학습된 무기력의 증상 유발자라 할 수 있다.

동기부여가 안 된 학생이라고 해서 대부분이 학습된 무기력 증상을 보이는 것은 아니다. 뚜렷한 목표의 부재, 각성 저하, 영양 결핍, 가치 갈등, 게으름, 알맞지 않은 학습양식, 편견, 자원 부족으로 인한 일시적인 동기 결핍일 가능성이 크다. 진짜 학습된 무기력은 심각하고 만성적인 상태다. 몇 번의 칭찬과 웃음만으로는 치료되지 않는다. 만성적인 학습된 무기력 증상을 보이는 학생을 지도하기 위해서는 인내심을 갖고 다음과 같은 활동을 전개하는 것이 도움이 된다 (Jensen, 2008).

- 학습된 낙관주의(최호영 역, 2008) 가르치기
- 교실에서의 긍정적 정서 상태 확장과 부정적 정서 상태 재조정
- 지역사회 봉사 활동에 참여(예: 보이/걸 스카우트, 적십자, 교육봉사)
- 적극적인 역할 수행(예: 학교정책이나 지역사회정책을 바꾸기)
- 어느 정도 선택 권한이 있는 수업 계획(예: 현장답사, 팀워크, 공 패스)
- 개인 기능의 강화(예: 응급처치, 무술, 학력경시대회)
- 신체 몰입 활동에 참여(예: 외부 활동, 캠핑, 슈퍼캠프, 신병 훈련소)
- 적극적인 취미생활 하기(예: 동물 돌보기, 스케이팅, 스포츠)
- 가사 활동 돕기(예: 밥하기, 청소, 정원 가꾸기, 세차)
- 스포츠, 영화, 음악 프로그램 즐기기

이 방법들의 공통된 점은 어떤 사건의 결과를 통제할 수 있다는 학생들의 지각을 증진시킨다는 것이다. 학습된 무기력 상태의 학생들에게 동기를 부여하기 위해서는 무엇보다도 성공 경험을 통해 자신감을 가질 수 있도록 해야 한다. 자신감을 불어넣어 주기 위해서는 무엇보다도 환경에 대해 통제할 수 있는 기회를 더 많이 제공해야 한다. Glasser(1999)는 그의 저서 『선택이론(*Choice theory*)』에서 통제력이 사실이든 착각이든 자신감을 증가시킨다고 말하였다. 통제력이 없으면 우울증, 불안, 무기력, 스트레스, 긴장감이 증가할 수 있다. 학습된 무기력은 학교에서 학업부진을 보이는 학생들에게서 흔히 나타나는 상태이지만, 또한 교직원들이 학생들을 통제하고 조정하는 강압적인 학교의 학생들에게서 흔히 나타나기도 한다. 뇌는 본래 호기심과 동기를 가진 상태이기 때문에 학교와 교사는 스스로 "학생들을 무기력하게 하는 우리의 행동에는 어떤 것들이 있는가?" "우리의 행동이 어떻게 학생들을 무기력하게 하며 이를 어떻게 변화시킬 수 있는가?" 와 같은 질문을 던져 보아야 한다.

2) 동기의 유형: 외재적 동기와 내재적 동기

동기는 크게 외재적 동기(extrinsic motivation)와 내재적 동기(intrinsic motivation)로 구분할 수 있다. 외재적 동기는 활동하는 과정과 무관한 외적 요소, 즉 과제의 해결이 가져다줄 보상이나 벌에서 비롯되는 동기다. 외재적으로 동기화된 학습자들은 특정 활동과 이에 대한 성취가 가져오는 좋은 성적, 돈, 인정을 원한다. 외재적 동기는 과제의 결과에 대해 강화가 주어질 때만 작동하는 것이어서 결속력이 없다. 자극과 반응을 결합하여 인간의 행동을 변화시키려는 행동주의자들은 외재적 동기유발을 중시한다. 외재적 동기가 높은 학습자들은 다른 사람들이 학습하도록 자극해야 학습하고, 낮은 수준의 피상적인 정보처리만을 하는 경향이 강하며, 쉬운 과제에만 흥미를 가지고 수업의 최소 요구 사항만을 만족시키려고 한다.

반면, 내재적 동기는 개인의 내적 요인과 그가 수행하는 과제 자체에 의하여 동기화되는 것으로, 수행하는 과제 자체와 이에 대한 본인의 흥미, 호기심, 자기만족감과 성취감 등에서 비롯되는 동기다. 수학의 특성을 재미있어 하고 이를 이해하려고 자발적으로 노력하는 경우가 그 예라 할 수 있다. 내재적 동기는 과제 수행의 결과에 대해 주어지는 강화와 관계없이 활동 그 자체나 그로 인한 성취감이 보상으로 작용하기 때문에 지속력이 강하다. 인간의 내적 정신과정을 중시하는 인지주의자들은 내재적 동기를 중시한다. 내재적 동기가 높은 학습자들은 어려운 과제를 완성해 나가는 데에 적극적이며 학습 자료를 배우고자 하는 열성을 보이고, 유의미한 학습, 정교화, 심상화 전략 등을 사용하여 습득된 정보를 효율적으로 처리하며 결과적으로 높은 수준의 성취를 나타낸다. 내재적 동기 수준이 매우 높은 학습자는 과제를 수행하는 데 너무 몰두하게 되어서 시간의 흐름이나 수행 중인 과제와 무관한 다른 과제를 완전히 무시하게 되고, 심지어 자신에 대한 생각까지도 잊어버리는 몰입 현상을 보인다(Csikszentmihalyi, 1996).

외재적 동기는 공부하는 것이 최종 목적의 수단으로 쓰이는 반면, 내재적 동기는 공부하는 그 자체를 목적으로 하는 동기다(Schunk, Meece, & Pintrich, 2013). 즉, 외재적 동기는 어떠한 상황으로의 참여가 목표 달성을 위한 수단이 된다면, 내재적 동기는 참여 자체가 목표인 동기다. 동기와 학업성취의 관계에 대한 연구를 보면, 내재적으로 동기화된 학생이 외재적으로 동기화된 학생보다 높은 성취를 보인다(Gottfried, 1985). 내재적으로 동기화된 학습자는 결과에 관계없이 학습이나 행동을 지속적으로 수행하며, 내재적 동기는 기계적 암기학습이 아닌 이해를 통한 개념학습을 주도하기도 한다. 이처럼 학습자의 내재적 동기가 학습에 지대한 영향을 미친다는 측면에서 보면, 내재적 동기는 외재적 동기보다 바람직한 동기임에 분명하다. 학습 상황에서 내재적으로 동기화된 학생들은 다음과 같은 행동 특성을 나타낸다(Stipek, 2002).

- 학습활동을 자발적으로 시작한다.
- 도전감 있는 과제를 선호하거나 과제의 도전적인 측면을 추구한다.
- 학교학습을 학교 밖의 활동이나 흥미와 자발적으로 관련시킨다.
- 현재 수행하는 과제와 관련된 질문을 해서 지식의 폭을 확장한다.
- 반드시 이수해야 할 과제는 물론 다른 영역에도 관심을 갖는다.
- 자신이 아직 완성하지 못한 과제를 중간에 그만두려고 하지 않는다.
- 외재적 보상(예: 성적, 교사의 점검)과 상관없이 과제를 수행한다.
- 과제를 수행할 때 미소를 지으며 즐기는 것처럼 보인다.
- 자신의 성취 결과에 자부심을 표현한다.

(1) 외재적 동기의 문제점

가정과 학교에서는 오랫동안 아동의 동기를 유발하기 위해서 노력해 왔고, 이를 위한 방법으로 사탕, 스티커, 타임아웃(time-out), 칭찬, 점수, 보상 등을 널리 사용해 왔다(Zull, 2002). 이처럼 외재적 동기가 널리 사용된 것은 바람직한 행동을 증가시키기 위해서는 보상과 같은 강화를 하고 바람직하지 못한 행동을 없애기 위해서는 그런 행동을 무시하거나 벌을 주어야 한다는 행동주의 학습이론이 깊게 자리 잡고 있었기 때문이다. 그러나 학생들을 통제하고 조정하고 관리하며 영향력을 미치려는 노력으로 외재적 동기를 사용하는 것은 많은 문제점을 내포하고 있으며, 뇌의 본능적 운영 법칙을 고려하면 이 방법은 결코 생산적이지 못하다. 뇌의 작용기제와 관련하여 외재적 동기의 문제점을 몇 가지 살펴보면 다음과 같다.

첫째, 외재적 동기는 단편적인 학습에만 효과적이고, 그 효과 또한 단기적이다. 비창의적인 과제 및 기억력, 반복적 과제 수행과 같은 단편적이고 간단한 반응은 외재적 동기에 의해 일시적으로 촉진되지만 창의적이고 사려 깊고 더 복잡한 행동은 외재적 동기에 의해 수행의 질이 떨어진다는 Deci와 Ryan(1987, 1991)의 연구에 비추어 보더라도, 뇌는 간단한 과제와 복잡한 과제의 해결에서 보상에 반응하는 방법이 현저하게 다르다는 것을 알 수 있다. 또한 뇌는 자체 내에 동기유발 기제가 있어서 외재적 동기를 줄여 뇌의 정보처리 기제(mechanism)를 통제하려 할 때보다 신기하거나 관련성이 있거나 과제 수행에 대한 피드백이 주어질 때 만족한다. 이를 위해서는 결과보다 과정이 더 중요한 포괄적인 프로젝트와 문제해결의 기회를 제공해야 한다. 그런 활동이야말로 뇌의 작용 기제에 부응하는 진정한 의미의 동기유발 방법이다(김유미, 2003). 한편, 외재적 동기에 의한 행동 변화의 지속시간 또한 일시적이고 단기적인 것으로 나타났는데, 그것은 학습 내용이 학생의 변연계 수준까지 내면화되지 못하고 대뇌피질에 머물다가 사라져 버리기 때문이다(Jensen, 1996). 그에 반해 학습과제 자체가 흥미 있고 의미 있는 내용일 경우에는 정서적 기억을 담당하는 편도체가 그 학습 과제를 즐거운 것으로 수용하여 동기유발이 용이할 뿐만 아니라 기억에도 효과적이다(김유미, 2002a). 거의 20년에 걸쳐 진행한 12개의 연구에서 Amabile(1989)은 보상과 같은 외재적 동기가 업무 성과의 질을 떨어뜨리며, 장기적 측면에서 효과가 없다는 점을 발견하였다. 또한 Kohn(1993)은 보상과 같은 외재적 동기는 단지 특정한 그 순간만의 행동을 바꿀 뿐이지 그 사람 자체를 변화시키지 못하며, 학생들이 진정으로 목표 달성을 하도록 돕는 것이 목적이라면 외재적 동기는 아무런 효과가 없다고 하였다. Kazdin(1977) 역시 보상과 같은 외재적 동기가 일시적으로 효력을 발휘할 수 있지만 바람직한 결과를 유지할 수는 없으며, 보상이 더 이상 없을 경우 행동을 멈추게 된다고 결론을 내렸다.

둘째, 외부에서 보상이나 벌과 같은 외재적 동기가 주어지는 상황에서 뇌가 가장 먼저 발견한 것은 통제력의 상실이다(Zull, 2002). 뇌가 그런 방식을 의식적으로 인식하지 못할지라도 뇌는 5,000년 이상 동안 통제당하는 것을 탐지하고 저항하도록 진화되어 왔다. 그런 방식으로 적용해 온 뇌가 외재적 동기를 접해 본래의 처리방식을 포기한다는 것은 결코 쉬운 일이 아니다. 이처럼 주도적으로 진화되어 온 뇌가 외재적 동기를 받고 아무것도 통제할 수 없다고 느낄 때 학생들은 고차적인 기능을 수행하지 못하고 생존지향적인 존재가 되고 만다. 또한 뇌는 내재적 동기유발 체계가 있어서 스스로 어떤 행동을 하도록 동기가 유발될 수 있음에도, 외부에서 강화가 주어질 경우에 더 이상 내재적 동기유발 체계에 의존하지 않고 주의 체계가 외부에서 주어지는 보상이나 벌과 같은 외재적 동기로 기울어지고 그에 의존하게 된다(Ryan & Deci, 2000). 다시 말해, 뇌는 금방 보상에 습관적이 된다(Koob & LeMoal, 2001). 이때 학생들은 보상을 받거나 벌을 피하기 위해 확실하고 예측 가능한 반응만을 하기 때문에 사고의 질이 떨어진다. 이런 경우에 학생들에게 주어지는 보상은 그들에게 또 다른 불안이나 위협 요인이 될 수 있다. 그것은 보상이 존재하는 교실에서 보상을 받지 못한다는 것이 학생들에게는 곧 벌을 받는 것이나 마찬가지일 수 있기 때문이다(김유미, 2003).

셋째, 뇌의 내재적 동기유발 체계는 학생마다 다르다(권형규 역, 2011). 학생들이 어떻게 반응할지는 선천적인 유전 요인과 독특한 방식으로 뇌의 망을 구성하는 생활 경험에 따라 달라진다. 예를 들어, 폭력이나 위협 혹은 심한 스트레스와 관련된 초기의 생활 경험이 실제로 학생들의 뇌를 재구성할 수 있다. 그런 환경에서 자란 뇌는 생존을 위해 노르아드레날린을 위한 수용장소를 더 개발하게 된다. 그로 말미암아 신경과민, 학습에의 무관심, 반항, 공격성과 같은 행동이 나타난다. 이런 학생의 뇌는 살아남으려는 데에만 연연하도록 생활해 왔기 때문에 과제를 완성한 후에 느끼는 만족감에 의해 보상을 받는 일이 거의 없다. 따라서 교사는 동일한 외재적 동기라 하더라도 학생들에 따라 다르게 받아들여진다는 것을 알게 된다. 결국 교사가 모든 학생에게 공정한 동기유발 체계를 사용한다는 것은 매우 어려운 일이다.

이러한 사실에 비추어 볼 때, 그동안 가정이나 학교에서 널리 사용되어 온 외재적 동기는 뇌의 동기유발 기제에 역행하는 요소들을 상당히 포함하고 있다. 뇌 형성기에 있는 학생들이 외재적 동기에 길들 경우, 그들이 후에 어떤 과제를 접했을 때 그들의 뇌는 내재적 동기유발 기제를 사용하려고 하던 이전의 방식과는 아주 다른 방식으로 반응하게 된다(Ryan & Deci, 2000). 그러므로 교사는 뇌의 타고난 동기유발 기제를 파악하여 학생들의 내재적 동기에 초점을 두고 내재적 동기를 유발할 수 있는 방안을 활용해야 한다.

[글상자 6-1] 뇌의 동기유발 과정

동기유발이 이루어지려면 먼저 '뭔가를 하고 싶다'와 같이 편도에서 쾌/불쾌의 감정이 일어나야 하고, 편도체에서 자극을 받아 시상하부에서 본능적인 욕구가 일어나야 한다. 이러한 감정과 욕구에 대한 정보를 받아서 '그렇다면 노력해야지'라는 기분이 드는 것이 전대상(anterior cingulate)이다. 마침내 전대상의 의욕으로 말미암아 순서를 생각하고 행동을 결정한다. 이때 의욕이나 집중력에 관여하는 신경전달물질이 도파민이다. 이러한 동기유발의 과정을 보면 우리가 어떤 정보에 대해 어떻게 느끼느냐, 즉 정서 상태가 상당히 중요함을 알 수 있다(Izard & Ackerman, 2010; Reeve, 2008). 그것은 시상하부로부터 정보를 받은 편도체가 어떤 정보를 즐거운 것으로 지각할 경우에는 대뇌피질이 투입된 정보를 심사숙고하여 처리하고 중격측좌핵에서 도파민과 같은 화학물질이 분비되어 전대상이 뭔가를 하려는 의욕을 보이고 전두연합 영역이 어떤 행동을 하려고 결정하겠지만, 불쾌하거나 위협적이라고 지각할 경우에는 무조건 그 상황을 회피하려 하고 정보를 심사숙고하여 처리하지 못하며 코르티솔이라는 신경전달물질이 분비되어 학습과 기억이 감소되기 때문이다.

그러면 동기가 최적으로 유발될 때 뇌는 어떤 상태인가? 이에 대해 Howard(2014)는 생리학적 측면에서 면역체와 대뇌피질이 최적으로 기능하고, 변연계가 적절하게 활성화되며, 식사와 운동이 적절하고, 뇌의 쾌락센터가 효과적으로 기능할 때라고 설명한다. 이렇게 뇌의 동기유발 기제가 최적으로 작용한 상태를 Jensen(2005)은 교육과 관련지어 위협의 제거, 선택의 기회와 목표 설정, 긍정적 분위기의 제공, 긍정적 정서의 활성화와 활용, 관련성 있는 교육과정과 일관된 활동의 제공, 피드백 주기라고 제시하였다(권형규 역, 2011). 이처럼 동기가 최적으로 유발된 상태는 Caine과 Caine(1994)이 제시하는 뇌기반 교육과 일맥상통한다. 그들이 제시하는 뇌기반 교육에서는 학생들이 교육경험에 완전히 몰두할 수 있는 복합적인 학습환경, 위협이나 공포가 없는 도전적인 분위기, 정보를 적극적으로 처리함으로써 정보를 공고화하고 내면화할 수 있는 기회가 강조되기 때문이다.

이와 같이 뇌기반 교육에서는 이미 뇌의 동기유발 기제를 활용하는 요소들이 내포되어 있어서 과외로 무언가를 제공하는 것이 불필요하다. 그러나 현재의 교실현장은 이러한 뇌기반 교육과는 거리가 먼 실정이다. 이러한 사실은 '학생들이 왜 강력한 학습 동기를 나타내지 않는가?' 라는 질문을 제기해 봄으로써 분명하게 드러난다(권형규 역, 2011). 그 이유로는, 첫째, 과거의 연상이 부정적이거나 무관심한 상태를 야기하기 때문이다. 과거에 부정적 정서를 자극한 연상은 편도에 기억된다. 후에 그런 연상이 떠오르는 순간, 뇌는 과거의 그 사건이 다시 일어난 것처럼 작용한다. 이는 어떤 교과에서의 지속적인 실패나 교실에서 모욕을 당한 사건에 대한 기억과 같은 것들이 그런 감정을 되살아나게 하기 때문이다. 그럴 경우에 학생들은 학습에 대한 부정적 정서가 남아 그 장면을 피하려 한다. 둘째, 부적절한 학습양식, 자료의 부족, 선택의 기회 부족, 문화적 금기, 편견, 실패에 대한 공포, 존중의 부족, 관련성이 없는 내용 등과 같은 심리사회적 환경 때문이다. 이러한 환경에 직면하면 동기가 유발되기 어렵다. 셋째, 과제의 자기 미래와의 관련성 부족 때문이다. 이런 문제를 극복하기 위해서는 분명하고 확고한 목표가 있어야 하며, '이 과제를 충분히 해낼 수 있다'는 내용에 대한 신념과 '이 과제를 해결할 만한 관심과 자원이 충분하다'는 상황에 대한 신념이 있어야 한다. 이런 긍정적인 목표와 신념은 좌뇌 전두엽을 관여시키고 엔도르핀뿐만 아니라 도파민과 같은 화학물질을 분비시켜 바람직한 행동을 강화한다.

이러한 세 가지 범주 중 어디에 해당하든 학생들은 일시적으로 동기가 저하된다. 교육현장에서는 이러한 방식으로 뇌의 동기유발 체계가 긍정적으로 작용하는 것을 방해하여 학생들의 내재적 동기를 앗아 버린다. 더욱 안타까운 사실은 학습장면에서 부모와 교사들이 아동들의 타고난 학습동기를 다양한 방식으로 제거하고 난 후에야 비로소 학습동기의 중요성을 인식하고 서둘러 외재적 동기를 남용하기 시작한다는 점이다. 뇌의 동기유발 기제에 비추어 볼 때, 이런 방법은 스스로 보상해 가는 뇌의 내재적 동기유발 기제를 무력하게 하고, 학습이 피하고 싶고 무의미하며 통제 불가능한 것으로 뇌에 깊이 기억되게 한다는 문제점을 내포하고 있다(김유미, 2005).

(2) 내재적 동기의 활성화 방안

잘한 일이나 행동 때문에 보상과 같은 외재적 동기를 부여받은 학생은 이전의 외재적 동기요인이 결코 충분하지 않다는 것을 발견하게 되고 더 크고 좋은 것을 원하게 되며, 내재적 동기는 곧 사라지고 동기가 없는 학생으로 분류되기 쉽다. 외재적 동기의 문제점과 뇌의 동기유발 기제에 비추어 볼 때, 학습자의 타고난 흥미와 호기심을 유도하고 수행과제에 대한 자기만족감과 성취감을 갖도록 내재적 동기를 활성화하는 것이 바람직하다. 학생들이 학습에 높은 관심을 가지고 보다 더 창의적 사고를 하며 자아존중감이나 사려 깊은 능력을 기르기 위해서는 반드시 내재적 동기가 있어야 한다.

표 6-2 학습자의 동기를 빼앗고 내재적 동기를 손상시키는 요소

- 강압, 통제, 조정
- 약하고 비판적이거나 부정적인 경쟁관계
- 자주 주어지지 않거나 모호한 피드백
- 인종차별, 성차별을 비롯한 모든 편견
- 결과 중심의 교육(학생들이 결과 창출에 기여하지 못할 경우)
- 일관성 없는 정책과 규칙
- 상의하달(top-down) 방식의 경영 및 정책결정
- 반복적 · 기계적 학습
- 부적절하거나 한정된 학습양식
- 비꼼, 반박, 비난
- 수업 내용의 무관련성 지각
- 지루하고 한 가지 방식으로만 진행되는 수업
- 모든 종류의 보상체계
- 한두 가지의 다중지능만으로 가르침
- 개인적 목표의 성취를 제한하는 체제
- 권위를 가지지 못하는 책임감

내재적 동기를 유도하고 활성화하기 위해서는 먼저 학생들의 동기를 빼앗고 내재적 동기를 손상시키는 〈표 6-2〉와 같은 요소(Jensen, 2008)를 제거하거나 최소화하는 노력이 필요하며, 이와 반대되는 상황을 만들어야 한다.

내재적 동기를 유도하고 활성화하기 위한 구체적 방안은 다음과 같다(권형규 역, 2011; 문정화 외, 2011; Jensen, 2008).

- 학생들의 욕구와 목표를 충족시킨다. 뇌는 생물학적으로 생존하기 위해 설계되어 있다. 따라서 뇌는 생존하기 위해 배울 필요가 있는 것을 학습할 것이다. 학생들의 욕구를 파악하고 그 욕구에 관여할 방법을 찾는 데에 최우선 순위를 두어야 한다. 만약 학생들이 교사가 가지고 있는 것을 필요로 한다면, 그것에 관심을 보일 것이다. 학습내용이 학생들 자신의 개인적 삶과 관련 있다면, 그들은 그것에 흥미를 느낄 것이다. 예를 들어, 6세 아이들은 14세 아이들에 비해 안전감, 예측가능성, 교사의 수용에 대한 욕구가 더 강하다. 10대는 또래친구의 수용, 자신이 중요하다는 인식, 미래에 대한 희망의 욕구가 더 강하다. 그리고 18세 학생들은 자율성과 독립성에 더 관심을 느낀다. 따라서 학생들의 연령 수준에 적합한 방법을 사용해야 하고, 학습의 목표를 개인적 욕구와 구체적이고 실제적으로 결부시키고,

학생 스스로 자기 학습의 목표를 설정하도록 유도해야 한다.

- 통제감과 선택의 기회를 제공한다. 자발성과 선택권은 학생들이 스스로를 표현하고 가치 있는 존재임을 느낄 수 있도록 해 준다. 이와 반대되는 것은 조정, 강압, 그리고 통제다. 학습자에게 선택권을 주어 자신이 학습을 통제할 수 있다고 느끼게 하는 것이 중요하다.
- 긍정적인 사회적 결속을 격려하고 제공한다. 긍정적인 사회적 결속은 좋아하는 교사, 학급 동료, 상황 혹은 집단 등 여러 형태로 나타날 수 있다. 팀워크 · 협력 · 집단 활동을 장려하고, 학생이 성공적인 팀의 일부가 되도록 허용한다.
- 호기심을 지지한다. 뇌는 본질적으로 마음이 알고 싶어 하는 것을 물어본다. 학생들의 호기심을 자극하고 호기심에 관여하면 분명히 효력이 나타난다. 학생들이 호기심을 갖고 있는 것을 지지해 주고, 또한 학생들이 믿고 있는 것(신념)과 사실이 다를 수 있다는 것을 지적하여 호기심을 일으킨다. 신기한 것과 친근한 것을 사용하거나 적당히 어렵고 도전이 되는 과제를 제시하는 것도 호기심을 자극할 수 있다. 학생들이 새로운 정보를 배울 때 호기심을 유발하거나 새로움을 느끼게 하는 방법을 몇 가지 제시하면 다음과 같다(Willis, 2010).

  - 제시되는 내용에 맞게 목소리를 조절한다.
  - 핵심 사항을 도표나 칠판에 눈에 띄는 색으로 표시한다.
  - 수업 자료에 있는 글자 크기에 변화를 준다.
  - 주기적으로 좌석 배치를 바꾼다.
  - 게시판에 사진을 붙인다.
  - 포스터로 앞으로 배워야 할 단원을 알리고, 매일 단서나 퍼즐 조각을 추가한 다음, 학생들에게 수업 내용을 예측하게 한다.
  - 학생들이 교실에 들어설 때 노래를 들려주어 집중하게 한다. 학생들이 노래 가사와 수업 내용 사이에 연결고리가 있다는 사실을 알고 있으면 더욱 도움이 된다.
  - 수업을 시작할 때 특이한 의상을 입고 등장하거나 뒤로 걷는 등 색다른 행동을 한다.
  - 앞뒤가 맞지 않는 사건을 제시한다.

- 강한 정서에 관여한다. 주목할 만한 이야기, 게임, 개인 사례, 축하, 역할놀이, 토론, 의식, 음악에 정서를 생산적으로 관여시킨다. 정서는 강력한 의사결정자 역할을 하기 때문에 사람들은 자신의 정서에 따라 행동하게 된다.

- 충분한 영양 섭취를 장려한다. 영양 상태가 좋을수록 더 강하게 정신적 각성을 하게 된다. 교사는 다이어트가 사고와 학습 과정에 어떻게 영향을 미치는지 알아야 한다. 섭취해야 할 영양물 목록을 작성하여 학생과 학부모에게 제공한다. 구체적으로 뇌에 좋은 음식을 목록에 포함시켜야 한다. 예를 들어, 달걀, 생선, 견과류, 잎이 많은 진녹색 채소, 사과, 바나나 등은 정신적 각성을 증진시키는 데에 좋은 건뇌식(健腦食)으로 알려져 있다. 건뇌식에 대해서는 제3장 2절에서 다룬 '영양' 부분을 참고하기 바란다.
- 다중지능을 수업에 통합한다. 공간지능, 신체운동지능, 대인관계지능, 언어지능에서부터 자기성찰지능, 음악지능, 수학논리지능, 자연탐구지능에 이르기까지 학습자들의 여러 강점 지능을 이용한다. 사람은 자신의 강점을 발휘하고 성향을 잘 살릴 수 있을 때 특히 동기가 유발된다.
- 성공 스토리를 함께 나눈다. 성공하기 위해서 역경과 장애를 극복한 다른 학습자들에 관한 고무적인 이야기를 들려준다. 성공의 신화와 문화를 개발한다. 성공의 이야기를 나누기 위해 졸업생을 초대한다. 단순히 대학 캠퍼스를 걷는 것만으로도 동기유발을 이끌 수 있다.
- 인정 표시를 한다. 조례시간, 수료증명서, 조 편성 안내문, 팀 보고서, 치하, 칭찬 등에서 인정 표현을 할 수 있다. 어떤 결과와 인정과 같은 긍정의 연합은 더 나은 결과를 위한 행동을 촉발하는 데 연료 역할을 한다.
- 피드백을 자주 준다. 학생들이 수업시간마다 많은 피드백을 받고 있는지 확인하는 것을 일상처럼 한다. 차트, 토론, 동료교수(peer teaching), 프로젝트, 역할극을 이용한다. 피드백은 즉각적이어야 하고 판단적이지 말아야 한다. 교사가 학습의 결과를 학습자에게 알려 주고, 학습자는 그 결과를 스스로 평가하고 검토해 보도록 하며, 그 결과에 대해 노력의 탓으로 귀인하도록 돕는다.
- 생리적 상태를 관리한다. 교사는 학생들의 상태를 파악하고 관리할 수 있어야 한다. 동기가 없는 상태만이 존재할 뿐 동기가 없는 학습자는 존재하지 않는다. 교사 자신과 학습자들에게서 기대와 도전의 상태를 이끌어 내야 한다.
- 성공의 희망을 보여 준다. 학습자들은 자신이 성공할 수 있다는 것을 알아야 한다. 장애물이나 뒤처진 것에 관계없이 희망은 필수적이다. Frank(1985)는 희망은 마치 강력한 약물과 같은 것으로 저하된 사기를 회복하기 위해 필수적이라고 강하게 믿고 있다. 모든 학습 상황은 어떤 종류가 되었든 희망의 메시지를 담고 있어야 한다.
- 학습의 즐거움에 대한 본보기를 보여 준다. 모든 학습의 99%가 무의식적으로 이루어지기

때문에 학습자들이 학습에 대한 재미를 많이 느낄수록 더욱 동기가 유발되기 쉽다. 학습의 즐거움에 대한 역할모델을 가지도록 한다. 또한 수업을 게임이나 모의 학습 등과 연결하여 학습을 흥미롭게 만든다.

- 성공과 성취에 대해서 축하해 준다. 축하는 동료들의 인정, 파티, 음식, 하이파이브, 응원을 포함한다. 이러한 축하는 성공의 분위기를 만들고 학습과 동기를 증진시키는 엔도르핀의 분비를 촉발할 수 있다. 학습에서 계속적으로 성공감과 성취감을 느낄 수 있도록 하여 성취동기를 육성한다. 성공과 성취에 대해 적절한 보상과 타당한 칭찬을 해 주되, 아무 때나 별다른 이유 없이 칭찬하지 않도록 한다.
- 신체적으로나 정서적으로 안전한 학습환경을 유지한다. 실수를 하고, 질문을 하거나, 도움을 요청하더라도 안전한 환경을 조성하는 것이 중요하다. 적절한 조명, 물, 음식, 움직임, 편안한 자리를 필요로 하는 학습자들의 욕구를 충족시키도록 한다. 또한 잠재적 위험으로부터 신체적 손상을 입지 않도록 한다. 학습자들에게 그들의 안전에 관련된 사항이나 학급 친구들과 관련된 고민이 있는 경우 언제든지 교사에게 와서 털어놓을 수 있다는 것을 확신시킨다.
- 학습자들의 개별적인 학습양식을 결합한다. 학생들이 어떻게 공부할지, 무엇을 공부하고 싶은지에 대한 선택권을 제공함으로써 그들이 선호하는 학습양식을 사용할 수 있게 한다.
- 자신의 능력과 상황에 대한 긍정적 신념을 갖게 한다. 학습자들이 어려운 도전에 직면하면 용기를 북돋아 준다. 그들에게 반드시 성공하여 목표를 달성할 수 있다고 말해 준다. 학습자 스스로 자신에 대한 신념을 알아내도록 하며, 이 신념은 경우에 따라 방해되는 신념일 수도 있고 긍정적으로 영향을 미치는 신념일 수도 있다. 학습자들에게 성공적인 학업 성취의 경험을 많이 제공하여 긍정적 자아개념을 확립할 수 있도록 돕는다.

3) 동기유발을 위한 전략

동기 및 동기유발 전략에 관한 많은 이론이 있다. 그중 내재적 동기에 관한 이론이면서 뇌기반 학습에 부응하는 다음 세 가지 동기이론의 기본 입장과 동기유발을 위한 전략에 대해 간단히 살펴보기로 한다.

(1) 자기결정성이론에 근거한 동기유발 전략

동기에 대한 자기결정성이론(self-determination theory: SDT)에서는 외적인 유인가(incentive)의 유무 여부가 아니라 자기결정성에 대한 주관적 지각이라는 측면에서 동기를 정의하고 있다. 인간의 행동을 순전히 타율적인 행동(외재적으로 동기화된 행동)에서 완전히 자기결정된 행동(내재적으로 동기화된 행동)에 이르는 일련의 연속선상에서 개념화한다. 자기결정이란 어떻게 반응할 것인가를 스스로 결정하는 과정을 말한다. 인간은 특정한 과제 자체에 대한 흥미 때문에 과제를 수행하는 경우도 있지만, 외재적 보상 때문에 시작한 행동이 점차로 자신에게 내면화되어 결국에는 외재적 보상이 없는 상황에서도 그러한 행동을 하는 경우가 많다는 것이다.

자기결정성이론은 내재적 동기를 새롭고 도전적인 것을 추구하고, 자신의 능력을 확장시키며, 탐구하고 학습하고자 하는 선천적인 경향성이라고 정의한다. 이 이론에서는 스스로 선택하고 결정하는 것은 내재적 동기를 강화한다고 보며, 내재적 동기에 영향을 미치는 자율성(autonomy), 유능감(competence), 관계성(relatedness)의 세 가지 욕구를 타고난다고 가정한다(Deci & Ryan, 2000). 자율성 욕구는 인간이 외재적 보상이나 압력보다는 자신이 원하는 것에 따라 행동하려는 욕구다. 스스로 목표를 세우고, 자신에게 중요하고 가치 있는 것을 결정하기를 원한다는 것이다. 유능감 욕구는 인간이 누구나 능력 있는 사람이기를 원하고 자신의 능력이나 재능을 향상하기를 원하는 욕구이며, Bandura의 사회인지이론에서 말하는 자아효능감(self-efficacy)과 유사한 개념이다. 관계성 욕구는 다른 사람과 정서적 유대와 애착을 형성하고자 하는 욕구이며, Maslow의 욕구위계이론에서 말하는 소속과 애정의 욕구와 유사한 개념이다. 관계성 욕구를 충족한 학생은 학교 활동에 더욱 몰입하며(Furrer & Skinner, 2003), 성공 가능성을 높인다(Thompson, 2008). 그렇다면 학습자가 자기결정적으로 학습하도록 동기를 유발하기 위해서는 어떻게 해야 하는가? 자기결정성이론의 핵심은 인간의 세 가지 기본 욕구인 자율성, 유능감, 관계성의 욕구를 자극하고 충족시켜 줄 수 있는 환경의 구성에 있다고 할 수 있다.

첫째, 학습자의 자율성(통제력)이 지지되는 학습환경을 제공해야 한다. 학습자들에게 선택권을 부여하는 것은 학습에 대한 자율성을 높이는 데 도움이 된다. 교사에 의해 통제된 환경은 단순 암기 과제에서만 수행을 향상시키는 경향이 있다. 교사가 학습자들의 자율성을 지지하는 환경을 제공하는 것은 그들의 내재적 동기, 학업성취, 적응, 흥미 등 다양한 영역에 긍정적인 영향을 준다(Deci & Ryan, 2000; Roth et al., 2009). 그러므로 교사는 학습자들이 자율적으로 판단해서 결정하고 행동하도록 권장하고, 그들에게 왜 학습활동이 필요하고 중요한지 설명함으로써 그들이 학습활동을 내재화하도록 도와야 한다.

둘째, 성공적으로 과제를 수행하는 경험을 통해 학습자의 유능감을 높여야 한다. 유능감은 현재 수행하는 활동과 능력 간의 관계에 대한 지각에서 유발된다. 즉, 유능감은 과제 완성과 관계가 있는데, 난이도가 적당한 과제를 완성했을 때 유능감이 생긴다. 따라서 학습자들의 유능감 욕구를 충족시키고 학습동기를 유발하기 위해서는 그들의 현재 인지적 수준과 약간의 불일치를 조장할 수 있는 도전적 과제를 제시해야 한다. 쉬운 과제는 학습자가 유능하다는 것을 알려 줄 수 없기 때문에 내재적 동기를 유발할 수 없다. 반면, 도전적 과제는 자신의 능력이 증가하고 있다는 것을 나타내 줄 수 있으므로 동기유발에 도움이 된다. 학습자들의 이해와 능력이 증가하고 있다는 것을 보여 주는 증거를 제시하고 긍정적 피드백을 주면 유능감에 대한 인식을 높일 수 있다. 학년이 올라가면서 학교에서의 경쟁이 심화하고, 긍정적 피드백 이외에 부정적 피드백도 받게 되면서 자신의 능력에 대한 지각이 부정적으로 되어 가기 때문에(Wigfield & Eccles, 2002) 교사는 학습자들이 성장하면서 중·고등학교를 거치며 성공을 경험할 수 있는 기회를 지속적으로 제공해 유능감을 갖도록 도와주어야 한다.

셋째, 친밀한 사회적 관계를 형성하도록 해야 한다. 교사가 반응적이고 학습자들의 흥미와 복지에 관심을 보일 때 그들은 높은 내재적 동기를 나타낸다. 교사와 학습자 간의 긍정적 관계는 학습자로 하여금 교사가 자신에게 기대하는 바를 수행함으로써 교사에게 기쁨을 주려고 하는 원인이 되며, 학습자들이 자신이 좋아하거나 존경하는 교사의 가치를 쉽게 내면화하게 한다(Connell & Wellborn, 1991). 협동학습은 학습자가 사회 구성원으로 참여하여 또래집단으로부터 긍정적 피드백과 칭찬을 얻으면서 긍정적인 인간관계를 맺을 수 있는 기회가 된다. 따라서 협동학습은 학습자들이 지식의 사회적 구성에 참여하도록 해 학습에 도움이 되며, 학습자의 관계유지 욕구를 충족시켜 동기유발에도 도움을 준다.

(2) ARCS 이론에 근거한 동기유발 전략

Keller(1979)는 개인의 동기를 설명하기 위하여 네 가지 개념적 요소, 즉 주의(attention), 관련성(relevance), 자신감(confidence), 만족감(satisfaction)으로 구성된 ARCS 이론을 개발하였다. ARCS 이론은 동기에 관한 기존의 각종 이론 및 연구를 종합하여 체계화한 것으로 교수-학습 상황에서 학습동기를 유발하고 유지하기 위한 동기설계 전략들을 제공한다(변영계, 2005).

- 주의는 학습동기의 요소이면서 학습의 선행조건이다. 동기의 요소로서의 주의는 어떻게 하면 학습자의 주의를 끌고 그것을 유지시키느냐에 관심을 둔다. 그리고 학습의 선행조건으로서의 주의는 어떻게 하면 학습자의 관심을 학습의 필수적인 자극에 집중시키느냐에

초점을 맞춘다. 호기심은 학습자의 주의를 유발·유지하는 주요 요인으로 지적되고 있다. 주의에는 지각적 주의 환기, 탐구적 주의 환기, 다양성의 세 가지 하위 범주가 있다.

지각적 주의 환기의 전략은 새롭고 놀라우면서 기존의 것과 모순되거나 불확실한 사건이나 정보를 교수 상황에서 사용함으로써 학습자의 주의를 유발·유지시킨다는 전략이다. 이 전략에 포함되는 구체적·처방적 동기유발 전략은 시·청각적 효과의 사용, 비일상적인 내용이나 사건의 제시, 너무 많은 지각적 자극이나 주의를 분산시키는 자극의 지양 등이다. 탐구적 주의 환기의 전략은 학습자에게 스스로 문제나 질문 등을 만들어 보도록 함으로써 정보 탐색 활동을 자극하는 전략이다. 이 전략에 포함되는 구체적·처방적 동기유발 전략은 학습자의 능동적 반응(비유, 연상, 적극적 사고) 유도, 문제해결 활동(학습과제, 숙제, 프로젝트, 스스로 문제 내고 풀어 보기)의 구상 장려, 신비감의 제공 등이다. 그리고 다양성의 전략은 교수 요소들을 변화시킴으로써 학습자의 흥미를 유지시키기 위한 전략이다. 이 전략에 포함되는 구체적·처방적 동기유발 전략은 교수의 한 단위의 간결화와 다양한 교수 형태의 사용, 일방적 정보 제시 강의 형태와 토론수업 같은 상호작용적 교수의 적절한 혼합, 교수의 목표와 내용 및 방법의 기능적 통합 등이다.

- 관련성은 '왜 내가 이것을 학습해야 하는가'에 대한 해답 제시를 요구한다. 학습자가 공부를 하는 도중, 위의 질문에 대한 해답이 어떤 방식으로든 인식되지 않을 때에는 관련성의 문제가 대두한다. 개인적 필요, 즉 관련성이 지각되어야만 학습동기가 계속적으로 유지된다는 것이 Keller의 가정이다. 관련성의 원리란 '이 과제가 나의 개인적 흥미나 삶의 목적과 어떻게 관련되는가'에 대한 긍정적인 해답을 제시하고자 하는 노력으로 해석된다. Keller(1981)는 동기유발의 한 방법으로 학습자의 성취욕구(need for achievement)를 들었다. 성취욕구란 학습자가 주어진 과제를 빨리 잘 하고자 하는 욕구와 과제 성취를 방해하는 요인을 극복하여 더 어려운 과제를 잘 풀려고 하는 욕구를 말한다. 인정을 받으려는 욕구, 성공의 욕구, 소속감의 욕구, 참여의 욕구 등이 학습과정에서 관련성을 증진시키기 위해 고려되어야 할 것으로 지적되고 있다. 관련성 증진을 위한 전략은 친밀성 전략, 목적지향성 전략, 필요 또는 동기와의 부합성 강조 전략 등 세 가지 하위 범주가 있다.

친밀성 전략은 학습자의 경험 및 가치와 연관되는 예문이나 구체적인 용어, 개념 등을 사용하는 전략이다. 이 전략에 포함되는 구체적·처방적 동기유발 전략은 친밀한 인물이나 사건의 활용, 구체적이고 친숙한 그림 활용, 학습자들에게 친밀한 예문이나 배경지식 활용 등이다. 목적지향성 전략은 결과 측면의 관련성을 높일 수 있는 구체적인 방법을 제시하기 위해서 교수의 목표나 실용성을 나타내는 진술문이나 예문을 포함시키고, 성취 목표를 제시해 주거나 학습자 스스로 성취 목표와 기준을 세우게 하는 전략이다. 이 전략에 포함되는 구체적 · 처방적 동기유발 전략은 학습 과제의 중요성이나 실용성에 중점을 둔 목표 제시, 목적지향적인 학습 형태(게임, 모의 학습 등)의 활용, 학습자에게의 목표 선택 기회 부여 등이다. 그리고 필요나 동기와의 부합성 강조 전략은 학습자가 필요나 동기와 부합되는 학습전략을 사용하도록 하는 전략이다. 학습자의 필요 중 성취욕구와 소속감의 욕구를 중시한다. 이 전략에 포함되는 구체적 · 처방적 동기유발 전략은 다양한 난이도의 목적을 제시하여 학습자의 능력이나 특성에 따른 적절한 수준의 선택, 학업 성취 여부의 지속적 기록에 따른 적절한 피드백 제공, 비경쟁적인 학습환경 선택 가능, 협동적 상호 학습상황 제시 등이다.

- 자신감은 학습자가 학업수행을 계속하게 하고 학업수행 자체에 영향을 미치기 때문에 동기의 요건으로 중시된다. 동기의 유발 및 유지를 위해서는 학습자가 학습에 재미와 필요성을 느껴야 하는데, 이에 덧붙여 성공의 기회가 있다는 것을 인식할 수 있어야 한다. 즉, 학습에 대한 자신감을 가져야 한다. 자신감은 성공에 대한 기대 정도로 이해될 수 있으며, 항상 100%의 성공이 보장되지는 않더라도 적정 수준의 도전감을 주면서 노력에 따라 성공할 수 있다는 자신감을 심어 주는 것이 동기의 유발 및 유지의 요소가 된다. 자신감 수립을 위한 전략에는 학습의 필요조건 제시 전략, 성공의 기회 제시 전략, 개인적 조절감 증대 전략이 있다.

학습의 필요조건 제시 전략은 학습자에게 수행의 필요조건과 평가 기준을 제시해 줌으로써 학습자가 성공 가능성을 짐작하도록 도와주려는 전략이다. 이 전략에 포함되는 구체적 · 처방적 동기유발 전략은 학습의 목표와 수업의 전반적 구조의 분명한 제시, 평가 기준의 제시와 연습의 기회 제공, 선수 지식이나 기능 및 태도의 진술, 시험 조건에 대한 사전 제시 등이다. 성공의 기회 제시 전략은 학습자에게 긍정적 기대감을 증가시킴으로써 정상적인 수업 조건에서 더욱 성공적이게 하려는 전략이다. 이 전략에 포함되는 구체적 · 처방적 동기유발 전략은 쉬운 것에서 어려운 것으로의 과제 제시, 적절한 수준의 난이도 유지, 다양한 수준의 시작점 제공, 무작위의 다양한 사태나 사건 제시, 다양한 수준의 난이도 제공 등이다. 그리고 개인적 조절감 증대 전략은 학업에서의 성공이 개인의 노력이나 능력에 기인한다는 피드백과 조절의 기회를 제공함으로써 학습된 무기력이 아닌 개인적 조절감을 갖도록 하기 위한 전략이다. 이 전략에 포함되는 구체적 · 처방적 동기유발 전략은 학습의 끝을 조절할 수 있는 기회 제시, 학습속도의 조절 가능, 원하는 부분으로의 재빠른 회귀 가능, 다양하고 난이도가 다른 학습 과제 중에서의 선택의 기회 제공, 성공을 노력이나 능력에 귀인시키기 등이다.

- 만족감은 ARCS 이론의 네 번째 동기 요소다. 동기의 한 요소로 만족감이 강조되는 것은 학습자의 노력 결과가 그의 기대와 일치하고 학습자가 그 결과에 만족한다면 학습동기는 계속 유지될 것이며, 이는 학습자의 학업수행에도 영향을 미치기 때문이다. 학습자가 스스로 수행한 것에 대하여 기분 좋게 느끼게끔 도와줄 때 학습동기가 유발 · 유지된다. 만족감 증대를 위한 전략에는 자연적 결과 강조 전략, 긍정적 결과 강조 전략, 공정성 강조 전략이 있다.

  자연적 결과 강조 전략은 학습자의 내재적 동기를 유지시키려는 것으로, 학습자가 새로 습득한 지식이나 기술을 실제 또는 모의 상황에 적용해 보는 기회를 제공하는 전략이다. 이 전략에 포함되는 구체적 · 처방적 동기유발 전략은 새로 습득한 지식이나 기술을 연습 문제를 통해 적용할 기회 제공, 새로 습득한 지식이나 기술을 후속 학습 상황에서 적용할 기회 제공, 새로 습득한 지식이나 기술을 모의 상황이나 게임을 통해 적용할 기회 제공 등이다. 긍정적 결과 강조 전략은 바람직한 행동을 계속 유지시키기 위하여 성공적인 학습 결과에 대한 긍정적 피드백이나 보상을 제공하는 전략이다. 이 전략에 포함되는 구체적 · 처방적 동기유발 전략은 긍정적 피드백 제공과 적절한 강화계획 활용, 학습자의 수준에 맞는 의미 있는 강화 제공, 옳은 반응에 대한 긍정적 보상 제공, 외재적 보상의 사려 깊은 사용, 학습자가 선택할 수 있는 보상의 종류 제공 등이다. 그리고 공정성 강조 전략은 학습자의 학업성취에 대한 기준과 결과가 일관성 있게 유지되어야 한다는 전략이다. 학습자의 학업수행에 대한 판단을 공정하게 함과 동시에 성공에 대한 보상이나 기타의 강화가 기대한 대로 주어져야 한다. 이 전략에 포함되는 구체적 · 처방적 동기유발 전략은 교수목표와 교수내용의 일관성 유지, 학습 도중에 연습한 내용과 시험내용의 일치 등이다.

(3) 목표지향성이론에 근거한 동기유발 전략

목표지향성이론(goal orientation theory)은 동기를 성취장면에서 학생들이 갖고 있는 목표로 설명한다. 학습자의 성취목표는 숙달목표(mastery goal)와 수행목표(performance goal)로 분류된다. 숙달목표는 과제의 숙달 및 향상, 이해 증진 등 학습과정 자체에 가치를 부여하며 자신의 유능감을 발전시키는 것을 중요하게 생각하는 목표 유형이다. 즉, 학습자에게 이 과제가 얼마만큼의 도움이 되는가에 관심을 둔다. 반면, 수행목표는 자신의 유능함과 능력이 다른 사람의 것과 어떻게 비교되느냐에 초점을 둔 목표 유형이다. 즉, 자신의 능력이 타인에 의해서 어떻게 평가받는가에 관심을 둔다.

숙달목표가 높은 학생은 자신의 유능감을 높이기 위한 목표를 성취하고자 도전적인 새로운 과제를 학습하려 하므로 과제에 대한 흥미, 즐거움과 같은 내재적 동기가 높아진다. 이들은 자신에게 도움이 된다면 다른 사람들에게 적극적으로 도움을 요청한다. 수행목표가 높은 학생은 위험 부담을 피하려고 하기 때문에 쉬운 과제를 선호하고 도전적인 과제는 회피한다. 이들은 다른 사람에게 도움을 요청하는 것은 자신의 능력이 부족함을 드러내는 것이라고 생각하여 도움을 요청하지 않는다. 수행목표가 높은 학생은 상대적으로 자신의 유능성을 드러내거나 유능성 부족을 피하기를 원하지만 실제 학습 상황에서 모두 이러한 목표를 성취하지는 못하므로 실패에 대한 공포나 시험 불안과 같은 부정적 정서를 가진다(Elliot & McGregor, 2000; 신명희 외, 2014 재인용).

최근에는 숙달목표와 수행목표가 적극적인 학습전략과 높은 자아효능감과 관련되며(Stipek, 2002), 숙달목표와 수행목표를 동시에 추구할 수도 있다고 알려졌다. 이에 따라 다른 목표 유형에 대한 추가적인 연구가 이루어진 결과, 수행목표는 접근 혹은 회피 성향에 따라 수행접근목표(performance-approach goal)와 수행회피목표(performance-avoidance goal)로 구분된다. 수행접근목표는 타인과의 비교에서 상대적으로 유능하다고 평가받으려는 목표이며, 수행회피목표는 상대적으로 무능력하게 평가되는 것을 피하려는 목표다. 예를 들어, 과학 실험 수업에서 발표를 가장 잘함으로써 동료 학생들에게 유능하고 지적으로 보이기를 원한다면 수행접근목표가 있는 것이고, 단지 멍청하고 무능하게 보이는 것을 원하지 않는다면 수행회피목표가 있는 것이다.

수행접근목표는 자신이 유능하게 보이는 것에 반복적으로 실패를 경험할 경우 수행회피목표로 전환된다. 수행회피목표가 있는 학생은 방어적인 실패회피 전략을 쓴다. 실패회피 전략이란 실패에 대한 변명으로 자기 자신을 방어만 하는 전략을 말한다. "내가 공부를 하지 않아서 그렇지 제대로 했으면 너보다 훨씬 잘할 수 있어."와 같은 말을 반복하며, 마치 결과와 아무 상관이 없는 듯 이야기하거나 시험에서 부정행위를 저지르기도 한다. 수행회피목표가 있는 학생이 실패를 반복하면 학습된 무기력 상태의 학습자가 된다.

한편, 교실에서 과제를 수행하기를 싫어하며 그저 최소한의 노력으로 과제를 끝마치려는 과제회피목표(work-avoidance goal)를 갖고 있는 학생들도 있다. 과제회피목표가 있는 학습자는 과제가 쉽거나 별다른 노력 없이 할 수 있을 때 성공적이라고 느낀다. 이들은 효과적이지 못한 전략을 사용하고, 모둠 활동에 최소한의 공헌을 하며, 도전적인 과제가 주어졌을 때 불평을 한

표 6-3 목표 유형이 학습자의 동기와 성취에 미치는 영향

목표 유형	예시	동기와 성취에 미치는 영향
숙달목표	은유법을 이해하고 응용하여 나만의 동시를 창작하기	과제에 대하여 지속적으로 노력을 기울인다. 높은 자기효능감과 도전을 받아들이는 자세, 높은 성취를 보인다.
수행접근 목표	우리 반에서 은유법을 활용한 동시를 가장 잘 짓기	자신감 있는 학생은 과제에 대하여 계속해서 노력하고, 높은 자기효능감과 성취를 보일 수 있다. 그러나 도전을 받아들이고자 하는 동기를 저해할 수 있으며, 이것은 곧 낮은 성취로 이어질 수 있다.
수행회피 목표	교사와 다른 학생 앞에서 능력 없어 보이는 것을 피하기	동기와 성취를 저해한다. 특히 자신감이 부족한 학생의 경우 동기와 성취가 더욱 저조하다.
과제회피 목표	그저 최소한의 노력으로 과제를 마치기	노력을 하지 않고, 자기효능감이 낮다. 성취가 심각하게 저해된다.

다(Dowson & McInerney, 2001). 학습자가 설정한 목표 유형과 각 목표가 그들의 동기와 성취에 어떠한 영향을 미치는가를 정리해 보면 〈표 6-3〉과 같다(신종호 외 공역, 2011).

그렇다면 어떤 목표가 효과적이고 성취에 대한 동기를 유발하는 데에 도움이 되는가? 교사는 학생들을 위해 다양한 종류의 목표를 설정하지만, 뇌기반 학습에서 가장 핵심은 바로 학생 자신의 목표, 즉 최고의 목표는 학생 자신이 만들어 낸 목표다. 효과적인 목표란 구체적이고 명확하며, 적절한 도전감과 난이도가 있고, 마감일이 정해져 있고 아주 가까운 미래에 도달할 수 있으며, 자기평가를 통해 측정 가능하며, 학생이 정기적으로 검토하고 조절할 수 있는 것을 말한다(Ford, 1992; Jensen, 2008). 미래의 장기적인 목표만 설정하는 것은 현실적으로 작은 성과를 경험할 수 없으므로 쉽게 동기가 저하될 수 있다. 또한 학습자는 과제의 난이도가 너무 높으면 실패의 두려움이 크고 성공에 대한 기대가 낮아지기 때문에 동기 수준이 낮아진다. 학습과제가 너무 쉬우면 이미 알고 있는 내용이므로 과제에 대한 흥미와 호기심을 느낄 수 없고 성공하더라도 만족감을 얻을 수 없다. 따라서 학습자가 적절한 노력으로 성취할 수 있는 구체적이고 도전적인 학습과제를 선택하여 지속적으로 성취하는 경험을 하도록 하고, 스스로 목표를 설정하고 장기적인 목표와의 관련성 속에서 설정한 목표의 중요성을 인식하도록 하는 것이 중요하다.

[글상자 6-2] 동기유발을 위한 최적의 환경

Ford(1992)는 동기유발을 위한 최적의 환경에 대하여 연구하였으며, 그 결과 맥락적 신념(context beliefs)이라 명명한 다음과 같은 네 가지 요소가 매우 중요하다는 것을 발견하였다. 이 요소들은 학습자의 생체조건 밖이나 상황 내부에 존재하는 기능적 요소들이다. 교사가 이러한 요소를 갖춘 학습환경을 구성하여 학생들에게 제공할 때 자연스럽고 쉽게 학습에 참여하도록 그들의 동기를 유발할 수 있다.

- 환경은 학습자 개개인의 개인적 목표와 일치해야 한다. 즉, 학습환경은 반드시 학습자 자신의 목표를 달성할 수 있는 장소여야 한다.
- 환경은 학습자들의 생물사회적 및 인지적 스타일과 일치해야 한다. 만약 추상적 학습이 번잡하고 경쟁적인 교실의 형광등 불빛 아래에서 이루어지고 있다면, 공간을 필요로 하고 협동적으로 공부하는 것을 선호하는 구체적 학습자들에게는 문제가 될 것이다.
- 환경은 학습자들이 필요로 하는 자원을 제공해야 한다. 자료, 충고, 도구, 교통, 공급물자 외에도 학습자들이 적절한 시간, 지원, 자료를 이용할 수 있어야 한다.
- 환경은 지지적이고 긍정적인 정서적 분위기를 제공해야 한다. 신뢰, 온정, 안전, 또래 수용의 감정은 매우 중요하다.

2. 정서와 학습

오늘날 신경과학자들은 정서(emotion)가 왜 중요한 학습 변인이고, 학습의 정서적 측면이 어떻게 느끼고 행동하며 사고하는 것 사이에서 중요한 상호작용을 하는가에 대한 새로운 이해를 도모하고 있다. 정서에 대한 신경과학 연구에서는 인지와 정서가 뇌 안에서 상호의존한다는 것, 학습이 이루어지는 데 정서의 역할이 중요하다는 것, 인지 학습이 잘 이루어질 수 있는 최적의 정서 상태를 유지하도록 교실 내 환경을 조성하는 데 교사가 결정적인 역할을 한다는 사실을 분명하게 보여 주고 있다(van Geert & Steenbeek, 2008). 마음과 뇌, 인지와 정서는 분리되어 있는 것이 아니다. 정서가 없는 순수한 인지, 인지가 없는 순수한 정서와 같은 것은 결코 존재할 수 없다(Damasio, 1994; LeDoux, 2000). 실제로 뇌에서도 인지나 정서 어떤 한 가지만 배타적으로 담당하고, 다른 과정과 전혀 상호작용이 없는 뇌 부위를 확인할 가능성은 없다. 다시 말해서, 정서와 사고와 학습은 모두 연결되어 있다. 교실과 학교는 끝없는 정서 경험에 대한 기회를 제공하고, 학생들의 뇌는 그러한 경험에 의해 변경될 것이다. 정서는 수업시간 동안 학생들이 주의를 기울여 자신들이 추구하는 목표를 결정하게 하며 어떤 방법으로든 시냅스 형성을 향상시키기 때문에 학습에 영향을 미치게 된다. 여기서는 신경과학적 측면에서 학습에서의 정서의 의미와 역할, 정서의 원리, 정서학습의 전략, 정서지능에 대해 알아본다.

1) 정서의 의미와 역할

정서는 추론적 상태다. 정서 표현은 심박수, 혈압, 호르몬 분비 등의 생리적 변화를 포함한다. 또한 정서 표현은 어떤 운동 반응, 특히 표정을 짓게 하는 얼굴 근육의 움직임을 포함한다. 정서는 시, 영화, 그림 등 다양한 방면의 예술적 표현에 영감을 준다. 많은 사람은 예술이 정서를 자극한다는 간단한 이유로 그것을 즐긴다. 이를 통해 우리는 사람들이 어떤 정서적 즐거움을 찾는다는 결론을 내릴 수 있다. 반면에 심각하고 지속적인 부정적 정서, 특히 불안과 우울 같은 것은 임상적 장애를 일으킬 수 있다. 상당 부분의 인간 생활이 정서를 중심으로 돌아가기 때문에 정서의 이해는 사람을 이해하는 데 핵심이다(김현택, 김명선, 김재진 공역, 2012).

우리 모두 정서가 무엇인지는 알고 있으나, 정서는 동기처럼 형태가 없고 주관적 · 생물학적 · 목적적 · 사회적 측면이 있기 때문에 그 개념을 정의하기가 어렵다. 실제로 동일한 상황에서 어떤 아동은 아무런 정서도 느끼지 못하는 데 비해 다른 아동은 화를 내거나 기뻐하는 것을 보면 정서가 주관적임을 알 수 있다. 그런가 하면 정서는 개인이 직면하는 어떤 상황에 적절하게 신체가 에너지를 동원하는 생물학적 반응이기도 하다. 또한 정서는 목적의 동기유발자이기도 해서 우리는 정서에 기인하여 목표를 갖게 된다. 예를 들어, 우리가 적과 싸우거나 불의에 저항할 경우에 화는 강력한 동기를 유발한다. 그리고 우리가 다른 사람에게 얼굴, 자세 및 목소리를 통해 정서를 전달하는 신호를 보낸다는 점에서 볼 때 정서는 사회적 · 의사소통적 요소이기도 하다. 이에 Reeve(2008)는 정서란 중요한 생활장면에서 우리가 직면하는 기회와 도전에 적응하도록 도와주는 단기적 · 주관적 · 생리적 · 동기유발적 · 의사소통적 현상이라고 정의하였다.

Kleinginna와 Kleinginna는 많은 책과 사전 및 그 밖의 자료에서 정서에 대한 92개의 정의를 발견하고, 이 정의들을 통합하여 정서란 주관적 요인과 객관적 요인 간의 복잡한 상호작용으로 신경-호르몬계의 개입을 받아 나타나며, 각성이나 쾌/불쾌의 느낌과 같은 정서 경험을 일으킬 수 있고, 정서와 관련된 지각과 평가 및 분류와 같은 인지과정을 유발할 수 있으며, 자극적인 조건에 대한 광범위한 생리적 조절을 유발할 수 있고, 반드시 그러한 것은 아니지만 표현적 · 목표지향적 · 적응적 행동을 유발할 수도 있다고 정의하였다(Plutchik, 2002).

정서는 주의를 이끌고, 의미를 만들며, 그 자신의 기억회로를 갖고 있다(LeDoux, 1994). 또한 정서는 행동을 조절하며, 우리를 둘러싼 세상을 조직하도록 돕는다(Damasio, 1994). 학습에서 정서보다 중요한 것이 없다. 아동발달전문가인 Kagan(1994)은 "감정이 가장 적합한 선택을 방해한다고 확신하던 이성주의자들은 주장을 완전히 후퇴시켰다. 감정 없이 논리에만 의존하는 것은 많은 사람을 매우 어리석은 짓을 하게 이끌 것이다." (p. 39)라고 말하였다. 뇌에 관한 낡은 사고방식은 마음과 신체 및 정서를 분리해서 보는 것이다. 그러한 생각은 흘러가 버린 역사에 지나지 않는다. Damasio(1994)는 "신체는 마음을 위한 필요불가결한 준거 틀을 구성할 수 있다." (p. xvi)라는 것을 우리에게 상기시켰다. 사실 "정서의 감소는 비합리적 행동의 중요한 원천이 될 수 있다." (p. 53) 정서에 대해 다음과 같이 안전하고 확실하게 말할 수 있다(권형규 역, 2011).

- 학습을 위한 열정을 갖게 한다.
- 어디에 주의를 기울여야 할지 우선순위를 정하도록 돕는다.
- 지속할지 물러날지 결정하는 것을 지원한다.
- 외부 세상에 관한 정보의 원천이다.
- 필요한 공감, 지원 혹은 두려움을 일으킨다.
- 학습을 고통이나 기쁨과 연관시킨다.
- 학습, 일, 삶에 대한 의미를 갖도록 돕는다.
- 보상받은 행동을 추구하게 한다.
- 사회적 문제해결을 향상시킨다.
- 바람직한 사회적 행동을 위한 인센티브를 제공한다.
- 학습을 성공적으로 수행했을 때 우리를 즐겁게 하고 축하해 준다.

뒤에서 살펴보겠지만 Goleman(1995)의 인기 있는 베스트셀러 『정서지능(*Emotional intelligence*)』은 많은 사람에게 정서에 대한 직관적 이해의 지평을 확실히 넓혀 주었다. 오늘날 신경과학이라는 아주 새로운 학문에 의해 정서가 연구되고 있으며, 이러한 연구에 의해서 정서의 역할이 중요하다는 것이 밝혀지고 있다. 정서가 나타났을 때 고도의 구체적이고 과학적인 방법으로 무엇이 일어나고 있는가를 정확하게 측정할 수 있다. 정서 변화는 피부 반응, 심장박동, 혈압 및 뇌파 활동에 의해서 측정될 수 있다. 또한 신경화학, 스트레스 수준, 운동성, 면역체계, 신체 표시, 근육 패턴, 표현적 언어, 반사조절 및 직접적 행동을 나타내는 도표상의 차이점에 의해서 정서가 발생했다는 것을 알 수 있다(Bradley & Lang, 2000). 요컨대, 정서는 그냥 이루어지거나 발생하는 것이 아니라 실제적인 것이다.

신경과학자들은 생물학적인 것에 기반한 기쁨, 두려움, 놀라움, 혐오, 분노, 슬픔과 같은 정서를 더 우연적이고 일시적이고 실제로 발생하며 삶의 경험인 '상태(state)'와 분리하는 경우가 많다. 모든 상태가 정서적인 것은 아니지만, 모든 정서는 상태다. 예를 들어, 우리는 쓰림, 피로, 고통과 같은 신체적 상태를 경험하고 호기심, 열광, 지원, 사랑, 낙관성과 같은 기분 상태를 경험하기도 하며, 또한 기쁨, 두려움, 놀라움, 혐오, 분노, 슬픔과 같은 정서 상태를 경험하기도 한다(Izard, 1998). 정서는 보편적이고, 문화적이며, 생물학적인 회로에서 생성된 것이다. 일반적으로 상태는 유기체가 중요한 사건을 다루는 것을 준비하도록 돕는다. 어떤 면에서 모든 상태는 생존과 연결될 수 있다. 우리는 어떤 것이 위해가 되거나 역겹거나 사회적으로 수용할 수 없을 때 혐오를 느낀다. 혐오감을 표출할 때 전달되는 메시지는 다른 사람들이 불안전한 행위를 하는 것을 방지해 줄 수 있다.

이러한 정서는 성공적인 학습을 이루는 데에 매우 중요한 역할을 한다. 사회적-정의적 신경과학자들은 더 이상 학습을 정서와 분리해서 생각할 수 없다는 메시지를 분명히 전하고 있다. 정서는 인지 학습을 이끌고, 학습에 대한 정서적 기여는 의식적이거나 무의식적일 수 있고, 정서 학습은 미래의 행동을 형성하며, 정서는 다루는 과제와 관련성이 있을 때 지식의 발달을 촉진하는 데에 가장 효과적이다(Immordino-Yang & Faeth, 2010).

정서는 카드놀이 학습, 수학 학습, 사회적 학습 및 자신의 경험으로부터 정보를 축적하고 그 정보를 미래 상황에서 유익하게 행동하는 데 사용해야만 하는 여러 다른 장면에서의 학습과정에서 모두 중요한 역할을 한다(Bechara & Damasio, 1997). 방향키가 배를 안내하듯이 정서는 학습을 안내한다(Immordino-Yang & Damasio, 2007). 정서와 그 영향은 눈에 보이지 않을 수 있지만 학습자의 의사결정과 행동의 방향을 안정시켜 준다. 정서는 학습자가 관련 있는 지식, 예를 들어 적용해야 할 수학 공식에 관한 지식을 인식하고 상기하도록 도와준다. [그림 6-1]에서 실선의 타원형은 정서를, 그리고 점선의 타원형은 인지를 나타낸다. 두 타원형 사이의 중첩된 부분은 정서적 사고(emotional thought)의 영역을 나타낸다. 숙련된 직관은 정서적 사고의 개발에서 중요한 단계이며, 지식의 인지적 측면에 비추어 볼 때 반복과 신체적 감각의 실험을 통해 형성된다.

우리가 원하는 결과를 얻기 위해 노력할 때는 알게 모르게 정서가 상당히 흥분되지만, 원하는 결과를 얻지 못하고 막대한 손실을 초래했을 때는 바로 실망의 정서로 바뀐다. 이러한 실망감을 통해서 다시는 실패하지 않기 위해 앞으로 어떻게 해야 하고 어떤 노력을 해야 하는지에

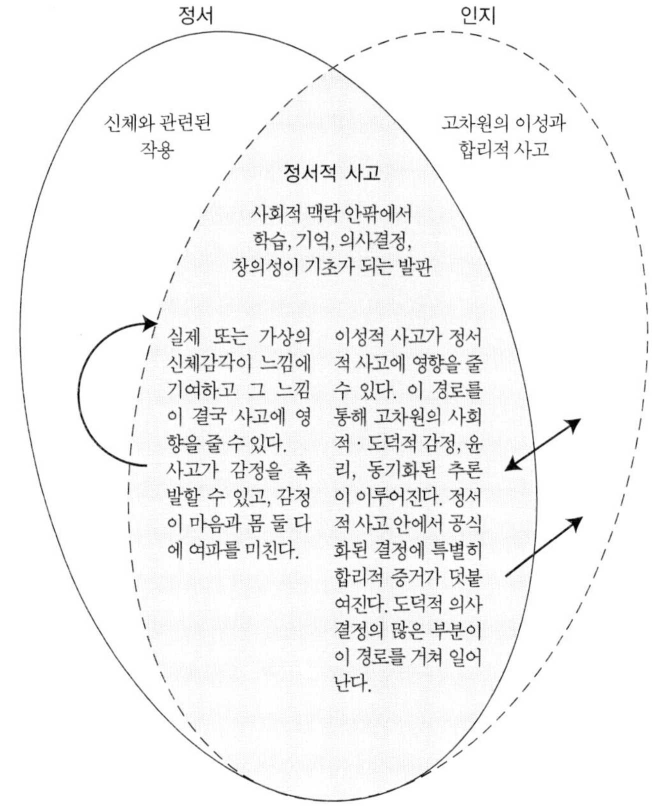

[그림 6-1] 학습과 기억에 중요한 사고과정에 작용하는 정서와 인지의 역할

출처: Immordino-Yang & Faeth(2010), p. 74.

대해 올바른 선택을 할 수 있게 된다. 이러한 과정은 의식적인 인식 수준 아래에서 일어날 수 있다. 학습자의 행동 선택 결과에 대한 정서적 반응은 수학, 논술 쓰기 등 인지적 지식에 암암리에 부착된다. 이러한 학습활동은 더 이상 학습자에게 중립적인 것이 아니다. 즉, 학습활동은 위협적이고 두려우며 불편한 것일 수도 있고, 흥분되고 도전적인 것일 수도 있으며, 또한 학습 결과에 대한 학습자의 정서적 해석에 따라 달라질 수도 있다. 어떤 경우이든 학습자의 노력 결과에 대한 정서적 반응은 의식적으로 혹은 무의식적으로 미래 행동을 형성한다.

학교 맥락에서 정서는 학습해야 할 지식의 통합적 부분이라기보다는 학습에 부차적이거나 부수적인 것으로 간주되는 경우가 많다. 예를 들어, 교사는 학생들이 학습에 집중할 수 있도록 그들의 감정이 방해가 되지 않기를 기대한다. 이러한 견해에서는 정서를 좋은 인지에 파괴적이고 적대적인 것으로 보며, 친구를 어떻게 다루어야 하는지와 같은 사회적 딜레마와 부정행위를 어떻게 처리해야 하는지와 같은 도덕적 딜레마(Haidt, 2001) 및 수학 문제에 어떤 공식을 적용해야 할 것인지와 같은 인지적 딜레마와 관련하여 성숙한 판단을 하기 위해서 조절하거나 억압해야 할 필요가 있는 것으로 본다. 그러나 신경과학에서는 정서를 제거하기보다는 구축해야 할 인지적 지식에 통합해야 가장 효율적인 학습이 이루어질 수 있다고 본다. 사실, 효율적인 학습자들은 그들의 사고와 의사결정을 이끄는 유용하고 관련 있는 직관을 형성한다(Damasio, 1994; Immordino-Yang & Damasio, 2007). 이러한 직관은 정서적 반응을 인지적 처리와 통합하며 경험으로부터 학습해 온 것들을 합병한다. 직관은 어떤 과제나 주제에 대한 경험에 의해서 형성되고 조직된 것이기 때문에 학습해야 할 특정한 맥락과 관련이 있다. 따라서 효율적인 학습을 위해서는 정서를 제거할 것이 아니라 다루어야 할 과제와 관련이 있고 유익한 정서 상태를 노련하게 함양해야 한다.

두려움과 고통의 정서는 학습에 도움이 되지 않는다. 두려움은 어떤 종류의 위협을 지각할 때 일어난다. 뇌는 과도한 위협에 직면했을 때 맞서거나 도피하거나 얼어붙어 가만히 있는 등 세 가지 선택을 한다. 본래 동물은 도망갈 곳이 없다고 지각하거나 맞서 싸워 이길 것 같지 않은 상황에 직면했을 때 얼어붙어 꼼짝하지 못한다. 교실에서도 다르지 않다. 위협을 느끼는 학생들은 도망칠 수 있다고 지각하면 맞서 싸우지 않고 물러설 것이고, 도망칠 수 없다고 지각하면 불안한 마음으로 그저 자리에 앉아 있을 것이다. 여하튼 학생들이 위협을 느끼면 그들의 뇌

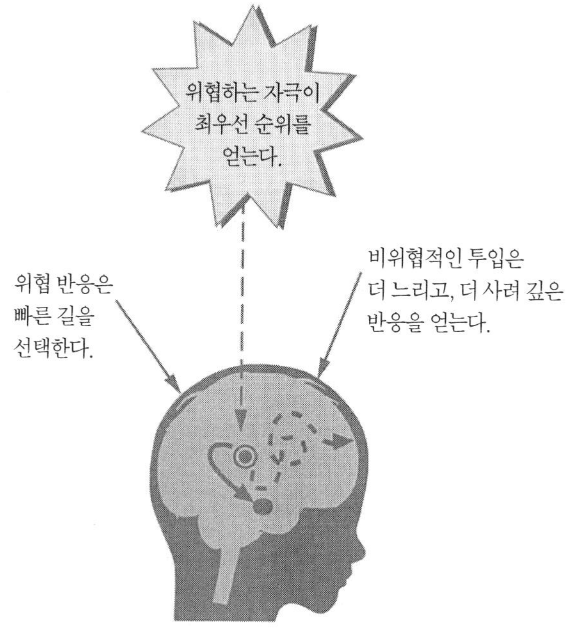

[그림 6-2] 뇌가 위협에 반응하는 법

출처: 권형규 역(2011), p. 138.

는 높은 기어로 가속 변속된다(권형규 역, 2011). 생사의 갈림길에서는 사고나 성찰이 아닌 즉각적인 자원을 필요로 한다. [그림 6-2]에서 보듯이 어떤 정서 상태들은 몸 전체를 느리게 돌아서 가는 길을 택하지만, 위협은 언제나 뇌의 아주 빠른 고속도로를 택한다.

대체로 학생들이 학교에서 직면하는 위협과 연결된 경험은 폭력, 동료 학생들의 압력, 중요한 결과가 뒤따르는 마감시간, 방과 후 학교에 남기, 배상금 지불, 공개 사과 등이다. 이 중 폭력은 위협의 정서를 가장 많이 유발하는 경험이 된다. 최근 연구들은 학습환경에서의 폭력의 위협은 그것이 사실이든 지각된 것이든 간에 학습에 부정적인 영향을 미칠 수 있다는 것을 시사한다. 폭력적으로 위협하는 상황 아래서 혈류는 인지와 관련된 뇌의 여러 부위에서 감소된다(Fischer et al., 2000). 폭력과 연합된 학교 스트레스는 시험 점수, 결석, 게으름, 주의력 간격에 영향을 미친다(Hoffman, 1996). 두려움에 대한 필연적인 결과는 스트레스다. 대부분의 경우 간혹 혹은 중간 수준의 스트레스는 건전한 상태로 명시적 기억의 원천인 해마 학습을 강화해 주지만, 장시간에 걸친 매우 높은 수준의 스트레스는 [그림 6-3]에서 보듯이 손해를 입히고 인지를 손상시킬 수 있다. 높은 수준의 스트레스가 장기화되면 뇌세포를 죽이고(Sapolsky, 1992), 생성되는 뇌세포의 수를 감소시키며(Gould et al., 1997), 해마에도 손상을 입힌다. 또한 장기적인 높은 수준의 스트레스는 언어적 기억과 작업기억 및 일화적 기억에도 손상을 입힌다(Lupien, Gillin, & Hauger, 1999; Sapolsky, 1990). 만성 스트레스는 학생들이 무엇이 중요하고 중요하지 않은가를 분류하는 능력에도 손상을 입힌다(Gazzaniga, 1988).

기쁨, 즐거움과 같은 긍정적 정서 상태는 행동과 판단에서 유연성을 향상시키고(Ashby, Isen, & Turken, 1999), 도파민의 수준을 높여 뇌의 주요 주의체계의 유연성을 향상시킨다(Aspinwall & Richter, 1999). 일반적으로 학교에서 긍정적 정서를 경험하는 학생들은 이러한 긍정적 정서를 학

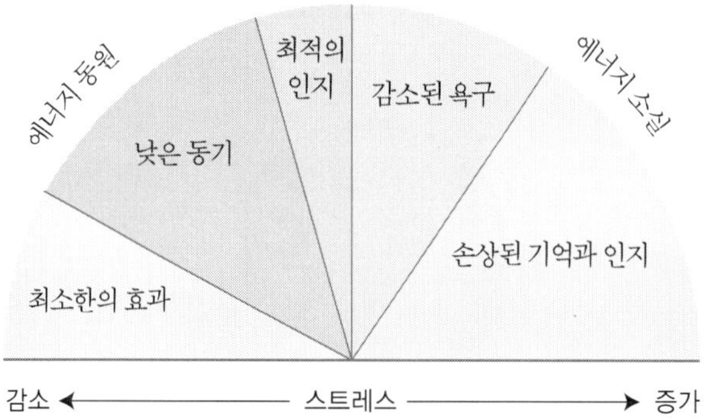

[그림 6-3] 스트레스와 인지

출처: 권형규 역(2011), p. 139.

습, 교사, 학교와 연합할 것이며, 이는 출석률을 높여 궁극적으로 졸업률을 높이는 데에 도움이 될 것이다. 학생들의 기대와 호기심과 같은 정서 상태는 희망과 각성의 긍정적 상태를 만들며, 목표를 향해 나아가도록 이끄는 동기 요인이다. 긍정적 기대와 호기심은 새로운 지식의 형성에 영향을 미친다. 다시 말해서, 어떤 교과에 대해 기대와 호기심을 가지면 그 교과에 대한 학습자의 반응이 긍정적이 된다(Kirsch, 1999).

이처럼 정서 없이는 학습이 손상되기 쉽다. 정서와 인지는 상호작용을 한다. 이끄는 정서적 직관 없이 사실적 지식만으로는 유용하지 못하다. 학생들이 학교에서 배우는 지식과 관련하여 아무런 정서를 느끼지 못한다면, 학습내용은 그들에게 정서적으로 의미가 없는 것이 된다. 비록 학생들이 사실적 정보를 별 생각 없이 반복할지라도 그러한 정보는 그들의 판단과 행동에 영향을 주지 못할 것이다. 학생들은 배우는 자료에 대한 정서적 반응을 발달시킬 능력이 있기 때문에 교육과정이 정서적 반응의 발달을 지원해 주지 못하면 정서와 인지의 효과적인 통합이 위태로워질 것이다. 그러므로 교실에서 인지가 효과를 발휘하기 위해서는 정서가 언제나 학습 경험의 일부가 될 필요가 있다.

[글상자 6-3] 우울장애와 불안장애

정서장애 중에서 아주 파괴적인 것은 우울장애(우울증)다. 증상은 지속적인 무가치감과 죄책감, 정상적인 식습관의 파괴, 수면장애, 전반적인 행동 둔화, 자살에 대한 빈번한 생각 등이다. 우울증에 빠진 사람은 장기간에 걸쳐 심하게 낙담한다. 우울증은 유전적 요소가 있어서 집안 내력으로 이어질 뿐만 아니라 일란성 쌍둥이의 경우 양쪽 모두에서 발견되는 경향이 있다. 우울증의 유전적 요소가 생물학적 이상을 수반하지만 그 원인은 아직 밝혀지지 않았다. 우울증의 생물학적 원인설을 지지하는 가장 강력한 증거는 우울증 환자의 70%가량이 항우울제로 치료될 수 있다는 사실이다. 항우울제는 시냅스, 특히 노르아드레날린과 세로토닌 함유 시냅스에 작용하여 가용 전달물질의 양을 증가시킨다. 노르아드레날린과 세로토닌 함유 세포의 주요 돌기가 변연계로 이어진다는 점에서 전전두피질을 포함한 변연계 영역의 비정상적 활성이 우울증에 중요함을 알 수 있다.

과도한 불안감은 우울증보다 흔한 정서 문제다. 외상후 스트레스장애, 각종 공포증, 강박장애 등을 포함하는 불안장애의 증상은 실체 없는 위협에 대한 지속적인 공포와 걱정이고, 빈맥, 구역질, 호흡곤란 등과 같은 다양한 생리적 스트레스 반응을 동반한다. 불안장애의 특징은 상황에 맞지 않는 공포나 불안의 강렬한 느낌이다. 불안장애 환자들은 임박한 불행에 대한 지속적이고 비현실적인 걱정을 느낀다. 그들은 또한 교감신경계의 과활성에서 파생된 여러 신체 증상을 겪는다. 불안장애에는 범불안장애(generalized anxiety disorder), 공포증(phobia), 공황장애(panic disorder)가 있다. 범불안장애는 지속적으로 높은 수준의 불안이 있고, 흔히 불안 경감을 위한 부적응적 행동이 동반된다. 그 원인은 규명되지 않았지만 만성 스트레스가 원인인 것으로 추정되고 있다. 공포증은 가장 흔하고 위험도가 낮은 불안장애다. 공포증은 잘 알려진 무서운 대상(예: 뱀, 거미)이나 극심하게 공포적인 상황(예: 밀폐된 공간, 군중 속)과 관련된다. 대부분의 사람은 어떤 유형의 자극에 대해 경미한 혐오감을 느끼는 것이 보통이다. 싫어하는 자극을 향한 느낌이 압도적인 공포와 불안을 야기할 때에만 단순한 혐오가 아니라 공포증이라고 한다. 공포증 환자 대부분의 경우 두려움을 느끼는 대상을 피하면 정서적 반응을 제어할 수 있다. 공황장애는 갑작스러운 극심한 공포가 분명한 외부 상황과 관련 없이 반복해서 발작적으로 나타난다. 공황발작은 대개 수분만 지속되지만, 그 경험은 항상 끔직하다. 교감신경계가 갑자기 활성화되면서 땀이 나고 심장이 마구 뛰면서 온 몸이 떨린다. 비록 공황발작 자체는 가끔만 일어나지만, 또 다른 발작에 대한 두려움은 지속적이다. 결과적으로 많은 공황장애 환자는 또한 공공장소나 도움을 구할 수 없는 상황을 두려워하는 광장공포증(agoraphobia)을 경험한다.

Freud는 불안장애가 기원상 심리적이며, 공포에 직면하게 하는 대화요법으로 치료할 수 있다고 믿었다. 오늘날 인지행동치료가 이러한 목적으로 사용되고 있다. 그러나 불안장애는 분명한 생물학적 연관성이 있다고 알려져 있다. 약리학적으로 이러한 장애들은 벤조디아제핀에 의해 가장 효과적으로 치료되고, 그중 가장 잘 알려진 약물은 디아제팜(Valium)이다. 알프라졸람(Xanax)은 공황발작에 가장 흔하게 처방되는 약물이다. 이러한 치료들이 행동적이든 약리적이든 간에 일반적인 목표는 변연계에서 뇌 활동을 정상화시키는 것이다.

출처: 김현택, 김명선, 김재진 공역(2012), pp. 466-468.

2) 뇌기반 학습과 관련된 정서의 원리

정서는 사고와 밀접하게 관련되어 있으며, 우리는 실제로 깨닫는 것보다 정서에 의하여 더 많이 좌지우지된다. Damasio(1994), Goleman(1994, 1998), Zull(2002)과 같은 연구자들에 따르면, 정서는 정서를 실제로 뇌에 기반을 두게 하는 뇌에 존재하고, 지능과의 관찰 가능한 신경적 결합이 있고, 학습과 의사결정 능력에 영향을 주며, 교수-학습과 무관한 별개의 것이 아니라 상호 관계가 있다. Connell(2005)은 교사가 언제나 명심해야 하는 뇌기반 학습과 관련된 정서의 세 가지 원리를 다음과 같이 제시하였다(정종진, 임청환, 성용구 공역, 2008).

(1) 정서와 지능은 서로 연결되어 있다

정서 센터인 대뇌 변연계는 [그림 6-4]에서 보는 바와 같이 뇌 안의 깊은 곳에 자리 잡고 있다. 따라서 변연계를 '뇌의 심장'이라고 부르는 사람도 있다. 인간의 정서가 지능과 어떻게 연결되어 있는지를 완전하게 이해하기 위해서는 변연계의 두 중심 요소인 해마(hippocampus)와 편도체(amygdala)에 대해서 살펴볼 필요가 있다.

해마는 대뇌에 있는 모든 구조처럼 뇌의 좌반구와 우반구 양쪽에 모두 위치해 있다. 모양이 해마(seahorse, 실고깃과의 바닷물고기)와 같이 생긴 해마는 사실적 정보들을 조직하고 우리의 장기기억 속으로 보내는 일을 한다. 해마는 스트레스 호르몬인 코르티솔(cortisol)에 매우 영향을 받기 쉽다. 비록 코르티솔 수용기가 뇌 전반에 걸쳐 발견되기는 하지만 해마에서 가장 두드러지게 발견된다. 연구자들은 "성인들의 스트레스는 해마에 있는 코르티솔 수용기의 수를 조절하는 것으로 보인다."(Jacobs & Nadel, 1985, p. 518)라는 것을 밝혀 왔다.

해마는 사물이 어디에 위치하며 한 지역에서 다른 지역으로 이동하려면 어떤 길을 가야 하는지 지도를 읽는 것과 같은 공간지각행동과 연관이 있다. 본질적으로 해마는 우리가 집에서 직장까지 가는 길을 찾는 데 도움을 주며, 일반적으로 전 세계를 돌아다니는 데도 도움을 준다. John O'Keefe와 Lynn Nadel(1978)은 그들의 저서 『인지맵으로서의 해마(*The hippocampus as a cognitive map*)』에서 해마는 또한 우리로 하여금 우리 뇌를 조정하도록 하는 데에 도움을 준다고 주장하였다. 즉, 우리가 어린 시절의 주소와 같은 명확하지 않은 사실이 어디에 저장되어 있는가를 찾고자 애쓸 때, 그것이 수년 동안 사용하지 않은 채 뇌의 어디에 저장되어 있는가를 해마가 안내해 준다는 것이다. 스트레스는 해마가 제 기능을 효과적으로 수행하는 것을 방해한다.

편도체는 아몬드 모양의 구조를 지녔으며, 인간의 가장 강렬한 부정적 혹은 긍정적 정서를

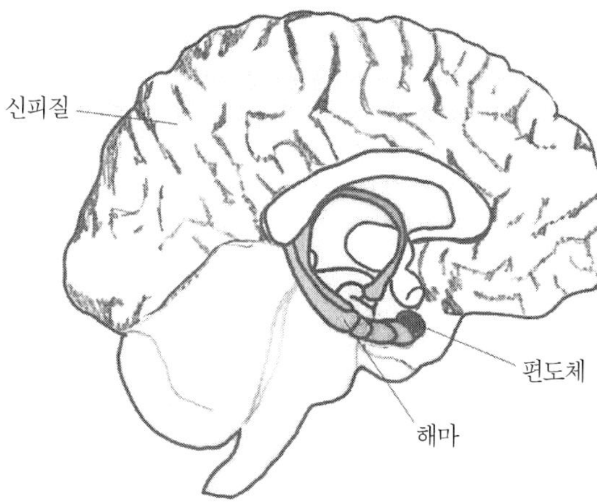

[그림 6-4] 해마와 편도체

영구적으로 저장하는 곳이다. 편도체는 우리 인간이 자신의 경험을 점검하고 의미를 생성하도록 해 준다. 또한 투입되는 감각 정보를 계속해서 변별해 준다. 편도체는 우리의 사고와 판단 능력에 영향을 준다. LeDoux(1996)는 『정서적 뇌(*The emotional brain*)』라고 하는 그의 저서에서 "사고를 지배하고 통제하는 정서적 각성이 일어나게 하는 데에 피질이 편도체에 영향을 주는 것보다 편도체가 피질에 주는 영향이 더 크다. …… 비록 사고가 정서를 쉽게 야기할 수 있지만(편도체의 활성화에 의해서), 우리는 의도적으로 정서를 누그러뜨리는 데에는 매우 효과적이지 못하다(편도체의 비활성화에 의해서)." (p. 301)라고 기술하였다.

대뇌의 변연계와 신피질 사이에 신경적 연결이 광범위하게 이루어져 있다는 것은 감정이 우리의 사고와 학습의 일부라는 사실을 시사한다. LeDoux는 변연계와 신피질 사이를 지나는 신경회로를 발견하였다. 비록 우리는 신경통로가 신피질과 편도체 사이에 양방향으로 지나고 있음을 알 수 있지만, LeDoux가 지적한 바와 같이 더 많은 신경적 연결은 신피질에서 편도체 쪽보다는 편도체에서 신피질 쪽으로 향한다는 사실을 주목하는 것이 중요하다. 이것은 최소한 우리의 '정서적 뇌'가 우리의 '사고의 뇌'를 조절할 수 있고 또한 조절할 것이라는 점을 의미한다. 이러한 현상은 '하향이동(downshifting)'이라고 불린다.

아주 옛날 우리 조상은 물리적 위협으로부터 살아남기 위하여 잠재적 위험에 대처하고 반응하는 기제, 즉 싸우거나 도망가는 반응을 필요로 하였다. 우리의 대뇌 변연계가 환경이 안전하지 않다는 신호를 보내면 많은 양의 피가 피질을 떠나 대뇌와 뇌간으로 들어오게 되는데, 이것은 우리로 하여금 안전하지 못한 환경에서 달아나거나 여의치 않으면 대항하게 하는 원인이 된다. 대부분의 피와 산소가 더 낮은 뇌의 센터로 이동하게 되면 효과적인 인지적 추리가 이루어질 수 없게 된다. 오늘날은 우리가 난폭한 동물들과 싸울 필요는 없다 하더라도 교실, 학교 식당, 학교 버스, 그리고 운동장에서 거의 매일 이와 같은 하향이동 현상을 목격할 수 있다.

어떤 학생이 분노나 두려움을 느낄 때는 피와 산소가 신피질('사고모자')에서 원시적인 파충류 뇌인 뇌간으로 글자 그대로 하향이동 한다. 이런 일이 발생하면 학생은 상황에 대해 사고하는 대신에 신체적으로 반응하게 된다. 하향이동은 학생이 명확한 사고를 하지 못하도록 한다. 교실에서 학생들의 편도체가 어떤 위협을 감지하면, 교사가 가르치는 정보는 쉽게 피질로 들어가지 못하게 된다. Sylwester(1995)는 교실에서 정서는 우리가 무엇에 주의를 집중할지를 결정하게 하고, 우리가 무엇에 주의를 집중하느냐 하는 것은 우리가 학습하는 것에도 영향을 준다고 설명하였다. 대뇌 변연계가 차분하고 진정될수록 사고는 더욱더 명확해진다. 이러한 개념을 수업에 적용해 보면, 교사가 학생들의 정서를 긍정적으로 관여할 수 있도록 한다면 학생들이 교사가 가르치는 내용에 좀 더 초점을 두고 주의를 기울이게 될 것이라는 점은 분명하다.

(2) 정서와 지능 간의 신경적 연결은 주의 집중과 의사결정의 능력에 영향을 준다

앞에서 정서와 지능이 서로 연결되어 있다는 사실을 살펴보았다. 정말로 우리의 정서는 투입되는 감각정보를 여과하도록 우리를 도와주며(Feden & Vogel, 2003), 그 감각정보는 우리가 처리하여 장기기억으로 연결해야 할 경우 30초 이내에 작업기억으로 이동되어야만 한다.

요컨대, 우리의 정서체계는 들어오는 자극에 대하여 우리가 주의를 기울일지 말지에 대한 결정을 재촉한다. 정서는 우리에게 어떤 것이 중요한지 그렇지 않은지를 말해 주고, 또 어떤 상황이 안전한지 그렇지 않은지를 결정해 준다. 예를 들어, 숲에서 길을 걷고 있는데 땅 위에 갈색의 굽은 무언가를 보았다고 하자. 그러면 보통은 바로 '뱀이다!'라고 생각하고, 이에 정서체계는 매우 중요하며 위험한 상황이라고 감지할 것이다. 편도체는 우선 이 메시지를 접수하여 싸우거나 도망갈 모드 형태로 전송한다. 그러면 심장박동은 증가하고, 우리 몸은 그 물체를 피하여 재빠르게 점프하는 행동을 취하게 된다. 그러고 나서 그 물체를 다시 보고, 독이 있는 뱀이라고 생각한 것이 사실은 그저 길고 구부러진 막대기에 불과하다는 것을 알게 된다. 이렇게 신피질이 그 물체가 정말 무엇인가를 확인한 직후에 마음의 안정을 찾게 된다. 이러한 상황에서 지능은 관여하지 않았다. 대뇌 변연계가 정서적 자료에 기초하여 행동을 통제한 것이다.

중요성과 안정성이라는 이러한 두 가지 조건이 충족되어야만 정서체계가 뇌로 하여금 학습을 촉진하는 방향으로 들어오는 정보에 주의를 기울이게 할 것이다. 다시 말해서, 이 두 가지 조건이 충족되어야만 들어오는 정보가 새로운 지식을 창출하기 위해서 기존의 알고 있는 지식과 연결될 수 있는 작업기억으로 이동할 수 있다.

(3) 학생들은 안전하고 즐거우며 도전적이라고 지각되는 교실환경에서 이득을 본다

우리의 뇌는 개인적 관심 혹은 내재적 동기와 활력감이 함께 조화를 이룬 도전과 무력감 혹은 스트레스와 같은 위협 간의 차이점을 명확히 구분한다(Caine & Caine, 1994). 뇌는 스트레스가 여러 달, 여러 해 지속될 때 영향을 받는다. 생리학적으로 스트레스를 받을 때 심장박동 수가 증가하며 스트레스 호르몬인 코르티솔이 분비된다. Goleman(1998)은 "코르티솔은 작업기억으로부터—지적 활동으로부터—에너지 자원을 빼앗아 감으로써 분별력을 상실시키고 흥분하게 한다." (p. 76)라고 하였다. 위협과 스트레스는 학습과 지능의 민활한 활동에 방해가 되므로 교실에서 학생들이 계속 스트레스를 받게 되면 그들의 학습하는 능력과 명확하게 사고하는 능력에 부정적인 영향을 미칠 것이다.

학생들이 교실에서 받는 스트레스를 경감시키기 위해서 교사가 할 수 있는 것이 무엇인가? 교사는 안전하고 즐거우면서도 학습에 대한 도전감이 충만한 교실환경으로 만들기 위해서 어떻게 해야 하는가? 효과적인 방법 중의 하나는 학생들에게 뇌에 대해서 가르치는 것이다. 모든 연령층의 학생들은 공부하는 방법을 배우기 위해 열심히 한다. 교사들은 그래픽과 설명을 통해 파충류의 뇌, 포유류의 뇌, 그리고 인간의 뇌에 대해서 설명할 수 있으며, '나는 누구인가?' 라는 단원을 학생들의 다중지능, 뇌반구 선호도, 그리고 학습양식과 관련시킬 수 있다. 또한 제3장에서 논의한 것처럼 물을 마시고, 운동을 하고, 균형 잡힌 식사를 하며 신체적 건강을 유지함으로써 건강한 뇌를 유지하는 방법에 관해서 학생들의 연령에 적합하게 가르칠 수 있다.

교사들은 또한 다음에 제시하는 방법을 즉각 실행함으로써 많은 학생이 느끼는 스트레스를 경감시킬 수 있다.

- 손을 들지 않은 학생들을 호명하지 않는다.
- 모든 학생이 당일 그들의 강점 영역에서 해결할 수 있도록 숙제와 과제를 다양하게 제시한다.
- 학생들에게 존중의 본보기를 제공한다. 교사가 학생들을 존중하고 있다는 것을 말해 주고 교실에서 존중하는 태도가 왜 중요한지를 설명해 준다.
- 교실 및 학교 내에서는 언제나 서로를 존중하도록 하는 규칙을 정한다.
- 교실에서 약한 학생을 괴롭히거나 무시하는 행동을 허용하지 않는다. (동료 학생들의 협박이나 놀림에 대한 두려움 때문에 결석하는 경우가 많다.)
- 학생들에게 실수해도 좋다는 것을 알려 준다. 그들에게 교사를 포함하여 모든 사람은 때때로 실수한다는 것을 설명해 준다.
- 학생들에게 실수도 학습과정의 한 부분이라는 것을 알게 해 준다.
- 낙관적 태도를 표현한다. (아이디어를 얻기 위해서 Seligman의 『낙관적 아동(*The optimistic child*)』(2007)과 『학습된 낙관주의(*Learned optimism*)』(2006)를 참조할 수 있다.)
- 학생들에게 성공할 능력이 있다는 것을 확신시켜 준다.
- 교사가 가르칠 때 긍정적이고 열정 어린 목소리로 말한다.

Lavoie(2002)는 학년 초에 엄격하고 완고하여야 하며, '절대 학년 말까지 웃지 말아야 한다.' 라는 다른 교사들의 조언에 대하여 다르게 생각한다. 그는 그러한 조언은 '어리석은 생각' 이라고 주장한다. Lavoie는 교사는 학생들과 매일 온정적이고 다정한 방식으로 상호작용해야 한다고 권고한다. 그는 "미소 지어라! 웃어라! 학생들의 이름을 외워라! 학생들이 교사가 얼마나 많은 지식을 알고 있는지에 관심을 갖게 하기에 앞서 교사가 학생들에게 얼마나 많은 관심을 갖고 있는가를 알게 하라!"라고 말했다.

3) 정서학습의 전략

앞에서도 살펴보았듯이 최근의 많은 신경과학 연구 결과는 정서와 인지는 상호 관련성이 있으며 이성적 사고에 정서가 중요하다는 점을 증명하고 있다(Greene et al., 2001; Haidt, 2001; Immordino-Yang, 2008). 학습에서 정서의 역할은 중요하다. 학생들의 미묘한 정서 신호들의 누적은 학습을 의미 있게 하고, 그들이 새로운 지식을 언제, 어떻게, 왜 사용해야 하는지에 관한 일련의 학업적 직관을 형성, 발달시키는 데에 도움이 된다. 따라서 교사들은 학습 상황에서 정서를 제거하려고 하기보다는 학생들이 미묘한 정서 신호들을 느끼는 데에 좋은 정서적 분위기를 교실에 조성해야 한다. 학생들이 이러한 정서 신호들을 주목하고 정련하게 될 때, 학습이 그들에게 더욱 관련성과 의미를 갖게 되며 궁극적으로는 그들의 일상생활에 더 일반화되고 유용해질 수 있다.

이처럼 학생들의 정서 상태가 그들의 학습에 전반적인 영향을 미칠 수 있기 때문에 오늘날 신경과학자들은 학습의 부분으로 정서를 다루는 것을 적극 권장한다. Jensen(2008)은 학습과정에서 정서의 중요성을 학생 스스로 이해하도록 돕기 위해 교사가 활용할 수 있는 전략을 다음과 같이 제시하였다.

- 역할모델(role model): 교사가 학습에 대한 사랑과 열정을 갖고 있다는 것을 학생들에게 보여 준다. 학생들에게 가르치고자 하는 내용과 관련하여 교사 자신도 흥미를 느끼며 배우고자 하는 무언가를 가지고 수업에 들어간다. 다소의 긴장감을 갖게 하여 흥미를 유발하고, 자주 웃고, 감동적인 이야기를 말하고, 새로운 음악을 들려주고, 가장 좋아하는 책을 가져오고, 최근에 읽은 책에 대해 토론하고, 애완동물을 학교에 데리고 오고, 지역사회 활동에 참여하도록 한다. 그러나 무엇보다 중요한 것은 교사의 열정을 보여 주어야 한다는 점이다.
- 축하하기(celebrate): 파티를 열고, 칭찬과 인정의 말을 건넨다. 이때 하이파이브, 팀 응원, 음식, 음악, 장식, 의상을 포함시키도록 한다. 학생들의 작품이나 결과물을 전시한다. 예를 들어, 학생들이 조별로 마인드맵 그리기를 완성했을 경우 적어도 다른 두 개 조와 공유하도록 하고, 상대방의 마인드맵에서 좋은 점을 두 가지 이상 찾도록 한다. 이러한 것을 축하

의 분위기 속에서 행하도록 한다. 배경음악을 틀고, 잘한 점에 대해 칭찬의 몇 마디를 학생들에게 건넨다.

- 논쟁하기(controversy): 논의, 대화, 10종 학력경시대회, 게임 쇼 혹은 패널토론을 개최한다. 두 집단에 서로 흥미와 생각이 다른 경쟁적인 논쟁점을 부여하여 행할 수 있다. 영화와 드라마도 강렬한 정서를 유발할 수 있다. 규모가 크고 위험 부담이 클수록 더 많은 정서가 개입될 수 있다. 이러한 규모의 이벤트 계획은 스트레스, 재미, 불안, 기대, 긴장, 흥분 및 고통 경감의 정서를 유발한다. 교사는 학생들의 더 많은 정서가 개입될 수 있는 방법을 계속 모색해야 한다.
- 신체적 의식(physical rituals): 정서를 자극하고 관여시킬 수 있는 학급 의식의 사례는 매우 많다. 그 예로 박수치기, 응원, 구호, 율동, 테마송이 있다. 재미있고 빠르며 지루함을 방지할 수 있는 조회 및 종례 의식을 포함시킨다. 그 의식은 반드시 학생들의 연령 수준에 적합한 것이어야 한다.
- 성찰하기(introspection): 일지 쓰기, 소집단 토론, 이야기 교환, 설문조사, 인터뷰를 요구하는 숙제나 그 외 자기반성의 과제를 포함시킨다. 학생들 개개인의 정서가 개입될 수 있는 인적 및 물적 자료를 활용한다. 학생들에게 주의와 관심을 끄는 현행 사건에 대해서 쓰거나 말하도록 한다. 현행 사건과 현행 교육과정 및 그들 자신의 일상적 삶이 서로 관련성을 갖도록 돕는다.

Immordino-Yang과 Faeth(2010)는 교사들이 학생들의 정서학습 발달을 촉진하고 지원하는 데에 도움이 될 수 있는 세 가지 전략을 제시하였다.

첫째, 학습자료와 정서를 결합해야 한다. 교사들이 정서를 통한 의미 있는 학습을 촉진하기 위해 사용할 수 있는 가장 중요한 전략은 학습해야 할 자료에 관련 있는 정서적 결합을 장려하는 교육적 경험들을 설계하는 것이다. 그러한 정서적 결합을 촉진하기 위해서는 탐구해야 할 주제와 그 주제에 학생들이 몰두할 수 있는 방법을 결정할 때 학생들에게 선택의 기회를 제공하는 것이다. 예를 들어, 주제가 고대 로마에 대해 학습하는 것이라면, 학생들에게 주요 사건에 관한 각본을 써서 연극을 할지, 연구 보고서를 쓸지, 초기 로마인들의 원로원과 닮은 모형을 설계할지 선택하게 할 수 있다. 학생들이 수업설계에 참여할 때, 수업의 목적을 더 잘 이해하게 될 뿐만 아니라 학습성과에 더 많은 정서가 유입되고 연루된다. 정서적 결합을 촉진하기 위해서 교사들은 또한 학습자료를 학생들의 생활과 흥미와 관련시켜야 한다. 교사들은 새로 학습하는 것이 학생들의 일상 경험에 어떻게 영향을 미칠 수 있는가를 보여 주거나 학생들 스스로 관심과 열정을 갖고 학습 자료의 관련성과 유용성을 찾아내어 조사하도록 격려해야만 한다. 예를 들어, 카이사르(Caesar)가 전쟁에 대해 어떻게 느끼고 생각했는가에 대한 질문은 학생들과 오늘날의 국가 지도자들에게도 적용되며 카이사르 시대뿐만 아니라 오늘날의 시대에도 관련이 있다. 정서적 개입을 위한 또 다른 효과적인 도구는 학생들에게 개방형(open-ended) 문제들을 풀도록 가르치는 것이다. 개방형 문제들은 학생들로 하여금 과제를 어떻게 정의할지 고민하게 하고 관련성, 친숙성, 창조성 및 과정에서의 흥미에 관한 직관적 지식을 구성하도록 한다(Albin, 2008). 포트폴리오, 프로젝트, 집단작업 또한 사고의 정서적 측면을 활성화하는 데에 효과적일 수 있다.

둘째, 학생들이 뛰어난 학업적 직관(academic intuitions)을 개발하도록 격려해야 한다. 일단 학습해야 할 주제가 선택되면, 교사들은 학생들이 교실에서의 학습과 문제해결 활동을 할 때 그들 자신의 직관을 사용하도록 격려해야만 한다. 신경과학 관점에서 보면, 직관은 비의식적인 정서 신호를 지식 습득에 통합하는 것으로 이해될 수 있다. 학생들은 학습자료를 사용하는 방법과 시기에 관한 직관을 개발할 기회를 가져야만 한다. 학생들이 이러한 직관을 길러야 '이 경우에 이런 수학적 절차를 사용하는 것이 맞는가?' '나는 정확한 해결책에 다가서고 있는가?'와 같은 관련 질문에 답하는 것을 배우게 될 것이다. 이런 질문에 대한 학생들의 개인적 혹은 집단적 성찰은 유용하고 일반화할 수 있고 기억할 수 있는 지식을 발달시키는 데에 매우 중요하다. 그리고 기본적으로 이러한 질문에 답하기 위해서는 정서적 · 인지적 지식이 예리한 직관을 창출하는 데에 통합되어야 한다. 그래야만 또 다른 학업적 상황과 실생활 장면에 전이될 수가 있다. 신경과학이 시사하는 바에 따르면, 교사들이 사려 깊게 자신의 교육과정 속에 학생들이 능숙한 직관을 개발하고 발휘할 기회를 구축한다면 학습이 더 효과적일 수 있다. 건전한 직관을 개발하지 못한다면, 학생들은 학습자료를 장기간에 걸쳐 기억하지 못할 것이다. 비록 그들이 학습자료를 추상적인 의미로 기억한다 하더라도 새로운 상황에 적용하는 데에 어려움을 겪게 될 것이다.

셋째, 교실의 사회적 · 정서적 풍토를 적극적으로 관리해야 한다. 학생들의 직관을 개발하는 것은 또한 교실풍토의 사회적 측면에 달려 있다. 학생들이 새로운 것을 학습하다 보면 실패 혹은 실수 경험을 하게 되고, 이러한 실패와 실수 경험은 학습 성공의 원동력이 될 수도 있다. 이러한 원동력이 되기 위해서는 신뢰와 존경이 있는 교실풍토와 교사-학생의 사회적 관계가 뒷받침되어야만 한다. 학생들이 지나치게 불안하고 흥분되어 있거나 주의가 산만하면 학습하는 데에 어려움을 겪을 수 있다. 교사들은 수업에 긍정적 정서를 유발하기 위해 농담을 하거나, 한 컷의 만화를 보여 주거나, 상장을 나누어 주거나, 혹은 학생들이 지나친 행동을 할 때 모른 체하는 것과 같이 인위적이고 과제와 무관한 방식을 사용하는 경향이 있다. 주의 깊고 시의적절한 유머나 인센티브는 학생들이 교실을 즐겁고 소속감을 가질 수 있는 분위기로 지각하는 데에 도움이 될 수 있으며, 또한 그들 자신을 표현하는 데에 안전감을 느끼고, 실수로부터 배우며, 사회적 응집력을 형성하는 데에 도움이 될 수 있다. 그렇지만 배우는 과제와 무관한 정서는 새로운 개념적 지식의 발달과 적용에 영향을 미치는 미묘한 정서 신호를 느끼는 학생들의 능력을 실제로 방해할 수도 있다. 정서가 유용성을 갖기 위해서는 발달되고 있는 기능을 언제 어떻게 사용할지를 아는 것의 통합적인 한 부분이 되어야만 한다. 이처럼 과제와 무관한 긍정적 정서는 교실의 사회적 풍토를 안전하고 즐겁게 조성하는 데에 중요한 역할을 하지만, 또 한편으로는 학습에 대한 적절한 정서를 느끼는 학생들의 능력을 발달시키는 데에 지장을 줄 수도 있다. 그러므로 교사들이 교실의 사회적 · 정서적 풍토를 효과적으로 관리하기 위해서는 학생들의 정서를 적극적으로 다루고, 학습에 열심히 참여하도록 도와주고 신뢰하며, 학생들이 의미 있는 학업적 경험들을 누적할 때 형성하는 미묘한 정서 신호들을 즐기도록 함으로써 이러한 두 종류의 정서를 균형 있게 사용해야 한다. 학생들이 정서적으로 더 능숙해지면 정서적 학습경험에 적극적으로 관여하면서 동시에 과제와 무관한 정서적 활동들이 줄어들 수 있다.

한편, Willis(2010)는 학생들의 긍정성, 즉 긍정적 정서를 높이기 위한 학습의 중재방안으로 다음과 같은 것을 제시하였다.

- 학생들이 학습 활동을 하면서 주기적으로 수업 중에 돌아다니도록 허락하기. 예를 들어, 몸짓으로 표현하는 단어 알아맞히기 또는 공을 받은 사람이 수업에서 무엇이 가장 재미있었는지 말하기 등이 있다.
- 전체 학생을 대상으로 읽기 또는 짝과 나누어 읽기
- 학생들에게 시험, 프로젝트, 보고서 등 최종 결과물에 대한 단순한 피드백을 주는 것이 아니라 단계별 성취를 통해 본질적 만족을 경험할 기회를 만들어 주기
- 빈정거리지 말고 유머를 사용하기
- 또래 간의 긍정적인 상호작용을 구조화하기
- 잘 계획된 집단 활동을 활용하기
- 학생들에게 연습을 더 할지 평가를 받을지 선택할 기회를 어느 정도 제공하기

4) 정서지능

이제 신경학적 연구에 근거하는 Goleman의 정서지능이론에 대하여 살펴보고자 한다. 정서지능이론은 교사 자신의 정서지능을 평가하기 위한 기초로서, 또한 학생들로 하여금 긍정적 정서를 활용하게 하기 위한 방법으로서 사용할 수 있다. Goleman은 '정서지능(emotional intelligence)'이라고 하는 개념을 창시한 인물이다. 정서지능을 '머리 대 마음'의 논쟁과 관련시켜 보면, Goleman과 그의 동료들은 다소 반대 상황으로 보고 있다. 즉, 그들은 대부분의 경우 정서지능이 적어도 학업적 재능만큼이나 중요하며, 때로는 학업적 재능보다 정서지능이 실제로 더 중요하다고 믿고 있다.

Goleman은 그의 저서 『정서지능(*Emotional intelligence*)』(1995)과 『정서지능과 일(*Working with emotional intelligence*)』(1998)에서 사람들의 '낮은 정서적 IQ'가 고용과 승진에 어떤 식으로 작용하는가에 대한 많은 사례를 인용하면서 정서지능의 중요성을 일깨웠다. 예를 들어, 자격을 충분히 갖춘 두 사람이 동일 지위에 지원했다면, '정서적으로 가장 적합'하다고 지각된 지원자가 채용될 가능성이 크다. 주위를 보면 매우 똑똑하고 공부를 잘하지만 다른 사람들과 어떻게 어울려야 하는지 잘 모르는 사람들이 있다. 그들은 대화에 어떻게 참여해야 하는지, 다른 사람들의 삶에 관심을 어떻게 전달해야 하는지 잘 모른다. 이러한 사람들은 학업적 IQ는 높지만, 정서적 IQ(Goleman이 일컫는 'EQ')는 낮다고 말할 수 있다.

(1) 정서지능의 의미와 구성요소

정서지능이라는 개념은 Salovey와 Mayer(1990)에 의해 처음 정의되었다. 자기 자신의 감정과 타인의 감정을 교감하는 능력과 삶을 더 풍요롭게 상승시키기 위한 수단으로서 정서조절능력이 중요하다는 것을 설명하기 위해 정서지능이라는 개념을 처음 제안한 Salovey와 Mayer는 정서지능이란 사회적 지능(social intelligence)의 한 하위요소로 자신과 타인의 정서를 점검하고, 그 차이를 변별하며, 사고하고 행동하는 데 정서 관련 정보를 적절히 활용할 줄 아는 능력이라고 정의하였다. 그들은 이 정의를 보완하여 1997년에 정서지능이란 정서를 정확히 지각하고 평가하며 표현하는 능력, 사고를 촉진할 수 있도록 정서를 생성하는 능력, 정서와 정서 관련 지식을 이해하는 능력, 그리고 정서적 · 지적 성장을 촉진하기 위하여 정서를 적절히 조절하는 능력(Mayer & Salovey, 1997)이라고 재개념화하였다.

한편, 정서지능을 대중화한 사람으로 알려진 Goleman(1995)은 정서지능이란 정서를 지각하고, 정서를 조절하며, 스스로 동기를 부여하고, 타인의 정서에 대해 인식하며, 대인관계를 다루는 능력이라고 정의하였다. 그 외에도 많은 학자에 의해 정서지능의 개념이 조금씩 다르게 정의되고 있지만, 공통적인 것은 정서지능이란 자신의 정서를 조절할 수 있고, 다른 사람의 감정을 읽고 거기에 공감할 수 있으며, 자신과 타인을 이해하고 이를 통해 사회 속에서 조화롭게 살아가는 능력이라고 본다는 점이다.

그러면 정서지능은 구체적으로 어떤 요인으로 구성되는가? 사실 정서지능의 하위 구성요소들은 정서지능의 개념적 정의 속에 그대로 함축 표현되어 있다. Salovey와 Mayer의 1990년 정의에 따르면 정서지능은 크게 정서의 인식과 표현, 정서의 조절, 그리고 정서의 활용 세 가지 요소로 구성되고, 1997년 정의를 따르면 정서의 인식과 표현, 정서를 통한 사고의 촉진, 정서적 이해와 분석(정서적 지식의 활용), 그리고 정서의 반영적 조절 등 네 가지 요소로 구성된다. 그리고 Goleman의 정의에 따르면 정서지능은 정서의 자기인식, 자기동기화, 감정이입, 자기조절, 대인관계기술의 다섯 가지 요소로 구성되어 있다. 여기서는 Goleman의 관점에서 정서지능의 구성요소에 대해 자세히 살펴보기로 한다(정종진, 2014).

- 자기인식(self-awareness): 자신의 감정을 스스로 인식하는 것으로, 자신의 감정을 인지하고 그 감정에 이름 붙이는 능력, 자신의 감정이 발생한 이유를 이해하는 능력, 감정과 행동 간의 차이를 인식하는 능력 등으로 구성된다. 이렇게 자신의 감정을 알아차리는 능력은 정서지능의 기본 바탕이 된다. 순간순간 자신의 정서를 감지하는 능력은 심리적 통찰과 자기이해의 결정적 요인이 된다. 자기를 안다는 것은 자기의 마음속에서 일어나는 기분과 이 기분에 따라 생각하게 된다는 것을 아는 것이다. 자기의 마음을 살핀다는 것은 자기 내면세계에서 일어나는 감정을 판단하지 않은 채 그대로 살피는 것이다. 흔히 우리가 '이렇게 느껴서는 안 돼.' 또는 '기운을 내기 위해 생각을 바꿔야 해.'라고 하는 따위의 생각은 자기의 감정을 먼저 살핀 후에 나타내는 판단적인 반응이다. 자신의 감정을 알아차린 후 이 감정을 적절하게 바꾸는 능력이 바로 정서지능이다. 만일 자신의 마음속에 일어나는 감정을 깨닫는 과정 없이 분출하는 감정대로 행동한다면, 이는 바로 충동적 행동으로서 파괴적인 결과를 초래하게 된다. 그러나 지금 자신에게 일어나고 있는 감정이 노여움이라는 것을 알게 되면 화난 그대로 행동할지, 아니면 분노를 조절하면서 행동할지 선택할 수 있게 된다.
- 자기동기화(self-motivation): 자신의 감정을 생산적으로 이용하는 것으로, 자기 자신에게 동기를 부여하는 능력이다. 좀 더 책임을 지는 능력, 현재 하는 일에 집중하는 능력, 더욱 인내심을 갖고 충동적이 아니라 사려 깊게 일을 처리하는 능력, 희망과 낙천적 태도를 갖고

긍정적으로 생각하는 능력 등이 포함된다. 이 같은 능력은 혼신의 힘을 다해 지치지 않고 열심히 일하며, 어떤 장애물이나 난관에 직면해서도 좌절하지 않고, 희망을 갖고, 지속적으로 헤쳐 나갈 수 있는 힘을 말한다. 어떤 분야에서나 최고의 성취를 이룬 사람들은 훈련과 실천을 통해서 어떤 어려운 일이나 따분한 일이라도 스스로 헤쳐 나갈 수 있도록 자기 자신에게 동기를 부여할 줄 아는 능력을 갖춘 사람들이다. 즉, 이들은 목표를 분명히 설정하고, 도전하면 성공한다는 굳은 신념과 낙천적 태도를 가진 것이 특징이다. 정서는 동기적 측면에서 보면 열정적으로 즐겁게 일하고 생활해 나갈 수 있도록 하는 역할을 하는 데서 감정이 적당히 고양된 상태를 유지하고, 어떤 역경 속에서도 헤쳐 나갈 수 있다는 희망을 갖고 긍정적으로 생각하며, 온갖 실패와 좌절에도 미래의 삶은 궁극적으로 좋아질 것이라고 강력하게 믿는 낙천성이 정서지능의 중요한 하나의 요인이 된다.

- 감정이입(empathy): 다른 사람의 감정을 읽을 줄 아는 것으로, 타인의 감정을 수용하는 능력, 타인의 감정에 민감해지는 능력, 타인의 말에 귀 기울이는 능력 등이 포함된다. 다른 사람의 감정을 읽을 줄 아는 능력을 상담 분야에서는 '공감'이라고 하는데, 자신의 감정을 잘 표현할수록 남의 감정도 잘 읽을 수 있다. 자신이 느끼는 감정을 표현하지 못하는 환자를 의학에서는 '감정표현 불능증 환자'라 일컫는데, 이런 환자는 주변 사람들이 표현하는 감정을 전혀 알아차리지 못한다. 이를테면 이들은 자신의 감정을 표현하지도 못하고 남의 감정을 느끼지도 못하는 이른바 감정적 언어장애자인 셈이다. 정서적 표현이나 느낌과 같은 것은 말과 행동에 의해 미묘하게 짜인 옷감과 같은 것으로 눈에 드러나지 않는 목소리의 변화, 표정이나 자세의 변화 등 미묘한 변화들이 서로 얽혀 있는 것이다. 이러한 미묘한 감정 표현을 잘 못하거나 잘 읽지 못하는 사람은 정서지능에 결함이 있는 것이다. 심리학적 연구 결과, 다른 사람이 느끼는 감정을 알아차리는 감정이입능력의 발달은 남을 아끼고 사랑하는 이타심의 발달과 관련이 있는 것으로 밝혀지고 있다. 이런 점에서 보면 남을 괴롭히고 양심의 가책을 받지 않는 극히 잔인한 사람들은 감정이입을 할 줄 모르는 사람이다. 실제로 끔찍한 범죄를 저지르는 사람들에게서 발견되는 공통점 가운데 하나는 모두 공감 의식이 없다는 것이다. 즉, 피해자가 느끼는 고통을 알지 못하기 때문에 그처럼 잔혹한 범행을 저지르고도 반성하지 않고 계속 새로운 범죄를 저지르게 된다는 것이다.
- 자기조절(self-management): 자신의 감정을 관리하고 조절하는 것이다. 자신의 감정을 적절히 표현하는 능력, 공격적인 행동과 자기파괴적인 행동을 절제하는 능력, 자신과 가족 및 학교에 대해 좀 더 긍정적인 감정을 가지는 능력, 스트레스에 잘 대처하여 다루어 나가는

능력, 고독감과 사회적 불안감을 덜 느끼는 능력 등이 포함된다. 희로애락의 감정의 바닷속에 살되 한쪽으로 치우치지 않고 조화를 이루며 살아가는 것이 중요하다는 것은 동서고금을 막론하고 중요한 교훈이다. 모든 감정에는 그 나름의 가치와 의미가 있기 때문에 이러한 감정들이 서로 어울려 조화를 유지하는 것은 그만큼 우리의 삶을 풍요롭고 의미 있게 해 준다. 정서에 대한 반응이 없으면 멍청하고 무반응적이거나 지나치게 냉담해져서 비인간적인 느낌이 들 수 있다. 한편, 통제 불능일 정도로 정서 반응이 심할 경우에는 광적으로 고양된 흥분 반응을 보이거나, 불안감에 빠지거나, 분노감에 휩싸일 수도 있으며, 발작을 일으킬 수도 있다. 그러므로 정서를 적절하게 조절해 가는 것이 정서적 안녕을 취하는 데 중요한 일이다. 정서 상태가 극단적으로 행복감과 같은 정서인 것이 중요한 일이긴 하지만, 고통스러운 정서도 때로는 삶을 의미 있게 하고 마음을 평정시키는 데 양호한 기능을 할 수 있다. 따라서 만족감을 얻기 위해 불쾌한 감정을 억지로 회피하려고 할 필요는 없다. 그 대신 강력한 부정적 감정에 아무런 조건 없이 휩쓸려 가지 않도록 하면서 되도록 긍정적인 기분으로 바꾸어 나가도록 노력하는 것이 더 중요한 일이다. 요컨대, 적절하게 정서를 다룰 줄 안다는 것은 곧 지각을 더욱 확고하게 해 나가는 능력으로서 만연하는 불안, 우울, 흥분과 같은 불쾌한 정서에 대처하는 능력을 말한다. 만일 이러한 불쾌한 정서에 대처할 능력이 부족하면 계속되는 불쾌감 속에서 헤어나지 못할 것이지만, 적절히 대처할 수만 있다면 좌절이나 역경에서 쉽게 벗어날 수 있을 것이다.

- 대인관계기술(social skills): 다른 사람과 원만한 인간관계를 맺는 기술이다. 대인관계를 분석하고 이해하는 능력, 의견이 상충할 때 갈등을 조성하고 협상하는 능력, 좀 더 능동적이고 적극적으로 의사소통하는 능력, 좀 더 사교적으로 되는 능력, 인기를 얻는 능력, 더욱 관용적으로 타인을 대하는 능력, 민주적으로 일을 처리하는 능력 등이 포함된다. 다른 사람과 효과적으로 인간관계를 유지해 나가는 사회적 기술인 대인관계 능력이 없으면 세상을 살아가는 기술이 부족하며 인간관계에서 불행을 초래하게 된다. 지적으로 매우 총명한 사람이라 하더라도 대인관계에서 오만방자하거나 남의 비위에 거슬리는 짓을 한다거나, 또한 쌀쌀한 행동을 함으로써 인간관계를 잘 유지하지 못하는 경우가 많다. 다중지능이론을 제안한 Gardner(1983)에 따르면, 대인관계지능은 조직 구성원들의 자발성을 선도하고 협동성을 장려할 줄 아는 이른바 집단을 조정해 갈 수 있는 지도능력, 갈등을 사전에 예방하는 능력과 분쟁이 악화되어 가는 것을 해결해 내는 협상능력, 개인의 감정과 관심거리를 알아차리고 이를 연결시켜 주는 인간적 결합능력, 그리고 사람들이 갖는 미묘한 감정과 동기 및 관심 따위를 재빨리 알아차리는 감식력과 통찰력인 사회적 분석능력 등 네 가

표 6-4 정서지능의 다섯 가지 차원과 다중지능과의 관련성

Goleman의 정서 차원	설명	다중지능과의 관련성
자기인식	자신의 내면적 상태, 선호도, 자원 및 직관을 알아차리는 것	자기성찰지능
자기동기화	목표 도달을 안내하거나 촉진하는 정서적 경향	자기성찰지능
감정이입	다른 사람들의 기분, 욕구, 관심사에 대한 인식	대인관계지능
자기조절	자신의 내면적 상태, 충동 및 자원을 관리하는 것	자기성찰지능
대인관계기술	사람들 사이에서 호감이 가는 반응을 능숙하게 유도함	대인관계지능

지 요인으로 구성되어 있다. 이런 능력을 고루 갖춘 사람은 대인관계를 잘할 수 있는 요건을 모두 갖춘 자로서 인기 있고 매력적이며, 사회적으로 성공할 가능성이 크다. 요컨대, 자신의 감정을 잘 표현하고, 상호 간의 의사교환을 잘하는 능력이 정서지능의 한 요인이며, 이러한 대인관계기술은 매우 유용한 삶의 기술이다.

지금까지 살펴본 Goleman의 정서지능의 다섯 가지 영역을 정리해 보면 〈표 6-4〉와 같다. 이 표에서 보듯이 정서지능의 다섯 가지 영역은 다중지능이론에서 언급하는 대인관계지능과 자기성찰지능에 상응한다는 것을 알 수 있다.

Goleman(1995)은 '자기에 대한 이해'가 정서지능의 가장 중요한 측면이라고 믿고 있다. 타인을 진정으로 이해하기 위해서는 먼저 자기 자신을 알고 이해해야만 한다. 자신을 이해할수록 더욱더 타인을 이해할 수 있게 될 것이다. 정서지능은 우리가 어떤 사람이며 어떤 신념을 갖고 있는지에 대한 의식을 제공해 준다. 이러한 의식을 가질 때 우리는 학생들이 어떤 사람이며 어떤 신념을 갖고 있는지에 대해서 분명하게 의식할 수 있다.

Goleman(1998)은 우리는 누구나 자신만의 독특한 정서지능 프로파일을 가지고 있다고 믿는다. 다음 교사용 정서지능검사를 수행한 후, 그 결과에 대해 반성해 보고 부족한 영역의 정서지능을 증진하기 위한 목표를 설정해 보는 것이 도움이 된다. 예를 들어, 정서지능검사를 수행해 보고 나서, 학급에서 전체 학생들을 가르칠 때나 협의회에서는 효과적으로 말할 수 있을지라도 동료 교사들로 이루어진 소집단에서 말을 할 때에는 좀 불편해하고 힘들어 한다는 사실을 알게 되었다고 하자. 그리고 이런 문제로부터 해방되기를 원한다는 것을 깨닫게 되었다고 하자. 그러면 '동료 교사들과의 소모임에서 적어도 한 번은 나의 의견을 말하자'는 목표를 세울 수 있다.

교사용 정서지능검사

각 문장을 읽고 자기 자신을 잘 나타낸다고 생각하면 V표 하시오.

자기인식

______나는 언제나 내 기분이 어떠한지 알고 있다.

______나는 나에게 단점이 있다는 것을 안다. 나는 평소에 실수를 범했을 때 그 실수를 인정할 수 있다.

______나는 나에게 장점이 있다는 것을 안다. 나는 평소에 어떤 목표를 성취했거나 좋은 행위를 했을 때 내 스스로에 대해 기뻐할 줄 안다.

______종종 사람들은 내가 '침착'하다고 말한다.

______나는 학생들의 훌륭한 조언자다.

자기동기화

______나는 학생들을 위해 최고의 수업을 준비하려고 애쓴다.

______나는 유망한 새로운 교수전략을 자주 실행한다.

______나는 내가 학급에서 노력하는 것이 대부분 성공할 것이라고 믿는다.

______나는 근무하고 있는 학교에서 솔선수범하고 임무를 다하고자 적극 노력한다.

______나는 가르치는 기술을 개선하기 위한 방법들을 계속해서 찾고 있다.

감정이입

______나는 생산성을 격려하고 긍정적인 정서적 성장을 촉진하는 학급을 만들고 유지하기 위해 열심히 노력한다.

______나는 학생들의 기분이 어떠한지 이해하고, 교실에서 그들이 학습 활동을 편히 수행하게 하기 위한 방법을 찾고자 애쓴다.

______나는 학급 내의 다양성(특수 욕구가 있는 장애학생들은 물론 서로 다른 문화)을 환영한다.

______나는 학부모와 교사의 만남 시간에 학부모들의 기분이 어떠한지 잘 알아차린다.

______나는 신임교사들을 잘 이끌어 주기 위해 조언하고, 되도록 학교 내의 다른 동료 교사들을 도와주려고 애쓴다.

자기조절

______나는 학교에서 내가 해야 할 일을 잘 조직하고 세심한 주의를 기울인다.

______나는 스스로 새로운 목표를 설정하고 그 목표를 달성하기 위해 책임을 다한다.

______일반적으로 사람들은 내가 하려고 하는 것을 말하면 내가 잘 해낼 것이라고 믿는다.

______나는 종종 문제를 해결하기 위해 새로운 해결책을 생각해 낸다.

______직장에서 갈등이 발생하면, 나는 침착하고 긍정적으로 문제에 대응한다.

대인관계기술

______나는 방과 후 활동의 위원 혹은 후원자로 자원함으로써 학교에서 지도력을 발휘하는 지위와 임무를 자주 맡는다.

______나는 두 명의 동료 교사가 서로 논쟁할 때 적극적으로 중재한다.

______나는 동료 교사, 전문가, 그리고 행정가들과 좋은 유대관계를 맺는다.
______나는 다른 사람들의 견해도 열심히 듣지만, 또한 나의 견해를 주장하기 위해 열심히 노력한다.
______나는 필요하다고 생각할 경우 학교에 변화를 주도하려고 열심히 노력한다. 예를 들면, 나는 우리 학생들에게 도움이 될 것 같은 새로운 읽기 프로그램을 학습한 후에 이 프로그램을 우리 학교에 도입하기 위해 다른 교사들의 지지와 협조를 구할 것이다.

[채 점]
Goleman의 다섯 가지 영역에 각각 체크한 수를 헤아려 더해 보시오.

______자기인식
______자기동기화
______감정이입
______자기조절
______대인관계기술

4~5개 체크된 영역은 자신의 강점 영역이다.
3개 체크된 영역은 자신의 보통 수준의 영역이다.
1~2개 체크된 영역은 자신의 약점 영역이다.

출처: 정종진, 임청환, 성용구 공역(2008), pp. 235-238.

(2) 교실에서의 정서지능

대체로 교사들은 교실의 '정서적 풍토'에 주의를 기울이지 않았다. 그러나 Goleman의 이론은 교사들에게 학생들을 정서적 존재로 볼 수 있도록 해 주며, 또한 그의 이론은 학생들에게 그들의 정서적 삶에 대한 깊은 이해를 제공하기 위한 방법을 제안한다.

교사들은 학생들이 그들 자신의 감정을 이해하고, 타인들에 대해 공감하게 하기 위해서 정서지능의 개념을 이용할 수 있다. LeDoux(1996)는 "정서와 인지는 흔히 서로 분리된 것으로 여겨지지만, 별개의 것이면서도 상호작용하고 있는 뇌의 체제들에 의해서 중재된 정신기능들은 서로 영향을 주고 있다."(p. 69)라고 말했다. 신경학자들은 "신경들은 서로 자극하며 서로 연결되어 있으며, 계속되는 신경망의 자극은 새로운 신경 결합을 형성한다."(Zull, 2002, p. 223)라는 것을 증명하여 왔다. 이러한 이유로 교사들은 학생들에게 그들 자신의 감정을 이해하고, 수용하며, 조절할 수 있도록 그들의 정서에 대해서 가르쳐야만 한다.

Goleman은 정서지능의 초석이 바로 자기인식이라고 믿고 있다. 자기인식이란 자기의 기분이 어떠한지 잘 아는 것을 의미한다. 자기를 인식할 때 우리는 대뇌 변연계와 신피질을 동시에 사용한다. 즉, 느끼기도 하고 생각하기도 하는 것이다.

그러면 학생들에게 자기를 인식하도록 어떻게 가르쳐야 하는가? 교사들은 학생들에게 자신의 정서를 인식하고 조절하는 방법에 관한 다양한 시나리오를 제시할 수 있다. 학교에 오기 전에 아버지와 심하게 다툰 한 초등학교 4학년 학생을 예로 들어 보자. 그 학생은 학교에 오는 도중의 버스 안에서도 마음이 산란했고, 교실에 걸어 들어갈 때까지도 여전히 마음이 산란했다. 수업이 시작되고 10분이 지나서 그 학생은 고의로 아무 책상이나 두들기는 행동을 해서 결국 교장실로 보내지게 되었다.

만약 교사가 일상적으로 학생들에게 뇌, 정서, 정서지능에 대하여 가르친다면, 교사는 그 학생에게 자신이 느끼는 감정(이 경우에는 '분노')을 인식하고 그 감정을 분석하도록 가르칠 수 있다. 만약 그 학생이 단지 아버지에 대해서만 분노를 나타낸다는 것을 알 수 있게 된다면, 그는 아버지와 관계를 잘 맺는 방법, 버스와 학교 안에서 그러한 분노를 표출하지 않는 방법을 계획할 수도 있다. 만약 교사가 그 학생에게 자기인식에 대하여 가르친다면, 그는 성공적인 대처 기제들(coping mechanisms)을 개발하기 시작할 수 있다.

교사는 분노를 갖고 있는 학생들에게 그들의 감정을 인식하도록 도와줄 수 있다. 교사는 그들이 분노를 느낄 때 학급의 동료들에게 심하게 욕설을 하기보다는 그 대신 그들의 신피질을 사용하여 그들을 괴롭히는 것에 대해 생각하도록 가르칠 수 있다. 신경학적 연구 결과를 교실에 접목시키는 데에 관심이 많은 Wolfe(1996)는 〈교육실제를 위한 뇌연구의 응용(Translating Brain Research into Educational Practice)〉이라는 그녀의 오디오테이프에서 담당 학생들에게 삼위일체뇌이론(triune brain theory)에 대해 가르치던 한 4학년 담임교사에 대해 언급하였다. 그 교사는 우리가 생각할 때 대부분 신피질에 있는 뉴런들을 사용하며, 이것은 뇌 속에 있는 피와 산소의 대부분이 신피질에 남아 있도록 하는 원인이 된다고 설명하였다. 우리가 생각 없이 화내며 심하게 욕설을 할 때, 그것은 많은 양의 피와 산소가 신피질로부터 대뇌와 뇌간으로 하향이동 했다는 표시다. Wolfe의 오디오테이프에는 4학년 반의 학생들이 휴식시간에 운동장에서 노는 한 장면이 나온다. 한 소년이 다른 소년과 싸우려고 하자 한 소녀가 "샘(Sam), 너의 신피질로 돌아가! 하향이동 하지 마! 생각해 봐!"라고 소리친다. 그러자 샘은 정말 싸움을 멈춘다.

주지하다시피, 정서 상태에 따라 학생들은 교사에게 주의 집중을 할 수도 있고, 아니면 쓸데없는 공상을 할 수도 있다. 교사들은 안전하면서도 도전적인 교실을 만들어 유지하고, 그들 자신의 정서적 강점과 약점을 성찰하기 위한 하나의 준거체제로서 Goleman의 정서지능 다섯 가지 차원을 활용할 수 있다. 정서지능을 수업에 통합할 방법에는 여러 가지가 있다. 그중 몇 가지 방법을 제시하면 다음과 같다(정종진, 임청환, 성용구 공역, 2008).

- 책을 통한 토론: 사전 계획에 의해 지정된 책들을 읽고 토론하는 것은 정서에 대해 가르치는 좋은 방법의 하나다. 학생들이 이야기와 책을 읽고 그 내용에 대해 함께 나누는 것은 그들 자신과 다른 사람들, 그리고 그들이 살고 있는 세상에 대해서 이해하도록 도와주는 하나의 중요한 부분이다. 이야기나 책 속에서 어둠에 대한 두려움, 장난감을 잃어버렸을 때의 슬픔, 형제나 자매에 대한 분노, 짓궂게 놀림받았을 때의 당혹감, 괴롭힘을 당할 때의 고통 등을 경험해 본 사람들에 관한 내용들을 읽음으로써, 학생들은 자기 혼자만이 비정상적이거나 별나거나 외톨이가 아니라는 점을 깨닫게 된다. 책 속의 등장인물들과 자기 자신을 동일시함으로써 학생들은 자기 자신을 수용하고 인정하는 것을 배울 수 있게 된다.
- 영화와 텔레비전의 시청: 비디오의 활용은 책을 통한 토론과 유사한 방법이다. 다만 다른 것은 정서적으로 영향을 미치는 면을 탐구하기 위해 영화와 텔레비전을 사용한다는 점이다. 학생들은 엄선된 TV 드라마나 코미디 프로그램을 보고 난 다음, 토론에 참여함으로써 정서지능 함양에 많은 것을 얻을 수 있다. 예를 들어, 여러분과 담당 학급의 학생들이 방금 〈겨루기(Going to the Mat)〉라는 영화를 시청했다고 하자. 이 드라마는 앞을 보지 못하는 앤드루(Andrew)라는 소년에 관한 이야기다. 앤드루가 뉴욕에서 유타로 이사 왔을 때, 그는 학급의 동료 학생들로부터 따돌림을 받았다. 앤드루는 급우들에게 수용되고 인정받기를 바라면서 레슬링에도 응해 준다. 이 영화를 시청하고 나서 학생들은 그 이야기에 나오는 다양한 문제에 대하여 대집단 또는 소집단 토론을 할 수 있다. 이때 대인관계지능, 자기성찰지능 및 실존적 지능이 모두 연루된다. 이때 교사는 또한 다른 지능들이 활기를 띠도록 그림 그리기, 콜라주, 음악 등을 통합할 수 있다.
- 역할극(role-playing): 역할극은 감정이입을 수업에 끌어들이는 데 매우 좋은 방법이다. 학생들은 문학적인 책이나 역사적인 사건을 통해 역할극 장면을 설정할 수 있다. 학생들이 역할극을 할 때, 다른 등장인물이 느끼는 감정을 그들도 느낄 수 있도록 돕기 위해서 촌극을 만들어 연기할 수 있다. 역할극을 통한 연기 수행은 학생들로 하여금 자신의 정서를 표현하고 자신의 생각을 명료하게 말할 수 있도록 도와줄 수 있다. 예를 들어, 화를 너무 쉽게 내는 학생이 있다면 역할극에서 그 학생에게 과잉행동을 하기 전에 다른 사람의 관점을 이해하려고 애쓰는 인물의 역할을 맡게 하면, 그 학생은 그동안 자신이 행하던 과잉행동이 아닌 다른 대안의 행동방식을 경험하게 된다. 책을 읽거나 영화를 시청하고 나서 토론을 전개한 후에 역할극을 시도할 수도 있을 것이다. 예를 들면, 〈겨루기〉를 시청한 후에 여러 명의 학생이 앤드루와 그의 학급 친구 역할을 맡아 연기할 수 있다. 그들은 다른 학생

들의 반응을 '느낄' 수 있을 것이다. 역할극은 학생들의 다중지능을 고려하여 무용, 의상, 집에서 만든 소도구, 그리고 음악 등을 포함시킬 수 있다.

- 함께 나누기: 계획에 의해 학습을 공유하기 위한 함께 나누기 활동은 교사들이 학생-교사 간의 상호작용을 증진하기 위해 사용할 수 있는 하나의 방법이다. 간단히 말해서, 함께 나누기는 교사들이 그들의 삶을 학생들과 다양한 방식으로 함께 나누기 위해서 생각해 낸 긍정적이고 행복한 정서적 중재 활동이다. 교사들이 학생들과 함께 나눌 수 있는 다른 것으로는 배우자와 자녀들 혹은 부모에 대한 재미있는 에피소드와 사진이다. 또한 교사는 때때로 학교에 기타를 가져와서 교실에서 학생들과 함께 노래를 부르고, 학생들에게 노래 가사를 나누어 주고 그 의미에 대해서 토론하도록 하며, 한 단계 더 나아가서 새로운 노래 가사를 작사하는 숙제를 부과할 수도 있다. 이러한 함께 나누기 활동은 학생들에게 교사의 적절한 개인적 면을 보게 함으로써 교사를 한 개인으로서, 그리고 그들의 선생님으로서 더 편안하게 느끼도록 할 수 있기 때문에 유익하다. 물론 함께 나누기 활동은 교사들에게 학생들을 개인적 수준에서 적절히 알 수 있게 하는 기회를 주기도 한다. 교사는 학생들의 애완동물, 취미, 운동, 방과후 활동, 하이킹, 걸스카우트와 보이스카우트 행사, 음악적 노력 등에 관해서 알 수 있다.

(3) 정서지능을 위한 수업

앞서 제시한 활동들 외에도 교사는 학생들이 그들의 정서지능을 개발하도록 도와주는 수업을 전개할 수 있다. 다음 수업은 학생들이 긍정적이고 구성적인 방식으로 자기 자신을 표현하는 방법을 찾도록 도와준다(정종진, 임청환, 성용구 공역, 2008).

주제: 의사소통–적극적 · 소극적 · 공격적 행동에 대한 이해(언어 교과나 건강 단원과 통합되어 다루어질 수 있다.)

목표: 사람들이 어떤 상황에서 어떻게 반응하는지를 이해하기, 적극적인 의사소통 전략을 배우기

주제와 목표에 대해 소개한 다음, 학생들에게 다음과 같은 정의를 제시한다.

- 적극적 행동: 직접적이고 솔직하게 감정과 생각을 표현하는 것이다. 적극적인 방식으로 행동하면, 자신과 다른 사람들의 기분을 좋게 한다. 적극적으로 행동하는 것은 자신과 다

른 사람들에 대해서 존경을 표하는 하나의 방법이다.
- 소극적 행동: 자신의 감정이나 생각을 말하지 않는 것이다. 소극적인 방식으로 행동하면, 자신이 원하는 바를 얻지 못하는 경우가 많기 때문에 자기 자신을 해치게 된다.
- 공격적 행동: 다른 사람들을 업신여기거나 압도하는 방식으로 감정과 생각을 표현하는 것이다. 공격적인 방식으로 행동하면, 다른 사람들의 기분을 고려하지 않기 때문에 그들을 다치게 한다.

학생들은 이러한 개념들을 탐구하기 위하여 다음과 같은 활동 중에서 두 가지를 선택한다.

- 둘 또는 그 이상의 인물이 불편한 여지가 있는 상황을 설정하여 인형극 놀이를 한다.
- 학교의 물 마시는 곳에서 벌어지는 대본을 가지고 역할극 놀이를 한다. 철수와 영호는 둘 다 차례대로 줄을 선 다음에 물을 마신다고 주장한다. 학생들이 짝을 지어 공격적 · 소극적 · 적극적인 방식으로 번갈아 가며 이 장면을 연기해 본다.
- 점토를 사용하여 세 가지 개념에 대한 학생들의 이해를 나타낸다.
- 문제를 설정하고 있는 부분인 이야기의 첫 번째 부분을 읽는다. 학생들은 문제를 해결하기 위한 다양한 적극적 · 소극적 · 공격적 방식을 창안한다.
- 등장인물들이 세 가지 행동을 각각 어떻게 나타내는지를 찾기 위한 목표를 갖고 연령에 적합한 녹화된 텔레비전 프로그램을 시청한다. 학생들은 어떤 등장인물이 적극적 · 소극적 · 공격적 행동과 말을 보이고 있는 장면을 찾아 기록한다. 이것은 교실에서 이루어질 수도 있고, 혹은 숙제로 부과될 수도 있다. 프로그램을 시청하고 나서 학생들은 여러 가지 행동방식에 대해 목격한 것을 자세히 쓴다.
- 공격적 · 소극적 · 적극적 행동들을 보여 주는 연재만화를 연구하고 토론한다. (스포츠 신문에 연재되는 만화는 이 활동을 위한 매우 좋은 소재가 된다.)
- 학생들은 화나게 하는 것들에 대한 목록을 만들고, 각 상황에서 야기되는 화를 다스릴 수 있는 건설적인 해결책을 써 본다.

수업의 마지막 단계에서 학생들은 활동한 학습에 대하여 함께 나누고 그들이 개발한 적극적 전략들에 대해서 토론한다.

만약 학생들이 교사에 대해 더욱 편안함을 느끼고 교사를 신뢰할 수 있다면, 학업에 더욱 열심히 분발할 것이라는 점을 뇌기반 학습의 연구 결과는 보여 주고 있다. 학생들은 자신을 존중해 주고 자신의 노력을 진심으로 인정해 주는 교사를 신뢰할 수 있다는 것을 알고 있다. 만약 교사들이 위에서 언급한 몇 가지 활동 등과 함께 열린 토론, 반성적인 개별 과제, 격려적인 집단 활동들을 도입한다면, 학생들의 정서지능을 더욱 효과적으로 강화시킬 수 있을 것이다. 교사가 학생들의 정서를 고려하고 이에 맞추어 갈수록 그들은 더욱더 교실의 안과 밖에서 학습을 잘할 수 있게 될 것이다. 교사들이 자신의 정서를 학생들의 정서에 맞추게 되면 교사와 학생 모두 안전감을 느끼고 수업환경을 풍요롭게 하는 데에 도움이 될 것이다.

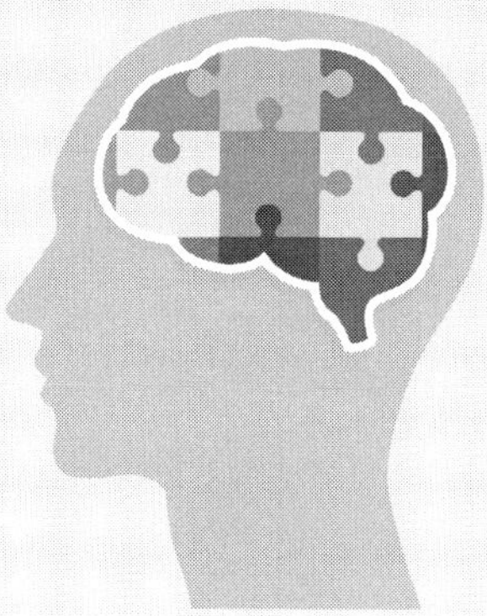

제 3 부

뇌기반 학습의 실제

제 7 장

뇌의 특성화와 학습

많은 예외가 있긴 하지만 분할 뇌 연구의 대부분은 뇌가 매우 편재화되어 있다는 것을 밝혀냈다. 즉, 뇌의 영역인 우반구와 좌반구가 기능상 각각 특수화되어 있다는 것이다. 이러한 기능적 특수화는 서로 다른 학습양식과 정교화된 구어와 문어와 같은 인간의 고유한 특성들의 발달을 이끌어 왔다. 이 현저한 특성들은 제5장에서 살펴본 기억체계와 전이에 매우 의존하기 때문에 학습에 대한 뇌의 특수화된 성격과 영향력을 더 잘 이해하기 위해서는 기억과 전이가 어떻게 작용하는가를 먼저 검토하는 것이 필요하다. 이 장에서는 어떤 과제를 수행하기 위해서 뇌가 어떻게 특수화되어 있는가를 살펴본 다음, 뇌가 학습과정을 수행할 때 가장 핵심적인 능력이면서 학교 학습에서 기본 교과이자 주요 교과인 읽기와 수학을 학습하는 방법과 교실수업을 위한 시사점을 살펴본다.

1. 뇌의 편재화

인간의 뇌의 흥미로운 특성 중 하나는 뇌가 특수화된 영역으로 보내진 서로 다르고 연결되지 않은 활동들을 하나로 통합할 수 있다는 것이다. 뇌 정밀검사를 통해 뇌의 어떤 영역이 특정

과제를 처리하고 수행하는 데 참여하는지를 알 수 있다. 예를 들어, 청각피질은 소리 정보에, 전두엽은 인지적 시연에, 좌반구는 구어에 반응한다. 제1장 2절에 기술된 '학습에서의 뇌의 지배' 성에서 언급한 바와 같이 독특한 기능을 수행하는 뇌의 특정 영역의 능력을 대뇌의 특수화(specialization)라고 하며, 이 활동이 하나의 반구에 주로 제한될 경우 이를 대뇌의 편재화(lateralization)라고 한다. 여기서는 뇌 좌우 반구의 정보처리과정의 특수화와 그 이유, 그리고 특수화가 독점적임을 의미하는 것은 아니라는 점에 대해 알아본다.

1) 뇌의 편측성: 특수화와 그 이유

뇌의 편재화에 관한 첫 징후는 정밀검사 기술이 발달되기 훨씬 전에 발견되었다. 1950년대 후반 신경외과 의사들은 심각한 간질 발작을 보이는 환자들을 돕는 가장 좋은 방법은 두 개의 대뇌 반구를 연결하는 2억 개의 신경섬유들의 두꺼운 묶음인 뇌량(corpus callosum)을 절단하는 것이라고 판단했다. 이에 따라 반구들을 분리한 결과, 손상된 반구에서의 발작은 다른 쪽으로 이동하지 못하였다. 비록 이 수술이 발작을 근본적으로 줄이거나 제거하였지만, 좌우 반구를 연결하는 다리인 뇌량을 자른 것이 분할 뇌 환자들에게 어떤 영향을 미치는지에 대해서는 누구도 확신하지 못했다.

당시 분할 뇌수술을 주도한 Sperry(1967)는 그의 제자 Gazzaniga와 함께 이 환자들을 대상으로 실험을 수행하여 놀라운 결과를 발견했다. 뇌를 분할하는 것은 두 개의 분리된 지각 영역을 만들어 내는 것과 같았다. 눈가리개를 한 환자의 왼손에 연필이 놓였을 때(오른쪽 반구에 의해 통제된) 이 환자는 연필이라는 명칭을 말할 수 없었지만, 이 연필이 오른손으로 이동하였을 때는 즉시 연필이라고 말하였다. 두 반구 모두 다른 쪽이 무엇을 하고 행하는지 모르는 것 같았다. 이에 대해 Sperry는 두 반구가 각각 서로 필적할 만한 개별적인 기억과 의지를 갖고 있다고 말했다. 검사들이 진행됨에 따라 Sperry는 각 반구가 각기 분리되고 개별적인 감각기능을 가지고 있는 것 같다고 결론지었다. 이 연구는 좌우 반구가 뚜렷하게 다른 기능을 하고 호환성이 없으며, 또한 뇌량의 목적이 두 반구가 기억과 학습을 공유하도록 하고 의식을 통합하는 것이라는 점을 보여 주었다. Sperry는 이 업적으로 1981년 노벨 의학상을 수상하였다.

분할 뇌 환자들을 대상으로 한 지속적인 검사와 정상인들의 뇌 정밀검사는 뇌의 두 부분인 좌뇌와 우뇌가 정보를 다른 방식으로 저장하고 처리한다는 사실에 상당한 일치를 보였다. 이러한 과제들에 대한 대뇌의 분할을 초기에는 반구성(hemisphericity)이라고 불렀지만, 지금은 편측성(laterality)이라는 말이 널리 사용되고 있다. 편측성에 관한 수많은 연구 결과는 각 반구에 의해 행해지는 정보처리의 종류에 대한 통찰을 계속해서 제공함으로써 이 놀라운 각 반구의 업무 영역에 대한 우리의 이해를 넓혀 주고 있다. 제1장 2절의 '학습에서의 뇌의 지배성'에서 언급한 바와 같이 좌뇌는 언어 영역을 점검한다. 좌뇌는 단어의 문자적 해석을 이해하고, 단어와 글자 및 쓰인 숫자를 인지한다. 좌뇌는 분석적이고 합리적인 방식으로 사실적 자료를 평가하며, 시간과 순서를 간파한다. 좌뇌는 또한 간단한 수학적 계산을 수행한다. 외부 자극을 다루기 위한 주의력 각성은 좌반구의 또 다른 특성이다. 반면, 우뇌는 단어들보다는 영상(이미지)으로부터 더 많은 정보를 수집하고, 패턴을 찾는다. 우뇌는 문자적 의미보다는 맥락, 즉 신체 언어, 정서적 내용, 목소리의 톤을 통해서 언어를 해석한다. 우뇌는 공간 지각에 뛰어나고, 장소와 얼굴 및 물건을 인지하며, 기하학과 삼각법과 같은 관계적이고 수학적인 조작에 초점을 둔다(박승호, 서은희 공역, 2009).

비록 뇌가 많은 양의 감각 정보를 과부하 없이 처리할 수 있는 것 같지만, 뇌의 반구가 왜 서로 다른 특수한 기능을 하는지 그 이유에 대해서는 아무도 정확히 모른다. 다만, 세 가지 가능한 설명이 있다(김유미 역, 2008a; Sousa, 2011b). 첫째, 구어와 같은 특정 기능은 뇌에 미리 신경망이 형성되어 있고 그런 신경망 덕분에 편재화가 이루어진다는 것이다. 둘째, 신경 신호들은 반구 간보다 반구 내에서 더 빨리 이동하기 때문에 각 반구가 자체 내에서 정보에 빨리 접근해야 하지만, 뇌량을 통해 여기저기 전달되어야 하는 과제의 경우에는 더 천천히, 그리고 더 제한된 반응을 보이게 되므로 반구 간의 전달과 연합된 시간 지연이 반구들의 협력 정도를 제한할 수 있고 반구 특수화의 발달에 기여한다는 것이다. 셋째, 우뇌는 백질(white matter)이 많은 반면, 좌뇌는 회백질(gray matter)이 더 많기 때문이라는 것이다. 또한 좌뇌는 뉴런들로 꽉 차 있어 집중적이고 세심한 일 처리에 능숙한 반면, 우뇌는 백질에 더 멀리 떨어진 모듈과 연결하는 더 긴 축색돌기가 있어 다소 애매하지만 포괄적인 개념 형성에 능숙하기 때문이라는 것이다.

2) 상대적 편재화: 특수화가 독점성을 의미하는 것은 아니다

연구 자료들은 뇌의 각 반구가 정보를 처리하고 사고하는 과정에서 각기 고유한 기능들을 갖고 있다는 생각을 지지한다. 그러나 이러한 기능들이 하나의 반구에서만 독점적인 것은 드물다. 과제에 따라 어느 한 반구에 의해서 수행될 수도 있지만, 대부분의 경우 하나의 반구가 더 활동적일 수는 있어도 두 반구의 기능이 함께 개입된다. 각 반구의 별도 처리과정이 뇌량을 통해서 반대쪽 반구와 교환된다. 각 반구의 목적은 서로 조화를 이루고, 이들은 거의 모든 활동에서 상호보완적이다. 그러므로 우리는 두 반구에 의해 행해진 정보와 사고처리의 통합을 통해서 정보의 조각들을 의미 있는 하나의 전체로 통합할 수 있고 처리된 상황에 대한 이해를 더욱 도모할 수 있게 된다.

오늘날 신경과학연구에서는 좌뇌적 혹은 우뇌적이라는 명확한 구분 표시를 하지 않는다. 대신에 신경과학자들은 상대적 편재화(relative lateralization)라는 용어를 사용한다. 즉, 뇌는 공간적으로 좌반구에서 우반구의 방향으로 처리하도록 설계되어 있지만, 시간적으로는 뒤에서 앞으로(과거에서 미래로) 처리한다. 다시 말해, 사람들은 언제든지 대부분의 시간에 뇌의 거의 모든 부분을 사용한다. 뇌를 어떻게 사용하는가와 뇌의 좌반구를 사용하는 데에 얼마의 시간을 소비하는가는 전혀 다른 논의 사항이다. 더욱이 Proverbio 등(2006)의 연구를 비롯한 최근의 연구들은 성별, 직업, 주로 쓰는 손(왼손잡이, 오른손잡이)이 뇌의 편재화에 영향을 줄 수 있다는 점을 시사하고 있다. 따라서 한 개인이 좌뇌적이라거나 우뇌적이라고 말하는 것은 지나친 단순화다. 우리는 모두 전뇌적(whole-brained)이다. 뇌의 각 반구는 100만 분의 1초 이내로 필요한 사항을 감지하고 다른 반구와 공생적으로 상호작용을 한다. 뇌의 각 반구에 대해서 분명하게 말할 수 있는 것은 좌반구는 부분, 언어를 순차적으로 처리하는 반면, 우반구는 전체, 공간 정보를 무작위적이고 동시적으로 처리한다는 사실이다(Jensen, 2008).

한쪽 반구에서 발생하는 사건은 다른 반구의 매우 먼 부분에서 동시에 발생하는 발달적 사건에 영향을 줄 수 있다. 예를 들어, 좌반구에 손상을 입은 경우 우반구가 언어 기능을 담당하기도 한다. 오랫동안 악기를 연주하는 것과 같이 경험에 의한 학습의 경우, 뇌는 신경계의 막대한 부분을 다 소모함으로써 스스로를 재편성한다. 뇌반구의 특수화, 즉 좌우 반구의 관련 특성들은 복잡하다. 좌반구는 단어, 개념 정의, 언어를 담당하기 때문에 누군가의 말을 듣는 것은 좌반구의 활동으로 보일 수 있다. 좌반구는 언어에 대한 생물학적 임무를 가지고 있지는 않지만, 언어기능 관련 정보처리를 우선시하는 성향이 있다. 그렇지만 증명된 바에 따르면, 우반구가 단어 그 자체보다는 대화의 의미에 실제로 더 중요한 요소인 의사소통의 억양, 음색, 박자, 소리 크기를 처리한다. 게다가 여자의 뇌가 남자의 뇌보다 효율적으로 언어와 감정을 동시에 처리한다. 따라서 성별 역시 좌우 반구의 특수화에 영향을 미치는 한 요소가 될 수 있다. 각 반구는 분명히 특수화된 기능을 몇 가지 가지고 있지만, 완전한 기능을 위해서는 다른 반구의 기능을 보완적으로 활용하게 된다.

따라서 뇌의 한쪽 부분은 논리적이고 다른 한쪽 부분은 창의적이라는 생각은 시대에 뒤처진 것이다. 우리는 논리적 순서, 패턴, 변화와 다양성을 따르고 활용함으로써 매우 창의적으로 될 수 있다. DeBono(1970)의 수평적 사고(lateral thinking)에 관한 연구에 따르면, 사람은 창의적이기 위해서 좌뇌 체계를 활용할 수 있다. 몇 년 동안 그는 순차적 방법을 통해서 창의적 해결책에 도달하기 위한 과정들을 설명하였다. 음악은 우뇌 경험으로 알려져 있지만, 연구 결과에 따르면 비음악가들은 음악을 우반구에서 더 처리하는 반면에 음악가들은 대체로 좌반구에서 더 높은 수준으로 처리한다. 이러한 역설은 우리 뇌기능의 복잡성을 지적해 준다. 이런 경우 음악가들은 음악 초보자들보다 음악을 더 분석하는 경향이 있기 때문에 그들의 좌반구가 더 높은 관련 정도를 보인다.

양전자 단층촬영(PET)과 뇌전도(EEG) 스캔은 연구자들에게 특정한 활동, 기분 혹은 사고 과제에 따라 어떤 특정 뇌 부위가 관여하는가를 볼 수 있도록 해 준다. 예를 들어, 이러한 스캔은 일반적으로 학습자가 우울하거나 스트레스를 느끼면 우반구가 더 활성화된다는 것을 보여 준다. 성별 및 주로 사용하는 손에 따라 예외적일 수도 있지만(Schiffer et al., 2007), 학습자가 삶과 미래에 대해 건전한 낙관성을 느낄 경우 좌반구가 더 관여된다. 뇌의 어디에서, 언제, 어떻게 정서가 발견되는지에 대한 구체적인 사실은 과학자들에게 수수께끼로 남아 있다. 이에 대한 한 가지 의견은 우반구가 정서적 경험의 지각에는 더 지배적이지만, 정서적 경험이 긍정적인지 부정적인지를 결정하는 것은 우반구의 활성화 정도에 달려 있다는 것이다. 우반구의 지나친 관여는 부정적 정서의 경험을 가져올 수 있는 반면, 너무 관여를 하지 않으면 긍정적 정서의 경험과 관련된다(Hellige, 1993). 이것은 좌반구 활성화가 단지 우반구 활성화의 과잉에 의한 것이라는 점을 시사한다. 좌반구의 기능은 정서적 반응의 강도를 조절하여 활발한 스캔을 만들어 내는 것이라고 할 수 있다.

뇌의 우반구는 많은 논리적인 것을 직감할 수 있다. 그리기, 작곡, 색칠은 우반구 활동처럼 보일 수 있지만, 여전히 음악가들은 우반구와 좌반구의 양쪽 활동을 보인다. 예술가들은 예술 작품을 구상할 때 모양, 색상, 소리에 관한 자신의 논리와 규칙을 따른다. 예술가들은 종이, 금속, 유리, 진흙, 캔버스에 자신이 원하는 것을 표현할 수 있지만, 균형, 색상, 조화, 질서의 규칙을 고려해야 한다. 우반구는 그 나름의 전체적인 질서를 선호하는 것 같다.

현재 뇌연구는 우리가 일반적으로 대부분의 시간 동안 양반구를 모두 사용한다는 것을 말해 주고 있다. 학습을 최대화하기 위해서 우리는 두 반구를 모두 강화하는 학습 활동을 해야 한다. 가장 이상적인 것은 우리가 전뇌 학습에 초점을 두고 노력하는 것이다. 이것이 교수-학습방법에 시사하는 점은 학습자에게 구체적이고 단계적인 지시뿐만 아니라 전체적인 개관을 제공해야 한다는 것이다. 큰 그림을 제시하고 하위 주제들에 대한 세부적인 설명이 뒤따라야 한다. 다시 말해, 큰 그림과 세부적인 설명이 번갈아 이루어져야 한다.

2. 읽기 학습

놀라운 속도와 정확성으로 구어(口語)를 습득하는 뇌의 능력은 타고난 유전적 속성과 이 과제에 초점을 둔 특수화된 뇌의 영역의 결과다. 그러나 읽기에 특수화된 뇌의 영역은 없다. 사실, 읽기는 발달 초기의 뇌가 수행하기에 가장 어려운 과제일 것이다. 읽기는 인류 발달에서 비교적 새로운 현상으로 구어와는 달리 생존기술로서 오랜 시간 동안 대두하지 않았기 때문에 유전자들은 읽기를 그들의 부호화된 구조로 편입시키지 않았다. 따라서 읽기는 인간의 유전적 능력에 속하는 것이 아니라 오히려 새로운 것을 배우기 위해 유전적으로 타고난 것을 뇌 스스로 재배열하고 활용하는 능력이 탁월함을 반영한다. 본질적으로 우리는 주의, 지각, 언어, 인지 및 동작 처리를 담당하는 피질, 피질하, 소뇌 부위에 있는 기존의 신경회로를 재배열하여 읽게 된다. 주의, 지각, 언어, 인지 및 동작 처리는 원래 읽기가 아닌 다른 기능을 위한 것이다. 뇌가 이 처리과정들을 새롭게 연결하는 능력이 바로 읽기의 생리적 기반이다(김유미 역, 2009).

대부분의 문화권에서 읽기를 중요한 의사소통 형태로 강조하고 아이들에게 가르쳐야 한다고 주장한다. 일단 형식적 교육에 노출되면, 약 50%의 아이들은 비교적 쉽게 구어(말하기)에서 읽기로 이행하지만, 나머지 50%에게는 읽기가 훨씬 까다롭고 많은 노력과 기술이 필요한 과제가 되며, 그중에서도 20~30%에게는 그들이 살아가면서 수행해야 할 가장 어려운 인지적 과제가 된다(박승호, 서은희 공역, 2009). 신경과학이 지금까지 교수와 학습에 중요한 기여를 한 부분 중의 하나는 뇌가 어떻게 읽기를 학습하는지를 이해한 것이다. 신경과학자들이 성공적인 읽기를 위해 요구되는 신경계에 대해 더 많이 알게 됨에 따라 그들은 이 과정이 얼마나 복잡하고 얼마나 잘못될 수 있는지를 더욱더 깨닫게 되었다. 여기서는 읽기에 포함된 신경계와 기술, 읽기 학습의 곤란, 그리고 읽기 교수전략 및 읽기 중재 프로그램에 대해서 알아본다.

1) 읽기에 포함된 신경계와 기술

읽기에는 주의, 지각, 인지, 언어 과정이 관여하는데, 시각 영역인 좌반구 후두엽, 청각 영역인 측두엽, 그리고 인지 및 언어 영역인 전두엽이 관여한다. 그래서 이 중 어느 부위가 손상되면 읽기에 장애가 생긴다. 특히 어휘가 풍부하고 지능이 정상인데도 잘 읽지 못하는 난독증은 대체로 청각체계의 미성숙에 기인한 경우가 많다. 청각의 미성숙 때문에 소리 형태를 마음속에 구체적으로 표상하기 어렵고, 또 그 결과 글자와 음소의 관계를 배우기 어려울 뿐 아니라 신속한 자동화 처리에 결함이 있어 글을 읽기 어렵게 된 것이다(이용남, 김은아, 2013). 읽기를 성공적으로 학습하기 위해서는 세 가지 신경계와 뇌가 추상적인 상징들을 의미 있는 언어로 해독하도록 도와주는 특수한 기술의 발달이 필요하다. 신경계는 개인이 읽기를 학습하기 위해 발달시킬 필요가 있는 기능이 무엇인가를 분명히 밝혀 주는 데에 도움이 된다.

fMRI를 통해서 연구자들은 읽기에 포함된 대뇌의 처리과정에 대한 명확한 영상을 얻고 있다. 성공적인 읽기가 이루어지기 위해서는 제2장에 제시되어 있는 [그림 2-5]에서 보듯이 3개의 신경계들이 함께 작용해야 한다. 시각처리는 눈이 인쇄된 단어의 문자들을 유심히 훑어봄으로써(그림 예에서 d-o-g) 시작되고, 시각 신호들은 뇌의 뒤쪽에 있는 후두엽에 위치한 시각피질로 이동한다. 단어의 신호들은 단어를 기본 소리들 혹은 음운들로 분리하는 역할을 하는 각회(angular gyrus)라고 하는 뇌의 좌측 영역에서 해독된다. 이 과정은 청각처리가 이루어지기도 하는 좌반구 주변과 측두엽에 위치한 뇌의 언어 영역들을 활성화시킨다. 청각처리체계는 음운을 머릿속에서 duh-awh-guh라고 발음한다. 브로카 영역과 베르니케 영역은 그들의 심적 사전으로부터 그 단어에 관한 정보를 제공하고, 전두엽은 짖어대는 털 있는 동물이라는 의미를 제공하기 위해 모든 정보를 통합한다.

이 세 개의 체계는 [그림 2-5]에서 이중 쌍방향의 화살로 표시한 것처럼 더 많은 정보를 위해 서로를 부추길 수 있다. 예를 들어, 청각처리가 그 단어를 발음하는 데 어려움이 있을 경우 그 문자들을 정확하게 읽기 위해 인쇄된 문자를 다시 유심히 훑어보도록 시각체계를 자극할 것이다. 이와 유사하게 전두엽은 그 정보에 의미를 붙이기가 어려울 경우 다른 시각적 검토나 청각적 시연을 자극할 것이다. 이 모든 과정이 순식간에 일어난다. 정확한 과정은 이보다는 조금 더 복잡하지만, 이것이 신경과학자들이 믿고 있는 기본적 과정이다. 비록 [그림 2-5]에서 그 과정이 선형적이고 단일하게 대략적으로 표현되었지만, 실제로는 많은 음운이 동시에 처리되는 양방향적이고 병렬적인 과정이다. 뇌가 결국 읽기를 학습하는 것은 겉보기에 혼란스러운 투입물을 엄밀히 조사하고 패턴과 체제를 만드는 뇌의 놀라운 능력을 입증하는 것이다. 일부 아이들에게는 이 과정이 자연스럽게 일어나지만, 대부분의 아이들은 배워야만 한다.

이처럼 읽기를 성공적으로 학습하기 위해서는 세 가지 신경계와 뇌가 추상적인 상징들을 의미 있는 언어로 해독하도록 도와주는 기술의 발달이 필요하다. 신경과학적 측면에서 성공적인 읽기가 이루어지기 위한 그 경로를 나타내면 [그림 7-1]과 같다.

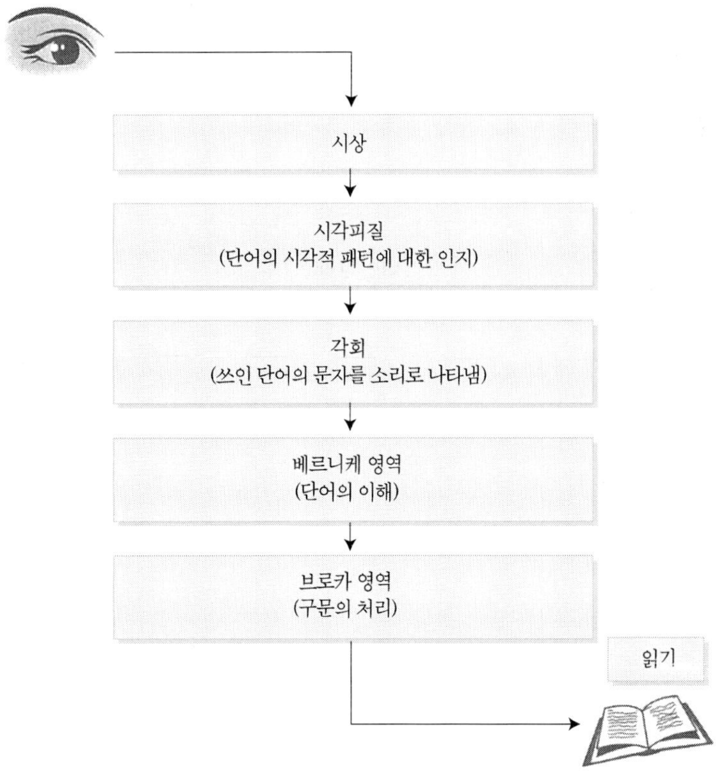

[그림 7-1] 읽기 경로의 흐름도

출처: Nevills(2011), p. 83.

이러한 복잡한 신경계들의 통합을 통해 읽기를 성공적으로 달성하기 위해서는 다음과 같은 특정한 기술을 발달시키고 필요한 정보를 소유해야만 한다(박승호, 서은희 공역, 2009).

- 음운과 음소 인식: 음운 인식(phonological awareness)은 문장이 단어로, 단어가 음절로, 그리고 결국 개별 소리로 나뉘는 것과 같이 구어가 더 작은 요소들로 나뉠 수 있다는 것을 인식하는 것이다. 이러한 인식은 두운법, 각운, 분철법, 억양을 인식하는 것뿐만 아니라 시작점과 각운을 식별하고 조작하는 것을 포함한다. 음운을 인식하는 것은 bat와 pat의 차이점과 bat와 bet의 차이점을 듣는 것을 의미한다. 인쇄된 단어에 부딪히기 전에 아이들은 단어가 개별 소리(음운)로 구성되어 있고, 이 소리는 새로운 단어를 만들어 내기 위해 조작될 수 있다는 것을 인식할 수 있어야 한다. 이러한 기술을 음소 인식(phonemic awareness, 음운 인식의 하위 부분)이라고 하며, 여기에는 단어의 나머지로부터 음운(처음, 중간 혹은 마지막)을 분리하고, 단어를 그 하위 요소인 음운으로 가르며, 하나의 단어로부터 특정 음운을 제

거하는 능력이 포함된다.

- 알파벳의 원리와 파닉스: 알파벳의 원리(alphabetic principle)는 구어가 음운들로 구성되어 있고, 그 음운들은 글로 쓰인 교재에서 문자로 표현된다는 것을 이해하는 것을 말한다. 이처럼 음운들을 표현하기 위해 문자를 사용하는 체계는 적은 수의 문자로 매우 많은 수의 단어를 쓰는 데에 사용될 수 있다는 점에서 매우 효율적이다. 독자들은 지면에 있는 단지 몇 개의 문자들을 그들의 소리와 연결시킴으로써 인쇄된 많은 단어를 인식할 수 있다. 파닉스(phonics)는 언어의 문자소(文字素)와 대응되는 음소 간의 관계에 따른 발음 중심 언어 지도법이다. 읽기능력을 습득하기 위해서는 상징과 소리의 관계를 이해할 수 있어야 한다는 것을 전제로 한다. 즉, 문자와 음성언어 간에는 일정한 규칙이 있어서 이러한 원리를 가르치면 글자를 읽는 데 도움이 된다는 것에 근거한다. 일반적으로 교사는 학생들에게 각기 다른 모음, 자음, 그리고 결합된 소리들을 분리하여 지도하고 이를 활용한 무의미 단어를 소리 내어 읽게 한다(국립특수교육원, 2009). 요컨대, 파닉스는 알파벳의 원리에 토대를 두고 문자와 소리를 글로 쓰인 상징들과 연합시키는 교수적 접근이다. 파닉스 지식을 증명해 보이기 위해 아이는 교사에게 cat을 can으로 바꾸기 위해서 어떤 문자가 필요한지 말한다. 파닉스 수업 중에 문자와 소리의 관계를 단순히 학습했다고 해서 반드시 음소를 인식하게 되는 것은 아니다.
- 어휘: 독자들은 인쇄된 단어를 인식하기 위해 그들의 마음속 사전에 그 단어를 소유해야만 한다. 아이들은 대부분 단어의 의미를 일상의 구어와 문어의 경험을 통해서 간접적으로 학습한다. 이 경험에는 다른 사람과의 대화, 어른들이 그들에게 읽어 주는 것 듣기, 그리고 스스로 읽기가 포함된다. 아이들은 개별 단어와 단어 학습전략을 명시적으로 배울 때 어휘들을 직접적으로 학습한다. 일부 어휘는 직접적으로 가르침을 받아야만 한다. 직접교수(direct instruction)는 아이들의 일상 경험의 일부분이 아닌 복잡한 개념들을 표현하는 어려운 단어들을 가르치는 데에 특히 효과적이다.
- 유창성: 유창성(fluency)은 텍스트를 구두로 빠르고, 정확하며, 적절한 표현으로 읽는 능력이다. 유창성이 부족한 아이들은 느리고 힘들게 읽으며, 종종 그들이 읽은 것을 기억하는 데 어려움을 겪는다(작업기억의 제한된 용량 때문). 또한 그들은 텍스트에 표현된 아이디어를 자신의 경험과 연결시키는 데 어려움을 겪는다. 읽기에서 잦은 연습이 유창성을 발달시키는 주요 방법 중 하나다. 유창성은 단어 재인(recognition)과 이해의 간격을 연결시킨다. 유창성이 뛰어난 독자들은 단어들을 해독하는 데 많은 시간을 사용할 필요가 없기 때문에 텍스트의 의미에 집중할 수 있다. 연습을 하면 단어 재인과 이해는 거의 동시에 일어

난다.

- 텍스트 이해: 이해(comprehension)는 텍스트 밖의 지식을 사용하고, 텍스트 안에 있는 단어의 의미에 접근하고, 문법적 구조를 이해하고, 함축된 의미를 추론하며, 텍스트가 이해되었음을 스스로 확인함으로써 단어를 식별하기 시작하는 복잡한 상호작용 과정이다. 한 문장에서 하나의 단어가 갖고 있는 여러 의미와 직면할 때, 뇌는 문맥에 맞는 하나의 의미를 선택할 필요가 있다. 많은 단어가 사용되는 상황과 맥락에 따라 여러 개의 의미를 갖고 있다. 따라서 관련 없는 의미들을 빨리 차단하는 능력을 개발하는 것이 읽기의 유창성과 이해를 위해 필요조건이 된다.

이 기술 중 일부는 부모가 자녀에게 책을 읽어 주고 인쇄물에 노출시킴으로써 학령기 이전 중에 가정에서 발달하기 시작할 수 있다. 학령기 이전에 가정에서 책을 읽어 주고 인쇄물을 보여 주는 것은 아이들에게 단어의 소리를 듣고, 발음을 연습하고, 더 유창하게 말하며, 새로운 단어와 그 의미를 학습하도록 한다. 그러므로 아이들이 가정에서 경험한 문해(literacy)의 정도는 대체로 학교에서 읽기 학습의 능력뿐만 아니라 읽기 학습의 준비도를 결정하게 될 것이다. 저소득층 가정의 아이들은 가정에서 인쇄물과 읽기 경험에 자주 노출되지 않는다. 그러나 연구들에 따르면, 부모와 학교가 이러한 경험을 제공하기 위한 별도의 노력을 기울일 때 저소득층 학령기 이전 아이들의 언어와 음운 기술의 습득이 매우 향상된다(Poe, Burchinal, & Roberts, 2004).

2) 읽기 학습의 곤란

읽기는 너무 복잡한 과정이어서 어떤 작은 문제라도 그 과정을 느리게 하거나 방해할 수 있다. 아이들은 학습을 위한 어떤 기술보다도 읽기에서 더 많은 문제를 겪는다. 읽기와 관련된 대부분의 어려움은 시간이 지남에 따라 사라지지 않는다. 그러므로 부모와 교사는 아이들의 읽기 문제들을 세심한 관찰을 통해 일찍 발견할수록 더 좋다.

읽기에 관한 대부분의 연구는 발달적 난독증(developmental dyslexia)이라고 하는 발달적 읽기 문제에 주로 초점을 두어 왔다. 발달적 난독증이 있는 아이는 적절한 지능과 환경 및 정상적인 감각을 갖고 있음에도 읽기 학습에서 예상치 못한 어려움을 경험한다. 발달적 난독증은 가벼운 정도에서 심각한 수준에 이르기까지 다양한 스펙트럼장애(spectrum disorder)다. fMRI를 통한 신경영상 연구들은 정상 뇌와 난독증 뇌가 특정 문어와 구어 과제에 반응하는 방식에서 유의한 차이가 있다는 것을 입증하였다. 더욱이 이러한 차이가 적절한 교수 개입(instructional intervention)으로 줄어들 수 있다는 새로운 강력한 증거가 제시되었다(Shaywitz, 2003).

연구자들은 읽기문제의 원인을 찾기 위해서 오랫동안 노력해 왔다. 그렇지만 읽기에 관여하는 감각, 운동, 인지 체계들이 수없이 많기 때문에 그 원인을 찾기란 쉬운 과제가 아니었다. 읽기에 어려움이 있는 사람들은 이러한 체계 중 하나 또는 그 이상에서 장애가 있을 수 있지만, 모두 난독증이 있는 것은 아니다. 특히 난독증은 언어와 음운 처리를 담당하는 신경 영역의 결함 혹은 뇌의 비언어 영역의 문제 때문인 것으로 보인다. 읽기를 학습할 때 곤란을 야기하는 몇 가지 원인을 언어적 원인과 비언어적 원인으로 나누어 살펴보면 다음과 같다(박승호, 서은희 공역, 2009).

(1) 언어적 원인

- 음운상의 결함: 머리에서 음운들을 소리 내는 데에 어려움이 있는 경우 읽기곤란을 초래한다.
- 청각처리 속도와 시각처리 속도의 차이: 읽기를 학습할 때 시각처리체계와 청각처리체계는 문자를 소리로 해독하는 데 비슷한 속도로 작용한다. 읽기곤란이 있는 사람들에 대한 연구들에 따르면, 이 중 일부가 정상적인 청각처리 속도보다 느린 것으로 밝혀졌다. 즉, 시각체계는 이미 한 단어의 세 번째 문자를 처리하고 있는 반면에 청각체계는 여전히 첫 번째 문자의 소리를 처리하고 있다는 것이다. 그 결과, 뇌는 첫 번째 문자의 소리를 세 번째 문자의 상징과 잘못 연합한다. 예를 들어, dog라는 단어를 읽을 때 시각체계는 이미 g를 처리하고 있지만 그보다 느린 청각체계는 여전히 문자 d와 연합된 소리 duh를 처리하고 있을 수 있다. 그러면 이 사람의 뇌는 문자 g를 소리 duh와 연합하는 실수를 범한다.
- 뇌의 구조적 차이: MRI 연구들은 난독증으로 진단된 사람들의 뇌가 난독증이 아닌 사람들의 뇌와 구조적으로 다르다는 것을 발견하였다. 이 차이점은 난독증과 관련된 결함들에 기인하는 것일 수 있다.
- 음운상의 기억 결함: 읽기곤란이 있는 사람 중에는 더러 작업기억에 음운들을 보유하는 데 어려움이 있어서 하나의 문장을 만들 만큼 충분히 긴 단어들의 순서를 기억할 수 없다.
- 유전적 요인과 성: 쌍생아와 가족의 유전자적 돌연변이와 난독증 간에는 밀접한 연관이 있다. 난독증은 만성적 문제이고 하나의 단계에 불과한 것이 아니다. 비록 소년들이 과다활동으로 읽기에서 좌절을 보이는 경우가 더 많긴 하지만, 거의 모든 난독증은 소년에게서 일어난다는 고정관념은 사실이 아니다. Shaywitz(2003)는 소년들이 읽기문제가 있는 것으로 과잉 파악되는 반면에 소녀들은 종종 과소 파악되는 경향이 있다는 것을 발견하

였다.

- 단어처리 영역의 뇌병변장애: PET 영상은 발달적 난독증이 있는 일부 사람들에게 문어를 처리하고 해독하는 역할을 담당하는 좌측 뇌 영역에 장애가 있다는 것을 보여 주었다. 뇌병변장애(brain lesions)는 뇌성마비, 외상성 뇌손상, 뇌졸중 등 뇌의 기질적 병변으로 발생한 신체적 장애다. 뇌병변장애는 임신과 출산 과정에서 주로 발생한다. 산모가 바이러스에 의해 병에 걸렸을 때, 특히 풍진은 태아에게 악영향을 준다. 그리고 산모가 약물중독일 때에도 태아에게 나쁜 영향을 미친다. 조산일 경우 미숙아의 호흡장애로 뇌에 산소가 충분히 공급되지 못해 발생할 수도 있다. 출산 이후에는 뇌막염 같은 질병이나 사고로 발생하기도 한다(국립특수교육원, 2009).
- 실독증: 단어맹 혹은 실독증(word-blindness)은 시각 능력에 이상이 없음에도 쓰여 있는 글자를 읽지 못하는 증상을 의미한다. 이는 단어를 처리하는 뇌 영역의 선천적 결함이나 외상에서 연유한다. 보통 좌측 후두엽의 내측에 병적인 변화가 나타난 경우에 우측 후두엽으로 들어간 시각 정보가 좌측 측두엽의 언어중추로 이동하지 못하여 실독증이 발생한다.

(2) 비언어적 원인

- 연속하는 소리들의 인식: 읽기곤란이 있는 일부 사람들은 빠르게 연속해서 제시되는 소리들을 탐지하고 변별할 수 없다. 이 결함은 일반적으로 청각처리와 관련되며, 음운들을 구별하는 것과는 관련이 없다.
- 음성주파수의 변별: 읽기장애가 있는 일부 사람들은 음성주파수에서의 차이를 듣는 능력에 결함이 있다. 이 청각적 결함은 말의 음조와 높낮이를 구별하는 능력에 영향을 줄 수 있다.
- 소음 속에서의 표적 소리의 탐지: 소음 속에서 음조를 탐지하는 능력의 부재는 최근에 발견된 또 다른 비언어적 결함이다. 위에서 언급된 두 가지 결함에 덧붙여 이 증거는 청각기능이 읽기장애에 이전에 생각하던 것보다 훨씬 큰 역할을 할 수 있다는 것을 시사하고 있다.
- 운동협응과 소뇌: 여러 영상 연구는 난독증이 있는 많은 사람이 소뇌에 결함이 있다는 것을 보여 주고 있다. 소뇌는 후두엽의 바로 아래, 뇌의 뒷부분에 위치한다. 소뇌는 주로 학습된 운동기능을 조정하고 협응하는 일을 담당한다. 연구자들에 따르면, 이러한 부위의 뇌손상은 읽기, 쓰기, 철자법에서의 문제를 초래할 수 있다.

- 주의력결핍 과잉행동장애: 주의력결핍 과잉행동장애(ADHD)는 주의를 집중하고 유지하는 데에 어려움이 있는 발달적 장애다. ADHD 아이들은 종종 발달적 읽기 문제들도 있는 것으로 간주되지만, 흔한 경우는 아니다. ADHD와 발달적 난독증은 별개의 장애이고, ADHD 아동의 25% 미만만이 난독증을 갖고 있다.

3) 읽기 교수전략

읽기는 모든 학습기술 가운데서 가장 기본이 된다. 숙제와 공부는 대부분 어떤 방식으로든 읽기를 내포하기 때문이다. 읽기는 이전에 습득된 구어에 상당히 의존하지만, 또한 타고나지 않은 구체적인 기술들을 학습해야 하는 복잡한 과정이기도 하다. 아이들에게 읽기를 가르친다는 것은 쉬운 일이 아니다. 점차 다양성이 증가하고 있는 가정 상황, 문화, 언어를 가진 아이들을 반겨야 하는 초등학교 교실에서는 특히 그러하다. 읽기를 통해 정보를 습득하는 학생의 능력은 상당 부분 교사에게 달려 있다. 이러한 의존은 학년이 올라감에 따라 대체로 높아지므로, 읽기 능력은 고등학교에서 학생의 성공의 주요 결정요인이 된다. 만약 교사가 학생들에게 읽기 전략을 효율적으로 사용하도록 돕는다면, 모든 과목에서의 읽기는 더욱 성공적이게 된다.

읽기를 성공적으로 가르치는 교사들은 이러한 다양성을 엄격하기보다 융통성 있게 허용하고, 경험을 통해서 읽기를 흥미롭고 의미 있게 하기 위해서 무엇을 해야 하는가를 알고 있고, 과학적 연구 결과를 통해서 효과적인 읽기 프로그램에는 음소의 인식, 알파벳의 원리, 어휘 습득, 이해, 유창성을 지원하는 요소들이 포함되어야 한다는 것을 알고 있으며, 또한 발달적으로 적합한 문학작품이 포함되어야 관련 있고 즐거운 읽기 경험을 제공한다는 것을 알고 있다. 읽기를 학생들에게 가르치기 위한 몇 가지 교수전략을 살펴보면 다음과 같다(박승호, 서은희 공역, 2009).

- 음소의 인식을 발달시켜라. 뇌는 단어를 발음으로 쪼개면서 읽는다. 아이들은 먼저 기본 발음(음소)을 배우고 이 발음을 성공적으로 다룰 수 있어야 한다. 즉, 음소 인식 연습이 필요하다. 아이들이 읽기를 배울 초기에 많이 어려워할수록 더 집중적으로 음소 인식을 연습할 필요가 있다. [그림 7-2]는 뇌의 읽기방법의 복잡성에 대한 좀 더 심도 깊은 과학적 이해에 토대를 둔 읽기 교수에서 고려되어야 할 위계 구조를 나타낸 것이다. 이 위계 구조에서 처음에 읽기를 가르칠 때 정확한 음소 인식이 중요하다는 것을 알 수 있다. 읽기를 하는 아이들의 뇌 영상 자료에 따르면, 음소 인식이 서툴 때 해독체계가 혼란을 겪는다는 증

의미론적 수준
학생들은 단어의 의미가 문맥에 따라 바뀔 수 있다는 것을 인식한다. 교사는 단어가 문맥에 따라 여러 의미를 가진다는 것을 설명하기 위해 다양한 문학작품의 예를 선택한다.

⇧

구문론적 수준
학생들은 정확한 문법 구조를 갖춘 더 복잡한 문장을 만든다. 교사는 학생들이 문장에서의 구절과 단어의 위치를 들음으로써 구문론에 대한 감각을 개발하도록 돕기 위해 이야기를 소리 내어 읽어 준다. 학생들은 '개가 소년을 물었다.'와 '소년은 개에게 물렸다.'의 문장에서 구문론은 바뀌었지만 의미는 바뀌지 않는다는 것을 인식한다. 학생들에게 소리 내어 읽게 하여 교사는 그들의 발음을 점검한다.

⇧

담화 수준
학생들은 논리적인 순서로 간단한 문장을 구성하고 연결한다. 학생들의 구어는 주어, 술어, 목적어를 사용하여 이미 직관적으로 문장 패턴을 일부 발달시켜 왔다. 접두사와 접미사가 소개되고 연습된다.

⇧

음운론적 수준
음운론적 인식을 발달시키고 알파벳의 원리를 숙달시키는 데 중점을 둔다. 학생들은 언어의 기본 소리(발음)를 처리한다. 학생들은 음소의 발음들과 알파벳 문자들 간에 정확한 연결고리가 만들어지도록 소리 내어 읽는다. 그런 후에 운, 단어 인지, 의미를 연습한다.

[그림 7-2] 읽기 교수를 위한 위계 구조의 예

거가 많이 있다. 학생들이 배워야 할 음소들을 포함한 단어들로 구성된 텍스트를 사용하는 것이 그들의 음소 인식을 발달시키고 간단한 문장 구사에 도움이 된다.

- 읽기에서 중요한 개념들을 명확하게 식별하고, 그러한 개념들을 학습해야 하는 이유를 설명하기 위해 직접교수를 사용하라. 학생들에게 교사가 방금 제시한 주요 사항들을 요약하게 한다. 읽기의 양은 학생들이 충분히 해낼 수 있는 것이어야 한다. 학생들은 중요하지 않은 내용의 읽기로 압도되어서는 안 되며, 특히 자신감이 없는 교과목에서 더욱 그러하다.
- 학생들에게 새로 접하는 단어나 익숙하지 않은 상황에서 사용된 단어에 대한 개념 정의를 해 줌으로써 어휘를 정복하도록 하라. 이는 읽기 과제가 주어지기 전에 행해져야 한다.
- 이해를 도와라. 학생들에게는 읽고 있는 것을 이해하고 언어의 구문론을 이해할 수 있도록 소리 내어 읽도록 연습시키는 한편, 교사는 텍스트를 소리 내어 읽으면서 그들이 따라 읽도록 한다. 이는 교사가 학생들이 시각적인 문자와 청각적 음운들을 얼마나 정확하게

연결하는지를 들을 수 있도록 하며, 학생들에게 언어의 흐름과 리듬 및 억양 변화를 듣게 함으로써 운율을 학습하도록 도와준다. 학생들에게 이해를 돕는 주요 단어와 구절을 조사하고, 그들 자신에게 '나는 이 자리에서 얼마나 많이 읽어야 하는가?' '나는 이것을 왜 읽고 있는가?' '주요 사항이 무엇인가?' '이것이 왜 중요한가?' '이것은 내가 이미 학습한 것과 무엇이 같은가?' '내가 방금 읽은 것을 나 자신의 말로 요약할 수 있는가?'와 같은 질문을 하게 함으로써 의미론적 이해를 돕는다.

- 문학작품을 이용하라. 문학작품은 문맥에 따른 언어의 다양성에 대한 이해와 읽기에 대한 연습과 동기를 촉진한다. 따라서 교사는 학생들의 흥미를 불러일으킬 수 있는 문학작품을 소개하고 언어의 문맥상의 속성을 강조한다. 그리고 교사는 학생들에게 어느 정도 고급 수준의 문학작품을 읽어 주고, 이때 학생들에게 눈을 감고 문맥에 따른 언어의 풍부함, 리듬, 영상, 억양, 감정에 몰입하면서 듣도록 한다.
- 말하기의 기회를 자주 제공하라. 말하기는 매우 강력한 학습과 기억의 도구다. 학생들은 함께 공부할 때, 그들이 읽은 내용에 관해 서로 질문하고, 주요 사항을 요약하고, 이해되지 않았던 것을 분명히 할 수 있다. 협동학습은 이를 달성하기 위한 효과적인 전략으로, 특히 읽기를 포함하여 학생들의 능력 수준이 다양할 때 협동학습 집단을 조직하여 수업을 전개하는 것이 효과적이다.
- 그래픽 조직자(graphic organizers)를 활용하라. 학생들에게 읽기에서 주요 사항을 이해하도록 돕기 위해 그들 자신만의 그래픽 조직자와 개념 지도(concept maps)를 사용하거나 만들도록 한다. 이는 특히 자세한 내용을 많이 담고 있는 교재와 소설이나 허구의 이야기가 아닌 전기 · 역사 · 사건 기록 따위의 논픽션 작품을 읽을 때 유용하다.
- 신기성(novelty)을 더해라. 학생들이 읽기가 단조롭다고 느끼지 않도록 신기성을 더한다. 학생들에게 이 이야기 다음에 무슨 일이 일어날 것 같은지를 생각해 보게 하거나 그들 자신만의 그럴 듯한 결말을 쓰게 하고, 그들에게 이야기의 주요 사건이나 인물을 설명하는 시나 노래나 짧은 풍자문을 쓸 기회를 주고, 다른 학생들에게 읽어 주거나 연극을 할 수 있는 그들 자신만의 이야기나 연극 혹은 출판물을 만들게 하는 것이 신기성을 더해 주는 예라 할 수 있다. 읽기 교수를 할 때 유머, 움직임, 시청각 자료, 퀴즈 게임, 음악을 통합시키는 것이 신기성을 더해 주는 데 큰 도움이 된다.
- 교재와 같은 내용을 담고 있지만 좀 더 쉽게 쓰인 보충 교재를 활용하라. 한 권의 책이 배워야 할 내용을 모두 담고 있는 경우는 드물다. 따라서 학생들의 이해를 도모하고 흥미를 자아낼 수 있는 다양한 형태의 보조 교재가 필요할 수 있다.

- 교재에 나오는 주제와 관련된 잡지와 신문 기사들을 파일로 철하여 교실 내에 배치하라. 주기적으로 그 파일을 업데이트 하고, 학생들에게 해당하는 적절한 기사를 찾았을 때 그 파일에 포함시키도록 격려한다.
- 시청각적인 보조자료를 사용하라. 이것은 읽기곤란의 문제가 있는 학생들에게 큰 도움이 된다. 많은 학생이 멀티미디어 환경에 익숙해지고 있다. 가능한 한 직접교수와 함께 비디오테이프, 오디오테이프, 컴퓨터 프로그램, 텔레비전, 실물화상기 및 다른 교육공학 자료를 활용하는 것이 좋다.

[글상자 7-1] 읽기전략

독자들은 다양한 종류의 글과 주제에 대한 구조적 지식이 있어야 함은 물론, 독해력을 증진시키기 위해서 연결되는 다양한 처리과정을 이해할 필요가 있다. 이러한 처리과정을 총괄하여 읽기전략이라 부르는데, 다음과 같은 여러 읽기전략이 있다.

■ SQ3R

개관(Survey): 책을 읽기 전에 장의 개략, 그 장에 있는 여러 절의 제목, 그래픽 자료, 그리고 장의 요약을 재빠르게 살펴본다.

질문(Question): 읽을 때에 절과 각 절의 소제목들을 가능한 대로 육하원칙(누가, 언제, 어디서, 무엇을, 어떻게, 왜)에 따라 질문 형식으로 바꾸어 본다.

읽기(Read): 제기된 질문에 답할 수 있도록 첫 번째 줄을 끝까지 계속 읽는다. 이 과정에서 주요 단어와 구절에 밑줄을 긋거나 요점들을 정리해 둔다.

암송(Recite): 장을 모두 읽고 난 다음 노트를 복습하고 머릿속으로 질문과 해답들을 모두 암송해 본다.

복습(Review): 앞의 4단계를 통하여 절별로 내용을 충분히 익혔으면 이제 전체 내용에 대한 이해를 확실하게 할 수 있도록 복습한다.

■ PQ4R

개관(Preview): 주요 내용과 절들을 미리 살펴보고 읽는 목적을 설정한다.

질문(Question): 각 절에 대해 책을 읽는 목적과 관련된 질문들을 글로 써 본다. 한 가지 방법은 제목과 소제목들을 질문으로 바꾸는 것이다.

읽기(Read): 질문에 답하면서 절의 제목을 눈으로 읽는다.

숙고(Reflect): 책을 읽으면서 실례를 생각해 보거나 자료의 심상을 머릿속에 그려 보도록 한다. 지금 읽고 있는 것과 이미 알고 있는 것을 정교화하고 연관시켜 본다.

암송(Recite): 각 절을 읽은 다음에는 뒤로 기대 앉아서 처음의 목적과 질문들에 대해 생각해 본다. 책을 보지 않고 질문들에 답할 수 있어야 한다.

복습(Review): 전체 장을 마친 후에 복습을 한다. 효과적인 복습은 새로운 자료를 장기기억 속에 더욱 완전하게 통합시키는 역할을 한다. 공부가 진전됨에 따라 복습은 읽은 절과 장들의 내용을 전부 망라하는 누적적인 것이 되어야 한다.

▪ READS

개관(Review): 제목과 소제목들을 훑어본다.

검토(Examine): 굵은 서체의 단어들을 잘 살펴본다.

질문(Ask): 무엇을 학습해야 하는가를 질문한다.

읽기(Do it-Read!): 읽는다!

요약(Summarize): 자신의 말로 요약한다.

▪ CAPS

특히 문학작품을 읽을 때 사용될 수 있는 전략이다.

주인공(Characters): 주인공이 누구인가?

목표(Aim): 이야기의 목표는 무엇인가?

문제(Problem): 어떤 문제가 발생하는가?

해결(Solution): 문제가 어떻게 해결되는가?

▪ KWL Plus

아는 것(Know): 이 주제에 대해 내가 이미 알고 있는 것은 무엇인가?

원하는 것(Want): 나는 무엇을 알기를 원하는가?

배운 것(Learn): 읽기나 탐구를 마치고 나서 내가 배운 것은 무엇인가?

Anderson(1995)은 위와 같은 읽기전략들이 효과가 있는 이유를 몇 가지 지적했다. 첫째, 이런 순서에 따라 읽기를 함으로써 학생들은 각 장의 구조에 대해 더 잘 알게 된다. 제목들을 전혀 읽지 않고 지나치면 책의 내용이 어떻게 조직되었는지에 관한 중요한 단서를 놓치게 마련이다. 둘째, 이런 방식으로 책을 읽게 되면 학생들은 하나의 장에 있는 모든 정보를 한꺼번에 학습하려 하지 않고 절 단위로 공부를 하게 된다. 즉, 분산 학습을 하는 셈이 된다. 책의 내용에 대한 질문을 만들고 답변하는 과정에서 학생들은 그 내용을 더 깊고 더 정교하게 처리하게 된다.

4) 읽기중재 프로그램

1970년대 심리언어학연구에 바탕을 둔 관점에서는 읽기문제의 주원인이 음운처리과정에 있고, 이러한 음운처리상의 결함이 아동의 음소인식능력의 발달을 방해하여 해독화의 이해를 어렵게 한다고 보았다. 그리하여 음운 인식과 해독화를 강조하는 읽기중재 프로그램이 고안되었다. 그러나 읽기불능증, 실어증, 난독증이 있는 아동들을 대상으로 한 신경과학연구에서 글을 읽는 데 어려움을 겪게 되는 것은 음운처리뿐만 아니라 단어 인출 및 명명 속도 과정에 결함이 있기 때문이라는 주장이 제기되었다. Bowers와 Wolf(1993)의 이중결함가설(double deficit hypothesis: DDH)에 따르면, 명명 속도 문제는 없고 음운 결함만 있는 독자, 음운과 단어공략기능은 적절하지만 초기에는 명명 속도 결함이, 후기에는 읽기 유창성과 이해 결함이 있는 독자, 그리고 두 가지 모두 약한 이중결함 독자가 존재한다. 이중결함가설의 중요한 시사점은 명명 속도 결함이 있는 아동의 대다수가 유창성 문제를 갖고 있다는 점이다. 그리하여 음운 결함만 있는 아동의 경우에는 음운 인식과 해독화를 강조하는 기존의 프로그램만으로도 치료가 될 수 있지만, 명명 속도와 읽기 유창성에 문제가 있는 아동의 경우에는 음운을 강조하는 프로그램에 유창성과 이해를 통합하는 요소별 읽기중재 프로그램이 고안되었다.

Wolf와 Bowers(2000)는 유창성을 의식적으로 해독화에 주의를 기울이지 않고도 문장을 신속하고 자연스럽고 자동적으로 읽는 능력으로 보던 기존의 입장과는 달리, 유창성의 요소별 처리과정(글자 지각, 철자 표상, 음운 표상, 의미 표상, 어휘 접근과 인출, 해독화와 단어확인기능, 형태학-구문론-운율체계 관련 지식, 추론과 이해 기능)과 여러 수준의 하위 읽기 기능으로 정의해야 한다고 보았다. 즉, 그들은 유창성을 산출뿐만 아니라 발달과정으로 개념화하여 읽기의 하위 수준인 요소 기능(예: 음소 인식)의 숙련도 발달뿐만 아니라 고차적 처리과정과 요소 기능(예: 이해의 정확성)이 숙련된 결과라고 보았다. 처음에 읽기 유창성은 초기의 정확성 발달과 이후의 자동화 발달의 산물이다. 그것은 한 단어나 문장을 읽을 때 기본적인 어휘와 하위 어휘 처리뿐만 아니라 그런 처리를 통합하는 기본이 된다. 거기에는 글자, 글자 패턴 및 단어 수준의 지각과 음운론, 철자법 및 형태학적 처리, 단어나 문장 수준의 의미론과 구문론 처리가 포함된다. 충분히 발달한 후에는 읽기 유창성이 정확도와 속도를 일컫는데, 이때 해독이 비교적 쉽게 이루어지고 정확한 운율로 매끄럽고 정확하게 낭독하며 이해를 위해 주의를 기울일 수 있다(Wolf & Katzir-Cohen, 2001). 이처럼 읽기 유창성을 발달적이고 좀 더 포괄적으로 볼 경우 읽기곤란의 예방, 중재 및 평가에 많은 시사점을 준다. 특히 발달적 관점에서는 이미 읽기능력을 획득한 후가 아닌 읽기과정 초기에 유창성을 촉진하려는 노력을 시작해야 한다는 점을 시사한다. 유창성 문제가 심각해지기 전에 예방적 대처가 중요하다는 것은 오늘날 읽기중재 연구의 공통된 지적 사항이다.

정확한 해독화와 유창한 이해를 위해 읽기에 기초가 되는 과정을 신속하게 통합하는 능력을 강조하는 읽기중재 프로그램의 대표적 예가 Wolf, Miller와 Donnelly(2000)의 RAVE-O 중재 프로그램이다[인출(retrieval), 자동성(automaticity), 어휘(vocabulary), 정교화(elaboration), 철자법(orthography)]. 이 프로그램이 추구하는 목적은 글자 패턴과 단어 수준의 정확성과 자동화 발달, 단어 공략과 단어 확인 및 이해 속도 증가, 단어와 언어에 대한 태도 변화 등이다. 이를 위해 프로그램에서는 음운론, 철자법, 의미론, 구문론, 형태학적 체계에서 자동화의 필요성을 강조하는 동시에, 이런 언어학적 체계의 명시적 관련성을 가르치는 것이 중요함을 피력한다. RAVE-O 프로그램은 반드시 체계적인 음운 분석 및 결합을 가르치는 프로그램과 함께 활용한다. 아동은 매주 중요한 음운론, 철자법 및 의미론 원리를 대표하는 주요 단어를 배운다. 주요 단어는 음운치료 프로그램에 있는 음소, 문맥에 어울리는 철자법 패턴, 풍부한 의미를 토대로 선정된다. 주요 단어의 다양한 의미를 다양한 의미론적 맥락에 도입하고, 아동은 주요 단어의 음소를 이미 배운 철자법 패턴과 관련지어 본다.

RAVE-O 프로그램에서는 매주 일련의 독해용 이야기(짤막한 추리와 모험 이야기)를 제시하고, 몇 가지 방식으로 유창성과 이해에 초점을 둔다. 정기적인 이야기와 비정기적인 이야기에서 어휘를 엄선해 그 주에 배운 특정 철자법과 형태학적 패턴을 통합하고, 주요 단어의 다양한 의미와 구문론적 활용을 강조한다. 그 이야기들은 반복해서 읽기를 연습할 탁월한 도구가 되어 문장의 유창성에 도움이 된다. 그래서 짤막한 이야기들은 이해기능을 구축하는 음운론, 철자법, 구문론, 의미론의 유창성을 촉진하는 다용도 도구다. 그러므로 RAVE-O 프로그램에서는 유창성이야말로 이해에 이르는 최고의 다리라고 보고, 아동이 얼마나 빨리 읽는가가 아니라 읽은 것을 얼마나 이해하고 즐기는가에 궁극적 목표를 두고 있다. 이 프로그램은 언어학적으로 문제에 처한 아동에게 읽기능력을 부여할 뿐만 아니라 구어와 문자를 읽고 즐길 수 있도록 (정서적이고 동기적인 측면) 프로그램 활동의 곳곳에 게임과 새로운 조작교구를 사용하도록 되어 있다. 이것이 이 프로그램의 비밀 무기의 하나다. 이런 수업방법에서는 특히 교사의 참여를 요구한다. 따라서 프로그램 내내 학생과 교사가 참여하고 교사 자신이 언어를 사랑하는 모습을 보이도록 가능한 한 다양한 방식으로 노력한다.

RAVE-O 프로그램은 예비적인 연구 결과에서 글자, 단어 및 문장 수준에서 아동의 읽기를 개선할 수 있다는 점을 강력하게 지지해 주었다. 이 프로그램에 참여한 아동은 70회기(회기당 1시간)를 마친 후 한 단어 확인, 어휘, 단어와 문장 수준의 유창성, 문장 수준의 유창성과 이해를 결합한 점수에서 유의한 향상을 보였다.

3. 수학 학습

여러 연구에서 영아기에도 수 감각(number sense)이 있으며, 우리가 생각하는 것보다 훨씬 일찍부터 덧셈과 뺄셈이 가능한 것으로 나타났다. 뇌에 원래 수 감각이 있다는 말은 한 종(種)으로서 인간의 진화과정을 보면 쉽게 이해할 수 있다. 멧돼지가 몇 마리 있으면 위험할지 판단하는 셈하기와 가족을 먹일 식물이 얼마나 필요할지 판단하는 수 계산은 인간의 생존에 중요한 요인이었기에 점차 유전부호로 자리 잡게 되었다. 영아의 수 감각, 덧셈, 뺄셈이 선천적인지, 아니면 생후 초기에 발달하는지에 대한 논쟁이 계속되고 있다. 영아의 수 인식과 기초적인 덧셈, 뺄셈이 유전적으로 프로그램화되어 있다는 주장(Wynn, 1992, 1998)이 있는가 하면, 반대로 영아들이 윤곽과 모양을 통해 대략 수를 파악하지만 각 항목을 세지는 못하며 덧셈과 뺄셈에 대한 선천적 능력이 거의 없다는 주장(Wakeley, Rivera, & Langer, 2000)도 있다. 이론 논쟁은 영아 대상 연구나 영아의 사고 내용 파악이 어려워 당분간 계속되겠지만, 선천적이든 생후 초기에 습득되든 수학능력은 복잡한 세계에서 성공하는 데 필수적이다. 수 또는 수학과 관련된 뇌 부위는 전전두피질과 두정엽으로 알려져 있다. 암산을 하는 경우에는 전전두피질이 활성화되고, 두정엽이 손상되면 계산불능에 빠진다. 수 계산에 문제가 있는 난산증(dyscalculia) 환자의 경우 좌반구 두정내고랑(intraparietal sulcus: IPS)의 회백질 밀도가 일반인보다 감소되어 있다(이용남, 김은아, 2013). 여기서는 신경과학적 측면에서 수학적 처리와 뇌의 관련성, 수학능력의 구성 요소, 수학장애, 그리고 수학 교수전략에 대해서 알아본다.

1) 수학적 처리와 뇌

뇌는 산수연산을 어떻게 처리하며, 그 처리는 언어나 시공간 표상에 의존하는가? 이와 유사한 질문들이 수십 년 동안 신경과학연구의 핵심을 이루어 왔다. 뇌 영상 연구들은 서로 다른 뇌 영역이 어떻게 서로 다른 수학적 기술에 관여하는지를 밝혀 주고 있으며, 특히 fMRI 영상은 두정엽과 전두엽이 수를 세거나 정확한 혹은 어림 계산하기와 같은 기초적인 수학적 처리에 관여하는 주요 뇌 영역임을 보여 주고 있다(김유미 역, 2008b). 그런가 하면 대수나 기하 등과 같은 더 복잡한 수학적 기술을 다루는 데는 또 다른 뇌 영역들이 관여되는 것으로 보인다(Qin et al., 2004; 김동일 외, 2011 재인용).

최근 몇몇 연구에서는 성인이 간단한 산수 문제를 푸는 동안의 뇌 활동을 fMRI를 통해 검사하여 덧셈이나 곱셈과 같이 간단한 산수기능을 뇌의 어떤 부위에서 담당하는지에 관심을 두었다. Whalen 등(1997)의 연구에서는 전기로 좌측 두정엽 피질을 자극했을 때 간단한 곱셈과 산수 관련 사실의 인출이 어려운 것으로 나타났다. 이런 연구 결과는 좌측 두정엽 손상 환자들이 산수연산에 어려움이 있었다는 다른 연구자들의 관찰을 지지해 준다(Hittmair-Delazer, Semenza, & Denes, 1994). 좌측 두정엽은 Einstein이 보통사람보다 약 15% 더 큰 부위이기도 하다. Einstein의 뇌를 연구한 사람들은 그가 산수연산과 공간능력에서 강세를 보인 생애 초기에 이렇게 엄청난 두정엽 발달이 이루어졌을 것이라고 추측하고 있다(Witelson, Kigar, & Harvey, 1999).

Dehaene 등(1999, 2003)의 연구에서는 간단한 뺄셈과 같은 산수를 하는 동안 좌우 반구 두정내고랑과 좌우 반구 중심전고랑이 체계적으로 활성화되고, 계산(뺄셈, 덧셈, 곱셈)을 하거나 근사값을 구하는 동안 두정엽 부분이 가장 활성화되는 것으로 나타났다. 이러한 두정엽 부위의 활성화는 아리비아 숫자를 잠재적으로 잠깐 제시할 때(Naccache & Dehaene, 2001)와 시청각 흐름 속의 숫자를 탐지할 때(Eger et al., 2003)에도 나타났다.

일부 연구자들은 산수연산능력이 선천적이라면 수리적 처리가 언어나 시공간 표상과 같은 다른 선천적 재능과 관련될 것이라고 보았다. Chochon 등(1999)은 수 처리 방식이 달라지면 활성화되는 뇌 부위가 달라지는지 fMRI를 통해서 연구한 결과, 곱셈, 뺄셈, 수 비교가 각기 다른 뇌 부위를 활성화시키는 것으로 나타났다. 연구자들은 양쪽 두정엽 부위가 양(量) 조작에 관여하지만 좌측 두정엽이 양 관련 정보를 브로카 영역이나 베르니케 영역에 저장된 언어부호와 관련시킬 것이라는 가설을 설정하였는데, 연구의 결과 이 가설을 지지하는 것으로 나타났다. 수 비교 동안 우측 두정엽이 크게 활성화되었는데, 이는 수 비교가 아라비아 수에 접근하는 것과 관련되며 어떤 언어적 번역도 요구하지 않기 때문이다. 곱셈을 하는 동안에는 좌측 두정엽이 크게 활성화되었는데, 이는 뇌가 계산 결과를 속으로 언어화하는 언어적 계산을 통해 계산 결과를 모니터하기 때문이다. 그리고 뺄셈을 하는 동안에는 좌우측 두정엽이 활성화되었는데, 이는 뺄셈에서는 속으로 수를 계산하고 그 결과를 언어로 명명하기 때문이다.

언어와 교육제도가 다른 여러 나라의 성인을 대상으로 한 Dehaene 등(1999)의 연구에서는 fMRI를 이용하여 피험자들이 정확한 계산을 할 때와 어림셈을 하는 동안의 뇌 활동을 검사했다. 예를 들어, 정확한 덧셈을 요구하는 과제에서는 피험자들에게 카드에 제시된 두 수의 합(5+4=?)을 구하라고 한 후 다음 카드에서 그 답을 확인하도록 한다(7 또는 9?). 그런 후 똑같은 문제를 반복해 연습하고 피험자들에게 근사값(3 또는 8?)을 찾아보라고 했다. 그 결과, 문제를 어떤 언어로 제시했는지와는 관계없이 반복할수록 피험자들의 반응 시간이 약 45% 단축되었다. 그러나 정확한 계산에서는 원래의 수업에서 사용한 언어로 제시했을 경우에 상당히 빨리 반응하고, 다른 언어로 제시했을 경우에는 더 느리게 반응했다. 이것은 피험자들의 모국어와 무관하게 일정했다. 수업에서 사용한 언어와 문제를 제시한 언어가 동일할 때에는 수업이 정확한 계산을 촉진하지만, 언어가 다를 때에는 정확한 계산을 방해한다. 반대로 어림셈과 관련된 문제에서는 언어가 바뀌어도 차이가 나타나지 않았는데, 이는 그런 연산이 언어와 무관함을 나타내 준다.

이 연구의 두 번째 단계에서 2개 국어를 사용하는 다른 집단에게 좀 더 복잡하고 정확한 계산과 어림셈을 해 보게 한 결과, 정확한 계산을 할 때와 어림셈을 할 때 각기 다른 뇌 부위가 활성화되는 것으로 나타났다. 정확한 계산은 주로 언어처리와 관련된 좌측 전두엽과 좌측 각회(angular gyrus)를 활성화시킨 반면, 어림셈 과제는 시공간 조작과 관련된 좌우측 두정엽과 우측 후두엽 일부를 활성화시켰다.

2) 수학능력의 구성 요소

어떤 요소가 수학능력에 영향을 주는가? 심리학자들은 수학능력의 본질이 무엇인지, 즉 수학적 기능을 갖는다는 것이 무엇을 의미하는지에 대한 질문에 답하기 위해 노력해 왔다. 반대로 교육학자들은 학생들이 수학을 잘하기 위해서 무엇을 알아야 하고, 고등학교 졸업 시 수학으로 할 수 있는 것이 무엇인가에 대한 질문에 답하기 위해 노력해 왔다. 그래서 수학교육에서는 서술적이고 규범적인 입장 모두를 지지하는 경향이 나타났다. 이러한 두 가지 입장을 종합하면 수학능력은 다음과 같은 요소로 구성되어 있다(김종백, 신종호 공역, 2008).

(1) 선언적 지식

선언적 지식은 어떤 분야 내 사실들에 관한 지식으로, 여기서는 수학적 사실에 관한 지식을 말한다. 대부분의 사람들에게 이러한 수학적 사실은 다양한 계산에 대한 해답에 이르게 한다. 예를 들어, 9는 3×3의 정확한 해답이 되고, 25는 625의 제곱근이 됨을 알게 된다. 수학능력이 상당한 사람들은 보통 이해하기 쉬운 수학적 사실을 많이 알고 있다. 즉, 이러한 사실을 생각해 내는 데 오랜 시간이 걸리지 않는다. 그러나 많은 지식에도 교실 또는 실제 생활에서 수학 문제를 해결하는 능력은 여전히 부족한 경우가 자주 확인된다. 사실상, 선언적 지식은 수학능력의 필요조건이지 충분조건은 아니다(Byrnes, 1992).

(2) 절차적 지식

절차는 어떤 목표를 성취하기 위해 사용된 작용 또는 행동의 집합으로(Anderson, 1993;

Byrnes, 2001), 수학에서 절차적 지식이 있는 사람은 일련의 행동, 작용 또는 단계를 사용하여 어떤 목적을 달성하는 방법을 안다. 예를 들어, ① 사물들의 배열을 세는 방법 ② 모든 수, 분수, 정수 또는 대수적 기호를 더하거나 빼거나 곱하거나 나누는 방법 ③ 곡선 아래 영역을 결정하는 방법 ④ 기하학적 증명을 세우는 방법 ⑤ 상관관계가 유의하게 0보다 큰지를 결정하기 위해 통계를 사용하는 방법을 아는 것이다. 한정된 수학적 상징들을 가지고(예: 1과 20 사이의 전체 수) 어떤 절차를 규칙적으로 사용하는 것은 궁극적으로 선언적 지식의 일부를 알고 있다는 것을 의미한다.

절차는 여러 수준의 추상 개념으로 존재할 수 있다. 예를 들어, 가장 낮은 수준에는 구체적인 행동 또는 알고리즘이 있다(예: 두 분수를 더하는 것). 이러한 행동은 대상과 상황의 제한된 범위에서 적용된다는 의미에서 구체적이다. 다소 높은 수준의 추상에는 전략과 직관이 있다. 전략은 문제에 접근하는 방법을 개략적으로 서술하고, 전체 목표의 구체성(예: 각 X를 구하는 것)과 전체 목표를 달성하기 위해 성취할 필요가 있는 하위목표(예: 처음에 ~을 구할 필요가 있다. 그 다음에 ~을 해야 한다)를 포함하는 계획이다. 전략은 행동에 기반을 둔 절차보다는 좀 더 추상적이고 다양한 상황에 적용될 수 있다. 직관은 절차적 지식과 관련된 한 유형이다(예: "의심이 날 때는 선생님께 질문해라.").

셈하기 전략 연구의 흥미로운 점은 아이들과 성인들이 심지어 구조적으로 비슷한 문제들을 해결하는 데 다섯에서 일곱 가지의 전략 목록에 의존한다는 것이다(Siegler, 1991). 예를 들어, 3+7 문제에 대해 아이가 한 손을 이용하여 3을 세고 다른 한 손을 이용하여 7을 세어 모두 펼친 손가락을 하나씩 세어 보는 것을 흔히 볼 수 있다(모두 세기 전략). 그러나 18+2 문제에 대해서는 가장 큰 수를 세기 시작하여 그다음 두 수를 더할지도 모른다(최소 전략). 일반적인 접근은 효과적으로 올바른 답을 구하는 전략들을 사용하는 것이다.

(3) 개념적 지식

어떤 사실을 아는 것과 그 사실이 참이 되는 이유를 아는 것 사이에는 분명한 차이가 있다. 유사하게 절차를 실행하는 방법을 아는 것과 특별한 경우에 수행되는 이유 혹은 특별한 방식으로 실행되는 이유를 아는 것 사이에는 분명한 차이가 있다. 개념적 지식이 있는 사람들은 그 의미를 이해하고 수학적 사실과 절차들을 적절히 사용하며, 더욱이 다양한 수학적 기호를 적당한 방식으로 그 지시 대상들과 연결 짓는다. 후자의 기술은 수학 범주와 정의의 구성을 요구한다(예: 홀수, 정수, 유리수, 적분 등). 수학에서 범주적 표상의 중요한 한 형태를 스키마(Schema)라고 한다. 스키마는 덧셈을 요구하는 단어 문제를 비롯한 모든 예가 공통으로 갖는 추상적인 표상

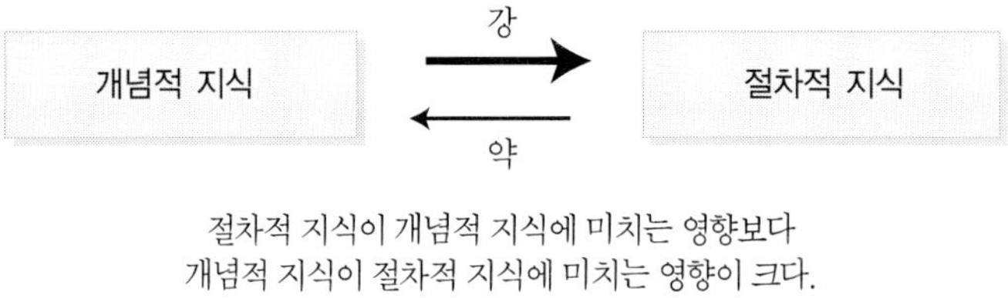

[그림 7-3] 개념적 지식과 절차적 지식 간의 인과관계

출처: 김유미 역(2008a), p. 128.

으로, 특히 유사하거나 동일한 해답이 요구될 때 같은 종류의 문제 또는 상황을 반복함으로써 형성된다(Byrnes, 2001; Mayer, 1982). 문제들이 특정한 형태로 재인될 때, 그러한 해답은 그 순간에 다시 발견되는 것이 아니라 즉시 인출될 수 있는 것이다. 그래서 스키마는 조건적 지식의 기초를 제공하고 절차를 언제 어디서 적용할지를 알게 할 수 있다. 개념적 지식의 또 한 종류는 수학에서 양에 대한 기수적이며 서수적인 표상의 융합적이고 선형적인 표상이다. 기술적 표상은 대상의 양이나 범위를 서술한다. 다양한 양에 관한 기수적 표상을 크기순으로 배열할 수 있을 때, 이러한 수들의 서수적 표상을 갖고 있다고 할 수 있다. 마음속으로 수직선을 긋고 정수의 크기를 나타내는 것을 그 한 예로 들 수 있다.

그러므로 개념적 지식은 마음속에서 다중적 표상들 사이의 개념뿐만 아니라 외부 세계의 사물에 대한 정신적 표상을 그리는 것이다. 이러한 표상들은 학생들이 수학적 사실과 절차를 이해하는 것을 돕는다([그림 7-3] 참조). '뜻을 이해한다'는 것은 어떤 절차상 예상되는 결과뿐 아니라 개념에 도달할 때 '큰 그림'을 실제로 이해하는 것을 의미한다. 예를 들어, 수학적 감각이 있는 학생은 3×4=12에서 3이 4로 바뀐다면 어떻게 되는지, 그리고 3+4=7에서 3 대신 4로 바뀌는 변화에 어떤 차이가 있는지 구별할 수 있을 것이다(Byrnes, 2001; Markovits & Sowder, 1994). 더욱이 수학적 범주를 아는 것은 학생들이 절차를 부적절하게 적용하지 않도록 도와준다. 예를 들어, 분수에 대한 개념적 지식이 있는 학생은 분수에 대한 두 범주와 정수를 마음속에서 표상적으로 구별하기 때문에 단순히 분수의 분자와 분모를 함께 더하지 않을 것이다(Byrnes, 1992). 즉, 이러한 각각의 범주들은 그 자체가 일련의 절차로 연결되어 있다. 단지 선언적 지식과 절차적 지식만 있고 개념적 지식은 없는 학생들은 올바르게 수학적 계산을 하기는 하지만, 자신이 무엇을 하고 왜 하는지는 알지 못한다.

(4) 어림기술

가끔 어떤 문제는 단지 대략적인 해답만을 필요로 한다. 예를 들어, 고용주는 일이 완성되는 정확한 날짜가 아니라 단지 가능한 달이나 연도를 알고 싶어 한다. 또 집주인은 월세가 얼마나 많은 자금을 보충할 수 있는지, 또는 슈퍼마켓에 돈을 얼마나 가지고 가야 할지 대략적으로 생각하기를 원한다. 이런 경우에 능숙한 사람은 대략적이어도 유용한 해결을 위해 수학적 사실, 절차, 개념, 전략을 어떻게 사용할지 알아야 한다. 25×25=? 와 같은 문제의 근사한 답을 알고 싶어 하는 초등학교 3학년 학생의 경우를 예로 들어보자. 학생은 이미 20×20=400이라는 것과 30×30=900이라는 것을 알지 모른다. 이러한 두 가지 수학적 사실과 정수에 대한 서수적 표상(25는 20과 30 사이의 중간이다)을 통해 학생은 25×25는 400과 900 사이 어디쯤에 있다고, 또 아마도 서수적 표상 또는 빠른 계산을 사용함으로써 650이라는 중간값에 가까울 것이라고 유추할지도 모른다. 물론 650의 어림은 625라는 정답에 상당히 근접한다.

국가 수준의 학업성취도 평가 또는 학업성취도 검사와 같은 중요한 검사에서는 대부분의 문제를 60초 이내에 풀어야 하기 때문에 고득점을 얻기 위해 어림기술이 필요하다. 근사값은 몇 초 이내에 얻어지고 가능한 답과 비교될 수 있지만, 완벽한 계산은 대개 주어진 60초보다 오래 걸릴 수 있다. 어림기술은 단순히 수학적 감각의 한 형태이기도 하지만 수학에서 상당한 양의 선언적 · 절차적 · 개념적 지식이 없으면 숙달될 수 없다. 그러나 이러한 지식이 있지만 적당한 때에 어림하는 능력이 부족한 학생들도 있다.

(5) 그래프와 모형화 기술

수학은 세상에 대한 패턴과 기능관계를 확인할 수 있는 학문이다. 자료들이 연속적인 형태로 제시되거나 하나씩 제시될 때 현재 진행되어 가는 것을 종합적으로 이해하기란 쉽지 않다. 예를 들어, 어떤 사람이 인근의 주택 가격을 알고자 한다면 주변에서 팔린 100채의 집에 대한 비체계적인 가격 목록을 읽을 수 있지만 이런 활동이 크게 도움이 되지는 못할 것이다. 좀 더 나은 접근은 주택 가격이 대체적으로 낮은 곳을 볼 수 있도록 막대 그래프나 점수 기록용지를 만드는 것이다. 이와 유사하게 다양한 분야에서 연구자들은 결과가 예언변수 중 어떤 변수와 통계학적으로 관련이 있는지 알아보기 위해 회귀(regression)라는 접근방법을 이용한다. 예를 들어, 과학자는 나이, 직업, 대출상환과 같은 변수들을 사용하여 어떤 사람의 연간 수입을 예측하는 회귀를 사용할 수 있다. 컴퓨터 통계 프로그램은 수학적 함수로 그러한 변수들과 연결되어 있다. 이 함수는 어떤 변수들이 예측하는 데 유용한지 아닌지를 나타낸다. 또한 컴퓨터가 만든 모든 방정식은 어떤 변수가 다른 변수들보다 나은 예언변수인지 나타낸다. 이때 그래프, 차트, 수학 방정식은 자료 내의 패턴을 개념적으로 잘 이해하게 도와주고, 이러한 패턴을 이해하기 위해 수행되는 많은 양의 정보처리를 감소시켜 줌으로써 추론하는 활동을 상대적으로 촉진한다(Bruner, 1974). 수학능력 수준이 높은 사람들은 전략적 방식으로 그래프를 이용한다. 더욱이 이들은 모형을 만들기 위해 다방면의 지식에 의존한다.

(6) 문제해결

앞에서 살펴본 것을 요약하면 수학능력은 높은 수준의 선언적 · 절차적 · 개념적 지식과 이러한 지식을 전략적이고 효과적이며 맥락에 맞게 사용하는 경향을 요구한다. 이와 같은 분석은 네 부류의 학생들이 있음을 시사한다. 첫째는 낮은 수준의 선언적 · 절차적 · 개념적 지식을 가지고 있기 때문에 전략적이고 효과적이며 맥락에 맞게 수학 지식을 사용하지 않는 학생들이다. 둘째는 적당한 수준의 선언적 · 절차적 지식을 가지고 있지만 불충분한 수준의 개념적 지식, 부적절한 지도 또는 너무 적은 연습 기회 때문에 문제를 푸는 데 이러한 지식을 사용할 수 없는 학생들이다. 셋째는 선언적 · 절차적 · 개념적 지식을 모두 가지고 있지만 부적절한 지도나 불충분한 연습 기회 때문에 문제를 해결하는 데 이러한 지식을 사용하지 못하는 학생들이다. 넷째는 필요한 지식을 소유하고 그 지식을 적용할 수 있는 다양한 기회를 가졌기 때문에 문제를 해결할 수 있는 학생들이다.

3) 수학장애

수학 학습의 결함은 일반적으로 기본적인 수 개념, 수를 세는 기술, 수학적 조작처리과정뿐만 아니라 풀이과정, 정보 인출, 그리고 시-공간적인 결함에 이르기까지 다양한 문제를 포함한다(Geary, Hamson, & Hoard, 2000). 이러한 수학적 결함들이 어떤 뇌 영역과 관련되는지 밝혀진 바에 따르면, 수를 세는 능력의 결함은 작업기억에서 수 정보를 저장 · 유지하는 문제에, 산수(계산) 기술의 어려움은 작업기억과 더불어 시-공간기술의 결함에, 절차적인 결함과 정보 인출과 관련된 기억의 결함은 좌반구의 결함에, 그리고 시-공간적 결함은 우반구의 문제 혹은 좌측 두정엽에 기인하는 것으로 설명되고 있다(김유미 역, 2008b).

구체적으로 계산능력의 손상을 지칭하는 용어인 실산증(acalculia)과 뇌의 특정 부위 혹은 기능과의 연관성을 살핀 Feigenson, Dehaene과 Spelke(2004)의 연구에 의하면, 수학 계산과정을 돕는 수의 표상과 관련하여 크게 두 가지 체계가 제안되고 있다. 하나는 수의 크기에 대한 대략적인 판단을 하는 능력이고, 다른 하나는 서로 다른 것을 정확하게 표상하는 능력이다. 이 핵심적인 두 능력에 관여하는 뇌 영역을 탐색한 Dehaene 등(2004)의 연구에 따르면, 전자는 양측 두정내고랑 영역이, 그리고 후자는 좌측 하전두 영역과 각회 영역이 밀접하게 관여될 것이라고 가정하였다. 이처럼 서로 분리된 뇌의 신경체계가 수학능력에 영향을 미친다는 연구 결과는 다른 연구들에서도 지지되었다.

성인의 경우 일부 뇌손상이 선택적 수학장애인 실산증의 원인인 것으로 알려졌다(Dehaene, Dehaene-Lambertz, & Cohen, 1998). 특히 두정내고랑이 손상되면 덧셈과 뺄셈뿐만 아니라 근사값, 어림, 비교와 같은 기초적인 수 지식이 심각하게 손상된다(Lemer et al., 2003). 결과적으로 발달적 난산증(developmental dyscalculia: DD)에서 나타나는 증세와 유사한 증세가 존재한다(Shalev et al., 2000). 일부 아동은 지능과 사회적 배경이 정상이고 읽기장애나 주의력결핍이 없음에도 산수를 배울 때 선천적으로 심각한 어려움을 갖고 있고, 이로 인해 한 묶음이 두 개인지 세 개인지를 판단하거나 5 또는 6 중 어느 것이 더 큰지를 판단하는 능력이 손상된 경우도 있다(Butterworth, 1999). 따라서 수 표상이 유전질환이나 초기 뇌손상의 영향을 받을 수 있다는 가설이 제시되었다.

이 가설은 난산증에 대한 몇 편의 인지신경학 연구에서 입증되었다. Isaacs 등(2001)의 연구에서는 미숙아로 태어난 청소년들을 아동기에 난산증이 있던 집단과 그 증세가 없던 집단으로 나누어 MRI를 이용해 피질의 회백질 밀도를 측정하였다. 난산증이 있던 청소년의 경우에는 정상 성인이 암산을 하는 동안 활성화되는 좌측 두정내고랑의 회백질 밀도가 선택적으로 감소되었다. 마찬가지로 Kucian 등(2006)의 연구에서는 발달적 난산증이 있는 아동들이 정상적으로 발달하고 있는 또래 아동들에 비해 근사값과 정확한 계산 및 수 크기 비교 과제 중에 관련 뇌 활성화가 약하고 분산되어 있으며, 좌측 두정내고랑의 활성화가 감소된다는 것을 fMRI를 통해 확인하였다. 이러한 연구 결과는 발달적 난산증이 있는 아동과 없는 아동이 수 과제와 산술 과제 중의 신경 활성화 패턴이 다르다는 것을 시사한다. Molko 등(2003)의 연구에서는 MRI로 터너 증후군(Turner syndrome: 작은 키와 사춘기에 성적 발달이 결여되는 것이 특징인 여성의 성염색체 이상 증후군) 여성들과 통제집단을 비교한 결과, 터너증후군 여성의 경우 우측 두정내고랑에 문제가 있는 것으로 나타났고 큰 수를 더할 때 그 부위가 비정상적으로 활성화되었으며 두정피질의 구조에서 이상성(abnormalities)이 관찰되었다. 또한 Rotzer 등(2007)의 연구에서는 발달적 난산증이 있는 아동들은 기능적 이상성의 위치와 매우 가까운 부위인 우측 두정내고랑의 회백질 양이 감소되었음을 발견하였다.

난산증이 좌우 반구 두정엽에 영향을 주는 이유나 난산증 아동 중 어느 정도의 비율로 식별 가능한 뇌손상이 있는지 아직 분명하게 알려지지 않은 상태다. 그렇지만 지능이 정상이고 학교 교육을 받으면서도 수학장애가 있는 아동이 존재하다 보니 수학교육이 일반적인 학습 기제에 의존한다는 견해는 무효화되고, 오히려 특정 뇌 회로의 수에 대한 집중적 사전 표상이 수학 학습의 선수 요건으로 인정되고 있다(김유미 역, 2009).

수학장애를 지닌 아동들은 절차상 결함과 사실 인출 결함이 모두 있으며, 더욱이 이러한 결함들은 서로 다른 발달상의 궤도를 따라 나타난다(Geary, 1993). 예를 들어, 절차상 문제의 경우에 수학장애가 있는 아동들은 발달 단계 측면에서 볼 때 뒤처진 전략을 사용하고, 같은 전략들을 매우 천천히 수행하며, 잘못된 계산 수행을 더 자주 하여 보통 수준의 또래들보다 뒤떨어진다. 그러나 2학년 말에 수학장애가 있는 아동들의 계산능력은 수학장애가 없는 일반 또래들의 계산능력에 근접한다. 그러나 사실 인출 결함은 지속되고 광범위한 훈련을 통해서도 변화되지 않는다. 수학장애가 있는 아동들은 사실들을 회상하려고 할 때 거의 회상하지 못하고, 이러한 사실들과 연관된 회상 시간이 매우 비체계적이며 잦은 인출 오류를 범한다. 수학장애가 있는 아동들의 이러한 두 가지 결함은 McCloskey, Caramazza 및 Basili(1985)와 McCloskey, Aliminosa 및 Sokol(1991)에 의해 제안된 계산체계 세 가지 요소 중 두 가지와 일치하고, 또한 사실 인출 문제는 Dehaene와 Cohen(1997)의 모형과 일치한다([글상자 7-2] 참조).

[글상자 7-2] 계산에 대한 신경과학적 모형

뇌손상으로 간혹 발생하는 계산 결함의 형태를 설명하기 위해 두 가지 모형이 제안되었다(김종백, 신종호 공역, 2008).

■ McCloskey 모형

McCloskey, Caramazza, & Basili(1985)와 McCloskey, Aliminosa, & Sokol(1991)은 뇌손상 성인을 대상으로 열네 가지 사례를 정밀 분석하여 계산능력을 기능상 두 부류로 나눌 수 있다고 제시하였다. 수 처리 체계를 구성하는 첫 번째 부류는 수를 이해하기 위한 요소들의 집합과 수를 생성하기 위한 또 다른 집합을 포함한다. 또한 이해와 생산의 각 하위체계 내에는 아라비아 숫자(예: 53)와 말로 표현되는 숫자(예: 오십삼)를 처리하는 별개의 요소들이 있다. 이러한 모든 요소는 처음부터 주요 사례에서 나타나는 이중해리의 다양한 형태를 설명하기 위해 제안되었다. 예를 들어, 어떤 뇌손상 환자들은 질문을 받았을 때 아리비아 숫자를 인식할 수 있지만 쓸 수는 없었다. 이와 유사하게 일부 환자들은 아리비아 숫자를 쓸 수 있지만 말로 표현되는 숫자는 적을 수 없었다. 두 번째 부류의 요소들은 계산체계를 구성한다. 이러한 요소들이 세 종류의 처리 과정, 즉 연산을 위한 부호나 단어의 이해(예: ÷, 나누기), 산술적 사실들에 대한 기억 인출(예: 39는 13×3의 해답이라는 것), 계산 절차의 실행(예: 긴 나눗셈에 대한 연산방식)을 수행한다. 이러한 요소들은 특정 이중해리를 기초로 하여 추정된 것이다. 예를 들어, 어떤 뇌손상 환자들은 연산 부호를 인식할 수 있지만 그 부호가 지시하는 연산을 수행할 수 없었다. 반면에, 어떤 환자들은 연산 부호를 인식할 수 있지만 그 연산과 관련된 산술적 사실들은 인출할 수 없었다. 더 나아가 계산체계로부터 연산 중 일부는 수행할 수 있지만 수 처리 체계로부터 다른 연산은 수행할 수 없는 뇌손상 환자들도 있었다. 그러나 두 체계 모두 완전할 때는 한 문제에서 수와 연산의 추상적 표상들을 만드는 능력을 통해 두 체계가 서로 연결된다고 여겨진다. 이 추상적 표상은 목표지향 절차 수행을 조절한다고 믿어지는 행동체계와 연결된다.

▨ Dehaene 모형

Dehaene와 Cohen(1997)은 수학 결함과 관련된 신경심리학 문헌들을 고찰하여 발견한 사실들을 설명하기 위해 3중 코드 모형을 제안하였다. 이름에서 암시하듯이 3중 코드 모형은 수에 세 가지 주요 표상이 있음을 나타낸다. 좌측과 우측의 하부 측두 영역에 위치한 시각적 아라비아 코드(visual arabic code), 좌측과 우측의 하부 두정엽 부위에 위치한 유추량 혹은 크기 코드(magnitude code), 그리고 좌측 실비우스열 영역에 위치한 언어 코드(verbal code)가 그것이다. 여러 가지 숫자 연산을 보조하는 시각적 아라비아 코드는 일련의 숫자들을 확인하고 대응성 판단을 하는 동안에 활용된다(예: 끝자리가 2인 수는 짝수다). 반대로 크기 코드는 방향성 있는 수직선 위의 활성화 분포에 해당하는 것으로 여겨지며, 근사값을 계산하는 능력(예: 18은 20 근처에 있다)과 순서적 관계(예: 20은 18보다 크다)를 보조한다. 그리고 언어 코드는 설명된 일련의 단어들을 통해 수들을 표현하며, 사람들이 산술적 사실들의 반복적 언어기억에 접근할 때 관련된다.

더 나아가 Dehaene와 Cohen은 산술 문제들을 해결할 수 있는 기본적인 방법 두 가지를 제시하였다. 2×9와 같은 문제를 직접적인 방법으로 해결하려면, 우선 이 문제가 언어적 표상으로 변환된다(예: 이 곱하기 구는 ……). 다음에 그 언어적 표상은 기억에 저장되어 있는(예: 십구) 반복 학습된 언어적 해답을 이끌어 낸다. 후자의 과정은 기저핵(basal ganglia)과 시상을 통한 좌측 피질-하부 피질 루프와 연결된다. 그러므로 직접적인 방법은 어떤 형태의 개념적 분석을 요구하지 않으며 대개 의미적 분석을 포함하지 않는다. 반대로 두 번째 방법은 좀 더 간접적이고 수에 관한 의미적 지식에 의존한다. 간접적 방법에 의해 문제가 해결될 때 사람들은 양적 표상으로 아라비아 기호들을 기록한다. 이러한 양적 표상들은 크기 5의 표상을 7 또는 3의 표상으로 바꿀 때처럼 의미론상으로 유의미한 연산을 돕는다. 그러한 조작의 결과들은 좌측 하부 두정 부위의 외피에서 왼쪽 실비우스열 언어망으로 전달된다고 생각된다.

이처럼 계산하는 데 결정적인 두 가지 주요 뇌 영역의 집합체가 있다. 하나는 수의 양에 관한 의미론적 지식을 수행할 수 있는 좌우동형의 두정 하부 영역이고, 다른 하나는 산술적 사실들에 대응하는 언어적 결과의 저장소와 연관된 좌측 피질-팔리듐-시상 루프다. 두정 하부 영역의 뇌손상에서 발생한 계산 결함은 영역 특수적이며 평가, 비교, 순서처럼 의미론적 수학 지식에 상당히 의존하는 문제들에 제한된다. 반대로 피질-하부 피질 루프에 이르는 뇌손상에 발생한 계산 결함은 영역 일반적이며 나머지 의미상의 기술들과 결합된 수학적 사실들(평가, 비교, 순서관계)의 감소와 연관된다.

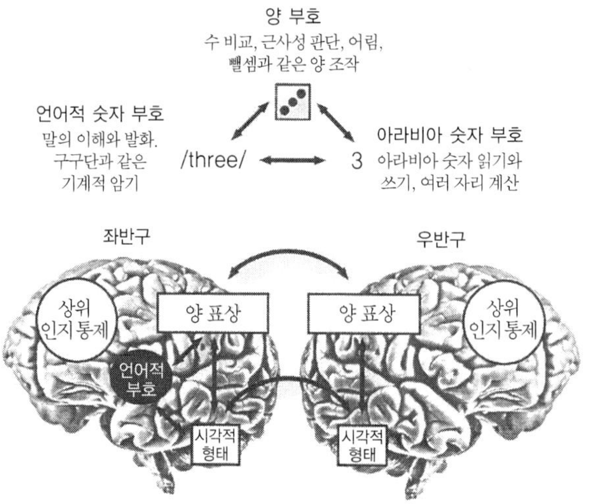

[그림 7-4] 수 처리에 관한 3중 코드 모형

출처: Dehaene(2010), p. 187.

4) 수학 교수전략

연구에 따르면, 2~3세에게 수 감각이 있고 1세 전에도 간단한 더하기와 빼기의 산수연산을 할 수 있으며(최인수 역, 2002), 2~3세 유아는 아직 4 또는 5 같은 수 이름은 모르지만 수의 대소관계(서열 개념)는 인식할 수 있는 것으로 나타났다(Brannon & Van der Walle, 2001). 그리고 계산문제가 있는 1학년 학생들에게 집중적으로 튜터링한 결과, 학년 말에 수학 성취도가 유의하게 향상된 것으로 나타났다(Fuchs et al., 2005). 그러므로 조기 중재하여 복잡한 세계에서 성공하는 데 필수적인 수학능력을 길러 주어야 한다. 학생들에게 수학을 가르치기 위한 교수전략을 몇 가지 살펴보면 다음과 같다.

(1) 수학 학습곤란의 문제 파악

학령기 아동의 약 6~8%는 수학처리에 심각한 어려움이 있다(Fuchs & Fuchs, 2002; Shalev et al., 2000). 수학을 학습하는 데 어려움이 있고 낮은 수학 점수를 보이는 학생들을 지도할 경우, 먼저 수학 학습곤란의 원인을 정확하게 진단할 필요가 있다. 수학 학습에 영향을 주는 중요한 요소는 다음과 같으며, 각 요소는 학생들이 수학처리에서 겪을 수 있는 학습곤란을 진단하는 데에 큰 도움이 될 수 있다(김유미 역, 2008b; Augustyniak, Murphy, & Phillips, 2005; Sharma, 2006).

① 인지적 인식 수준

학생들은 수학 학습에 대한 인식 수준이 전혀 다른 상태에서 학습 상황에 접근한다. 그 수준은 인지적 인식이 전혀 없는 상태에서 아주 높은 수준의 인지기능에 이르기까지 다양할 수 있다. 교사의 첫 번째 과제는 다음과 같은 방법으로 학생의 인식 수준과 수학 과제에서 학생이 사용하는 전략을 판단하는 일이다.

- 학생이 문제에 어떻게 접근하는지 면접하고 관찰한다.
- 무엇을 생각하고 있는지, 어떤 공식적 · 비공식적 전략을 활용하고 있는지 물어본다.
- 어떤 선수기능이 필요하고 무엇이 미흡한지 판단한다.
- 수학문제를 푼 답이 옳은지를 판단하고 그 문제를 어떻게 해결하였는지 물어본다.

② 수학 학습양식

인지과학자들은 학생들이 다양한 학습양식으로 수학공부를 하며, 교사가 학생들의 인지양식에 부응하는 교수전략을 사용할 경우 학생들의 수학 성공 가능성이 높다고 제안한다. 수학 학습양식은 양적 학습자에서 질적 학습자에 이르기까지 연속선으로 존재한다. 양적 학습자는 길이 · 시간 · 양 · 크기 같이 정확한 값이 있는 실체를 선호하고, 문제해결에 대해 절차적 접근을 하고, 모든 일을 아주 질서정연하고 순차적으로 하고, 처방을 따르듯이 수학에 접근하고, 포괄적인 문제를 해결할 때 문제를 부분으로 나누어 각 부분을 해결한 후 그 부분을 다시 모아 정리하고, 연역적 추리에 능하여 일반 원리에서 특정 예를 도출하고, 아주 구조화된 주제를 연속적 · 선형적으로 가르치면 수학 공부를 잘하게 되고, 베이스 10블록이나 수직선 같은 셈하기 중심 체험 자료를 선호하며, 대안적 해결책이 불편하고 혼란스럽기 때문에 표준화된 문제해결을 선호한다. 반면에, 질적 학습자는 수학 과제에 총체적 · 직관적으로 접근하고, 수학 요소의 각 부분이 아니라 전반적인 특성으로 설명하고, 질문-연합-예 등을 말하면서 추리하는 사회적 학습자이고, 개념과 절차의 관계를 파악하면서 학습하고, 과제를 친숙한 상황과 관련짓고 비교하고, 수학 정보의 시공간적 측면에 관심을 두고, 순서 · 알고리즘 · 초등수학 · 엄밀한 계산을 어려워하고, 공부할 때 지름길을 찾고 단계를 뛰어넘으며 직관적 추리로 절차를 통합하며, 자동화 수준에 도달할 정도로 충분히 연습하지 않는다. 이러한 두 유형의 학습양식이 공존하기 때문에 교사는 여러 가지 교수전략을 통합해야 한다. 한 양식에 맞추어 가르칠 경우 다른 학습양식의 학생들을 간과할 수 있고, 이 때문에 소외되어 수학을 못하게 되거나 일부 수학장애가 나타날 수 있다. 〈표 7-1〉은 양적 학습자와 질적 학습자의 수학행동과 그에 따른 적절한 교수

표 7-1 양적 및 질적 학습자의 수학행동과 교수전략

학습자의 학습양식	수학행동	고려할 교수전략
양적 학습자	정해진 방법으로 상황에 접근한다.	각 개념이나 절차의 의미를 말로 강조한다.
	기계적인 순서와 절차에 따라 수학에 접근한다.	학습의 개념과 전반적인 목표를 강조한다.
	포괄적인 수학 개념보다 부분을 강조한다.	전반적인 개념체계를 분명히 설명하도록 격려한다. 부분과 전체를 관련지을 방법을 모색한다.
	구체적 모델보다 수리적 접근을 선호한다.	단계적 접근을 활용하여 모델과 수리적 절차를 관련짓는다.
	산수 개념보다 선형적 접근을 선호한다.	더 포괄적인 체계에서 시작하고 다양한 접근을 활용하여 동일 개념에 이른다.
	다단계 과제를 요구하는 상황에서 어려워한다.	여러 가지 과제를 더 작은 단위로 나누고 단위들 간의 관련성을 설명한다.
질적 학습자	알고리즘(문제해결 절차)보다 개념을 선호한다.	먼저 모델과 개념을 관련짓고 모델과 절차를 관련지은 후 알고리즘을 도입한다.
	각 요소를 무시하고 도형을 전반적 형태로 인식한다.	각 요소가 도형의 전반적 형태에 어떻게 기여하는지 강조한다.
	정확한 답을 구할 때 엄밀하게 계산하거나 절차를 설명하기가 어렵다.	활용한 각 단계를 분명히 설명하도록 격려한다.
	단일 문제에 대해 다양한 접근이나 답을 제시한다.	모의 학습이나 현실적인 문제를 활용해 개념을 다양한 상황에 적용하는 것을 보여 준다.
	공식 세우기를 선호하지만, 항상 해결책에 이르는 것은 아니다.	학생들이 협동학습에서 활동할 기회를 마련한다. 제대로 참여시키려면 문제에 접근해 공식 세우기와 정확한 문제해결에 각각 1점씩 준다.
	조작을 잘하고 도형 관련 주제를 즐긴다.	다양한 조작과 모델(퀴즈네르 막대, 토큰, 블록)을 제시하여 수 연산을 지원한다. 새로운 개념과 기하의 관련성을 탐색한다.

표 7-2 새로운 개념을 도입할 때의 접근 이용 순서

질적 학습자에게 적합한 귀납적 접근의 단계	• 개념의 언어학적 측면을 설명한다. • 개념을 지지하는 일반 원리나 법칙을 도입한다. • 구체적 자료를 활용할 기회를 제공하여 원리와 개념 간의 관련성을 탐구하고 발견한다. • 구체적 자료를 활용해 개념적으로 타당한 여러 가지 구체적 예를 제시한다. • 개념과 관련해 학생들이 발견한 것에 대해 서로 토의하게 한다. • 개념들이 어떻게 통합되어 각 예에 적용될 일반 원리나 규칙이 되는지 보여 준다.
양적 학습자에게 적합한 연역적 접근의 단계	• 개념과 관련된 일반 원리나 법칙을 다시 강조한다. • 몇 가지 특정 예가 어떻게 일반 원리나 법칙에 속하는지 보여 준다. • 원리를 진술하고 그 원리를 따르는 특정 예를 제시한다. • 학생들에게 개념의 언어학적 요소를 설명하게 한다.

전략을 제시한 것이고, 〈표 7-2〉는 새로운 수학 개념을 도입할 때 연역적 · 귀납적 접근을 이용하는 순서를 제시한 것이다(김유미 역, 2008b). 먼저 질적 학습자에게 맞게 조절한 후, 양적 학습자에게 적절한 기법으로 나아간다.

③ 수학 언어

수학에는 자체의 상징적 표상, 구분, 용어가 있는데, 학생들이 이런 수학 언어를 이해하지 못하여 수학장애가 나타나기도 한다. 문장제 문제를 풀려면 일반 언어를 수학 언어로 전환하는 능력이 필수적이다. 학생들이 일반 언어에 해당하는 수학 표현을 알고 있다면 그런 전환을 할 수 있다. 예를 들어, 교사가 학생들에게 "76에서 8을 빼라."라고 하면, 학생들은 교사가 말한 대로 정확하게 '76－8'이라는 공식을 세울 것이다. 그러나 교사가 "8을 76에서 빼라."라고 말하면, 교사의 말 순서를 따른 학생들은 '8－76'이라고 잘못 쓸 것이다. 문제를 해결하려면 일단 수학 구문을 확인하여 제대로 전환해야 한다. 다른 경우에는 언어가 장애가 될 수도 있다. 기초적인 산수연산에 해당하는 어휘를 '더하기'와 '곱하기'만 배워 수의 '합'이나 '곱'을 물으면 이해하지 못한다. 교사들이 이런 상황을 피하려면 문제를 풀 때마다 "6과 5를 곱해 볼까요. 우리는 6과 5의 곱을 구하고 있죠. 6의 5배는 30이네요."와 같이 동의어를 소개해야 한다.

④ 선수기능

학생들은 복잡한 수학연산의 원리를 이해하고 적용하기 전에 수학 학습을 위한 선수기능을 숙달해야 한다. 수학교육자들은 다음의 일곱 가지 기능을 성공적인 수학 학습의 선수 요건으로 제안하고 있다(Sharma, 2006).

- 순차적 지시를 따른다(순차적 지시).
- 패턴을 인지한다(패턴 인지).
- 양, 치수, 규모, 액수 등을 적절히 추측하여 어림해 본다(양 어림하기).
- 마음속으로 도형을 시각화하여 조작해 본다(머릿속에 그림을 시각화하고 조작하기).
- 좌우 구분하기, 나침반 방향, 수직과 수평 등 공간정위와 공간조직을 잘 파악한다(공간정위와 공간조직).
- 연역적 추리, 즉 일반적 원리로부터 특정 예를 추리하거나 진술된 전제로부터 논리적 결론을 도출한다(연역적 사고능력).

- 귀납적 추리, 즉 의식적 관심이나 추리의 결과가 아니라 여러 상황에서 패턴을 발견하거나 절차와 개념 간의 상호관계를 파악하여 이해한다(귀납적 사고능력).

성공적인 수학 학습에 필요한 위의 일곱 가지 선수기능은 성격상 수학적인 것이 아니다. 그러나 수 개념이나 산수연산같이 가장 기본적인 내용을 학습하기 전에 그런 기능들을 파악해야 한다. 그러므로 교사들은 학생 각자의 일곱 가지 기능을 판단해야 한다. 네 개 이상의 기능이 부족한 학생들은 기초적인 수학 개념을 학습하기가 상당히 어려울 것이다. 그들에게는 수학 내용을 숙달할 것이라고 기대하기 전에 이런 기능을 숙달하는 수업과 연습이 필수적이다.

⑤ 수학 학습 숙달 수준

인지 연구에서는 학생들이 수학 개념을 제대로 배우고 기억하려면 다음 여섯 가지 숙달 수준을 달성해야 한다고 제안한다. 교사는 각 학생의 수학 개념 정도가 어느 수준인지를 평가해야만 어떤 학습곤란이 있는지 알 수 있고 그에 따른 어떤 처치 활동이 유익한지 판단할 수 있다.

- 수준 1: 기존의 지식과 경험을 새로운 지식과 관련짓는다.
- 수준 2: 모델을 정립하거나 개념을 표현하기 위해 구체적 자료를 구한다.
- 수준 3: 구체적 예를 상징적 그림이나 표상과 관련짓기 위해 도표를 그려 개념을 제시한다.
- 수준 4: 개념을 숫자, 연산부호, 공식, 등식으로 표현한 수학식으로 전환한다.
- 수준 5: 개념을 실제 상황, 프로젝트, 문장제 문제에 맞게 적용한다.
- 수준 6: 개념을 다른 사람에게 가르치거나 개념 이해 정도가 시험지에 드러난다.

(2) 수학장애 학생 대상의 교수전략

일반 학생들의 수학 학습법을 적절히 수정하면 수학장애 학생들에게 적용할 수 있는 일반적인 교수전략을 마련할 수 있다. 다음은 연구를 통해 얻은 수학장애 학생들을 가르치기 위한 몇 가지 일반 지침이다(김유미 역, 2008b; Clements, 2000; Smith & Geller, 2004).

- 학생들의 개념 이해와 기능 개발 돕기: 수학장애 학생들에게는 구체적인 모델을 관찰 · 이해하고 이를 추상적인 수 표상과 관련지을 시간이 필요하다. 이들에게 수학 학습 시간과 과제 완성 시간을 더 할애한다.

- 구두시험을 늘리고 지필시험을 줄이기: 지필시험으로 인한 스트레스가 수학장애 학생들에게 심적 부담을 증가시킨다. 이들은 자신이 알고 있는 것을 글로 표현할 때보다 말로 할 때 더 잘한다.
- 의미 있는 연습하기: '연습을 통해 영구적이게 된다'는 연습의 가치에 의문을 제기하는 사람은 없다. 그러나 장애아들에게 무의미한 연습을 너무 많이 시키면 이들이 지루해할 뿐 별 도움이 안 된다(Baroody, 1999). 의도적이고 의미 있는 문제해결을 연습해야 한다. 학생들이 각 단계에서 어떻게 해야 할지와 왜 그런지를 이해하도록 피드백해 주면서 안내하고 연습시킨 후 학생이 스스로 연습하게 해야 한다.
- 적절히 기대하기: 모든 학생이 기본적인 수학능력을 갖추기를 바란다면 적절히 기대해야 한다. 여기에는 문제중심학습, 실생활의 문제해결, 다른 교과에 수학 적용하기 등이 포함되어야 한다. 겉으로든 속으로든 너무 높은 기대를 하면, 수학장애 학생들이 잘해야 한다는 부담을 갖게 된다.
- 반복과 이해가 조화를 이루게 하기: 운전을 하고 스키를 타기 위해서 기본 기능 숙달이 필요하듯, 수학교육에서도 수에 관한 사실을 기계적으로 학습하고 절차를 반복적으로 연습해야 한다. 그러나 새로운 정보를 이해하고 그것을 실제로 사용하기 위해서는 이해가 수반되어야 한다. 반복 없이 이해하기 어렵고, 이해가 수반되지 않는 반복은 의미가 없다. 따라서 폭넓은 연습을 하되, 연습을 의미 있고 목표지향적인 활동에 포함시키도록 한다(김종백, 신종호 공역, 2008; Byrnes, 2001).
- 적게 가르치기: 학습장애 학생들에게는 가르치는 양이 적을수록 좋다. 여러 나라의 수학 교육과정 연구에서는 더 적은 핵심 개념에 더 많은 시간을 할애할 경우 성취도가 증가한 것으로 나타났다. 많은 수학 개념을 제시할 경우, 수학장애 학생들은 이해하지 못한다. 수학장애 학생들의 경우 몇 가지 주요 수학 개념을 숙달시킨 후 그런 개념을 제대로 적용하게 해야 한다. 즉, 교사는 수학 수업에서 개념을 먼저 가르친 후, 개념과 관련된 문제해결 절차로 나가기 전에 수학장애 학생들이 개념을 이해했는지 확인해야 한다.
- 학생의 장점 활용하기: 모든 학습 분야에서 학생들이 이미 알고 있는 사항을 중심으로 적절한 방법을 고안한다면, 학생의 실패를 성공으로 바꿀 수 있다. 많은 교사가 단점 개선방법을 찾는 데 집중한 나머지 개인의 장점을 간과한다. 그러나 오랜 학습양식 연구에서는 각 양식의 장점을 활용하여 단점을 보완하는 방법이 효과적임을 제시하고 있다.
- 조작을 적절히 활용하기: 학생들이 하고 있는 것을 그들의 사고와 관련짓는 조작이라면 소중한 교구가 될 수 있다. 관련지은 것을 크게 말해 보게 하고, 그들이 익힌 수학 개념과

기능도 말해 보게 한다. 조작을 활용하면 산수관계 이해에 필요한 인지구조 개발, 수학 개념에 대한 촉각적-공간적 접근, 주의 집중 유지에 도움이 된다.

- 패턴 탐색하기: 수학장애 학생을 비롯한 대다수 학습장애 학생이 기초적인 수학 개념을 배울 수 있다는 것이 연구 결과에서 밝혀지고 있다. 이들에게 기초적인 수 조합과 수학 전략을 배우게 하려면 반복 학습을 줄이고 패턴 찾기와 패턴 활용을 강조해야 한다.
- 관련지어 보게 하기: 학생들이 배우고 있는 것을 선행 지식이나 미래의 유용성과 관련지을 수 있다면, 그들이 의미를 느끼게 된다. 학생이 상징과 언어적 설명을 관련지어 보게 해야 한다. 사회적 상황과 수학 문제해결을 관련지을 방법을 모색해야 한다.
- 학생의 비공식적 학습전략을 파악하여 활용하기: 모든 학생은 나름대로 세상사를 다루는 비공식적인 전략을 개발한다. 학생이 어떤 전략을 활용하고 있는지 파악한 후, 이를 활용하여 개념과 절차를 개발해야 한다.
- 가능한 한 다양한 학습양식 수용하기: 되도록 많은 다감각 접근을 활용해야 한다. 모델링, 역할극, 시연, 모의 학습, 협동학습을 활용하여 다양성을 제공하고 학생의 관심을 유지해야 한다. 또 기억술과 게임을 활용해서 학생들이 수 조합과 기타 중요한 사실을 기억하게 해야 한다. 직접교수를 줄이고 상호적 교수전략을 늘려야 한다.
- 게임 활용하기: 수 세기 게임, 주판 게임, 혹은 간단한 보드 게임과 같은 게임을 하는 것은 수 체계를 학습하는 데 매우 효과적인 방법이다. 게임을 활용한 방법은 특히 어린 아동이나 산술 결함의 위험성이 있는 취약한 배경 출신의 아동들에게 효과적이다. 이러한 게임은 수와 공간 간의 관계에 대한 이해를 도모하고, 학교 수학 학습에도 도움이 된다(Siegler & Ramani, 2008). Wilson 등(2006)에 의해 개발된 컴퓨터 게임인 The Number Race(www.unicog.org/NumberRace)는 수의 세 가지 표상(크기, 언어, 아라비아)간의 연결과 수에 대한 공간적 이해를 강화하기 위해 설계된 것이다. 이 게임은 수 인지를 강화, 특히 수학에서의 발달장애 위험성이 있는 취학 전 아동들의 수 인지를 강화하는 데 성공적이었다(Wilson et al., 2009).
- 기술공학을 적절히 활용하기: 모든 학생이 컴퓨터 장비를 접해야 한다. 이런 장비를 이용하면 훗날 그들의 생활뿐만 아니라 수학 개념 이해에도 유익할 것이다. 예를 들어, 언어 인식과 입체 디자인이 포함된 컴퓨터 소프트웨어를 활용하면, 수학장애 학생들이 조작을 통해 추상적 개념을 도출하고 일반화하는 데 큰 도움이 된다.

(3) 수학영재 학생 대상의 교수전략

수학영재 학생 대상의 교수전략은 다음과 같아야 한다(김유미 역, 2008b).

- 심오한 이해를 촉진한다.
- 확고한 기초를 다진다.
- 수학의 여러 측면을 관련짓도록 한다.
- 고차적 사고기능을 포함한다.
- 특정 수학적 방법이 옳은 이유를 이해하려는 마음을 갖게 한다.
- 관찰, 비교, 가설 설정, 비판, 분류, 해석, 요약에 대한 도전감을 주어 고차적 사고를 개발한다.
- 개방적인 문제를 활용하고, 수학영재 학생들이 어떤 분야를 연구해야 할지, 어떤 과정이 포함되어야 할지, 어떤 결과를 예측할 수 있는지를 분명히 한다.
- 오랫동안 안내나 지원이 없이도 수학영재 학생들이 알아서 공부할 것이라고 기대하지 않는다.
- 전략의 목표를 분명히 하고, 수학영재 학생들의 문제 분석과 해결 능력을 촉진하며, 창의성을 자극하고 자기관리를 격려한다.
- 보조 전략을 선택할 때 수학영재 학생들이 자기 일을 고역이 아니라 도전으로 바라보게 한다.
- 수학영재 학생들이 관심 분야를 집중적으로 연구할 기회를 충분히 제공한다.

한편, 능력 차이가 있는 학급의 수학영재 학생들을 가르치기 위해서는 수업을 차별화하는 방법을 찾아야 한다. 정규 수학수업에서 차별화된 수업을 하면 수학영재 학생들뿐만 아니라 모든 학생의 학습 경험을 심화할 수 있는데, 일부 학생들이 더 도전적인 과제를 해 보려 하기 때문이다. 이 방법을 통해 학생들이 각자 도전적으로 공부할 기회를 갖게 된다. 자료 처리와 조직, 문제계획, 아이디어의 표현과 전달 등에서 다른 학생들보다 우수한 수학영재 학생들을 위해 수업을 차별화할 방안을 몇 가지 제시하면 다음과 같다(Johnson, 2000).

① 평가

- 학생들이 학습할 내용을 이미 알고 있는지 판단하기 위해 사전검사를 한다. 이는 수학영재 학생이라 하더라도 여전히 학습목표 도달을 위해 학습해야 할 요소들이 있을 것이기 때문이다. 기초를 모르는 학생들을 가르치면서 수학영재 학생들에게는 더 복잡한 학습과

제를 해결하도록 한다.

- 창의성, 지식, 성취를 구분할 수 있는 평가를 개발한다. 그들이 학습한 내용을 말과 글로 표현할 기회를 마련한다.

② 교육과정 내용

- 심화 학습 기회를 제공할 교재를 선정한다. 대부분의 수학 교재는 주제들이 매년 반복된다. 또한 대부분의 수학 교재는 일반 학생들을 대상으로 쓴 것이라 수학영재 학생들에게는 적절하지 않다.
- 한 교재만으로는 수학영재 학생들의 요구에 부응할 수 없으므로 대학교재나 연구보고서와 같은 여러 가지 자원을 이용한다.
- 공학을 활용하여 수학영재 학생들이 깊고 폭넓은 자료를 접하도록 한다. 스프레드시트, 데이 터베이스, 그래픽과 전자계산기 등 컴퓨터 프로그램을 활용하면 더욱 효과적이다.
- 인터넷을 통해 자료, 대회, 학습물, 교사 보조물을 접할 수 있으며, 교재에서 발견하기 어려운 수학적 아이디어를 구한다.

③ 수업기법

- 속도의 유연성이 중요하다. 일부 학생들은 심화 주제를 학습하는 동안 일부 학생들은 기초기능을 학습할 수도 있다.
- 탐구 중심의 발견학습을 하고, 다양한 해결책에 이르는 다양한 방법이 존재하는 개방적인 문제를 제시한다. 학생들이 나름대로 방법을 잘 계획하여 복잡한 문제를 해결하도록 한다.
- 고차적 질문을 많이 해서 수학영재 학생들이 문제해결 접근에 대해 토론하고 정당화하도록 격려한다.
- 과제를 차별화하여 수학영재 학생들이 동일한 유형의 문제만을 반복해서 풀지 않도록 한다. 보통 과제, 도전적인 과제, 관심에 맞는 과제 등 대안을 마련한다.
- 통계, 미적분학, 컴퓨터과학에서 높은 수준의 강좌를 마련한다. 수학영재 학생들이 고등학교 수준의 수학을 모두 마쳤다면 지역 대학에서 수업을 받도록 격려한다.
- 정규 교육과정 수준보다 높고 현실세계와 관련된 문제를 제시한다. 조직 활동이나 체험활동을 통합한 구체적 경험을 제공한다.
- 수학영재 학생들의 학습 산출물 수준이 높을 것이라는 교사의 기대를 수학영재 학생들에

게 전달한다.

- 수학 올림피아드 같은 대회에 참여할 기회를 제공한다. 수학영재 학생들에게 그들의 수행 결과에 대해 피드백을 제공하고 올림피아드 문제에서 몇 문제를 뽑아 학급 토론을 한다.
- 수학영재 학생들이 문화와 언어가 다른 집단 출신의 멘토와 접하게 한다. 멘토는 학교나 지역사회 인사일 수도 있고 원격회의나 인터넷을 통해 만날 수도 있다. 초청연사를 활용하여 수학이 그들의 진로에 얼마나 도움이 되는지 알려 준다.

④ 집단 편성

- 학생의 선택을 기반으로 개별 활동이나 집단 활동을 마련한다. 집단을 편성하면 생산적인데, 혼자 공부하는 영재 학생들은 집에서 공부하는 정도밖에 배우지 못하기 때문이다. 이때 다른 집단 구성원들과의 상호작용이나 그 후의 적절한 피드백에 대해 정확한 지침을 제시해야 한다.

(4) 비언어적 학습장애 학생 대상의 교수전략

비언어적 학습장애(nonverbal learning disability: NLD) 학생들의 경우, 언어적 정보처리는 우수하지만 비언어적 정보처리에는 문제가 있다. 언어표현과 언어처리 기능은 우수하지만 시공간 과제해결(특히 도형 다루기)에 문제가 있다. 그들은 대체로 언어 정보를 빨리 학습하지만, 도표를 처음 볼 때에는 세부적인 부분을 보고 두 번째로 볼 때에는 다른 부분을 보며 세 번째 볼 때에는 또 다른 부분을 본다. 시각적 개요가 없기 때문에 도표가 의미 없을 것이다. 비언어적 학습장애가 난산증과 직접 관련된다는 증거는 별로 없지만, 비언어적 학습 과제의 처리와 이해에 영향을 준다. 그래서 비언어적 학습장애 학생들은 글씨 쓰기, 공간관계 인식, 기하도형 그리기, 수학 개념 및 수학기능 파악에 어려움을 겪을 수 있다. 비언어적 학습장애 학생들을 가르치는 교사는 수학수업에서 다음의 전략을 고려해야 한다(Foss, 2001; Serlier-van den Bergh, 2006).

- 학생의 언어적 · 분석적 장점에 주로 의지한다. 말로 하면 이들이 쉽게 공부를 시작하기 때문에 처음에는 말로 시작한다.
- 시공간적 약점을 개선하기 위해 협력하겠다는 약속을 받는다.
- 시공간 정보를 말로 설명한다. 도표나 구체적인 모델의 해당 부분을 가리키면서 말로 설명해 보게 한다.
- 비언어적 수학 과제를 순차적 · 언어적으로 가르친다.

- 어린 비언어적 학습장애 학생들은 촉감이 발달하지 않았기 때문에 조작할 때 어색해한다. 그러나 조작은 도형 형태에 대한 심상 개발, 공간관계 시각화, 시각기억 개선에 도움이 된다. 그들에게 먼저 많이 쓰는 손으로 물체를 만져 보고 다음에 덜 쓰는 손으로 만져 본 후 양손으로 만져 보게 한다.
- 감각 정보를 서서히 통합하도록 격려한다. 즉, 읽고 말하고 듣고 보고 쓰고 실제로 해 보도록 한다.

제 8 장

뇌기반 교수전략

제4장에서 살펴본 뇌 신경과학에서 밝혀진 연구 결과에 기초한 뇌기반 학습의 원리에 부응하는 수업을 위해서는 학습을 촉진하는 뇌친화적 환경을 조성하고, 학생들의 다양성과 정서를 고려하며, 주의와 기억 및 동기유발을 위한 방법과 협동학습을 모색해야 한다. 환경, 정서, 주의, 기억, 동기유발에 대해서는 이미 제3장과 제5장에서 살펴보았다. 이 장에서는 다양성의 원리에 부응한 학생들의 다양성을 고려한 수업과 상호작용의 원리에 부응하는 협동학습에 초점을 두고자 한다. 모든 학생은 학습양식, 지능, 적성, 정서 상태, 관심 영역, 의미 있는 내용이 각기 다르다. 그러므로 학생들의 다양한 특성을 고려하지 않고 정보를 수용하도록 강요하거나 그들의 장점과는 무관한 방식으로 학습할 것을 요구하면, 학생들은 그런 상황을 위협적으로 받아들여 인위적인 스트레스가 생기고 동기가 감소하며 수행 결과의 수준이 떨어질 것이다. 따라서 교육은 학생들 각자의 다양성을 인정하는 데에서 출발해야 하고, 교사 자신이 다양성을 인정하는 신념을 가졌을 때 비로소 다양한 특성을 지닌 학생 나름대로 패턴과 의미를 발견할 수 있는 환경을 만들고 의도적으로 다양한 전략을 적용하는 등 다양한 학습 요구에 부응하는 활동을 전개하기 쉽다. 이 장에서는 먼저 뇌기반 교수를 위한 교사의 역할을 살펴본 다음, 교수-학습과정에서 학생들의 다양성을 고려한 학습양식과 다중지능에 따른 교수전략, 시각화 전략, 그리고 구성원 간의 의사소통과 상호작용을 촉진함으로써 지식의 구성을 성취하게

하는 협동학습에 대해 살펴본다.

1. 뇌기반 교수를 위한 교사의 역할

전통적인 교실에서 대부분의 교수실제는 행동과학으로부터 나온 것이다. 행동주의자들은 관찰될 수 있는 것에 기초하여 수업의 질을 판단하였다. 학생의 학습은 오로지 교사가 교실에서 행하는 것에 달려 있다고 생각하였다. 학습의 성공을 결정하는 데 학생의 뇌가 미치는 강력한 영향력에 대해서는 전혀 고려하지 않았다. 학생의 뇌는 처리하는 과정이 관찰될 수 없기 때문에 학습과정의 변수로서 도외시되었다. 행동주의 철학을 따르는 교실은 교사들에게 수동적인 학생들에게 정보를 전달할 것을 기대하였다. 이전의 지식, 교실 학습의 환경, 교과에 대한 학생의 흥미와 같은 조건들은 고려되지 않았다.

학교는 학생들로 하여금 선형적 사고(linear thinking)와 공장 모델(factory model)에 의해 지배되는 세상에 참여하도록 준비시킬 것을 요구받았다. 그러므로 수업의 전달 모델(transmission model)은 학생들에게 적절하게 도움이 되었다. 그러나 지난 세기 말부터 학생 수행의 질에 대한 다른 요구, 즉 창의적 사고, 문제해결, 문제발견, 협동집단에서의 학습에 대한 기능이 대두하였다. 그리하여 교사의 역할이 전달 모델에서 촉진 모델(facilitative model)로 이동하고 있다. 뇌연구는 교사와 학생이 이해를 높이고, 정확성을 조사하며, 새로운 연구 주제를 찾기 위해 함께 노력하는 이런 경향을 지지하고 있다.

〈표 8-1〉에서 보듯이 수업에서의 패러다임 이동은 교사의 역할에 도미노 영향을 미치고 있다. 교사의 주요 임무는 학습과정이 활성화되고 지지받고 강화되고 유지되도록 학습자의 환경조건을 마련하는 것이다(Gagné, 1976). 정보화 사회, 지식기반 사회, 글로벌 사회에서는 학생들

표 8-1 수업에서의 패러다임 이동

과거(from)	현재(to)
• 학생은 아무것도 모르는 자	• 학생은 의미를 구성하는 적극적 참여자
• 교사는 모든 것을 다 알고 있는 자	• 교사는 옆에서 안내해 주는 자
• 학생들을 선발하고 분류하기 위해 집단 편성	• 학습 촉진을 위해 학생들을 집단 편성
• 경쟁적인 학습환경	• 협동적인 학습환경
• 특수 요구에 부응하기 위한 분리 프로그램	• 통합 프로그램
• 표준화된 검사를 통한 평가	• 실제적 평가의 사용

출처: Stevens & Goldberg(2001), p. 71.

의 자기주도적 학습능력, 창의적 사고능력, 문제해결능력, 협동기술, 공감적 태도 등이 더욱 더 요구된다. 이러한 능력과 기술 및 태도를 기르기 위해서는 가르치는 교사의 역할이 전달 모델에서 촉진 모델로 변화해야 한다. 뇌에 관한 연구들은 교사의 역할이 촉진 모델에 기초해야 함을 지지하며, 구체적으로 다음과 같은 역할을 강조한다(Stevens & Goldberg, 2001).

- 학생의 학습을 촉진하고 돕는 조언자, 중재자, 격려자, 촉진자
  - 일련의 질문을 통해 학습자의 인지적 활동을 자극
  - 학생이 풀어야 하는 과제의 전 과정을 먼저 시범을 보여 줌으로써 학생에게 배워야 할 문제에 대한 전반적인 개념 틀을 제공
- 코치(coach)와 멘토(mentor)
- 끊임없이 연구하는 연구자
- 배움을 같이하는 동료 훈련자, 동료 학습자
- 학생들의 협동학습을 조성하고 팀 구성원으로 활동하는 협력자
  - 컨설턴트, 안내자, 조력자, 원조자
  - 협동적이고 응집력 있는 학습환경의 조성
  - 협동 집단의 구성
  - 팀 문제해결을 요하는 과제 제시
  - 집단 활동과 개별 학습의 점검
  - 사회적 기능 증진
- 학생들의 공동체 의식을 돕고 강화하기 위한 갈등해결자
  - 응집력과 지탱력 있는 공동생활체로서의 교실 상황 조성
  - 진정한 협력을 유지할 수 있는 교실구조 만들기
  - 갈등해결기술 습득
- 학습의 즐거움과 몰입의 본보기가 되는 모델
  - 학생들을 즐겁게 가르치기
  - 즐겁고 생동감 있는 교실 분위기 조성
  - 몰입 경험을 학생들과 공유하기
- 새로운 아이디어와 전략을 모색하는 적극적 의사결정자
  - 무엇이 알 만한 가치가 있는가?
  - 학생의 이미지는 무엇인가?

-학생들은 어떻게 배우는가?
-뇌가 좋아하는 학습방법은 무엇인가?
-학생의 흥미와 요구에 부합하는 교육과정과 교육 프로그램을 어떻게 구성할 것인가?

이러한 역할을 수행하는 뇌기반 교수 선도자로서의 교사는 구체적으로 다음과 같은 행동을 해야 한다(문정화 외, 2011).

- 학생들과 교육과정을 협상하고, 이때 학생들이 질문을 많이 하도록 격려한다.
- 학생들에게 원자료를 사용하고 직접적으로 활동하게 함으로써 학습하도록 격려한다.
- 학생을 세상에 대해 적극적으로 탐구하는 문제해결자로 본다.
- 학생들과 상호작용을 하고 학생들의 환경을 촉진한다.
- 교육과정에서 '개념'과 '관계'를 강조한다.
- 교사의 관찰, 학생의 프레젠테이션, 포트폴리오를 활용하여 학생의 학습을 평가한다.
- 학생들이 집단 속에서 협동적으로 학습하게끔 이끄는 환경을 조성한다.

2. 학습양식에 따른 교수전략

사람마다 지문이 다른 것처럼 학습양식(learning style)도 개인에 따라 다양하다. 혼자서 공부해야 효과적인 학생이 있는가 하면, 여러 명이 하나의 그룹을 형성하여 공부해야 효과적인 학생도 있다. 밤늦게 공부하는 것을 좋아하는 학생이 있는가 하면, 새벽에 공부하는 것을 좋아하는 학생도 있다. 또한 공부할 때 책상을 정리 정돈해야만 하는 학생이 있는가 하면, 이리저리 왔다 갔다 하면서 움직이며 공부하는 것을 좋아하는 학생도 있다. 이런 면에서 학습양식은 학습선호도(learning preference)라고 부를 수도 있다. 학습양식에는 좋고 나쁨이 없으며, 마치 개개인의 사인(sign)처럼 학습양식은 독특하다. 학생들이 선호하는 학습양식은 학생의 성취에 영향을 주고, 교사가 선호하는 학습양식은 수업 선택에 영향을 준다. 여기서는 학습양식의 구분에 대한 몇 가지 견해를 제시한 다음, 뇌기반 교수-학습에서 정보의 수용과 인지방식에 따른 시각적 · 청각적 · 촉각적/운동감각적 학습양식과 그에 적합한 교수전략에 대해서 알아본다.

1) 학습양식의 구분

학습양식은 기본적으로 정보를 특정한 방식으로 혹은 여러 방식의 조합을 통해서 지각하고 처리하는 개인의 선호도 혹은 성향이다(Sarasin, 2006). 학습양식은 정보의 수용과 지각 및 처리 방식에 따라 여러 가지로 구분될 수 있다. Gregorc(1985)와 Butler(1988)는 학습양식을 구체적(concrete)·관념적(abstract)·순차적(sequential)·임의적(random) 학습양식으로 구분하였다. 구체적 학습자는 매우 실제적인 방식으로 개념을 학습하는 것을 좋아하고, 구체적 대상과 조작물이 있는 상황을 좋아한다. 이러한 학습자들에게는 신체적 활동을 통해 새로운 개념이나 정보를 접하게 하는 것이 중요하다. 관념적 학습자는 정확성을 기하고 세세한 것에 주의를 기울이며, 개념을 이해하기 위해 자료의 조각들을 분석하고 종합하는 것을 좋아한다. 이러한 학습자들은 본래 인지적이다. 순차적 학습자는 구조화되고 질서정연하며, 분명하고 정확한 것을 좋아한다. 이러한 학습자들에게는 세세한 것을 명확하게 드러내고 절차와 단계를 어느 정도 밝혀 줄 필요가 있다. 임의적 학습자는 질서정연하고 구조적이지 못하고, 학습이나 삶의 상황을 구조화된 방식으로 조정할 수 없으며, 뭔가 새로운 것을 이해하려고 애쓴다. 이러한 학습자들은 본래 전체적이다.

Sims와 Sims(1995)는 새로운 정보를 잘 이해하기 위해서 그 정보를 어떻게 처리하는가에 따라 학습양식을 인지적(cognitive)·지각적(perceptual)·행동적(behavioral)·정서적(affective) 학습양식으로 구분하였다. 인지적 학습자는 Gregorc와 Butler의 관념적 혹은 순차적 학습자와 유사하게 정보를 조각이나 부분으로 처리하고, 새로운 개념을 전체적으로 이해하기에 앞서 부분적으로 이해하는 것을 좋아한다. 이러한 학습자들에게는 적절히 사고할 시간을 주고, 개념을 순서적인 방식으로 이해할 수 있도록 사고를 위한 질서정연한 패턴을 제공하는 것이 중요하다. 지각적 학습자는 개념을 보이는 관점에 따라 처리하고, 새로운 개념을 전체적으로 살펴보고 전체적 관점으로부터 개념의 부분들을 분석하여 이해하고자 애쓴다. 또한 이러한 학습자들은 모든 감각을 활용하여 전체적인 방식으로 새로운 개념을 이해하고자 애쓰며 시각적 학습도구의 사용을 좋아한다. 이러한 유형의 학습자는 Gregorc와 Butler의 임의적/구체적 학습자와 유사하다. 어떤 개념을 실제화하기 위해 시각물을 필요로 한다는 점에서 구체적 학습자와 유사하고, 개념의 모든 측면을 전체적으로 살핀다는 점에서 임의적 학습자와 유사하다. 행동적 학습자는 행하는 것을 좋아하고, 새로운 개념을 이해하기 위해 신체적으로 상호작용하는 것을 선호한다. 이러한 학습자들은 Gregorc와 Butler의 구체적 학습자와 유사하다. 그리고 정서적 학습자는 기분과 감정을 학습 상황에 가져오는 것을 좋아한다. 이러한 학습자는 모든 측면을 이해함으로써 새로운 개념을 인식하거나 이해하고자 하는 전체적 학습자, 임의적 학습자, 지각적 학습자에 비할 수 있다.

McCarthy(1990)는 학습자가 정보를 처리하고 학습하는 방식과 관련된 서로 다른 특성에 기초하여 학습자를 사분원 속에 배치하고 있다. [그림 8-1]의 4MAT 학습양식 휠(wheel)에서 그녀는 서로 다른 학습양식을 기술하기 위해 분석적(analytic), 상상적(imaginative), 역동적/상식적(dynamic/comon sensible)과 같은 형용사를 사용하였다. 분석적 학습자는 정보를 조각으로 처리하고, 새로운 개념과 정보를 경험적인 방식으로 가장 잘 이해하며, 자료의 사실과 개별 조각을 잘 분석하여 결과적으로 전체적인 개념을 이해하기 위해 통합한다. 이러한 학습자는 Gregorc와 Butler의 관념적 학습자와 순차적 학습자와 관련될 수 있고, Sims와 Sims의 인지적 학습자와 유사하다. 상상적 학습자는 마음의 눈으로 창조적 영상 그림을 고안하고, 새로운 개념을 제시된 모든 측면과 함께 전체적인 방식으로 상상하며, 마음속에서는 어떤 형태로든 (차트, 그래프, 다이어그램) 시각적 이미지를 창조한다. 이러한 상상적 학습자는 전체적인 개념을 창조하고 심상이나 그래픽 형태와 같은 뭔가 구체적인 것을 요구한다는 점에서 Gregorc와 Butler의 임의적 및 구체적 학습자와 유사하고, 새로운 개념을 인식하기 위해 감각이나 감각적 경험을 사용한다는 점에서 Sims와 Sims의 지각적 학습자와 유사하다. 역동적/상식적 학습자는 새로운 정보를 이해하기 위해 정보를 찾고 조작하는 데 열심이고, 매우 적극적인 방식으로 학습하고, 이해하고자 애쓰는 정보의 실제적 측면과 상호작용하는 실용적인 사람이며, 학습과정에 그들의 정서를 가져오기도 한다. 이러한 유형의 학습자는 Gregorc와 Butler의 구체적 학습자, 그리고

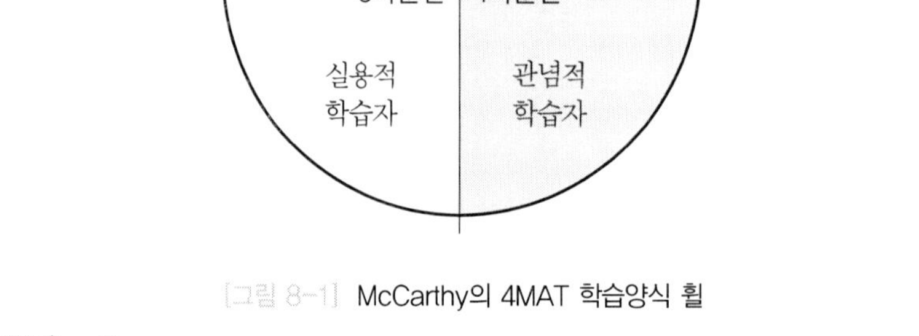

[그림 8-1] McCarthy의 4MAT 학습양식 휠

출처: Sarasin(2006), p. 18.

Sims와 Sims의 행동적 및 정서적 학습자와 유사하다. 역동적/상식적 학습자들에게는 새로운 정보를 이해시키고 숙달시키기 위해서 더 많은 신체적 상호작용의 기회를 제공해야 한다.

Harb, Durrant와 Terry(1993)는 학습양식을 숙고적/관념적(reflective/abstract), 구체적(concrete), 활동적(active)의 세 가지 범주로 구분하였다. 숙고적/관념적 학습자는 정보를 숙고할 시간을 필요로 하고, 정보의 조각에 대해 관계와의 결합 및 상호 영향과 같은 측면을 고려하며, 개념을 이해하기 위해 모든 조각을 종합한다. 이러한 유형의 학습자는 성찰의 시간을 통해 정보를 적절히 처리할 기회를 가지고, 숙고적 처리를 통해 개념을 숙달할 수 있다. 이러한 숙고적/관념적 학습자는 Gregorc와 Butler의 관념적/순차적 학습자, Sims와 Sims의 인지적 학습자, 그리고 McCarthy의 분석적 학습자와 유사하다. 구체적 학습자는 새로운 개념이나 정보를 파악하고 이해하기 위해서 구체적인 시각물을 필요로 하고, 개념이나 정보의 모든 부분을 이해하기 위해서 전체적 방식으로 보는 것을 선호한다. 이러한 구체적 학습자는 보는 것을 좋아하고 전체적으로 살핀다는 점에서 Gregorc와 Butler의 구체적/임의적 학습자와 유사하고, 새로운 개념을 이해하고 뭔가 새로운 것을 인식하기 위해 전체적인 방식으로 감각을 사용한다는 점에서 Sims와 Sims의 지각적 학습자와 유사하며, 또한 경험에 대한 이해를 위해 이미지를 창조하고 학습도구로서 이미지를 사용한다는 점에서 McCarthy의 상상적 학습자와 유사하다. 그리고 활동적 학습자는 학습을 통제하고, 스스로 정보를 이해하기 위해 노력할 필요가 있다. 이러한 유형의 학습자는 Gregorc와 Butler의 구체적 학습자, Sims와 Sims의 행동적 학습자와 유사하다.

Sarasin(2006)은 앞에서 제시한 학습양식 이론을 모두 고려하고, 이 이론들에서 정의된 학습자의 특성을 종합하기 위해 학생들의 학습양식을 청각적(auditory) · 시각적(visual) · 촉각적/운동감각적(tactile/kinesthetic) 견지에서 구분하였다. 청각적 학습자는 구두로 제시된 정보를 필요로 하고, 먼저 개별 사실들을 철저하게 이해한 다음 전체 개념을 이해하기 위해 개별 사실로서 제시된 정보를 선호하며, 추상적으로 사고할 수 있다. 이러한 유형의 학습자는 반성적이고, 순서적이고, 분석적이며, 본래 인지적이다. 시각적 학습자는 뭔가 새로운 것을 이해하기 위해 시각적 보조도구(그림, 차트, 다이어그램, 개요)를 필요로 하고, 학습 상황에 대처하기 위한 전략으로 종종 심상을 사용하고, 개념의 각 부분을 이해하기에 앞서 전체적인 방식으로 학습하는 것을 좋아하며, 학습하는 과정 내내 자신의 감각을 사용한다. 이러한 유형의 학습자는 임의적이고, 전체적이고, 지각적이고, 구체적이며, 상상적이다. 촉각적/운동감각적 학습자는 행함으로써 학습하고, 학습과정 중에 신체적 상호작용에 의존하고, 뭔가 새로운 것을 완전히 이해하기 위해 활동적이고 역동적인 참여를 필요로 한다. 이러한 유형의 학습자는 본래 행동적이어서 뉘앙스를 이해하거나 개념을 정말 숙달하기 위해서는 뭔가 행하여야 하고, 또한 본래 구체적이어

표 8-2 학습양식과 학습자의 특성

연구자	학습양식 및 학습자의 특성		
Sarasin	청각적	시각적	촉각적/운동감각적
Gregorc & Butler	관념적/순차적	구체적/임의적	구체적
Sims & Sims	인지적	지각적	행동적/정서적
McCarthy	분석적	상상적	역동적
Harb, Durrant, & Terry	숙고적/관념적	구체적	활동적/구체적

출처: Sarasin(2006), p. 21.

서 조작하는 것을 선호한다. 그러므로 개념을 숙달하고, 숙달한 개념을 다른 상황에 적용할 수 있도록 하기 위해서는 촉각적/운동감각적 학습자에게 활동적 학습을 적극 실시해야 한다.

지금까지 살펴본 학습양식의 구분을 서로 관련지어 정리해 보면 〈표 8-2〉와 같다.

2) 시각적 · 청각적 · 촉각적/운동감각적 학습양식

이처럼 학습양식은 연구자에 따라 여러 가지로 구분될 수 있지만, 여기서는 Sarasin의 구분에 따라 학습양식을 시각적, 청각적, 촉각적/운동감각적으로 나누어 살펴보고자 한다. Jensen(1997)에 따르면, 모든 새로운 학습의 약 98%가 감각을 통해(주로 시각, 청각 및 촉각 경험을 통해) 뇌에 들어온다. 사람은 대부분 자신의 학습방법에 대한 선호도가 있다. 예를 들어, 듣기 · 토론하기 · 노트 필기하기를 통해 학습하는 것을 좋아하는 사람이 있는가 하면, 정보를 눈으로 보려고 하고 학습하는 동안에 볼 수 있도록 그 내용이 시각적으로 제시될 때 학습하기를 더욱 좋아하는 사람도 있고, 또한 행함으로써 학습하기를 좋아하는 사람도 있다.

인간 뇌의 가소성(다양한 자극에 반응하면서 계속해서 변하는 성질)은 선호하는 학습양식의 발달에 기여한다. Sprenger(2002)에 따르면, 이러한 학습의 선호도나 강도는 긍정적인 경험을 통해서 생긴 것일 수 있다. 우리는 가장 쉽고 가장 빠른 방법으로 직면한 문제를 해결하는 뉴런의 네트워크를 사용한다. 우리가 그와 같은 뉴런을 계속해서 사용하게 되면 결합이 더욱 강해진다. 그러므로 한 청각적 학습자가 듣기와 대화를 통해 긍정적인 결과를 얻게 되면 하나의 선호도로서 계속해서 그렇게 할 것이며, 그러한 양식은 사용을 통해 강화될 것이다. 사실 어느 학습부진아가 학업적으로 성공하기 위해서는 그에게 가장 적합한 양식으로 재교육되어야만 한다는 사실을 지적하는 강력한 증거가 있다(Jensen, 1997).

과거의 학교들은 주된 교수방법으로서 강의법에 너무 의존해 왔다. 강의를 통해 가르치는 것은 학생들이 청각적으로 학습한다는 것을 가정하지만, 뇌연구를 통해서 우리는 대부분의 사람이 청각적인 방법으로 학습하지 않는다는 것을 알고 있다. 단지 학생들의 약 20%만이 청각적으로 학습하며, 약 80%의 다른 학생들은 시각적 혹은 운동감각적으로 학습한다(Sousa, 1997). 강의는 강좌에 따라 나름의 존재가치가 있을 수도 있지만, 학생의 연령을 고려하면서 단지 짧은 시간 동안만(15분 이하로만) 사용되어야 한다. 멀티미디어 세상에 의해 끊임없이 자극을 받고 있는 학생들이 매일 여러 시간 동안 강의를 듣고, 노트를 필기하고, 지필시험을 준비하기 위해 앉아 있을 것이라고 믿는 것은 비현실적이다. 인생은 구경만 하는 스포츠가 아니라, 적극적으로 참여해야 하는 운동이다. 교육은 그러한 적극적인 참여를 반영해야 한다.

인간은 엄청난 학습능력과 학습을 가능하게 하는 신경선(신경 중추로부터 몸의 각 부위로 뻗어나간 신경의 줄기와 줄)을 갖고 이 세상에 태어난다. 지난 세기 초의 세상은 주로 듣기, 읽기, 말하기에 기초를 두었다. 라디오는 전국의 정보와 소식을 얻는 중요한 수단이었고, 책 읽기는 새로운 정보는 물론 교양을 쌓고 학습을 위한 주요 수단이었다. 일부 부유한 가정에서 태어난 사람은 피아노를 연주하고 감상할 기회를 가졌을 것이다. 그래서 우리의 뇌 회로는 듣는 것에 익숙해져 읽기와 듣기에 기초한 교육 프로그램이 편리했을 것이다. 그러나 오늘날의 학생들은 태어날 때부터 멀티미디어 세상에 흡수 · 동화된다. 그들은 그저 듣기만 하는 것이 아니라 참여한다. 그들은 그저 앉아 있기만 하는 것이 아니라 움직인다. 3세 아이들은 간단한 컴퓨터 기능을 수행할 수 있다. 그렇다면 오늘날의 학생들이 온종일 앉아 듣기만 하는 것이 행복하다고 생각할 수 있겠는가? 그들은 우리를 미치게 할 정도로 잠시도 가만히 있지 못한다. 그들의 뇌는 참여하도록 회로가 형성 · 발달되어 있다. Prensky(2006)에 따르면, 오늘날의 학생들은 21세 때까지 1만 시간 이상 비디오 게임을 하고, 25만 통 이상의 이메일과 메시지를 주고받고, 1만 시간 이상 전화를 하고, 2만 시간 이상 텔레비전을 시청하며, 50만 건 이상의 광고에 노출되고 있다. 그러므로 교사는 학생들이 움직임과 상호작용 없이 교실수업에 적극적으로 관여하기를 기대할 수 없다.

의사소통과 감각기관, 그리고 학습은 서로 밀접한 관련성이 있다. 우리는 다섯 가지 감각을 통해 자료를 받고 이렇게 받은 자료들은 두뇌에서 처리된 후 말이나 글, 몸짓이나 움직임 등으로 직접 표현하게 된다. 개인적인 학습양식은 자료를 받고, 그것을 표현하는 과정에서 우리의 뇌와 신체를 사용하는 방식에 따라 달라진다. 의사소통을 하고 학습하는 데서 중요한 세 가지 형태는 시각과 청각 및 운동감각을 이용하는 것이다. 우리 모두는 일정 한계까지는 이 세 형태를 모두 사용하지만, 개개인에 따라 주로 하나만 사용해서 자동적으로 그 기관이 더 많이 발달하게 된다. 이러한 세 가지 모두의 감각이나 학습양식을 사용하는 것은 학습능력을 확장시키는 데에 기본이 된다. 비록 일부 자료들은 특이한 학습법에 더 자연스럽게 적응하기는 하지만, 학습하는 동안 사용된 감각이 많을수록 기억력은 훨씬 향상된다.

세 가지 학습양식을 반복해서 사용하고 그 기능을 강화시키는 것은 학습하고 학습목적을 달성하는 데서 훨씬 수월하고 효과적인 결과를 얻을 수 있다. 단어를 말하고(청각적 기능) 형태와 색채를 바라보는(시각적 기능) 동시에, 펜의 움직임(촉각적/운동감각적 기능)으로 만들어진 마인드맵은 세 가지 스타일을 모두 소화해 내는 데 좋은 수단이 된다. 운동을 하고 소리를 들으며 읽는 과정까지 모두 포함하도록 학습 습관을 바꾼 학생들은 자료를 상기시키는 데서 놀라울 만한 발전을 이룬다. 일단 사람들은 우선 청각적인 기능을 식별하고 나면, 반복 복습을 위해 장단이나 리듬을 사용하거나 준비된 요약사항이나 마인드맵을 읊으면서 혼잣말을 할 수 있게 된다. 그들은 느린 박자의 배경음악을 깔고 테이프에 복습 자료들을 녹음할 수 있다. 운동감각을 이용하는 학습자들은 공부할 때 이리저리 움직이고 걸어 다니며 발을 동동 구르거나 손뼉을 치며 높이 뛰어오르고 사물을 이동하기도 하는 등 주로 주기적인 방식으로 활동하면서 크게 발전하는 모습을 보인다. 이상적인 교육 프로그램은 이 감각들을 모두 활용하는 것이다.

(1) 청각적 학습자의 특성과 교수전략

청각적 학습자들은 듣고 토론하는 정보를 가장 잘 기억하는 사람들이다. 청각적인 정보는 뇌의 좌우 반구에 있는 측두엽에서 처리되고 저장된다(Jensen, 2006). 청각적 학습자들은 교실의 약 20%를 차지한다. 그들은 강의를 좋아하고, 강의에 잘 적응하며, 전통적인 학교에서 성공하기 쉽다. 그러나 정보가 청각적 학습자들에게 개인적 의미를 가지도록 하기 위해서는 학습자에 의해 이야기되고 토론되어야 한다. 즉, 단순히 듣고 노트를 필기하는 것만으로는 충분하지 못하다. 학습에 대한 동기는 정보가 개인적 의미를 가지고 있다는 학습자의 신념에 부분적으로 기초하고 있다. 청각적 학습자들의 경우, 그들 스스로 혹은 동료 상호 간 정보에 대해 이야기할 시간이 충분히 주어져야만 개인적 의미를 가지게 될 것이다.

청각적 학습자인 학생들은 전형적으로 다음과 같은 특성이 있다(성용구, 임청환, 정종진 공역, 2007; 정종진, 임청환, 성용구 공역, 2008; Sprenger, 2008).

- 말을 들음으로써 학습한다(learning by hearing).
- 주로 소리를 듣고 이야기한다.
- 강연(강의)이나 담화(토론), 그리고 오디오테이프를 들으면서 학습하는 것을 좋아한다.
- 전화를 하거나 음악이나 라디오를 듣거나 이야기 듣는 것을 좋아한다.

- 말로 지시하거나 큰 소리를 내어 공부를 하며 혼자 중얼거리면서 학습한다.
- 눈동자는 옆쪽으로 향해 있고 단조로운 음성으로 말하며 중간 흉부에서 호흡한다.
- 말하기를 좋아하고, 자신의 동료에게 말하거나 자신의 의견을 제시할 수 있는 활동을 즐긴다.
- 사람들이 웃도록 격려한다.
- 이야기꾼이며, 효과적으로 의사소통한다.
- 과다 활동이나 빈약한 미세운동협응의 증후를 보일 수도 있다.
- 너무 많은 시각적 및 청각적 소음으로 주의가 산만해지기 쉽다.
- 대체로 듣기 활동을 좋아한다.
- 기억을 쉽게 잘할 수 있다.
- 정렬된 책상과 조용한 교실을 선호한다.
- 너무 많은 집단 과제나 실습 과제를 꺼린다.

Sprenger(2002)는 청각적 학습자인 학생들을 식별하는 데에 도움이 될 수 있는 부가적인 정보를 몇 가지 제공하고 있다. 교실에서 청각적 학습자들은 다음과 같은 방식으로 행동한다.

- 교사가 말하는 동안에 창문 밖을 쳐다볼 수 있지만 교사가 말한 것을 잘 알고 있다. 이러한 학습자는 학습하기 위해서 교사를 시각적으로 쳐다보아야 하는 상황을 필요로 하지 않는다.
- 말하고 토론하는 것을 좋아한다. 학습은 누군가와 함께 혹은 자기 자신과 토론할 기회를 가질 때까지는 의미를 갖지 못한다. 청각적 학습자는 책을 읽는 동안에 자신의 입술을 움직인다.
- 언어화할 기회가 주어지지 않으면 오랜 시간 동안 앉아 있는 것이 어렵다.

비록 청각적 학습자들이 듣기에 의해서 가장 잘 배운다고 할지라도 줄곧 강의 형태로 진행되는 것에 대해서는 지치고 싫증을 나타낸다는 사실을 이해하는 것이 중요하다. Sousa(2006)의 연구와 다른 연구들의 결과에 의하면, 우리는 모두 강의를 듣고 15~20분이 지나면 지적인 능력이 떨어지는 경향이 있다. 어린 아동들의 경우에는 지적인 능력이 떨어지는 데에 소요되는 시간이 훨씬 짧은데, 대략 10분 정도다. 최근 자료들은 이러한 성인과 아동들의 시간이 즉시 처리되는 테크놀로지의 영향으로 말미암아 다소 더 줄어들 수 있음을 보여 주고 있다. 가령, 아동이 주어진 시간에 얼마나 오랫동안 경청할 수 있는가를 알아보기 위해 아동의 연령을 사용할 수 있다. 6세 아동의 경우 6분, 7세 아동의 경우 7분처럼 말이다. 그러나 최근 자료들은 이러한 경청 시간 간격이 테크놀로지의 일상화로 줄어들고 있다는 사실을 지적하고 있다(Tileston, 2011).

작업기억(working memory)은 순간적이어서 정보를 버려야 할지 말아야 할지를 결정하기 전에 매우 짧은 시간 동안만 정보를 처리한다(박승호, 서은희 공역, 2009). 정보를 처리하는 데에 걸리는 시간이 초등학생의 경우 5~10분 정도이고, 중 · 고등학생의 경우 10~15분이다. 이러한 사실에 의거해 보면, 초등학교 교사들은 7분 정도만, 그리고 중등학교 교사들은 15분 정도만 정보를 제공하고 그 정보에 대한 학습을 강화하기 위한 활동이나 토론을 전개해야 한다. Sousa(2006)는 수업에서 다루어야 할 적정량의 분량을 가장 주의력을 잘 기울일 수 있는 시간으로 보고 있다. 그는 수업시간의 첫 20분 동안에 학생들이 가장 잘 학습한다고 말한다. 그러므로 새로운 정보와 가장 중요한 정보는 이 시간 중에 가르쳐야 한다. [그림 8-2]는 교사가 학생의 학습을 강화하기 위해서 학습 리듬을 어떻게 활용할 것인가를 나타낸다(정종진, 성용구, 임청환 공역, 2013).

청각적 학습자인 학생들을 어떻게 가르쳐야 하는가? 차별화란 교사들이 동일 수업을 여러 가지 방법으로 가르쳐야 한다는 것을 의미한다기보다는 오히려 다양한 교수기법이 활용되어야 한다는 것을 의미한다. 그것은 또한 처음에 새로운 정보를 습득하지 못하는 학생들에게는 그다음에 그 학생에게 더 적합한 접근이 채택되어야 한다는 것을 의미한다. Jensen(1997)은 학습부진아들은 교사가 그들에게 가장 적합한 양식으로 가르칠 때까지는 새로운 정보를 습득하지 못할 것이라고 말하였다. 청각적 학습자에게는 한 명 혹은 두 명의 다른 학생들과 함께 과제

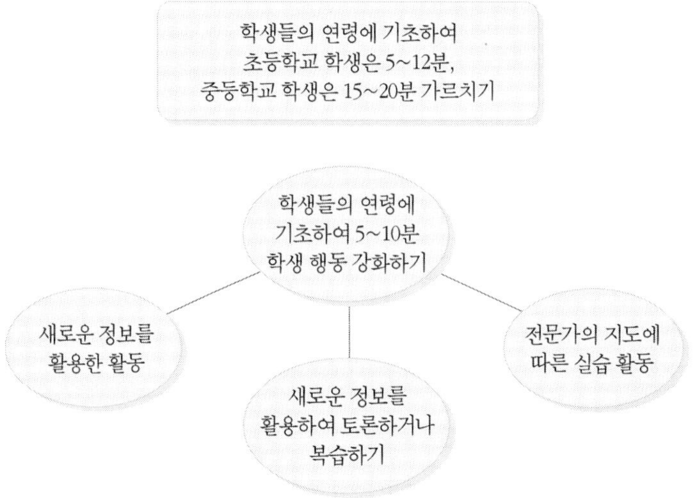

[그림 8-2] 수업의 리듬

를 할 수 있도록 하는 것이 도움이 된다. 정보에 대한 한두 명과의 상호교환이 정보에 대해 듣는 것은 물론 말하는 것을 격려하기 때문이다. 그들에게는 책의 내용을 테이프로 들려주거나 기억하고 싶은 개념이나 생각을 테이프로 녹음하게 하는 것도 좋은 전략이 될 수 있다. 또한 청각적 학습자들에게는 과제를 할 때 그들의 청각적 강점을 활용하도록 하는 것이 좋다. 대부분의 청각적 학습자들은 말하는 것에 능숙하므로 그들에게 과제의 일부를 구두로 발표하도록 하는 것을 고려해 볼 만하다.

Tileston(2004)은 청각적 학습자들을 지도하기 위해 다음과 같은 제안을 시도해 볼 것을 권장하였다.

- 교사가 서술적(학생들이 알 필요가 있는 것) 및 절차적(학생들이 학습과 함께 행할 수 있는 것) 목표의 적용을 통해서 학습을 안내하는 직접 교수법을 활용하라.
- 학생들이 서로서로 학습을 도와주는 동료교수제(peer tutoring)를 채택하라.
- 음악을 활용하는 활동을 계획하라.
- 집단 토의, 브레인스토밍, 소크라테스식의 세미나를 활용하여 가르쳐라.
- 구체적인 구두(oral) 활동을 부여하라.
- 교사 및 학생에 의한 자기대화를 포함하여 학습하는 동안에 언어화하라.
- 학생 간의 상호작용을 제공하는 협동학습 활동을 활용하라.

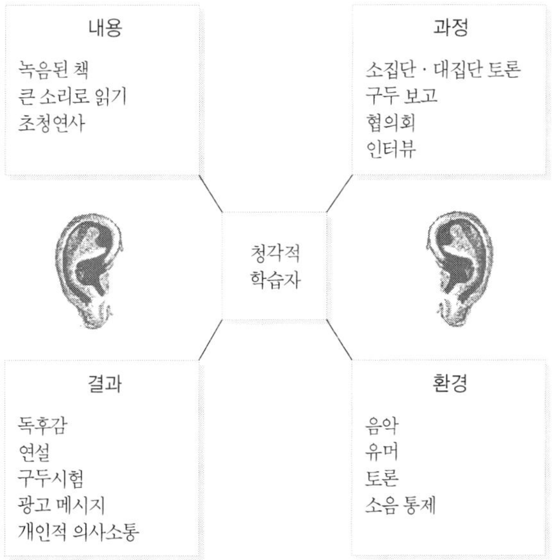

[그림 8-3] 청각적 학습자를 위한 차별화된 교수전략

Connell(2005)은 청각적 학습자를 위한 교수 활동과 전략으로 강의하기, 큰 소리로 읽기, 파닉스(phonics, 발음 중심의 어학 교수법)에 초점 두기, 토론 이끌기, 소집단 토론 허용하기, 수업이 끝날 무렵에 학습 공유시간 갖기(학생들은 과제시간 중에 성취한 것을 언어적으로 함께 나눈다), 논쟁하기, 구두로 발표하기, 낭독하기(시, 연설), 주제와 관련된 연주하기, 박자와 리듬 듣기, 연설문 기록하기, 학생들을 짝을 지어 서로 가르쳐 주도록 하기 등을 제시하였다(정종진, 임청환, 성용구 공역, 2008). 그리고 Sprenger(2008)는 내용, 과정, 결과, 환경의 측면에서 청각적 학습자에게 [그림 8-3]과 같이 차별화된 교수전략을 제시하였다.

(2) 시각적 학습자의 특성과 교수전략

시각적 정보는 뇌의 뒤편에 있는 후두엽에서 처리되고 저장된다. 시각적 학습자들은 그들이 볼 수 있는 정신 모형을 필요로 하는 사람들이다. 시각적 학습자인 학생들은 전형적으로 다음과 같은 특성을 갖고 있다(성용구, 임청환, 정종진 공역, 2007; 정종진, 임청환, 성용구 공역, 2008; Sprenger, 2008).

- 봄으로써 학습한다(learning by seeing).
- 그들의 정신으로 사물을 보고 이미지를 사용하려는 경향이 있다.
- 읽고, 들은 것을 받아 적으며, 사진이나 도표를 보면서 배우는 학습방법을 좋아한다.
- 책 읽기를 좋아하고, 드라마나 미술을 눈으로 감상하며, 표정을 눈으로 읽고, 몸짓으 로 언어를 표현하는 것에 능숙하다.
- 눈동자는 주로 위로 향하고 있고, 말이 빠르며, 얕은 호흡을 한다.
- 구두 지시사항을 이해하는 데에 어려움이 있다.
- 이름을 기억하는 데에 어려움이 있을 수도 있다.
- 책을 보거나 그림을 그리는 것을 즐긴다.
- 말하는 사람의 얼굴을 쳐다본다.
- 퍼즐 활동을 좋아한다.
- 세세한 사항들을 주목한다.
- 설명 내용을 시각화하는 교사들을 좋아한다.
- 차트, 그래프, 도표, 마인드맵 등의 비언어적 조직자(nonlinguistic organizer)를 사용하는 것을 좋아한다.
- 언어적 설명을 통해 정보를 수용하는 어려움이 있다.

이러한 특성을 지닌 시각적 학습자들은 시각을 강점으로 하여 학습을 수용하므로 구두 설명과 함께 시각적 보조 자료를 적절히 제공하는 것이 그들에게는 큰 도움이 된다. 수업할 때 언어적 강의에다 유인물, OHP, 파워포인트, 유머러스한 만화를 첨가하는 것이 큰 이득이 된다. 주요 개념들을 시각적으로 관련시키기 위해서 칠판에 개념 지도(concept maps)를 그리는 것도 좋은 방법이다. 또한 수업시간에 설명할 때 차트, 포스터, 컴퓨터 소프트웨어 등을 포함하는 것도 좋다. 시각적 학습자들은 보는 것을 통해 학습하기 때문에 그래픽 조직자, 그래프, 도표 등의 모양을 쉽게 기억할 수 있다. 거기에다 색상까지 활용한다면 시각적 학습자들이 기억하는 데에 큰 도움이 된다. OHP나 차트에 색상을 넣을 수 있으며, 주요 개념과 문장을 강조하기 위해서 학생들이 컬러 마커펜이나 형광펜을 사용하도록 가르칠 수 있다. 교사가 강의하는 동안에 학생들로 하여금 그림을 그리게 하는 것은 좋은 아이디어이므로 강의식 수업에서 설명하는 것에 포함된 개념들에 초점을 두고 그림을 그리도록 시각적 학생들을 격려해야 한다. Connell (2005)은 시각적 학습자를 위한 교수 활동과 전략을 다음과 같이 정리 · 제시하였다(정종진, 임청환, 성용구 공역, 2008).

- 그래픽 조직자 활용하기
- 강의시간에 OHP, 파워포인트 사용하기
- 학생들이 따라 읽을 수 있도록 강의 중에 유인물 제공하기
- 개념 지도 보여 주기
- 시각적 상상력 가르치기
- 자료 제시를 위해 그래프와 차트 사용하기
- 영화와 뉴스 토막 보여 주기
- 학생들이 그림을 통해 반응하도록 허용하기(서술 문장/요약과 함께)
- 발표 자료와 보고서에 포스터와 삽화 그려 넣기
- 연설문, 노랫말, 시가 적혀 있는 글을 복사하여 제공하기
- 컬러 부호 사용하기

한편, Tileston(2011)은 시각적 학습자를 가르치기 위한 몇 가지 아이디어를 다음과 같이 제시하였으며(정종진, 성용구, 임청환 공역, 2013), Sprenger(2008)는 내용, 과정, 결과, 환경의 측면에서 시각적 학습자에게 [그림 8-4]와 같이 차별화된 교수전략을 제시하였다.

[그림 8-4] 시각적 학습자를 위한 차별화된 교수전략

- 가르칠 때 시각 자료를 활용하라. 시각적 학생들은 자기체제에 의미를 가지도록 학습하는 것을 '볼' 필요가 있다는 것을 기억하라.
- 학생들이 시각적 조직자를 사용하도록 직접 가르쳐라.
- 학생들에게 학습에서의 패턴을 보여 줘라.

[글상자 8-1] 비언어적 조직자(nonlinguistic organizer)

시각적 학습자들을 위한 가장 효과적인 도구 중의 하나는 비언어적 조직자인데, 의미를 전달하기 위해 많은 단어보다는 오히려 구조에 의존하기 때문에 그렇게 불린다. 이러한 조직자는 학생들이 순서, 비교, 대조, 분류와 같은 어려운 개념들을 이해하고 기억하도록 도와준다. 비언어적 조직자는 어느 학생들에게나 좋은 교수전략인데, 특히 시각적 학생들을 위한 중요한 도구다. 비언어적 조직자는 다음과 같은 여러 목적을 달성하기 위하여 교실수업에 효과적으로 사용될 수 있다(정종진, 성용구, 임청환 공역, 2013).

- 학생들이 새로운 정보를 이전의 지식과 결합하거나 관련시키도록 도와주기 위해서: 이러한 조직자는 추상적인 개념들을 더 시각적으로 만들기 때문에 학생들이 시각화하기 어려운 개념들을 이해하고 기억하도록 돕는다. 추상적인 개념들을 이해하는 데에 어려움이 있는 저학년 학생들은 추상적인 것을 구체화시켜 주는 일련의 시각적 모형을 사용하는 학습에 의해서 도움을 받을 수 있다. 학생들은 자신이 알고 있는 정보를 가져와 구체적인 모형에 배열함으로써 추상적인 사고를 구체적인 개념에 더욱 쉽게 전이할 수 있다.

- 학생들이 이해하는 데에 필요한 정신 모형을 만드는 것을 도와주기 위해서: 교사가 학생들이 정보의 의미를 이해하도록 도와줄 수 있는 방법 중 하나는 그들로 하여금 정신 모형을 만들도록 도와주는 것이다. 대부분의 조직자는 기술적 패턴(어떤 것의 중요 속성을 기술하거나 부여하는 데 사용되는 마인드맵과 유사한 조직자), 계열적 패턴(일정표 작성에 사용될 수 있는 것과 같은 그래픽 조직자), 과정-원인 패턴(이미 결과를 알고 있을 때 그 원인을 알아보기 위해 사용되는 물고기 뼈와 같은 조직자), 문제-해결 패턴(위에 문제를 제시하고 그 밑에 가능한 해결책을 제시하는 것), 일반화 패턴(원리에 관한 정보를 제공하고 싶을 때 사용되는 것)에 속한다.
- 학생들이 정보를 활용하도록 도와주기 위해서: 비언어적 조직자는 학습과정 중에 어느 때든 사용될 수 있지만, 교사가 학생들이 어떤 방식으로든 정보를 활용하기를 원하는 수업 단계에서 사용하는 것이 중요하다. 이때는 학생과 교사 모두가 평가하기 이전에 개념들을 명료히 해야 할 시기다.
- 어렵거나 추상적인 개념을 소개하기 위해서: "그림은 천 마디 말의 가치가 있다."라는 옛 격언은 아주 옳은 말이다. 논리적 문제에 어려움을 느끼는 학생이 많다. 매트릭스(matrix)는 이러한 복잡한 기능을 더욱 쉽게 다루도록 도와주는 시각적 도구다.
- 학습을 평가하기 위해서: 이때 학생들에게 학습한 내용들을 열거하도록 하기보다는 "오늘 과학시간에 다룬 주요 사항들을 마인드맵으로 나타내시오."처럼 학습한 내용들을 마인드맵으로 나타내도록 한다.
- 부분적으로 개인 혹은 집단 프로젝트를 부과하기 위해서: 마인드맵, 순서도(flow chart), 속성망(attribute web)과 같은 도구를 이용하여 프로젝트를 만들게 한다. 이러한 도구들은 적용력 이상의 수준에서 사용될 때 학생들의 프로젝트의 중요한 산출물이 될 수 있다.
- 창의성을 발휘하도록 하기 위해서: 시각적인 학생들은 일단 시각적 모형에 노출되기만 하면 그 모형에 창의적이고 정교한 솜씨를 보태는 것이 그리 어렵지 않다.
- 사실과 개념의 관계를 간파하도록 하기 위해서: 인과 도식과 벤 도식(Venn diagram: 원으로 집합과 명제 사이의 이론적인 관계를 나타내는 도식)이 관계를 묘사하는 마인드맵의 예라 할 수 있다.
- 쓰기를 위한 사고를 산출하고 조직하기 위해서: 마인드맵과 성층맵(stratification map)은 학생들이 쓰기를 하기 전에 그들의 사고를 조직하는 것을 도와주기 위한 훌륭한 도구다.
- 새로운 정보를 이전의 지식과 관련시키기 위해서: 새 단원을 가르칠 경우 학생들에게 이전 지식을 상기시켜 그러한 경험을 습득하고자 하는 새로운 지식에 적용하도록 한다. 예를 들어, 탐험가에 관한 단원을 다루기 전에 학생들에게 목표를 설정했지만 그 목표를 성취하는 데 어려움을 겪은 적이 있는가를 질문한다. 그런 다음 학생들에게 그 어려움을 어떻게 극복했는가에 대한 마인드맵을 작성하게 한다.
- 정보를 저장하고 검색하기 위해서: 시각 자료 중의 하나는 단어의 의미를 상징화한 삽화다. 시각적인 학생들은 그들의 뇌로부터 정보를 검색할 때 삽화를 볼 것이다.
- 학생들의 사고와 학습을 평가하기 위해서: 학생들에게 해당 장 혹은 과에서 배운 주요 정보에 대한 마인드맵을 작성하게 한다.
- 사실과 개념의 관계를 서술하기 위해서: 학생들이 일반적 개념과 어떤 사실의 관계를 파악하는 것을 돕기 위해 매트릭스를 활용한다.

(3) 촉각적/운동감각적 학습자의 특성과 교수전략

운동감각적 정보는 영구적으로 학습될 때까지 운동피질에 있는 뇌의 상단에 저장되었다가 그다음에 후두엽 아래 영역인 소뇌에 저장된다(Jensen, 1998). 촉각적/운동감각적 학습자들은 움직임과 접촉을 통해서 가장 잘 배운다. 촉각/운동감각적 학습자인 학생들은 전형적으로 다음과 같은 특성이 있다(성용구, 임청환, 정종진 공역, 2007; 정종진, 임청환, 성용구 공역, 2008; Sprenger, 2008).

- 행함으로써 학습한다(learning by doing).
- 운동이나 활동을 주로 하는 편이다.
- 무언가를 쓰고 직접 실행하며, 걷거나 몸짓을 하면서 배울 수 있는 학습방법을 좋아한다.
- 전형적인 표현은 '접촉하다'라는 단어를 사용하는 것이다. 예를 들면, '나는 저것이 상자라고 생각한다'라거나 '나는 그것을 만진다'와 같은 표현들이다. 그것을 철자로 풀어 쓸 때 사람들은 그것이 올바른 표현들인지 알기 위해 머릿속으로 단어를 쓰려고 노력한다.
- 춤을 추고 스포츠를 하거나 움직이면서 트레이닝하는 것을 좋아한다.
- 침착하지 못하고 몸동작을 많이 사용하며 사물을 만짐으로써 의미를 전달한다.
- 눈동자를 아래로 향하고, 매우 깊은 호흡을 하며, 말이 느리고, 목소리가 중후하다.
- 움직일 기회를 필요로 한다.
- 모든 것에 대해 느끼고, 냄새를 맡고, 맛을 보기를 원한다.
- 이웃과 접촉하고 싶어 한다.
- 대체로 운동기능이 뛰어나고 운동을 잘한다.
- 사물이 어떻게 작용하고 있는가를 보기 위해서 분해하기를 좋아한다.
- 그들의 연령집단에 비해 미성숙하게 보일 수 있다.
- 과잉행동을 보이기도 한다.

이러한 특성이 있는 촉각적/운동감각적 학습자들에게는 야외수업, 현장견학, 역할극의 기회를 제공하는 수업이 좋다. 더욱이 가능하다면 그들이 교실에서 이리저리 움직이고, 집단을 바꾸고, 또는 그저 서 있기만 해도 되는 기회를 제공하는 것이 좋다. 서 있을 때 뇌에 액체의 흐름이 증대되어 더욱 잘 사고하고 학습하게 된다. 교실에서 이런 점을 최대한 살려 학생들이 대답하거나 서로 토론할 때 서 있도록 할 필요가 있다. 교실에서 움직일 기회를 제공하는 것은 학생들의 행동과 학습에 엄청난 변화를 가져올 수 있다. Tileston(2004)은 촉각적/운동감각적 학습자들의 요구를 충족시키기 위해서 다음과 같은 교수전략을 사용할 것을 제안하고 있다.

- 학습에 적극 참여하는 실제적인 접근방법을 사용하라.
- 움직일 기회를 제공하라.
- 모의 학습을 적절히 사용하라.
- 음악, 미술, 손으로 교묘히 다루는 활동을 사용하라.
- 강의를 다룰 수 있는 양으로 분할하라(좋은 규칙은 어떤 학생에게 자신의 연령에 기초하여 단지 몇 분만 말하게 하는 것이다. 10세 아동의 경우 10분이 알맞다).
- 발견학습을 적절히 사용하라.
- 학생들이 움직이고 동료와 함께 말할 기회를 가지도록 토론학습이나 협동학습과 같은 기법들을 사용하라.

Connell(2005)은 촉각적/운동감각적 학습자를 위한 교수 활동과 전략으로 역할극 하기, 시 낭송하기, 연설문 낭독하기, 노래 부르기, 가능한 한 모든 수업시간에 손으로 조작할 수 있는 자료를 사용하기, 감정과 직감을 표현하기, 고고 유물(역사 시대와 관련된 화석, 의상과 같은) 소개하기, 주제와 관련된 식품 사용하기(연령에 따라 학생들은 식품을 준비하거나 가져올 수 있다), 발표자료와 보고서에 모형과 실물을 포함시키기, 학생들이 수행하거나 큰 소리로 읽기 위한 활동극 부과하기(낭독 극장), 현장 답사하기, 노트 필기하는 방법을 학습하기, 무용하기, 프로젝트의 삽화를 위해 사진 찍기 등을 제시하였다(정종진, 임청환, 성용구 공역, 2008). 그리고 Sprenger(2008)

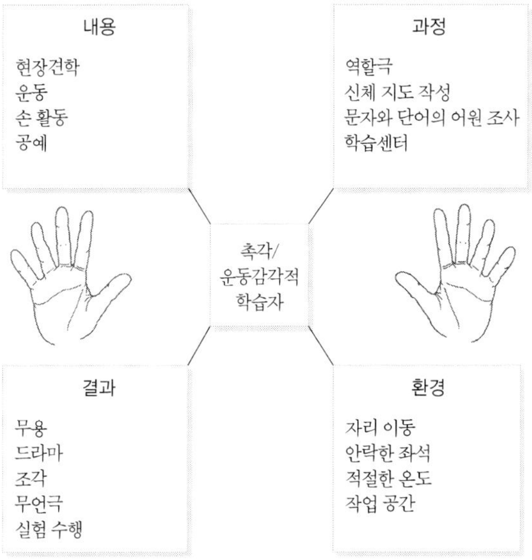

[그림 8-5] 촉각적/운동감각적 학습자를 위한 차별화된 교수전략

는 내용, 과정, 결과, 환경의 측면에서 촉각적/운동감각적 학습자에게 [그림 8-5]와 같이 차별화된 교수전략을 제시하였다.

3) 학습양식 활용 교수의 실제

교사들이 청각적 · 시각적 · 촉각적/운동감각적 양식을 모두 사용하여 정보를 기록한다 할지라도, 대부분은 어느 한 양식을 선호한다. Sousa(2006)는 감각적 선호도가 다른 학생들은 학습하는 중에 서로 다르게 행동할 것이며, 교사들은 자신의 학습방법을 가르치는 경향이 있다는 것을 교사들이 이해할 필요가 있다고 말하였다(박승호, 서은희 공역, 2009). 이것은 왜 그토록 많은 학생이 어떤 교사를 통해서는 학습하는 데에 어려움이 있지만 다른 교사를 통해서는 쉽게 학습하는가를 부분적으로 설명한다. 학생이 학습에 흥미가 없다거나 학습하기를 원하지 않는다고 해석되어 온 행동은 사실상 교사가 부적절한 교수기법을 적용하였거나 교실에서 어느 한 양식만을 사용해 온 데서 연유한 것일 수 있다. 세 가지 학습양식에 적합한 교수기법을 모두 사용하는 교실이 질 높은 학습을 가능하게 해 주는 곳이 될 것이다(정종진, 성용구, 임청환 공역, 2013). 교사들은 다음의 '교사용 학습양식검사'를 통해 자신이 주로 어떤 학습양식을 통해 가르치고 학습하는가를 알아볼 필요가 있다.

교사용 학습양식검사
Learning Style Questionnaire for Teachers

각 문항을 읽고 하나를 선택하여 ○표 하시오.

다음 문장을 완성시키는 데 가장 적합한 것을 고르시오.

1. 내가 매일 선호하는 수업방식은
   설명과 토론 (A)
   시각 자료, 모형, 영상, 그룹 과제의 사용 (V)
   실제적인 프로젝트의 사용 (K)

2. 내가 가장 조성하고 싶은 교실 분위기는
   호기심, 도전정신, 진지함, 구조화 (A)
   다양한 자료를 이용한 창조적 혹은 자극적 활동 (V)
   학생 구성원들 사이의 협동과 협력 (K)

3. 나의 경우 구체적인 정보를 기억하기 위한 가장 좋은 방법은
   화자의 말에 귀 기울이고 정보를 나 자신에게 반복하기 (A)
   정보를 눈으로 보기 (V)
   정보를 글로 쓰기 (K)

4. 나의 경우 방대한 양의 정보를 기억하기 위한 가장 좋은 방법은
   집중해서 듣기 (A)
   창의적인 시각적 맵(visual maps) 만들기 (V)
   계속 두드리거나 걸어 다니기 (K)

5. 내가 가장 사용하고 싶은 교수전략은
   짧은 강의, 토론, 창의적 글쓰기 (A)
   교과와 관련된 프로젝트 만들기 (V)
   시범과 역할극 (K)

6. 나는 내 수업이 ________에 중점을 둘 때 가장 행복하다.
   주요 주제와 탐구 (A)
   학생들의 기분과 욕구 (V)
   프로젝트 활동 (K)

7. 나의 경우 어떤 것을 기억하기 위한 가장 좋은 방법은 (A)
   주의 깊게 듣고 피드백을 요구하기
   메시지를 머릿속에 그려 보기 (V)
   정보를 듣거나 사고하는 동안에 이리저리 움직이기 (K)

8. 만일 내가 처음으로 어떤 일을 시작할 때
   매뉴얼을 읽고 똑같이 되뇌인다. (A)
   지시문을 읽고 어떻게 할 것인지를 시각화한다. (V)
   해야 할 일들을 종합한 후 매뉴얼을 읽는다. (K)

9. 나는 ________ 발표자에게 주의를 기울이는 편이다.
   청중에게 열정을 가지고 말하는 (A)
   파워포인트나 OHP를 이용하며 말하는 (V)
   청중을 몇 개의 그룹으로 나누거나 짝을 짓게 하는 (K)

10. 나는 소설을 읽을 때 대체로
    앞으로 나아가면서 줄거리와 인물들을 분석한다. (A)
    마치 영화를 보는 듯이 줄거리와 인물들을 시각화해 본다. (V)
    조금씩 쉬었다가 읽으면서 줄거리와 인물에 대해 느껴 본다. (K)

11. 나는 가 보지 못한 약속 장소에 가야 할 때
    정확하게 쓰인 설명서가 필요하다. (A)
    명확한 약도가 필요하다. (V)
    먼저 그곳에 실제로 가 보고 난 뒤 어떻게 가는 것이 좋을지 알아둔다. (K)

12. 나는 새로운 사람들을 만날 때 ________을(를) 기억한다.
    그들이 내게 하는 말들 (A)
    그들의 외모와 옷차림 (V)
    그들이 나에게 대하는 행동 (K)

[채 점]
A, V, K에 응답한 개수를 세고 아래에 그 점수를 기록하시오.

As (청각적 응답) = (　　　)
Vs (시각적 응답) = (　　　)
Ks (촉각적/운동감각적 응답) = (　　　)

어느 하나의 강한 선호도가 있을 수도 있고, 두 개의 선호도가 같을 수도 있으며, 세 영역의 선호도가 거의 비슷할 수도 있다.

출처: 정종진, 임청환, 성용구 공역(2008), pp. 194-196.

다양한 학습양식을 고려하는 교수전략의 사용은 성공적인 뇌기반 학습의 교실을 만들기 위한 또 하나의 방법이다. 일과 중에 일정 시간만이라도 학생들이 선호하는 학습양식에 적합하도록 가르치는 것은 어려운 일이 아니다. 만약 교사가 시각적 · 청각적 · 촉각적/운동감각적 학습활동을 번갈아 사용한다면, 교사는 학생들의 학습양식에 적합하게 가르치는 책무를 기본적으로 수행하는 셈이 될 것이다. 교사가 학생들에게 그들의 선호하는 학습양식이 무엇인지 알아보기 위해 다음 '아동용 학습양식검사'를 활용할 수 있다. 만약 특정 집단에 있는 학생들이 대부분 시각적 학습자라면, 교사는 거의 모든 수업시간에 그들을 몰두시키는 교수전략을 채택하여 사용할 수 있다. 만약 학생 중에 촉각적/운동감각적 학습자가 소수 있다면, 교사는 가끔 학급의 모든 학생을 대상으로 촉각적/운동감각적 활동을 하면서 촉각적/운동감각적 학생들에게 선택해서 할 수 있는 독립 과제나 숙제를 부여할 수 있다.

검사를 실시한 다음, 여러 가지 학습양식에 대하여 설명해 주고 어느 것이 다른 것에 비하여 특별히 좋은 것이 아니라 단지 뇌 선호도에 불과하다는 것을 강조한다. 토론하는 동안에 학생들이 그들의 취미는 그들의 학습양식 선호도와 종종 관련이 있다는 것을 이해하도록 도와주어야 한다. 예를 들어, 시각적 학습자는 3D 퍼즐 쌓기, 자동차 용구 세트 모으기, 레고 사용하기,

노래 부르기, 색칠하기, 바느질하기 등등의 취미가 있을 가능성이 크다. 학생들의 학습양식과 취미 간의 상관관계에 대한 이해는 그 둘을 서로 관련짓는 데에 도움이 된다. 더욱이 교사는 학생들에게 그들이 선호하는 학습양식을 사용하게 하는 공부 전략과 학습 활동을 학생들과 공유할 수 있다. 이를 위해 앞의 교수전략을 활용한다.

교사가 수업시간에 학생들의 다양한 학습양식과 연계한 활동들을 전개하기 위해서는 선택의 기회를 제공하는 것이 주요 관건이다. 예를 들어, 교사가 시를 학습하는 단원에서 모든 학생이 좋아하는 시를 읽고 서로 함께 나누기를 원한다면, 교사는 학생들이 각자 자신의 학습양식에 맞추어 학습할 수 있는 선택의 기회를 제공할 수 있다. 청각적 학습자들은 학급의 전체 구성원 앞에서 시를 암송하는 활동을 할 수 있고, 시각적 학습자들은 시에 어울리는 삽화를 그려 소집단 내에서 공유하거나 시화전을 여는 활동을 할 수 있으며, 촉각적/운동감각적 학습자들은 소집단이나 학급의 전체 구성원 앞에서 시에 어울리는 행동을 연기하는 활동을 할 수 있을 것이다. 이처럼 학생들에게 자신의 학습양식에 맞는 활동을 할 수 있는 선택의 기회가 주어질 때 자신의 강점을 통하여 학습한 것을 증명해 보일 수 있는 기회를 줄 뿐만 아니라 교사의 교수목표를 충족시킬 수 있다.

여러분이 학습하기를 가장 좋아하는 방법은?

아동용 학습양식검사
The Children's Learning Style Questionnaire

다음 각 문항을 읽고 여러분에게 해당하는 답을 골라 ○표 하시오.

1. 여러분은 새로운 것을 어떤 방법으로 학습하기를 좋아합니까?
   ① 선생님의 설명을 잘 귀담아들음으로써
   ② 선생님께서 하시는 것을 봄으로써
   ③ 나 스스로 먼저 해 봄으로써

2. 여러분은 여가시간에 집에서 무엇을 가장 하고 싶습니까?
   ① 재미있는 책, 만화책 또는 잡지 읽기
   ② 페인트 칠하기, 색칠하기, 그리기 혹은 스케치하기
   ③ 레고나 블록 쌓기 혹은 무용하기

3. 여러분은 주말에 어떤 일을 가장 하고 싶습니까?
   ① 친구들과 전화로 수다 떨기 혹은 컴퓨터로 메신저 주고받기
   ② 악기 연주하기, 미술품 만들기 또는 음악 감상
   ③ 운동하기

4. 여러분이 전화번호를 기억하기 위해 잘 사용하는 것은 무엇입니까?
   ① 전화를 걸 때마다 큰 소리로 전화번호를 말해 본다.
   ② 전화번호를 머릿속에 그려 본다.
   ③ 전화번호를 공중에 써 본다.

5. 여러분이 영화를 볼 때 가장 좋아하는 것은 무엇입니까?
   ① 주요 등장인물들이 서로 주고받는 대화
   ② 주요 등장인물들의 의상, 경치, 특별한 광경
   ③ 영화를 보면서 내가 느끼는 감정(행복, 공포, 분노)

6. 여러분은 이야기를 읽을 때 어떻게 합니까?
   ① 단어들의 의미에 대해 생각해 본다.
   ② 내가 읽은 것들에 대해 마음속으로 그려 본다.
   ③ 등장인물들이 느끼는 감정을 느껴 본다.

7. 여러분은 '신기한 동물'을 다른 사람에게 설명할 때 어떤 방법을 선호합니까?
   ① 그 동물에 대해 말로 설명한다.
   ② 그 동물의 모습을 그린다.
   ③ 그 동물을 몸짓으로 흉내 낸다.

8. 나는 ________ 후에 가장 잘 이해한다.
   ① 그것에 대해 생각을 한
   ② 그것을 직접 눈으로 본
   ③ 그것을 몸소 시도해 본

9. 내가 시간을 보내기 위해 좋아하는 방법 중 하나는 ________이다.
   ① 음악 감상
   ② 컴퓨터, 비디오 게임
   ③ 쇼핑

10. 나는 새로운 사람을 만날 때, 주로 ________을 기억한다.
   ① 그 사람이 했던 말
   ② 그 사람이 입은 의상
   ③ 그 사람의 행동방식 또는 내가 느낀 감정

[채 점]
각 답지에 응답한 수를 모두 더하시오. 그리고 그 점수를 아래에 기입하시오.

①'s (청각적 학습자) = (   )
②'s (시각적 학습자) = (   )
③'s (촉각적/운동감각적 학습자) = (   )

한 가지 학습방법에 강한 성향을 보이는 사람도 있을 것이고, 두 가지 학습방법에 강한 성향을 보이는 사람도 있을 것이고, 세 가지 학습방법을 모두 활용하는 사람도 있을 것입니다. 여러분은 어떤 경우에 속합니까?

출처: 정종진, 임청환, 성용구 공역(2008), pp. 205-207.

다음은 각각의 학습양식을 위한 활동들을 모색하기 위해 과학교과와 국어교과를 통합한 수업의 한 실제다(정종진, 임청환, 성용구 공역, 2008).

▪ **주제**: 천둥과 번개(2, 3, 4학년)

▪ **목표**: 과학 목표-지구과학-천둥과 번개
① 천둥과 번개를 정의하기
② 역사적 관점에서 천둥과 번개에 대해 토론하기
③ 천둥의 다양한 소리를 확인하기
④ 천둥과 번개의 원인을 파악하기
⑤ 번개의 번쩍임과 천둥의 울림 사이에 몇 초 차이가 나는지를 재는 방법 학습하기
⑥ 번개가 생기는 과정 학습하기
⑦ 번개의 네 가지 형태(지그재그형, 줄무늬형, 리본형, 체인형)를 식별하기

▪ **읽기 목표**
① 수업시간에 교사와 함께 Patricia Polacco의 원작 『천둥 케이크(*Thunder Cake*)』를 읽기
② Judy Blume의 원작 『위대한 셰일라로 알려지지 않았더라면(*Otherwise Known as Sheila the Great*)』을 각자 읽기
③ 인터넷 검색으로 천둥과 번개에 대해 조사하기

▪ **통합 목표**
① 책과 인터넷 웹 검색에서 나오는 천둥과 번개에 관한 정보들을 종합하기

② 사람들은 누구나 두려움을 갖고 있다는 사실을 인식하는 것을 학습하기
③ 두려움을 극복하는 방법을 학습하기

필요한 자료

- 책: Patricia Polacco의 원작 『천둥 케이크』와 Judy Blume의 원작 『위대한 세일라로 알려지지 않았더라면』
- 미리 만들거나 구입한 천둥과자와 우유 혹은 주스
- Patricia Polacco의 책에 나와 있는 천둥과자 조리법을 복사한 용지
- CD 플레이어와 영화 〈왕과 나(The King and I)〉의 CD
- 각 학생에게 나눠 주기 위한 노래 〈즐거운 마음의 휘파람을 부세요(Whistle a Happy Tune)〉의 가사
- 천둥을 일으키기 위한 종이 주머니
- 번개를 일으키기 위한 섬광
- 천둥과 번개에 대한 웹 검색을 실행하기 위해 인터넷에 접근할 수 있는 컴퓨터

청각적 활동

- 학생들은 선생님과 함께 폭풍과 거미, 어둠, 광대, 개와 같은 것들 때문에 놀란 일에 대해 의견을 나누는 데 참여한다.
- 학생들은 『천둥 케이크』 책에 나오는 새로운 단어들에 대해 토론한다(sultry: 무더운, cooed: 인디언 소리, samovar: 러시아의 물 끓이는 주전자 이름).
- 학생들은 교사가 읽어 주는 Patricia Polacco의 원작 『천둥 케이크』를 귀 기울여 듣는다.
- 학생들은 폭풍에 대한 두려움을 극복하는 방법에 관한 책을 통해 관련 주제에 대해 토론한다.
- 학생들은 천둥과 번개에 대해 직접 교수법으로 가르쳐 주는 수업을 열심히 듣는다.
- 학생들은 천둥과 번개에 대한 토론에 참가하여 의견을 나눈다.
- 학생들은 〈왕과 나〉의 CD에 실려 있는 노래 〈내가 두려움을 느낄 때마다(Whenever I Feel Afraid)〉의 가사를 큰 소리로 읽는다.

시각적 활동

- 학생들은 『천둥 케이크』에 나오는 그림을 본다.

- 학생들은 Judy Blume의 원작 『위대한 셰일라로 알려지지 않았더라면』을 읽는다.
- 학생들은 천둥과 번개를 일으킨 가상 실연을 보고, 천둥과 번개 사이의 시간 간격이 몇 초인지를 재어 본다.

■ 촉각적/운동감각적 활동

- 학생들은 천둥 케이크(노란색의 천둥번개 케이크와 함께 초콜릿 케이크, 초콜릿 아이싱)를 조금 먹어 본다.
- 학생들은 〈왕과 나〉의 CD에 실려 있는 서정적인 노래 '내가 두려움을 느낄 때마다'를 들은 다음 따라 불러 본다.
- 학생들은 번개와 천둥을 행동으로 표현해 본다.

■ 청각적, 시각적, 촉각적/운동감각적으로 결합된 활동

- 학생들은 네 명으로 구성된 집단 속에서 자신이 느끼는 공포에 대해 토론한 다음, 자신의 공포에 대해 글로 써 본다.
- 학생들은 공포를 극복할 방법에 대해 글로 써 본다.
- 학생들은 공포와 그것을 극복하는 방법을 잘 나타낸 포스터를 만들어 본다.
- 각 집단의 학생들은 그 학급의 다른 학생들에게 그들의 공포에 대해 발표하고, 만든 포스터를 제시한다.

3. 다중지능에 따른 교수전략

기존 지능의 개념과 한계를 해결하기 위한 노력으로 제시된 Gardner의 다중지능이론(theory of multiple intelligences)은 우리 자신의 신경학적 강점과 약점에 대한 예리한 통찰력과 학생들을 가르치는 데 새로운 교수-학습방법을 제공한다. 다중지능이론에 따르면, 지능에는 한 가지 지능만 있는 것이 아니라 서로 다른 여러 가지 지능이 있으며, 사람마다 지능 프로파일(profile)이 다르고 강점지능과 약점지능이 있다. 개별화 교육의 관점에서 학생들의 다양한 능력과 독특성을 인정하고 그들의 지능 프로파일에 적합한 학습기회를 제공한다면, 학생들의 가능성과 잠재력을 좀 더 확장하는 데 도움이 될 것이다. 여기서는 다중지능이론의 기본 관점을 살펴본 다음, 다중지능과 관련된 뇌 영역과 다중지능별 적합한 교수전략에 대해서 알아본다.

1) 다중지능이론의 기본 관점

다중지능이론은 이름 그대로 일반지능과 같은 능력이 아니라 다수의 능력이 인간의 지능을 구성하고 있으며, 그 능력들의 상대적 중요성은 동일하다는 기본가정에서 출발하였다. 따라서 다중지능이론은 언어력이나 논리 · 수리력과 같은 한두 가지의 학업능력 위주로 인간의 지능을 평가하는 현재의 지능검사는 불공평한 검사이고, 마찬가지로 한두 가지의 학업능력만을 조장하는 현행 학교교육도 개인의 다양한 적성을 고려하지 않은 불평등한 교육으로 간주한다. 지능검사는 각기 다른 장점들이 드러날 수 있도록 달라져야 하며, 학교교육도 개인의 장점이 극대화될 수 있도록 개선되어야 한다는 것이다.

지금까지 지능이라고 하면 흔히 지능지수(Intelligence Quotient: IQ)를 의미했고, IQ는 1905년 프랑스의 Alfred Binet가 세계 최초로 지능검사를 만든 이래 100년 가까이 인간의 능력을 평가하는 잣대로 거의 절대적인 영향력을 행사해 왔다. 그러나 1960년대 이후에 접어들면서 IQ 검사에 대한 많은 문제점이 지적되었다. IQ 검사는 인간의 정신능력 중에서 극히 일부분의 지적 능력만을 측정할 뿐, 삶의 적응과 사회적 성공에 필요한 남들과 잘 어울리고 타인을 수용하는 사회적 능력이나 자신의 감정과 정서를 조절하고 관리하며 통제하는 정서적 능력을 전혀 측정하지 못한다. 또한 누가 언제 어디서 어떤 검사를 가지고 실시하느냐에 따라 검사 결과의 편차가 있기 때문에 IQ 자체가 부정확하며, IQ의 학업 성적에 대한 예측 적중률 및 졸업 후의 사회적 적응과 성공에 대한 비율이 예상만큼 높지 않기 때문에 IQ를 똑똑한 사람을 가리키거나 전반적인 인간의 능력을 가늠하는 잣대로 볼 수 없다는 것이다.

비록 기존의 지능검사가 IQ를 정확하게 측정해 준다 하더라도 IQ 검사는 교육적으로 큰 도움이 되지 못할 뿐만 아니라 오히려 부정적인 영향이 더 크다. 지능검사를 통해 IQ가 높게 나오면 다행이지만, IQ가 낮게 나오면 본인 스스로 자신이 보잘것없는 존재라고 생각하면서 의기소침할 수 있고 부모나 교사들 또한 공부 잘하기 틀렸다고 생각하거나 별 볼일 없는 아이로 판단하기 쉽다. 이러한 낮은 기대와 선입관은 낙인 효과를 일으켜 자신이 일이나 공부를 못할 것이라고 생각하게 하며, 일이나 공부를 못하는 것을 당연하게 여기는 태도를 갖게 할 수 있다. 이와 같이 IQ 검사는 긍정적 효과보다는 부정적 효과가 더 크며, 본인이나 주변 사람들에게 도움이 되는 방향으로 활용되지 못하고 있다.

그리하여 1970년 이후부터 새로운 개념의 지능이론이 등장하기 시작했다. 특히 최근 지능이론들의 가장 두드러진 특징은 지능의 개념을 협소한 학업 적성에서 벗어나 개인이 처한 맥락 속에서 발휘되는 정신의 개념으로 폭넓게 이해하려는 경향이다. 이러한 경향은 종래의 지능 개념이 주로 학교 상황에서 요구되는 논리력, 기억력, 언어력 등의 인지능력만을 강조하고, 학교 밖의 현실세계에서 가치 있게 여겨지는 다른 능력들을 무시한 것에 대한 반성에서 비롯되었다. 그리하여 새로운 지능 개념은 학업 적성 이외에 창의성, 사회적 능력, 예술적 재능, 정서 이해 및 표현 능력, 도덕성, 성격 및 동기 등을 포함시켜 확장되며, 또 과거보다 현실세계에서의 수행과 밀접하게 관련되는 특성을 띠고 있다. 이러한 최근 경향을 반영하고 주도하는 대표적인 이론이 Gardner가 제안한 다중지능이론이다.

Gardner의 이론적 단서는 1970년대까지 지능이론과 실제, 측정에서 중심축을 이끌어 온 지능검사, IQ, 요인이론에 대한 강렬한 비판과 함께 지능을 단일한 속성으로 개념화한 Spearman의 일반요인(g-factor)에 대한 저항에서 출발하였다. 즉, 다중지능이론은 지능이 단일하다는 사고(일차원적 접근, one-dimensional approach)에서 벗어나 인간의 정신, 마음을 다원적이라는 시각(다원적 접근, multi-dimensional approach 혹은 pluralistic view)에서 접근하고 있다. 지능이 단일한 요인이라고 주장하는 Spearman의 일반요인의 개념이나 지능검사 속의 문항을 푸는 능력을 통해 지능을 측정하려는 단순 접근법을 함께 거부한다. 인간의 지능은 다양한 얼굴(facets)을 갖고 있으며, 각 개인의 인지능력 및 인지 유형이 상이하다는 신념에서 출발한다.

다중지능이론이 중요시하는 지능의 다원적 개념은 지능이 문화의존적이고 상황의존적이라는 성질을 강조하게 된다. 다중지능이론에서는 한 문화 · 사회에서 그들의 삶에 필요한 기능이 무엇이며, 어떻게 키워 나가는가 하는 자연적 정보를 중요시한다. 예를 들어, 수렵 사회에서는 신체적 민첩성, 효과적으로 이동하는 능력, 자신을 둘러싼 자연환경에 대한 이해가 수계산 기능보다 중요하다. 중세 유럽의 도제제도에서는 신체적 · 공간적 · 대인관계적 능력에 더 강조를 두었다. 반면에 그로부터 400년 뒤인 오늘날의 서구사회에서는 언어적, 논리-수학적 기능을 더 강조하고 있다(Gardner, 1984). 남태평양 뱃사공에게는 별자리를 보고 방향을 가늠하고 무질서하게 몰려오는 파도를 헤쳐 가는 능력이 더 중요하며, 이것이 그들에게 중요시되는 지능적 활동이다. 마찬가지로 과학자, 시인, 작곡자, 조각가, 외과의사, 엔지니어, 무용수, 운동 코치에게는 각기 다른 인지능력이 요구된다. 이것은 곧 지능이 한 가지가 아니라 여러 가지 종류임을, 그리고 다양한 형태의 지능은 문화와 시대에 따라 그 중요성과 가치의 정도가 다르다는 것을 시사한다.

그리하여 Gardner(1993)는 지능을 "한 문화권에서 가치 있고 의미 있다고 여겨지는 특정 영역의 문제를 해결하는 능력 또는 특정 문화 상황 속에서 가치 있게 여기는 어떤 결과(산물)를 만들어 내는 능력" (김명희, 이경희 공역, 1998, p. 15)으로 정의하였다. 이러한 정의에 바탕을 둔 MI이론은 다음 세 가지 원리를 내세운다(Sternberg, 1990). 첫째, 지능은 단일한 능력요인 또는 다수의 능력요인으로 구성된 하나의 지능이 아니라 서로 별개로 구분되는 다수의 지능이 있다.

Gardner가 처음에 제안한 다수의 지능이란 언어, 논리수학, 시각공간, 음악, 신체운동, 대인관계 및 자기성찰 지능의 일곱 가지다. 그는 이러한 다수의 지능을 전제함으로써 각 지능을 구성하는 능력들이 서로 별개인 것을 강조하고, 또 각 지능은 그 자체가 하나의 독립된 체제(system)로서 기능하는 것이지, 이른바 '지능'이라는 상위체제의 일부로서 기능하는 것이 아님을 강조한다. 둘째, 이 지능들은 서로 자율적(독립적)이다. 다시 말해서, 이론상 어떤 지능의 조건에서 평가된 능력들은 다른 지능의 조건에서 사정된 능력들을 예측할 수 없다. 즉, 인간은 여러 다양한 종류의 내용에 대한 그의 능력은 있지만, 한 내용에 대한 그의 능력은 다른 내용에 대한 그의 능력과는 상관이 없다. 셋째, 지능은 서로 상호작용적이다. 각각의 지능이 별개로 기능한다고 해서 그들이 다 함께 작용할 수 없다는 것을 의미하지는 않는다. 가령, Gardner는 언어지능과 논리수학지능을 모두 필요로 하는 수학문장제 문제를 풀 때 두 지능의 기능이 서로 독립적이라 해도 함께 작용해야 문제를 풀 수 있다고 생각하였다. 이와 같이 그는 지능은 여러 종류가 있으며, 각각의 지능은 독립적인 기능이 존재하지만 지능이 요구되는 상황에서는 상호작용하면서 작용한다는 사실을 밝혔는데, 이는 다중지능이론의 기본 원리가 되었다.

Gardner는 인지와 상징 사용 능력의 발달과 손상에 대한 자신의 연구 결과를 바탕으로 Piaget 학파의 지능 견해에 어떤 결점이 있다고 생각했다. 가령, Piaget는 상징 사용의 모든 양상을 단일한 '기호적 기능(semiotic function)'으로 개념화하였지만(Piaget, 1962), Gardner는 언어적, 수리적, 도형적, 동작적 및 기타 다른 종류의 상징체계에는 각각 별개의 심리적 과정이 관여하고 있음을 경험적 연구(Gardner, Howard, & Perkins, 1974; Gardner & Wolf, 1983)가 밝혀 준다고 지적하면서 인간정신은 그것 자체가 모듈이라고 주장하였다. 그래서 하나의 상징을 능숙하게 다루는 사람이 다른 상징을 필연적으로 능숙하게 다루지 않으며, 또한 뇌손상 조건에서 하나의 상징 사용 능력의 손상은 다른 상징 사용 능력을 저하시키지 않는다고 간주하였다. Gardner는 각기 다른 형태의 상징 사용 능력은 대뇌피질의 각기 다른 부위에 의해 종속된다고 가정하였는데, 이는 단일 지능, 단일한 기호적 기능의 논리를 부정하는 것이다(황정규, 1997).

또한 Gardner는 전통적인 지능이론과 학교 형태의 상징 사용 능력은 학업이나 검사 상황에서 중요한 것이긴 하지만, 다른 형태의 상징 사용 능력 역시 인간의 인지 활동을 위해 중요하며 특히 학교 밖에서는 더욱 그러하다고 간주하였다. 만약 그런 두 형태의 상징 사용 능력만을 강조하는 지능검사를 사용한다면, 다른 형태의 상징 사용 능력이 우수한 사람의 지능은 자연히 낮게 측정되므로 그런 검사는 '지능-공평한(intelligence-fair)' 검사가 될 수 없다고 주장하였다. Gardner는 만약 다른 종류의 측정방법을 고안한다면 인간의 지능은 전혀 다른 프로파일을 보일 것이라고 주장하였다.

요컨대, 인간의 지능은 하나의 요인이 아니라 여러 요인으로 구성되고 각 지능 요인의 결합 형태에 따라 개인의 독특성이 결정되며(지능의 다원성), 문화권마다 성인의 일상생활에서 가치가 인정되는 지적 능력이 다르기 때문에 지능이란 특정 문화권에서 중요한 문제를 해결하는 능력 혹은 문화적 산물을 창출해 내는 능력이고(지능의 문화적 상대성), 각 지능은 비교적 서로 독립적이기 때문에 한 영역의 지능이 높다고 해서 다른 영역의 지능이 높은 것으로 예언할 수 없으며(지능의 독립성), 전통적인 지능검사는 주로 언어적, 논리수학적 영역에 국한되어 있고, 선다형이나 단답형과 같은 유형의 표준화된 필답고사는 다중지능 영역의 많은 부분을 설명해 줄 수 없기 때문에 수행평가나 상황에 기초한 더 공정한 지능평가도구가 만들어져야 한다는 것이(지능평가의 공정성) 다중지능이론의 기본 관점이라 할 수 있다.

2) 다중지능과 관련 뇌 영역

(1) 여덟 가지 다중지능

Gardner(1983)에 따르면, 인간에게는 무지개 색깔 수와 마찬가지로 일곱 가지의 지능이 함께 존재한다. 무지개가 빨강, 주황, 노랑, 초록, 파랑, 남색, 보라의 일곱 가지 색으로 구성된 것이라면, 인간의 소질과 적성 및 능력과 관련해 언어지능, 논리수학지능, 시각공간지능, 신체운동지능, 음악지능, 대인관계지능(인간친화지능이라고도 함), 자기성찰지능(자기이해지능이라고도 함)의 일곱 가지 지능이 존재한다고 보았다. 그러나 연구가 진행됨에 따라 Gardner는 자연탐구지능(자연친화지능이라고도 함)과 실존지능(영성지능이라고도 함)을 추가하였으며, 실존지능은 뇌에 해당하는 부위가 없을 뿐 아니라 아동기에는 거의 나타나지 않기 때문에 다른 여덟 가지 지능과는 달리 반쪽 지능으로 간주하였다. 그리하여 다중지능이론에서 말하는 다중지능에는 실존지능을 제외한 여덟 가지 지능을 가리키는 것이 보통이다. 여덟 가지 지능의 의미와 역할에 대해 살펴보면 다음과 같다(정종진, 2013).

① 언어지능(verbal/linguistic intelligence)

문학가나 언론인에게서 나타나는 재능으로 언어를 구사하고 말의 뉘앙스, 순서, 리듬, 의미에 대한 이해와 표현 능력을 말한다. 이 영역에서 높은 지능을 가지고 있는 사람들은 말하기를 좋아하며 이야기를 잘 만들고 글쓰기를 좋아한다. 이름과 장소, 날짜 등을 이유 없이 잘 외우는 사람들은 이 영역에 높은 능력이 있을 가능성이 크다. 학습과정에서 나타나는 대표적인 인지적 특성과 유형은 말하기, 토론하기, 글짓기다.

② **논리수학지능**(logical/mathematical intelligence)

아인슈타인과 같은 수학 · 과학 · 논리 분야의 천재들에게서 발견되는 능력으로 논리, 추리, 문제해결, 분석, 수학적 계산과 관련된 재능이다. 연역적 및 귀납적 사고를 잘하는 능력, 복잡한 수학적 계산과 사물 간의 논리성을 과학적으로 구성하는 추리능력, 추상적인 패턴과 관계들에 대한 인식능력 등이 포함된다. 이 지능이 뛰어난 사람은 실험을 좋아하고, 문제해결력과 사유기술이 돋보이며, 사건과 사물의 해석을 위하여 논리와 추론이라는 과정을 곧잘 따른다.

③ **시각공간지능**(visual/spatial intelligence)

건축가, 기술자, 조각가, 미술가에게서 발견되는 재능으로 현상이나 사물을 시각적-공간적 표현방식으로 변형하거나 발전시킬 수 있는 능력을 말한다. 이 지능이 뛰어난 사람들은 색깔, 모양, 공간, 형태 등의 관계를 민감하게 파악하며 3차원적인 공간세계를 정확하게 이해하고 변형할 수 있다. 또한 그림 그리기, 만들기, 디자인하기, 배열하고 재편성하기를 좋아하며 자신에게 주어지는 정보나 아이디어를 그림이나 이미지, 공간적 배열을 통하여 표현하는 데 관심을 둔다.

④ **신체운동지능**(bodily/kinesthetic intelligence)

운동선수, 무용가, 마술사에게서 나타나는 재능으로 외부의 자극과 정보, 문제를 자신의 육체를 통하여 인식하고 이해하는 능력과 자신의 신체적 동작을 완벽하게 통제하고 물체를 솜씨 있게 다루는 능력과 관련된다. 남들이 쉽게 하지 못하는 몸놀림이나 표현 등을 어렵지 않게 따라 하거나, 만지기를 좋아하고 돌아다니기를 좋아하며, 몸의 제스처를 자연스럽게 사용하는 사람은 이 지능이 뛰어나다고 할 수 있다. 신체운동지능이 높은 사람은 여기저기 잘 돌아다니고, 이것저것 만져 보면서 이야기를 하고, 몸으로 자신의 감정을 표현하는 것을 좋아하고, 스포츠나 무용 혹은 손을 이용한 신체 활동을 잘하며, 공이나 악기 같은 도구를 기술적으로 다루는 일에도 능숙하다.

⑤ **음악지능**(musical/rhythmic intelligence)

작곡가, 연주가, 성악가, 지휘자 등 음악가에게서 발견되는 음악적 재능으로, 자신의 감정을 음악적으로 잘 표현하며 소리의 다양한 특질인 높낮이, 리듬, 멜로디, 음색에 매우 민감하게 반응하고 표현할 수 있는 능력을 말한다. 여러 음의 독특한 차이를 매우 정확하게 인식하거나, 남이 의식하지 못하는 주변의 소리 자극에 매우 예민하게 반응하는 사람은 이 지능이 높다고 볼 수 있다. 음악지능이 높다고 해서 무조건 악기를 잘 다루는 것은 아니며, 음악지능을 효과적으로 발휘할 수 있는 분야가 연주 분야에 한정된 것은 아니다. 피아노의 정확한 음을 조율해 내는 것이나, 방송에서 나오는 효과음을 만들어 내는 것도 음악지능이 뛰어나야 할 수 있는 일이다.

⑥ **대인관계지능**(interpersonal intelligence)

카운슬러, 판매원, 석가모니나 간디, 소크라테스와 같은 종교인, 사상가 등에게서 발견되는 능력으로 사회적 지능(social intelligence)과 유사한 것이다. 다른 사람의 마음, 감정, 느낌을 잘 이해함으로써 다른 사람과 효과적으로, 그리고 조화롭게 일하는 능력을 말한다. 타인의 현재 마음 상태가 어떠한지 추론할 수 있고, 인간이 가지고 있는 상이한 감정의 다양한 특성을 잘 알고서 그에 맞게 올바른 대처양식을 개발할 수 있고, 여러 사람이 각각 공유하고 있는 차이점을 이해할 수 있으며 그에 근거한 유창하고 세련된 의사소통방식을 사용한다. 이 영역이 뛰어난 사람은 조직과 집단 내에서 협동을 항상 유지하며, 특정 목표를 달성하기 위하여 집단을 형성하고, 리더십을 구사하며, 심지어 갈등이 유발되었을 때도 조정과 협상의 기술을 통하여 사태를 잘 마무리한다.

⑦ **자기성찰지능**(intrapersonal intelligence)

자신의 감정을 잘 알고 다스리는 사람, 신체적 컨디션과 행동을 잘 조절하는 사람, 종교인에게서 발견되는 능력으로 자신의 느낌, 장단점, 특기, 희망, 관심 등 자기 자신의 본 모습에 대하여 더 객관적으로, 그리고 심층적으로 잘 파악하고 이해하는 재능을 말한다. 자기성찰지능이 높은 사람은 자신의 성격, 감정 상태와 변화, 행동의 목적과 의도에 대하여 명료한 평가를 내릴 수 있고, 자아에 대한 애착이 강하고 확신감도 강하기 때문에 독립적으로 문제를 해결하고 일하고자 하는 경향이 있으며, 자신을 위해 진지한 삶의 목표를 세우고 자아존중감이나 자기향상 욕구도 강하다. 또한 자신의 몸과 정신 상태를 누구보다 잘 알기 때문에 스스로 적절하게 제어할 수 있다.

⑧ **자연탐구지능**(naturist intelligence)

사물을 구별하고 분류하는 능력과 환경의 특징을 사용하는 능력을 말한다. 즉, 동식물이나 주변에 있는 사물을 자세히 관찰하여 차이점이나 공통점을 찾고 분석하는 능력이 자연탐구지능이다. 이 지능이 뛰어난 사람은 식물이나 동물을 좋아하고, 이를 잘 보존하기 위해 노력하며, 채집이나 자연 관찰 등을 즐긴다. 또한 기후에 관심이 많거나, 날씨를 잘 예측하기도 하며, 자연과학에 대한 흥미와 더불어 환경보존에 대한 관심도 높아서 사회 주변에서 일어나는 각종 환

[글상자 8-2] 무지개의 전설

다음 이야기는 무지개의 탄생에 관한 미국의 우화다(문용린, 2004).

아득히 먼 옛날, 색깔들 사이에 말다툼이 벌어졌다. 서로 자신이 세상에서 제일 중요하고 쓰임새가 많다고 우겼다.

초록이 말했다.

"나는 생명의 상징이야. 나는 세상의 모든 잎사귀에게 선택받았지."

파랑이 나섰다.

"그건 땅에서만 그럴 뿐이지. 하늘과 바다를 봐. 온통 파랗잖아?"

노랑이 비웃었다.

"해와 달 모두 노란색이야. 해바라기를 보면 온 세상이 미소를 짓지."

주황이 말했다.

"나는 건강과 힘의 색이야! 당근, 오렌지, …… 나는 비타민을 갖고 있어."

빨강이 참다못해 외쳤다.

"피가 없으면 사람들은 죽고 말아. 나는 정열과 사랑, 붉은 장미, 양귀비의 색이야."

그러자 보라가 벌떡 일어나 말했다.

"세상의 왕들은 모두 나를 선택해. 내가 권력과 지혜의 상징이기 때문이지. 모두 나를 존경한다는 걸 모르니?"

마지막으로 남색이 침착하면서도 강한 어조로 말했다.

"나는 고요함의 색이야. 겉으로 드러나지 않아도 나는 균형을 뜻하지. 마음의 평화를 위해서는 내가 필요해."

말다툼이 점점 심해지고 있을 때 갑자기 한 줄기 섬광을 시작으로 번개가 치고 비가 쏟아지기 시작했다. 색깔들은 무서워서 서로 바짝 기대었다.

비가 큰 소리로 외쳤다.

"바보들 같으니……. 쓸데없이 잘난 척하는 꼴이라니! 너희는 모두 세상에서 중요하고 각자 나름대로 쓸모가 있어. 서로 손을 잡고 나에게 가까이 와 봐."

색깔들이 손을 잡자 이루 형언할 수 없는 아름다운 무지개가 되었다. 비가 웃으며 말했다.

"자, 이제 다 함께 하늘을 향해 손을 뻗어 봐. 그러면 혼자서도 아름답지만 함께 어울렸을 때는 더 아름답고 영원한 희망의 상징이 될 거야."

무지개의 일곱 가지 색깔은 각기 나름대로 아름다움과 강점이 있지만, 일곱 가지 색깔이 함께 어우러졌을 때에는 무지개와 같은 더욱 아름답고 영원한 희망의 상징이 될 수 있다. 마찬가지로 인간도 각기 나름대로 강점과 재능이 있지만, 여럿이 어울려 조화와 균형을 이룰 때 서로의 존재가치를 인정하며 각자의 강점과 재능을 십분 발휘하여 무지개처럼 아름답고 시너지 효과를 가져올 수 있는 배려와 협동의 집단이나 조직을 창출할 수 있을 것이다.

경문제에 관심을 보이기도 한다. 누가 가르쳐 주지 않아도 화분이나 열대어를 잘 키우는 사람이나 애완동물이 유독 잘 따르는 사람도 자연탐구지능이 높은 것이다.

인간에게는 IQ 검사로 가늠하는 한 가지 지능만 있는 것이 아니라 누구나 여덟 가지 다중지능이 모두 존재하며, 각 지능의 높낮이는 지능별로 다르고 사람마다 차이가 있다는 것, 다시 말해 색깔로 표현하자면 다중지능은 여덟 가지 상호 구분되는 색깔을 띠며 그 색의 강도(밝기)는 사람마다 다르다는 것이 다중지능이론의 핵심이다. 이런 다중지능이론의 관점에서 보면, 교육이란 사람에게 잠재한 다중지능을 화려한 무지개로 펼쳐 보이게 하고, 강점지능을 잘 활용하고 약점지능을 보완해 주며, 각기 다른 저마다의 능력을 적극적으로 찾아내어 계발해 주는 것이라 할 수 있다.

(2) 다중지능의 관련 뇌 영역

뇌기능 분화 이론에 따르면, 지난 100년 가까이 사용되어 온 IQ 검사는 주로 언어 및 수리와 관련된 좌뇌의 능력만을 측정한다는 문제점이 있다. 그래서 Gardner가 뇌의 전반적인 기능을 측정해야 한다고 주장한 것이다. 그렇지만 그는 인간에게서 발견되는 기능이나 재능이 모두 지능이라고 볼 수는 없으며, ① 뇌손상에 의한 잠재능력의 분리 가능성 ② 특이한 능력을 보이는 인물(서번트, 영재 및 기타 예외적인 사람)의 존재 ③ 독특한 발달 이력과 최상위 수준 전문가의 존재 ④ 진화 역사와 진화적 타당성 ⑤ 심리측정학 자료의 근거 ⑥ 실험심리학적 근거 ⑦ 확인 가능한 일련의 핵심적인 정신작용 ⑧ 특정한 상징체계를 선호하고 사용할 수 있는 능력 등 여덟 가지 조건을 만족시켜야만 지능이라고 볼 수 있다고 하였다(김명희, 이경희 공역, 1998; 문용린 역, 2001).

이러한 여덟 가지 조건 중 하나가 뇌에서 어떤 부위와 관련이 있다고 입증되어야 한다는 것인데, 다중지능이론에서 말하는 개별 지능들은 독립적으로 작용한다는 것이 연구 결과 밝혀졌다. 뇌기반 학습의 관점에서 정말 중요한 사항은 개별 지능들이 뇌 속에 생리학적으로 자리 잡고 있는 장소가 각각 다르다는 점이다(Gardner, 1983). 신경생리학 연구에 의거하여, Gardner(1983)는 "적절한 관찰의 방법을 통해서 각 지능의 특성을 충분히 명확하게 나타낼 수 있다."(p. 9)라고 말하였다. 예를 들면, 읽기와 쓰기 혹은 말하기를 통하여 언어지능을 사용할 때, 우리의 뇌는 왼쪽 측두엽에서 뇌 활동이 증가한다. 색상과 그림, 혹은 찰흙으로 만든 조각을 통하여 시각공간지능을 사용할 때, 우리의 뇌는 오른쪽 후두엽에서 뇌 활동이 증가한다.

다중지능이론에서 말하는 여덟 가지 지능이 뇌의 어떤 부위와 관련되어 있는가? 언어지능과 관련된 뇌 부위는 전두엽과 왼쪽 측두엽이다. 왼쪽 측두엽은 언어의 이해와 표현에 기여하는 두 영역, 즉 브로카 영역과 베르니케 영역이 있다. 브로카 영역은 뇌의 언어 담당 영역으로 문법적인 문장을 만들어 내는 역할을 하며, 베르니케 영역은 좌반구의 영역으로 문장 전체를 이해하고 처리하는 역할을 한다.

논리수학지능과 관련된 뇌는 전두-측두엽과 두정엽 부위로, 전두-측두엽의 언어 영역은 논리적 영역에 중요한 역할을 하고, 두정엽의 시각공간 영역은 수의 계산에 더 중요한 역할을 한다.

시각공간지능은 공간 문제 해결에 가장 중요한 역할을 하는 우측 대뇌피질의 뒤쪽 영역과 관련되는 것으로 밝혀졌다. 이 부위가 손상되면 위치를 찾거나 얼굴 혹은 장면을 인지하거나 세부를 식별하는 능력이 떨어지는 것으로 알려져 있다.

신체운동지능은 신체의 움직임을 통제하는 역할을 하는 소뇌, 기저핵, 각각의 반구에 자리 잡은 운동피질과 관련된다. 이 부위가 손상되면 운동능력이나 신체 움직임에 변화가 생긴다.

음악지능은 주로 뇌의 우반구에서 담당하는 것으로 보인다. 언어를 담당하는 뇌 영역처럼 분명한 위치를 점하고 있는 것은 아니지만, 우뇌가 감성적인 부분과 음악적인 부분을 담당하는 것으로 알려져 있다.

대인관계지능과 관련해 중요한 역할을 하는 뇌 부위는 전두엽이다. 특히 전두엽이 손상되면 다른 문제해결능력은 정상이지만 인성에 심각한 변화가 초래된다는 연구 결과가 있다. 가령, 전두엽 피질을 손상시키는 피크병(Pick's disease: 치매의 일종)을 앓는 사람은 스스로 감정을 잘 조절하지 못하고 주위 상황을 의식하지 않는 이상행동을 보이거나 가게에서 물건을 훔치는 등 인격의 손상을 보인다.

자기성찰지능과 관련된 뇌 부위는 대인관계지능과 마찬가지로 인성 변화에 중요한 역할을 하는 전두엽이다. 전두엽의 아랫부분이 손상되면 짜증을 잘 내기도 하고 반대로 근거 없이 행복해하거나 조증 상태가 되는 다행증이 생기기도 한다. 그리고 전두엽의 윗부분이 손상되면 무관심, 무기력, 둔함, 무감정을 나타낼 가능성이 크다. 자폐증은 자기성찰지능이 손상된 전형적인 예라 할 수 있다.

자연탐구지능은 뇌의 어떤 부위와 관련이 있는지 아직 뚜렷하게 밝혀지지는 않았지만, 뇌가 손상된 사람 중에는 무생물 대상을 인식하고 이름을 붙일 수는 있는 반면 생명체를 확인하는 능력은 상실한 사람이 있다는 연구 결과에 비추어 볼 때 뇌와 연관이 있는 것으로 추정되고 있다.

3) 다중지능을 활용한 교수전략

(1) 다중지능 조사하기

Gardner(1983)는 대부분의 사람이 몇 개의 아주 잘 발달된 지능(강점지능)과 몇 개의 중간 정도 발달된 지능, 그리고 나머지 몇 개의 덜 발달된 지능(약점지능)을 가지고 있다고 여긴다. 교사는 학생들을 가르칠 때에 자신의 가장 잘 발달된 지능에 의지하고, 가장 덜 발달된 지능을 수업 계획에 결코 짜 넣지 않는 경향이 있다. 이것은 교사의 약점지능이 강점지능인 학생들에게는 매우 불행한 일이다. 그러므로 교사는 더 많은 지능을 수업에 통합하여 더 많은 학생이 심도 있게 학습할 수 있도록 해야 한다. 비록 처음에는 부자연스럽게 느낄지라도 학생들의 서로 다른 지능들이 활성화되게 하는 학습활동에 통합시키려는 노력은 상당한 가치가 있다.

교사가 담당 학급 학생들의 잘 발달된 지능, 중간 정도 발달된 지능, 덜 발달된 지능이 무엇인지를 알면, 연중 수업 계획을 짜는 데에 도움을 받을 수 있다. 예를 들어, 교사가 자연탐구지능에 강점이 있는 학생의 수가 많다는 것을 안다면, 더 많은 야외 활동을 계획할 수 있다. 만약 교사가 자기성찰지능에 강점이 있는 학생이 많다는 것을 알면, 좀 더 자기반성적인 수업을 계획할 수도 있다. 또한 학생들도 자기가 어느 부분의 지능이 잘 발달해 있고 어느 부분의 지능이 덜 발달해 있는가를 알면 학습 활동과 계획을 세우는 데에 도움이 될 수 있다. 예를 들어, 학급에서 가장 뛰어나게 책을 잘 읽지만 수학에서는 학습부진아인 학생이 자신의 언어지능은 잘 발달되어 있지만 논리수학지능은 덜 발달되어 있다는 것을 알고 또한 교사가 사람들은 특별한 주의 집중과 연습으로 그들의 약점지능을 발달시킬 수 있다는 것을 설명해 준다면, 그 학생은 뒤처진 수학성취도를 따라잡기 위해 일주일에 두 번 정도 방과 후에 남아서 수학공부를 하는 것에 동의할 수 있을 것이다. 교사와 학생 자신의 강점지능과 약점지능은 무엇인지를 알아보기 위한 성인용 다중지능검사와 아동용 다중지능검사를 각각 하나씩 제시하면 다음과 같다(정종진, 임청환, 성용구 공역, 2008).

성인용 다중지능검사

Multiple Intelligences Survey for Adults

각 문장을 읽고 여러분을 잘 나타내는 것에 체크하시오.
각 영역의 밑에 여러분이 체크한 것을 헤아려 점수를 계산해 보시오.

1영역

_______나는 공통적인 특징에 의해서 사물을 분류하는 것을 좋아한다.
_______생태학적인 문제들이 나에게 중요하다.
_______하이킹과 캠핑은 즐거운 활동이다.
_______나는 정원에서 일하는 것이 즐겁다.
_______나는 국립공원을 보존하는 것이 중요하다고 믿는다.

_______사물을 위계적으로 배치하면 나는 이해가 잘된다.
_______나의 생활에 동물이 중요하다.
_______우리 집은 적당한 장소에 재활용 시스템이 있다.
_______나는 생물학, 식물학, 동물학을 공부하기를 좋아한다.
_______나는 많은 시간을 집 밖에서 보낸다.
_______1영역에 체크한 총수
_______1영역의 점수 = 총수 ×10

2영역

_______나는 사물의 패턴을 쉽게 발견하고 포착한다.
_______나는 잡음과 소리에 주의를 집중한다.
_______나는 박자를 맞춰서 움직이는 것이 쉽다.
_______나는 악기를 연주하는 데 흥미가 있다.
_______시의 운율이 나의 호기심을 돋운다.
_______나는 운율을 띄우면서 기억하기를 좋아한다.
_______라디오를 듣거나 TV를 보는 동안에는 다른 일에 집중하기가 어렵다.
_______나는 여러 종류의 음악을 즐긴다.
_______연극보다 뮤지컬이 더 재미있다.
_______서정적인 오페라 풍의 노래를 기억하는 것이 나는 쉽다.
_______2영역에 체크한 총수
_______2영역의 점수 = 총수 ×10

3영역

_______나는 나의 물건을 단정하고 정연하게 유지한다.
_______한 단계 한 단계의 점진적인 지도가 큰 도움이 된다.
_______문제를 해결하는 것이 나에게는 쉽다.
_______나는 부주의한 사람한테는 쉽게 실망한다.
_______나는 암산을 빠르게 할 수 있다.
_______논리 추리를 요구하는 퍼즐이 재미있다.
_______나는 내 의문이 해결되기 전에는 숙제를 시작할 수 없다.
_______조직이나 구성이 나를 성공할 수 있게 돕는다.
_______나는 컴퓨터 스프레드 시트나 데이터 베이스의 작성과 같은 일을 하는 것이 보람 있다.
_______모든 것이 명확하게 이해되어야 한다. 그렇지 않으면 나는 불만족한다.
_______3영역에 체크한 총수
_______3영역의 점수 = 총수 ×10

4영역

_______나는 다른 사람과 가장 잘 상호작용하는 법을 안다.

_______많을수록 더욱 즐겁다.

_______스터디 그룹이 나에게는 매우 생산적이다.

_______나는 채팅을 즐긴다.

_______정치 활동에 참여하는 것이 중요하다.

_______라디오나 TV의 토크쇼가 재미있고 즐겁다.

_______나는 팀 플레이어다.

_______나는 혼자 일하는 것을 싫어한다.

_______클럽 활동이나 과외 활동이 재미있다.

_______나는 사회적 문제나 논점에 주의를 기울인다.

_______**4영역에 체크한 총수**

_______**4영역의 점수 = 총수** × 10

5영역

_______나는 내 손으로 어떤 것을 만들기를 좋아한다.

_______나는 오랜 시간 가만히 앉아 있는 것이 어렵다.

_______나는 실외에서 하는 게임이나 스포츠를 좋아한다.

_______나는 수화와 같은 비언어적 의사소통을 높이 평가한다.

_______건강한 신체가 건강한 마음을 위해서 중요하다.

_______취미나 심심풀이로 미술공예를 하는 것이 즐겁다.

_______춤을 통한 자기표현이 아름답다.

_______나는 공구를 가지고 일하기를 좋아한다.

_______나는 활동적인 생활스타일로 산다.

_______나는 어떤 것을 행함으로써 배운다.

_______**5영역에 체크한 총수**

_______**5영역의 점수 = 총수** × 10

6영역

_______나는 모든 종류의 자료를 읽는 것이 즐겁다.

_______노트해 놓는 것이 기억과 이해를 하는 데 도움이 된다.

_______나는 편지나 혹은 이메일을 통해 친구와 성심성의껏 접촉한다.

_______나는 나의 생각을 다른 사람에게 설명하는 것이 쉽다.

_______나는 매일 일기를 쓴다.

_______글자 퍼즐(word puzzle)이 재미있다.

_______나는 글쓰기가 즐겁다.

_______나는 재담, 철자 바꾸기 놀이, 두음(頭音) 전환 등과 같은 언어 놀이가 즐겁다.

_______나는 외국어에 흥미가 있다.

_______토론과 공석에서 말하기와 같은 활동에 참여하고 싶다.

_______6영역에 체크한 총수

_______6영역의 점수 = 총수 ×10

7영역

_______나는 나의 도덕적 신념에 대해 잘 알고 있다.

_______나는 학습 과제에 대하여 정서적인 애착을 가질 때 학습이 가장 잘된다.

_______공평하고 공명정대한 것이 나에게는 중요하다.

_______나의 태도가 내가 어떻게 학습하는가에 영향을 준다.

_______사회적 정의 문제는 나에게 중요하다.

_______혼자 일하는 것도 여럿이 그룹으로 일하는 것만큼 생산적일 수 있다.

_______나는 어떤 일을 한다고 동의하기 전에 왜 내가 그 일을 해야 하는지 알아야 한다.

_______나는 어떤 것에 대해서 믿을 때는 그것을 위해서 100% 노력한다.

_______나는 다른 사람을 도울 수 있는 대의에 소속되기를 좋아한다.

_______나는 잘못된 것을 바로잡기 위해서 기꺼이 청원하거나 탄원한다.

_______7영역에 체크한 총수

_______7영역의 점수 = 총수 ×10

8영역

_______나는 마음속으로 아이디어를 그릴 수 있다.

_______방을 재정돈하는 일이 나는 즐겁다.

_______여러 가지의 다양한 미디어를 사용하여 예술을 창조하는 것이 즐겁다.

_______나는 그래픽 조직자를 사용하면 잘 기억한다.

_______표현예술(공연, 연주 등)이 매우 즐겁다.

_______종이를 펼쳐 차트, 그래프, 표를 만드는 것이 좋다.

_______3차원의 퍼즐게임이 훨씬 즐겁다.

_______뮤직 비디오들은 매우 기운을 북돋운다.

_______나는 심상으로 사물을 회상할 수 있다.

_______나는 지도나 청사진을 읽는 데 능숙하다.

_______8영역에 체크한 총수

_______8영역의 점수 = 총수 ×10

[채 점]

차트의 아래쪽에 여러분의 가장 강한 다중지능(60~100점), 중간 수준의 다중지능(40~50점), 덜 발달된 다중지능(0~30점)을 써 넣으세요.

_______1영역 = 자연탐구지능

_______2영역 = 음악지능

_______3영역 = 논리수학지능

_______4영역 = 대인관계지능

_______5영역 = 신체운동지능
_______6영역 = 언어지능
_______7영역 = 자기성찰지능
_______8영역 = 시각공간지능

나의 가장 강한 다중지능(60~100점):
나의 중간 수준의 다중지능(40~50점):
나의 덜 발달된 다중지능(0~30점):

아동용 다중지능검사
The Connell Multiple Intelligences Questionnaire for Children

각 문장을 읽고 여러분에게 해당하면 체크하시오.

1영역
_______나는 라디오나 CD에서 노래 듣기를 좋아한다.
_______나는 TV에서 뮤직 비디오 보기를 좋아한다.
_______나는 음악 콘서트에 가기를 좋아하고 생음악을 듣기를 좋아한다.
_______나는 노래의 장단이나 멜로디, 랩을 잘 기억한다.
_______나는 음악 과목, 노래 과목, 혹은 악기 연주 과목을 선택한다.
_______나는 새 노래를 쉽게 배울 수 있다.
_______나는 노래하기를 좋아한다.

2영역
_______나는 미술수업을 좋아한다.
_______나는 그리기, 페인트칠하기, 찰흙으로 어떤 것을 만들기를 좋아한다.
_______나는 여러 명과 함께 퍼즐놀이를 하는 것을 좋아한다.
_______나는 블록, 레고, 모형을 사용하여 만들기를 좋아한다.
_______나는 비디오 게임 놀이가 좋다.
_______나는 어떤 것을 잘 생각하기 위해서 마음속에 그림을 그릴 수 있다.
_______나는 의상, 자동차, 머리와 같은 여러 스타일의 차이점을 잘 알아차린다.

3영역
_______나는 책, 잡지, 만화책 읽기를 좋아한다.
_______나는 어휘력이 풍부하고 새로운 단어를 배우기를 좋아한다.
_______나는 내 친구들에게 이메일 쓰기를 좋아한다.
_______나는 글쓰기를 좋아한다.

_______나는 단어게임, 십자말풀이, 단어 수수께끼 놀이를 좋아한다.
_______나는 생각과 아이디어를 나타내는 일기를 쓰는 것이 좋다고 생각한다.
_______나는 전화로 내 친구와 이야기하기를 좋아한다.

4영역

_______나는 동물들과 놀고 그들을 돌보기를 좋아한다.
_______나는 동물원, 공원, 수족관 가기를 좋아한다.
_______나는 밖에 나가 있는 것이 좋다.
_______나는 하이킹, 걷기, 밖에서 뛰기를 좋아한다.
_______나는 천둥, 눈, 비, 햇빛과 같은 자연의 변화를 관찰하는 것을 좋아한다.
_______나는 환경을 보호하고 재활용하는 것을 돕는다.
_______나는 나무, 암석, 꽃, 새, 곤충, 다람쥐와 같은 내 주위에 있는 것들에 대해 세밀한 주의를 기울인다.

5영역

_______나는 과학 실험하기와 과학박물관 가기를 좋아한다.
_______나는 대수나 수학 문제를 푸는 것이 재미있다.
_______나는 추리 문제를 푸는 것이 재미있다.
_______나는 숫자가 진짜 재미있다.
_______나는 생각을 많이 할 수 있는 장기나 컴퓨터 게임을 좋아한다.
_______나는 수학이나 과학과 관련된 TV 프로그램을 좋아한다.
_______나는 머릿속으로 수학 문제를 풀 수 있고 잘 추정할 수 있다.

6영역

_______나는 춤추기를 좋아한다.
_______나는 야구, 축구, 하키, 미식축구 같은 스포츠를 하기를 좋아한다.
_______나는 모형 조립하기, 구슬 세공, 바느질, 매듭짓기, 목공품 만들기를 좋아한다.
_______나는 연극, 촌극, 무언극에서 연기하기를 좋아한다.
_______나는 무엇에 관해 생각을 할 때 움직이기를 좋아한다.
_______나는 무술, 테니스, 달리기, 조깅, 스케이트보드와 같은 활동을 좋아한다.
_______나는 종종 정답을 감지할 수 있다.

7영역

_______나는 종종 친구와 함께하기를 좋아한다.
_______나는 도움이 필요한 사람을 돕는 것을 좋아한다.
_______나는 사람들과 그들의 삶에 관한 영화나 책 읽기를 좋아한다.
_______나는 항상 다른 사람이 어떻게 느끼고 있는지를 말할 수 있다.
_______나는 집이나 학교에서 활동을 조직하는 것이 즐겁다.

_______나는 혼자 시간을 보내는 것보다 다른 사람과 함께 시간을 보내는 것이 좋다.
_______나는 학급 토의 시간에 말하는 것을 좋아한다.

8영역
_______나는 몸소 어떤 일을 하길 좋아한다.
_______나는 다른 사람과 함께하는 것보다는 혼자 일하는 것이 좋다.
_______나는 나와 관련된 문제에 대해서 사고하거나 글쓰기를 하면서 시간을 보내는 것을 좋아한다.
_______나는 컴퓨터 게임을 하기를 좋아한다.
_______나는 언제나 나의 감정이 어떤 것인지 안다.
_______나는 일기에 나의 생각과 감정을 쓰기를 좋아한다.
_______나는 내가 무엇을 잘하고 못하는지를 안다.

[채 점]
여러분이 각 영역에 반응한 수를 센다. 각 영역에 체크한 수는 그 영역에서 얼마나 우수하고 영리한가를 보여 준다.

_______1영역(음악지능) _______5영역(논리수학지능)
_______2영역(시각공간지능) _______6영역(신체운동지능)
_______3영역(언어지능) _______7영역(대인관계지능)
_______4영역(자연탐구지능) _______8영역(자기성찰지능)

5점 이상이면 강점 영역, 3~4점이면 보통 수준의 영역, 3점 미만이면 덜 발달된 약점 영역임을 나타낸다.

여기서 지적해 둘 것은 이러한 형식적인 검사는 다양한 지능에 대한 실마리를 제공할 수 있지만, 절대적인 것은 아니라는 점이다. 학생들의 다중지능을 평가하는 최선의 도구와 실제 상황 평가방법의 가장 필수적인 요인은 관찰이다. Gardner(1983, 1993)는 학생들이 각 지능을 대표하는 상징체계를 조작하는 것을 관찰함으로써 학생들의 다중지능을 가장 잘 평가할 수 있다고 주장하였다. 예를 들어, 학생들이 어떻게 보드 게임과 같은 논리적 판놀이를 하며, 기계를 어떻게 조작하고, 어떻게 춤을 추고, 또 협동학습 집단에서 어떻게 논쟁하는가에 주목할 수 있을 것이다. 자연적 상황에서 학생이 문제를 해결하고 학교에서 제공하는 여러 가지 교수-학습 활동을 통하여 학생의 지적 능력이 어느 정도 향상되었는지 짐작할 수 있다(김명희, 이경희 공역, 1998).

Armstrong(2009)은 학생들의 뛰어난 지능을 알아보는 데 좋은 방법으로 두 가지를 들었다(김동일 역, 2014a). 하나는 학생들이 수업 중에 어떤 실수를 하는지 관찰하는 것이다. 언어지능이 뛰어난 학생은 자기 차례를 무시하여 불쑥 말하고, 시각공간지능이 뛰어난 학생은 낙서를 하거나 공상에 잠겨 있을 수 있고, 대인관계지능이 뛰어난 학생은 친구들과 얘기하며 떠들고, 신체운동지능이 뛰어난 학생은 잠시도 가만히 있지 못하고 움직일 수 있기 때문이다. 다른 하나는 학교에서 학생들이 자유 시간을 어떻게 보내는지 관찰하는 것이다. 다시 말하면, 아무도 그들에게 무엇을 하라고 말하지 않을 때 무엇을 하는지 혹은 학생들에게 여러 가지 활동 중에 마음대로 선택할 수 있는 시간을 준다면 무엇을 선택하는지를 보는 것이다. 언어지능이 우수한 학생은 책을, 시각공간지능이 우수한 학생은 도형 그리기를, 대인관계지능이 우수한 학생은 게임이나 잡담을, 신체운동지능이 우수한 학생은 손이나 행동을 통해 무엇을 구성하는 활동을 선호할 가능성이 크기 때문이다.

다중지능 평가도구로서의 관찰은 되도록 학생들이 동일한 과제를 수행할 때처럼 구조화되고 통제된 상황에서 일정한 간격을 두고 정기적으로 이루어지고 그 결과가 기록되는 것이 좋다. 통제되고 구조화된 상황에서의 관찰은 각 학생이 동일한 비구조적인 문제를 어떻게 대처하고 해결하는가에 대한 정보를 제공하고 지능의 패턴을 이해하는 데에 도움이 된다. 이러한 관찰 외에도 학생의 다중지능에 관한 평가 정보를 얻을 수 있는 방법은 체크리스트, 기록물 모으기, 생활기록부 살펴보기, 다른 교사와 면담하기, 부모와 면담하기, 학생에게 물어보기, 특별한 활동 수립하기 등 많다(김동일 역, 2014a).

한편, 교사는 학생들의 다중지능을 조사하고 그에 따른 교수전략을 모색하기 위해서 다중지능 영역별 잘 발달된 학생의 특성을 파악하고 있어야 하며, 관찰 시 그러한 특성을 보이는지 잘 살펴보아야 한다. 여덟 가지 지능별로 잘 발달된 학생의 특성을 제시하면 다음과 같다(이신동 외 공역, 2006).

읽기, 쓰기, 듣기, 말하기는 교육과정의 많은 부분을 차지하며 모든 교과의 학습에 필수적인 도구다. 수준 높은 교양인이 되기 위해서는 평생에 걸쳐 여러 다른 사람들과 다양한 텍스트, 그리고 자신의 저작 활동을 통해 언어적으로 유의미한 상호작용을 해 나가야 한다. 언어지능이 잘 발달된 학생은 다음과 같은 특성을 나타낸다.

- 소리, 리듬, 색상 그리고 다양한 구어를 듣고 반응한다.
- 다른 사람의 소리, 언어, 읽기 및 쓰기를 모방한다.
- 듣기, 읽기, 쓰기, 토론하기를 통해 학습한다.
- 효과적으로 듣고, 들은 것을 이해하고, 바꾸어 말하고, 해석하고, 기억하고, 분석한다.
- 효과적으로 읽고, 읽은 것을 이해하고, 요약하고, 해석 또는 설명하고, 기억한다. 하나 또는 그 이상의 장르를 즐긴다.
- 다양한 목적으로 다양한 청중을 대상으로 효과적으로 말하고, 시의 적절하게 또는 간단하게, 웅변적으로, 설득적으로, 또는 열정적으로 말하는 법을 안다.

- 효과적으로 글을 쓴다. 문법, 철자, 구두점 규칙을 이해하고 적용하며, 광범위한 어휘를 구사한다.
- 외국어 학습능력이 있다.
- 기억하고, 의사소통하고, 토론하고, 설명하고, 설득하고, 지식을 창출하고, 의미를 구성하고, 숙고할 때 듣기, 말하기, 쓰기, 읽기 기능을 사용한다.
- 모국어 사용을 잘하기 위해 노력한다.
- 원고 쓰기, 시 쓰기, 이야기하기, 토론하기, 말하기, 쓰기 또는 편집하기 등에 흥미를 보인다.
- 새로운 언어 형식, 독창적 저작 또는 구술적 의사소통방식을 만들어 낸다.

Gardner는 논리수학지능에는 다양한 종류의 사고기능이 포함되어 있다고 하였다. 이 지능은 수학, 과학, 논리라는 세 개의 서로 관련된 영역으로 이루어져 있다. 개인의 수학적 표현의 범위를 하나의 목록으로 작성한다는 것은 불가능하다. 그러나 논리수학지능이 잘 발달된 학생은 대체로 다음과 같은 특성을 지닌다.

- 환경에서 대상과 그것의 기능을 인식한다.
- 양, 시간, 인과관계에 대한 개념에 익숙하다.
- 구체적인 사물과 개념을 표현하는 데 추상적인 상징을 사용한다.
- 논리적인 문제해결을 잘한다.
- 유형과 관계성을 인식한다.
- 가설을 설정하고 검증한다.
- 다양한 수학적 기술(측정, 알고리즘 계산, 통계 해석, 그래픽 같은 시각적인 정보 표상)을 활용한다.
- 미적분학, 물리학, 컴퓨터 프로그래밍, 조사방법과 같은 복잡한 조작활동을 즐긴다.
- 증거 수집, 가설 설정, 모형 만들기, 반증 제시, 논증 제시를 통해 수학적으로 사고한다.
- 수학적인 문제해결에 공학적 기법을 사용한다.
- 회계사, 컴퓨터공학자, 법학자, 공학자, 화학자 등의 직업에 관심을 보인다.
- 과학이나 수학 분야에서 새로운 통찰을 지각하거나 새로운 모형을 창조해 낸다.

McKim(1980)은 그의 저서 『시각적 사고를 통한 경험(*Experiences in visual thinking*)』에서 시각적 사고는 오직 예술가에게만 사용되는 영역이 아니라 의사, 엔지니어, 사업가, 건축가, 수학자, 목수, 기계공, 축구 코치 등 모든 인간의 다양한 행동에서 발견할 수 있다고 하였다. 시각공간지능은 일상생활에서 옷을 고를 때, 공상할 때, 체스 게임을 할 때, 방에서 가구를 옮길 때, 여행 중 지도를 읽을 때도 필요하다. 이런 시각적 · 공간적 능력은 언제나 동일한 모양으로 나타나지 않는다. 어떤 아동에게는 그림을 그리는 능력으로, 다른 아동에게는 3차원 모형을 만들거나 미술 비평에 관한 능력으로 나타난다. 시각공간지능이 발달한 학생들은 다음과 같은 특성을 보인다.

- 사물을 보고 관찰하는 것을 통해 배운다. 얼굴, 물체, 형태, 색깔, 세밀한 부분, 특정 장면을 잘 인식한다.
- 자신이나 물체를 공간 속에서 효과적으로 조작한다. 몸을 움직여 좁은 틈을 빠져나가기, 인적 없는 숲에서 길 찾기, 많은 자동차 사이로 운전하기, 강에서 카누 조정하기 등이 여기에 포함된다.
- 정신적 이미지를 지각하고 생성하며, 그림으로 생각하고, 세밀한 부분까지 시각화한다. 정보를 재생시키는 방법의 하나로 시각적 이미지를 사용한다.
- 그래프, 차트, 지도나 다이어그램을 쉽게 이해한다. 도표로 표현하거나 시각적 매체를 이용하여 학습한다.
- 낙서, 소묘, 그림, 조소와 같이 대상을 시각적 형태로 재생하는 것을 즐긴다.
- 모형, 다리, 집, 컨테이너와 같은 3차원 구성물의 조작을 즐긴다. 대상의 형태를 머릿속에서 변환하는 능력으로 종이를 접어 복잡한 형태로 만들기, 전혀 새로운 형태를 시각화시키기, 여러 가지 부품이 한 기계의 틀 속에서 돌아가는 기어처럼 서로 어떻게 상호작용 하는지를 재정의하는 능력 등이 여기에 포함된다.
- 새로운 관점에서 다른 방법으로 사물을 본다. 마치 한 물체를 둘러싸고 있는 여백의 공간을 인식하거나 한 형태 속에 숨겨져 있는 또 다른 형태를 쉽게 찾는다.
- 겉으로 드러난 형태와 숨겨진 형태 모두를 동시에 인식한다.
- 정보를 실체화하거나 시각적으로 잘 표현해 낸다.
- 실재적인 방법과 함께 추상적인 방법으로 구상하는 데 능숙하다.
- 미술가뿐만 아니라 사진작가, 엔지니어, 비디오 작가, 건축가, 디자이너, 미술비평가, 비행사와 같이 시각적 성향을 지닌 직업에서 즐거움을 느끼며 능력을 발휘한다.
- 시각적 공간 매체 또는 예술 작품에서 새로운 형식을 창조한다.

Gardner에 의하면, 문제해결을 위해 신체 전부나 손과 같은 일부분을 사용하는 능력이 있는 사람은 신체운동지능이 잘 발달된 사람이다. 이 지능이 뛰어난 사람들은 운동선수, 무용수, 안무가, 마임 예술가, 배우 등이다. 어느 한 운동 영역에 숙달되어 있다는 것은 다른 운동 영역에서도 반드시 뛰어나다는 것을 의미하지는 않는다. 가령, 어떤 개인이 마임 예술에서 뛰어나다 할지라도 스포츠나 공예 영역에서는 그렇지 않을 수 있다. 다음의 목록은 운동 적성을 지닌 사람들에게 나타날 수 있는 잠재적 특성 목록이다. 모든 학습자가 모든 특성을 나타내는 것은 아니다. 어떤 부분은 다른 부분보다 훨씬 발달해 있다. 신체운동지능이 잘 발달한 학생은 다음 특성들이 나타날 가능성이 크다.

- 환경과 대상을 만지고 동작을 통해 탐구한다. 학습 내용을 만지고, 조작하는 것을 선호한다.
- 협응과 타이밍의 감각이 발달했다.
- 직접적인 개입과 참여로 최선의 학습을 한다. 들은 것이나 본 것보다는 동작한 것을 더 잘 기억한다.
- 현장학습, 모형 제작, 역할극이나 게임에 참여하기, 대상 조합하기, 신체 활동하기와 같은 구체화된 경험 학습을 좋아한다.
- 작업을 하는 데 대근육 · 소근육 운동으로 솜씨 좋게 일을 한다.
- 신체적인 환경과 체계에 대해 민감하고 반응을 잘한다.
- 행위, 운동, 무용, 바느질, 조각에서 기술이 뛰어나다.
- 신체적인 과제를 균형 있고 세련되게, 그리고 기민하고 정확하게 수행해 낸다.
- 몸과 마음이 하나 되어 신체적 수행을 완벽하게 해낸다.
- 건강한 신체적 기준을 이해하고 그 기준에 따라 생활한다.
- 운동선수, 무용수, 외과의사, 건축가와 같은 직업에 흥미가 있다.
- 무용, 스포츠, 또는 신체적 노력이 필요한 곳에서 신체적 기술에 새로운 접근법이나 새로운 형태를 만들어 낸다.

고대 철학자들은 음악을 교육의 일부분으로 생각했다. Platon은 리듬과 화성은 영혼의 안식 속에 깊숙이 파고들어 강하게 자리 잡고, 성숙한 인간에게서만 찾을 수 있는 몸과 영혼의 평안을 가져다준다고 말했다. 중세와 르네상스 시대에 음악은 기하학, 천문학, 대수학과 같이 교육의 네 기둥으로 간주되기도 했다. 음악은 각성 조절 요소, 단어의 전달 도구, 뇌를 자극하는 기폭원의 역할을 하며, 아이들은 리듬과 멜로디를 즐기며 음악을 듣고 음악 활동에 참여하는 것을 좋아한다. 음악 적성이 있거나 음악지능이 높은 학생들을 가려내는 것은 매우 복잡한 일이다. 음악적 능력의 범위가 대단히 넓기 때문에 한 사람이 모든 음악적 능력을 가지기는 어렵다. 예를 들어, 음악의 한 영역에서 성공한 사람이 다른 영역에서는 실패한 경우가 많다. 차이코프스키는 지휘에는 재능이 없어 6번 교향곡을 지휘하다가 연주를 거의 망친 적이 있고, 쇼팽은 피아노에 대해서는 천재적인 작곡가였으나 다른 악기를 위한 작곡에는 흥미를 보이지 않았다. 어떤 사람들은 음악 이론에 약하지만, 성악에서는 천재성을 보이기도 한다. 따라서 단지 몇 가지 능력을 파악하기 위해 만들어진 체크리스트를 이용해서 학생들의 음악지능을 확인하는 것은 어렵다. 그러나 다음의 항목들은 음악적 재능이 있는 학생들의 특성을 확인하기에 도움이 될 것이다. 이런 특성이 있는 학생들은 음악지능이 잘 발달해 있을 것이다.

- 인간의 목소리, 자연의 소리, 음악 등을 포함한 다양한 소리에 민감하게 반응하고 들으며 그런 소리를 의미 있는 형태로 조직하는 것을 즐긴다.
- 학습 상황에서 자연의 소리나 음악을 들을 기회를 찾고 즐기며 음악가로부터 배우기를 좋아한다.
- 음악의 분위기와 빠르기를 통해 정서적으로 음악에 반응하고, 토론과 분석을 통해 지적으로 음악에 반응하며, 지휘, 연주, 창작 또는 무용에 의해 신체적으로 음감에 민감하게 반응한다.
- 다양한 음악 양식, 장르, 문화적 다양성에 대해 토론하고 인식한다. 음악이 가지는 역할에 관심을 보이고, 인간의 삶 속에서 이런 것들이 유지되도록 노력한다.
- 음악과 음악에 관한 다양한 정보(녹음된 것과 인쇄된 것)를 모은다. 그리고 악기를 모으고 연주하는 것을 즐긴다.
- 혼자 또는 다른 사람들과 악기를 연주하거나 노래하는 것을 좋아한다.
- 음악 표기법과 표현양식을 즐겨 사용한다.
- 음악 감상을 위해 개인적 공간을 가지고 있다.
- 즉흥 연주와 소리 내는 것을 즐기고, 한 소절의 악보가 주어졌을 때 의미가 통하게 이 악보를 완성할 수 있다.
- 음악을 통해 작곡가가 전달하려는 것의 해석을 제공하고, 음악 형식의 선택과 비평 을 할 수 있다.
- 가수, 연주자, 음향기사, 악기제작자, 평론가, 음악교사 또는 지휘자가 되는 것과 같은 음

악 관련 직업에 관심을 보인다.
- 독창적으로 작곡하고 악기도 만든다.

영국의 심리학자 Humphrey(1976)는 사회적 지능이 가장 중요한 인간의 지능이라고 주장하였다. 그는 인간 마음의 가장 창의적인 활용은 사회성을 효과적으로 유지하는 것이라고 하였다. 사회적인 선견지명과 이해 때문에 많은 사람이 자신의 행동에 대한 결과를 생각할 수 있고, 타인의 행동을 예측하거나 잠재적인 이득과 손실을 결정하며, 지역적인 또는 그 이상의 대인관계에 관한 논쟁거리에 대해 성공적으로 대처할 수 있다. 대인관계지능이 잘 발달한 학생들은 다음과 같은 특성을 보인다.

- 부모와 유대관계를 쌓고 타인과의 상호작용을 잘한다.
- 사회적인 관계를 잘 형성하고 유지한다.
- 타인과 관련을 맺는 다양한 방법을 알고 활용한다.
- 타인의 감정, 생각, 동기, 행동, 생활방식 등을 잘 이해한다.
- 협동적인 일에 참여하고 팀의 구성원에서부터 지도자까지 적절하며 다양한 역할을 수행한다.
- 타인의 견해와 행동에 영향을 준다.
- 언어적 및 비언어적 방식으로 타인을 효과적으로 이해하고 의사소통한다.
- 다른 환경이나 집단 및 타인으로부터의 피드백에 적응한다.
- 사회적 및 정치적 이슈에 대한 다양한 견해를 고려한다.
- 중재기능이 발달해 있으며, 일반적인 대의에 따라 사람들을 조직하고, 연령이나 배경이 다른 사람들과 함께할 수 있다.
- 교사, 사회적 업무, 상담자, 관리자, 정치인과 같은 대인관계지향적인 직업에 관심을 보인다.
- 새로운 사회적 과정이나 모형들을 개발한다.

어린아이들은 종종 자신의 내적인 경험에 대해 호기심을 느끼게 되며, 자기성찰적인 다양한 활동으로부터 이득을 얻을 수 있다. 자기성찰적인 활동으로는 자기감독, 독립적인 학습방법, 조용한 시간 갖기, 상상의 기회, 작업을 하고 반성할 수 있는 사적인 공간 등이 있다. 또한 아이들은 그들의 감정을 밟아 가고, 목표를 세우고 성취하며, 자기인식과 자아존중감 획득에 대한 전략을 배움으로써 이득을 얻을 수 있다. 인생과 개인적인 야망에 대해 질문하고, 이러한 질문에 대한 해답을 찾는 것은 아이와 성인 모두에게 보람된 것이다. 자기성찰지능이 발달한 사람들의 특성을 설명하고자 할 때, 개인이 이 지능의 모든 측면에서 우수할 수 없다는 것을 알려주는 것이 중요하다. 예를 들어, 한 개인은 자신에 대해 정확한 내적인 이미지를 가질 수 있지만 긍정적인 자아존중감이 부족할 수도 있다. 또한 어떤 사람은 자기만족감을 보여 줄 수 있지만 자기현실성에 대해서는 부족할 수도 있다. 자기성찰지능이 잘 발달한 학생들은 다음과 같은 특성 중에서 몇 가지 특성을 지닐 수 있다.

- 감정의 범위를 인식한다.
- 감정과 생각을 표현하기 위한 방법과 통로를 찾는다.
- 자신에 대한 정확한 감정을 개발한다.
- 목표를 세우고 추구하도록 동기화된다.
- 도덕적인 가치에 따라 설정하고 살아간다.
- 독립적으로 일한다.
- 인생에 대한 방대한 질문을 한다. 의미, 관계성, 목적에 대해 호기심을 보인다.
- 지속적인 학습과 개인적인 성장을 도모한다.
- 내적인 경험을 추구하고 이해한다.
- 자신과 인간 상황의 복잡성에 대한 통찰을 얻는다.
- 자기현실성을 얻으려고 노력한다.
- 타인에게 권한을 준다.

인간은 모두 감각을 사용하여 세계를 탐구하고자 하는 자연주의자로 태어난다. 인간의 마음과 신체가 지닌 본질적 역량을 가지고, 감각적 지각을 통해, 활발한 관찰을 통해, 그리고 자신의 지각에 대해 의문을 제기하고 성찰함으로써 우리 주위의 환경을 경험한다. 학생들은 이러한 지능을 여러 방식으로 표출한다. 어떤 학생은 물체가 작동하는 방법을 이해하고자 하며, 다른 학생은 생물이 성장하는 것에 흥미를 보이고, 또 어떤 학생은 자연세계를 탐구하고 거기에 사는 것들을 보살피고자 하며, 또한 대상을 분류하고 그 패턴을 확인하는 것에서 기쁨을 얻는 학생도 있다. 사물 간의 차이를 기록하고 기억하는 능력, 자연세계에 대한 애정, 자연세계의 피조물 또는 체계와 더불어 상호작용하려는 욕구 등에서 남달리 뛰어난 학생들이 있다. 단일 목록으로 자연탐구지능이 표출되는 광범위한 특성을 다 열거할 수는 없지만, 그중에서 일부를 제시하면 다음과 같다. 일반적으로 자연탐구지능이 잘 발달한 학생들은 다음과 같은 특성을 나타낸다.

- 인간과 자연환경에 대해 흥미와 열정을 가지고 탐구한다.
- 사물, 식물, 동물 등을 좋아하거나 상호작용하고 확인하며, 관찰할 기회를 찾는다.
- 사물을 그들의 특성에 따라 범주화하고 분류한다.
- 대상의 종류나 종(種)의 구성원 사이에 일정한 패턴을 인지한다.
- 식물군이나 동물군, 사람이 만든 생산품 등의 생명 주기(週期)에 관심을 보인다.
- 사물이 작동하는 방식에 대해 이해하고자 한다.
- 시스템이 어떻게 변화하고 진화하는가에 대해 흥미를 보인다.
- 종(種) 사이의 관계, 자연 시스템과 인간이 만든 시스템의 상호 관련성에 흥미를 보인다.
- 유기체나 시스템을 연구하기 위해 현미경, 쌍안경, 망원경, 관찰 노트, 컴퓨터 등의 도구를 사용한다.
- 식물 · 동물 분류학이나 언어 구조나 수학적 패턴에 대한 분류 체계를 학습한다.
- 생물학, 생태학, 화학, 동물학, 임학, 식물학 전공 선택에 관심을 보인다.
- 새로운 분류학 체계나 생명주기이론을 개발하거나 사물과 시스템 사이의 상호 관련성과 새로운 패턴을 밝혀 낸다.

(2) 다중지능별 효과적인 교수방법

다중지능이론은 학생 개개인의 강점지능을 밝혀 강점지능에 맞는 교수전략을 사용함(김동일 역, 2014a)으로써 학생들의 성취도를 향상시킬 수 있다는 개별화 수업의 한 방법으로 가치를 인정받아 왔다. Kagan과 Kagan(1998)은 다중지능이론이 추구하는 교육의 목적은 학생 개개인의 잠재력을 개발하여 자아실현에 도달하도록 하는 것이며, 이를 위해서는 학생 개개인의 지능 프로파일에 맞는 개별화 교육이 이루어져야 한다고 하였다. 따라서 이를 위한 수업이란 연계(matching), 확장(stretching), 자축(celebrating)의 세 가지 과정이 이루어지는 수업이라고 한다. 연계란 학생들의 학업성취를 최대화하기 위하여 학생들의 지능 특성에 맞는 교수전략을 사용하는 것이다. 즉, 학생 각자의 강점지능을 확인하여 강점지능에 해당하는 수업전략을 제공함으로써 성취도를 향상시킴과 동시에 강점지능을 더욱 강화시켜 줄 수 있다. 확장이란 강점지능뿐만 아니라 모든 지능의 발달을 최대화하기 위하여 모든 지능을 경험할 수 있도록 교육과정을 개발하여 제공하는 것이다. 즉, 모든 지능 영역에서 학습경험이 이루어지기 때문에 약점지능도 개선시킬 수 있다. 그리고 자축이란 학습과정을 통해 자신과 동료 학생들의 지능 특성을 이해함으로써 얻게 되는 기쁨을 의미한다. 즉, 자신과 동료 학생들의 강점지능과 약점지능을 인식하고 그들 간의 차이점이나 다양성을 인정하게 되며, 결국 학생 스스로 다중지능이론을 발견하게 되는 기쁨을 느낄 수 있다.

자축은 다중지능을 활용한 수업이 추구하는 일차적 목적이라기보다는 이차적 효과라고 보고 제외한다면, 다중지능을 활용하는 두 가지 수업 절차를 생각할 수 있다. 즉, 학생 개개인의 강점지능에 초점을 맞추어 강점지능만을 활용하는 수업(연계)과 강점지능은 물론 약점지능까지 다루는 통합교육 모형(확장)의 두 가지다. Kagan과 Kagan(1998)은 학생 각자의 강점지능을 더욱 개발시켜 주기 위해 강점지능에 적절한 교수전략을 활용하는 '연계'가 필요하며, 사회가 요구하는 다양한 능력을 기르고 학생 자신의 잠재력을 최대화하기 위해 다중지능의 '확장'이 필요하다고 주장하였다. 따라서 다중지능을 수업에 활용하는 방안은 다음의 두 가지로 구분할 수 있다(박효정 외, 2006).

첫째, 각 학생이 어떤 지능 영역에 강점이 있는지를 확인한 후, 그 영역에 맞는 교수방법을 채택함으로써 각 학생에게 최적의 교수방법, 즉 교수방법의 개별화를 추구하는 방법이 있다. 즉, 학생의 강점지능을 집중적으로 개발시켜 주는 데 목적이 있다면 이 방법이 유리할 것이다. Kagan과 Kagan은 이런 접근방식을 학생의 강점지능에 맞도록 교수전략을 '연계'하는 것이라고 하였다. 즉, 가장 일반적인 교수방법인 강의식 혹은 설명식 수업은 언어지능과 논리수학지능이 뛰어난 아동에게는 적절한 교수방법이지만, 다른 영역의 지능은 뛰어나지만 이 두 영역의 지능에서는 떨어지는 학생에게는 적절한 교수방법이 되지 못한다. Armstrong(2009)은 지능 영역별로 사용할 수 있는 교수방법을 다양하게 소개하고 있으며, 개인교수(mentorship)나 도제(apprenticeship) 식의 교수방법도 효과적이라고 한다(김동일 역, 2014a).

둘째, 학생이 다중지능들을 골고루 학습함으로써 약점지능을 개선하는 것은 물론 전인교육이라는 궁극적인 목표를 추구하는 교수방법이 있다. Walters와 Gardner(1986)는 통상 수학의 원리를 학습하는 데 어려움을 겪는 학생의 경우에는 논리수학지능이 뒤떨어지는 것이 그 이유인데, 이를 분석해 보면 수학의 원리라는 학습내용이 논리수학의 성격을 지닌 방법을 통해 가르쳐지고 있다고 하였다. 따라서 논리수학지능이 뒤떨어지는 학생에게는 논리수학지능을 요구하지 않으면서 그 학생이 잘할 수 있는 지적 영역, 가령 음악지능이나 신체운동지능을 이용하면 제대로 학습할 수 있다고 한다. Kagan과 Kagan은 이런 접근방식을 '확장'이라고 하였다. 여기에서는 학습자의 특성에 맞는 교육이란 학습자가 강점으로 지니고 있는 지능을 확인하여 그 지능을 활용한 교수방법이나 학습방법을 제공하는 것을 뜻하며, Gardner는 이를 학습의 이차적 통로(secondary route)라고 하였다.

앞에서 언급한 바와 같이 다중지능이론에서는 모든 학생은 최소한 한 가지 우수한 지능을 갖고 있으며 이 지능을 이용하여 가르치면 성공적으로 학습할 수 있다는 점을 가정하고 있다. 이것은 현재의 교육 상황에서 강조되는 언어지능과 논리수학지능이 부족한 학생이라도 어떤 특정 영역에서 우수한 능력이 있다면 그러한 능력을 길러 줄 수 있는 여건과 환경을 조성해 줌으로써 놀라운 발전을 보일 수도 있다는 것을 의미한다. 이와 같이 다중지능이론에 근거한 교수-학습 활동은 개개 학생의 특수성을 발견하고 그에 적합한 교수-학습 활동을 수행함으로써 학생들의 잠재력을 길러 줄 수 있다는 장점이 있다. 이러한 다중지능이론이 실제의 교수-학습 활동에 주는 시사점은 다음과 같다(박효정 외, 2006).

첫째, 지능을 개발하기 위한 교수-학습 활동은 발달 단계에 따라 달라진다. 유아기에 적합한 교육환경은 청소년기에는 적합하지 않으며, 좀 더 큰 아이들에게 적합한 특정 부호체계는 어린 아동들에게는 적합하지 않을 수 있다. 따라서 교수-학습 내용이나 교수-학습방법이 발달 단계와 일치할 때만이 도움을 받을 수 있다. 예컨대, 음악교육에서 스즈키 교수방법은 부호체계를 전혀 가르치지 않은 채로 아주 섬세한 연주기교를 배울 수 있게 해 준다. 그러나 이 방법은 유아들에게는 도움이 될 수 있지만 더 큰 아이들에게는 오히려 음악지능을 개발하는 데 방해가 될 수 있다(김명희, 이경희 공역, 1998). 이러한 점은 어떤 교수-학습방법에서도 마찬가지겠지만 특히 다중지능이론에 근거한 교수-학습 활동에서는 학생의 발달 단계를 정확히 파악하는 일이 중요하다.

둘째, 다중지능이론에 근거한 교수-학습 상황에서 교사는 우선적으로 학생의 여러 가지 능력 중 어느 측면에 강점과 약점이 있는지 정확하게 확인해야 한다. 교사는 수업장면에서 학생들의 지능을 어떻게 개발할지에 관심을 두어야 하는데, 교사가 학생의 지능을 개발하기 위한 방법과 교수방법을 지능 영역별로 제시해 보면 다음과 같다(김동일 역, 2014a; 김명희, 이경희 공역, 1998; 이신동 외 공역, 2006; Lazear, 1999 참조).

언어지능은 지능 중에서 교수방법의 개발이 가장 쉬운 지능이다. 언어지능을 활용하는 교수-학습 활동으로는 교과에 관계없이 교과서, 워크북, 강의, 스토리텔링(storytelling), 브레인스토밍(brainstorming), 테이프 녹음(tape recording), 시, 일지 쓰기, 글짓기, 문집 · 신문 만들기 등이 있다. 이 밖에 낱말 게임을 하거나 세미나에 참가하는 것도 언어지능을 개발할 수 있는 방법이다. 특히 언어지능은 자신감의 영향을 많이 받기 때문에 안정된 분위기에서 교사가 언어의 모델이 되어 동화 구연, 소리 내어 읽기 등을 지도해야 한다.

논리수학지능을 개발하기 위한 교수방법으로는 각 교과 영역의 학습 내용에 나오는 숫자 계산하기, 논리적 사고를 길러 주기 위해 정보들을 분류하고 범주화하기, 교사와 학생 간의 소크라테스 식 문답법 활용하기, 해결하고자 하는 문제에 대한 비유나 유추, 문제의 가능한 해결방법 모색, 발견법과 과학적으로 사고하기 등이 있다.

시각공간지능을 활성화하는 데 효과가 있는 교수방법으로는 학습 내용을 그림 또는 심상으로 정확하게 표현해 보기, 학습 내용에 색을 사용하여 내용을 변별하고 분류 또는 범주화하기, 어떤 사물이나 생각을 시각적 이미지로 나타내는 그림 은유법, 과제의 핵심 · 요점 · 주제 등을 간략한 그림으로 표현해 보는 아이디어 스케치(idea sketching) 및 학습해야 할 개념을 상징적인 도표 등을 사용하여 칠판에 상징적인 그림 그리기 등이 있다.

학생들이 학습을 신체감각 수준에서 체험할 수 있는 신체운동지능을 활용하는 교수방법으로는 손 들기와 같이 신체 동작으로 표현하기, 학습할 내용을 극화해 연출하거나 역할놀이와 같은 교실 연극 하기, 몸짓이나 판토마임을 통해 어떤 개념이나 말을 표현하기, 사물을 직접 조작하거나 손으로 만들어 보기, 수 세기나 셈하기를 할 때 손가락 등 신체를 활용하여 학습 활동하기(계산 등) 등이 있다.

음악을 핵심 교육과정에 통합시키는 음악지능을 활용한 교수방법으로는 학습내용의 요지를 추려 노래, 랩 음악, 리듬 치기, 창의 리듬 형태로 바꾸기, 학습주제와 맞는 음악을 통해 교육 내용을 보충하는 데 도움을 주는 디스코그래피(discography: 특정인이 연주 · 작곡 · 수집한 모든 음악 목록) 전략, 배경음악을 통한 학습 정보의 효과적인 전달 및 기억에 도움을 주는 초기억 음악(supermemory music), 어떤 개념 · 유형 · 도식 등을 음조로 표현하기, 학습주제와 맞는 수업 분위기 조성하기 등이 있다.

대인관계지능을 활용하는 교수방법으로는 집단학습이나 협동학습 등이 있다. Campbell, Campbell과 Dickinson(1996)은 대인관계지능 및 자기성찰지능이 전통적인 경쟁 분위기보다는 협동학습이나 집단학습의 과정에서 길러질 수 있으며 협동학습을 통해서 학생들은 소속감을 느끼고 자신을 보살펴 주고 있다는 느낌 속에서 효과적으로 학습한다고 주장한다(이신동 외 공역, 2006). 특히 대인관계지능을 위해서는 또래 나눔 활동(peer sharing), 학생들이 여러 가지 조각 형태로 모여 어떤 생각, 개념 혹은 학습목표를 집단적으로 표현하는 방법인 공동체 조각(people sculpture) 방법, 소집단을 활용하여 공통 목표 달성을 도모하는 협동집단(cooperative group) 방법, 비형식적 상황에서 학생들이 보드 게임(board games)을 통해 학습하는 방법 및 가상환경을 만들어 학생들이 학습 과제나 자료를 직접 체험하도록 하는 모의 학습 방법이 효과적이다.

자기성찰지능이 발달한 학생에게 지나친 사회적 분위기는 오히려 공포를 불러일으킬 수 있다. 따라서 이러한 학생들에게는 학생이 혼자 지낼 수 있는 시간을 주어서 자율적인 존재로서 자기의 개인적인 삶을 추구하고 자기 개성을 신장할 수 있도록 다음과 같은 교수방법을 활용할 필요가 있다. 즉, 강의나 토의 또는 프로젝트를 수행하는 등 활동 중에 잠깐(1분) 반성하기, 질문을 통해 학생들의 개인적 희망, 감정 혹은 경험을 교수내용과 결합시키기, 학생들에게 그들의 학습경험을 스스로 결정할 수 있는 선택의 기회를 부여하는 선택시간 전략, 수업 중에 학생들에게 웃거나 화내거나 자신의 의견을 강력하게 표시하거나 혹은 흥분하는 등 여러 가지 정서를 느끼고 표현할 수 있는 감정이 실린 순간을 경험하도록 하는 방법 및 학생들에게 자신을 위해 목표를 설정할 기회를 제공하기 등이다.

자연탐구지능을 활용한 교수방법으로는 자연과 야외에서 학습할 기회를 제공하고, 교실과 학교 건물 안에서 좀 더 자연탐구적인 재료를 가져와 이용하는 것이 있다. 즉, 자연 속 산책(nature walks: 학교에서 걸어갈 수 있는 거리에 위치한 숲속 걷기)을 하고, 학습을 위한 창밖 보기를 하고, 교구로 식물을 활용하고, 학교 동물원과 식물원을 두어 동식물을 기르고, 자연환경-생태교육을 실시하는 것이다. 수업 자료나 내용에서 요소 간 차이나 공통점, 특징을 발견하기 등도 자연탐구지능을 활용하는 교수방법이다. 예를 들어, 곤충이나 식물 특징을 관찰 혹은 발견하거나, 위인의 일생이나 역사적 사건에서 어떤 것을 발견하게 하는 것이다.

(3) 다중지능 활동을 위한 학습센터의 활용

다중지능이론을 학교교육에 적용하고, 다중지능 수업이 교육적 효과를 가져오기 위해서는 교실환경 구성이 중요하다(Campbell, 1996). 교실환경 구성은 소집단, 전체집단, 개별집단으로 나누어지며 기존 교실의 배치가 8개 지능에 따른 학습센터(learning center: 우리나라에서는 코너 학습 혹은 자리 학습이라고 일컬음)로 나누어진다. 학습센터란 학생들이 학습 자료를 활용하면서 학생들이 공부해야 할 하나의 영역 또는 여러 영역을 혼자서 혹은 두서너 명이 상호작용하면서 학습 활동을 하는 교실 내의 학습 장소다. 학습센터는 그 센터 내에서 학생들이 다양한 활동을 하도록 안내하고 강화하고 학습을 펼칠 수 있도록 하는 곳인데, 때로는 교사의 도움 없이 학습자 혼자서 공부하기도 하는 곳이다. 이러한 학습센터가 필요한 이유는 다음과 같다(박효정 외, 2006; Optiz, 1994).

첫째, 학생들이 몇 가지 센터에 선택적으로 참여하고 팀 리더 역할을 해 봄으로써 리더십을 발달시킬 수 있고, 주인 의식을 가질 수 있으며, 스스로 자신을 평가해 볼 수 있다.

둘째, 학습센터에서 서로 다른 그룹과 함께 학습하면서 협동심을 기를 수 있고, 상대방에 대한 깊은 이해를 발달시키며, 대인 친밀감을 증대시킬 수도 있다. 동시에 또래 간의 도움으로 학습이 증진될 수도 있다.

셋째, 학습센터는 학생이 스스로 자료를 다루어 보면서 스스로 학습방법을 배우고 다양한 활동을 계속적으로 진행함으로써 교사의 규제 없이 스스로 결정하는 자율적 학습이 더 자주 일어날 수 있다.

넷째, 학습센터 내의 그룹에서는 학생 상호 간 문제해결에 도움이 되는 자원이 되어 서로의 지식과 능력을 공유하도록 자극받음으로써 더 많은 양의 학습을 할 수 있는 잠재력이 발휘될 수 있다.

다섯째, 센터 내에서 다양한 활동과 자율적 학습이 이루어지기 때문에 학생들이 학습센터의 활동을 마칠 때쯤이면 교사는 학생의 흥미, 태도, 학습습관, 학습기술 등을 관찰하여 정보를 얻을 수 있어 학생들에 대한 이해가 증진될 수 있다.

여섯째, 학생들에 대한 정보를 많이 수집할 수 있어 학생의 학습능력, 요구, 관심 등에 대해 교사가 반응할 수 있고 학생들에게 의미 있는 학교 학습이 될 수 있는 전반적인 학습활동 계획을 세울 수 있다.

일곱째, 전통적인 학습환경에서 빛을 발하지 못하던 학생들이 공동학습의 경험이나 개별학습의 과정을 통해 뛰어난 창의력을 발휘할 기회를 가질 수 있게 되고 그들의 성취감을 증가시킬 수 있다.

여덟 가지 다중지능을 기초로 한 교실 모형은 다음과 같이 다양하게 꾸밀 수 있다(Campbell, 1996).

- 전통적 교수방법을 사용하는 상황에서 여덟 가지 지능을 활용한 다양한 수업방법으로, 이는 다중지능이론을 처음으로 수업에 적용하는 교사에게 가장 적절한 방법이다.
- 소집단 학습을 지속하기 위한 매일 여덟 개의 학습센터를 구성한다.
- 학생들이 융통성 있는 다양한 선택을 할 수 있도록 세 개에서 다섯 개의 학습센터를 설치한다.
- 두 명 이상의 교사가 팀 티칭으로 교수-학습에 참여하기 위해 적당한 장소에서 여러 개의 교실을 통합하는 종합학습센터 모형으로 구성한다.
- 하루에 하나의 지능을 강조하는 교실 모형으로 8일이 지나면 모든 학생이 여덟 개의 지능 영역을 모두 학습하고, 9일째에는 선택의 기회를 부여하는 교실 모형으로 구성한다.
- 프로젝트 학습을 하는 경우와 같이 학생들 개인의 흥미에 의해 학습자 자신이 자유롭게 센터를 직접 선택한다. 교사는 각 센터에 적절한 자료를 제공함으로써 학생들의 수업에 촉진제 역할을 한다.
- 특정 지능 영역에서 부모나 지역인사들의 도제 식 실습 프로그램을 통해 광범위한 지식과 기술을 개발할 수 있도록 하는 심층적 기술개발 지원 교실 모형이 있다.

교실환경으로 여덟 가지 지능에 따른 학습센터를 구성하는데, 센터의 이름은 지능에 따라 정하기도 하고 그 지능 분야에 뛰어난 대표 인물로 정하기도 한다. 언어지능센터 혹은 셰익스피어센터, 논리수학지능센터 혹은 아인슈타인센터, 신체운동지능센터 혹은 마이클조던센터, 시각공간지능센터 혹은 피카소센터, 음악지능센터 혹은 모차르트센터, 대인관계지능센터 혹은 테레사수녀센터, 자기성찰지능센터 혹은 디킨슨센터, 자연탐구지능센터 혹은 파브르센터가 그 예라 할 수 있다. 우리나라의 대표적 인물을 사용하여 언어지능센터는 세종대왕센터, 논리수학지능센터는 장영실센터 등으로 명명할 수도 있다. Campbell(1996)은 다중지능이론을 수업에 적용하기 위해서는 프로젝트 식으로 먼저 주제를 선정하고, 그 주제에 따른 하위목표를 기술한 다음, 여덟 가지의 다중지능 관점에서 각 지능을 강화시키는 교수-학습 활동을 전개해야 하며, 학생들은 여덟 가지 방법으로 각각 학습할 센터에 가서 다양한 작업과 활동을 할 기회를 가져야 한다고 말한다. 예를 들어, '여름'이라는 단원이 있다면 다중지능 영역별 학습센터에서의 구체적인 작업과 활동은 다음과 같다(박효정 외, 2006).

- 언어 학습센터: '여름' 동안에 하고 싶은 일에 대해 글을 쓰거나 시를 쓰고 낭송하기
- 논리수학 학습센터: 여름방학이 며칠인지 계산해 보고, 시 · 분 · 초로 환산하기
- 시각공간 학습센터: 여름방학에 할 일을 그림으로 그리기(집단 벽화 그리기)
- 신체운동 학습센터: 진흙으로 여름을 상징하는 물건 만들기, 여름과 관련된 일의 역할 연기하기
- 음악 학습센터: 여름에 관한 노래 부르기(독창이나 중창)
- 대인관계 학습센터: 멋있게 여름을 보내려면 어떻게 해야 할지 집단별로 토론해서 발표하기
- 자기성찰 학습센터: 자신이 여름을 좋아하는 이유나 여름에 좋아하는 일들을 그리거나 목록 만들기
- 자연탐구 학습센터: 생태계의 한 부분으로서의 여름식물이나 여름곤충에는 어떤 것들이 있는지 조사하기

(4) 다중지능을 활용한 주제교수

학생들 모두 수업목표를 달성하도록 모든 다중지능을 수업에 통합하기 위한 효과적인 방법의 하나가 주제교수(thematic teaching)다. 주제교수는 교사로 하여금 모든 학생에게 요구되는 내용을 가르치게 하고, 학생들로 하여금 그들에게 관심 있는 특별한 분야를 좀 더 탐구하

도록 해 준다. 주제에 관련된 다양한 과제를 통합시키는 것은 쉬운 일이지만, 되도록 학생들로 하여금 관심이 있는 내용을 탐구하도록 하는 것이 좋다. 이렇게 하는 것이 종종 그들의 다중지능에 연결된다. 이런 방법으로 Gardner가 "더 깊고, 덜 넓게(more depth, less breadth)" 라고 말한 것을 성취할 수 있다. 주제교수는 학생들에게 학습하는 방법을 확장해 주며, 또한 이전의 지식에 연결될 수 있도록 도와주는 좋은 방법이다. 음악을 국어와 연결할 때, 수업은 살아 있는 수업이 되며 뇌 속에서도 두 개의 신경통로가 서로 연결되어 하나의 큰 고속도로와 같은 것이 형성된다.

주제 단원 활동을 어떻게 할 것인가를 알아보기 위해서, '한살이'에 관한 주제 단원을 통해 살펴보기로 한다. 가장 중요한 목적은 학생들이 생물이 살아 있는 과정을 통하여 성장하고 변화한다는 것을 이해하는 것이다. 학생들이 학습해야 할 특정한 과학 내용은 나비의 한살이다. 이런 수업목표가 설정되면 학생들이 의미 있는 방식으로 내용을 학습할 수 있도록 교사가 제공할 수 있는 과제와 활동이 무엇인가에 대해서 알아보아야 한다. 과제와 활동을 브레인스토밍한 후에 교사의 아이디어를 교육과정, 이용 가능한 자료, 그리고 학생들의 선호도와 비교하여 본다. 최종적인 교수계획은 다음과 같은 것이 될 것이다(정종진, 임청환, 성용구 공역, 2008).

주제 단원 계획서

주제: 한살이

목적: 학생들은 생물이 살아 있는 과정을 통하여 성장하고 변화한다는 것을 이해하게 될 것이다. 학생들은 나비의 한살이에 대해서 학습할 것이다.

다중지능별 가능한 과제와 활동

언어지능

- 한살이 주제에 대한 일반적인 설명과 특별히 나비의 한살이에 대한 설명을 한다(전체 학급).
- 한살이에 대한 토론을 이끈다(전체 학급 혹은 소집단).
- 학생들에게 다른 동물이나 식물의 한살이에 대해 연구하고 그 결과를 제시하도록 과제를 부과한다(개인, 짝, 소집단).

논리수학지능

- 학생들에게 세상의 모든 나비의 종류를 조사하게 하고, 나비를 여섯 개의 큰 범주로 분류하도록 한다(개인 혹은 소집단).

• 학생들에게 나비의 한살이를 다른 곤충이나 동물의 한살이와 비교하고 대조하도록 한다(개인, 소집단).
• 학생들에게 시간에 따른 나비(혹은 다른 생물)의 한살이 과정을 나타내도록 한다(개인, 소집단).

시각공간지능
• 나비의 한살이에 대한 영화를 상영한다(전체 학급).
• 학생들에게 나비의 한살이를 묘사하는 포스터를 만들게 한다(개인, 소집단).

신체운동지능
• 학생들에게 나비나 다른 동물의 한살이를 연기하게 한다(소집단).
• 학생들에게 나비가 어떻게 날아다니는지 춤추도록 한다(전체 학급, 소집단).

음악지능
• 학생들에게 나비 혹은 다른 동물이나 식물의 한살이에 대한 노래를 만들어 보게 한다(개인 혹은 소집단).
• 학생들이 플루트 연주를 들으면서 따뜻한 봄날에 날아다니는 나비를 상상하도록 한다(전체 학급).
• 음악 밴드부 학생들을 초청하여 그들의 악기를 가지고 나비를 감미롭고 행복한 나비 음악으로 표현하는 연주를 한 토막 하도록 한다(개인).

대인관계지능
• 집단 활동의 기회를 제공한다. 대인관계지능과 관련된 여러 가지 활동이 집단으로 행해질 수 있다.

자기성찰지능
• 되도록 단원의 말미에 변태를 관찰한 후에 반성적인 사고를 할 수 있는 숙제를 제공한다. 학생들에게 만약 할 수 있다면 무엇으로 변하고 싶은지에 대해 글을 쓰게 한다. 여기서 두 개의 지능을 결합하기 위해서, 학생들은 먼저 무엇으로 변하고 싶은지에 대해서 글을 쓰고, 그다음에 학급 학생들에게 발표할 때 배경음악을 연주한다. 예를 들어, 만약 사자로 변하고 싶다면 드럼을 친다(개인).

자연탐구지능
• 나비 키트(kit)를 사용하라. 키트에는 나비 알 혹은 애벌레, 그리고 변태 일정표가 포함되어야 한다. 알부터 출발하는 키트를 고르면 학생들은 나비의 한살이 모두인 알, 애벌레, 번데기 성충의 모든 단계를 관찰할 수 있다. 학생들은 나비의 한살이 발달 단계의 최초 관찰자가 될 것이다(전체 학급).
• 지역 동물원에서 개최하는 나비 전시회를 방문한다(전체 학급).

주제교수 개요

주제: 한살이

시수: 3주에 걸쳐 주당 3시간(애벌레가 나비가 되는 것을 관찰하기 위해서)

1일 차: 한살이의 주제에 대해 소개한다. 나비의 한살이에 대해 간단히 설명하고 관련 영화를 상영한다. 나비 키트를 열어 설명한다. 학생들은 나비의 애벌레 관찰에 대한 일지를 쓴다. (언어지능, 시각공간지능, 자연탐구지능)

2일 차: 다른 곤충이나 동물, 식물의 한살이에 대해 토론한다. 학생들은 소집단으로 나뉘어 동물이나 식물 중에서 어느 하나를 선택하여 연구한다. 집단별 연구 주제와 그 주제에 관한 연구 결과를 어떻게 제시할지를 결정한다. (언어지능, 대인관계지능)

3일 차: 학생들은 도서관에서 연구를 수행한다. (언어지능, 논리수학지능, 대인관계지능)

4일 차: 학생들은 나비 키트 관찰 결과를 글로 쓴다. 학생들은 연구에 대한 프레젠테이션을 준비한다. (언어지능, 논리수학지능, 대인관계지능)

5일 차: 집단별로 연구한 것을 발표한다. (프로젝트에 따라 다름)

6일 차: 집단별로 연구한 것을 발표한다. (프로젝트에 따라 다름)

7일 차: 학생들은 나비 키트 관찰 결과를 글로 쓴다. 교사는 변태에 대해 간단히 설명한다. 학생들에게 플루트 연주에 맞춰 나비와 같이 훨훨 날도록 한다. 나비 프로젝트를 숙제로 제시하는데, 이때 학생들은 숙제를 개별적으로 혹은 짝을 지어 수행할 수 있다. (언어지능, 논리수학지능, 음악지능, 신체운동지능)

8일 차: 학생들은 나비 프로젝트를 수행한다. (프로젝트에 따라 다름)

9일 차: 학생들은 나비 프로젝트를 발표하고, 나비에 대한 소논문을 작성한다. (언어지능)

연구 프로젝트: 한살이

한 식물 혹은 한 동물을 선택하고 책, 잡지, 백과사전, 인터넷 자료 등을 활용하여
그 식물 혹은 동물의 한살이에 대해 연구를 수행하시오.

선택한 동물 혹은 식물의 한살이에 대해서 어떤 의문이 있습니까?
과학 일지에 그 의문과 답을 기록하시오. 이때 답의 출처를 반드시 밝히시오.

다음으로, 학습한 정보를 급우들과 어떻게 함께 나눌 것인지를 결정하시오.
다음 두 개의 활동 중에서 어느 하나를 선택하시오.

정보를 요약하기
- 한살이를 기술하는 소논문을 쓴다.
- 한살이를 묘사하는 포스터를 그린다.

오랫동안 기억되는 방법으로 정보를 제시하기
- 한살이를 기술하는 시를 쓰거나 노래를 한다.
- 한살이를 연기한다.

나비 프로젝트

나비의 한살이에 관해 공부한 것을 증명해 보이기 위해 다음 중에서 어느 하나를 선택하시오. 개별적으로 혹은 짝을 지어 수행할 수 있습니다.

1. 나비의 한살이를 묘사하는 포스터를 그린다.
2. 나비의 한살이를 시간별로 나타낸다.
3. 나비의 한살이에 관한 어린이용 책을 만들기 위해 간단한 글을 쓰고 삽화를 그린다.

소논문 작성하기

다음 중에서 어느 하나를 선택하여 소논문을 작성하시오.

1. 이 단원을 통해 한살이에 관해서 배운 것이 무엇입니까? 나비에 대한 공부와 연구 프로젝트로부터 특정 예를 사용하여 작성하시오.
2. 이 단원에서 공부한(자신의 연구나 급우들의 발표를 통해) 나비의 한살이와 또 다른 동물의 한살이를 비교 · 대조해 보시오.
3. 변태의 개념에 대해서 생각해 보시오. 여러분이 점차 나이가 들어가면서 여러분의 삶에 어떤 종류의 큰 변화가 일어나기를 바랍니까? 여러분 자신의 삶의 주기(즉, 한살이)에 따라 어떻게 변화되기를 원하는지 기술해 보시오.

한편, 다중지능이론을 이용한 수업/단원 계획을 예시하면 다음과 같다(이신동 외 공역, 2006).

다중지능이론을 이용한 수업/단원 계획

수업/단원 주제: 광합성–햇빛을 양분으로 전환하는 것

수업/단원 목표: 학생들은 생명 활동의 한 예로서 광합성의 과정을 배울 수 있다.

기대되는 학습 결과: 학생들은 광합성의 과정을 설명할 수 있고 그들 자신의 생명으로 전환하여 개념을 형성할 수 있다.

교실 자원이나 재료: 광합성 과정이 그려진 포스터와 차트, 여러 개의 음악 테이프와 CD 플레이어, 수채화 물감, 과학책(과학교과서), 미리 심은 식물

학습 활동

언어적 핵심 단어를 미리 보고 광합성에 대해 설명된 부분을 읽는다.	**논리수학적** 광합성 단계를 새롭게 배열해 본다. 물질과 에너지 흐름에 라벨을 붙여 구분한다.
신체운동적 광합성 과정을 담은 역할놀이를 한다.	**시각공간적** 물감을 이용하여 광합성 단계(과정)를 그린다.
자연탐구적 충분한 빛 없이 자라는 것과 충분한 빛을 받고 자라는 것을 비교한다.	**음악적** 광합성에 수반되는 단계를 나타내는 서로 다른 음악적 부분들을 이용해서 음악 콜라주를 만든다.
대인관계적 광합성에서 엽록체를 변화시키는 역할에 대해 소집단을 이루어 토론하고 학생들의 삶과 비교한다.	**자기성찰적** 개인적으로 변화시키는 경험과 광합성을 비교하여 일지를 쓴다.

수업/단원 순서: 1. 언어적 활동 2. 논리수학적 활동 3. 신체운동적 활동 4. 시각공간적 활동 5. 자연탐구적 활동 6. 음악적 활동 7. 대인관계적 활동 8. 자기성찰적 활동

결과 평가

1. 광합성 과정을 효과적으로 나타내기 위해 광합성 단계에 기초하여 수학적으로 배열하거나 그림으로 나타냈는가와 발표능력을 평가한다.
2. 학생들이 다른 학생들의 역할극이나 노래를 평가하도록 한다.

4. 시각화 전략

제3장에서 뇌기반 학습의 한 요소가 '의미 형성'임을 살펴보았고, 또한 제4장에서 많은 뇌기반 연구자가 뇌기반 학습의 한 원리로 의미 추구와 패턴 형성을 제시하고 있음을 살펴보았다. 학생들은 학습 내용으로부터 스스로 의미를 창출해야 하고, 교수 활동에 임하는 교사는 의미 형성의 중요성을 인식하고 학생들의 의미 형성을 촉진해야 한다. 이를 위해서는 관련성, 정서, 상황과 패턴을 적극 활용함으로써 학생들이 학습내용을 적극적으로 처리하여 의미를 형성하도록 해야 한다. 이를 위해 교육에 적용할 수 있는 활동으로 시각화(visualization)를 들 수 있다. 따라서 뇌기반 교수전략을 모색할 때 유용한 교수 도구로서 시각화의 활용이 요구된다고 하겠다. 최근 학교현장에서 시각화의 일종인 마인드맵(mindmap)이 많이 이용되고 있는 추세여서 여기서는 뇌기반 교수전략으로서의 시각화의 유용성과 활용법에 대해 살펴보되, 마인드맵의 유용성과 활용법에 대해 좀 더 구체적으로 알아본다.

1) 시각화의 의미와 유용성

시각화는 정신적 내용을 시각적 이미지로 떠올리는 것, 즉 기억하려는 재료를 마음속에서 떠올려 그림을 그려 보는 것이다. 예를 들어, 쌀농사 재배를 익힌다면 농부가 볍씨를 뿌리는 데서 추수하기까지 하나하나의 단계를 마음속에서 그려 보고, 전쟁 관계를 배운다면 제복을 입은 양편 군대와 무기, 그리고 전투의 과정에 따라 정신적으로 그림을 떠올려 보는 것이다. 마음속으로 시각화하는 것을 심상(心像)이라 하며 심상화, 즉 정신적 시각화는 어떠한 재료에서도 가능하다. 그러나 공부하려는 내용이 구체적인 것일수록 심상은 더욱 뚜렷할 수 있으며, 심상이 뚜렷할수록 이해와 기억은 쉬워진다(정종진, 2004).

위대한 발명은 내면에서 떠오르는 이미지 또는 통찰력으로부터 시작된다. 예를 들어, 아인슈타인은 어느 화창한 날 우주 공간을 뚫고 빛을 타고 날아가는 공상을 하다가 그의 상대성 이론을 착안하였다. 독일의 화학자 케쿨레는 어느 저녁 벽난로를 응시하다가 뱀들이 서로 다른 놈의 꼬리를 물고 있는 동그란 모양의 형상을 상상하다가 과학적인 문제를 풀 수 있었는데, 이 이미지가 벤젠 분자구조의 모체가 되었다. 레오나르도 다빈치는 몇백 년 전에 헬리콥터와 비슷한 과학적 장치를 상상하고 그림으로 그렸다. 인간의 노력은 내면의 이미지를 통해 모아진 통찰력으로 구체화된다. 교실에서 시각화하는 방법을 다양한 과제에 활용함으로써 학생들은 배우고, 알고, 발견하기 위한 방법을 자기의 것으로 만들 수 있다. 오늘날의 세계가 TV, 영화, 컴퓨터, 비디오를 통해 시각적으로 빠르게 성장하는 것처럼 학생들은 자신의 정신적 이미지, 즉 심상을 강화함으로써 그들의 능력을 키워 나갈 수 있을 것이다(이신동 외 공역, 2006).

이러한 시각화는 강력한 힘을 가진 학습 도구다. 그것은 이미지가 형성되는 통제된 백일몽의 형태를 취하고 있으며 매우 빠르게 변화한다. 우리 마음속에서 어떤 사물이나 일 혹은 단어나 그림을 '보는 것'은 기억이 저장되고 회상되는 곳인 우뇌를 사용한다. 그래서 우리가 육체적으로 어떤 사물을 볼 때나 정신적으로 상상할 때 그것들은 우리의 장기기억 속에 들어가게 된다. 이런 현상은 매우 빠르면서도 쉽게 일어난다. 시간이 조금 지나면 이 이미지들은 회상되며 좌뇌에 의해 다른 언어나 상징으로 바뀐다.

우리가 책을 읽으면서 발견할 수 있는 그래프나 그림 등은 모두 시각화 기법에 속한다. 지도와 같은 것도 마찬가지다. 언어적 진술을 시각적으로 그려 내는 다양한 시각화 모형(그래픽 표현)은 [그림 8-6]과 같다(Gregory & Parry, 2006). 이러한 시각화 기법을 사용하면, 정보들을 일목요연하게 조직화시켜 줄 뿐만 아니라 시각적 형태를 기억하게 해 주기 때문에 언어적 형태보다 효과적이다. 시각화 기법은 논리적으로 복잡하게 기술되어 있는 책의 내용을 기억할 때 효과적이다. 많은 양의 정보가 언어적 형태로 기술되어 있을 때 그것을 한눈에 볼 수 있는 시각적 형태로 변형시켜 기억하는 것이 시각화 기법이다.

인간의 뇌의 많은 기능 중 하나가 사고하는 능력이다. 모든 인간은 어느 정도 사고할 수 있지만, 많은 학생이 교실 안과 밖에서 필요한 더 창의적이고 비판적인 사고를 하는 데 필요한 기능을 습득하지 못하고 있다. 따라서 각 교과 내용의 맥락 내에서 사고기능을 명시적으로 가르쳐야만 한다. 교실에서 사고기능은 시각화와 협동적 집단학습의 두 교수전략과 함께 통합되어야 한다. 시각화, 사고기능 및 협동적 집단학습이 결합될 때, 이들은 전적으로 뇌친화적인 강력한 시너지를 창출한다. 협동적 집단학습은 구성원 간의 상호 아이디어 교환을 가능하게 하고, 시각화는 사고의 내적 과정을 외적이고 시각적 형태로 표현하는 구조 혹은 틀을 제공한다. 어떤 의미에서 시각화는 학생들의 뇌에 '창문'을 제공하고 교사들에게 학생들의 사고과정을 관찰하고 평가하기 위한 방법을 제공해 준다.

Marzano, Pickering과 Pollock(2001)의 책에서 인용된 교육학적 연구들에 따르면, 시각화 기법은 학생들의 학업성취를 증진시키는 교수전략의 하나다. 시각화 기법은 학생들의 사고기능을 강화하는 많은 속성이 있다. 시각화 기법은 학생들로 하여금 정보의 조각들을 결합시키도록 하고, 이는 정보를 회상하기 쉽게 한다. 또한 시각화는 학생들로 하여금 정보를 다룰 수 있는 묶음(chunk)으로 나누도록 한다. 묶음 정보는 분리된 정보 조각들 사이의 관계를 파악하도

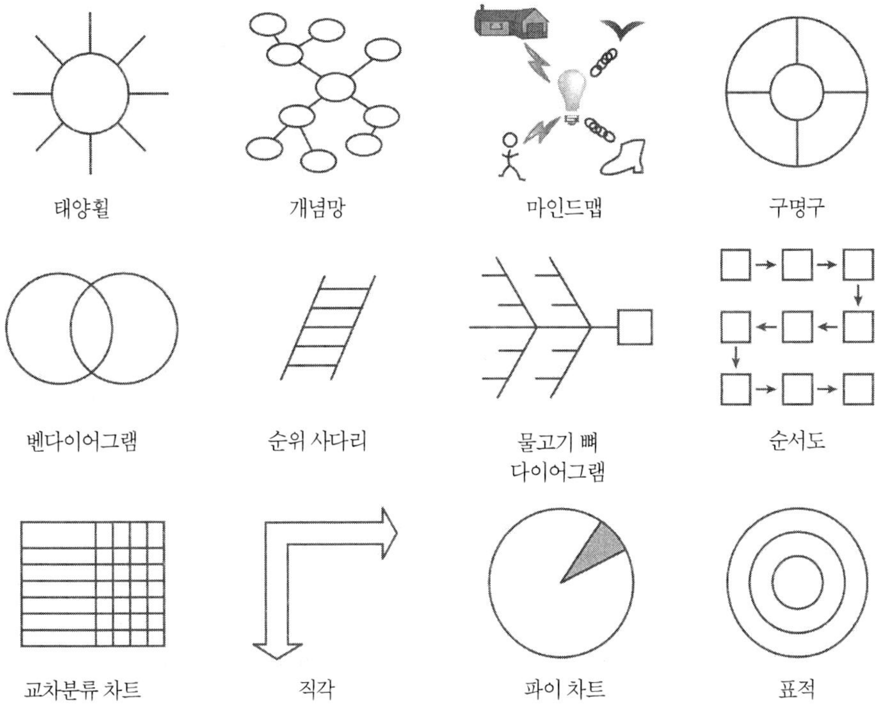

[그림 8-6] 시각화 모형(그래픽 표현)

출처: Gregory & Parry(2006), p. 198.

록 하며, 이해로 이끄는 개념 형성에 중요한 열쇠가 된다. 이러한 모든 학습이 소집단 안에서 일어날 때, 학생들은 아이디어를 교환하고 비교하며, 자신의 견해를 분명히 표현하고, 다른 학생들의 생각을 살필 기회를 갖게 된다. 이것이 바로 진정한 학습(true learning)이 일어나는 방법이다.

2) 시각화의 활용

정신적 건강 상태나 강인함은 어떤 일을 수행하여 좋은 결과를 얻는 데 지적 능력이나 신체적 능력 혹은 수행능력만큼이나 매우 중요하다. 모든 분야에서 최고의 위치에 올라 있는 수행자들은 시각화를 사용하고 자신의 일을 수행하는 데 동기를 부여하는 자기대화법을 사용하여 정신적인 준비를 갖춘다. 최고의 위치에 있는 스포츠맨들은 심리학적인 기술 훈련을 포함하는 계획을 항상 세운다. 관리하고 판매하는 과정들은 사람들이 건전한 생활방식에 동기를 유발하는 훈련을 결합시키도록 장려한다. 이러한 프로그램들의 중요한 부분은 대부분 시각화 기법을 포함하고 있다(Ward & Daley, 1993).

- 긴장이완과 시각화는 우리가 시각화하기 위해 정신적 긴장을 풀 때 서로 보조를 맞추어 간다. 일단 신체와 정신이 어떤 선택된 기술에 의해 긴장이 풀리면, 그 정신은 스스로 성공적인 성과를 얻기 위해 기억력을 보조하는 그림을 자유롭게 만들어 낸다.
- 지시적 심상은 교사가 학생들이 어떤 것을 배우고 어떤 가르침을 받는지에 대해 정신적 그림을 만들어 내도록 신중히 도와줌으로써 일어난다. 교사는 학생들이 하나의 줄거리를 통해 자기 자신에게 직접 이야기해서 이미지를 만들어 내도록 지도한다. 상업적으로도 이용할 수 있는 학습 의욕을 유발하는 오디오테이프는 성공을 위한 심리적 예습의 수단으로 종종 사용된다.
- 자기지시적 심상은 앞으로 배울 자료들을 스스로 자연스럽게 시각화하는 사람들에게 편리하다. 그들의 정신적 심상은 활동을 하는 데서 단기적 계획이 될 수도 있고 장기적 계획이 될 수도 있다. 우리는 우리의 목표를 계획하고 수행하는 데서 이 강력한 기술을 사용할 수 있다. 우리가 어떤 활동을 하는 데 성공할 것이라는 확신을 시각화하면 우리의 기억은 이 모습을 저장해 두었다가 어떻게든 우리의 행동을 통제하여 다시 그러한 일이 일어날 수 있도록 돕는다. 시각화는 비록 우리가 그것이 어떠한 작용을 하는지 완전히 이해하지는 못한다 할지라도 이미 유리한 입장에서 사용할 수 있는 놀랄 만한 정신의 또 다른 기능이다.
- 긍정적 · 부정적 이미지들은 성공하는 데 유리하게 작용할 수도 있고 나쁘게 작용할 수도 있다. 성공하는 데 대해 자신의 능력에 의심을 갖는 사람들은 종종 자신이 실패한 사건을 시각화함으로써 성공하지 못할 것이라고 단념해 버린다. 동기를 유발하는 프로그램들은 성공한 사람과 실패한 사람 사이의 중요한 차이점이 각자 자신들의 미래 활동을 그리는 방법에 있다는 것을 보여 준다. 성공한 운동선수들이 그들의 경기에 앞서 우승할 가망성에 관해 변함없이 긍정적이라는 것은 주목할 만하다. 그들은 어떻게 이길 것인가에 관한 강한 정신적 그림을 그려 왔다. 자신은 시험을 통과할 것이라 예상하는 데 의심하지 않는 학생들은 학업목표를 수행하는 데서 본질적인 성분인 일종의 정신적 끈기를 확립하고 있었다. 이와 반대로 일부 사람들은 다양한 이유에서 자신이 성공하기 위한 심상을 그리지 못한다. 이러한 사람들은 시각화의 능력을 인지할 필요와 그 시각화가 새롭고 성공적인 생활방식에서 자연스러운 한 부분이 될 때까지 반복 연습할 필요가 있다.
- 긍정적 사고는 정신적인 심상에 힘을 불어넣는다. 그러한 긍정적 사고는 마치 미래에 일

어날 일들이 현재에 이미 성공적으로 일어나고 있는 것처럼 행해지는 계획에 관한 감정의 표출이다. 그들은 활동이나 행동에 관해 정신적 그림의 구조를 수반한다. 이러한 일종의 긍정적인 자기대화는 자신을 평가절하하는 사람이나, 다른 사람들의 부정적 비평과 행동으로 피해를 받아 온 사람이 이해하기는 어려울 수 있다. 그러므로 이러한 사람들은 의식적으로 자신이 목표를 잘 다루고 있으며 이루어 나가고 있다고 스스로에게 말하는 법을 배울 필요가 있다. 이러한 종류의 마인드 관리는 모든 연령의 사람이 쉽고 성공적인 학습을 하도록 하는 데 본질적인 구성 요소가 된다. 성공을 이룬 사람들은 미래의 업적을 위해 자신의 목표를 정해 놓았을 때 비로소 긍정적 사고를 형성하게 된다.

간단한 시각화는 교수-학습과정에서 자연스럽게 사용될 수 있다. 교사는 수업 상황에서 학생들에게 이미지를 만들고 조작하도록 요구할 수 있다. 예를 들어, 불어시간에 학생들은 여러 관점에서 노트르담 대성당을 상상할 수 있고, 과학시간에는 새의 해부학을 배울 수 있으며, 수학시간에는 이등변삼각형, 읽기시간에는 핵심어의 그림들을 상상해 볼 수 있다. 이런 방법은 학생들에게 정보를 가까이에서 경험하고 동화시킬 수 있는 기회를 제공한다.

학습내용에 대한 흥미는 색깔, 모양, 이미지의 시각적 변화에 의해 높아질 수 있다. 색깔은 시각적 사고(visual thinking)의 중요한 요소이며, 이것은 아이디어와는 구별되며 집중력을 끌어내고 기억을 강화시킨다. 색깔은 특정 정보, 학습 자료, 강의 자료, 판서 내용, 게시판, 수업 노트, 숙제와 같은 정보들을 강조하여 부각시킬 수 있다.

교사들은 그림을 능숙하게 그리지 못하지만, 학생들은 배운 내용을 그림으로 잘 표현할 수 있으며 교실에서 전시될 포스터도 만들 수 있다. 경우에 따라 교사는 자신의 언어적 이미지를 빠르게 그릴 수 있는 학생을 지목할 수도 있다. 지목된 학생은 강의나 토론 중에 발표자의 단어를 칠판에 그릴 수 있다. 학생들은 낙서와 같은 그림을 예쁘게 꾸미기도 한다. 읽기 숙제를 시작하기 전 학생들에게 내용에 삽입되어 있는 사진과 그래프를 검토하도록 한다. 시각적으로 훑어보는 것은 내용에 대한 정신적 고리를 만들고 이해력을 증진시키기 때문이다. 학생들이 읽기를 시작할 때 회상하는 데 도움이 되도록 핵심어와 사건들을 학생들의 내적 영상(mind movies)으로 전환하게 한다.

시각화 기법을 적용해 사용할 수 있는 몇 가지 실제 예를 들어 보기로 한다(황병철, 이종숙, 1990). 비타민과 관계된 결핍증을 생각해 보자. 비타민A가 부족하면 야맹증에 걸린다. 야맹증은 눈과 관련이 있다. 그래서 A 자를 눈의 형태와 비슷하게 시각화한다. 비타민C가 부족하면 괴혈병이 생기는데, 괴혈병은 입과 관계가 있다. 그래서 C자를 입의 형태와 비슷하게 그린다.

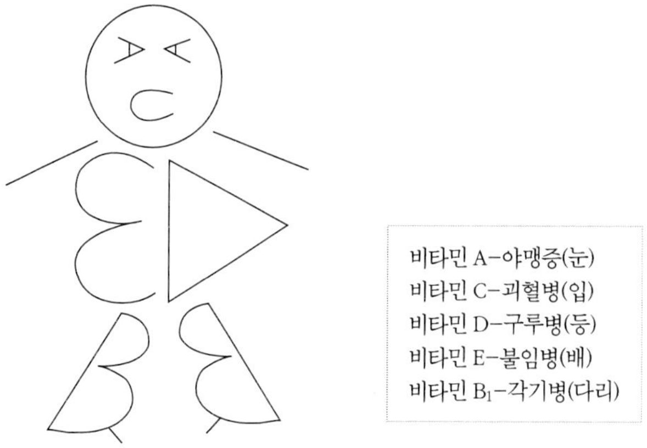

[그림 8-7] 비타민과 관련된 결핍증의 시각화 형태

비타민D가 부족할 때는 구루병에 걸리는데, 구루병은 등과 관계가 있다. 그래서 D 자를 사람의 등과 유사하게 시각화한다. 비타민E가 부족하면 불임증에 걸리는데, 불임증은 배와 관계가 있다. 그러므로 E자를 배가 들어간 형태로 시각화한다. 그리고 비타민B_1이 부족하면 각기병에 걸리는데, 각기병은 다리와 관계가 있기 때문에 B 자를 다리 모양과 비슷하게 그린다. 이러한 설명들을 하나의 조직화된 형태로 시각화한 것이 [그림 8-7]이다.

시각화 기법은 문제를 해결하고자 할 때도 유용하다. 예를 들어, '영희는 철수보다 작고, 영수는 철수보다 크고, 민희는 영희보다 작다고 한다면, 철수는 민희보다 큰가 작은가?'라는 문제를 해결하고자 할 때 시각화 기법을 사용할 수 있다. 이런 문제를 해결할 때는 문장 하나하나를 가지고 차례로 시각화하면 된다([그림 8-8] 참조).

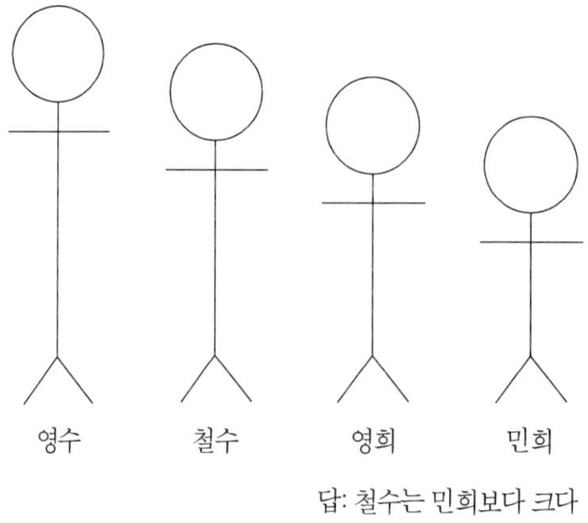

[그림 8-8] 문제해결 전략에 사용된 시각화 형태

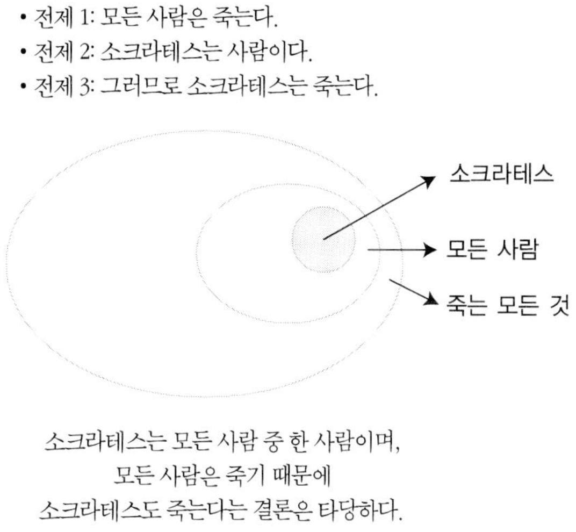

[그림 8-9] 삼단논법 문제해결에 사용된 시각화 형태

삼단논법의 결론이 타당한가를 알아볼 때에도 시각화 기법이 유용하게 사용될 수 있다. 이때의 시각화 기법은 벤다이어그램으로 나타낼 수 있다. 예를 들어, 삼단논법 문제를 해결하기 위해 시각화 기법을 사용하면 [그림 8-9]와 같다.

3) 마인드맵

마인드맵은 뇌이론과 뇌기능에 관한 연구를 바탕으로 영국의 심리학자 Buzan(1974)이 발전시킨 노트 방법이다. 그는 뇌이론과 인지심리학에서 시각적 사고 과정이 중요하게 다루어지는 점에 착안하여, 시각적 사고를 효과적으로 활용할 수 있는 방법으로 마인드맵을 고안해 냈다. 마인드맵은 중심 이미지, 핵심어, 색, 부호, 상징기호 등을 사용하여 머릿속에 지도를 그리듯이 노트를 하는 방법이다. 이처럼 노트 방법으로 출발한 마인드맵은 최근에 이르러 독해, 협동학습, 프레젠테이션, 작문 등 다양한 분야에서 유용한 학습방법으로 활용되고 있다. 마인드맵에 대한 대표적인 정의를 몇 가지 살펴보면 다음과 같다(김재영, 1999).

- 방사사고(radiant thinking)의 표현: 마인드맵이란 중심체로부터 사방으로 뻗어 나간다는 의미를 지닌 방사사고의 표현이다. 그러므로 뇌의 자연적인 기능이라 할 수 있다. 이는 뇌의 잠재력으로 들어갈 수 있는 강력한 그래픽 기술이다.
- 사고력 중심 뇌 개발 프로그램: 이미지와 핵심어, 그리고 색과 부호를 사용하여 좌우 뇌의

기능을 유기적으로 연결함으로써 뇌의 기능을 최대한 발휘할 수 있는 사고력 중심의 뇌 개발 프로그램이다.

- 새로운 학습기법: 마인드맵이란 학습기법, 정보관리기법이라고 말할 수 있다. 구체적으로 마인드맵은 마음속의 지도를 그리듯 글자와 기호와 그림을 사용하며 생각을 표현하고 인식하는 방법이다.
- 창의성과 기억력 증진 필기법: 마인드맵을 활용하는 필기는 단순히 받아 적기만 하는 것이 아니라 머릿속으로 생각하면서 창의적으로 학습하는 것을 의미한다. 마인드맵은 상상(이미지)과 언어의 연상 작용에 의한 시각적 노트 작성법이다.

요컨대, 마인드맵은 이미지와 핵심어, 그리고 색과 부호를 사용함으로써 좌뇌와 우뇌의 기능을 유기적으로 연결하여 인간의 능력을 최대한 발휘할 수 있게 해 주는 방법으로, 학습에 적용하여 마음속에 지도를 그리듯이 자신의 생각이나 학습내용을 글자, 그림, 기호 등으로 표현하거나 정리하는 학습방법이라 할 수 있다. 즉, 머릿속의 생각을 마치 거미줄처럼 지도를 그리듯이 핵심어를 이미지화하면서 확대시켜 나가는 기법으로서 자신의 머릿속에 있는 사고를 더욱 체계적으로 정리하기 위한 것이다. 그러므로 마인드맵은 21세기형 정보 관리 및 활용 기법이며 교사나 학생들의 사고력 신장에 매우 유용한 방사형 사고방법이라 할 수 있다.

(1) 마인드맵의 유용성

마인드맵은 종래에 사용해 오던 낱말로 아이디어를 표상하는 것보다 시각적 이미지로 표상할 수 있게 해 줌으로써 기억을 증진시켜 줄 뿐만 아니라 다양하고 풍부한 사고를 하게 해 줄 수 있다. 이는 뇌가 낱말보다는 이미지를 몇 배나 더 많이 저장할 수 있기 때문이다. 제1장의 뇌의 기능에서 살펴본 바와 같이 인간의 뇌는 컴퓨터처럼 직선적으로만 작용하는 것이 아니라 연합적으로 작용하여 동시에 수천 가지의 다른 과정을 실행 · 비교 · 종합한다. 마인드맵은 뇌가 정보를 처리하는 방식과 동일한 방식으로 작용한다. 마인드맵은 좌뇌의 기능과 우뇌의 기능 모두에 관련된 기술을 결합시킨다. 말을 만들거나 상징성을 내포하는 등의 논리적 기능을 하는 좌뇌는 색채나 형태를 인식하는 등의 형식적 기능을 지닌 우뇌와 결합된다.

이런 식으로 해서 학습되어야 할 자료는 쉽게 장기기억 속에 저장되도록 시각적인 방식으로 효율적으로 조직된다. 마인드맵은 시간을 절약하고 내용을 체계적으로 정리하며 기억력을 향상시키고 창조적 재능을 이용하게 함으로써 학습하는 데 필요한 시간을 단축시킨다. 마인드맵은 새로운 주제거리를 브레인스토밍하고 계획을 세우며 메모를 기록하고 요약 · 복습하는 데에도 사용될 수 있다.

따라서 마인드맵은 시각적이고 기억에 유용한 기능을 많이 이용한다는 점에서 유익한 학습 방법이 될 수 있으며, 정보를 시각적으로 조직하게 해 주어 이해와 회상을 개선시켜 주기 때문에 일종의 학습기법으로도 중요하다고 볼 수 있다. 특히 창의성 계발을 돕고 사고력을 증진시킬 수 있는 프로그램으로, 또한 '무엇을 배우는가' 보다 '어떻게 학습할 것인가' 를 중시하는 현대의 교육과정에 '학습하는 방법을 배우는 학습' 으로서 마인드맵이 아주 적절하게 활용될 수 있다.

자료를 요약하고 체계적으로 정리하는 데서 전통적인 1차 메모 기록방법은 주로 좌뇌의 기능을 사용하는 것이다. 강연이나 서적 혹은 여러 공연에서 얻은 것들을 노트에 적어 두는 것은 그 자료들을 동시에 처리할 수 없기 때문에 학습하는 데서 한계를 지닌다. 새로운 자료들을 이해하고 기억해 두려면, 우뇌는 그 새로운 자료들을 기억 속에 이미 저장된 것과 연관을 짓고 이미지 형태로 처리하여 저장소에 저장해야 한다.

마인드맵의 사용은 우리의 정신이 더 수용적인 상태가 되고 더 독창적이게 되며 상상력이 더욱 풍부해지도록 정신적 긴장을 완화시켜 준다. 마인드맵에서 사용된 형상과 색채들은 즉시 상기되어 숙제나 시험에 대비해 손쉽게 언어로 전환된다. 마인드맵은 노트 필기보다 훨씬 쉽고 빠르게 만들어진다. 마인드맵 만들기는 재미있고, 여러 연관성을 공간적으로 볼 수 있으며, 쉽게 변화시킬 수도 있다.

또한 마인드맵은 학생들에 따라 다양하고 개성 있게 만들어질 수 있다. 그러므로 마인드맵은 모방해서 베끼는 것이 아니라 창조적으로 만들어지는 것이다. 따라서 마인드맵을 만드는 과정을 통해 학생들이 얻을 수 있는 것들이 자료를 기억하는 데 매우 중요한 역할을 할 수 있다.

학자들은 다른 어떤 방법보다 마인드맵이 가지는 독특한 유용성을 다음과 같이 제시하였다(이성은, 오은순, 성기옥, 2002). 첫째, 다차원적인 인간 두뇌 활동이 가장 좋아하는 정리하는 방법인 내용상의 무순서로 무엇인가에 대해 생각하는 것이 더 이상 고역이 아니라 즐거움이 된다. 이는 조각난 생각의 흐름이 눈에 보이기 때문이다. 둘째, 두뇌 활동의 조직성 및 효율성을 자연스럽게 향상시킬 수 있다. 셋째, 기억력, 회상력, 창조성, 집중력, 독창성을 자연스럽게 향상시킬 수 있다. 넷째, 복잡한 사실에 대한 체계적이고 논리적인 분석력이 발달한다. 마지막으로, 더 많은 내용을 빨리 쉽게 파악하고 나아가 지식이 구조화될 수 있다.

마인드맵은 다음과 같은 점에서 인간의 기억과 회상에 유익을 줄 수 있다.

- 직선형 필기에 따르는 손실을 줄일 수 있다.
- 학습내용을 맵으로 정리함으로써 입체적 학습능력을 키워 준다.
- 읽은 문장을 맵으로 작성하기 때문에 핵심 주제어 추출 능력이 향상된다.
- 많은 내용을 일목요연하게 정리해 주기 때문에 기억력을 향상시켜 준다.
- 맵으로 작성하는 동안 내용의 상호관계에 대한 이해력을 키울 수 있다.
- 논문 및 기획안 작성 시 내용 및 구성의 기획에 맵을 사용하여 간결하게 할 수 있다.

(2) 마인드맵의 활용

마인드맵은 다양한 형태를 취하고 있다. 가장 흔하고 대표적이며 쉽게 배울 수 있는 방법은 중앙의 주제에서 각 방향으로 가지를 치는 것이다. 즉, 중심 개념을 중앙에 두고 각 하위범주는 주요 개념에서 나온 주가지(branch)로 연결하며, 더 세부적인 개념들은 각 하위범주로부터 나온 부가지(sub-branch)로 연결한다. 길 형태는 전기나 소설 줄거리처럼 순서대로 일어나는 논제에 유용하다. 예를 들면, 많은 과학적 주제는 마인드맵을 그리는 데 적합하고, 단계적 형태의 마인드맵은 수학적 주제에서처럼 단계적으로 진전되는 주제에 적합하다. 그 외의 다른 형태들은 개인 각자의 학습방식이나 다양한 여러 주제에 맞춰 개발될 수 있다.

- 마인드맵은 눈으로 자세히 훑어보고 머리로 기억하는 방식에 맞춰 정사각형 면 위에서 수평적인 형태로 가장 많이 사용된다.
- 마인드맵은 문서 기능을 한다. 즉, 이것은 주제거리를 찾아서 반복하는 동안 다듬어져서 개정되어야 한다. 그러면서 이전에 나온 설명들은 과감히 버려야 한다.
- 유색 펜과 하이라이터는 눈에 띄고 외우기 쉬운 마인드맵을 만드는 데 필수 불가결한 보조물이다.

마인드맵을 만드는 실제적인 원칙을 제시하면 다음과 같다(Dryden & Vos, 1994).

- 나무같이 생긴 뇌세포를 상상해 본다. 세포 하나하나가 그 가지 위에 관련된 정보를 저장해 놓는다.
- 흰 종이 위에 똑같은 나무 모양을 그리고 어떤 내용의 핵심 사항들을 그 위에 배열한다.
- 종이 가운데 주제를 그리는 것으로부터 시작한다. 이왕이면 상징 기호로 표시한다. 그다음에는 그 중심에서 뻗어 나온 가지를 그린다. 예를 들어, 뉴욕을 마인드맵으로 표현한다

면 중심 이미지를 자유의 여신상으로, 시드니라면 하버 브리지로 한다.

- 기억하고 싶은 것에 대해 주로 한 단어나 상징 기호 하나만 적는다. 한 가지에 한 개념만 적는다.
- 관련된 핵심 사항들을 큰 가지 위에 그려 넣는다. 각 가지는 뻗어 나가 새로운 작은 가지들을 만들어 낸다.
- 관련된 주제를 한눈에 알아보기 위해서 다른 색깔의 연필이나 형광펜을 이용한다.
- 될 수 있는 한 많은 그림과 상징 기호를 그린다.
- 모든 가지를 만들었으면, 그것을 다른 색으로 테두리 친다.
- 완성된 마인드맵은 정기적으로 보완한다. 이렇게 하면 처음부터 개요를 파악하는 것이 쉬워지고, 각 내용의 핵심 사항을 더 많이 배우게 될 경우라도 그것을 마인드맵 위에 첨가할 수 있다.

어린아이들은 자신의 그림에 제목을 붙이고, 말로 설명하면서 자연스럽게 발전하는 과정을 거침으로써 쉽게 마인드맵 기법을 사용하게 된다. 우리는 나이가 들수록 많이 사용해 온 받아 적기 기법에 점점 많이 의지하게 된다. 마인드맵에 자신감을 얻기 위해 들이는 시간과 연습은 그 노력을 들일 만큼 충분한 가치가 있다. 많은 학생이 이미 하이라이트 주기, 요점 열거하기, 요약 카드 만들기 등과 같은 일부 마인드맵 기법을 사용하고 있다.

이러한 기술들은 더 유용한 기술로까지 그 범위가 넓어진다. 사람들은 자기 자신을 믿는 자신감을 갖도록 하는 마인드맵으로 성공을 이루게 될 때까지 노트에 기록해 두는 방법과 마인드

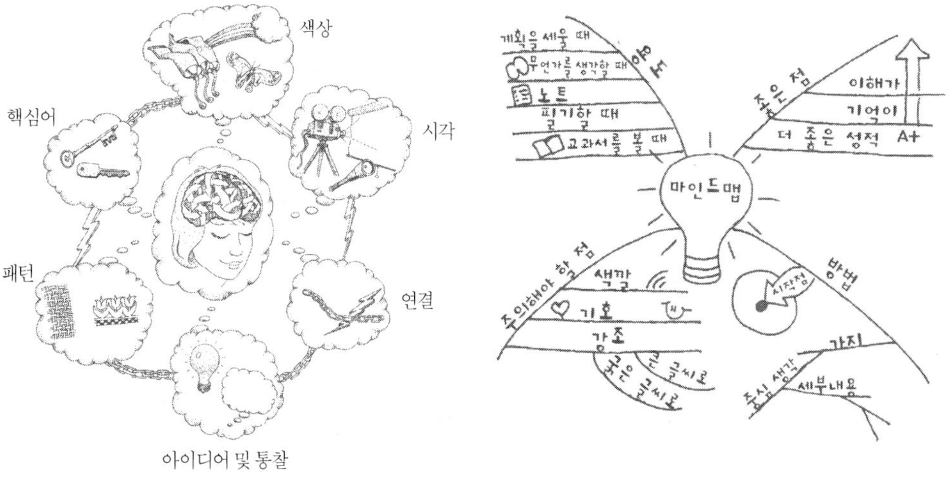

[그림 8-10] 마인드맵에 대한 마인드맵

맵 방법 둘 다를 사용하는 단계를 거쳐야 할지도 모른다. 좋은 아이디어는 새로운 주제거리를 브레인스토밍하고 나서 과제에 대한 마인드맵을 그릴 계획을 세운 후 복습을 위해 요약해 둔 것을 마인드맵으로 옮기면서 출발한다. 그런 후 이것들은 강의 내용을 기록해 두거나 읽은 것을 요약해 두는 데 사용될 수 있다.

마인드맵은 학습의 주제를 모두 다루고, 참고하거나 인용할 자료들을 위해 제작된다. 그들은 봉투나 폴더 속에 혹은 같이 고정되어 묶인 채로 보관될 수 있다. 마인드맵은 다른 모든 기록과 참고문헌을 대신하기 때문에, 부피가 큰 항목들까지도 간단하게 저장될 수 있고 우리가 만든 마인드맵은 휴식 동안에 대강 훑어보는 것처럼 쉽게 다루어질 수 있다. 이런 마인드맵은 복습을 위해서 며칠 동안뿐만 아니라 과거를 어렴풋이 기억할 수 있기 위해서라도 남겨 놓는 것이 유용하다. 또한 간단한 복습에 대비하여 게시판에 명시될 수도 있다. 많은 사람은 원래 거대하고 다루기 어려운 주제들을 간결하고 다채롭고 외우기 쉬운 마인드맵 형태로 축소시키는 것이 그들에게 통제감을 준다는 것을 알고 있다.

마인드맵은 친구들과 함께 흥미롭게 그려서 완성할 수도 있다. 이때 그룹이 세분화된 주제들이나 핵심어 등을 결정할 수는 있지만, 개개인은 자신의 스타일에 맞는 마인드맵을 준비해야 한다.

Buzan과 Buzan(1994)은 인간의 기억을 촉진하는 조직화, 핵심어, 연합, 묶기, 시각적 이미지, 특이성 및 의식적 몰두와 같은 요소들을 최대한 고려한 마인드맵 작성법을 소개하였다(라명화 역, 1994). 특히 노트 정리와 시험공부를 하기 위해 마인드맵을 사용할 때에는 이 요소들이 의미 형성과 회상의 촉진제 역할을 한다. 마인드맵의 효과를 극대화하기 위해서는 이러한 요소들을 적극 활용하여 마인드맵을 작성해야 한다. 이 요소들을 간단히 살펴보면 다음과 같다.

- 조직화(organization): 뇌는 기억하고 있는 모든 자료를 주관적으로 조직화한다. 무선적으로 나열한 자료라 하더라도 조직화는 회상에 도움이 된다. 또한 자료를 조직화하는 활동은 그 자체만으로도 기억에 도움이 된다. 교재 내용을 잘 이해하고 기억하기 위해서는 교재의 조직 틀, 즉 구조를 잘 파악하는 것이 중요하다. 교재의 구조는 내용 간의 관계를 기술하는 것으로서 글을 쓰는 사람이 자신의 메시지를 전달하기 위해 스스로 개념을 조직한 것이기 때문이다. 더구나 정보를 전달하는 교사나 필기하는 학생들이 직접 정보를 조직화한다면, 정보의 기억과 이해 정도가 한층 높아질 것이다. 마인드맵을 작성할 때에도 주가지와 부가지를 찾아 연결해 가는 과정이 정보의 조직화과정과 관련되므로 마인드맵은 정보의 기억과 이해를 증진시킨다.

- 핵심어(key word): 구 또는 문장식의 필기방법보다 핵심어를 이용한 필기방법이 더 효과적이다. 따라서 노트 정리를 할 때에 주요 개념만을 기록하는 것이 기억과 이해에 도움이 된다. 핵심어를 이용할 경우에는 기억해야 할 정보의 양이 줄어들고, 기록된 단어들에 대한 심상이 풍부해지며, 핵심어를 추출할 때 자료를 이해하는 일에 더 관여하므로 자료를 깊이 처리하게 되는 이점이 있다.
- 연합(association): 연합된 단어와 개념 및 그림은 회상에 훨씬 효과적이다. 특히 시각적으로 연합할 경우에 연합이 강화되어 회상도 증가하게 된다. 즉, 학습자가 새로 제시된 추상적인 언어와 자신의 경험을 관련지음으로써 의미가 좀 더 와 닿을 수도 있고 정보 회상도 촉진될 수 있다.
- 묶음(chunking): 마인드맵은 중심 이미지를 뚜렷하게 할 뿐만 아니라 그 중심 이미지에서 여러 개의 주가지로 자연스럽게 나가고, 또 이 주가지에서 부가지로, 그리고 부가지에서 세부가지로 계속해서 뻗어 나간다. 대부분의 경우에는 한 부분에서 갈라지는 가지가 7~8개 이상 되는 일이 거의 없지만, 그 이상이 될 경우에는 자료를 묶어 주어야 한다(Carrier & Titus, 1981). 각 가지에서 방사되는 여러 개의 묶음이 즉각적인 기억 용량의 범위에 있어야 하기 때문이다.
- 시각적 이미지(visual image): 시각적 이미지는 단어들보다 훨씬 회상이 잘되므로 마인드맵은 시각적일수록 좋다. 따라서 마인드맵의 효과를 높이려면 시각적인 요소를 최대한 고려해야 한다. 이를 위해서는 각 단어들을 필기체가 아니라 인쇄체로 쓰고, 핵심어들을 선 위에 인쇄체로 쓰고 패턴에 구조를 부여하기 위해 그 선들을 다른 선들과 연결하며, 흑백보다는 색깔이 있는 이미지를 더 많이 이용하고, 마인드맵에 입체감을 부여하고, 단어 외에도 다양한 이미지를 사용하고, 패턴에 있는 다양한 영역을 관련짓고 연합할 때 화살표를 사용하며, 단어들의 묶음을 하나의 단위로서 종합하기 위해 윤곽을 그리거나 배경에 빗금을 친다.
- 특이성: 정보가 어떤 방식으로든 특이하면 기억이 잘 된다. 특이성의 효과를 활용하려면 마인드맵을 작성할 때에도 모든 중심 이미지를 독특하게 하고 다양한 핵심어, 다양한 색깔 및 다양한 모양을 사용해야 한다.
- 의식적 몰두: 학습자가 필기하는 과정에 적극적이고 의식적으로 참여할수록 필기 효과는 크게 나타난다. 필기하는 과정에서 학습자는 정보를 추출하고 요약하며 조직화하게 되는데, 이처럼 정보를 연합하거나 묶거나 부호화하는 과정에서 학습자는 정보를 깊이 처리하게 된다. 정보가 깊이 처리될 경우에 그러한 정보는 쉽게 기억되기 마련이다. 마인드맵을

작성할 경우에 조직화를 하거나 핵심어를 찾고 시각적 이미지를 도출하게 되므로 그런 과정에서 정보를 깊이 처리하게 되어 기억과 이해 정도가 높아진다.

마인드맵의 용도는 무한하다고 말할 수 있다. 정보나 조직적인 구성을 요하는 과정이라면 어디에서나 마인드맵은 요긴하게 쓰일 수 있다. 몇 가지 용도를 소개하면 다음과 같다(라명화 역, 1995).

- 글쓰기: 보고서 작성을 위한 자료를 구성하거나 새로운 소설의 인물을 구상 중이라면 마인드맵이 글을 깊고 풍성하게 해 줄 것이다. 마인드맵은 재빨리 자료와 접촉해서 장애물을 극복하고 글의 구상이 자유롭게 흐르도록 도와준다.
- 프로젝트 구성: 마인드맵은 프로젝트를 구성하는 데서도 훌륭한 도구가 된다. 어떤 프로젝트든 단 몇 분 이내에 기본적인 구조를 배치해 낼 수 있다.
- 브레인스토밍: 브레인스토밍은 마인드맵의 자유스러운 구조에 적극적으로 반응한다.
- 회의: 마인드맵을 이용하면 회의 시간을 좀 더 생산적으로 이용할 수 있다.
- 일과표 작성: 지금 사용하는 일과표가 효율적이지 못한 경우 마인드맵으로 일과표를 작성해 보는 것이 좋다.
- 프레젠테이션: 마인드맵은 연설문을 쉽게 작성할 수 있고, 발표 내용을 청중이 더 잘 이해하고 기억하도록 도와준다.
- 노트하기: 마인드맵은 시각적으로 재미있게 노트하는 방법으로, 정보를 받아들이는 대로 그것을 조직하고 연결하고 연상결합을 일으켜 정보의 기억력을 증대시킨다.
- 성장과정을 기록하기: 마인드맵은 개인의 생각 속으로 깊이 들어가서 내적 자아를 효과적으로 개발할 수 있게 한다.

학교에서 마인드맵은 여러 교과에 적용될 수 있다. 마인드맵은 교과에서 복잡한 개념들을 명료화하거나 집단 토의 결과를 시각적 형태로 제시하기 위해 사용될 때 가장 유용하다. 마인드맵은 과학교과에서 자연의 순환과정이나 인과관계를 설명하기 위해, 사회교과에서 가족이나 사회의 속성을 이해하기 위해 사용될 수 있다. 마인드맵은 수학과 과학이 우리의 삶에 어떻게 적용될 수 있는가를 시각적으로 나타내기 위해 사용될 수 있다. 또한 마인드맵은 수업시간에 다른 시각화 혹은 그래픽 조직자를 위한 마무리 활동으로 사용될 수 있다. 예를 들어, 인과관계를 알아보기 위해 물고기 뼈 도식을 사용한 후에 그림 형태로 사건의 인과적 시슬을 파악하기 위해 마인드맵이 사용될 수 있다(Gregory & Parry, 2006).

5. 협동학습 전략

뇌기반 교수전략 중 하나가 학습을 위한 협동적 혹은 협력적 모델이다(Gregory & Parry, 2006; Ronis, 2007). 협동학습(cooperative/collaborative learning)은 다양한 능력 수준을 가진 소그룹의 학생들이 고차적 사고기능을 습득하기 위해 다양한 범위의 활동을 전개하는 수업방법이다. 많은 연구에 따르면, 협동학습 전략의 활용은 학생들의 성취도 향상, 다양한 배경을 가진 학생들간의 관계 개선, 학습장애 학생과 일반학생 간의 통합교육 등의 결과를 가져올 수 있다(Balkcom, 1992). 더욱이 협동학습은 실행하기 쉽고 다른 선도적인 교수방법에 비해 비용이 많이 들지 않는다는 이점이 있다. 여기서는 뇌기반 관련 협동학습의 의의, 협동학습의 기본 요소, 교실에서의 협동학습을 위한 의사소통, 그리고 협동학습 환경의 조성에 대해서 알아본다.

1) 협동학습의 의의

제4장을 비롯하여 여러 장에 걸쳐 언급하였듯이 뇌기반 현장연구와 신경과학연구는 교수-학습과 관련하여 다음과 같은 요인을 강조한다. 이러한 요인을 잘 반영할수록 뇌기반 교수-학습에 부응하는 것이다.

- 학생들은 다양한 방식으로 학습한다.
- 학생들은 학습에 적극적이고 능동적으로 참여할 때 최선을 다한다.
- 학생과 교사 간의 피드백은 뇌의 패턴과 프로그램을 조율하는 데 도움이 된다.
- 학습의 극대화를 위해서 학생들은 안전과 안정을 느껴야만 한다. 복잡한 학습은 도전에 의해 강화되고 위협에 의해 방해받기 때문에 교실에서의 학습환경은 낮은 스트레스와 높은 도전감을 주는 것이어야 한다.
- 뇌는 사회적이어서 집단 상황에서 학습을 촉진한다.
- 뇌는 부분과 전체를 동시에 지각하고 창조하기 때문에 집단 과제와 활동을 선호한다. 집단 과제와 활동을 할 때 프로젝트는 하나의 독립된 전체로서 다루어질 수 있는 반면, 동시에 집단의 각 개인은 그 전체가 인식되도록 하는 데 기여한다.

- 의미 추구는 타고난 것이므로 문제해결 상황은 뇌가 이러한 타고난 의미 추구를 사용하도록 해야 한다.
- 뇌는 패턴과 정서를 통해 의미를 추구하기 때문에 학습자가 과제에 정서적이고 사회적으로 관여할수록 학습은 미래의 적용을 위해 더욱더 잘 보유된다. 따라서 학생들은 공부하고 있는 주제에 지적으로뿐만 아니라 신체적이고 정서적 · 사회적으로 결합될 필요가 있다.

이 요인들이 시사하는 바와 같이 협동학습은 뇌기반 교수-학습을 위한 하나의 훌륭한 전략이 된다는 것을 알 수 있다. 우리가 살아가는 세상에서는 실제로 협동이 필요하다. 협동이란 어떤 문제를 다른 사람들과 함께 해결하는 활동이다. 그리고 집단에서 제대로 작동하는 학습능력이 중요한 능력이다. 우리는 개인의 학습과정이 집단적 노력을 통해 강화된다는 점을 경험과 다른 증거들을 통해서 잘 알 수 있다. 다른 사람들과 의견을 함께 나누고, 의견을 전달하며, 적절한 타협점 및 결론을 찾는 행위는 그 자체로도 교육적이다.

뇌 연구에 따르면, 사회적 상호작용을 위해 풍부해진 환경과 기회는 뇌의 수상돌기의 성장을 촉진시킨다. Diamond와 Hopson(1998)에 의하여 쥐의 실험에 관한 연구가 실행되고 보고되었다(최인수 역, 2002). 쥐의 환경 실험에서 쥐 한 마리는 우리 안에 장난감 쥐와 함께 있게 하였고(풍요로운 환경), 다른 쥐는 우리에 홀로 있게 하였다(열악한 환경). 또한 통제집단으로 지정된 다른 쥐는 쥐 세 마리가 함께 지내도록 큰 우리에 두었다. 장난감 쥐가 주어진 쥐는 소뇌 피질 내 수상돌기의 발육이 장난감 쥐가 없는 쥐보다 뛰어났다. 그러나 이 수상돌기의 다발이 가장 많이 발육된 것은 쥐 세 마리가 함께 지낸 통제집단의 쥐였다. 이 연구에 의하면 도전이 결핍된 고독한 환경은 뇌를 더 무디게 하고, 천성은 대뇌피질의 수축에 의해 반응한다. 이처럼 실험실 동물에게서조차 학습은 사회적 현상이라는 것을 알 수 있고, 여기서 우리는 인간이 다른 사람들과 함께 지내는 환경에서 더 많은 것을 배울 수 있다는 점을 시사받을 수 있다.

Pink(2005)는 그의 저서 『마음혁명(*A whole new mind*)』에서 21세기에 요구되는 마음을 안내하는 여섯 가지 감각을 제시하였다. 그중에서 두 가지 감각은 모든 사람의 활동 능력을 관장하고 있다. 이것은 우리가 전 세계적으로 경쟁하는 세상에서 필수적이다. Pink는 사람들이 대화하는 방법을 이해하기 쉽도록 학습해야 한다고 말한다. 이러한 글로벌 세계에서 대화와 논쟁을 잘하기 위해서는 자기이해, 설득, 의사소통의 능력이 요구된다. 우리가 다른 사람과 함께 활동하는 능력에 속하는 두 번째 감각은 진정한 애정을 보여 주고 다른 사람의 생각을 이해하는 능력이다. 지난 세기에 우리는 논리에 강조를 두어 왔지만 이제는 우리의 생각과 아이디어가 이야기 형태로 변화하고 있다. 즉, 우리는 논리적 사고에 의해서만 지배되지 않고, 다른 사람과 협동이 필요한 세상에 살고 있다.

학습이란 개념과 사실을 학생들의 머리에 주입하는 교사들에게 의존하는 수동적인 활동이 아니다. 진정한 학습이란 배우기를 원하는 개개인 간에 일어나는 흥미진진하고 생산적인 과정이며, 개인 간의 사회적 상호작용에 기초하여 구성된다(지식의 사회적 구성). 그것은 교사주도적인 모델을 능가하는 사회적 현상이다. 학습과 사회적 상호작용은 여러 명의 사람 간에 발생한다. 오늘날의 학습과정은 단순히 경쟁학습과 개별학습으로부터 협동적이고 사회적인 문제해결 활동으로 의미가 발전하였다. 이러한 사회적 문제해결과정에서는 대화와 실질적이고 의미 있는 참여, 그리고 실제 경험이 필요하다. 또한 학생들이 사회에 나가 성공하려면 자신의 생각을 세련되게 다듬어 표현할 수 있어야 하고, 다른 사람들의 생각과 의견을 경청할 수 있어야 하며, 다른 사람들과 함께 일할 수 있어야 한다. 그러므로 어릴 때부터 사회적 기능(social skills)을 습득하도록 지도해야 하고 협동학습을 장려해야 한다.

협동은 긍정적인 학습환경의 필수불가결한 요소로서 단지 집단 내에서 함께 활동하는 것 이상으로 의사소통이 이루어지는 전반적인 과정이다. 학생들은 협동적이고 집단적인 학습전략을 통해 이미 배운 내용을 공고하게 다지고 학습 활동을 수행한다. 이런 활동을 통해서 개인적 평가가 이루어질 시기에 내용은 개인의 장기기억 속에 저장된다. 만일 학생들이 다른 사람들과 효과적으로 협동하는 법을 배우지 못한다면, 다른 사람을 공격하지 않으면서 그의 의견을 비판할 수 있는 고차원의 기술을 익힐 수 없다. 진정한 협동학습은 집단에 동질적이고, 눈과 눈을 마주치는 등 특별한 행동의 과정이다. 협동학습의 효과성에 관한 자료를 살펴보면, 최고의 효과를 얻기 위해서는 다음과 같은 여섯 가지 요인을 가지고 협동학습을 해야 한다(정종진, 성용구, 임청환 공역, 2013).

- 성찰: 모든 학생에게 협동하는 집단에서 그들의 활동에 대해 성찰하는 기회를 주어야 한다.
- 개인적 성취: 학생들이 협동하여 학습하지만, 그 성취는 집단이 아닌 개인별로 각각 평가되어야 한다.
- 협동: 생각은 협동집단 내의 여러 명의 토론에 의해 이루어져야 한다. 학생들은 집단에서 생각을 함께 나누며 활동할 때 의미 있게 학습을 수행한다.
- 고차적 사고: 협동학습은 사고를 공유하고 고차적 사고력을 증진해야 한다.
- 정서적 영역: 정서적인 결속과 유대관계가 진작되어야 한다.
- 사회적 기능: 인지능력에 따라 직접적으로 길러지며, 집단 내에서 나타나도록 기대된다.

협동학습을 통하여 학생들이 서로 토론하는 학습의 기회를 가지면, 그들의 뇌에 친화적인 방법으로 학습할 뿐만 아니라 토론을 통하여 다른 관점을 듣게 되고, 손짓 · 발짓 · 억양 · 음성을 관찰하게 되고, 개념을 기억하고 형성하는 스키마(schema)를 발전시킴으로써 그들 나름대로 자신의 지식을 발전시킨다(Marzano, 2007). 학교문화와 교실상황이 협동적이면 학생들의 공동체 의식을 고취하고, 대인관계 및 의사소통 기술을 증진하고, 고차적 사고과정을 촉진하고, 자아존중감을 발달시키며, 학습에 대한 열정을 유지하며, 성취감 향상에 도움이 될 수 있다(Stevens & Goldberg, 2001). 교실상황을 공동생활체로 만들고, 공동생활체를 유도하고 긍정적 학습환경을 조성하는 교사와 학생들의 상호의존적이고 존중과 지지를 특징으로 하는 협동학습이 뇌기반 교수-학습에 절대 필요하다.

[글상자 8-3] 협동학습의 장점과 단점

협동학습의 장점은 다음과 같다.

첫째, 학생 전체가 협력하여 교과에 대한 지식을 습득하기 때문에 혼자 학습해서 얻는 지식보다 학습이 증대된다.

둘째, 학생들은 다른 학생이 학습하는 방법을 보고 배우게 됨으로써 서로에 대한 학습 모델이 된다.

셋째, 학생들은 다른 학생과 협동하는 등의 사회적 기능을 습득할 수 있다.

넷째, 학생들은 구성원끼리 과제를 분담하고 협동하여 수행하는 작업의 가치를 배우게 된다.

다섯째, 학생들은 과제에 대해 서로 토론하고 논쟁하는 과정을 통해 더 높은 차원의 사고력을 개발할 수 있다.

반면, 협동학습은 다음과 같은 단점이 있다.

첫째, 강의식 교수방법에 비해 많은 시간과 노력이 소모된다.

둘째, 학생들끼리 잘못 이해한 것을 정답으로 오해할 우려가 있다.

셋째, 소수 우수한 학생의 주도로 나머지 학생이 소외되거나 심리적으로 위축되기 쉽다.

넷째, 학습능력이 낮은 학생이 적극적으로 참여하지 않아도 학습능력이 높은 학생의 성과를 공유할 수 있다. 즉, 무임승차의 효과(free rider effect)가 나타날 수 있다. 반면, 학습능력이 높은 학생은 자신의 노력과 성과가 다른 학생에게 돌아가기 때문에 학습에 적극적으로 참여하지 않을 수 있다. 즉, 봉 효과(sucker effect)가 나타날 수 있다. 또한 집단과 과제가 적절하게 조직되지 못하면 책임을 다하지 못하는 학생이 집단 속에 가려져 눈에 띄지 않을 수 있다. 즉, 링겔만 효과(Ringelmann effect)가 나타날 수 있다.

무임승차자와 일벌레 없는 협동학습을 만들기 위한 몇 가지 방법을 소개하면 다음과 같다.

- 소집단 구성원의 개별 발전 점수의 합이나 평균을 토대로 집단 성적을 산출한다.
- 개인별 학습 진전도와 역할 수행을 점검한다.
- 소집단의 구성원들에게 소제재의 학습 과제를 배분한다.
- 소집단에서 함께 생각한 것을 무작위로 지적된 번호의 학생이 답하도록 한다.
- 앞에서 발표한 학생의 말을 바꾸어 자신의 언어로 진술하도록 한다.
- 다른 학생에게 들은 아이디어를 진술하도록 한다.
- 개인별로 몇 개씩 받은 발언 카드의 개수만큼만 발언 기회를 준다.

출처: 신명희 외(2014), pp. 316-318.

2) 협동학습의 기본 요소

협동적으로 구조화된 교실에서 학생들은 공동의 목표 성취를 위해 반드시 함께 공부해야 한다. 소집단의 학생들은 모든 집단 구성원에게 책임이 있는 정보와 자료를 할당받는다. 협동학습 상황에서 학생들은 상호 긍정적으로 의존한다. 학습목표는 모든 집단 구성원이 성공할 경우에만 도달될 수 있다. 그러므로 학생들은 함께 공부하는 구성원 모두에게 이익이 되는 결과를 추구한다. 이러한 결과를 달성하기 위해서 학생들은 각자 가지고 있는 정보와 자료에 대해 서로 토론해야 하고, 정보와 자료를 이해하기 위해 서로 도와야 하며, 열심히 공부하도록 서로 도와야 한다. 그들의 상호작용은 긍정적으로 상호 의존하게 한다(Ronis, 2007).

Johnson 등(Johnson & Johnson, 1994; Johnson, Johnson, & Holubec, 1994)에 따르면, 협동학습의 성공적인 실행을 위해서는 다음과 같은 다섯 가지 요소를 갖추어야 한다.

첫째, 긍정적인 상호의존성(positive interdependence)이다. 집단 구성원은 상호의존성을 가지고 과제를 수행한다. 학생들은 그들의 수행이 다른 구성원들에게 도움이 되며, 다른 구성원들의 수행이 그들 자신의 수행에도 도움이 된다는 것이다. 그러므로 집단 구성원 모두가 서로 협력하여 같은 목표를 향해 나아간다는 긍정적인 상호의존성이 필요하다. 긍정적인 상호의존성을 달성하기 위해서는 공동의 목표가 설정되어야 하고(목표 상호의존성), 집단 구성원 간의 일의 분담이 이루어져야 하고(과제 상호의존성), 집단 구성원 간의 자료와 정보의 분담이 있어야 하고(자원 상호의존성), 집단 구성원 각자의 구체적인 직무와 역할이 할당되어야 하며(역할 상호의존성), 합동 보상이 주어져야 한다(보상 상호의존성). [그림 8-11]에서 보듯이 협동적으로 구조화된 교실에서는 상호의존성이 협동학습의 중심에 자리 잡고 있다.

[그림 8-11] 협동학습의 중심: 상호의존성

출처: Ronis(2007), p. 111.

둘째, 면 대 면을 통한 상호작용(face-to-face interaction)이다. 집단 구성원들이 서로 얼굴을 마주 대하며 관심을 가지고, 허용적인 태도를 보여 주어 심리적으로도 일체감을 가지는 것이 필요하다. 이와 같은 상호작용을 통해 학생들은 서로 효율적으로 도움을 나눌 수 있으며 학습 과제를 신속하고 정확하게 완성할 수 있다. 또한 서로 믿고 격려하는 가운데 학습동기가 높아지고 불안감이 해소된다. 면 대 면을 통한 상호작용은 주의 깊게 구조화된 협동집단에서 학생 간에 일어나는 긍정적인 상호작용 패턴과 언어적 교환으로 긍정적인 교육 결과가 나타날 때 이루어진다. 언어적 요약, 설명 주고받기, 정교화(새로운 학습과 이전 학습을 관련짓기)는 언어적 교환의 중요한 측면이다. 더욱이 언어적 담화는 개인적인 의미 부여를 이끄는 데 도움이 된다.

셋째, 개별적 책무성(individual accountability)이다. 집단 구성원 각자의 수행이 집단 전체의 수행 결과에 영향을 주고, 또한 집단 전체의 수행은 각자의 수행에 다시 영향을 준다는 서로 간의 책무성이 필요하다. 개별적 책무성은 각 구성원이 정보와 자료를 학습하지 않고 할당된 과제를 이해하고 서로 도와주지 않으면 협동학습 집단은 성공하지 못할 것이라는 사실을 가리킨다. 이러한 이유로 교사는 개개인의 진행과정을 자주 강조하고 평가하여 집단 구성원들이 서로 지원하고 도와주도록 하는 것이 중요하다. 개별적 책무성은 개인 점수와 집단 점수를 병행하는 방법을 통해 확인할 수 있다.

넷째, 협력적/사회적 기능(collaborative/social skills)이다. 학생들이 효과적인 협력에 필요한 사회적 기능(대인관계 기능과 소집단 기능)을 갖추고 학교에 오는 경우는 드물기 때문에 사회적 기능을 길러 주어야 하는 것은 종종 교사의 몫이 된다. 교사는 학생들에게 적절한 의사소통, 리더십, 신뢰, 의사결정, 갈등해결 기능을 가르치고, 효과적인 집단 역동성이 이루어질 수 있도록 이러한 기능들의 사용을 격려해야 한다. 인간은 본능적으로 서로 협동하는 방법을 알고 태어나지 않는다. 다른 기본 기능들을 학습해야 하는 것처럼 다른 사람들과 상호작용하는 방법도 학습해야 한다. 이런 면에서 협동학습은 집단 구성원 간에 원만한 인간관계를 가짐으로써 지적인 면에서뿐만 아니라 정의적인 측면에서도 긍정적이다. 집단 내의 상호작용은 문제를 해결하는 과정에서 서로 신뢰하고 의지하게 하며, 또한 이러한 과정에서 의사소통 기능도 발달시킨다. 이와 같이 협동학습을 통한 원만한 인간관계 기술의 습득은 강의식 교수방법에서는 얻을 수 없는 장점이기도 하다.

다섯째, 집단의 처리과정(group processing)이다. 처리과정이란 집단이 얼마나 잘 기능하고 또 요구되는 사회적 기능을 얼마나 잘 사용하는가를 분석하는 데 필요한 절차적 기능과 시간을 학생들에게 제공하는 것을 의미한다. 집단에 의도한 결과를 성취하기 위해서 사용하고 있는 절차에 관한 정확하고 비위협적인 피드백을 제공하는 것이 과정화가 제대로 행해지는 것이다. 피드백은 집단 구성원들에게 효과적인 상호관계를 유지하면서 수행을 개선하는 데 도움이 되는 정보를 준다. 집단 구성원들은 모두 적극적으로 학습활동에 참여하는 과정을 통해 협동학습에서 요구되는 원칙과 기술을 익혀야 한다. 또한 모든 구성원에게 진행되고 있는 활동에 대한 피드백을 제공해야 하며, 학생들의 수행이 성공적으로 진행된다고 판단되는 경우 성공을 격려해 줄 만한 보상체계를 사용해야 한다.

3) 협동학습을 위한 의사소통

협동은 집단 구성원 간의 의사소통이 이루어지는 전반적인 상호작용과정이다. 상호작용은 학생들에게 사고를 하게 해 주고, 개념을 만들고 질문을 하게 하며, 사실이나 정의 또는 절차를 단순히 설명하는 데 그치지 않고 고차적 사고를 잘할 수 있도록 한다(Newman & Wehlage, 1993). 따라서 교실에서 의미 있는 협동학습이 이루어지려면 다음과 같은 네 가지 의사소통이 중요하다(정종진, 성용구, 임청환 공역, 2013).

(1) 교사와 학생 간의 의사소통

제3장에서 교실환경의 중요성과 긍정적 교실분위기의 영향력에 대하여 설명한 바가 있다. 교사는 다양한 문화적 배경과 흥미를 가진 학생들을 이해하고 그들과 먼저 상호 신뢰와 존경의 관계를 형성한 다음 학습과제를 진행해야 한다. 또한 교사는 학생들에게 필요한 지원, 자료, 정보를 제공하면서 학습관계를 형성해야 하고, 비현실적인 요구나 기한 제한을 하지 말고, 언어를 잘 모르는 학생에게 특별한 관심을 가져야 한다. 교사가 학생들에게 강조하여 말하는 것도 중요하지만 교사의 어조와 신체적 움직임도 중요하다. Jensen(2003)은 교실에서의 높은 스트레스와 위협적인 분위기는 학생들의 뇌세포를 손상시키며, 신체의 반응과 학습 효과를 악화시킨다고 말하였다. 학생들에게 평안함과 신뢰를 주어야 한다. 위협이 존재하는 교실에서는 학생들이 하는 어떤 일도 성공할 수 없다. Jensen(2003)은 교실에서 학생들에게 가하는 위협의 예를 다음과 같이 제시하였다.

- 동료 학생들 앞에서 난처하고 당혹스럽게 하는 것
- 필요한 내용, 지원이나 정보 없이 학생에게 과제의 한계나 한도를 비현실적으로 제시하는 것
- 학생의 언어능력이 부족하고, 그로 인해 동료 학생들로부터 비웃음을 받을까 봐 걱정이 되고 교사의 말을 알아듣지 못하는 상황
- 지배적인 문화만 반영하는 교실 같은 유쾌하지 않고 불편한 교실 문화
- 운동장, 컴퓨터실, 복도에서의 불량한 행동
- 학습에 문제를 느끼는 학생에 대한 부적절한 학습양식의 제공
- 가족 구성원들과의 싸움 같은 교실 밖의 요인
- 위협적인 어조로 말하는 것

위협이 존재할 때, 뇌는 생존하기 위하여 움직인다. 그리고 우리가 생존하기 위하여 몸부림칠 때 학습에 필요한 고차적 수준의 사고를 생존 전략에 허비하면서 학습하게 된다. 게다가 우리의 웰빙 상태에도 위협이 존재한다. Jensen(2003)은 뇌의 상태에 관한 그의 저서에서 인간은 다른 어떤 상태보다도 웰빙 상태에서 유능하게 활동한다고 말하면서, 이러한 웰빙 상태에서는 "세로토닌(serotonin)과 에너지 수준이 적당하여 이웃에 대해 우월하거나 열등하게 느끼지 않으며, 과잉행동이나 소극적 행동을 하지 않는다."(p. 101)라고 하였다.

일단 긍정적인 학습분위기가 형성되면, 교사는 말과 글로 자신의 기대를 전달해야 한다. 말

과 글 두 가지를 다 사용해야 하는 것은 교실에서 학생들의 80% 정도는 청각만으로는 학습하는 데 부족하기 때문이다. 교사의 기대에는 학습에 대한 기대뿐만 아니라 교실의 규칙도 포함하고 있다. 교사는 학생들에게 과제에 대하여 평가받을 것이라는 말을 하기에 앞서, 그들이 과제해결에 성공하기 위해 무엇을 해야 하는지를 구두로, 그리고 서면으로 제시해 주어야 한다. 또 그것을 후에 문자로 다시 알려 주어야 한다. 교사가 학생들에게 성공하라고 조언을 할 때 당혹스럽지 않게 해야 한다. 학생들은 인쇄물이나 글씨로 쓰인 것들을 받게 되면 그것들을 통하여 평가를 받지 않나 하는 생각을 하게 되는데 이는 놀랄 일이 아니다. 만일 교사가 학생들에게 긍정적인 분위기에서 구체적으로 적당한 설명을 해 주지 않으면 학생들은 질 높은 결과 산출이나 개인적으로 최상의 이해를 하지 못하기 때문에 긍정적 분위기의 조성이 매우 중요하다.

교사는 학생들이 잘 이해하고 있는지를 확인하기 위하여 수시로 학습의 기준점을 설정해야 한다. 이러한 확인과 기준점 설정은 매 시간, 그리고 매일 이루어져야 한다. Sousa(2006)는 학생들의 학습진도를 알아보기 위한 평가를 공부하고 나서 24시간 이내에 하면 소용이 없다고 하였다. 학습한 것이 장기기억 장소에 저장되었다고 보려면 24시간이 넘어서까지 저장되어 있어야 하고, 그럴 때 비로소 학습되었다고 확신할 수 있기 때문이다(박승호, 서은희 공역, 2009). 여하튼 확인과 기준점 설정은 학생들의 등급을 매기기 위한 것이 아니라 학생들이 얼마나 잘 이해하고 있는지를 알아서 도와주기 위한 것이다.

학생들이 학습하고 있는 동안 교사는 교실을 순조롭게 통제함으로써 누가 공부를 하지 않고 있고, 누가 아직 이해하지 못하며, 누가 학습에서 실패할 가능성이 있는지를 잘 파악하여야 한다. 이러한 경우 중에 어느 하나라도 발생하면 교사는 즉시 개입하여 문제를 해결해 나가야 한다. 어린 학생들에게는 글씨로 쓰는 것이 어려우면 행복한 얼굴, 슬픈 얼굴과 중립의 얼굴 표정을 짓게 한다. 학생들은 교사에게 공부하고 나서 느낌이 어떤지를 표정으로 나타내 보이게 한다. 이것은 학생들에게 비위협적인 방법으로 학생들 모두가 다 잘해 나가고 있는지를 파악하여 늦기 전에 교사가 개입할 수 있도록 한다.

끝으로, 교사는 학생들이 활발히 참여하도록 능동적이고 흥미 있게 설명함으로써 학생들을 자극하는 코치, 지도자가 되고 교실에서 안내자 역할을 한다. 교사는 학생들로 하여금 수동적으로 듣게만 하고 계속 가르치기만 하면 안 된다. 오늘날의 학생들은 계속적으로 감각을 자극하는 음악이 흘러넘치는 세계에 살고 있다. 그들은 그저 수동적으로 들으면서 하루 종일 앉아 있지를 못한다. Jensen(2007)은 오늘날의 교사는 학습을 위한 촉매자로서 숨 쉬는 교과서라고 생각해야 하고, 학교는 다음 세기를 위해 동기유발적이고, 사려 깊고, 책임감이 있으며, 생산적인 시민을 양성하는 등의 더욱 커다란 역할을 하여야 한다고 말하였다(정종진 역, 2010).

(2) 학생과 학생 간의 의사소통

교실에서 의미 있는 협동학습이 이루어지려면 학생 대 학생의 의사소통의 연결고리를 만들어 주어야 한다. 인간의 뇌는 모든 것에 능숙할 순 없다. 그렇기 때문에 뇌는 시간이 흐르면서 스스로의 생존을 지킬 수 있는 것을 선택한다. 인간의 뇌는 의사소통의 주요 수단으로 언어를 사용하며 진화되어 왔다. 이러한 사실은 왜 집단의 팀활동과 협동학습이 학생들 간에 이해를 돕고 새로운 개념을 학습하는 데 유익한지를 설명해 준다. 집단활동은 서로에게 의사소통하기를 요구한다. 이러한 과정을 통하여 학습은 더욱 강화된다(정종진 역, 2010).

우리는 다른 사람에게 무엇인가를 가르칠 때 가장 효과적으로 배운다. 교사의 경우, 언제 자신의 과목을 가장 잘 알게 되느냐고 묻는다면 아마도 다른 사람에게 그것을 가르칠 때라고 대답할 것이다. 학생들에게 배운 것을 말할 기회를 제공함으로써 이러한 훌륭한 교수기법을 활용하게 된다.

또한 학생들은 자신의 가장 친한 친구뿐만 아니라 덜 친한 다른 학생들과도 함께 활동할 기회를 가지게 할 필요가 있다. 사회적 기능, 집단 내 상호작용 기술, 대화기법, 집단 문제해결능력은 학생들에게 제공할 수 있는 가장 높은 단계의 기술들이다. 아마도 이러한 능력들은 인생의 성공에 대해 교사가 학생들에게 제공하는 학문적인 기술보다 큰 도움이 될 것이다. 학생들은 만족을 느낄 수 있고 가치 있는 관계를 확실히 형성할 수 있을 것이다. 이를 위해 Tileston(2011)은 다음과 같은 지침들을 제시하였다(정종진, 성용구, 임청환 공역, 2013).

첫째, 작게 시작하라. 즉, 학생들에게 짧은 시간 동안 짝 활동을 하게 함으로써 시작하라. 활동의 이상적인 시간은 15~20분의 활동 안내 후 10분 정도다. 학생들이 무엇을 말했는가에 대해 토의하게 하고, 새로운 주제에 대한 질문을 명확히 말하거나, 여러 가지 방식으로 정보를 활용하게 한다. 이렇게 함으로써 사회적 기능을 향상시킬 뿐만 아니라 새로 배운 것을 견고하게 한다.

둘째, 처음에는 학생들을 인원이 적은 소집단으로 구성하고, 친숙한 학습자료를 사용하라. 이전에 가르쳐 본 적 없는 단원을 가지고 처음부터 집단활동을 하는 것은 좋지 않다.

셋째, 어떠한 집단활동도 모두 의미 있음을 확신하라. 학생들은 지속적으로 바쁘게 협동하다 보면 이해하게 되고 잘 따라서 반응하게 될 것이다.

넷째, 모든 활동의 시간을 계획하고 잘 지키도록 하라. 다만, 효과적으로 집단활동을 할 수 있는 충분한 시간을 허용해 주어라. 만약 학생들에게 활동을 끝마치는 데 8분이 걸린다고 말하고 그들에게 15분을 제공한다면 다음 번에는 제한시간을 과도하게 넘기지는 않게 된다.

다섯째, 학생들에게 왜 소집단활동을 하는지에 대해 진지하게 말하라. 학생들에게 그것은 세상을 살아가는 데 중요한 기술이며 무엇을 하든 성공적으로 하길 원한다고 말하라. 모든 일을 혼자 하지 않고 다른 사람들과 함께 할 수 있다는 것은 특권이라고 말하라. 협력할 때 시너지 효과가 있음을 말해 주어라.

여섯째, 협동학습 기술을 익히는 교수법을 연구하는 단체에 가입하라. 집단을 만들고 학생들을 다루는 방법에 대해 많은 것을 배우게 될 것이다.

학생들 간에 정보를 공유하게 하여 협동학습 전략으로 집단적 통찰과 탐구를 하는 한 가지 사례를 보자. "학생들은 교사가 제시한 학습 문제나 현상에 대해 동료들과 함께 학습한다. 과학 교사가 동네 샘물이 갑자기 오염이 되었는데 그 원인을 찾아보라고 학생들에게 말한다. 그러고 나서 학생들은 이 문제를 해결하기 위한 탐구활동을 한다. '동네 사람들은 놀랐을까?' '이런 일이 전에도 일어난 적이 있는가?'와 같은 질문을 하게 된다. 그 후 학생들은 오염의 원인이 무엇인지를 찾기 위한 계획을 함께 세운다. 학생들은 집단활동과 개별활동의 계획을 세워 맡은 역할을 수행한다. 예를 들어, 몇몇 학생은 집단활동으로 정보를 수집하기 위하여 샘물을 찾아가고, 또 어떤 학생들은 동네 이웃사람들과 인터뷰를 하기도 한다. 교사와 학생들은 자료와 증거들을 검토하고 거기에 따라 계획을 정확하게 맞추어 수립할 것이다." 이런 방법으로 활동에 참여하는 학생들은 탐색, 자료수집, 분석, 가설검증방법 등과 같은 높은 수준의 학업기술을 배우게 된다. 학생들은 서로 의사소통하기 때문에 다른 학생들이 어떻게 생각하고 결론을 이끌어 내는지 알게 되고 정보를 공유하는 방법을 배우게 된다. 의사소통은 가장 문화적인 세계에서 매우 수준 높은 소통능력이다. 협동학습을 통한 탐구활동이 효과적으로 이루어질 때 학습에 37%의 상승 효과를 가져다줄 수 있다(Tileston & Darling, 2008).

(3) 학부모와의 의사소통

교사와 학교행정가는 교육이 이루어지는 과정의 통합적 부분으로 학부모와 능동적이고 지속적으로 의사소통해야 한다. 편지, 노트, 이메일, 전화, 학부모 회의, 단체 모임은 학부모들과 긍정적인 분위기를 유지하는 데 필수적이다. 학부모 위원회는 학부모들이 학교의 교육정책을 수립하는 것을 돕고 학부모의 만남(개인과 단체)을 구성하는 데 촉매 역할을 한다. 학부모들은 학교에서 환영받아야 하고 언제든지 교실을 방문할 수 있도록 해야 한다. 학부모들이 교실과 학교를 자주 방문하고 상주하게 될 때 흥미로운 일이 발생한다. 학교에서 징계문제가 줄어들고 학교를 찾은 학부모들이 학교의 지지자가 되는 부가적인 이점도 생긴다. 학교교육의 개선이나 개발을 위한 회의를 개최할 때 학부모를 참여시키는 것이 좋다. 교육정책이나 교육과정 운영

등 학교에 불만을 말하고자 하는 학부모들은 언제든지 학교 모임에 참석하거나 학교를 방문하도록 하고, 그들의 불만과 조언을 귀담아듣고 반영하는 것이 필요하다.

경제적으로 어려운 시기에는 교사들이 정규 수업시간 외에 학부모와 함께 의사소통하는 방법을 찾는 것이 필수다. 오늘날 대부분의 학부모는 직업활동을 하고 있고, 심지어는 두 개의 직업을 갖고 있는 경우도 있다. 학부모가 학교에 오지 않는다고 해서 자녀교육에 관심이 없다고 생각해서는 안 된다. 대부분의 학부모는 자녀교육에 관심이 있지만, 직장 때문에, 혹은 학교에서 정한 시간에 맞출 수 없어서 오지 못한다. 요즘에는 대부분 가정이나 직장에 컴퓨터가 있고, 개개인이 휴대전화를 소지하고 있기 때문에 메일이나 문자 메시지, 그리고 전화로 학부모들과 정보를 주고받으며 의사소통을 해야 한다.

(4) 교사와 다른 직원 간의 의사소통

교사들에게도 학생들과 마찬가지로 서로 다른 사람들과 함께 일하는 기회가 필요하다. 만일 교실 밖 학교풍토가 부정적이라면 교실 풍토를 긍정적으로 만들기 어렵다. 학교 관리자가 지원적이지 못하다면 교사는 협력적인 환경을 만드는 데 어려움을 느낄 것이다. 교사들은 어려운 상황을 알고 있지만 의사소통을 이루기 위하여 피곤하고 힘든 날들을 많이 보낸다.

교사들은 매일 다양한 주제로 소집단 토론을 해야 하고, 가능하다면 토론도 교사의 수업시수에 포함시킬 필요가 있다. 일정 인원의 학생을 각 교사 팀이 맡아 학생 중에 누가 결석하는지, 누가 훈육상의 문제가 있는지, 누가 실패의 위험에 처해 있는지를 살펴야 한다. 문제가 있는 학생은 교사 팀을 만나 문제 진단과 해결을 위한 의논과 상의를 하고, 교사들 또한 한 주의 과제와 업무를 의논하고 상의하는 것이 바람직하다.

어떤 날들은 숙제가 없고 다른 어떤 날들은 비현실적인 양의 과제로 스트레스를 받아야 하는 이유에 대하여 학생들은 이해하기 어렵다. 의사소통은 이런 문제를 해결할 수 있다. 매일 만나는 교사들은 학생들에게 부과할 과제를 서로 간에 중복되거나 무리가 되지 않도록 충분히 논의할 수 있다. 이것 또한 통합학습을 위한 방법이다. 이것은 한 과목과 다른 과목을 통합하는 많은 자연스러운 방법이다. 통합은 자연스럽게 이루어지는 것이지 강제로 되지 않는다.

교사들은 개입(중재)에 대한 반응의 중요성을 인식하고 특수학급에 학생들을 잘못 배정하거나 개입하기 전에 실패하는 학생들이 없도록 일찍이 실패를 예방하기 위한 실행계획을 세우기 위해 과거에 비해 훨씬 활발하게 의사소통을 해야만 한다. 원활한 의사소통만이 훌륭한 교육활동을 만들어 낼 수 있다. 교사와 다른 직원들(학교행정가, 일반 행정직원, 보건교사, 영양교사, 전문상담교사, 방과후 교사, 학교 지킴이 등) 간에 긍정적이고 활발한 의사소통이 이루어지는 학교가 건강한 조직이고, 성공적인 협동학습을 위한 주요 관건이 된다.

4) 협동학습 환경의 조성

협동학습은 비판적이고 고차적인 사고기능을 기르기 위해 이루어지며, 집단 탐구활동을 강조한다. 협동학습은 학년 수준에 따라 적절히 수정되어 적용될 수 있지만, 실행을 위해 교육과정 정비를 요구하지는 않는다. 협동학습에서 학생들은 자신의 연구를 통해 나름의 학습을 적극 구성하고, 각 학생의 뇌는 개인에게 의미 있는 자신만의 방식으로 새로운 정보를 조직하기 때문에 협동학습은 매우 뇌기반적이고 뇌친화적이다(Ronis, 2007).

협동학습은 다양한 형태로 학교현장에 적용된다. Slavin(1978)에 의해 고안된 성취과제분담학습(Student Teams-Achievement Divisions: STAD)은 팀별 경쟁을 통해 학습하는 것으로, 학생은 교사에게서 매주 새로운 학습지를 받아 팀별로 협동학습을 한 후, 교사로부터 답지를 받아서 협동학습 결과와 비교하여 정확한 이해를 하게 된다. 그리고 주 단위로 개인별 퀴즈를 실시하여 개인별 점수를 기록해 0~10점까지의 개인별 향상 점수만 팀 성적에 반영한다. 한편, 텍사스 대학교의 Aronson(1971)이 제안된 직소(Jigsaw) 학습법은 각 팀에 똑같은 주제를 준 후 각 집단에서 같은 부분을 맡은 학생들끼리 따로 모여 내용을 토의하고 다시 자신이 속한 집단으로 돌아가 학습한 내용과 결과를 그 집단의 학생들에게 가르친다. 학습을 마친 후에는 퀴즈를 통해 개인별로 성적을 얻는 방법이다.

또한 과제 나누어 맡기를 통한 협동학습으로 코프코프(Co-Op Co-Op)가 있다. 이는 학급 모두가 전체 주제에 관한 개략적인 학습 내용을 토론한 뒤 여러 소주제를 나누고, 자신이 원하는 소주제를 다루는 소집단에 들어간다. 소집단에서는 토의를 통해 그 소주제를 또다시 더 작은 소주제로 나누어 각각의 맡은 부분을 심도 있게 조사해 오게 한다. 그다음에는 소집단으로 돌아와 소집단 구성원과 함께 전체 학급에 보고할 것을 협동적으로 준비한다. 그리고 다른 소집단으로부터 평가를 받는다. 교사는 소집단 작업물과 함께 학생 개인의 성취 정도를 평가한다. 이 모형은 선택된 주제나 학습의 범위, 난이도, 자료의 특성에 따라 한 시간의 수업 분량에서 길게는 한 학기 또는 1년 내내 적용할 수 있다(신명희 외, 2014).

여기서 유념해야 할 것은 학생들을 집단 속에서 학습하게 하는 것만으로는 진정한 협동학습이 아니라는 점이다. 학생들을 같은 탁자에 나란히 앉혀 서로 이야기를 하면서 개별적으로 할당된 과제를 수행하는 것은 협동학습이 아니다. 학생들의 개별 학습과 팀 과제의 수행을 극대화하기 위해 함께 공부하고 토의하는 소집단을 활용해야 하고, 학생들 간의 협동적 상호의존이 활발히 이루어져야 하며, 각각의 팀 구성원에 의한 실제적인 지식의 구성이 있어야 협동학습이다.

(1) 교사와 학생의 역할

교사는 학습에 도움이 되는 효과적인 환경을 조성하고 교육을 전개해야 한다. 효과적인 협동집단을 구성하고, 팀 문제해결을 요하는 주제를 사용해서 수업을 실시하며, 집단학습과 개별학습을 점검하기 위한 방법을 개발해야 하는 것이 교사의 책임이다. 또한 교사는 협동적으로 완성해야 할 실제적인 과제를 할당하고, 개별 학생이 증명해 보여야 하는 학습의 내용과 방법을 결정하고, 필요할 경우 집단이나 개인을 원조해 주어야 한다. 촉진자와 코치로서 교사는 또한 학습집단의 기능을 점검해야 하고, 성공적인 협동을 위해 필요한 사회적 기능을 학생들에게 가르쳐야 한다.

협동학습에서는 학생들에게 교사의 원조, 피드백, 강화, 지원보다는 동료 학생들의 원조, 피드백, 강화, 지원을 받도록 격려한다. 협동학습에서 학생들은 서로 자료를 공유하고, 상호작용하며, 격려해 주어야 한다. 개별 학생의 책무성을 지원하기 위해서 집단의 각 구성원에게 특정 역할이 할당될 수 있다. 학생들이 집단 작업을 시작할 때, 먼저 각 구성원이 과제 수행을 위해서 각자 맡은 역할이 어떤 기능을 하는지를 알아야 한다. 할당된 역할은 긍정적인 상호의존을 이끌며, 학생들에게 새로운 기능을 가르친다. 개별 학생의 책무성을 지원하기 위해서 집단 구성원들에게 각자 특정 역할을 할당하는 것은 도움이 된다. 집단 구성원들은 각자 할당된 역할을 수행하는 데에 일정 시간 보내야 한다. 협동학습 상황에서 학생들은 필요한 정보를 서로에게 설명하고, 필요한 전략과 개념을 정교하게 다듬어 나간다. 집단 구성원 간의 의견과 생각의 교환은 비판적 사고, 고차적 수준의 추리, 초인지 사고를 촉진시킨다. 학생 각자가 알고 있는 것을 다른 집단동료들에게 설명하고, 다른 집단동료들의 의견과 생각을 경청함으로써 궁극적으로 지식과 기능을 새롭고 다른 상황에 어떻게 적용할 것인지에 대한 이해를 촉진할 수 있다(Ronis, 2007).

(2) 협동집단의 유형

교사가 협동학습을 진행할 때 가장 중요하면서 첫 번째로 해야 할 일은 집단(혹은 팀)을 어떻게 구성할지 결정하는 것이다. 학생들을 집단으로 편성하는 방법은 여러 가지가 있지만, 크게 두 가지 범주로 구분할 수 있다. 하나는 이질적인 집단 편성이고, 다른 하나는 동질적인 집단 편성이다(Gregory & Parry, 2006).

이질적인 집단은 성, 인종, 사회경제적 지위, 능력 수준 등을 고려하여 다양한 개인을 선정하여 구성된다. 협동학습의 한 가지 목적은 사회의 다양한 구성원간의 긴장과 갈등 및 오해에 기초한 부정적 태도를 방지하기 위한 것이다. 협동학습은 학생들에게 다양한 배경을 가진 집단 속에서 함께 일할 기회를 제공하는 데 도움이 된다. 건설적인 동료 관계, 배려, 지지와 격려는 협력적 기술과 긍정적 태도의 발달에 중요하다. 이러한 이유로 이질적 집단의 편성은 협동학습에서 즐겨 사용되는 방식이다. 이질적 집단은 때때로 오랜 시간 동안 함께 머물기 때문에 가정집단(home group) 혹은 기초집단(base group)이라고도 불린다. 이질적 집단은 학생 간의 관계를 형성하고 발전시키기 위해 대체로 교과과정 내내, 학기 내내, 혹은 학년 내내 지속된다. 이질적 집단 속에서 학생들은 다양한 의견과 능력을 가진 사람들과 상호작용함으로써 이득을 얻는다. 높은 성취의 학생들은 다른 학생들을 도와주면서 그들의 관점을 설명하고 재진술함으로써 이득을 얻는다. 모든 학생은 그들의 사고를 말로 설명하고 다른 사람들과 함께 나누어 가질 수 있는 기회를 가짐으로써 이득을 얻는다.

동질적 집단은 많은 공통된 특성을 가진 개인들로 구성된다. 교사가 동질적 집단을 사용하기 위해 선택할 수 있는 경우는 다음과 같다(Gregory & Parry, 2006).

- 특정 영역에 어려움이 있는 집단: 특정 요구 영역을 중심으로 조직되며, 기능이 숙달될 때까지 단기간 운영된다.
- 흥미 집단: 주제에 대한 흥미에 따라 조직되며, 프로젝트가 완성될 때까지 단기간 운영된다.
- 동성 집단: 한 가지 성이 지배적일 수 있는 주제 혹은 혼성일 경우 방해가 될 수 있는 특정 주제에 따라 조직되며, 주제가 토의될 때까지 단기간 운영된다.
- 인지발달 집단: 연령에 관계없이 인지발달 수준에 따라 조직되며, 기능이 숙달될 때까지 단기간 운영된다.
- 사회적 집단: 친구관계와 우정의 패턴에 따라 조직되며, 친구 간에 프로젝트에 대한 즐거움을 만끽하도록 단기간 운영된다.

지금까지의 연구 결과에 따르면, 구성원 간에 도움을 주고받을 수 있는 이질적 집단 편성이 효과적이다. 개개인의 다양한 기준을 고려하여 서로 도움이 될 수 있도록 상보적으로 편성하면 결국 집단 구성의 이질성은 커지게 마련이다. 그러나 집단 간에는 전체 능력에서 동질적이어야 하는데, 이는 집단 간의 경쟁 유도에 필수적이다. 협동학습의 소집단 구성은 이질적인 구성원으로 동질적인 소집단을 구성하는 것이 좋다. 대체로 4~6명이 하나의 팀을 이루는 협동학습에서 집단을 이질적으로 편성할 때 사용되는 기준에는 능력, 사회경제적 지위, 성별 등 세 가지가 있다(Webb & Palincsar, 1996).

집단 편성에서 중요한 또 한 가지는 편성한 집단을 얼마나 오래 유지하느냐의 문제다. 즉, 집단의 안정성에 관한 문제다. 집단을 자주 바꾸는 경우, 여러 학생과 폭넓은 교류를 하게 되고, 같은 구성원끼리 깊어질 수 있는 불화나 갈등을 미연에 방지한다는 이점이 있다. 반면, 너무 자주 바꾸면 어느 정도 형성된 친화관계가 없어지고 새로 짜인 집단의 구성원과 다시 사귀어야 하는 심리적 부담감이 따를 수 있다. 집단을 어느 정도 오래 지속하는 경우, 깊이 있는 관계가 형성되어 진정한 의미에서 협동심을 개발할 수 있고, 집단의 효율성이 높아지는 장점이 있다. 그러나 결국 이 문제는 어느 쪽이 바람직하다고 단정적으로 말하기 어려우며, 교사의 통찰과 판단에 따라 때로는 학생의 요구에 따라 결정될 문제다. 그럼에도 교사는 어느 정도 시간을 갖고 집단 편성을 새롭게 하는 것이 바람직하겠는가에 늘 관심을 갖고 협동학습을 이끌어 갈 필요가 있다.

(3) 평가방법

협동학습은 집단학습이기 때문에 집단평가 또한 마찬가지로 협동학습의 한 부분이어야 한다. 협동학습의 기본 요소들이 작업 중에 있다면, 집단평가는 집단산출을 향해 수행된 개별 책임에 토대를 둔 형성평가를 의미한다. 모든 집단 구성원은 다른 사람의 학습에는 물론 자신의 학습에 대해 책임을 져야 하고, 개념과 할당 사항을 이해해야 하고, 할당된 일을 숙달했음을 증명해 보여야 하고, 리더십을 발휘해야 하며, 집단의 진전도를 평가해야 한다. 집단과 그 구성원들을 공정하게 평가하기 위해서 채점 준거인 루브릭(rubric)을 개발해야 한다(Ronis, 2007). 루브릭에 대한 자세한 설명은 다음 제10장에서 다룬다.

협동학습에서 평가방법은 채점 기준을 정해 개별점수, 집단점수, 향상점수(improvement score) 등을 주어 집단 내의 응집과 집단 간의 경쟁을 유도한다. 평가를 집단만을 대상으로 처리할 경우, 무임승차 효과와 봉 효과로 말미암아 학습 활동이 효과적으로 이루어지기 어렵기 때문이다. 향상 점수는 학생마다 자신의 기준점수(base score)를 정하고 이에 비해 얼마나 점수가 향상되었는지를 측정하는 것이다. 기준점수는 지난 학기의 성적이나 첫 교시의 사전 성취도를 검사하여 측정할 수 있다. 이 기준점수를 바탕으로 매번의 퀴즈 등의 점수가 그전보다 얼마나 올라갔는가를 계산하여 향상 점수를 결정한다. 소집단에서의 점수 측정은 소집단 구성원 각자의 향상 점수에 의해서 계산된다.

제 9 장

뇌기반 교육과정

뇌기반 학습을 구현하기 위해서는 반드시 교육과정의 변화도 수반되어야 한다. 전통적인 교수계획은 '가르칠 것을 계획하고 그다음에 가르쳐라'라는 생각에 기반을 두지만, 뇌기반 학습에 기초한 교사들은 '학습할 것이 무엇이며 어떻게 가장 잘 가르칠 수 있을까?'를 먼저 생각한다. 교육과정의 핵심은 학생들에게 가르쳐야 할 학습내용의 선정과 구성 및 운영에 있다. 그렇다면 제2부에서 고찰한 뇌기반 학습의 원리에 비추어 볼 때 학생들에게 어떤 내용을 가르쳐야 하고, 그 내용을 어떻게 구성하고 운영해야 할 것인가? 이 장에서는 먼저 교육과정이 실현되는 최전선이 교실이기 때문에 뇌기반 학습을 위한 교실의 상황과 교실수업에서 고려해야 할 점이 무엇인지 '교실과 뇌기반 학습의 통합'이라는 주제로 살펴본 다음, 뇌기반 학습을 구현하기 위해 교육과정이 어떻게 구성되고 운영되어야 하는가를 살펴본다.

1. 교실과 뇌기반 학습의 통합

뇌를 고려한 교육과정을 계획할 때 '무엇을 가르쳐야 하는가?'보다 '어떻게 하면 학생들이 잘 배울 수 있을까?'라는 질문을 던져 보는 것이 중요하다. 학습이나 교육과정을 계획할 때 뇌

고유의 학습경향성을 지지하는 기본 원리에 초점을 두어야 한다. 학습은 시간의 흐름과 함께 나타나므로 제4장에서 살펴본 뇌기반 학습의 단계 중 어느 한 단계도 빠뜨리지 말고 사전 노출부터 축하의 단계까지 잘 맞추어 학습을 계획해야 한다. 학생들의 선택권을 다양하고 풍부하게 제공하는 복잡하고, 통합적이며, 간학문적인 교육과정을 만들어야 한다. 각 학생의 독특한 성향, 요구 및 경험을 중시하면서 구조화된 교실과 수업환경을 만들어야 한다.

교실에서 이러한 뇌기반 학습을 통합시키기 위한 좋은 방법은 학생들이 배워야 할 내용을 적고, 그 내용을 학생들이 잘 배울 수 있도록 교사가 지도할 수 있는 구체적이고 실제적인 전략을 수립하는 것이다. 많은 내용을 가르치기보다는 적게 가르치고, 새로운 학습 내용을 이전에 학습한 내용과 연계 · 통합하며, 수립한 전략을 최선을 다해서 실행해야 한다. 교실에서 뇌기반 학습을 통합하기 위해 고려해야 할 사항은 다음과 같다(Jensen, 2008). 이러한 사항은 교실에서 교육과정을 구성하고 운영할 때도 고려해야 할 점이다.

- 사전 노출과 점화: 적어도 새로운 주제를 배우기 1주일 전에 그 내용과 맥락에 학생들을 사전 노출시킨다. 이것은 새로 학습해야 할 주제에 대한 약간의 배경지식을 형성하고 관련성을 높이며, 후속 학습을 촉진하는 데 도움이 된다. 새로운 주제에 대한 학습을 시작하기 2주일 전에 그 주제에 대한 내용 요약물이나 마인드맵을 만들어 게시판에 부착한다. 학생들에게 그것을 주시하도록 요구하지 말고 그들 스스로 자연스럽게 보도록 하면서 교사에게 질문하도록 이끈다.
- 학습을 위한 충분한 시간: 시간은 학습 공식에서 중요한 성분이자 언제나 포함되어 있는 요소다. 학생들에게 더 많은 내용을 가르치려고 하다 보면 미완성의 학습을 초래하는 경우가 많다. 먼저 학생들에게 학습을 위한 충분한 시간을 제공해야 하고, 또한 학생들이 복습하고 성찰할 수 있는 시간을 충분히 반영하여 교수계획을 세워야 한다. 이는 실제적이고 진정한 학습(authentic learning)을 위한 필수 조건이다.
- 위협의 부재 혹은 최소화: 교사는 매일 각 학생과 상호작용을 하면서 빈번하면서 비판단적인 피드백을 제공해야 한다. 학생들이 새로운 주제와 이전에 배운 학습 내용 간에 관련을 지을 수 있도록 이전의 학습을 활성화시켜야 한다. 또한 위협이 없도록 학생들의 상태를 관리해야 하며, 학생들의 요구가 야기되면 그 요구에 맞추어야 한다. 앞에서 언급한 바와 같이 교사는 학생들에게 무엇을 가르칠 것인가에 초점을 둘 것이 아니라 어떻게 하면 학생들이 가장 잘 배울 수 있는지 학습에 초점을 두어야 한다.
- 최종 성과를 위한 준비: 교사가 학생들이 시험에서 좋은 결과를 얻길 기대한다면, 좋은 결

과를 얻을 수 있도록 준비시키는 것 역시 교사의 책임이다. 학생들이 시험에서 실패한다면 이것 또한 교사가 역할을 잘하지 못하고 있음과 같다. 학생들이 시험에서 좋지 못한 성과를 얻을 때마다 교사는 그들에게 부정적인 자아상을 강화시켜 주고 있다. 학생들이 최종적으로 좋은 성적을 거둘 수 있도록 준비시키되, 시험 상황에서 경험할 수 있는 유사한 스트레스 상태에서 준비시켜야 한다. 예상하지 못한 상황에서 갑작스럽게 실시하는 쪽지 시험은 삼가야 한다. 오히려 최종 시험 전에 학생들의 강점과 약점을 발견할 있도록 점수에 반영되지 않는 사전검사를 실시하는 것이 좋다.

- 높은 참여: 학생들이 학습에 적극 참여하도록 이끌되 말하지 마라. 예를 들어, 학생들을 자전거에 태우되, 자전거를 어떻게 타는지 말하지 마라. 교사의 교수계획 활동은 학생들이 계속해서 상호작용을 하고 뭔가 행할 수 있도록 신체적이고 사회적인 참여를 유발해야 한다.
- 긍정적 정서 개입: 학생들이 자신의 학습 상태를 조절하도록 가르친다. 학생들의 기분 상태는 학습에 대한 동기유발, 학습의 질, 학습에 대한 회상능력에 중요한 영향을 미친다. 활동에 자주 변화를 주고, 선택권을 제공하고, 신체적 욕구(예: 움직이기, 스트레칭, 물 마시기, 휴식시간 등)에 주의를 기울이며, 모험과 도전 수준을 높임으로써 학생들의 부정적 상태를 최소화해야 한다. 교사는 학생들의 지원자가 되어 주고 자주 피드백을 제공해 주어야 한다.
- 학생들의 선택권: 지나치게 많은 선택권이나 적은 선택권은 모두 좋지 못하며 신뢰와 친화감 및 과거 경험을 바탕으로 적절한 균형을 이루어야 한다. 뇌친화적 환경을 제공하면 학생들의 힘이 솟구친다. 이렇게 되면 학생들은 교사가 자신들을 진정으로 위한다는 믿음을 가지게 되기 때문에 모든 일에 선택권을 줄 필요는 없다. 여기서 핵심은 학생들이 어떻게 지각하느냐 하는 것인데, 학생들이 관계에서 힘을 갖고 있다고 지각하면 선택권을 덜 요구하게 된다. 어린아이든 성인이든 상관없이 자신의 운명에 대해 어느 정도 통제력을 갖고 싶어 하는 것이 인간이다.
- 중간 또는 높은 도전: 부여하고자 하는 과제가 충분히 도전적이어야 학생들도 할 가치를 느낀다. 어떤 활동이든지 시간(어떤 과제를 위해 주어진 시간을 증가시키거나 감소시킴), 기준(최종 결과물에 대한 기준을 높이거나 낮춤), 자원(과제 수행에 필요한 자원의 이용 가능성을 증가시키거나 감소시킴), 그리고 상황(과제를 조용히 하거나, 혼자 하거나, 어두운 곳에서 하거나, 세 명이 팀을 이루어 하거나, 공개적으로 남들 앞에서 수행해야 하는 것)의 요인들을 조절함으로써 더욱 도전적인 과제로 만들 수 있다.

- 동료 학생들의 적극적인 지원: 학생들은 또래들의 지지가 있다는 것을 알게 되면 더욱 도전적이게 된다. 또래들과 긍정적인 유대관계를 형성하도록 할당된 집단과제와 팀원들의 노력이 자주 계속해서 수반되어야 한다. 공식적 및 비공식적 집단을 편성하고, 짝 활동을 자주 실시하고, 적절한 시간에 사회화를 격려하며, 협동학습을 강조해야 한다. 이전처럼 친구들끼리 더 좋은 성적을 받기 위해 경쟁하는 것이 아니라 많은 학생이 함께 최고의 결과를 달성하기 위해 함께 돕는 분위기로 만들어 가야 한다.
- 숙달목표: 학생들은 대체로 자신에게 기대되는 것만큼을 수행한다. 따라서 높은 기준을 설정하고, 그 기준을 성취할 수 있는 예시와 본보기를 보여 주며, 학생들에게 그 기준에 도달할 수 있다는 확신을 심어 주어야 한다. 교사가 기대하는 목표와 학생이 설정한 목표를 함께 공유하고 교실에 게시한다.
- 충분한 비학습 시간: 우리의 뇌는 쉬지 않고 공부하는 것에 익숙하지 않다. 사실 뇌가 단기기억에서 장기기억으로 배운 내용을 처리하고 전이하는 데는 학습이 필요하지 않다. 따라서 학생들에게 충분히 숙고할 수 있는 시간을 주어야 한다. 이 시간은 일지 쓰기, 휴식, 쉬는 시간, 음악 감상, 점심시간 또는 가벼운 활동(예: 친구와 산책하기)의 시간이 될 수 있다.
- 새로움과 예측 가능성의 균형: 최적의 학습환경은 새로움(놀랄 만한 상황)과 예측 가능성(의례적인 상황)이 균형을 이룰 때다. 지속적인 새로움은 학생들에게 과도한 스트레스를 줄 수 있는 반면, 지속적인 예측 가능성은 매우 지루함을 느끼게 한다. 둘 중 하나가 지나친 경우 행동 문제를 야기한다. 새로움이 많으면서 예측 가능성이 높을 때가 가장 이상적이다.
- 위험과 모험에 대한 안전: 교실 문화는 정서적 안정감을 주어야 한다. 괴롭힘, 모욕, 굴욕 또는 욕설에 대해서는 무관용 정책(zero-tolerance policy)을 적용한다. 안전한 학습환경의 필요성에 대해 토론함으로써 학생들의 참여를 이끌어 낸다. 놀림이나 모욕을 받았을 때의 느낌에 대해 물어본다. 한 사람이 다른 사람을 모욕할 때 어떻게 반응하는 것이 좋은지 알려 주는 역할극을 한다. 또한 학생들이 기본 규칙을 지키지 않으면 어떤 대가를 치를지 스스로 결정하게 한다. 함께 동의한 내용을 기억할 수 있도록 서명한 것을 게시판에 부착한다. 부적절한 대답이나 행동을 할 때는 언제나 적절한 대답이나 행동의 본보기를 보여 준다.
- 적당한 긴장: 약간의 긴장감은 좋지만 너무 지나친 긴장감은 나쁘다. 즉, 긴장감이 너무 없어도 안 되고 지나쳐도 좋지 않으며 적당한 균형을 이루어야 한다. 긴장 수준은 학생들의

상태에 영향을 미친다. 그러므로 교실 내의 긴장을 점검하여 적절히 조절해야 한다. 교실 내의 긴장감이 너무 높을 때는 유머, 운동, 게임 혹은 조용한 시간을 가져야 할 때이고, 너무 낮은 때는 모험이나 도전 수준을 높여야 할 때다.

- 저에너지를 고에너지로 전환: 24시간 주기의 리듬은 일상 시간에 따라 변화하는 에너지 흐름이 오르고 내리는 등의 반복 현상을 보여 주는 생물학적 기제(mechanism)이다. 이러한 에너지 흐름의 변화를 삶의 자연스러운 측면으로 인식한다면 대처하기가 더 쉬워진다. 인간은 매 시간, 매일, 매주, 매달, 매 계절의 사이클에 영향을 받는다. 이러한 사이클이 학생들에게 미치는 영향을 인식하고, 사이클에 따른 자연스러운 에너지의 변화에 맞춰 나가도록 노력해야 한다.
- 다양한 양식의 투입: 학생들에게 다양한 선택의 기회를 제공함으로써 가능한 한 많은 학습양식을 개입시킨다. 학습활동 속에 청각적 · 시각적 · 촉각/운동감각적 요소를 포함하도록 한다. 시각적 보조자료, 초청연사, 짝 학습, 개인교수, 자율시간, 컴퓨터 보조, 오디오북, 현장답사를 제공한다. 다양성과 선택권이 매우 중요하다는 것을 잊지 말아야 한다.
- 빈번한 피드백: 이전의 목표들은 모두 빈번한 피드백에 의해 지지를 받아야 한다. 모든 학생이 매일 30분 정도의 피드백을 받도록 해야 한다. 학생들이 성적에 기초한 피드백과 교사에 의한 언어적 피드백뿐만 아니라 또래, 보조교사, 자기평가로부터 피드백을 받는 기제를 만들어야 한다.
- 학습에 대한 축하: 대부분의 교사들은 모든 학습이 끝난 뒤 축하하는 것을 잘 잊어버린다. 그러나 축하는 최적의 학습을 위해 중요한 단계다. 마치 육상선수들이 경기가 끝나고 서로 그동안의 노고를 치하하듯이 학생들 역시 이제까지의 노력을 인정받고 싶어 한다. 또한 축하는 학습과정의 즐거움 증진과 유쾌한 정서의 개입을 위한 요소를 증진시킨다. 간단한 하이파이브에서 좀 더 세밀하게 신경 쓴 학생 주관 파티에 이르기까지 매번 학기가 끝나면 축하나 인정과 함께 학기를 마무리한다.

2. 뇌기반 교육과정의 구성

1) 구성 방향

제1장에서 다룬 뇌의 기능적 특성과 정보처리 특성에서 알 수 있듯이 인간의 뇌는 선천적으

로 의미를 탐색하며, 어떤 면에서 의미 탐색은 생존지향적이다. 이처럼 뇌는 정보를 통합하고 의미를 탐색하려는 경향성이 있기 때문에 단편적인 정보들에 대해서는 저항적이다. 따라서 학생들에게 별 의미가 없는 피상적인 지식을 지나치게 강조하는 교육과정은 학습 내용의 파지와 전이를 방해하고 학생의 개인적 세계를 무시함으로써 뇌의 효과적인 기능을 억제하는 결과를 가져온다. 그와 반대로 정보를 통합하는 뇌의 타고난 능력을 인정하고 활용하는 교육과정은 처음엔 무관하거나 무의미하던 많은 정보와 활동이 쉽게 동화될 수 있는 결과를 가져온다(Brandt, 1997; Cohen, 1995).

이러한 의미 탐색은 정보를 의미 있게 조직화하고 범주화하는 패턴화를 통해 이루어진다. 어떤 면에서 뇌는 패턴을 변별하고 이해하며 그 자체의 독특하고 창의적인 패턴을 부여하려는 예술가이자 과학자다. 이러한 패턴화는 뇌의 생리적 기제에 기반을 두고 있으며, 모든 뇌가 부분과 전체를 동시에 지각하여 의미를 도출한다는 사실과도 관련되어 있다. 따라서 패턴화를 촉진하기 위해서는 교육과정에서 학생이 의미의 틀을 구성하고 전체와 부분의 관계를 파악하며 다른 교과나 주제와 관련지을 기회를 제공해야 한다(김유미, 2002a). 이것은 Caine과 Caine(1994)이 뇌기반 학습을 위해서는 뇌가 인지하고 조직화할 수 있는 공통의 정보를 공유하는 주제중심 교육과정(theme-based curriculum)이 필요하다고 강조한 것에서도 잘 나타난다. 주제중심 교육과정에서는 여러 가지 하위 주제를 포함할 수 있는 어떤 이벤트나 대주제를 채택하여 그것을 중심으로 한 학기 혹은 한 학년 프로그램을 구성할 수 있다. 이런 주제중심 교육과정은 학생이 중심 주제나 일련의 주제를 통해 모든 정보를 관련짓게 해 준다는 점에서 뇌친화적이라 할 수 있다.

Abbott과 Ryan(1999)이 뇌는 융통적이고 독특하며 계속해서 변화하는 자기적응적인 실체라고 말한 것처럼 다양한 배경과 흥미, 그리고 경험을 지닌 학생들에게는 의미 있는 것이 각기 다르기 마련이다. 따라서 교육과정을 구성할 때는 다양성을 고려하여 선택할 기회를 제공해야 한다. 선택권이 주어지는 상황에서 학생들은 적절한 수준의 도전의식을 가질 수 있고 정서적으로 안정감을 느낄 수 있다. 학생이 너무 수준이 높은 교육과정을 접하게 되면 스트레스를 받아 뇌에서 학습을 방해하는 신경전달물질이 지나치게 분비될 수 있고, 반대로 너무 쉬워서 뇌가 관여하지 않으려고 할 경우에는 학습에 필요한 신경전달물질이 분비되지 않을 수도 있다. 이에 대해 Sylwester(1995)는 뇌의 신경망을 자극하는 다양한 감각, 문화 및 문제들을 교육과정에 포함해야 한다고 제안한 바 있다. 이처럼 다양성을 고려하고 선택의 기회를 제공하는 교육과정에서 학생들은 지루함이나 무의미함에서 벗어날 수 있다.

교육과정 통합(curriculum integration) 혹은 통합교육과정(integrated curriculum)도 풍요로움을

증가시키고 의미 탐색에 기여할 수 있는 적절한 방법이다. 교육과정 통합을 시도하는 가장 간단한 방법은 역사와 문학을 통합하듯 두 교과 간의 내용을 통합하는 것이다. 교육과정을 통합할 때는 예술이나 인문학 같은 교과도 중시하면서 복잡한 환경 자극을 통합해야 한다. 교과의 통합도 필요하지만 무엇보다도 학생의 학습경험 통합이야말로 의미 있는 교육이 지향해야 할 점이다. 학생들에게 의미 있는 문제를 해결하기 위해 학생들의 자발적인 학습활동 참여를 강조함으로써 학생들의 학습경험이 더욱 의미 있게 통합되도록 하고, 전통적인 교과의 경계를 무시하고 학습의 주제를 중심으로 하여 필요한 자료들을 각 교과 영역에서 모아 가르침으로써 학생들이 종합된 교재 내용에 의해 자기의 실생활 경험을 통합시킬 수 있도록 해야 한다.

뇌기반 교육과정에서는 주제중심 교육과정, 통합교육과정뿐만 아니라 흥미중심 교육과정, 학교중심 교육과정, 수준별 교육과정을 지향하지만, 어떤 하나의 특정 교육과정만을 지지하는 것이 아니라 이 여러 가지 교육과정을 융통적으로 적용하여(예: 주제중심 통합교육과정) 학생에게 의미 있고 다양성을 고려하는 내용으로 구성하는 데 주된 관심을 둔다. 학교의 교육과정이 학생과 무관하고 너무 경직되어 있고 선택의 여지가 없으면 학생들은 교사가 제시한 자료를 암기하는 데에만 급급한 나머지 의미 탐색이나 고차적 수준의 사고에 이르지 못하기 때문이다(Tomlinson & Kalbfleisch, 1998). 실제로 학생들은 살아가는 매 순간 복잡하고 포괄적인 경험을 하며, 의미를 찾기 위해 그들의 정서, 사고 및 신체를 관여시킨다. 그러므로 교육과정이 지나치게 단편적이고 피상적이며 학생들의 경험과 동떨어진 내용들로 구성되어서는 안 되며, 학습에서 경험의 중요성을 강조하면서 학생들이 학습에 몰입할 수 있도록 포괄적이고 총체적인 경험의 기회를 제공하고 학교현장의 상황을 반영하도록 구성되어야 한다.

2) 학생 및 사회의 요구

변화무쌍한 사회에서 학생들이 생산적인 시민이 되도록 준비시키는 것이 학교교육의 목표라면, 교육과정은 학생과 사회의 요구에 초점을 두고 구성되어야 한다. 오늘날의 학생들은 이전 세대의 학생들과는 다르고 그들의 뇌 역시 다르다. 오늘날의 학생들이 이전 세대의 학생들과 비교하여 매우 다른 환경에서 학습하고 경험을 하기 때문이고, 또한 출생 이후 뇌는 환경으로부터 정보를 모으고 그로부터 학습해 나가고 경험의 결과에 따라 변하기 때문이다. 요즘 학생들의 뇌가 수십 년 전과 매우 다른 환경에서 학습하고 경험하는 예를 몇 가지 제시하면 다음과 같다(김유미 역, 2008b; 정종진 역, 2010).

- 일상 음식물의 변화: 오늘날 학생들은 지방과 당분이 많고 단백질이 적은 탄수화물 음식을 섭취한다. 음식물은 뇌의 기능에 영향을 미칠 수 있지만, 뇌의 구조에는 보통 영향을 미치지 않는다(알코올을 많이 섭취하면 뇌기능의 감퇴를 초래한다). 일부 연구는 빈약한 음식물 섭취가 아동에게 미치는 영향뿐만 아니라 장기적으로 유전자 단백질을 합성하는 세포의 능력에도 영향을 미칠 수 있음을 지적하고 있다.
- 걷기와 신체 활동의 감소: 오늘날의 학생들은 과거에 비해 걷기보다는 자동차를 많이 타고 이동한다. 저조한 운동 발달은 ① 자동차 안에서, 텔레비전을 시청하면서, 컴퓨터 앞에서 보내는 비활동적인 시간량의 증가 ② 그네, 시소, 회전목마의 소멸 ③ 학교 체육교육 프로그램의 감소 ④ 걷기와 자전거 타기에 대한 강조의 결여 등에 의해서 영향을 받고 있다. 오늘날 중등학교에서는 입시 준비를 위해 예술과 체육 시간을 줄이거나 그 시간에 다른 교과의 학습을 진행하는 경우가 많다. 예술과 체육 교육의 부재는 뇌를 변화시킬 수 있다.
- 가족과의 접촉 시간 감소: 오늘날 아이들은 부모에게 길러지기보다는 보육시설에서 많은 시간을 보내고 있다. 이러한 정서적 안정의 결여와 애착 형성의 결핍은 뇌를 변화시킬 수 있으며, 또한 일상적인 스트레스 유발 요인에 민감하게 반응하도록 할 수 있다.
- 늘어나는 폭력 디지털 세상: 오늘날 학생들은 위협적이고, 스트레스를 유발하며, 폭력적인 비디오 게임과 텔레비전 프로그램에 많이 노출되고 있다. 많은 학생이 과거보다도 과도한 텔레비전 폭력물과 가정 · 학교 · 사회의 폭력에 큰 영향을 받고 있다. 실생활의 폭력은 간접흡연이나 지구 온난화 현상보다 디지털 폭력과 상관이 더 높다는 것이 널리 인정되고 있다.
- 미디어 사용 시간의 증가: 학생들은 매일 일정 시간 미디어를 시청하고 인터넷에 접속하고 있다. 과도한 텔레비전 시청과 전자게임은 수동성과 반사회적 행동의 결과를 초래하며, 사고할 기회를 감소시킨다. 오늘날 학생들의 주의 집중 시간이 짧은 것은 빠르게 움직이는 미디어에 지나치게 집중하기 때문이다.
- 기타 요인: 몇 년 전만 해도 학교는 학생들에게 가장 중요하고 시간을 가장 많이 보내는 곳이었다. 그러나 오늘날에 와서는 학교가 학생들에게 영향을 주는 많은 요소 중 하나에 불과하다. 사춘기에 접어들면서 인간관계를 형성하고 유지하며 동료집단에 속하게 된다. 학교뿐만 아니라 두세 군데의 학원(영어 학원, 태권도 학원 등)에 가야 하고, 무용교실이며 축구와 야구 게임까지 하느라 밥 먹을 시간이 부족할 정도로 스케줄이 빡빡하다. 게다가 다이어트, 약물, 수면부족 등으로 심각한 영향을 받을 뿐만 아니라 가족 형태와 생활양식의 변화까지 더해져 요즘 학생들의 환경은 10~15년 전과는 현저히 다르다.

이와 같은 변화는 학생들의 선호감각에도 영향을 주었다. 우리는 오감을 통해 환경으로부터 막대한 양의 정보를 수집한다. 이런 정보는 뇌에서 걸러진 후 중요한 정보는 처리되고 사소한 정보는 무시된다. 대부분의 경우에는 주요 오감이 학습에 기여하는 정도가 다르다. 사람마다 복잡한 상황을 처리하기 위해 정보를 수집할 때 한두 가지 감각을 선호하는 경향, 즉 선호감각이 있다. 대개 선호감각은 시각, 청각, 촉각/운동감각 중 한 가지다. 요즘 학생들은 청각보다는 시각과 촉각/운동감각을 선호한다. 그러나 대부분의 중등학교 교실에서는 강의가 주요 교수방법이다. 학생들의 3분의 1 이상이 촉각/운동감각을 선호한다는 것은 움직임이 그들의 학습에 도움이 된다는 것을 시사한다. 그러나 학생들은 특별실에 갈 때와 체육시간을 제외한 대부분의 수업시간 내내 의자에 가만히 앉아 있어야 하는 상황이다. 이런 상황에서 학생들은 장시간 주의를 집중하기 어렵고 산만해지기 십상이다(김유미 역, 2008b).

요컨대, 요즘 학생들은 이전 세대 학생들의 뇌와 다르고 학습방식과 학습요구도 다르며, 이전 세대보다 주의 집중 시간이 짧고, 바로 지루해하고, 더 빠르고 독특한 것에 매력을 느끼며, 학습문제를 더 많이 겪을 가능성이 크다. 그들은 매 순간 다감각으로 매체를 기대하고, 참신하고 자신과 관련이 있고 정서적으로 개입할 수 있는 학습 내용을 원하며, 자신의 학습 내용과 평가 방식에 대한 정보도 제공받고 싶어 한다. 학교가 이런 상황에 대처하기 위해서는 교수방법은 물론 교육과정을 변화시켜야 한다. Glatthorn과 Jailall(2000)은 요즘 학생들의 뇌가 학습환경에서 안정감을 느끼고 자기 삶에서 성공감을 느끼려면 새로운 교육과정이 다음과 같은 내용을 담아야 한다고 제안하였다.

- 정직과 타인 존중을 비롯한 인성의 발달을 강조하는 내용
- 학생들이 자신이 하고 있는 것에서 의미를 찾고 자신의 삶을 이해하게 하는 내용
- 학생들의 과거뿐만 아니라 미래 글로벌 사회의 구성원으로서 그들의 위치와 역할에 관련되는 내용
- 종교나 민족의 차이와 정치적 역학 관계를 초월해 인간의 가치를 반영하는 내용
- 다양성을 존중하면서 모두를 단결시킬 민주적 결속력을 강조하는 내용
- 자신의 개인적 욕구 충족을 위해 하는 일이 다른 사람들에게 부정적 영향을 미칠 수도 있다는 것을 인식하게 하고 책임감을 강조하는 내용

한편, 우리가 살고 있는 사회는 머지않아 다음과 같은 심각한 문제에 직면하게 될 전망이어서 학교의 교육과정은 이러한 사회문제를 해결하거나 대처하는 목표도 반영하여 구성되어야 한다.

- 고령화: 전 세계의 고령화로 비롯되는 적절한 가정지원 및 의료지원 등 각종 문제의 해결
- 테크놀로지: 신기술 출현으로 학습과정의 확대 및 심화
- 민족주의와 세계화: 전 세계에 걸쳐 분리주의에 대한 압력이 계속되고 지역적 · 세계적 연합으로 인한 영향 확대
- 갈등: 지역 간, 민족 간, 문화 간, 국가 간의 다툼
- 공정성: 세계의 자원 분배에 대해 공정성을 추구하는 전쟁
- 소외: 종교기관, 정당, 도덕 · 윤리적 규범에 대한 의무 상실
- 계속되는 변화: 가정, 여가, 직장 및 기술을 비롯해 우리 사회와 문화 전반에서 변화가 자주 일어나는 불안정한 세계

기존의 교육과정으로는 모든 학생과 사회의 학습요구와 선호도를 예측할 수 없기 때문에 오늘날의 교육과정은 최소한 ① 학생들이 완전히 기능하는 인간으로 살아가기 위해 배워야 할 내용 ② 학생들이 배우기를 바라는 내용 ③ 불안정하고 급속도로 변화하는 세계에서 학생들이 친절하고 책임감을 다하며 윤리적인 구성원이 되도록 고취하는 내용을 중심으로 구성되어야 한다(김유미 역, 2008b).

3) 다루어야 할 교육 내용

위에서 지적한 바와 같이 21세기에 요구되는 학생들을 준비시키는 데 필요한 교육과정 구성은 전통적인 교육과정과는 상당히 달라야 한다. 사회 전 영역에 걸친 변화가 급속도로 진행된 만큼, 학생들이 성공적인 성인이 되는 데 필요한 지식이나 기술을 제공하려면 학교의 교육과정과 교수방법 역시 변해야 한다. 새 교육과정은 다음과 같은 점에서 전통적인 교육과정과 달라야 한다(Glatthorn & Jailall, 2000).

- 기능과 지식: 인위적이고 현실과 동떨어진 문제를 해결하기 위해 지식만을 지나치게 강조하던 전통적인 교육과정과는 달리, 새로운 교육과정에서는 실제적이고 맥락적인 문제를 해결하기 위한 지식과 기능이 활용되도록 해야 한다.
- 심층적 내용: 수박 겉핥기 식의 전통적인 교육과정과는 달리, 새로운 교육과정에서는 소수의 주제를 깊이 다루는 것을 강조해야 한다. 그리하여 학생들이 학습하고 있는 내용을 제대로 이해하고 개념체계를 형성할 수 있도록 해야 한다.

- 수평적 · 수직적 통합: 과거의 전통적인 교육과정은 단편적인 내용이 많았다. 새로운 교육과정은 관련 교과에 따른 교과 간 통합(예: 과학과 통합된 수학), 6학년의 수학이 5학년의 교육내용을 토대로 하는 것과 같은 학년 간 통합, 단원의 계열성이 나타나도록 하면서 일정 교과 내 통합 등 여러 가지 방식으로 교육과정 통합을 해야 한다.
- 개인차와 다양성 고려: 전통적인 교육과정에서는 학생들의 학습방식이 모두 같다고 상정하고 가르쳤지만, 새로운 교육과정에서는 차별화된 교육과정과 교수방법을 통해 모든 학생의 다양한 능력과 학습양식에 맞추어야 한다.
- 결과 강조: 새로운 교육과정에서는 교사가 이해하기 쉽게 명시된 목표가 있고 그 목표는 결과에 중점을 두어야 하며, 전통적인 교육과정에서 너무 많이 등장하던 사소한 활동에는 관심을 두지 말아야 한다. 기대하는 결과를 얻을 수 있는 것이라면 교육내용을 얼마든지 재구성하여 운영할 수 있어야 한다. 교육내용을 재구성할 때는 학생들이 흥미와 호기심을 갖고 과정에 몰입할 수 있도록 해야 한다.
- 모든 학생 대상의 필수 과목: 분절화된 내용으로 학생들을 잡다하게 몰고 가던 전통적 접근과는 달리, 새로운 교육과정에서는 학생과 학교가 함께 도출해 낸 필수과정을 제공하여 응집력 있게 공부할 수 있도록 하면서 필요와 관심에 따라 선택과정을 이수할 수 있도록 해야 한다.
- 개인적 관련성 강조: 새로운 교육과정에서는 학생과 개인적으로 관련된 학습에 더 많은 관심을 기울이도록 해야 한다. 학습내용이 개인적 관련성을 갖게 될 때, 학생들은 문제해결을 위해 그들의 인지과정과 공학적 접근을 사용하게 된다.

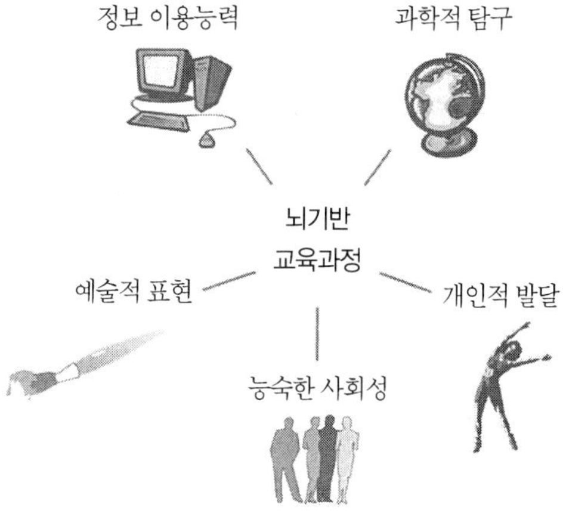

[그림 9-1] 뇌기반 교육과정의 요소

출처: Jensen(2008), p. 203

뇌기반 교육과정은 위의 새 교육과정을 고려하고, 오늘날 학생과 사회의 요구를 수용하며, 뇌가 호기심(새로움), 친화력, 도전, 즐거움을 추구한다는 점을 감안하여 뇌의 기능과 뇌기반 학습의 원리를 충족시킬 수 있도록 구성되어야 한다. 이러한 뇌기반 교육과정에서 학생들에게 가르쳐야 할 교육 내용을 Jensen(2008)은 다음과 같이 구체적으로 제시하였다([그림 9-1] 참조).

(1) 능숙한 사회성

인간은 서로 의지하며 서로에게 배운다. 사실 인간의 생존은 다른 사람들과의 관계에 좌우된다. 그러므로 모든 학생이 이 세상의 사람들과 생산적으로 상호작용하는 데 필요한 사회적 기능을 발달시킬 수 있도록 해야 한다. 인간은 혼자서는 성장할 수 없고 사회에서 성공할 수도 없다. 사회(society)라는 단어는 복잡하고 얽힌 사회적 상호작용의 관계와 지역사회를 유지하는 데에 필요한 규칙의 의미를 내포하고 있다. 다른 사람들과 잘 어울려 지내는 법을 배우는 것보다 중요한 것이 있겠는가? 이러한 측면의 교육과정은 다음과 같은 내용을 포함해야 한다.

- 정서지능
  - 감정을 확인하고 어떤 감정인지 알아맞히기
  - 다른 사람의 기분과 감정을 읽기
  - 자신의 기분과 감정을 조절하기
  - 충동성을 통제하고 만족 지연시키기
  - 감정을 적절하고 생산적으로 표현하기
  - 다른 사람들에 대해 연민을 느끼고 공감하기
- 다양성의 이해
  - 문화, 인종, 종교, 민족, 생활양식의 차이를 수용하기
  - 잘못된 것에 대한 부당함을 탐구하기
  - 의견 차이의 다양성을 인정하기
  - 정책의 의견 차이와 다양성을 이해하기
- 언어 기술
  - 모국어를 정확하고 정교하게 구사하는 방법을 배우기
  - 복잡한 사회적 세상에서 자기 자신을 표현할 수 있기
  - 외국어를 학습하고, 다른 언어에 대한 인식 고양하기

- 직장 관련 소양
  - 생계 유지의 중요성
  - 직업과 직무
  - 상사, 동료, 부하직원: 직장 내에서의 위계
  - 근무 환경에 잘 적응하고, 문제를 해결하고, 갈등을 해소하기
- 종교/영성적 정체감
  - 종교의 역할과 영성
  - 종교 간의 유사점과 차이점
  - 종교적 자유 대 박해
- 적절한 가족행동
  - 가정의 존재 이유(예: 안전)
  - 가족구조의 차이점(생물학적, 양자관계, 이혼관계, 비전통적 관계)
  - 기능적 가정 대 역기능적 가정
  - 자녀의 권리
  - 가족 단위의 변화가 미치는 영향
- 팀워크/협동
  - 팀워크의 중요성
  - 집단의 역할
  - 경쟁 대 협동, 그리고 경쟁과 협동의 필요성
- 갈등해결
  - 갈등의 본질
  - 갈등해결의 방법
  - 준거체제
  - 민주주의/정치적 행위
  - 역사/정부의 역할
  - 정부의 유형
  - 민주주의 변화에 영향을 미치는 방법
  - 투표

(2) 개인적 발달

Maslow(1943)의 욕구위계이론에 따르면, 자기실현(자신의 목표를 달성하는 능력)의 욕구가 피라미드의 가장 높은 곳에 있고, 생존의 욕구(의식주)가 가장 낮은 곳에 있다. 혁신과 성과를 중요시하는 현대사회에서 개인의 잠재력을 극대화하기 위한 힘이나 기술의 발달은 매우 중요한 목표다. 과거에는 타고날 때부터 생리적 욕구가 충족된 일부 엘리트만이 개인적 발달 기능에 중점을 둔다고 생각했다. 그러나 오늘날 개인적 성공을 위한 기술은 사회적 지위에 상관없이 모두에게 문호가 열려 있다. 이러한 측면의 교육과정은 다음과 같은 내용을 포함해야 한다.

- 스트레스 관리
  - 운동, 긴장이완, 심상, 수면의 역할과 생활방식의 선택
- 신체적 건강
  - 건강한 신체와 건강한 마음
  - 신체 운동의 종류: 스트레칭, 근육 운동, 에어로빅
  - 스포츠 및 활동
  - 신체 이미지
- 초인지와 반성적 숙고
  - 자기성찰기능과 통찰력의 개발
  - 긍정적인 내적 대화
  - 실수로부터 배우기
  - 자신의 강점과 약점을 알기
  - 분석적 기술(비교와 대조, 찬성과 반대)
- 의미감과 목적의식
  - 자기수용, 자존감, 자신감
  - 사랑, 열정, 취미
  - 목표와 목표 설정
- 영양/건강/식습관
  - 물의 역할, 수화(hydration) 작용에 대한 이해
  - 비타민, 미네랄, 균형 잡힌 식사의 중요성
  - 약물중독, 성장 호르몬, 제초제, 살충제, 비만, 당분, 탄수화물, 다이어트의 위험성
  - 뇌와 신체의 영양 공급
- 목표 설정과 성취
  - 측정 가능한 목표를 설정하기
  - 의사결정과 실행
  - 경각심과 지속성
- 학습방법의 학습 기술
  - 기억전략
  - 노트 필기 전략
  - 공부 기술, 시험 준비 기술
  - 자료의 활용, 피드백 통합, 시간 관리법
- 개인적/윤리적 책임
  - 윤리란 무엇인가?
  - 도덕성이란 무엇인가?
  - 동의, 계약, 딜레마
  - 결과, 인과관계, 위험 분석
  - 문제해결과 고발하기

(3) 예술적 표현

모든 인간은 자신의 생각과 감정을 표현하기 위한 기본적 욕구가 있으며, 대부분 자신의 예술적/표현적 재능에 기초하여 표현한다(예: 그래픽 아티스트, 화가, 조각가, 작가, 건축가, 보석세공사, 상품/패션 디자이너, 실내장식가, 음악가, 연기자, 영화배우, 지휘자, 플로리스트). 적어도 학생들은 다양한 예술적 표현의 수단에 노출되어야 하며, 이상적으로는 그중 몇 가지 수단을 공식적으로 가르쳐 주어야 한다. 이러한 측면의 교육과정은 다음과 같은 매체를 포함해야 한다.

- 음악
  - 음악의 역사와 사회적 역할
  - 음악의 유형
  - 능동적 참여 대 수동적 참여
  - 음악의 각 파트
  - 노래하기, 악보 읽기, 화음 넣기
  - 악기의 유형
  - 악기 연주하기
  - 유명한 음악가
- 쓰기/스토리텔링
  - 글쓰기의 역사적 역할
  - 반성적 일기
  - 시
  - 소설, 비소설, 기타 장르
  - 각본 쓰기, 작곡하기, 연설 원고 쓰기
  - 유명한 소설가와 시인
- 무용
  - 춤의 형태
  - 안무 기술
  - 마음, 몸, 정서의 통합
  - 유명한 무용가
- 조각
  - 조각 매체의 유형
  - 조각의 역사적 역할
  - 건물, 형태, 배치, 모델 만들기
  - 유명한 조각가
- 연극
  - 연극의 역사
  - 연극의 유형과 역할
  - 연출하기
  - 유명한 연극 작가, 연극인, 연출자
- 스포츠, 취미, 공예
  - 삶의 질
  - 레크리에이션의 역할
  - 활동의 유형과 위험 가능성
  - 신체적 도전의 역할
  - 표현의 달인
  - 손과 눈의 협응, 운동기능, 균형

- 디자인
  - 디자인의 유형
  - 미학의 역할
  - 디자인의 요소, 형태 대 기능
  - 컴퓨터를 이용한 디자인, 기술적 요소
  - 유명한 디자이너
- 영상
  - 영상의 유형(예: 페인팅, 그림, 몽타주, 사진, 그래픽)
  - 상상력의 역할
  - 유명한 아티스트

(4) 정보 이용능력

인간은 생존하기 위해 정확하고 접근 가능하며 종합적인 정보에 의존한다. 신문, 잡지, 회의 기록, 연차보고서에서부터 라디오, 전화, 텔레비전, 컴퓨터에 이르기까지 여러 수단을 통해 의사소통을 하고 정보를 주고받으며 살아간다. 우리는 어떤 방법으로 정보에 접근하는가? 우리는 정보를 어떻게 처리하고 관리하는가? 이러한 측면의 교육과정은 다음과 같은 기술 영역을 포함해야 한다.

- 읽기와 쓰기
  - 현대 교육의 기초 기능
  - 문학의 역할
  - 문법, 구문, 문체의 역할
  - 의사소통의 유형
  - 쓰기 형식
  - 쓰기 과정의 단계
  - 어휘와 철자
  - 지시 따르기
- 탐구와 정보수집 기술
  - 연구방법
  - 우선순위 및 분석 기술
  - 인터넷 검색 기술
- 인지적 조정
  - 정보의 추출, 분석, 비판, 분류, 묶음, 일반화, 평가, 종합, 발표, 편집
  - 유명한 발명가, 철학자, 사상가, 전략가
- 말하기/발표 기술
  - 추리, 논쟁, 토론, 설득, 홍보, 정보 공유
  - 유명한 발표자, 교사, 동기부여 연설가, 정치가
- 디지털/테크놀로지 기술

– 컴퓨터 기술
– 인쇄, 복사, 전송
– 혁신의 영향, 급속한 변화

(5) 과학적 탐구

추리력과 사고력은 동물의 왕국에서 인간만이 가지는 독특한 능력이다. 질문하기, 상황 분석하기, 실험 수행하기, 해결책 모색하기, 실행계획 수립하기, 결과 해석하기는 과학적 과정의 기본 단계에 해당된다. 지금 생각하고 있는 것이 고장 난 수도꼭지를 고치는 것이든 미래의 직업을 계획하는 것이든 우리는 모두 훌륭한 사고를 할 수 있어야 한다. 우수한 사고력을 지닌 사람일수록 세상의 이치를 더 잘 이해하게 되고, 삶에 영향을 미치는 요소, 형식, 규칙, 요인에 대해 쉽게 인식하기 때문이다. 이러한 측면의 교육과정은 다음과 같은 내용을 다루어야 한다.

- 환경 연구
  – 천연자원 보존
  – 생태계(국내와 국외)
  – 평가, 문제해결, 정치적 행위
  – 기업의 책임과 소비자의 책임
- 미래/세계 연구
  – 지구촌의 변화, 갈등, 관계
  – 잠재적 시나리오, 문제, 해결
  – 미래에 대한 계획, 발전의 대가
  – 새로운 과학적 발견의 영향
- 물리/생물/화학
  – 실재의 본질
  – 우주의 기초
  – 과학의 요소
  – 유명한 과학자
- 수학
  – 세계적 공통 언어로서의 숫자
  – 수학의 유형
  – 문제해결을 위한 수단
  – 수학의 상업적 및 일상적 응용
  – 규칙과 공식
  – 유명한 수학자

교사는 제멋대로 자신이 가르치고 싶은 것만 가르쳐서는 안 되며, 학생들이 21세기를 풍성하게 살아가기 위해 꼭 알아야 할 내용이 무엇인가에 대한 교사의 전문적 판단과 삶의 경험을 통해 학생들이 혜택을 누릴 수 있도록 해야 하는 윤리적 및 직업적 책임이 있다. 교사의 역할은 대단히 중요하다. 만약 교사들이 없으면 학생들은 단순히 텔레비전을 보면서 뇌친화적이지 못한 학습을 하고 있을지 모른다. 따라서 교사는 학생들의 학업 수행을 위해서 책임감을 가지고 열정적으로 가르쳐야 한다. 뇌기반 학습을 실천하기 위해서는 변화를 두려워하지 말고 뇌기반 교육과정을 충실히 이행해 나가야 하며, 관련 교과에서 위의 내용을 적절히 반영하여 지도해야 한다.

3. 뇌기반 교육과정의 운영

뇌기반 교육과정을 운영할 때 위에서 시사된 바와 같이 학생들에게 다양성과 도전 및 선택의 기회를 제공하고 차별적이고 통합적인 교육과정을 제공해야 할 것이다. 여기서는 이와 관련하여 뇌기반 교육과정을 제시하고 운영할 때 교사가 취해야 할 뇌친화적 교육방법, 뇌기반 환경을 위한 전략 수립, 교육과정과 테크놀로지의 통합에 대해서 알아본다.

1) 뇌친화적 교육방법

교사는 요즘 학생들이 가장 잘 배울 방법 위주의 교육방법을 뇌기반 교육과정 체제에 포함해야 하며, 교육과정을 운영할 때 이러한 교육방법을 통해 교육과정을 제시하고 운영해야 한다. 요즘 학생들의 요구에 알맞고 뇌가 좋아하는 교육방법 여덟 가지를 [그림 9-2]와 같이 제시하였으며(김유미 역, 2008a), 하나씩 살펴보면 다음과 같다.

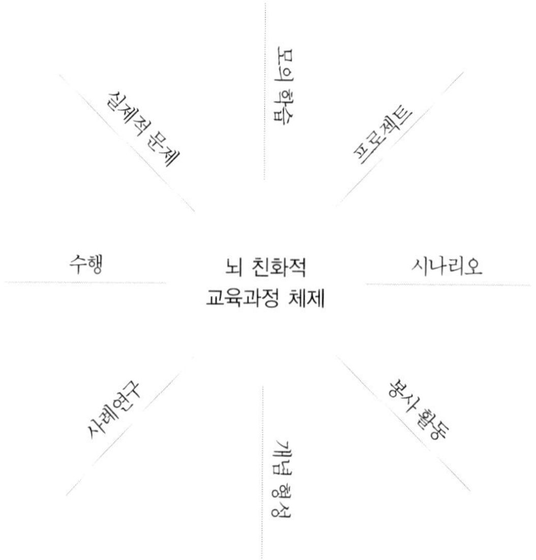

[그림 9-2] 뇌기반 교육과정 체제를 구성하는 다양한 교육방법

- 실제적 문제: 이 방법에서는 학생들을 아주 복잡하고 다면적인 문제해결 상황에 둔다. 이 실제적 문제는 학생들이 문제해결에 필요한 정보가 부족하거나 취해야 할 단계가 분명하지 않다는 점에서 실제 상황과 유사하다. 학생들은 다양한 관점에서 문제를 비판적으로 분석하고, 대안적인 해결책을 찾고, 해결책을 선택하며, 실행을 위한 행동계획을 수립한다. 교사는 지식 전달자라기보다 안내자 역할을 한다. 문제중심학습(problem-based learning: PBL)의 개방적 특성으로 교육과정과 수업의 차별화가 가능하다. 예를 들어, 고등학교의 등교시간을 늦추어야 하는가? 그렇다면 그 이유는? 아니라면 그 이유는?
- 모의 학습: 이를 위해서는 소집단을 구성해야 한다. 그렇게 함으로써 학생들이 역사 속 실존인물이나 허구인물의 역할을 수행해 보거나, 과거나 현재의 정치, 경제 및 사회 상황을 설명할 수 있다. 모의 학습을 통해 학생들은 자신의 역할에 깊이 공감하고 특정 시대의 전반적인 상황을 더 쉽게 이해하며 다양한 관점에서 상황을 바라볼 수 있다. 더욱이 모의 학습은 개인적인 의사소통과 협동 기술도 발달시킨다.
- 프로젝트: 이것은 학생들 자신의 학습참여를 촉진하는 방법이다. 이런 방법을 통해 학생들은 겉보기에 추상적인 아이디어나 원리를 실제 장면에 적용할 수 있다는 것을 알게 된다. 프로젝트는 대본 쓰기처럼 간단할 수도 있고 집 짓기처럼 복잡할 수도 있다. 공동의 목표 달성을 위해 협력하면서 학생들은 협동, 의사소통 및 합의 도출 방법을 배우게 된다.
- 시나리오: 이를 통해 학생들은 '만약 ~라면 어떻게 될까?'를 탐색하게 된다. 이런 활동을 통해 학생들은 현재의 특정 문제에 대한 이해를 바탕으로 미래의 다양한 문제를 탐색할 기회를 갖게 된다. 학생들은 브레인스토밍, 분석, 의사소통을 통해 미래에 대한 정보 부족을 걱정할 필요 없이 대안을 검토할 수 있다. 예를 들어, 만약 지구 온난화가 계속되거나 가속된다면 50년 후에 우리의 삶은 어떻게 될 것인지 묘사해 본다.
- 봉사 활동: 이 방법을 통해 학생들은 교육과정을 더 넓은 지역사회와 관련을 맺게 한다. 학생들이 지역사회의 노인 가정이나 노숙자를 위한 무료급식소에서 자원봉사하는 것을 예로 들 수 있다. 그런 경험을 통해 학생들은 인내심을 기르고 공손한 태도를 지니며, 다른 사람들의 곤경에 공감할 뿐만 아니라 주변 환경에 대한 인식도 더 높아질 수 있다.
- 개념 형성: 학생들이 새로운 지식을 자신의 과거 경험과 관련지을수록 학습에 대한 흥미가 증가하고 기억이 촉진된다. 개념 형성을 통해 학생들은 개념에 대한 기본적인 사실을 넘어 자신의 관심사에 적용할 기회를 갖게 된다. 예를 들어, 생태학시간에 학생들은 지하수면, 저수지, 대수층을 관리하고 보호하는 방법을 알아보기 위해 지역의 수자원 관리국장과 면담할 수 있다. 또한 신문기사나 관련 웹사이트에서 얻은 정보를 포함할 수도 있다.

- 사례연구: 법률과 의학 연구에서는 학생들의 사실 분석, 결론 도출, 잠재적 원인과 해결책 탐색을 돕기 위해 사례연구를 활용한다. 선정된 사례연구에는 학생들과 직접 관련된 주제가 포함되어야 한다. 예를 들어, 학생들은 10대 음주나 약물 사용과 같은 문제에서 실행 가능한 해결책을 구할 때 자신의 가치체계에 직면해야 한다.
- 수행: 이는 실제 과제를 행하면서 배우는 것이다. 과학실험실이나 컴퓨터실이나 극장 무대에서 학생들은 수행 자체를 통해 이해와 적용 정도를 보여 준다. 학생들은 수행자이고, 교사는 멘토이자 코치다. 학생들의 평가 활동은 대개 수행 기준을 통해 이루어진다.

이런 교육방법을 포함한 교육과정 체제에서는 학생들의 선택과 다양한 평가 기회를 제공할 뿐만 아니라 개념 학습에 필요한 도전적이고 복합적이며 흥미로운 방식을 제공하며, 이런 교육방법이 포함된 교육과정이 뇌기반 혹은 뇌친화적 교육과정이라 할 수 있다. 그러므로 뇌기반 교육과정이 운영되기 위해서 교사는 이와 같은 교육방법을 적극 도입 · 활용해야 할 것이다.

2) 뇌기반 환경을 위한 전략 수립

누구나 진공 상태에서 일하지 않으며, 학습도 진공 상태에서 이루어지는 것이 아니다. 구성원들이 각자의 맡은 역할을 수행하면서 공동의 목표를 성취하기 위해 공동체 의식을 갖고 협동해 나가야 한다. 교실은 단순히 학생들이 학습하는 공간만이 아니라 그들의 생활의 장이기도 하다. 따라서 뇌기반 교육과정에서 강조하는 다음과 같은 목표 달성을 위해 제2장 2절에서 다룬 뇌기반 학습환경을 조성하고 학교로부터의 지원을 모색해야 한다(Jensen, 2008). 뇌기반 교육과정을 운영할 때 이러한 거시적 관점에서의 지원과 환경이 이루어질 수 있도록 해야 한다.

- 가치의 인정: 모든 학생으로 하여금 공동으로 기여하고 있다고 인식하게끔 해야 한다. 그래야 모든 학생이 적절감과 충족감을 느끼게 된다. 날마다 지지와 감사 표시를 하고, 가끔씩 축하해 주는 것은 학습공동체 안에 있는 모든 학생의 노력을 인정해 주는 좋은 방법이다.
- 배려: 누구도 무시되어서는 안 된다. 모든 학생이 동료집단, 위원회에 속하도록 배려해야 하며, 어떤 방식으로든 지지받을 수 있도록 해야 한다.
- 표현의 자유: 학습공동체 안에서 모든 학생이 창의적인 목소리를 낼 수 있도록 해야 한다.

지역사회의 비영리단체에서 자원봉사를 할 수도 있고, 지역사회의 변화에 영향력을 끼치는 지역 활동가로 참여할 수도 있고, 길거리 행진 악대 연주자로 참여할 수도 있다. 수업시간에 손을 들거나 지목을 받거나 비난과 혐오의 두려움 없이 자신의 감정을 표출하는 것도 표현에 속한다. 이런 표현이 구속받지 않고 자유롭게 이루어지도록 해야 한다.

- 친화력 장려: 학생, 부모, 교사, 그리고 위원회 구성원 사이에서 건전하게 어울리며 친화력을 기를 수 있도록 장려한다. 많은 집단 학습의 경험, 팀의 노력, 다양한 연대 활동을 제공함으로써 사회성과 친화력을 높일 기회를 가질 수 있도록 한다.
- 책무성: 우리는 집단의 규칙, 정책 및 기준이 일관되게 작용할 때 그러한 것을 지켜야 하는 책무성을 느낀다. 이러한 것들이 일관되게 지켜지지 않으면, 우리는 자신이 하고 싶은 대로 하게 되고 결국 체제는 무너지게 된다.
- 성공의 희망: 모든 학생은 노력하면 성공할 수 있다는 희망을 절대적으로 느껴야 한다. 희망은 사람에 따라 다르게 정의될 수 있지만, 그 기본적인 의미는 상황이 더 나아질 수 있다는 것이다. 희망은 앞으로 장학금을 탈 수 있을 것이라거나 몸이 아파서 치르지 못한 시험을 만회할 수 있을 것이라거나, 더 높은 점수를 받을 수 있을 것이라는 등의 여러 형태로 나타난다. 희망은 목표를 향한 발전을 통해 가장 잘 달성된다.
- 공동 경험의 통합: 학교와 지역사회에 걸쳐 공통점을 개발하기 위한 방법을 찾아보도록 한다. 각종 모임이나 운동경기, 축하파티에 참여하는 것이 그 예라 할 수 있다. 이러한 것들에 참여함으로써 구성원들 간에 공동 경험을 하고, 일체감을 가질 수 있다.
- 신체적으로 안전한 환경: 신체적 안전성에 최우선 순위를 두도록 한다. 괴롭힘, 위협, 싸움을 절대 방치해서는 안 된다. 학생들에게 몸(신체)으로가 아니라 말(언어)로 자신의 의사를 표현하고 대화로 풀어 나가도록 해야 한다. 또한 학생들이 실수를 해도 불안하거나 당혹스러워하지 않도록 안전한 환경을 조성함으로써 사회적 및 정서적 고통을 제거해야 한다.
- 타인의 신뢰: 신뢰는 다른 사람들과 자주 접촉하고 다른 사람들의 행동을 예측할 수 있을 때 생긴다. 모든 사람은 자기 의사를 표현할 때 안전하고, 자신이 공정하게 대우받고 존중받기를 원한다. 학생, 학부모, 교사, 행정가, 그리고 이 세상의 모든 사람과 신뢰를 쌓기 위한 연습 기회를 제공해야 한다.
- 구조의 일관성: 공동체는 일련의 규칙, 지침 및 가치 외에 또한 모두가 참여하는 예측 가능한 의식과 전통이 있어야 한다. 예를 들어, 생일파티, 방학, 학기 시작일, 학기 종료일, 기숙사 개방행사 등은 모두가 공동체의 지원을 강화하기 위한 기회가 된다.

3) 교육과정과 테크놀로지의 통합

학생들은 세상을 통하여 의사소통하는 것뿐만 아니라 문제를 해결하고, 연구를 수행하며, 인류 역사상 전에는 결코 이용할 수 없던 수준에서 수행하도록 하는 디지털 세계로부터 매일 새로운 모습으로 학교에 등교한다. 오늘날의 학생들은 단순히 테크놀로지(technology)를 사용하는 것이 아니라 테크놀로지를 창조하고 있다. 교사는 학생들이 제작하고 그들이 사이트에 공유한 동영상, 사진 및 음악을 쉽게 발견할 수 있다. 이런 학생들은 강의와 노트 필기와 같이 학습과 상호작용할 기회를 부여하지 않는 학습도구가 주요 도구이면서 암기학습이 주된 학습형태인 교실로 들어오면 지적으로 낙오되기 쉽다. 과거에 펜, 연필, 칠판, 사물함, 석판이 학습의 주요 도구였듯이 상호작용적 테크놀로지는 21세기의 교실 도구다.

따라서 학생들이 21세기를 살아가도록 준비시키려면 반드시 교육과정에 테크놀로지를 통합해야 한다. 요즘 학생들은 대부분 테크놀로지를 사용하며 성장해 왔을 뿐만 아니라 학습경험의 중요한 부분으로 테크놀로지를 사용할 것을 기대하기 때문이다. 테크놀로지를 도구로 사용하는 것은 교실 외부에서 학생들이 사용하는 것을 반영하기 때문에 뇌기반적이고 뇌친화적이다(정종진, 성용구, 임청환 공역, 2013). 앞의 장들에서 살펴보았듯이 뇌기반 교수-학습에서는 학습을 촉진하는 환경의 조성, 학습양식에 따른 교수전략, 학생들의 이전 지식과 새로운 학습 간의 관련짓기, 장기기억을 위한 교수, 고차적 사고과정을 통한 지식의 구성, 협동학습의 증진, 학습자 맞춤식의 차별화된 교육과정, 실생활에 적용할 수 있는 심층적 이해의 촉진, 그리고 다음 장에서 살펴볼 다양한 수행평가를 통한 학습평가 등을 강조한다. 이러한 뇌기반 교수-학습의 실제는 훌륭한 테크놀로지의 활용으로 효과가 크게 높아질 수 있다. 사실 테크놀로지는 교실을 뇌기반 학습의 장으로 바꾸고, 교육과정을 뇌기반 교육과정으로 운영하게 하는 견인차 역할을 한다.

따라서 멀티미디어 시대에 태어나고 디지털 언어를 먼저 배운 디지털 세대인 요즘 학생들을 교육하기 위해서는 모든 교육과정 영역에 테크놀로지를 통합해야 하며, 교육과정을 운영하는 데서 테크놀로지를 적절히 활용해야 한다. 교사가 테크놀로지를 통합한 교육과정을 운영할 때, 학생들은 기술적으로 진보된 정보화 시대의 복잡한 도전에 대비를 잘할 수 있게 될 것이다.

교육과정에 테크놀로지를 통합하는 것은 단순히 교실에 컴퓨터를 두고 학생들에게 그것을 사용하라고 말하는 것 이상을 의미한다. 오히려 학생들이 컴퓨터 등을 의도적이고 창의적이며 효과적으로 활용하여 교육과정에서 요구하는 새로운 내용과 기능을 의미 있게 학습하기 위해 그들의 컴퓨터 기능과 기술을 활용하는 것을 의미한다. 통합이란 테크놀로지 활용을 의미하기 때문에 테크놀로지로 교육과정을 주도하기보다 교육과정으로 테크놀로지 활용을 주도하여 학생들의 학습을 촉진해야 한다(김유미 역, 2008a). 테크놀로지 활용 기능을 교육과정에 통합하려면, 그런 기능이 논리적인 수업의 일부일 뿐만 아니라 내용 영역 및 학습과제와 직접 관련되어야 한다.

앞서 잠시 언급했지만 학교에서 모든 교육과정 영역과 운영에 기술을 통합해야 하는 이유를 좀 더 구체적으로 제시하면 다음과 같다(김유미 역, 2008a; 정종진, 성용구, 임청환 공역, 2013).

- 테크놀로지는 교실 내에서만 한정되는 것이 아니며, 실제로 일상세계에서 흔히 사용되고 있다.
- 테크놀로지는 학생들의 배경과 상관없이 모든 학생을 동등하게 교육하는 방법으로 이끌게 될 도구이고, 학생들 모두에게 배움을 향한 똑같은 기회를 제공한다.
- 테크놀로지는 학생들의 흥미, 수업 참여, 심도 있는 탐색 등을 유도할 수 있다. 예를 들어, 학생들이 인천상륙작전에 대해 학습할 때 단순히 강의로 설명을 듣는 것보다 직접 영상으로 보는 것이 훨씬 효과적이다.
- 학생들은 테크놀로지에 익숙하여 그것을 활용하려는 동기가 강하기 때문에 테크놀로지를 활용하면 학습 참여 시간이 증가된다.
- 학생들은 광활한 정보의 바다에서 필요한 자료의 검색방법을 배운다.
- 학생들은 먼저 읽고 난 후 추가적 자료로 도표와 차트를 보는 것이 아니라 먼저 학습하고 난 후 추가적 정보가 필요하다고 느낄 때(예: 한 단계 더 높은 수준의 학습을 하고자 할 때) 추가적 자료를 탐색하고 동료들과 토론을 진행한다(Jukes, McCain, & Crockett, 2010).
- 학생들이 컴퓨터 기능을 따로 배우기보다 다른 것을 배우면서 컴퓨터 기능을 개발한다.
- 테크놀로지가 학습을 위한 풍부한 환경을 제공함으로써 학생들이 주제에 더 깊이 관여하여 고차적 사고와 문제해결로 나아가도록 도와준다.
- 테크놀로지의 한 부분인 감각적인 장치(예: 시청각 교재)는 교사들로 하여금 수업을 보조하게 해 준다.
- 학생들은 테크놀로지를 사용함으로써 생산하는 결과물의 질을 향상시킬 수 있다. 예를 들어, 문서화된 리포트는 학생들이 파워포인트나 이와 유사한 프레젠테이션 속에 있는 애니메이션과 다른 시각적인 것들을 부가할 수 있을 때 새로운 차원을 갖는다.
- 학교는 이메일, 인터넷, 원격교육, 가상수업 등을 통하여 학부모를 비롯한 모든 이해 당사자와 더 좋은 의사소통을 할 수 있다.

활자를 공부하고 이후에 디지털 언어를 배워 테크놀로지를 활용하는 데 익숙하지 못한 교사들에게 교육과정 영역과 운영에 테크놀로지를 통합하도록 하기 위해서는 필요한 연수와 기술지원이 제공되어야 한다. 테크놀로지와 함께 자라나는 학생들보다 테크놀로지에 익숙하지 못하거나 활자 세대인 교사들이 수업과 교육과정 운영에 테크놀로지를 도입하는 몇 가지 지침을 제시하면 다음과 같다(정종진, 성용구, 임청환 공역, 2013).

- 학생들에게 마이크로소프트 워드를 사용하여 보고서를 쓰고 제출하라고 요구한다. 그런 다음 교사는 추적 시스템을 사용하여 논평을 달아 주고 학생들이 고치고 수정하고 세련되게 만들어야 할 점을 지적한다.
- 학생들과 제시된 자료에 대해 토론할 수 있고 서로서로 피드백을 해 줄 수 있는 그들만의 채팅방을 만든다. 이때 웹사이트를 이용한다. 암호화 시스템을 이용하여 채팅방을 만들 수 있는 웹 사이트를 이용할 수 있다.
- 학생들 상호 간 또는 학생과 교사 간 서면의 대화를 주고받을 수 있는 즉각적인 메시지 프로그램을 활용한다.
- 동영상 회의나 교사와 학생들이 교실 밖에서 대화할 수 있는 온라인 프로그램의 장점을

표 9-1 테크놀로지가 질 높은 수준에서 사용될 때 나타나야 할 지표

평가도구	지표
관찰	모든 사람이 테크놀로지 도구를 사용 가능하다.
관찰	테크놀로지가 하나의 고립된 실험실 상황으로 분류되지 않는 교실 속으로 통합된다.
학생 산출물	값비싼 훈련과 반복 실행을 하는 소프트웨어가 아니라 생산적인 도구 사용에 강조를 둔다.
테크놀로지 도구	학생들과 교사들이 인터넷, 인트라넷, 이메일에 접근이 용이하다.
학생 산출물	높은 수준에서 테크놀로지 사용을 반영하는 학습과정을 나타내 준다.
학부모 조사	학교 인터넷과 인트라넷 서비스에 접근하여 언제든지 학부모들이 학생의 숙제와 학습 진전 상황, 교육과정 등을 알 수 있다.
현장견학	지금까지 학교에서 접근하지 못하던 장소로 가상 여행을 떠난다.
교실 제공	학생들은 어느 하나의 공간이나 건물에 의해 제한적이지 않고 인터넷이나 원격교육, 비디오 원격 화상회의를 통하여 가능성을 제공받는다.
학생 산출물	학생은 중요하고 부가적인 자료를 식별하는 능력을 포함하여 정보 검색의 기초를 배우고, 사실과 의견 사이의 차이점과 책임 있는 테크놀로지 사용의 윤리성을 배운다.
수업	더욱 역동적이고, 감동적이고, 관련성이 있는 테크놀로지를 사용한다.
일반적 테크놀로지	현재의 테크놀로지가 과거에 교사들이 연필과 펜을 사용하던 것처럼 하나의 도구로 사용될 것이다.

출처: 정종진, 성용구, 임청환 공역(2013), p. 144.

활용한다.

- 교사가 수업하거나 교육과정을 운영하는 데 참고할 수 있는 각종 웹사이트를 조사하고 이를 활용한다.

한편, 테크놀로지가 질 높은 수준에서 사용될 때 나타나야 할 지표를 제시하면 〈표 9-1〉과 같으며, 이는 교육과정 영역과 운영에 테크놀로지를 통합하기 위한 방향에 시사점을 주고 있다.

[글상자 9-1] 뇌기반 교육과정의 구성과 운영

Jensen(2007)은 뇌기반 교육과정의 구성과 운영과 관련하여 학교행정가들이 다음과 같은 교육과정상의 개념을 교육과정에 반영하도록 해야 하며, 교사와 학생들은 솔선하여 이를 실천해야 한다고 말하였다(정종진 역, 2010).

- 발달적으로 적합한 수업 계획 및 전략: 많은 학생이 현재 그들의 연령에 비추어 너무 일찍 학습을 요구받고 있다. 조기교육이 아닌 적기교육이어야 한다.
- 문화적으로 적합한 교육과정: 대부분의 교실에서 학생들의 문화를 염두에 두면서 수업이 진행되지 않고 있다. 다문화 가정과 학생들이 늘어나는 추세이고 지구촌이 점차 좁아지기 때문에 일반적이면서 구체적인 다문화 교육과정을 구성하고 운영해야 한다.
- 통합적이고 간학문적인 자료: 상당수의 학습 내용이 너무나 구분되어 있다. 많은 단원에 대해 흥미를 증진하기 위해 여러 교과목에서 동시에 가르칠 수 있다.
- 학생 및 교사와 관련 있는 수업: 많은 학생이, 특히 중등학교 학생들이 실생활과 거의 관련이 없는 수업을 받고 있다. 단지 직업교육을 받는 학생들만이 실제 세계와 관련이 있는 것을 다루고 있을 뿐이다.
- 성 차이에 대한 인식: 남녀의 상호작용에 비추어 볼 때, 초등학교에서는 혼성 그룹이, 중등학교에서는 주요 교과 시간의 경우 동성 그룹이, 그리고 선택 교과 시간의 경우 혼성 그룹이 좋다.
- 사회적 및 정서적 교육: 사회적 및 정서적 기술은 삶의 주요 기술이며, 따라서 모든 학년 수준에서 가르쳐야 한다. 질 높은 사회적 기능에 특별히 강조를 두어야 하는데, 이는 관계를 형성하고, 갈등을 원만하게 해결하며, 직업을 구하는 데에 도움이 된다.
- 영양 및 보건에 대한 정보: 건강, 체중, 인지, 기억 및 기분에 영향을 미친다. 모든 학생은 음식물의 영양과 그것이 우리의 뇌와 신체에 어떤 영향을 미치는가에 대해 이해할 수 있어야 한다. 학생들에게 필요한 약물과 독소에 대한 인식을 분명하게 심어 주도록 한다.
- 음악, 무용 및 미술 조기교육: 조기 예능교육이 인간의 생물학적, 정서적, 사회적 및 인지적 발달을 강화한다는 증거가 많다. 예능교육은 적어도 모든 교육과정의 10%를 차지해야 한다.

- 학습방법의 학습 기술: 학생들이 실제로 계획과 목표의 우선순위를 정하는 방법, 공부하는 방법, 기억술, 노트 필기방법, 조직화 기술, 기타 많은 방법과 기술에 대해 알고 있다고 가정해서는 안 된다. 교사는 이러한 것들을 학생들에게 가르쳐야 한다.
- 일상적인 신체 활동: 매일 신체 활동을 하는 것이 긍정적인 가치가 있다는 중요한 증거가 많이 있다. 일상적인 신체 활동은 스트레스를 감소시키고, 인지활동을 촉진하고, 유연성을 증진하고, 뇌의 화학적 작용(기분)을 안정시키고, 성적을 향상시키며, 심지어 더 많은 뇌세포가 성장하도록 도와준다.

제 10 장

뇌기반 학습평가

전통적으로 교사는 학생에게 특정한 정보와 사실을 전달하고 기능을 설명한 다음, 이를 학생에게 앵무새처럼 흉내 내도록 주지시킴으로써 주로 선택형의 고부담 검사(high-stakes test)나 표준화 검사(standardized test)를 통해 측정해 왔으며, 평가란 학생 수행에 관한 자료와 정보에 대해 점수나 등급 혹은 논평의 형태로 판단하는 것으로 여겨 왔다. 그러나 뇌기반 학습에서는 학생에게 의미 있는 학습과 평가 과제를 강조하고, 이를 위해서 선택형과는 다른 대안적 평가와 그들에게 일상적이고 관련 있는 실제적 평가를 포함한 수행평가를 지향하며, 평가란 학생 수행에 관한 자료를 수집하고 활용하는 과정이라고 본다. 대안적 평가란 대부분의 표준화 검사와 많은 교실에서 시행되고 있는 고부담 검사의 특징인 선택형이고, 시간제한이 있으며, 일회적으로 실시되는 것과는 다른 평가를 말한다. 실제적 평가란 학생이 실제 세계에서 직면하는 것과 유사한 문제, 사례, 상황에 적용함으로써 교실 학습을 그들에게 유용하게 하기 위한 평가를 말한다. 그리고 수행평가란 대안적 평가와 실제적 평가의 요소를 결합하고 포함한 것으로, 학생들에게 그들이 이해한 것을 증명하고 배운 지식과 기능과 태도를 사려 깊게 적용할 기회를 제공하는 과제와 상황을 담고 있는 평가를 말한다. 이 장에서는 먼저 뇌기반 학습평가의 개념, 목적과 기능, 원리를 중심으로 그 의의를 살펴본 다음, 뇌기반 학습평가의 방법, 그리고 뇌기반 학습평가에서 중시하는 피드백 체제에 대해 자세히 살펴본다.

1. 뇌기반 학습평가의 의의

1) 뇌기반 학습평가의 의미와 특징

학교 교실에서는 그동안 평가의 객관성, 컴퓨터 채점의 발전, 학생들의 성취도에 대한 학교의 책무성 강조에 따라 선다형 문항 형식에 중점을 두는 표준화 검사가 많이 사용되어 왔다. 표준화 검사는 수준 높은 인지적 사고기능보다는 단편적인 사실의 암기, 심층적 지식보다는 표면적 지식, 학생들이 꼭 학습해야 할 중요한 내용보다는 쉽게 검사할 수 있는 내용의 측정을 강조한다. 또한 표준화 검사는 학생들의 맥락을 무시하고, 학생들을 자신의 대답과 해결책을 구성하는 능동적이고 자기주도적인 학습자보다는 배운 지식과 정보를 인식하고 회상하는 수동적 학습자로 전락시키며, 또한 평가에서 중요한 측면인 정서를 소홀히 한다.

뇌기반 학습평가는 이러한 선다형 형식의 표준화 검사에 대한 대안적 평가라고 할 수 있다. 뇌기반 학습평가는 계속적이고 누적적이며, 단지 한 단원이나 한 학기가 끝날 때에 사용하기 위한 장치에 불과한 것이 아니다. 뇌기반 학습평가는 또한 진단적이기 때문에 수업이 시작되어 끝날 때까지 내내 지속적으로 이루어진다. 교사들은 평가를 학생들의 강점과 약점, 흥미가 무엇인지 확인하는 것을 도와주기 위한 절차로 사용한다.

학교는 고부담 검사를 시행하라는 요구를 받고 있고, 단순히 평가에 대한 언급만 하더라도 학생들에게 위협을 야기하고 교실 분위기를 위협적으로 만들 수 있다. 학생들이 엄격하게 판단되고 그들이 계속해서 조사를 받고 있다는 기분을 느낄 때, 학습은 억제되고 방해받을 수 있다. 뇌기반 교실에서의 학습평가는 가능한 한 위협으로부터 자유로워야 한다. 물론 이것은 위협에 대한 지각이 매우 개인적이라서 사람마다 다르기 때문에 달성하기 쉽지 않은 일이다. 어떤 학생에게는 위협적일 수 있는 것이 다른 학생에게는 위협적이지 않을 수 있다.

뇌기반 교실에서 학습평가는 성취도를 측정할 뿐만 아니라 학습동기를 부여하기도 한다. 학생들이 현실적인 목표를 설정하도록 격려를 받고 그 목표를 향해 잘 나아가고 있는가에 대한 자료와 정보를 제공받을 때, 그들의 동기는 강화하고 위협은 약화한다. 학생들이 정보를 단지 수동적으로 흡수하는 것이 아니라 교수-학습 행위에 동반자와 협력자로 참여하게 될 때, 그들은 새로운 학습에 대해 더 흥미와 열정을 갖게 된다.

교실에서 뇌기반 전략을 활용하는 것을 중시하는 교사들은 학생들의 진전도를 평가하기 위한 실제적인 방법을 찾아야 하고, 학생들에게 위협적일 수 있는 평가의 사용을 최대한 줄여야

표 10-1 뇌기반 학습평가의 주의 이동

뇌기반 학습평가		
주의 감소		주의 증가
학생들이 알지 못하고 있는 것을 평가	→	학생들이 알고 있는 것을 평가
점수와 등급만을 평가	→	이해의 증진 정도를 평가
단편적인 기능에 초점	→	다양하고 전체적인 기능의 활용에 초점
한두 가지의 기능만을 요구하는 활동	→	기능, 개념, 생각 습관(창의성)의 활용을 요구하는 활동의 개발
교사의 지시를 따르는 교수법의 사용	→	학생들이 절차에 대한 개발과 수정을 요구하는 활동의 사용
한 가지 형태의 평가만을 사용	→	다양한 평가방법의 사용
학습 도구 배제	→	다양한 학습 도구의 사용
평가를 위한 단일 검사 점수 사용 (기계적 회상을 요하는 검사)	→	수행평가의 사용

출처: Stevens & Goldberg(2001), p. 126.

한다. 교사들이 더욱 실제적 평가(authentic assessment, 진정한 평가라는 뜻에서 '참평가'라고도 불림)를 지향해 나갈 때, 사실적 지식뿐만 아니라 학생들이 뇌기반 활동을 통하여 습득한 이해의 종류를 평가하며 〈표 10-1〉에서 '주의 감소(Decreased Attention)' 쪽이 아닌 '주의 증가(Increased Attention)' 쪽으로 평가를 시행하게 된다.

학생들의 지식을 지필 형태의 검사로 알아보는 것은 비교적 쉬운 일이지만, 직접적인 경험을 통해서 학생들의 학습을 측정하기 위한 검사를 설계하기란 무척 어려운 일이다. 따라서 뇌기반 교수-학습의 결과를 평가하기 위해서 교사들은 학생들이 뇌기반 활동을 통해 습득한 사실적 지식과 이해의 종류를 측정하기 위한 더 나은 방법을 개발할 과제를 안고 있다.

학생들이 성취하기를 기대한 목표와 그들이 얼마나 그 목표를 잘 성취했는가를 평가하기 위해 사용한 방법이 일치하지 않는 경우가 너무나 많다. 교육을 잘하기 위해 평가하는 것인데, 평가하기 위해 교육하고 있는 주객전도의 모습을 흔히 볼 수 있다. 뇌기반 교실을 가치 있게 인식하는 교사들조차 더러는 학생들에게 사실을 얼마나 알고 있는가를 검사 형태로 측정하고, 학습의 주요 목표가 필요한 정보를 습득하는 데 있다는 메시지를 보내는 경우가 있다. 이런 경우에 학습은 단편적인 사실을 기계적으로 암기하는 것에 빠져들게 된다. 학생들은 다양한 방식으로 자신의 학습을 증명할 수 있는 기회를 가져야만 한다. 이것은 평가를 설계할 때 다양한 뇌기반 전략들을 활용함으로써 이루어질 수 있다. 탐색하기 위한 많은 기회를 포함하고 있는 뇌기반 교실에서 교사들은 토론, 교사의 관찰, 일화기록, 교사와 학생 간 인터뷰 등과 같은 많은 방법을 활용함으로써 내용 지식을 평가할 수 있다.

뇌 연구에 따르면, 학습의 인지적 영역에 대한 평가도 중요하지만 정의적 영역에 대한 평가도 마찬가지로 매우 중요하다. 학생들이 지식을 습득하고 지적 이해를 도모할 때 그들은 인지적 영역에서 학습하고 있는 것이다. 학생들이 뭔가를 학습할 때마다 그들은 또한 기분, 정서, 흥미, 태도 및 가치를 경험한다. 제6장을 비롯한 여러 곳에서 언급했듯이 뇌 연구는 학습에 대한 정의적 영역의 중요성을 강조하고 있다. 정의적 영역은 정서와 관련이 있고, 학생들이 학습에 관해 어떻게 느끼느냐 하는 것이 학습에 매우 중요한 영향을 미치기 때문이다. 학생들이 학습에 대한 긍정적 성향과 태도를 형성할 때, 학습을 성공적으로 이끌기 쉽다. 따라서 정의적 영역은 교수목표에 포함되어야 하고, 평가에도 반영되어야 한다.

학생들이 학습상황에 대해 어떻게 느끼느냐 하는 것은 종종 그들의 태도에 반영되어 있다. 태도는 학습, 학교 및 관련 활동에 대한 지각과 신념이다. 학생들이 수업에 임하는 태도와 그들이 학습하는 동안에 발달시키는 태도는 학습에 강력한 영향을 미친다. 교사들은 학생들이 자발적으로 참여하는 활동과 그들이 초대를 받았을 때 어떻게 참여하는가를 관찰함으로써 학습과 학교에 대한 태도를 평가할 수 있다(Stevens & Goldberg, 2001).

사전적 정의에서는 학습을 공부 혹은 경험에 의해 지식, 이해 혹은 기능을 습득한 것이라고 아주 간단하게 정의하고 있지만, 학습을 평가하기란 단순하지 않다. 예를 들어, 수학 방정식 문제에 대한 옳은 답을 하더라도 기본적인 규칙을 제대로 이해하지 못하거나, 문제의 광범위한 맥락과 의미를 인식하지 못하거나, 실생활의 문제해결에 적용하지 못하는 경우가 많다. 학습에 대한 전통적인 평가에서는 학습자가 옳은 답을 했는가에 관심이 있을 뿐 이러한 기본 규칙, 문제의 맥락과 의미, 실생활에의 적용에는 관심을 기울이지 않지만, 뇌기반 학습평가에서는 관심을 기울인다.

한편, 뇌기반 학습평가를 위한 비결로 다음과 같은 사항을 들 수 있다(문정화 외, 2011; Jensen, 2008).

- 학생들에게 피드백을 제공하라.
- 집단토의, 장기간에 걸친 팀 프로젝트, 영화 제작, 브레인스토밍(brainstorming), 논쟁, 게임과 같은 집단 작업 및 협력 활동을 격려하라.
- 학생들에게 수행과제 평가의 공정성과 정확성을 위해 사용되는 채점 지침으로 과제의 각 수준에 적용할 수 있는 평가척도를 포함하는 루브릭(rubric)을 사용하고, 스터디 그룹 및 자기퀴즈와 같은 자기평가를 사용하도록 격려하라.
- 학생들의 성공에 대해 외재적 보상보다는 내재적 보상을 제공하라.
- 학생 및 지역사회에 영향을 미칠 수 있는 실제적이고 장기적인 집단과제에 초점을 두어라.

- 모든 학생에게 자신이 수행한 학습 활동 및 산출물을 포트폴리오(portfolio) 파일에 보관하여 자신의 진전 과정을 수시로 확인하도록 하라.
- 학생들을 다른 학생들과 비교하지 말고 자기 자신과 비교하도록 하라(자기평가, 성장관련 평가).
- 선발적 교육관이 아닌 발달적 교육관을, 정규 분포가 아니라 부적 편포를, 타인과의 비교보다는 과제성취 자체를, 자아 몰두보다는 과제 몰두를 강조하라.
- 교육 관련자들(학부모, 교사, 행정가, 지역인사 등)과 교사 자신의 평가철학(평가의 방법, 이유, 기대사항)에 대해서 토론하라.
- 학생들이 위협이 아닌 친근감을 느끼도록 평가 정책이나 지침을 시각적이고 매력적이며 색채감이 있는 포스터로 제시하라.

표 10-2 표준화 검사와 뇌기반 학습평가의 차이점

표준화 검사	뇌기반 학습평가
일정한 비율의 실패 학생을 요구하는 가공의 표준 혹은 규준에 기초한 결과	각 학생이 성공할 기회를 가지는 환경의 조성
교사들에게 검사 자료에 중점을 두도록 교육과정 운영 축소의 압력을 가함	교사들이 의미 있는 교육과정을 개발하고 그 맥락 내에서 평가하도록 함
교실에서 일어나는 학습과는 무관한 일회성의 평가 상황을 강조	학습과정 중에 계속적으로 이루어지며 학생 성취도의 정확한 모습을 제공하는 평가
성취한 것보다는 실패 혹은 실수한 것에 초점을 둠	학생들의 약점보다는 강점에 강조를 둠
교육적 의사결정을 할 때 단일 자료(예: 검사 점수)를 지나치게 중요시함	학생들의 진전도에 관한 심층적 이해를 도모해 주는 다양한 평가 자료의 제공
모든 학생을 동일한 방식으로 취급	각 학생을 독특한 인간으로 취급
문화적 배경과 학습양식이 다르기 때문에 일부 학생들을 변별	문화적 편견을 제거하고 모든 학생이 성공할 수 있는 동등한 기회를 제공
수업과 평가를 별개의 활동으로 간주	수업과 평가를 하나의 통합된 활동으로 간주
반성이나 교정의 기회가 없는 최종 대답과 결과를 중시	자기반성, 학습, 피드백 및 교정이 수반되는 계속적 과정을 중시
이해에 대한 고려 없이 정답에 초점	최종 결과만큼이나 이해와 학습과정을 취급
실시와 채점이 쉽고 비용이 적게 드는 것	일관되고 객관적인 채점 결과를 달성하기가 더 어려움
단일 숫자 점수로 간편화할 수 있는 결과 제공	단일 숫자로 쉽게 간편화할 수 없는 자료
다른 학생들과 비교하고 대조하기 쉬움	다른 학생들과 비교하기 어려움

출처: Ronis(2007), p. 13.

앞서 살펴본 뇌기반 학습평가의 의미와 특징을 표준화 검사와 대비하여 정리해 보면 〈표 10-2〉와 같다.

2) 뇌기반 학습평가의 목적과 기능

전통적으로 평가는 한 단원의 끝이나 또는 한 과목을 다 배운 후 학생들이 지금까지 얼마만큼 배웠는지를 판단하고 결정하기 위해 사용되어 왔다. 전통적 학습평가는 '학습에 대한 평가(assessment of learning)'를 강조한다면, 뇌기반 학습평가는 '학습을 위한 평가(assessment for learning)'를 강조한다. 학습을 위한 평가는 평가를 학생들의 학습을 지지하고 증진시키기 위해 고안된 과정으로 변화시킨다(Stiggins, 2007). 학습을 위한 평가는 총체적인 교수-학습과정의 필수불가결한 요소다. 교사들이 내리는 모든 결정은 학생들의 학습을 향상시켜야 한다. 좋은 결정을 내리기 위해서는 학생들에 관한 정보가 필요하다. 현재 학생들의 이해 수준, 배우고자 하는 동기, 자신의 학업에 대해 얼마나 책임감을 느끼고 있는지, 그리고 학습목표에 도달했는지를 알아야 한다. 학습을 위한 평가는 이러한 정보를 제공하는 데 도움이 된다(Santi & Vaughn, 2007).

뇌기반 학습의 맥락에서 볼 때, 학생들의 학습을 평가하는 목적 혹은 이유는 ① 학습 진전에 관한 정보를 제공하기 위해서 ② 개개 학생의 구체적인 강점과 약점을 진단하기 위해서 ③ 후속학습에 대한 동기를 부여하기 위해서 ④ 학생의 학습 향상과 교사의 수업 효과성에 관한 피드백을 제공하기 위해서 ⑤ 학습에 대한 최종 결과를 요약하여 제공하기 위해서다. 평가가 이런 목적을 가진다는 것은 곧 평가가 이런 기능이나 역할을 수행한다는 것이기도 하다.

(1) 학습 진전에 관한 정보를 제공하기 위해서

학생들을 평가하는 첫 번째 이유는 그들의 학습 진전 상황을 점검하기 위한 것이다. 교사들이 때때로 알고 싶어 하는 중요한 것은 학생들이 수업의 속도에 맞춰 잘 따라오고 있는지, 다루었던 자료들을 잘 이해하고 있는지다. 학습 속도가 평균보다 느리거나 빠른 학생들 또는 어떤 내용을 잘못 이해하고 있는 학생들을 위해서 교사는 보충수업, 교정수업 혹은 학급 내 능력별 집단 편성을 도입할 수 있다. 그러나 평가의 목적은 학습을 촉진하거나 형성하기 위한 것이지 점수를 할당하기 위한 것이 아니다. 이러한 평가는 보통 형성평가(formative assessment)라고 불린다.

형성평가의 목적을 달성하기 위한 한 가지 방법은 Vygotsky의 근접발달영역에 기초한 역동평가(dynamic assessment)라 불리는 과정에 착수하는 일이다. 역동평가의 목적은 학생이 전문가의 지도를 받으면서 무엇을 독립적으로 행할 수 있는가를 알아보기 위한 것이다. 이러한 유형의 평가와 함께 교사들은 질문에 대한 대답이나 문제의 해결방법에 대한 힌트에서부터 부분적인 설명 혹은 과제에 대한 시범에 이르기까지 모든 것을 제공하도록 허락된다(Shepard, 2000).

(2) 개개 학생의 구체적인 강점과 약점을 진단하기 위해서

평가를 하는 두 번째 이유는 첫 번째 이유에서 나온다. 만일 교사가 동료 학생들을 따라가는 데에 어려움을 지니고 있는 학생을 발견한다면, 교사는 아마도 가장 적절한 지도방법을 모색하기 위해서 그 이유를 알고 싶어 할 것이다. 이때 구체적인 진단적 정보를 제공해 줄 평가를 마련하게 될 것이다. 이러한 평가는 흔히 진단평가(diagnostic assessment)라고 불린다. 진단평가는 학생들의 사전 지식에 관한 정보뿐만 아니라 잘못된 생각을 파악하는 데 도움을 준다(Burns, 2005). 진단평가는 교사들로 하여금 학생들의 근접발달 영역을 확인하게 하고, 학생들이 그러한 영역을 통과하는 데 교사가 비계설정(scaffolding)을 할 수 있게 해 준다.

(3) 후속학습에 대한 동기를 부여하기 위해서

학생들의 수행을 평가하는 세 번째 이유는 평가가 교수와 학습의 여러 측면에 잠재적으로 긍정적 효과가 있기 때문이다. Crooks(1988, p. 467)가 지적한 바와 같이 교실에서의 학습평가는 "학습이 중요하다는 것에 대한 학생들의 판단을 이끌고, 학생들의 동기와 유능감에 대한 자기 지각에 영향을 미치고, 학생 자신의 공부방법과 공부 시간을 마련하게 하고, 학습을 강화하며, 지속적인 학습전략과 학습기술의 발달에 영향을 미친다. 평가는 교육에 영향을 미치는 가장 강력한 요소 중의 하나인 것 같다."

교실에서의 학습평가가 학생들에게 그들의 학습을 강화하는 데에 도움이 된다는 Crooks의 주장은 긴 시간이 지난 뒤에 실시하는 한두 번의 평가보다는 짧은 시간이 지난 뒤에 자주 실시하는 평가에서 더 많은 것을 학습한다는 연구 결과(Bangert-Drowns, Kulik, & Kulik, 1991; Dempster, 1991; Dempster & Perkins, 1993)에 의해 입증되었다. 학생들이 알아서 스스로 학습하는 것이 우리의 가장 간절한 바람이지만, '시험을 실시하는 것'이 많은 학생의 학습에 대한 동기를 부여하는 데에 이바지한다는 점에 대해서는 의심의 여지가 없다. 주기적인 평가는 학생, 교사, 행정가, 학부모 등 모든 교육 관련 종사자들의 주의를 이끄는 데에 도움이 된다.

학습동기를 향상시키는 평가는 학습목표와 일치하고, 숙달목표 및 향상에 초점을 두고, 사회적 비교를 피하며, 높은 수준의 학습을 측정한다는 특징을 지니고 있다(Brookhart, Walsh, & Zientarski, 2006; Schunk, Meece, & Pintrich, 2013). 평가가 학습목표와 일치할 경우, 학생들은 스스로의 노력에 집중하게 되고 성공 가능성을 높이는 데 필요한 정보를 제공받게 된다. 학생들이 성공했고 성공한 이유를 자신의 노력에 귀인할 경우, 배우려는 동기와 자아효능감이 향상된다. 숙달목표와 향상에 초점을 두고, 사회적 비교를 피하며, 높은 수준의 성과를 측정하는 것 또한 자율성과 유능감을 향상시키는데, 이러한 자율성과 유능감은 학습동기를 향상시킨다. 높은 성취 기준을 설정하고 학생들이 그것에 도달하도록 책임감을 느끼게 하면, 학생들에게 더 잘하려는 동기가 생길 수 있다.

(4) 학생의 학습 향상과 교사의 수업 효과성에 관한 피드백을 제공하기 위해서

평가를 하는 네 번째 이유는 학생들에게 학습의 향상에 관한 피드백을 제공하고, 교사들에게 교수전략이 효과적이었는지 또는 수업의 질이 어떠했는지에 관한 피드백을 제공하기 위해서다. 이 목적은 종종 학생들의 학습을 확인하기 위한 목적과 밀접한 관련이 있다. 그러나 피드백을 제공하기 위한 이 목적은 학습을 확인하는 것을 넘어 학생들에게 학습 결과에 대한 정보를 제공한다는 점에서 첫 번째 목적과 다르다.

학생들은 자신들의 향상에 대해, 바르게 하는 것과 틀리게 하는 것에 대해, 그리고 수정하는 방법에 대해 가능한 한 자주 피드백을 받는 것이 필요하다(Bardine, 1999). 피드백을 통해 학생들은 자신들의 향상을 도표로 만들고 최종 목표에 가까이 다가감에 따라 더 많이 동기가 부여될 수 있다. 학생들에게 제공되는 피드백은 긍정적이고 건설적인 것이어야 한다. 긍정적 피드백은 능력과 노력에 대해 학생들의 자신감을 높여 주는 칭찬과 격려이고, 건설적 피드백은 학생들에게 개선되어야 할 측면이 무엇이며 어떻게 개선해야 할 것인지에 대해 자세하게 알려 주는 것이다.

학생들의 성취도를 평가하는 것은 수업이 성공적이었는지 수업의 질이 어떠했는지에 관해 교사에게 중요한 피드백을 제공하기도 한다. 평가의 목표는 유의미 학습이다. 만약 학생들이 평가에서 유의미 학습을 보여 주지 못한다면, 왜 그렇게 되었는지 질문하고 이런 상황을 개선하려고 노력해야 한다. 학부모들 또한 자녀의 학습과 발달에 어떤 향상이 있었고 아직 부족한 점이 무엇인지에 대해 피드백을 받고 싶어 한다. 학교행정가들과 교육당국 또한 교육과정의 전반적인 성공 여부에 대한 피드백을 받기 위해서 평가 정보를 활용하기도 한다.

(5) 학습에 대한 최종 결과를 요약하여 제공하기 위해서

평가를 하는 다섯 번째 이유이면서 대부분의 교사 제작 검사의 가장 기본적인 목적은 학습을 확인하기 위해서다(Hogan, 2007). 즉, 어떤 학생이 교사의 목표를 얼마나 잘 충족하는가에 대한 간단하고 의미 있으며 유용한 요약 혹은 설명을 모든 관심 있는 사람(학생, 학부모, 교사, 학교 행정가 등)에게 제공하기 위해서다. 이러한 목적을 위해 평가가 실시될 때, 전통적으로 평가 결과는 문자나 숫자 형태의 점수로 부과되는 경우가 흔하다. 그러나 학습에 대한 최종 결과를 요약하여 제공하기 위한 목적으로 평가가 실시되더라도 뇌기반 학습평가는 학생들의 학습 결과를 심판하여 그들을 범주화하기 위해서가 아니라 그들을 이해하고 학습을 도와주는 데에 그 주된 목적이 있으며, 지필 형태의 한 가지 검사가 아닌 관찰 · 인터뷰 · 포트폴리오 등 여러 형태의 수행검사를 통해 학습을 평가하고, 서열을 가리키는 점수나 등급이 아닌 목표 도달 여부와 정도, 학생의 자기이해와 반성적 숙고, 부모나 교사가 관심을 가지고 지도해야 할 부분에 도움이 되는 정보와 피드백을 담은 문장기술식으로 제시된다는 점에서 기존의 평가와 다르다.

앞서 살펴본 것처럼 교실에서의 학습평가는 여러 목적에 이바지한다. 학습평가는 학생들이 최근에 배운 지식과 기능을 어느 정도 습득했는가에 대한 정보를 제공하는 전통적인 평가의 역할뿐만 아니라, 학생들이 배운 내용을 잘 이해하고 있는지, 그리고 수업의 속도를 잘 따라가고 있는지를 알려 주고, 학습곤란의 구체적인 원인을 파악할 수 있으며, 학생들로 하여금 효과적으로 공부에 대한 동기를 부여하고 노력을 자기조절 하도록 도와주는 기능 또한 포함하고 있다. 학습평가가 이러한 목적과 기능을 위해 시행될 때 뇌기반 학습평가의 성격에 부합된다고 하겠다.

3) 뇌기반 학습평가의 원리

앞서 살펴본 뇌기반 학습평가의 의미와 특징, 목적과 기능에 비추어 다음과 같은 뇌기반 학습평가의 원리를 몇 가지 도출해 볼 수 있다.

(1) 시간의 경과에 따른 성장과정의 포착

학습평가는 시간의 경과에 따른 학생들의 성장과정을 포착해야 한다. 전통적인 평가의 경우, 학생들의 학습이 부분적이고 일회성의 빠른 속도로 평가되고 장기적인 학습 성장의 과정을 엄폐하는 방식으로 평가되는 경우가 많다. 그렇지만 학생들은 자신의 종단적인 학습의 증진을 확인하는 기회가 주어질 때 평가에서의 적극적인 역할을 즐길 수 있다. 이것은 학생들에게 이전에 그들이 습득한 지식과 현재 가지고 있는 기능과 이해력을 비교해 보도록 요구함으로써 성취될 수 있다. 이를 위해 유용하게 사용할 수 있는 것이 포트폴리오를 통한 평가다. 포트폴리오는 진행되고 있는 교실학습에 대한 반성적 사고를 격려하면서 학생들의 학습 정도와 진전에 대한 종단적 측면을 효과적으로 제공해 주는 하나의 도구다. 포트폴리오는 학생, 교사, 학부모 및 기타 교육 관련 당사자들에게 학생의 학습 성장과정에 대한 증거를 제공한다. 학생들은 자신의 학습에 대한 포트폴리오와 일지 등의 내용을 검토해 봄으로써 각 교과 영역에서의 자신의 성장을 성찰해 볼 수 있다. 이러한 자기반성적 사고를 돕기 위해서 교사는 다음의 질문을 학생들에게 제시해 볼 수 있을 것이다(이신동 외 공역, 2006).

- 여러분 자신이 학습한 것을 검토해 보았는가? 언제 과제를 끝마쳤는가?
- 학습에 어떤 변화가 있었는가? 이전의 학습과 비교하여 어떻게 다른가? 변화가 있었다면, 그 증거는 무엇인가?
- 이전에 알지 못하던 것을 새롭게 학습한 것은 무엇인가? 이러한 새로운 정보를 언제, 어떻게 학습했는가? 새로 학습한 것은 이전에 알고 있던 지식과 모순이 되는가, 일치하는가?
- 새로 알게 된 지식을 이 교과 시간에, 다른 교과 시간에, 그리고 학교 밖에서 어떻게 활용하였는가?
- 학습상의 변화가 여러분 자신을 수학자, 작가, 예술가 등으로 인식하는 방법에 영향을 미치는가?
- 적절한 지식과 기능 수준을 달성하였는가? 만일 그렇지 못하다면, 장차 부가적인 정보를 어떻게 습득할 것인가?
- 지난 몇 개월 동안 여러분 자신이 학습한 것에 대해 달리 논평할 점이 있다면 무엇인가?

(2) 평가의 다차원성

평가는 다차원적이어야 한다. 일반적으로 문자 등급이나 점수는 학생과 교사 및 학부모에게 성취에 관한 정보를 별로 주지 못한다. 백분위와 같은 전통적인 측정치는 어떤 학생이 어느 교과 영역에서 평균 점수를 받았는지, 평균보다 낮은 점수를 받았는지 혹은 높은 점수를 받았는지를 말해 줄 뿐이다. 이러한 단일 차원적 관점은 성취한 것이 무엇이고 더 학습해야 하는 것이 무엇인지에 대해 알려 주지 못한다. 예를 들어, 수학 교과에서 어떤 학생이 C 등급을 받았다고 하자. 이 단일 문자점수는 그 학생이 수학적 사고와 문제해결력이 뛰어나고 평소 수학 과제에서 평균 이상의 수행을 보였지만 시험불안 때문에 대부분의 시험에서 실패했다는 것을 알려 주지 못할 것이다. 만약 C 등급이 여러 지표로 대체된다면 의미 있고 적절한 교육적 개입(intervention)이 가능할 것이다. 뇌기반 학습평가의 측면에서 보면, 이러한 수학 평가에 대한 하나의 대안은 〈표 10-3〉과 같다(이신동 외 공역, 2006).

대부분의 보고된 측정치와는 달리 〈표 10-3〉과 같은 평가 도구는 학생의 강점과 약점을 확인할 수 있고, 또한 현행 학습을 위해 달리 취할 수 있는 것이 무엇인지 안내를 해 준다. 다차원적 평가의 또 다른 접근방법은 지필검사 하나에 의존하기보다는 구두 질문, 관찰, 인터뷰, 토론, 학습일지, 체크리스트, 프로젝트, 포트폴리오, 산출물 등 다양한 평가방식과 컴퓨터 디스크, 비디오 녹화 자료, 멀티미디어 시스템 등의 다양한 매체를 평가 도구로 활용하여 다양한 장면에서 실시하는 것이다. 여러 자원으로부터 학생의 수행에 대해 피드백을 얻는 것도 다차원적 평가의 접근방법이다. 사실 평가는 내용과 기능에 대한 평가, 동료와 부모 혹은 지역의 전문인사로부터의 평가, 학생 자신의 자기평가 등 세 가지 자원에 근거해야 이상적이다.

(3) 비공식적 평가와 형성평가의 중요성

비공식적 평가(informal assessment)와 형성평가가 중요시되어야 한다. 비공식적 평가는 학습 진전 사항이나 학생들의 행동에 대한 부가적인 정보를 수집해서 이를 토대로 결정을 내리는 과정을 말한다. 비공식적 평가는 교실 내에서 학생들이 공부하고 교사나 다른 학생들과의 대화를 관찰하는 것으로 구성된다. 이러한 대화에는 교사의 질문에 대한 대답이 포함된다. 비공식적 평가는 총체적인 평가과정에서 필수적인 부분이다. 교사들은 비공식적 평가를 통해 매일매일 결정을 내리기 때문이다(Black et al., 2004). 유능한 교사는 비공식적 평가를 통해 가르치는 것과 관련된 결정을 내린다.

교사들은 전통적인 지필검사에 의해 기록된 것보다 담당 학생들에 대해서 훨씬 많은 것을 알게 된다. 교사들은 주로 교실에서 일상적으로 학생들과의 대면을 통해 정보를 수집한다. 정보에는 학생들의 교실수업에 대한 참여, 정보의 내적 처리, 학습에 대한 이해의 정도와 발달, 학생 상호 간의 상호작용, 아이디어에 대한 토론과 수정사항 등이 포함된다. 이러한 정보는 학생들의 학습 진전을 지원하기 위해서 개별 학생 및 집단의 요구에 부응하는 수업을 전개하는 데에 유용하다. 교사들이 이러한 정보를 얻는 중요한 수단은 교실에서, 특히 집단 활동 중에 일어나는 과정을 관찰하는 것이다. 관찰은 수업과 평가의 통합을 꾀하는 중요한 수단이기도 하다(Ronis, 2007). 이처럼 정기적으로 관찰하고 있는 교사들에 의해 학생들은 매일 비공식적으로 평가되고 있다. 관찰 외에도 교사들은 학생들이 수업의 효과성을 논하고 학습과 활동의 질을 비판적으로 고찰하는 개별 미팅과 소집단 토론 시간을 가질 수 있다. 이러한 미팅과 토론은 종이로 흔적을 남기지 않지만 대신 교사들로 하여금 학생들의 활동, 교실 경험, 성취와 좌절에 대해 그들이 어떻게 지각하고 있는가에 대한 통찰을 가능하게 해 준다.

표 10-3 수학 평가의 예

학생 이름: 일시:

학습한 주요 개념들:

학생 수행 체크리스트

	우수	보통	부족
수학 과정에 대한 이해(예: 2차방정식)			
문제에 대한 해석			
교재 문제의 해결력			
실생활 문제의 해결력			
과제에 대한 수행			
시험에 대한 수행			

문장기술식 논평:

확인된 학생의 강점:

기능 강화를 위한 도움말:

형성평가는 수업이 진행되는 과정에서 그 수업이 수업목표의 달성을 향하여 제대로 정상적인 학습 진전을 보여 주고 있는지를 계속적으로 점검해 나가는 평가 활동이다. 형성평가의 가장 주된 특징은 정보의 피드백과 교정이다. 학교학습이 성공하기 위한 길은 학생과 교사에게 어떤 오류나 곤란이 발생했을 때 즉시 알려 주는 피드백 작용과 필요할 때 적절한 교정을 제공함으로써 교실의 수업체제를 자기수정체제(self-corrective system)로 만드는 일이다. 형성평가는 학생들에게 충분한 학습이 이루어진 것은 무엇이며, 아직 더 학습해야 할 것은 무엇인지 학습 결과에 대하여 시기적절하게 피드백을 제공함으로써 그 뒤에 이어지는 학습을 용이하게 할 수 있도록 도와주는 동시에 학습행동을 강화하는 기능이 있다. 형성평가는 학생들뿐만 아니라 교사에게도 수업 활동에 대한 피드백을 제공한다. 그러므로 교사가 자신의 학습지도방법을 개선하는 데에 형성평가의 결과를 활용할 수 있다.

형성평가의 목적은 점수를 매기거나, 학생의 성적을 판정하거나, 교사의 능력을 평가하려는 것이 아니라 학생의 학습을 증진시키기 위해 무엇을 개선할 것인지를 추구하는 데 있다. 또한 형성평가를 실시하는 목적은 단순히 학습 진전 상황을 파악하는 데 있는 것이 아니라 학생들의 학습곤란 또는 학습결손을 정확히 밝혀서 이를 교정하고 보충하는 데 있다. 형성평가는 교수와 학습이 유동적인 상태에서 이루어지므로, 만족할 만한 학습이 이루어지지 않은 경우에는 충분한 시간적 여유를 가지고 교정학습이나 보충학습을 할 수 있다. 형성평가를 통하여 학습곤란이나 학습결손을 적절한 시기에 발견하고, 이에 대하여 교정학습과 보충학습을 실시하는 것은 결과적으로 학생들의 학습 진전을 효율화하는 역할을 한다. 수업의 과정에서 교과 내용을 적절한 단위로 나누고, 각 단위의 수업이 끝날 때마다 정기적으로 형성평가를 실시하면, 그만큼 학생들에게 학습을 위한 노력과 시간을 투입하도록 하고, 각 단위의 학습 내용을 제때에 적절하게 공부하는 습관을 길러 주어 효율적인 학습 진전을 가능하게 한다(정종진, 2015).

사실 모든 형태의 비공식적 평가가 형성평가다. 예를 들어, 교사가 문제에 대한 학생들의 반응을 토대로 그다음 학습 활동으로 넘어가야 할지를 결정할 경우, 교사는 점수를 매기기 위해 그러한 정보를 사용하지 않는다. 사전 테스트, 작품 견본, 작문 과제 또한 자주 사용되는 형성평가의 예다. 이러한 활동의 주요 목적은 학생들에게 피드백을 제공해 주는 것인데, 학생들의 동기를 향상시키고 학생 스스로 자신이 나아지고 있는 정도를 관찰하도록 도와준다(Stiggins, 2007). 이러한 관점에서 형성평가는 학습하는 동안 학생들을 조력해 주는 교수적 발판의 한 형태라고 할 수 있다(Shepard, 2005). 요컨대, 형성평가는 학년 내내 계속적으로 행해지는 계속평가(ongoing evaluation)로, 학생들의 진전 상황을 점검하고, 학습 기준을 달성하기 위해 학생들이 해야만 하는 것에 대한 의미 있고 즉각적인 피드백을 주기 위해 사용되며, 교과과정 내내 수업을 개선하기 위한 것이라는 점에서 뇌친화적 평가라 할 수 있다.

(4) 과정중심의 평가

학습의 결과뿐만 아니라 학습의 과정을 평가해야 한다. 전통적인 평가에서는 학습이 끝나고 평가가 이어지는 결과 지향적 평가가 주를 이루지만, 뇌기반 학습평가에서는 학습의 결과뿐만 아니라 학습의 과정을 중시한다. 그리하여 명명적 지식(knowing what: 무엇에 대해 아는 것)의 수준뿐만 아니라 절차적 지식(knowing how: 어떻게 하는지 아는 것)의 수준을 파악하는 것도 중요시하며, 결과중심(focused-outcome)의 학습에 대한 평가가 아니라 과정중심(focused-process)의 학습을 돕는 평가로 전환되고 있다.

과정중심의 평가는 학생들의 학습전략과 사고과정을 관찰할 수 있는 과제를 제시하여 학생들의 가시적인 활동과 결과물, 그리고 응답보다는 그것의 바탕이 되는 인지적 과정을 알아내는 데 초점을 두는 방법이다. 과정중심의 평가를 통하여 교사는 자신의 수업 활동에 대한 진단적 정보를, 학생들은 학습활동에 대한 피드백을 받는다는 점에서 이 방법은 형성평가의 성격을 지닌다. 수업의 일부로서 일상적으로 사용되고 있는데, "이 두 가지의 공통점과 차이점은 무엇인가?" 라고 묻거나 "문제해결이나 의사결정 과정을 큰 소리로 말해 보라." 라고 함으로써 학생들의 인지과정을 유추하는 것을 예로 들 수 있다. 학기 초에 교사가 학생들과의 면담을 통하여 그들의 선수학습 정도, 인지와 언어 발달, 사회적 기능, 그리고 기타 관심 영역에 대한 유용한 정보를 얻는 것도 과정중심 평가의 한 형태가 될 수 있다.

(5) 능동적인 자기평가의 기회

학생들은 능동적인 자기평가(self-assessment) 학습자가 되어야 한다. 학교교육의 목적이 자발적이고 계속해서 학습하는 평생학습자를 길러 내는 데 있다고 한다면, 학생들은 자신의 학습을 관리하고 성취도를 확인하기 위한 기회를 가질 필요가 있다. 그런 기회가 주어진다면, 학생들은 자신의 강점과 약점을 평가할 수 있고, 무엇을 학습했는가를 평가할 수 있으며, 어떤 사고과정과 학습절차를 사용했는가를 파악할 수 있다. 학생들은 이를 위한 자료를 일지, 동료평가, 체크리스트, 전시물, 학생 및 교사와의 비공식적인 토론, 포트폴리오 등을 통해서 얻을 수 있다.

그동안 평가는 가르치는 교사 혹은 평가기관에서 수행되어 왔다. 학생 개개인의 이해를 위한 평가에서는 제3자의 평가도 중요하지만 학생 스스로의 학습 과정 또는 결과에 대한 자기반성적 평가를 통해 더 나은 개선을 꾀할 수 있다. 학생들은 자신이 제작한 포트폴리오를 통해 자신의 변화과정을 알 수 있고, 자신의 강점이나 약점, 성실성, 잠재 가능성 등을 스스로 인식할 수 있으며, 교사들은 학생들의 과거와 현재의 상태를 쉽게 파악할 수 있을 뿐만 아니라 앞으로의 발전 방향에 대한 조언을 쉽게 할 수 있다. 학생들이 자신의 준비도, 학습동기, 성실성, 만족도, 다른 학생들과의 관계, 성취 수준 등에 대해 스스로 생각하고 반성적 숙고를 할 수 있도록 자기평가의 기회가 확대되어야 한다(정종진, 2015).

학생들은 자신의 학습활동에 대해 반성적 숙고를 하도록 요구받을 때 능동적이고 자기주도적인 학습자가 된다. 학생들은 교과에 대한 이해를 구성하고, 적절하고 유의미한 기준을 지각하고 내면화하기 시작하며, 과거에 학습하면서 어떤 것을 선택했고 선택하지 않았는지를 인식한다. 또한 학교 밖에서 자발적이고 개방적인 활동이 일어나는 어느 곳에서든 성장을 위한 기능을 습득할 수 있다.

(6) 수업에 정보 제공

평가는 수업에 정보를 제공해야 한다. 표준화 검사 혹은 전통적 평가가 자주 비판받고 있는 점은 수업이 기억과 재생에 초점을 두고 있다는 것이다. 평가가 학습의 본질적이고 중요한 측면을 전달할 때 수업에 긍정적인 영향을 미치며 수업 개선에 도움이 될 수 있다. 평가가 수업에 정보를 제공할 수 있기 위해서는, 첫째, 학생들이 꼭 알아야 할 중요한 것과 성인이 되었을 때 도움이 될 수 있는 것이 무엇인지를 확인하여 그것을 학습목표로 삼고 심도 있게 이해할 수 있도록 가르치고 평가해야 한다. 즉, 학생들이 학습해야 할 목표와 내용, 그리고 그것을 평가할 방법을 통합하여 교육과정을 구성해야 한다. 그래야 수업과 평가가 별개의 활동이 아닌 유기적이고 통합적인 활동이 되어 평가가 수업과 상호 관련성을 맺으며 수업 활동과 개선에 도움이 될 수 있다.

둘째, 학생들을 어떻게 평가할 것인지 그 기준을 명확히 하는 일이다. 점수에 대한 준거는 교사와 학생이 함께 민주적으로 결정할 때 가장 의미가 있다. 학생들은 훌륭한 수업에 대한 논의에 참여할 때 평가와 학습에 대한 통찰을 하게 된다. 어느 교과에서든 평가 기준은 내용에 관한 지식과 학습의 과정을 포괄하는 것이어야 이상적이다. 대체로 기존의 검사들은 사고와 학습의 과정을 소홀히 하고 사실적 지식만을 지나치게 강조하는 경향이 있다. 평가는 사실적 지식에 대한 학생의 이해와 성취도뿐만 아니라 수업의 질이 어떠했는지, 학생들을 효과적으로 가르쳤는지, 학생들이 필요로 하는 부가적인 수업이 무엇인지를 나타내 주어야 한다. 교사는 효과적인 것이 무엇이고 비효과적인 것이 무엇인지를 알기 위해서 주요 교육과정 단원이 끝날 무렵에 학생들과 함께 토론을 할 수도 있고, 그들로부터 수업평가 설문지를 받아 피드백을 얻을 수도 있다. 또한 교사는 학생들이 어떤 개념들에 혼란해하는지 관찰할 수 있고, 뇌기반 교수전략을 통해 학습주제를 다시 가르칠 계획을 세울 수도 있다.

셋째, 교사와 학교는 모든 학생이 모든 개념을 동일한 속도로 배운다거나 어떤 학생들은 다른 학생들에 비해 더 많은 도움을 필요로 한다고 생각하기보다는 학생들이 서로 다른 시기에 더 많이 성공할 수 있도록 지지적인 환경 구조를 조성해야 한다. 학기 초에 교사는 학생들이 학습해야 할 개념들이 무엇이며, 요구되는 평가가 무엇인지를 구체화해야 한다. 학생들은 시기에 알맞은 방식으로 교육과정 프로젝트들을 완성하는 동안에 자신의 속도로 자유롭게 공부할 수 있어야 한다. 컴퓨터보조수업과 같은 자원들이 이용될 수 있다. 지난해의 과제에 대한 바인더나 노트를 통해 학생들은 유사한 주제들에 대해 어떤 방식으로 접근했는지, 어떻게 문제를 해결했는지, 프로젝트를 어떻게 성공적으로 완성했는지에 대해 살펴볼 수 있다. 상급 학년의 학생들이나 지역사회의 자원인사들에 의한 개인교수는 성취도를 증진시키는 데 도움이 된다.

넷째, 교사들은 성인들이 가치 있게 여기는 사회적 역할에 대한 성찰을 통해서 수업과 평가를 재음미할 수 있다. 회계사, 역사가, 신문 · 잡지 기자, 자연탐구가, 예술가(음악, 미술, 무용, 사진 등), 사회복지사들에 의해 수행되는 프로젝트나 과제는 무엇인가? 그들 각자가 소유하고 있는 지식과 능력은 무엇인가? 이러한 질문들이 수업과 평가에 대해 함축하고 있는 바가 무엇인가? 대체로 직업교육 프로그램은 직업에서 다루는 본질적인 내용과 앞으로 학습해야 할 과제가 무엇인지에 대한 수행과제들을 확인해 줌으로써 이러한 문제들을 다루어 왔다. 심지어 취학 전 및 초등학교 학생들에게조차 평가는 성인으로서의 역할이나 궁극적인 최종 상태와 관련이 있는 기능을 강조할 수 있다. 예를 들어, 언어 영역의 프로젝트 수업에서 아동이 일련의 문장을 반복하는 것이 아닌 이야기를 말하거나 경험한 것을 문장으로 기술 · 설명하는 능력(신문 · 잡지 기자나 소설가에게 적합한 기능)을 평가할 수 있다. 평가는 실제 세계의 활동에 근거했을 때 학생, 교사, 가정 및 궁극적으로는 사회에 더욱 의미를 지니게 된다.

한편, 수업과 연계된 평가 활동은 수업 전, 수업 중, 수업 후의 연속선상에서 수업 전체와 유기적인 관계를 맺으며 진행된다. 〈표 10-4〉에서 보듯이 수업 전에 이루어지는 평가 활동을 통

표 10-4 수업 흐름에서 수집되어야 할 평가 정보

시기	평가 질문	평가 정보
수업 전 평가	• 학생의 문화적 배경, 흥미, 특기와 적성, 선행학습의 정도 등은 어떠한가? • 학생은 배울 준비가 되어 있는가? • 예외적인 학생은 없는가? 있다면 그 학생을 위해 어떤 일을 해야 할까? • 어떤 수업 활동을 계획해야 하는가? • 어떤 과제를 내야 할까?	• 학생의 이전 성취 결과, 시험 점수 등 • 학생의 자발적 참여 의지 관찰 • 학생 기록, 특수교육 교사와의 협의 • 학생의 강점과 요구, 교사의 이전 평가 결과 • 학생의 진전 상태와 이해 수준
수업 중 평가	• 학생들에게 어떤 피드백을 주어야 할까? • 어떤 발문을 해야 할까? • 발문에 대한 학생의 반응은 어떠한가? • 특별한 주의를 요하는 학생이 있는가? • 학생의 주의산만함에 어떻게 대응해야 할까? • 어디서 수업을 끝내야 하는가?	• 학생의 활동의 특징 • 학생의 이해 정도 관찰 • 답을 알아내는 능력 • 과제 수행 정도, 교실 내 활동 관찰 • 다른 학생에게 미치는 영향 • 학생의 주의도 관찰
수업 후 평가	• 학생이 얼마나 잘 배웠는가? • 학생이 다음 단원을 배울 준비가 되어 있는가? • 학생에게 어떤 성적을 부여할까? • 학부모에게 어떤 정보를 줄 것인가? • 수업을 어떻게 개선해 가야 하는가?	• 구체적인 성취 결과 • 학생이 보여 준 지식 분석 • 시험, 퀴즈, 숙제, 수업에의 참여도 • 학생의 향상 정도, 행동 관찰 • 진단된 학습 결과, 학생 평가 결과

해 학생의 준비도, 수업의 내용과 계획, 모둠 나누기, 예외적인 학생에 대한 정보를 수집하여 수업을 계획하게 된다. 수업 중에 이루어지는 평가는 수업 진행 과정의 확인, 적절한 피드백의 사용, 학생의 학습 활동 확인, 학생의 반응 파악 및 대처방안 수립, 수업의 종결방식에 대한 의사결정 등을 위해 활용된다. 수업 후에 이루어지는 평가는 학생들의 성취 정도, 학생들의 학업 수행과정에서의 강점과 약점, 성적 부여방식, 조언의 수준과 유형, 수업 운영방식과 수업 자료의 효과성 등을 확인하기 위해 활용된다(McMillan, 2013). 평가는 교수-학습과정의 개선을 위해 필요한 정보를 수집하고 활용하는 과정이므로 결과로서 종료를 의미하는 것이 아니다.

이와 같은 여섯 가지 뇌기반 학습평가의 원리를 교수 절차에 확장함으로써 평가와 학습의 구분이 흐려지고 없어지게 된다. 학생들에 관한 정보는 그들이 학습에 참여하는 동안 계속해서 획득될 때 가치 있다. 학습 활동이 끝났을 때 이루어지는 평가는 학습에 도움을 주기에는 너무 늦은 경우가 많다. 언어적이거나 양적인 방법에 지나치게 의존하는 것을 피하기 위해서 다양한 방식의 평가 혹은 다중지능을 고려한 평가가 때때로 채택될 수 있다. 그래야 평가가 덜 위협적

[글상자 10-1] 평가과정에서의 실수: 뇌가 좋아하지 않는 평가방식

교사는 평가과정에서 학습 및 기억과 관련한 몇 가지 뇌기반 법칙을 명심해야 한다. 첫째, 학습은 보통 평가되지 않는 여러 형태(예: 공간적, 일시적, 절차적, 과정적)를 취한다. 둘째, 기억은 상태와 맥락에 크게 좌우되기 때문에 시험 범위는 배운 범위 외에서 출제될 수도 있고 학생이 알아야 할 필요가 있는 부분에서 출제될 수도 있다. 셋째, 대부분의 명시적 의미의 학습은 장기기억 속에 남아 있으려면 엄청난 반복과 의미 만들기가 요구된다. 넷째, 영양과 스트레스는 시험 점수에 크게 영향을 미치는 요소다. 다섯째, 뇌는 정답을 암기하는 것에 의해서가 아니라 실수를 통해서 배운다. 여섯째, 신경망은 시행착오를 통해 발달하며 실험과 피드백에 의해 신경망의 질이 더 좋아진다. 일곱째, 기계적 학습은 표준화 검사에서 높은 점수를 얻을 수 있게 할지 몰라도 고차적 수준의 사고를 유도하지는 못한다. 이러한 뇌기반 법칙을 무시하는 학습평가는 뇌기반 학습평가에 역행하는 것이다. 특히 다음 사항은 교사들이 평가과정에서 공통적으로 범하기 쉬운 실수들인데(Jensen, 2008), 이런 실수를 범하게 되면 뇌기반 학습평가에 부응하지 못하는 것이다.

실수 1: 필요한 자원을 제공하지 않고 높은 기준만을 강요하는 평가. 과제 완성에 필요한 충분한 자원을 제공하지 않으면서 무작정 기준만 높이면 교사와 학생 모두에게 실패를 가져다줄 수 있다. 높은 기준을 충족하기 위해 단기간 시험 성적 올리기에 급급하게 되고, 경쟁에 빠져들며, 위협과 스트레스를 초래한다. 보상과 지원, 안정된 인프라의 뒷받침 없이 평가 기준만 높이는 것은

좌절감, 사기 저하, 스트레스만 높일 뿐이다. 이런 상황에서 참된 학습과 평가는 사라지게 된다.

실수 2: 뇌 발달을 무시하는 틀에 박힌 평가. 사람에 따라 뇌가 다르게 발달하므로 같은 학년이라고 해도 학생들에게 동일한 수준을 기대하는 것은 시대에 뒤떨어진 주문형 학습에 지나지 않는다. 따라서 학생들을 서로 비교하고 동일한 방식으로 평가하는 것은 부적절하고 치명적인 평가 전략이다.

실수 3: 뇌가 어떻게 학습하는가를 무시하는 단기적 평가. 화분에 물도 주고 비료도 주고 흙도 채워 주어야지, 그런 과정 없이 빨리 자라게 재촉한다고 해서 식물이 더 빨리 자라지는 않는다. 학습도 마찬가지다. 참된 학습이란 금방 이루어지는 것이 아니다. 한 번 치르는 일회성의 시험 점수만으로는 중요한 사항을 전체적으로 안정성 있게 평가하기 어렵다. 여러 번 반복 시험을 통해 얻어진 점수가 더 정확하고 안정적이며, 또한 중요한 사항들이 평가에서 제외되지 않고 반영될 수 있다. 따라서 평가는 일회적이고 단편적인 것이 아닌 계속적이고 종합적인 과정이어야 한다.

실수 4: 학습을 이루는 구성 요소를 무시하는 평가. 일부 교과(예: 음악과 체육)는 학생들이 다음 학습을 준비하는 데 도움이 된다. 이런 준비 교과는 중요하지만 측정하기가 어렵다. 예를 들어, 연구에 따르면 음악에 일찍 노출된 학생들일수록 나중에 수학과 과학 기능 발달에 도움이 된다고 한다. 그렇다면 음악 학습을 어떻게 평가해야 하는가? 학생들의 악기 연주의 능숙함 정도에 따라 평가해야 하는가? 아니면 클래식 감상 수준에 따라 평가해야 하는가? 체육교과의 경우, 달리기는 빠르지 않은데 항상 최선을 다해 달리고 열심히 체육수업에 참여하는 학생들을 어떻게 평가해야 하는가? 운동능력이 부족한 이런 학생들은 공간적, 수학적, 사회적, 문제해결 기능이 없다고 볼 수 있는가? 여하튼 음악과 체육은 다음 학습을 위해 중요한 교육과정 활동이지만 평가하기가 쉽지 않다.

실수 5: 실생활 적용을 무시하는 평가. 학생들에게 많은 사실을, 즉 내용 중심적 지식들을 외우게 하고 이를 평가하는 것은 어리석고 부적절한 것이며 결국 소중한 수업시간을 낭비하는 것이다. 학생들은 1년 이상 기억되지 않는 단편적인 지식들을 뇌 속에 채우느라 정신이 없다. 이것이 진정 학교에서 가르치고자 하는 부분을 반영하는 것일까? 오늘날의 경쟁적인 국제화 시대에 학생들이 살아남기 위해서는 고차적인 사고와 개념적 분석기능, 팀워크가 강조되는 환경에서 일하는 방법, 높은 성취 동기, 연구와 체계 분석을 통한 문제해결능력, 능숙한 의사소통기능이 더 중요하다. 양보다는 질을 추구해야 한다. 비판적 사고능력, 기본 기능의 숙달, 학습에 대한 사랑, 다른 사람들과 협동적으로 일하는 능력을 보이는 긍정적 학습자의 발달에 초점을 두어야 한다. 이를 위해서는 시험에 출제되는 내용 범위를 줄이고 평가 준거를 업데이트해야 한다. 중요하지도 않고 학생들이 배우려고 하지 않는 내용, 졸업 후 실생활에 도움이 되지도 않고 활용되지도 않는 지식 등을 가르치고 이를 평가하는 것은 수업시간과 평가시간을 낭비하고 있는 것이다.

이고 맥락에서 덜 벗어날 수 있으며, 학습의 파트너로서 올바른 위치에 있을 수 있다. 이러한 환경에서 학생들의 학습활동은 일회적으로 이루어지지 않고 헛되지 않는다. 학생들은 그들의 학습에 대한 제안과 비판을 통해서 계속해서 학습을 개선해 나갈 수 있고, 자신이 무엇을 학습했고 무엇을 아직 학습하지 못했는지 분명하게 검토할 수 있다. 평가가 사려 깊게 사용되면 단지 학습에 대한 반성적 성찰에 그치는 것이 아니라 학습을 향상시킬 수 있다.

2. 뇌기반 학습평가의 방법: 수행평가

선택형 검사에 대한 대안으로 등장하였고, 단편적인 지식보다는 사고능력이나 문제해결력과 같은 고차적인 정신능력을 평가하는 데에 주안점을 두고 있는 수행평가(performance assessment)는 뇌에 기반하고(brain-based), 뇌에 일치하고(brain-compatible), 뇌에 친화적인(brain-friendly) 평가라고 할 수 있다. 수행평가는 학생들로 하여금 그들의 수업과 평가방식을 서로 연결하고 통합하도록 도와주기 때문이다. 이러한 연결과 통합은 또한 학생들의 내재적 동기, 자기반성, 책임감을 자극하고 격려한다. 학생들이 자신의 수행에 대한 평가 준거를 알게 될 때 자신에게 기대되는 바가 무엇인지 알게 되고 평가에 대한 스트레스를 크게 경험하지 않는다(Ronis, 2007). 여기서는 뇌기반 학습평가의 방법에 부응하는 수행평가를 중심으로 그 의미와 특징을 살펴본 다음, 수행평가의 유형과 방법, 그리고 수행평가의 중요한 두 가지 구성 요소인 수행과제와 수행준거(루브릭)에 대해 알아본다.

1) 수행평가의 의미와 특징

전통적인 객관식 혹은 선다형 검사에 대한 대안들을 논의할 때 사용되는 용어가 많다. 대안적 평가(alternative assessment), 실제적 평가(authentic assessment), 표준기반평가(standards-based assessment), 실기평가(performance-based assessment), 직접평가(direct assessment)는 때때로 학생들에게 대답을 선택하도록 하기보다는 대답을 제시하도록 요구하는 수행평가의 다른 형태를 의미하는 동의어로 사용되고 있다(Herman, Aschbacher, & Winters, 1992). 수행평가는 학교 밖의 삶과 관련된 과제들에 대해 학생들의 수행을 직접 평가하는 것을 강조하며, 학생들이 자신의 내용 지식을 실제 세계에서 사용할 처리과정과 연결시켜야 하기 때문에 학생들의 참여를 상당히 독려하는 개념이다. 수행평가라는 용어는 과학이나 행위예술과 같은 영역에서 처음 사용되었는데, 이러한 영역에서는 실험실에서 실험을 수행하거나 연주를 하는 등 실제 상황에서 능력을 보여 줄 것을 요구한다. 수행평가의 다른 특징은 다음과 같다.

- 문제를 해결하고 독창적인 과제 수행을 위해 분석력, 종합력, 평가력과 같은 고차적 사고 기능을 요구하는 문제 시나리오
- 학생들과 성인들이 일상생활에서 당면하는 실제 상황과 상호 관련이 있는 현실적인 수행 과제
- 국가 수준의 기준과 상호 관련된 참다운 산출물이나 수행 결과를 창출하는 데에 초점을 둔 동기부여적인 과제
- 학업성취 및 사회적 기능을 모두 강조하는 협동과 집단 간 상호작용
- 상호의존하는 큰 아이디어들과 여러 학문을 가로지르는 본질적인 문제에 흥미를 집중시키는 여러 교과 영역의 통합

이 밖의 수행평가의 다른 특징은 [그림 10-1]에 제시되어 있다. 이러한 모든 특징이 나타나야 할 필요는 없지만, 모두 효과적인 수행평가의 주요 요소다(정종진 외 공역, 2012).

수행평가에 대한 다양한 정의에 관계없이 대부분의 정의는 두 가지의 주된 특징을 나타낸다(Worthen, 1993). 첫째, 모두 전통적인 선다형 검사와 표준화 학력검사에 대한 대안으로 보고 있다. 둘째, 모두 학교 밖의 생활과 관련이 있는 의미 있는 과제에 대해 학생이 수행한 것을 직접 조사하는 것을 가리킨다. 수행평가에는 학생들이 알고 있는 것(명제적 지식)뿐만 아니라 알고 있는 것을 어떻게 적용할 수 있는가(절차적 혹은 방법적 지식)를 알아보기 위한 수행기준이 마련되어 있다. 수행에 초점을 두고 최종적인 판단이 이루어지는 것이 보통이다.

Archbald와 Newmann(1988)은 실제적 평가(이러한 평가가 '진정한 평가'라는 뜻에서 '참평가'라 일컫기도 함)에 대해 학생들이 성공 혹은 실패한 특정 과제에 관해 정보를 제공하며, 또한 더 중요한 것은 가치 있고 중요하며 의미 있는 과제를 제시하기도 하는 타당한 평가체제라고 기술하였다. 실생활과 관련된 실제 과제는 학생들이 공부하고 있는 것에서 의미를 발견하는 데에 필요한 관련성을 제공해 준다. 실제 과제는 학생들에게 내용 지식을 수동적으로 받아들이기보다는 오히려 학습과정에 적극적으로 관여하도록 도와준다.

이처럼 수행평가는 학생들에게 다소 실제적인 상황에서 과제를 완성하거나 문제를 해결하기 위해서 오랜 시간에 걸쳐 다양한 범위의 지식과 기능을 활용하도록 요구한다. 수행평가의 성질에서 벗어난 경우를 보면, 학생들은 상당히 표준화된 조건하에서 지도를 만들고, 그래프를

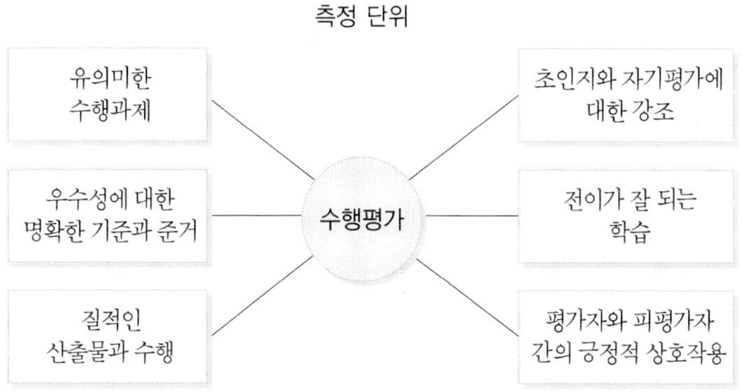

[그림 10-1] 수행평가의 주요 요소

출처: 정종진 외 공역(2012), p. 12.

해석하거나, 논문을 쓰도록 요구받는다. 교실에서 모든 학생은 동일한 과제를 동일한 양의 시간과 동일한 조건하에서 완성한다. 그러나 수행평가의 성질에 부합되는 경우를 보면, 학생들은 실제 생활과 유사한 조건하에서 과학 실험을 행하고, 그림을 그리거나, 논문을 쓰도록 요구받는다. 예를 들어, 학생들은 일정 시기까지 특정 주제에 관한 비교 논문을 작성하라고 요구받지만, 학생들이 선택하는 자료와 수정 횟수 및 논문을 착수하는 시기 등은 자유롭다. 수행평가가 그러한 실제적인 상황에서 행해질 때 실제적 평가라고도 불린다. 전통적인 지필평가와 수행평가를 구별하기 위한 가장 확실한 방법은, 지필평가가 학생들이 얼마나 많이 알고 있는가를 평가하는 것이라고 한다면, 수행평가는 학생들이 알고 있는 것을 가지고 무엇을 할 수 있는가를 평가하는 것이라고 할 수 있다.

요컨대, 수행평가란 교사가 학생이 학습과제를 수행하는 과정이나 그 결과를 보고 그 학생의 지식이나 기능, 태도 등에 대해 전문적으로 판단하는 평가 방식, 즉 학생 스스로 자신의 지식이나 기능, 태도를 나타낼 수 있고 답을 작성 혹은 구성하거나, 발표하거나, 산출물을 만들거나, 행동(신체를 움직이는 것만이 아니라 말하거나, 듣거나, 읽거나, 쓰거나, 그리거나, 만들거나, 더 나아가서 그것을 계획하고 준비하는 과정까지 포함하는 인간의 모든 활동)으로 나타내도록 요구하는 평가방식이라 정의할 수 있다.

이러한 의미의 수행평가는 학생들의 적극적인 반응을 요구하고, 더욱 일상적인 과제와 같으며, 많은 변인을 다루는 문제들을 포함하고, 선행수업 활동과 밀접한 관계가 있고, 어떤 반응들이 평가될 것인지에 대한 준거를 명확히 구체화한 채점 지침을 사용하고, 형성평가를 강조하며, 문화적 다양성을 더욱 반영한다는 점에서 전통적인 지필검사와는 다르다. 수행평가의 특징을 몇 가지 살펴보면 다음과 같다(강영하 외 공역, 2004; 백순근, 2000).

- 적극적 반응의 강조: 수행평가는 학생들이 문제의 정답을 선택하게 하는 것이 아니라 스스로 정답을 작성 · 구성하거나 행동으로 나타내도록 하는 평가방식이다. 수행평가의 목적은 학생들이 여러 과제를 얼마나 유능하게 실행할 수 있는가에 대한 통찰을 얻기 위한 것이다. 따라서 수행검사는 과정이나 결과 혹은 두 가지 모두에 중점을 둔다. 예를 들면, 연설을 지도하는 교사는 학생들이 몸짓, 구절 끊기, 목소리의 고저와 크기의 변화를 얼마나 잘 활용하는지에 관심을 둘 수도 있고, 연설 내용의 정확성과 이해력에 관심을 둘 수도 있으며, 또한 양자 모두에 관심을 둘 수도 있다. 과학교사는 학생들이 일련의 상자 안에 들어 있는 전기 요소들의 유형을 알아보기 위해서 전기회로에 관한 그들의 지식을 활용할 수 있는지를 알기를 원할 수도 있다.
- 실제성의 정도: 수행평가는 추구하는 교육목표를 가능한 한 일상적인 실제 상황하에서 달성했는지를 파악하고자 노력한다. 여기서 그 상황이 얼마나 실제적이냐 하는 것은 시간, 비용, 장비의 이용 가능성, 측정되는 기능의 성질과 같은 요인들에 달려 있다. 예를 들어, 여러분이 초등학교 3학년 교사이고 여러분의 수업목표 중의 하나가 학생들이 가게에서 물건을 구입한 후에 얼마의 거스름돈을 받아야 하는가를 알 수 있게 되는 것이라고 가정하자. 만일 이 목표가 비교적 중요하지 않은 목표이거나 이용할 수 있는 소품을 충분히 갖고 있지 않다면, 단지 그 상황을 실제 돈을 가지고 증명해 보이고, 받은 거스름돈의 양이 정확한지를 판단하도록 물어볼 수 있다. 그러나 만일 이 목표가 중요한 목표라고 간주하고 이용할 수 있는 소품을 충분히 가지고 있다면, 여러분은 모의 가게를 만들어 각 학생으로 하여금 실제 돈을 가지고 물건을 구입하게 할 수 있을 것이다.
- 복잡한 문제에 대한 강조: 수행평가는 단편적인 영역에 대해 일회적으로 평가하기보다는 학생 개개인의 변화 · 발달 과정을 종합적으로 평가하기 위해 전체적이면서도 지속적으로 이루어지는 평가와 복잡한 문제를 강조한다. 학생들이 기본적인 지식과 기능을 얼마나 잘 생산적으로 활용할 수 있는가를 평가하기 위해서는 학생들에게 주어지는 질문과 문제가 매우 자유 개방적이고 비구조화된 것이어야 한다.
- 수업과 검사 간의 밀접한 관계: 학생들은 시험을 통해 분노 혹은 심한 좌절의 상태에 빠지는 경우가 너무 많다. 검사의 내용과 형식이 수업시간에 배운 내용과 가르쳐진 수업방법과는 거리가 먼 것으로 보이기 때문이다. 가르친다는 것과 검사한다는 것이 별개의 것이라고 말하는 것은 낡은 얘기다. 수행검사는 수업과 검사 간의 밀접한 관련성을 추구한다. 예를 들어, 모든 사람에게 큰 소리로 명확하게 말하고, 완전한 문장으로 말하고, 논점이 분명하며, 흥미로운 발표를 위해 그림이나 다른 자료를 활용할 것이 기대되는 구두로 발표

하는 과제가 주어진다면, 학생들은 이러한 준거에 대한 정보를 제공받아야 할 필요가 있고 또한 교실수업은 이러한 것들을 중심으로 조직되어야 한다. 학생들의 수행에 대한 평가는 수업 중에 강조된 준거에만 국한되어야 한다. 요컨대, 수행평가는 학습평가의 과정이 교수-학습과정과 분리되기보다는 하나의 통합된 형태로서 교수-학습과정의 한 부분이 평가라는 점을 강조한다.

- 루브릭 채점방법의 사용: 루브릭(rubric)이란 학생들이 나타내 보여야 하는 능력을 구체화하고(내용기준), 반응이 어떤 종류의 것이어야 하는지 질적 수준이나 범주를 기술하며(수행기준), 반응에 대해 어떻게 점수를 부여할 것인지를 구체화(요소들의 분리 혹은 종합)한 채점지침이다. 아마도 가장 일반적인 수행 측정인 쓰기 과제의 경우, 널리 사용되는 준거는 목적의 명료성, 조직과 구성, 문법적인 용법, 철자, 뒷받침할 수 있는 자료의 사용 등이다. 루브릭에 대해서는 뒤에서 좀 더 자세히 살펴볼 것이다.
- 형성평가의 활용: 평가는 학생들의 학습 노력의 질을 개선하도록 돕기 위한 피드백의 원천으로서 사용될 수 있다. 많은 실생활의 수행과 산출물은 여러 번의 피드백과 교정의 결과이기 때문에 수행검사는 종종 이러한 특징 또한 포함한다. 쓰기를 많이 해 본 사람은 만족스러운 수필이나 이야기 혹은 개인적인 편지일지라도 한 번의 노력으로 완성되지 않는다는 것을 잘 알 것이다. 자기 자신과 다른 사람들로부터 비판적인 논평이 따르기 마련이고, 이를 통해 또 다른 초안을 작성하게 된다. 만일 우리가 글을 잘 쓰기 위한 능력이, 심지어 생계를 위해 글을 쓰는 사람일지라도, 부분적으로는 피드백을 적절히 활용하는 능력에 의해 결정된다고 믿는다면, 이것은 학생들에게도 예외일 수는 없다.
- 종합적이고 전인적인 평가: 학생들의 창의성이나 문제해결력 등 고차적 사고기능을 포함한 인지적 영역뿐만 아니라 학생 개개인의 행동 발달 상황이나 흥미 · 태도 등 정의적인 영역, 그리고 체격이나 체력 등 신체적인 영역에 대한 종합적이고 전인적인 평가를 중시한다.
- 협력을 유도하는 집단평가: 학생 개개인을 단위로 해서 평가하기도 하지만 집단에 대한 평가도 중시한다. 예를 들어, 하나의 연구 과제를 주고 팀을 이루어서 공동으로 그 과제를 해결하도록 한 후 팀을 단위로 해서 평가하는 것이다. 수행평가는 학생 상호 간의 지나친 경쟁을 유도하는 것이 아니라 학생 상호 간의 협력을 유도하게 된다.
- 문화적 다양성에 대한 반응성: 전통적인 쓰기 평가는 문화적 편파성이 있다는 비판을 받아 왔다. 즉, 전통적인 쓰기 평가는 제한된 문항 유형(주로 선택형)과 주로 다수 민족의 문화 경험을 반영하는 내용에 의존하기 때문에 많은 소수 민족과 사회경제적 지위가 낮은 가정 출신의 학생들의 능력을 과소평가한다는 것이다. 이러한 비판은 유의미한 학습은 개

인이 친숙하고 편안한 문화적 맥락 내에서 일어난다는 구성주의 학습관에 주로 기초하고 있다. 만일 그러하다면, 평가는 학습이 일어나는 문화적 맥락과 더욱 일치되어야 한다. 수행평가는 현실주의(집단 문제해결을 포함하여)와 수업과 평가 간의 밀접한 관계 때문에 모든 학생, 특히 소수 민족 학생들의 지식과 기능을 더욱 공정하고 정확하게 평가하기 위한 방법으로 장려되어 왔다.

2) 수행평가의 유형과 방법

Stevens와 Goldberg(2001)는 교사가 활용할 수 있는 뇌기반 학습평가의 유형과 방법을 [그림 10-2]와 같이 제시하였다. 이러한 뇌기반 학습평가의 유형과 방법은 전통적인 선다형 지필평가를 제외한 모든 대안적인 평가방법, 예컨대 서술형 및 논술형 검사, 구술시험, 토론법, 실기시험, 실험실습법, 면접법, 관찰법, 자기평가 및 동료평가, 연구보고서법, 포트폴리오법, 개념지도 작성법 등을 포괄하는 개념인 수행평가에서 강조되는 것들이다. 이런 유형과 방법들은 학생들에게 요구되는 활동과정에 따라서 다음과 같이 네 가지로 분류할 수 있다(McTighe & Ferrara, 1996).

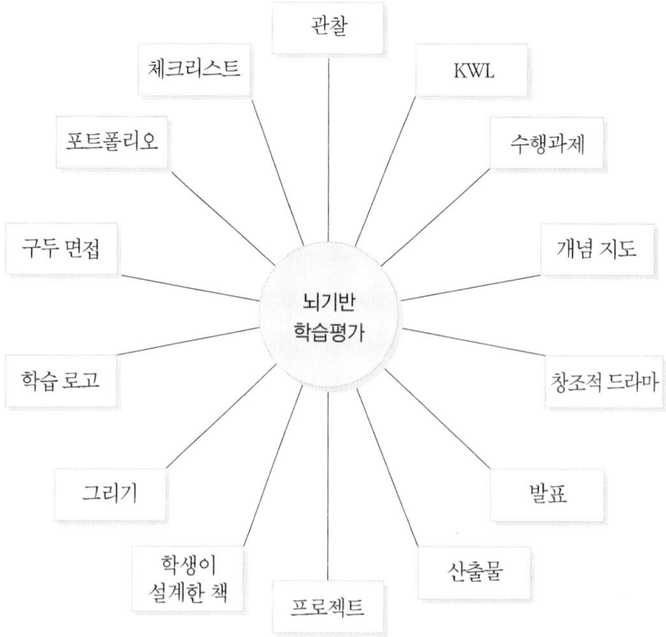

[그림 10-2] 뇌기반 학습평가의 유형과 방법

출처: Stevens & Goldberg(2001), p. 127.

- 구성적 응답(constructed response): 주어진 답지 가운데서 답을 고르는 선다형 평가와는 달리 학생들에게 개방형 질문이나 과제를 제시하고 그것에 대해 간단하게 글로 응답하게 하거나, 개념 지도나 그래프 또는 순서도(flow chart) 등과 같은 시각적 응답을 스스로 만들어 보도록 하는 방법이다. 구성적 응답에 대한 평가의 예는 다음과 같다.
  - 도표나 그림에 제목 붙이기
  - 개방형 과제물 제시
  - 시각적 표현(개념 지도, 순서도, 그래프, 표, 도안 등)

- 결과물(products) 평가: 어떤 지식이나 기능을 적용하여 결과물을 만들도록 하는 과제를 제시하고, 학생들이 만들어 낸 과제를 관찰하여 그 지식이나 기능 영역에 대한 학생들의 숙련 정도를 평가하는 방법이다. 결과물 평가의 예는 다음과 같다.
  - 이야기/극본
  - 시
  - 포트폴리오
  - 미술작품
  - 과학 프로젝트
  - 모형/전시물
  - 비디오/오디오

- 활동(performances) 평가: 실제 생활과 유사한 상황에서 활동 중심의 과제를 제시하여 그 과제를 가지고 학생들이 활동하는 모습을 직접 관찰함으로써 지식과 기능을 평가하는 방법이다. 하나의 예로 교내 합창단 활동에 대한 평가를 들 수 있는데, 합창곡과 평가기준이 학생들에게 미리 제시되며 교사는 각 학급의 학생들이 연습하는 장면과 실제 공연을 보고 기준에 따라서 활동을 평가한다. 활동 평가의 예는 다음과 같다.
  - 구두 발표/연설/논쟁
  - 무용/동작
  - 과학 실험 시연
  - 운동 경기
  - 연극
  - 토론
  - 성악/악기 연주/음악 발표
  - 시범

- 과정 중심(process-focused) 평가: 앞서 언급한 바와 같이 학생들의 학습전략과 사고과정을 관찰할 수 있는 과제를 제시하여 학생들의 가시적인 활동과 결과물, 그리고 응답보다는 그것의 바탕이 되는 인지적 과정을 알아내는 데 초점을 두는 방법이다. "이 두 가지의 공통점과 차이점은 무엇인가?" 라고 묻거나 "문제해결이나 의사결정 과정을 큰 소리로 말해

보라." 라고 함으로써 학생들의 인지과정을 유추하는 것을 예로 들 수 있다.

- 구두 질문
- 관찰
- 인터뷰
- 회의
- 학습일지

이와 같이 수행평가의 유형과 방법에는 여러 가지가 있으며, 몇 가지 범주로 분류할 수 있다. 여기서는 수행평가의 속성이자 중요한 한 가지 형태인 실제적 평가와 수행평가의 대표적인 유형이면서 오늘날 학교현장에서 널리 사용되고 있는 수행평가의 방법인 포트폴리오, 그리고 학생들의 수행을 평가하기 위한 전략이자 수단인 관찰과 체크리스트를 중심으로 살펴보기로 한다.

(1) 실제적 평가

실제적 평가는 학생들에게 가치와 의미가 있는 과제, 일회성이 아닌 시간의 경과에 따른 지속적인 평가 실시, 정답이 하나만 있는 것이 아니라 여러 개로 답할 수 있는 개방형의 문제, 학생들의 능력을 다양한 방식으로 표출할 수 있는 기회 제공을 강조한다. 이러한 평가는 광범위한 지식의 활용과 함께 고차적 수준의 사고를 포함한다. 게다가 실제적 평가는 학생들에게 평가 기준과 방법을 분명하게 제시함으로써 그들이 무엇을 어느 정도의 수준으로 학습해야 하는가를 정확하게 알게 해 준다. 이런 의미에서 실제적 평가는 표준화된(standardized) 평가 도구가 아니라 표준설정(standard-setting)의 평가 도구라 할 수 있다.

실제적 평가는 뇌기반적이다. 실제적 평가가 정확하게 고안될 경우 학습과 사고, 특히 문제해결에 포함된 고차적 사고기능을 강조하게 된다. 실제적 평가는 실생활과 간학문적인 도전을 반영하는 의미 있는 과제를 포함하며, 학생들의 지식과 기능을 통합해야 하는 복잡하고, 애매모호하며, 개방적인 문제와 과제를 그들에게 제시한다. 이러한 평가는 대체로 각 학생의 다중능력, 다양한 학습양식, 개별적인 배경을 인정하고 중시하는 학생들의 결과물과 수행에 누적된다. 계산기와 사전은 실제 세계에서 필요한 도구다. 만약 교사들의 역할이 학생들이 실제 세계에서 잘 기능하도록 준비시키는 데 있다면, 학생들에게 실제 세계에서 필요한 도구들을 언제, 어떻게 사용해야 하는가를 가르쳐야만 한다. 그러므로 평가가 정말로 실제적이라면 계산기, 사전, 관련 교재 및 기타 자료들이 평가 중에 학생들에게 이용될 수 있도록 해야 한다(Ronis, 2007).

이러한 실제적 평가는 학습의 양을 넘어 학습의 질까지 평가한다. 즉, 문제에 대한 옳은 반응뿐만 아니라 문제에 내포된 기본 개념이나 원리를 이해하고 있는지, 문제의 참된 의미와 맥락에 대해 제대로 인식하고 있는지, 학습한 것을 실생활 문제해결을 위해 적용할 수 있는지도 평가한다. 학습의 질을 평가하기 위해서는 검사와 관찰 외에 다양한 평가방법이 동원되어야 한다. 학생들은 그림, 도표, 목록, 대화, 행위, 시범, 논쟁, 지도와 같은 다양한 매체를 활용하여 자신이 알고 있는 것을 표출할 수 있다. 또한 실제적 평가에서는 학생들이 무엇을 얼마나 알고 있는가보다는 목표와 기대에 미치지 못하는 수행을 했을 때 그 이유가 무엇인지를 밝혀 학습을 개선하고 원조하는 데에 초점을 둔다. 즉, '학습에 대한 평가'가 아니라 '학습을 위한 평가'에 관심을 기울인다.

[그림 10-3]에서 보는 바와 같이 내용(학생이 무엇을 알고 있는가), 정서(학생이 어떻게 느끼고 있는가), 맥락(학생이 세상과 어떻게 관계를 하는가), 처리과정(학생이 자료를 어떻게 다루는가), 구체화(학생이 학습을 어떻게 심화시키고 적용하는가)의 다섯 가지 영역이 실제적 평가를 위한 기초를 제공한다(Jensen, 2008).

첫째 영역은 내용(content)이다. 학생들이 알고 있는 것을 평가하기 위해서 전통적 검사방식인 진위형, 선다형, 배합형과 같은 선택형 검사를 사용하는 것이 반드시 나쁜 것은 아니다. 많은 지식이 힌트나 암시에 의해 드러날 수 있기 때문이다. 문제는 이러한 전통적 검사방식에 많이 의존해서는 안 된다는 것이다. 50% 미만으로 제한하는 것이 바람직하다. 학생들에게 그들이 선호하는 방식으로 알고 있는 바를 증명해 보일 기회를 제공하고, 학생들의 학습에 대한 진전 상황과 정도를 주기적으로 평가하고, 그들의 특별한 경험을 포착하려고 노력하고, 그들의 감정에도 관심을 기울이며, 그들에게 기대하는 바를 구체화하고 직접 모범을 보이면서 돕기 위한 질문을 해야 한다.

둘째 영역은 정서(emotions)다. 정서와 연루된 사건과 학습 내용일수록 잘 기억한다. 따라서 학생들이 어떤 주제나 교과에 대해 어떻게 느끼느냐 하는 것이 중요하다. 학생들은 어떤 주제를 좋아하지 않으면 그 주제를 다시는 탐구하지 않으려고 한다. 학생들이 긍정적 정서를 가질 때 학습은 더 의미를 갖게 된다. 학생들이 학습양식의 다양성과 학습하는 방법을 알면 (metacognition, 초인지) 어떤 주제가 다른 주제보다 왜 학습하기 쉬운가를 이해할 수 있다. 학생들에게 지식(대체로 표면적 지식)과 의미(세상에서 발생하는 것을 명료화해 주거나 기존의 순수 지식을 확장해 주는 것)의 차이를 구분해 준다. 표면적 지식은 검사가 끝나면 곧 잊어버리지만, 학생들에게 내재적으로 유의미한 것은 오래 지속된다. 모든 학생이 같은 시간에 같은 내용을 배워야 한다는 생각은 잘못된 것이다. 학생들마다 개인적 관련성과 발달적 개인차가 다르기 때문이다. 따라서 학생들에게 개인적으로 유의미한 것이 무엇이며 배우는 주제나 교과가 자신의 삶과 어떻게 관련이 되는가를 토의할 기회를 주어야 한다. 학생들의 진정한 학습을 평가하기 위해서는 학생을

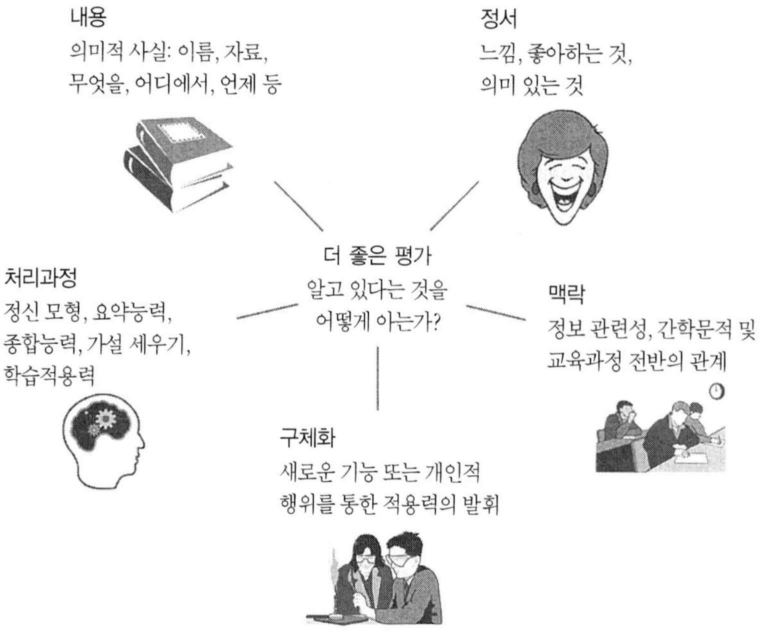

[그림 10-3] 실제적 평가를 위한 다섯 가지 영역

출처: Jensen(2008), p. 231.

검사하기보다는 학생과 인터뷰를 해야 한다. 교사들은 정서의 중요성을 인식하고 외재적 강화와 최후통첩이 아닌 내재적 동기를 자극하는 학습을 이끌어야 한다.

셋째 영역은 맥락(context)이다. 학생들을 더욱 정확하게 평가하기 위해서는 학습한 것을 일반화하고 개념화하는 능력, 즉 실생활에 적용하는 능력을 평가해야 한다. 지능은 계획, 초인지, 연역적 추리, 귀납적 추리 기능을 요구하는 학습의 일반화 능력과 밀접한 관계가 있다. 학생들에게 사고와 학습에 대해서 가르치는 것은 세상에 나가 생산적이고 성공적인 삶을 영위하도록 하기 위한 것이다. 학생들로 하여금 개념, 감정과 정서에 대한 탐구를 격려하는 안전한 환경 속에서 질문을 던지고 사고를 하도록 하는 것이 중요하다. 학생들에게 알고 있는 것을 어떤 방법과 절차에 의해 알게 되었으며, 자신의 삶에 어떻게 활용할 것인가를 물어보고, 학습이 어떻게 심화 확대될 수 있는지 그들에게 시범을 보여 주어야 한다. 질문은 양이 아니라 질이 중요하다. 패쇄형 질문보다 개방형 질문이 더욱 실제적이고 포괄적인 평가의 기초가 된다. 또한 학생들에게 자신이 학습한 깊이와 질을 마인드맵, 간학문적 논쟁, 교과통합적인 시범, 패널 토의를 통해서 증명해 보이도록 한다. 이러한 프로젝트는 학습자의 학습 일반화 능력을 평가하기 위한 좋은 기초를 제공한다.

넷째 영역은 처리과정(processing)이다. 학생들이 요약을 하거나 결론을 도출하는 것보다는 가설을 세우고, 모형화하고, 비교하고, 자료를 분류 · 조작하고, 자신의 입장을 표현하고, 원리를 적용하는 능력을 파악하는 것이 더욱 어렵다. 이러한 것들은 측정하기가 어려운 준거이기는 하지만 학습의 깊이를 나타내 주는 중요한 지표다. 학생들이 오늘날의 세계에서 장차 성공할 것인가를 결정해 주는 것은 내용이 아니라 인지기능이므로 내용과 함께 인지기능을 평가해야 한다. 그리고 하등 정신기능이 아닌 고등 정신기능, 즉 고차적이고 창의적인 사고에 의해 문제를 해결하는 능력을 평가하도록 한다.

다섯째 영역은 구체화(embodiment)다. 학생들이 학습을 구체화할 때 학습한 것을 자신의 삶 속에 의미 있는 방식으로 통합하는 것이다. 배운 지식을 다른 사람들에게 가르쳐 주거나 솔선하여 새로운 문제를 해결하는 학생들은 배운 지식을 내면화하였고 실생활 맥락에서 활용할 수 있다는 것을 증명해 보인다. 학습한 것을 구체화하는 프로젝트의 좋은 예로는 학급/학교 연보 제작하기, 학교 신문 만들기, 학교 상점 운영하기, 인턴십과 현장연구 수행하기, 해외 연수 프로그램 참여하기, 단막극 영화 제작하기, 운동 시합하기, 시험 문제 만들기, 멀티미디어 제작하기, 학습 저널, 지역사회의 관심사 혹은 현안문제 해결하기, 역할극 수행하기, 음악 · 조각 · 그림 · 공예를 통해 학습한 것을 표현하기, 모형 만들기, 사례연구 수행하기, 마인드맵 만들기 등을 들 수 있다.

(2) 포트폴리오

포트폴리오(portfolio)는 수행평가의 한 유형으로, 학생의 노력, 진전 상황, 숙달의 정도를 보여 주는 학생의 작품을 의도적으로 모안 둔 통합적인 모음집(Butler & McMunn, 2006)이다. 포트폴리오는 시간의 경과에 따른 학생들의 성장과 발달을 보여 주는 증거를 수집하여 제공해 준다. 포트폴리오는 학생들로 하여금 그들 자신의 학습과 활동을 검토하고 반성하도록 해 줄 뿐 아니라 그들의 강점과 약점을 분석하고 단기목표와 장기목표를 설정하도록 도와준다. 포트폴리오는 학생들이 목표 혹은 성취기준을 충족했는지, 혹은 얼마나 충족했는지를 보여 주기 위한 증거의 수집이기 때문에 형성평가와 총괄평가를 모두 포함한다.

포트폴리오는 내용 기능의 적용과 학생들이 교육과정 목표와 성취기준을 잘 충족시키며 나아가고 있는지에 대한 진전 상황과 성장에 대한 기록을 담고 있다. Belgrad, Burke와 Fogarty (2008)에 따르면, 포트폴리오는 학습자로서의 학생에 대한 풍부하고 자세한 사항을 드러내 주는 초상화를 제공한다. 이러한 모습은 단일 검사에 의해서 포착될 수 없다. 포트폴리오를 만들어 가는 과정에서 학생들은 전 학년 수준의 내용 영역을 가로지르는 지식을 얼마나 습득했고 드러내 보여 줄 수 있는가를 나타내기 위해 적극적인 행위자가 된다.

하나의 검사 결과는 어느 날의 학생의 스냅 사진일 수 있지만, 학생의 전체 모습이나 시간에 따라 학생이 어떻게 진전을 보이고 성장했는가를 보여 주지는 못한다. 포트폴리오는 학생의 모습을 총체적으로 보여 줄 뿐만 아니라 또한 최종 산출물을 만들기 위해 사용한 절차나 그 과정을 보여 준다. 많은 포트폴리오는 향상의 경로를 보여 주기 위해 최종 연구보고서와 함께 첫 번째, 두 번째, 세 번째 작품들을 담고 있다.

포트폴리오의 흔한 두 가지 유형은 예술적 포트폴리오와 쓰기 포트폴리오다(김정섭 외 공역, 2010). 예를 들어, 어떤 예술가가 대학원 과정에 진학하고자 할 경우 예술가로서 자신의 재능과 발달의 범위를 보여 주기 위해 고안된 포트폴리오를 제출해야 한다. 포트폴리오는 전문적 목표를 진술한 것도 자주 포함한다. 어떤 패션모델이 새 직업을 구하려고 한다면, 그 사람은 여러 가지 포즈와 최상의 신체 모습을 담은 사진 포트폴리오를 보여 주어야 한다. 작가의 쓰기 포트폴리오는 단편 소설, 시, 수필 등 작품의 중요한 부분을 담는다.

일반적으로 포트폴리오는 다음과 같은 항목을 포함할 수 있다(정종진 외 공역, 2012).

- 주제를 잘 드러내는 창의적인 표지 만들기
- 독자들을 맞이하고 표지를 설명하는 독자를 위한 글쓰기
- 체계를 나타내는 내용 목차
- 교사와 학생이 선택한 6~7명의 학생 활동 작품
- 학생들의 통찰과 이해를 드러내기 위한 반성
- 장점과 단점을 분석하기 위한 자기평가
- 새로운 단기목표와 장기목표를 정하는 목표 설정 페이지
- 독자들에게 핵심 질문을 제공하기 위한 협의 질문들
- 활동 작품에 대한 친구, 부모 혹은 다른 중요한 사람들로부터의 조언
- 중요한 개념을 학습한 것에 대한 설명
- 사용한 자료들의 참고문헌

학생들은 과학, 사회, 외국어, 수학, 건강과 영양의 각 영역에 대해 포트폴리오를 준비할 수 있다. 포트폴리오는 학생들의 목표와 그 목표 달성을 향한 진전에 관해 진술한 것을 포함해야 한다. 포트폴리오는 단지 최종 산출물만을 포함해서는 안 되고 어떤 조각을 위해 예비적인 간단한 이야기나 스케치를 이끈 초안과 같은 학습과정을 나타내 주는 작업 활동을 포함해야 한다. 만약 결과에만 초점을 두게 되면 학습과정에서 일어나는 흥미롭고 정보가 되는 사항을 놓

칠 수 있다. 학습과정에 관심의 방향을 돌리는 것은 결과로부터 지식의 구성과 의미 만들기에 관한 담론으로 이동하는 것을 의미한다(Gandini & Kaminsky, 2004).

Gardner(1991)는 포트폴리오에 대해 이렇게 학습과정을 나타내 주는 중요성 때문에 과정폴리오(process folio)라는 용어를 사용하는 것을 선호한다. Gardner는 최초의 아이디어, 작업 초안 및 비평(자기와 타인에 의한)이 과정폴리오에 포함되어야 한다고 강조하였다. 어떤 용어를 선택하든 간에 포트폴리오 혹은 과정폴리오는 평정척도(또한 뒤에서 설명한 루브릭으로 알려진), 관찰, 수행의 녹화, 그림, 자기반성, 사진 및 도표와 같은 다양한 산출물을 포함해야만 한다. 최근 기술이 발전하면서 전자 포트폴리오가 점점 대중화하고 있다.

학생들은 자신의 포트폴리오에 무엇을 담아야 할지를 선택하기 위한 일차적 책임이 있다. 만약 교사들이 추가해야 할 품목들을 선택한다면, 이러한 것들은 교사가 선택한 것이라는 점을 표시해야 한다(Easley & Mitchell, 2003). 학생들은 자신의 포트폴리오 내용을 선택하고 검토하도록 안내받을 필요가 있다. 교사는 학생들이 자기반성, 향상, 비평으로부터 배우는 능력을 표시하는 작품을 포트폴리오에 포함하도록 격려해야 한다. 포트폴리오는 학생들이 수업시간에 한 활동들, 예를 들어 실험보고서, 도서관 과제, 외국어로 쓴 이야기 등을 포함해야 한다.

포트폴리오는 단지 학습 활동의 모음집에 불과한 것이 아니다. 포트폴리오는 성장에 대한 반성과 우수 기준에 대한 고려를 통해서 구조화될 필요가 있다. 성장에 대한 반성을 위해서 학생들은 구체적인 지침이 필요하다.

- 포트폴리오를 위한 산출물 선택하기: 학생들이 그들의 포트폴리오에 담아야 할 산출물을 선택하고 그 산출물을 평가하는 것을 돕기 위해 질문이 사용될 수 있다.
  - "나는 왜 그것을 좋아하는가?"라는 질문을 할 수 있다. 학생들은 "나는 ~ 때문에 이것을 내 포트폴리오에 담기 위해서 선택하였다."와 "나는 여러분이 ~을 주목해 주었으면 좋겠다."라는 두 개의 문장을 완성한다.
  - 학생들이 스스로 "나는 학습하고자 한 것을 학습했는가?" "이러한 기능(혹은 전략)이 학습에 어떻게 도움이 되었는가?"라고 질문할 수 있다.
  - 학생들은 또한 그들의 포트폴리오 산출물에 대한 반성에 기초하여 학습목표를 세울 수 있다. "이러한 새로운 학습 활동은 다른 동료들과 비교하여 어떠한가?" "개선이 필요한 영역이 있는가?"라는 질문을 할 수 있다.

이러한 질문에 대한 반응을 반성해 보는 것은 학생과 교사 모두에게 사고에 관한 사고와 학습에 관한 사고, 혹은 초인지에 대한 통찰을 제공한다.

- 포트폴리오를 위한 산출물 평가하기: 학생들은 교사에 의해 주어진 점수에 관계없이 그들의 포트폴리오에 담아야 할 품목들을 선택하도록 지시받아야만 한다. 종종 너무나 많은 학생이 포트폴리오에 담아야 할 품목은 가장 높은 점수나 가장 좋은 평을 받은 것이어야만 한다고 느낀다. 만약 교사가 학생들에게 받은 점수에 관계없이 품목을 선택하도록 하게 할 작정이라면, 교사는 또한 개개 학생의 결정을 존중해 주어야만 한다. 학생의 결정을 뒤엎지 말고, 대신에 만약 교사가 학생이 선택한 품목보다 가치가 있는 품목이 있다고 느낀다면 학생에게 추가해야 할 품목을 추천해도 좋은지 물어보도록 한다. 그리고 학생에게 포트폴리오에 교사가 추천하는 품목을 넣고 싶어 하는 이유를 설명해 주도록 한다.

학생들이 주도해서 전시회나 발표회를 여는 것은 포트폴리오를 통해 이룬 학업성취를 학부모에게 알려 주는 매우 효과적인 방법이다. 여러 연구에서 이러한 모임이 학생들의 책임감과 자부심을 증가시키고, 가정과 학교 간 협력 및 학생과 부모 간 관계를 향상시키는 것으로 나타났다(Stiggins, 2005). 시행과정에서의 세부적인 사항과 시간적인 제약 때문에 이러한 전시회나 발표회를 전면적으로 실시하는 것이 어렵지만, 학생의 개입과 주도성이 증진된다는 교육적 이점이 이러한 한계를 상쇄할 수 있다.

[글상자 10-2] 포트폴리오 평가의 타당도와 신뢰도

타당도는 학생의 포트폴리오에 포함되어 있는 내용이 학생의 학습을 의미 있게 대표하고 있는지를 가리킨다. 다음과 같은 질문들이 포트폴리오에 관해서 제기될 수 있다. 산출물과 과정의 자취들이 학생의 발달을 잘 나타내 주고 있는가? 산출물과 과정의 자취들은 학생이 할 수 있는 것을 정확하게 묘사하고 있는가? Paris와 Ayres(1994)는 실제적 평가가 적절한 교육적 경험을 전제로 하기 때문에 수업과 교육과정에 대해 타당도를 지니고 있다고 믿는다. 달리 말하면, 실제적 평가는 가르침을 받은 내용과 방법 및 교육과정의 내용과 관련이 있기 때문에 의미가 있고 따라서 타당하다. 그러나 수업과 평가 간의 좋은 연결을 보장하기 위해서, 학습자 중심의 원리를 따르기 위해서, 그리고 다양한 형태의 평가를 포함하기 위해서 아무리 애를 써도 다른 요인들이 타당도에 영향을 미칠 수 있다. 교사들은 다양한 학습 욕구가 있는 학생들이 자신이 알고 있는 것을 증명해 보이기 위한 적절한 기회를 제공받아야 한다는 것을 명심할 필요가 있다. 천차만별의 학생들과 더불어 동기, 스트레스, 피로, 신체적 장애,

언어 실력 및 문화적 배경과 같은 수많은 요인이 평가의 타당도에 영향을 미칠 수 있다. 평가가 타당성을 갖기 위해서는 여러 경우에 걸쳐 이루어질 필요가 있다.

신뢰도는 포트폴리오에 있는 내용이 학생의 능력을 한 차례의 경우보다 많은 경우에 걸쳐 일관성 있게 나타내 주고 있다는 것을 보장한다. 교사들은 학생의 포트폴리오 내용의 신뢰성에 관해 문제 제기를 받을 수도 있다. 예를 들어, 어떤 부모는 "이 시(詩)들은 제 아들이 쓸 수 있는 매우 좋은 예들이 아니다."라고 불평할 수도 있다. 평가의 신뢰도는 평가의 정확성을 가리킨다(Wilson, 1996). 유사한 능력들이 다른 경우에도 증명될 것이라는 확신이 있다면, 그리고 다른 사람이 거의 같은 방식으로 학생의 과정이나 결과를 평가한다면, 그 평가는 신뢰성이 있다. 지식을 나타내는 다양한 방식과 학생의 포트폴리오에 담겨 있는 품목에 관한 다양한 관점(예: 학생, 교사, 학부모, 동료에 의한 평가)이 채택되면 학생의 성장에 관한 판단의 정확성이 보장된다. 앞에서 예로 든 부모의 불평은 학생이 교실에서 자신의 잠재력을 충분히 보여 주지 못하고 있으며, 학생에게 시 쓰기 기회를 더 많이 줄 필요가 있다는 것을 가리킬 수 있다.

(3) 교사 관찰과 체크리스트

교사는 늘 학생들을 접하며 개별 단위로나 집단 단위로나 항상 관찰하게 된다. 예컨대, 학생들 간의 협동학습 상황을 파악하기 위해 한 집단 내에서 개인 간 또는 소집단 간의 역동적 관계를 집중적으로 관찰할 수 있다. 특히 나이가 어리거나 지적 능력이 지나치게 낮은 학생들을 대상으로 평가할 때는 평가하기 위한 상황을 의도적으로 마련할 수 없는 경우가 많기 때문에 인위적이 아닌 자연적인 상황에서의 관찰법을 자주 사용하게 된다. 관찰은 학생들이 무엇을 할 수 있는지와 학습하는 데 무엇이 필요한지를 발견해 내는 데 가장 효과적인 전략 중 하나다. 교사는 학생들이 친구들과의 상호작용, 책 읽기, 말하기, 어떤 기법의 사용, 문제해결의 모습 등을 관찰함으로써 학생들이 어떻게 작업을 수행하고 사고하는지에 대해 많은 것을 알 수 있다.

그래서 교사는 늘 교실에서 학생들을 관찰한다. 그러나 이러한 관찰은 대개 체계적이지 않으며, 기록으로 남겨 놓는 경우도 드물다. 이런 문제를 해결하려는 시도가 체계적 관찰(systematic observation)이다. 체계적 관찰은 어떤 활동에서 수행할 수 있는 수행의 기준을 상술하고, 그러한 기준에 기초해서 기록하는 과정을 말한다. 예를 들어, 학생들에게 과학적인 방법을 사용하는 능력이 얼마나 있는가를 평가하고 싶다면, 교사는 다음과 같은 기준을 마련할 수 있을 것이다.

- 문제 또는 질문을 기술한다.
- 가설을 기술한다.
- 독립변인, 종속변인, 통제변인을 상술한다.
- 자료를 수집하고 전시한다.
- 자료에 기초해서 가설을 평가한다.

따라서 교사는 학생들의 수행이 이러한 기준에 얼마나 부합하는가를 기록하고, 또한 이러한 기준을 모든 학생에게 일관되게 적용해야 한다. 기록을 토대로 학생들에게 피드백을 제공할 수 있으며, 미래의 학습을 계획하는 데 유용한 정보를 얻을 수 있다. 객관적이고 정확한 관찰을 하기 위해서는 관찰대상을 있는 그대로 기술하는 일화기록법이나 체크리스트(checklist), 평정척도 등을 이용하기도 하고, 경우에 따라서는 비디오 녹화를 한 후 분석하기도 한다.

체크리스트는 만족할 만한 수행에 포함되어야 할 차원을 글로 기술해 놓은 것으로, 수행에서의 중요한 측면을 상세히 기술하고 이를 학생들과 공유함으로써 체계적 관찰을 확장시킨다. 바람직한 차원을 기록하기보다는 바람직한 차원에 표시하는 것이 특징이다. 예를 들어, 앞에서 예로 든 다섯 개의 기준 중에 학생들의 보고서에 나타난 것을 표시할 수 있다.

체크리스트는 교실에서 학생 개인이나 학급 전체의 특정한 기술, 행동 혹은 성향을 점검하는 효과적인 형성평가 전략이다. 체크리스트는 의도하는 기준의 평균치에 초점을 맞춤으로써 분명한 준거를 제공한다. 또한 학생들이 복잡한 과제를 성공적으로 완수하는 데 도움이 되는 계열화된 단계로, 학습 과제를 어떻게 조직할 것인지를 보여 주기도 한다. 체크리스트는 질적인 측면에서 작업의 명확한 기대치를 제공하며, 큰 덩어리로 된 과제를 학습할 때 작은 부분으로 나누어 학생이 다음 과제를 착수하기 전에 각 학습의 단계를 성취하기 쉽도록 해 준다. 교사는 학생의 특정한 행동, 사고기능, 사회적 기능, 쓰기기능, 말하기기능 혹은 운동기능에 초점을 맞춰 형성평가를 하는 데 준거 체크리스트를 활용할 수도 있다. 동료 학생들은 다른 친구의 학습 진전과정을 평가하는 데 체크리스트를 활용한다. 이러한 체크리스트는 구성원들 사이에 공유되고 논의되어 누구에게, 어떤 영역에서 추가 도움이 필요한지, 그리고 전체 집단이 대체로 어느 정도 수행해 나가고 있는지를 결정한다(정종진 외 공역, 2012).

체크리스트는 해당 학생과 학습과정에 대한 이해를 쉽게 하기 위해서 계열적 순서에 따라 작성된다. 일단 체크리스트가 완성되면, 각 수준에 질적인 설명을 부가함으로써 루브릭으로 쉽게 전환될 수 있다. 체크리스트는 루브릭으로 전환될 때 학습 활동의 질을 평가하는 안내표지판을 제공한다.

3) 수행과제

수행과제(performance task)란 학생들이 개별적으로 혹은 집단적으로 수행평가에서 행하도록 요구받은 것으로 교과에 따라 다양하고 복잡성의 정도도 다르다. 내용 영역에 한정된 과제가 있는가 하면, 여러 교과와 기능의 통합을 요하는 과제도 있다. 복잡성의 정도에 따라 제한형 수행과제와 확장형 수행과제로 구분해 볼 수 있다.

제한형 과제(restricted-type task)란 좁게 정의된 기능을 목표로 하며, 비교적 간단한 반응을 요구한다. 과제가 구조화되어 있고 구체적이다. 이러한 과제는 정해진 답이 없는 문항의 간단한 논술형과 해석형 문제와 유사한 것처럼 보일 수 있다. 수행과제는 학생들의 대답에 대한 설명을 이끌어 내기 위해서 구조화되어 있다. 학생들은 대답에 대한 그럴듯한 이유를 설명하거나, 다른 대답이 틀린 이유를 지적하거나, 행한 방법을 말하거나, 도표를 그리거나, 시각적 맵이나 그래프 혹은 순서도를 만들라는 요구를 받을 수 있다. 이와는 대조적으로 간단한 논술형 혹은 해석형 문제는 정확한 대답으로부터 추론하도록 하기 위한 것이다.

확장형 과제(expended-type task)는 더 복잡하고, 정교화하고, 시간이 걸리는 과제다. 확장형 과제는 학생들의 소집단 협동을 요구하는 경우가 흔하다. 과제는 보통 학생들이 다양한 출처의 정보(예: 관찰, 도서관, 인터뷰)를 사용할 것을 요구한다. 가장 관련 있는 정보가 어떤 것인지에 대한 판단이 필요하기도 한다. 결과물은 대체로 여러 날 혹은 여러 주에 걸쳐 만들어지며 수정의 기회도 주어진다. 이렇게 하는 것은 학생들에게 다양한 기능을 적용해 볼 기회를 제공하며, 여러 내용 영역과 추리 기능을 더욱 쉽게 통합해 볼 수 있게 한다.

수행과제는 좋은 수행평가의 준거를 충족시키고 학생들에게 명확해질 수 있도록 구체화될 필요가 있다. 이를 위해서는 과제기술(task description)에 대한 준비가 수반된다. 과제기술의 목적은 중요한 준거가 충족되고, 과제가 합당하며, 바람직한 학생들의 수행을 이끌어 낼 것이라는 점을 보증하기 위한 청사진 혹은 구체화 목록을 제공하는 데에 있다. 과제기술은 학생들에게 주어지는 질문이나 안내의 실제적 형식과 어법과 같은 것이 아니다. 그것은 좀 더 수업계획안과 같은 것이다. 과제기술은 다음과 같은 것을 포함해야 한다.

- 평가될 표적 내용과 기능
- 학생 활동(집단 혹은 개별, 허용되는 도움)에 대한 기술
- 필요한 자원
- 교사의 역할

- 행정적 처리 사항
- 채점 절차

활동과 채점이 타당하고 실제적 평가를 위해 잘 어울린다는 것을 분명하게 하기 위해서 평가될 구체적인 표적 내용과 기능을 명확하게 기술하는 것이 중요하다. 학생들이 일하고 공부해야 할 상황을 구체화함으로써 그들이 질문에 응답하거나 문제를 해결하기 위해서 실제로 무엇을 행할 것인가에 대해서 생각해 보라. 그들은 다른 전문가의 자문을 받을 것인가, 도서관 자료를 이용할 것인가, 실험을 행할 것인가? 과제 해결을 위해서 동료와 협동해야 하는가, 아니면 개별적으로 해야 하는가? 다른 사람들로부터 어떤 유형의 도움을 받을 수 있도록 허용되는가? 활동을 완성하기에 충분한 시간이 있는가? 일단 활동들이 기술되면, 활동을 성취하는 데에 필요한 자원이 확인될 수 있다. 필요한 자원은 모든 학생이 이용 가능한 것인가? 평가하기 전에 획득할 필요가 있는 것이 무엇인가? 학생들이 과제를 해결하는 과정에서 교사가 해야 할 일이 무엇인지 역할을 기술하는 것이 도움이 될 것이다. 학생들에게 자문을 해 줄 것인가, 아니면 아이디어를 제시해 줄 것인가? 교사가 해야 할 일에 대해서 편안함을 느끼고 적절히 준비되어 있는가? 어떤 행정적 절차가 요구되는가? 끝으로 사용해야 할 채점 절차는 무엇인가? 채점을 하는 데에 필요한 전문성을 갖추었는가? 채점은 실제적인가?

과제를 고안하기 위한 한 가지 효과적인 방법은 수업에서 무엇을 행하였는가를 생각해 보는 것이다(Smith, Smith, & De Lisi, 2001). 평가과제는 교실수업에서 교사가 학생들에게 행하도록 요구한 것을 잘 반영하도록 구조화되어야 한다. 일단 과제기술이 완성되고 평가가 타당하고 실제적으로 이루어질 것이라고 만족하게 되면, 구체적인 수행과제 질문이나 안내를 준비해야 한다.

학생들에게 제공하는 실제적인 질문, 문제 혹은 안내는 과제기술에 기초해야 할 것이다. 그것은 최종 결과 혹은 산출이 무엇인지, 학생들에게 행하도록 허용되거나 격려되는 것이 무엇인지, 그리고 결과를 판단하기 위해 사용될 준거가 무엇인지 분명히 알 수 있도록 진술될 필요가 있다. 좋은 질문이나 안내는 또한 학생들에게 과제의 의미와 관련성을 이해하는 데에 도움이 되는 맥락을 제공한다. 좋은 수행과제를 구안하는 데에 상당한 시간이 요구되기 때문에 이미 개발된 것을 이용하거나 채택할 수 있다.

좋은 수행과제의 기준은 다음과 같다(정종진, 2015).

첫째, 수행과제는 평가되어야 할 가장 중요한 내용 영역을 가장 중요한 기능과 통합해야 한다. 수행평가는 학생들로 하여금 교과의 중심 아이디어, 주요 개념, 원리, 과정에 주의를 기울이고 학습하도록 하는 데에 초점을 두는 것이 이상적이다. 수행과제가 중요하지 않거나 거의 관계가 없는 주제나 구체적인 사항을 학습하도록 격려하는 것이라면 수행평가의 목적에 잘 부합되는 것이 아니다. 과제는 영역상 넓어야 한다. 마찬가지로 과제에 중요한 추론과 다른 기능이 중요한 과정을 나타내야 한다. 과제는 내용과 기능을 통합해야 한다. 예를 들어, 중요한 내용이나 현행 이슈에 대해 논쟁하는 것이 좋다. 과제가 이러한 준거를 충족시키는지를 검증하는 좋은 방법은 평가되어야 할 것이 더 객관적이고 시간이 덜 소요되는 방식으로 평가되면서 행해질 수 있는가를 알아보는 것이다.

둘째, 과제는 실제적이어야 한다. 실제적 과제란 학문적 탐구를 통한 지식의 구성을 요구하며, 그 결과로 학교에서의 성공을 초월한 가치나 의미를 가진 담화, 산출물, 수행을 초래하는 것이다(Newmann, 1997). 과제가 다음과 같은 특성을 지닐 때 실제적이다(Wiggins, 1998).

- 현실적이어야 한다. 개인의 지식과 능력이 실제 세계 상황에서 검증될 수 있어야 한다.
- 판단과 혁신을 요구하는 것이어야 한다. 학생들은 비구조화된 문제를 해결하기 위해 지식과 기능을 현명하고 효과적으로 사용해야 하고, 그 해결책은 일련의 정해진 절차를 따르거나 단순한 지식의 적용 그 이상의 것이어야 한다.
- 학생들에게 특정 주제를 행하도록 하는 것이어야 한다. 학생들은 이미 알고 있거나 배운 것을 재진술하기보다는 주제와 관련된 학문 내에서 탐색과 활동을 수행해야 한다.
- 성인들이 직장이나 시민생활 또는 개인생활에서 검증받은 맥락을 반복 또는 모방하는 것이어야 한다. 맥락은 특정한 제한(강제), 목적, 청중을 둔 특정 상황이다. 학생들은 작업현장에서나 다른 실생활 맥락에서 과제를 수행하는 것이 좋다는 것을 경험할 필요가 있다.
- 학생들이 복잡한 과제를 수행하기 위하여 자신이 소유하고 있는 지식과 기능을 효과적 이고 효율적으로 활용할 능력을 소유하고 있는가를 평가하는 것이어야 한다. 학생들은 단편적인 지식과 기능을 얼마나 소유하고 있는가를 증명하기보다는 필요한 모든 지식과 기능을 통합하도록 요구받아야 한다.
- 예행연습을 하고, 실습을 하고, 자원에 대해 자문을 받고, 수행과 산출물에 대한 피드백을 받고 개선하기 위한 적절한 기회를 제공해 주는 것이어야 한다. 학습은 '수행-피드백-교정-수행'의 주기를 통해서 질 높은 산출물과 기준을 충족하는 것에 초점을 두어야 한다.

셋째, 과제는 여러 학습 표적목표를 평가할 수 있도록 구성되어야 한다. 앞서 언급한 바와 같이 과제는 내용과 기능 표적목표를 모두 평가할 수 있을 때 가장 좋다. 내용과 기능 영역 내에서 다양한 형태의 표적목표가 있을 수 있다. 예를 들어, 내용 영역에서 지식과 이해 모두를 평가할 수 있으며 기능 영역에서 추론과 의사소통 기능을 모두 평가할 수도 있다. 또한 동일한 과제에 다양한 형태의 의사소통과 추론 기능을 포함하는 것이 일반적이다. 예를 들어, 학생들은 문어와 구두 보고서를 모두 제공해야 하거나 어떤 답에 도달하기 위해서 비판적으로 사고하고 종합하기도 해야 한다.

넷째, 교사가 학생들의 성공을 도와줄 수 있도록 과제를 구성해야 한다. 좋은 수행평가는 수업과 평가의 상호작용을 포함한다. 과제를 통해 학생들이 무엇인가 학습할 수 있어야 한다. 질문을 던지고, 자원을 제공하고, 피드백을 제공함으로써 학생들의 숙달을 증진시킬 수 있는 기회가 되어야 한다. 이러한 종류의 활동적 수업을 통해서 교사는 학생들에게 단순히 정보를 제공하기보다는 학생들의 학습을 중재하게 된다. 수업능력의 하나가 학생들이 성공하기 위해서 필요한 사전 지식과 기능을 가지도록 보장하는 것이다.

다섯째, 과제는 실행 가능한 것이어야 한다. 과제 수행에 필요한 시간, 자원(장비와 자료), 비용 등을 검토하여 과제가 실현 가능하도록 현실적이어야 한다.

여섯째, 과제는 다양한 해결책을 허용하는 것이어야 한다. 즉, 수행과제는 하나의 정답만이 아니라 다양한 정답이 있을 수 있어야 바람직하다. 과제는 한 가지 해결책만을 독려하는 것이어서는 안 된다. 다양한 해결책이 있을 수 있을 때 학생들로 하여금 과정을 개인화하도록 격려하게 되고, 교사가 학생들의 가정, 계획, 예측 및 기타 반응을 정당화하고 설명하도록 요구하기 더욱 쉽다. 학생들에 따라 과제에 대한 응답에 있어서 서로 다른 방도를 취할 수 있어야 한다.

일곱째, 과제는 명확해야 한다. 과제의 성격을 명시적으로 나타내 주는 분명한 지시사항이 중요하다. 만약 지시사항이 모호하면, 학생들이 학습 표적목표에 초점을 둘 수 없거나 그들이 무엇을 수행해야 할지 파악하는 데에 시간을 낭비할 수 있다. 학생들은 과제의 필요성(과제의 목적이나 과제를 수행해야 하는 이유)을 알아야 하고, 지시사항은 학생들이 어떻게 수행해야 할 것인지 알 수 있도록 혼자 수행해야 되는지, 아니면 다른 동료들과 함께 수행해야 하는지, 이용가능한 자원에는 어떤 것이 있는지, 주어진 시간은 어느 정도인지, 교사의 역할은 무엇인지 등에 걸쳐 상세해야 한다.

여덟째, 과제는 학생들에게 도전적이고 자극적인 것이어야 한다. 학생들이 관련된 자신의 기능과 지식을 사용하도록 동기를 부여하고, 자신을 점검하고 진전 상황을 생각해 보도록 하기 위해서는 과제가 흥미롭고 관련성이 있으며, 난이도가 너무 낮거나 너무 높은 것이어서는 안 된다. 과제가 흥미롭고 사고를 불러일으킬 때 지속성이 촉진된다. 교사가 학생들의 강점과 약점을 알고 어떤 종류의 주제가 그들의 동기를 유발하는지 알면 더욱 쉽다. 한 가지 방법은 익숙한 것과 새로운 것을 혼합하는 것이다.

아홉째, 과제의 일부로서 명확하게 진술된 채점준거를 포함해야 한다. 채점준거를 명확히 하는 것은 학생들이 무엇을 수행해야 하는지에 대한 이해를 도모하고, 학습의 우선순위와 교사의 기대를 전달한다. 학생들은 과제에 착수하기 전에 채점준거를 알 필요가 있다.

열째, 과제 완성을 위한 제한사항을 포함해야 한다. 진정한 사고와 의사결정의 특징 중의 하나는 교실 밖의 조건과 유사한 맥락, 규칙, 규제에 의해 정의된 제한사항에 의해서 수행이 행해진다는 점이다. Tombari와 Borich(1999)에 따르면, 이러한 제한사항에는 다음과 같은 것들이 포함된다.

- 시간, 수행 혹은 산출물을 완성하는 데에 허용되는 시간량
- 참고자료: 대체로 이용 가능한 자원이나 정보는 무엇인가?
- 다른 사람: 동료, 전문가 및 다른 사람들이 어떤 종류의 지원을 제공할 수 있는가?
- 장비: 어떤 종류의 장비가 이용 가능한가?
- 과제의 사전 지식: 얼마나 많은 정보가 미리 제공될 것인가?
- 채점 준거: 수행이나 산출물을 판단하기 위한 채점준거가 무엇인가?

이러한 제한사항을 고려하는 의도는 수행이나 산출물이 증명되는 상황의 성격을 더욱 현실적으로 정하기 위함이다. 이는 학생들에게 실생활 맥락에서 구체적으로 무엇을 행하여야 하는지에 대한 이해를 도모한다.

4) 수행준거: 루브릭

학생들의 활동 수행과 관련하여 그들이 구성하는 응답이 질적으로 얼마나 훌륭한지를 평가할 때 점수의 차원이나 점수의 안내와 관련하여 루브릭을 사용한다. 학생들이 수행하는 과제는 매우 주관적이고 창의적인 것이어서, 과제를 완수하려는 학생들이나 학생들의 과제를 평가하는 교사들에게 교육목표에 비추어 볼 때 어느 정도 수용 가능한 반응행동인지 아니면 수용 불가능한 반응행동인지 구분이 되는 일련의 평가 기준을 제공할 필요가 있다(Popham, 2006). 루브릭은 척도상의 각 점수에 대하여 명확한 준거를 제공하는 평정척도다. 루브릭은 성취의 연속선상에서 여러 질의 수준을 상세하게 설명해 줌으로써 성취 수행을 비교하도록

해 준다(Stiggins, 2005). 다시 말해, 루브릭은 준거를 구체화하는 일련의 규칙들이라고 정의할 수 있다. 이러한 규칙들은 학습활동 과제와 평가기준, 그리고 표기방법을 구체적으로 연결시켜야 한다. 예를 들어, 학생들이 발표를 준비한다면, 우선 다음과 같은 평가준거에 초점을 맞춰 자신의 발표가 평가된다는 것을 알아야 할 것이다. 이때 평가준거는 주제, 지원 정보, 사실이나 통계의 질, 논리적 주장, 적절한 시선 응시, 표정, 제스처, 발표 속도, 효과적인 시각보조자료, 주어진 시간과 안내지침의 준수 등에 초점을 맞추고 있다. 루브릭은 이러한 준거들을 설명한다.

이러한 루브릭은 평가과정에서 명확한 도구가 될 수 있는데, 그 이유는 다음과 같다(정종진 외 공역, 2012).

- 루브릭은 교사에게 학습활동을 질적으로 개선하기 위한 발판을 제공한다.
- 루브릭은 학생들이 학습과정에서 학습기준에 다다르고 이를 능가하도록 진전 정도를 보여 준다.
- 루브릭은 교사가 학생의 활동을 계속해서 공정하게 객관적으로 평가할 수 있도록 도와준다.
- 루브릭은 학생들이 자신의 활동을 스스로 평가하고, 필요한 학습활동의 기능을 신장하고 개선하는 데 도움을 준다.

수치척도

0	1	2	3	4
1	2	3	4	5

설명적인 수치척도

1	2	3	4	5
부족	보통	양호	우수	매우 우수

언어적 설명

미흡함	적절함	잘하는 편임	뛰어남
과제를 미완성함	과제를 부분적으로 완성함	과제를 대부분 완성함	과제를 완성함

[그림 10-4] 척도의 형태

- 루브릭은 학부모가 학습활동의 등급을 이해하고 질 높은 학습활동을 기대하도록 도와준다.
- 루브릭은 학생들이 학습활동의 영역이나 준거를 더 잘 이해할 수 있도록 도와준다.
- 루브릭은 학생들에게 기대하는 바가 무엇이고, 언제 각 부분이 완성되어야 하며, 어떻게 그들이 평가되는가를 정확하게 알 수 있도록 해 주기 때문에 학생들의 책무성을 높인다.

학생 이름: ________

준거 영역	1 기준 이하임	2 기준에 미달함	3 기준에 도달함	4. 기준을 능가함	점수
구조를 조직하기	조직화된 구조가 불분명함	구조는 분명하나 작품에 전반적으로 포함되어 있지 않음	구조가 분명하고 작품의 전반에 걸쳐 조직적임	작품의 처음부터 끝까지 잘 계획된 구조로 이루어짐	
독자의 흥미와 참여를 유도하기	독자의 흥미와 참여를 유도하지 못함	독자의 참여를 시도했으나 흥미 유도가 부족함	흥미 있는 도입과 독자의 참여를 유도함	독자의 흥미를 사로잡고 참여와 흥미가 지속됨	
지배적인 아이디어 전개하기	지배적인 아이디어가 전개되지 못함	지배적인 아이디어가 부분적으로 전개됨	지배적인 아이디어가 주요 아이디어와 함께 분명하게 진술됨	많은 용어를 활용하여 지배적인 아이디어를 명확하게 전개함	
다양한 정보원에 따른 진술	취약한 하나의 정보를 가지고 진술함	관련된 한두 가지 정보를 가지고 진술함	다양한 정보를 가지고 명확하게 진술함	다양한 정보가 명확하게 활용되었으며, 창의적으로 전개되었음	
적절한 글쓰기 방식	적절한 글쓰기 방식이 사용되지 못함	글쓰기 방식이 사용되었으나 적절하지 못한 방식임	다양한 글쓰기 방식이 적절하고 효과적으로 사용되었음	적절한 글쓰기 방식이 상세하게 사용되어 매우 성공적임	
부적절한 정보를 배제하기	부적절한 정보가 많이 포함되어 있음	부적절한 정보가 약간 포함되어 있음	부적절한 정보가 포함되어 있지 않음	주제의 전개가 효과적이며, 부적절한 정보는 하나도 없음	
글 마감하기	글의 마감이 분명하지 못함	글의 마감을 시도했으나 혼란스러움	글의 마감이 말끔하게 되었음	글의 마감에서 주요 아이디어를 창의적으로 진술하였음	

등급:
A: 총점 25~28점(90%)
B: 총점 22~24점(80%)
C: 총점 20~21점(70%)
D: 총점 19점 이하

총점: ____________

[그림 10-5] 정보적 글쓰기에 대한 루브릭

전형적으로 루브릭에서는 각 영역 준거에서 숫자로 된 척도가 사용된다. 일반적으로 척도에는 언어적 설명만 있고 숫자는 포함되지 않을 수도 있지만, 때로는 척도에 언어적 설명과 가시적인 표현이 동반되기도 한다. 활동 수행 수준의 연장선에서 숫자로 된 척도를 가리키는 점수들이 있다. [그림 10-4]는 다양한 형태의 척도를, [그림 10-5]와 〈표 10-5〉는 루브릭 채점의 한 예를 보여 준다(정종진 외 공역, 2012).

표 10-5 구두 과제에 대한 루브릭

수준	내용	시청각적 요소	집단 구성원	청중 구성원
우수	정확, 구체적, 연구에 기초, 자신의 말로 말하기	독특함, 사용된 자료의 질 우수, 산뜻하고 정연함, 명확한 메시지	모든 구성원이 동등하게 발표에 참여하고, 주제에 대한 많은 정보를 갖고 있음	발표자와 눈 접촉을 유지하고, 많은 질문을 함
양호	덜 구체적, 깊이가 없음, 사용된 출처의 수가 적음	주제를 뒷받침해 주지만 발표를 강화해 주지 못함, 약간의 독창성, 명확한 메시지	대다수 구성원이 참여하고 주제에 대한 정보를 갖고 있음	일부 청중은 참석하지 않음, 질문이 적거나 주제에서 벗어남
부족	제한된 정보, 일반적, 주제에서 벗어남, 자신의 말로 제시하지 못함	부적절, 독창성 없음, 발표 훼손, 혼란스러운 메시지	한두 명의 구성원이 주도적임, 일부 구성원은 주제에 대한 부족한 정보를 갖고 있음	청중이 없음, 질문이 없거나 주제에서 벗어남

교사는 스스로 루브릭을 제작하거나 이미 이용 가능한 것을 보충하기 위한 루브릭을 개발할 필요가 있을 것이다. 루브릭을 개발하는 데에 도움이 될 수 있는 몇 가지 원리와 예를 간단히 살펴보면 다음과 같다(강영하 외 공역, 2006).

첫째, 루브릭은 기능과 개념적 이해를 다루어야만 한다. 예를 들어, 수학 루브릭의 한 항목은 "5 + 5 + 5 = 15이고, 3 × 5 = 15라는 사실을 안다."라기보다는 "덧셈과 곱셈 간의 관계를 이해한다."라고 해야 할 것이다. 구체적인 과제보다는 개념적 이해의 숙달이 강조되어야만 한다.

둘째, 루브릭은 수업과 관련되어야만 한다. 예를 들어, 교사가 상대성의 개념을 가르치지 않았다면, 학생들에게 상대성에 대한 지식을 평가하는 것은 공정하지 못하다. 만약 교사가 시범을 통해 상대성을 가르쳤고 학생들로 하여금 시범에 따라 상대성에 대해 자신이 세운 가설을 검증하는 활동을 하게 했다면, 교사가 만든 루브릭은 과학적 문제해결에 포함된 정교성의 정도를 반영해야만 한다.

셋째, 루브릭은 유용성을 갖도록 간단해야만 한다. 교사가 루브릭을 선정하거나 제작할 때 따라야 할 하나의 지침은 쉽게 사용할 수 있도록 실용성을 가져야 한다는 것이다. 분류에 사용된 언어들은 간단하면서도 명료해야 한다.

루브릭을 개발하고 사용하는 것은 채점의 객관성, 일관성 및 효율성을 증대시키고, 교사들이 수업활동을 수행의 측정에서 요구하는 것(즉, 수행의 측정목표)과 연계하도록 도와주며, 학생들에게 기대하는 수행이나 산출물에 대한 언어적 설명과 예를 제공함으로써 교사들은 학생들에게 마음에 안 드는 수행에서부터 뛰어난 수행에 이르기까지의 행동유형을 명확하게 의사 전달할 수 있다는 장점이 있다.

3. 피드백 체제

앞에서 언급한 바와 같이 뇌기반 학습평가를 위한 비결 중 하나가 학생들에게 피드백(feedback)을 제공하는 것이다(Jensen, 2008). 어린아이들과 10대들이 스케이트보드의 새로운 기교를 익히기 위해 고통을 인내하며 열심히 연습하거나 비디오 게임에 푹 빠져 즐기는 이유가 무엇일까? 그것은 다름 아닌 피드백 때문이다. 피드백은 뇌에 중요할 뿐만 아니라 모든 교육 관련자(학부모, 교사, 행정가, 지역인사 등)에게 중요하다. 인간의 뇌는 생존, 진행, 성장과 발달을 보장하기 위해 피드백을 원한다.

피드백은 학습과정에서 필수적이다. 학생들은 과제를 수행할 때 피드백을 계속 받아야 하며, 교사들은 지식의 배급자가 아닌 학습의 코치나 촉진자로서 역할을 해야 한다. 교사들은 학생들이 개별적으로 혹은 집단적으로 학습할 때 계속해서 학습을 점검하고 피드백을 주어야 할 때가 많다. 실제 학습상황에서 학생들은 교사로부터 간접적으로 피드백을 받기보다는 직접적으로 피드백을 받을 때 더욱 학습에 관여하게 된다. 예를 들어, 어떤 학생이 음악 연주를 할 때 박자를 잘못 맞춘다면 즉각적인 피드백과 자기교정(self-correction)이 이루어질 수 있다. 즉각적 피드백과 자기교정은 장기기억을 촉진하는 강력한 도구이며, 학생들에게 계속하도록 동기를 부여하는 효능감을 줄 수 있다. 이는 자기교정이 이루어지고 더욱 도전적인 수준으로 나아가도록 피드백을 주는 비디오 게임과 매우 흡사하다. Black 등(2004)은 피드백이 점수보다 학생들의 성취도를 증진시키는 데 더 중요하다는 것을 발견하였다. 일상적인 학습에서 점수가 제거되고 피드백만 받더라도 학생들은 피드백과 향상된 학습의 질, 그리고 향상된 검사 점수에 주의를 기울였다.

교사의 피드백이 효과적이기 위해서는 구체적이고 진지해야 하며, 진단적이고 처방적인 것이어야 한다(정종진, 성용구, 임청환 공역, 2013). 예를 들어, 어떤 학생에게 단순히 "잘했어."라고 말하는 것은 피드백이 아니다. 피드백은 "영주야, 넌 학습의 초기 목표를 아주 잘 작성했어. 이 목표는 너의 개인적 관심사지. 이제 왜 우리가 학교에서 이런 목표를 달성하기 위해서 시간을 할애하고 있는지, 사람들이 삶에서 이런 목표를 달성하기 위해 학습하는 것이 왜 중요한지, 너는 이런 학습을 통해 얻은 정보를 다른 상황에 어떻게 활용할지, 이 정보가 네가 더 나은 시민이 되도록, 그리고 더 나은 가족 구성원이 되도록 하는 데에 어떻게 도움이 될지 생각해 봐."와 같은 것이어야 바람직하다. 즉, 피드백은 학생들이 무엇을 잘하고 있고, 무엇을 더 학습할 필요가 있는지, 어떻게 해야 하는지에 대한 제안점을 주는 것이어야 한다. Marzano(1998)는 학습과정에서 학생들에게 구체적 피드백을 주는 것은 그들의 학습에 큰 영향을 미친다는 것을 발견하였다.

뇌기반 측면에서 볼 때 평가는 Csikzentmihalyi(1991)가 일컬은 시간 가는 줄 모르고 둘러싼 환경에 아랑곳하지 않고 과제에 흠뻑 빠져 심취한 무아지경의 상태인 몰입(flow)을 포함해야 한다. 그의 몰입이론에 따르면, 학생들은 너무 쉬운 과제에 대해서는 무관심하거나 싫증을 느끼며, 반대로 너무 어려운 과제에 대해서는 포기하거나 불안해하는 경우가 많다. 학생들은 자신의 현재 능력이나 기능보다 약간 높은 과제에 대해서 최선을 다한다. 조금 노력하면 성공할 수 있다고 여기기 때문이다.

자기반성(self-reflection) 또한 피드백 과정의 필수적인 부분이다. 학생들은 자신이 무엇을 학습했고 무엇을 학습하지 못했는지, 잘못 이해하고 있는 것이 무엇인지, 다음에 어떻게 해야 하는지에 대해서 성찰하고 분석하는 것을 배워야만 한다(Gregory & Parry, 2006). 정확한 피드백은 학생들이 다음에 무슨 학습을 해야 하는가를 이해하는 데에 매우 중요하다(권형규 역, 2011; DeBono, 1995; Jensen, 2006).

피드백은 과제를 시작하기 전에, 과제를 수행하는 중에, 과제를 마친 후에 주어져야 한다. 학생들에게 개인적 목표와 즉각적 피드백에 주의를 기울이게 함으로써 그들의 뇌가 목표와 피드백을 의식적인 수준으로 가져가도록 도와줄 수 있다(Kaufeldt, 2001).이를 위해 학생들에게 다음과 같은 질문을 하도록 할 필요가 있다(Harmin, 1998).

- 내가 학습한 것이 무엇인가?
- 내가 전에는 알지 못했지만 이제는 알고 있는 것이 무엇인가?
- 내가 나 자신에 대해 학습한 것이 무엇인가?
- 내가 잘 수행한 것은 무엇이고, 더 개선해야 할 필요가 있는 것이 무엇인가?

한편, 기억을 의미 있게 하기 위해서는 재미, 신체 움직임, 예상 밖의 것의 형태로 정서를 개입시켜야 한다. 따라서 피드백을 제공할 때 정서가 반영될 수 있도록 하는 것이 좋다(Scaddan, 2009).

앞서 상당히 시사되었지만 피드백에 대한 여러 연구는 다음과 같은 점을 제안한다.

- 즉각적 피드백을 자주 제공하라.
- 부정적 피드백을 약간 가미하면서 주로 긍정적 피드백(35~65%)을 제공하라. 성공과 가능성의 언어("너는 할 수 있어.")를 활용하라.
- 포괄적 피드백("너는 게으르고 믿을 수 없어.")보다는 구체적 피드백("너는 5분 늦게 왔어.")을 제공하라. 성적이나 점수만 있는 평가, 구체적이지 않은 평가, 애매모호한 제안("다시 하도록!") 등은 학업성취에 거의 도움이 되지 않는다.
- 다양한 형태로(문장으로, 구두로, 또래평가를 통해, 웹을 통해) 피드백을 제공하라.
- 불시에 과제를 부과하는 것을 제한하면서 학생이 숙달감을 증진시키도록 피드백을 제공하라.
- 경쟁을 부추기거나 상대적으로 비교하는 피드백("너희 반의 순위가 올라갔어!")을 피하라. 실패와 비난의 언어를 삼가는 것도 중요하다.
- 사람이 아닌 과제에 초점을 두고 피드백을 하되 국부적이고 구체적인 제안("A와 B의 상관관계 표시는 등식의 오른편이 아닌 왼편에 하라.")을 하라.
- 실수했을 때 바로, 그리고 자주 교정적 피드백을 제공하라.
- 학생들의 성과를 충분히 인정하고 함께 기념하며 축하해 주는 기회를 가져라.

이와 같은 피드백은 학생들로 하여금 학습상의 오류를 교정하는 방법을 찾도록 동기를 유발하는 데에 도움이 될 수 있다. 교사는 학생들이 피드백의 양과 질을 직접 얻도록 하는 학습을 이끌어야 한다. 그렇게 하기 위해서는 교사 스스로 그 모든 것을 하려고 해서는 안 되고, 피드백을 이끌어 내는 활동들을 사용해야 한다. 이러한 활동들로는 다음과 같은 것들이 있다(문정화 외, 2011).

- 또래 교정
- 사고하기, 짝 활동하기, 공유하기, 피드백 구하기
- 시청각 학습, 보고받기

- 모델 구축하기, 모델의 기능화, 다른 모델과 비교하기
- 멘토(mentor)의 피드백
- 평가를 위한 루브릭
- 실생활의 결과: 어떤 일이 발생하였는가?
- 협동학습
- 가설을 검증하기 위한 모의 실험
- 피드백이 뒤따르는 미술 전시회 관람
- 청중의 피드백이 뒤따르는 학생들의 발표
- 경쟁적인 게임
- 보고 반성하고 토론하기 위한 참관학습
- 저자의 특강
- 결과를 측정하기 위한 체크리스트
- 가설을 세워 검증한 뒤에 보고하기

에필로그

뇌기반 학습과학의 전망과 과제

최근 인지신경과학의 발달에 힘입어 인간의 뇌가 어떻게 기능하고 작용하는가에 대한 사실들이 과학적으로 밝혀지고, 관련 연구 결과들이 나오면서 뇌기반 학습과 이를 위한 새로운 학문 영역인 뇌기반 학습과학(brain-based learning science: BBLS)이 강조되는 추세다. 이 책은 학교를 비롯한 교육장면에서 학습의 효율성을 극대화하기 위해서는 뇌기반 학습과학을 교육학적인 관점에서 학문적으로 체계화하고 정리할 필요가 있다고 보고, 이를 위해 심리학 · 신경과학 · 교육학의 학제적 접근, 즉 마음과 뇌, 그리고 교육의 융합적 접근에 의해 새로운 학습 패러다임으로 부상하고 있는 뇌기반 학습의 원리에 대한 이론적 토대를 구축하고, 교수-학습장면에서 뇌기반 학습을 실천하기 위한 구체적인 방법을 제시하고자 하였다. 이 책은 국내에서 단행본으로는 최초로 뇌기반 학습의 원리와 실제를 교육학적인 관점에서 종합적이고 체계적으로 고찰 · 정리하였다는 점에서, 그리고 더 효율적인 최적의 교육환경을 설계하고 교수-학습방법을 개선하는 데에 유용한 길라잡이가 될 수 있다는 점에서 큰 의의가 있다.

학습과학과 뇌연구(Learning Science and the Brain Research) 프로젝트를 수행한 경제협력개발기구(OECD)의 교육연구혁신센터에서 2002년에 발표한 「뇌의 이해: 새로운 학습과학을 향해」라는 주제의 보고서에 담긴 주요 내용을 요약하면, 뇌의 구조에 따른 기능은 사전에 결정된 것이 아니므로 학습과 경험에 의해 변화될 수 있고, 뇌의 발달 시기에 맞추어 적절한 경험과 환경에 노출되면 효율적인 학습이 일어나는 민감기(sensitive period)가 있으며, 유아 초기에도 추상적 사고능력이 있으므로 일상의 심리학(사람에 대한 관심) · 물리학(사물의 움직임과 상호작용에 대한 관심) · 생물학(생명체에 대한 관심) · 언어 등을 가르쳐야 하며 유아의 관심을 토대로 유아 스스로 과학자가 되는 기회를 제공해야 하고, 정서적 능력이 인지과정에 미치는 영향이 중요하므로 학교에서의 정서적 능력을 향상시키는 노력이 필요하다는 것이다. 그리고 뇌연구 결과들은 교육과 관련하여 운동은 학습과 기억을 향상시킨다는 점, 정서는 학습에 많은 영향을 미친다는 점, 뇌의 발달과정을 통해 아동과 청소년의 행동 특징을 이해할 수 있다는 점, 학교의 사회문화적 환경은 학습에 영향을 끼친다는 점, 뇌는 새로운 뉴런을 생성하기 때문에 충분한 영양 섭취, 규칙적인 운동, 스트레스 조절 등을 통해 뉴런의 성장을 촉진할 수 있다는 점(뉴런이 새롭게 자라는 과정을 '신경생성'이라고 하며 뇌과학 연구를 통해 신경생성이 정서, 기억, 학습과 밀접하게 관련되어 있다는 사실이 밝혀짐), 뇌는 엄청나게 빠른 속도로 신경망을 재구성한다는 점(이를 '신경가소성'이라고 함), 학습내용이 학생들의 삶에 의미를 가지도록 하면 오래 기억될 수 있다는 점, 충분한 수면은 기억을 위해 중요하다는 점 등을 강력히 시사한다.

뇌기반 학습에서는 이러한 점을 적극 반영하고 있으며, 지금까지 밝혀진 뇌과학과 인지과학의 연구 결과에 기초하여 뇌기반 학습과학에서 강조하는 점을 교수-학습과 관련하여 좀 더 구체적으로 몇 가지 제시하면 다음과 같다(Fischer & Heikkinen, 2010; Willis, 2010 참조). 더 자세한 사항은 본문의 해당 장을 참조하기 바란다.

첫째, 인간의 뇌는 신체의 부분이고, 따라서 신체건강 · 영양 · 호르몬체계 · 인간관계에 의해서 영향을 받는다. 단순히 듣고 사고하는 것에 의해서가 아니라 움직임과 신체활동에 의해서 학습하고 기억하며, 따라서 학습과 기억을 향상시키기 위해서는 신체건강과 운동의 역할이 중요하다(제3장 참조).

둘째, 학습자들의 불안 · 스트레스 · 위협 · 처벌 · 실수 · 슬픔과 분노 수준이 완화된 상태에서 그들이 정말로 궁금해하거나 흥미와 호기심을 갖고 있는 내용을 그들이 이해할 수 있는 수준(현재 수준을 약간 넘어서는 정도, Vygotsky의 근접발달영역)으로 가르쳐야 한다. 개별 학습자의 능력에 맞는 적절한 수준에서 단계별로 성취 가능한 도전을 부여할 경우 학습자는 스스로 공부하려고 노력하게 된다. 이때 학습목표를 낮추는 것이 아니라 학습장애 요인을 줄여 주어야 한다(제6장 참조).

셋째, 학습은 지식이나 정보를 전달받는 수동적인 과정이 아니라 지식이나 정보를 적극적으로 구성하는 과정이다. 지식과 정보는 간단히 건네받을 수 있는 것이 아니라 조작을 해 보고,

의문을 품고, 시범 적용해 보고, 자기에게 맞게 변형하고 적용을 직접 확인해 보며 나름의 이해를 구축해 볼 필요가 있다. 따라서 학습은 능동적이고 통합적이며 맥락적이다(제3장 참조).

넷째, 적시에 이루어지는 형성평가와 피드백 및 그에 따른 교정과 보충은 장기기억을 촉진하는 강력한 도구이며 추리하고 분석하는 집행기능을 발달시킨다. 형성평가와 시의 적절한 피드백은 자주 주되, 학습자에게 불안감을 주어서는 안 된다. 불안 수준이 낮은 상태에서 학습자는 학습에 참여하고 몰입을 유지해서 위협적이지 않은 방식으로 제공되는 피드백으로부터 무언가를 배운다. 평가와 피드백 과정에서 학습자의 성취 결과뿐만 아니라 노력도 인정해 주고, 성취 가능한 수준의 학습기회를 제공하는 등 교정과 보충의 기회를 제공해 주어야 한다(제10장 참조).

다섯째, 학습은 한 단계에서 다음 단계로 넘어가는 사다리 구조의 선형적(linear, ladder)인 과정이 아니라 복잡하고 미묘한 그물망(web) 모양의 과정이다. 즉, 학습의 발달은 독립적인 여러 가닥의 학습경로들로 이루어진 하나의 그물망과 같아서, 하나의 학습기술이 두 가닥의 학습기술로 갈라져 다르게 발달할 수도 있고, 아니면 두 기술이 발달하다가 통합되어 하나가 될 수도 있다. 같은 학습자라 하더라도 개인 내적인 차이, 예를 들어 역사에 대한 추리능력은 뛰어나지만 물리에 대한 추리능력은 초보 수준일 수 있다. 또한 학습자 간의 개인 간 차이, 예를 들어 대부분의 학생이 추리기능이 잘 발달해 있는 반면, 어떤 학생은 추리기능이 빈약할 수 있다. 그러나 이러한 개인 내, 개인 간의 차이에도 동일 수준에서의 동일 기능이 학습자들 간에 중요한 속성을 공유한다(제2장, 제7장 참조).

여섯째, 마치 근육이 반복운동으로 강화되는 것처럼 신경망과 기억도 복습과 연습이라는 신경 활성화를 통해 강화된다. 학습자료에 관해 시연(rehearsal)하거나 주기적인 복습을 하는 것은 이미 저장된 기억을 재활성화하고 더 새로운 학습으로 이전의 기억들이 묻혀 버리는 것을 막기 위해 필요하다. 학습에서 반복은 중요한 역할을 한다.

일곱째, 기억의 공고화(consolidation)가 일어나려면 저장된 기억으로부터 이전 지식이 활성화되고 해마로 전달되어 새로운 정보와 결합해야 한다. 뇌는 패턴을 생성하며, 패턴화(patterning: 정보를 의미 있게 조직하고 범주화하는 것)된 신경망을 써서 새로운 자극에 대해 정확한 반응을 예측한다. 새로운 정보가 이전 지식과 관련성이 있는 것으로 인식되면 학습은 영역을 넘어 확장되고, 이렇게 확장된 지식 패턴은 교실이나 시험을 넘어 다른 영역에 속하는 문제들에 대한 새로운 예측과 대답을 내놓는 데 사용될 수 있다(제5장 참조).

여덟째, 대부분의 발달은 선형적이 아니라 비선형적이고 역동적 체계(dynamic system)의 과정이다. 역동적 체계이론에 따르면, 지능은 고정적인 것이 아니라 향상될 수 있고, 천성(유전)과

양육(환경)은 상반된 것이 아니라 상호작용한다. 유전과 환경(맥락)이 협력하여 학습자의 행동에 영향을 미치며, 수행에서의 차이는 행동과 발달을 이해하는 데 중요한 정보를 제공한다. 행동은 정적이고 불변적인 특성(예: 철수는 주의산만하고 과잉행동적이다)이 아니라 환경(예: 철수의 보육 시설이 열악하다)에 의해서 변화될 수 있다. 즉, 학습자의 행동은 유전(개인)과 환경(맥락)의 결합에서 나타난다. 역동적 체계의 속성은 우발성(emergency)과 변산성(variability)이다. 우발성이란 체계 자체에 내재적인 계속적 과정을 통해서 새로운 형태나 속성이 갑작스레 나타나는 것을 말한다. 변산성은 행동에 영향을 미치는 요인을 확인하고 그 패턴을 찾기 위한 정보의 원천으로 간주된다. 예를 들어, 수행의 차이를 보이는 중요한 원천의 하나가 지원(support) 여부다(제2장, 제3장 참조).

아홉째, 인지와 정서는 뇌 안에서 상호 의존하며, 이성적 사고와 학습이 이루어지는 데는 정서의 역할이 중요하다. 학습하는 동안 당장 해야 할 과제와 상관없는 정서가 끼어들거나, 극단적인 경우 정서와 관련된 뇌 영역에 손상을 입어 정서를 제대로 처리하지 못하게 되면, 정서를 바탕으로 직관적으로 처리하는 데 문제가 생겨 합리적인 행동을 능숙하게 이끌어 내지 못한다. 정서는 인지적 학습의 안내자이고, 정서를 수반한 학습이 미래의 행동을 바꾸고, 정서가 당면 과제와 관련이 있을 때 지식 형성에 효과적이며, 정서가 실리지 않은 학습은 효율이 낮다. 인지적 학습이 잘 이루어질 수 있는 최적의 정서 상태를 유지하도록 교실환경을 조성해야 한다(제4장, 제6장 참조).

열째, 학습은 경쟁학습과 개별학습이 아닌 협동학습이어야 한다. 뇌는 사회적이어서 집단 상황에서 학습을 촉진한다. 사회적 상호작용을 위해 풍부해진 환경과 기회는 뇌의 수상돌기의 성장을 촉진시킨다. 협동은 긍정적인 학습환경의 필수불가결한 요소로서 단지 집단 내에서 함께 활동하는 것 이상으로 의사소통이 이루어지는 전반적인 과정이다. 협동학습을 통해 학생들은 집단 구성원들이 서로 협력하여 교과에 대한 지식을 습득하기 때문에 혼자 학습해서 얻는 지식보다 증대되고, 다른 학생이 학습하는 방법을 보고 배우게 됨으로써 서로에 대한 학습 모델이 되고, 다른 학생과 협동하는 등의 사회적 기능을 습득할 수 있고, 구성원끼리 과제를 함께 분담하고 협동하여 수행하는 작업의 가치를 배우게 되며, 서로 과제에 대해 토론하고 논쟁하는 과정을 통해 더 높은 차원의 사고력을 개발할 수 있다. 학습과정은 협동적이고 사회적인 문제해결 활동이어야 한다(제8장 참조).

이러한 사항을 포함한 뇌기반 학습의 이론적 기저와 원리는 기억, 전이, 사고, 동기, 정서, 교수-학습방법, 교육과정, 학습평가 등 교육실제에 중요한 통찰과 시사점을 제공한다. 뇌기반 학습의 방법을 사용하고 있는 학교의 학생들이 뇌기반 학습의 방법을 사용하고 있지 않은 학교의 학생들보다 중도에서 탈락하는 수가 적고, 학교생활을 더 즐기고, 기꺼이 모험과 위험을 감수하려 하고, 스스로 사고하고, 창의적이고, 학습하는 방법을 알고, 학습을 좋아하며, 많은 학습기술을 적용하는 등 일관되게 더 성공적인 모습을 보인다(정종진 역, 2010). 인간의 뇌가 어떻게 작동하는지 직접 관찰할 수 있고 뇌의 기제(mechanism)와 신경망에 대해 훨씬 잘 이해할 수 있는 뇌 영상 기술의 발전과 방대한 연구 결과의 축적, 그리고 신경과학과 인지과학이 뇌과학연구를 중심으로 빠른 속도로 연결 · 접목되는 추세로 보아 뇌기반 학습과학이 하나의 학문 영역(다음 그림 참조)으로 크게 발전될 전망이다. 최근에 출간된 Byrnes(2001)의 『마음, 뇌, 그리고 학습: 신경과학적 연구의 심리적 및 교육적 관련성의 이해(*Minds, brains, and learning: Understanding the psychological and educational relevance of neuroscientific research*)』, 김유미(2002a)의 『두뇌를 알고 가르치자』, Battro, Fischer와 Lena(2008)가 편집한 『교육적인 뇌: 신경교육에 대한 에세이(*The educated brain: Essays in neuroeducation*)』, Jensen(2008)의 『뇌기반 학습: 새로운 교수 패러다임(*Brain-based learning: The new paradigm of teaching*)』, Sousa(2010)가 편집한 『마음, 뇌, 그리고 교육: 교실을 위한 신경과학적 함의(*Mind, brain, & education: Neuroscience implications for the classroom*)』, 또한 Sousa(2011a)가 편집한 『교육신경과학(*Educational neuroscience*)』이 이러한 전망을 뒷받침해 주고 있다.

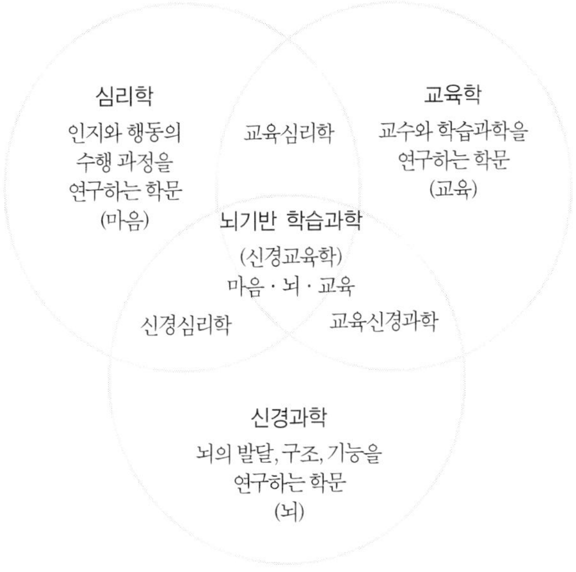

심리학, 신경과학, 교육학이 결합된 융합학문적 뇌기반 학습과학

최근에 출간된 이러한 책 제목에서 알 수 있듯이 인간의 뇌, 마음, 교육을 연결하고 통합하는 뇌신경학, 인지심리학, 교육학 등의 학제적이고 과학적인 연구 결과를 토대로 학습자의 뇌를 보다 효율적으로 활용할 수 있는 적절한 교수-학습환경을 설계하는 데 목표를 둔 뇌기반 학습과학(혹은 신경교육학)이 앞으로 새로운 학문 영역으로 크게 부상하고 자리 잡을 것으로 보인다. 이에 따라 학습 전반에 걸친 새로운 프로그램의 개발과 혁신방안 등 교육 및 산업 분야에서의 뇌기반 학습의 연구개발과 응용이 확대되고 각종 인력개발정책에 크게 활용될 것으로 전망된다. 이러한 새로운 교육 패러다임으로서의 뇌기반 학습과학의 학문적 발전은 학습자 개개인의 특성에 적합한 효율적인 뇌맞춤식 학습방법과 교수방법은 물론, 학습과 기억 및 언어장애를 비롯하여 각종 학습장애를 진단하고 처방하는 프로그램의 개발, 영재의 선발과 교육 프로그램의 개발, 뇌와 인지 기능을 극대화하는 학습전략 프로그램, 학습자의 정서와 동기의 중요성을 강조하고 교과목 구분의 한계를 벗어나 동일한 뇌 영역의 활성화를 수반하는 다양한 학습내용을 통합적으로 연계하는 교과과정의 개발에 많은 기여를 할 것으로 전망된다.

학습과정에서의 뇌 인지기능에 대한 연구 결과가 축적되어 뇌의 기능에 대한 이해가 더욱 높아지면, 각종 교수-학습 전략의 개발과 같은 미시적인 개선은 물론, 학습자의 정서와 동기를 중요시하는 학습환경의 설계에서부터 학습자의 뇌 발달에 따른 학제, 교육과정, 교원 양성 및 선발방식 등의 전반적인 교육제도상의 획기적인 개선이 거시적인 차원에서 불가피하게 이루어질 것이다. 이처럼 미래의 교육환경이 뇌기반 학습과학의 연구 결과에 의존하여 결정될 가능성이 점차 증대됨에 따라 이를 위한 연구와 전문 인력의 양성 및 교육 프로그램의 개발 등의 철저한 준비가 필요하다. 뇌신경과학의 연구 결과를 응용한 교육 프로그램의 개발과 교육에 관련된 연구 주제에 대한 뇌신경과학적 연구는 교육학의 몫이기 때문에 교육학의 한 연구 분야로 뇌기반 학습과학이 도입·정착되어 교육과 관련된 실제적이고 유용한 연구 주제를 신경과학적으로 접근할 수 있는 교육 및 연구 환경이 마련되어야 할 것이다(김성일, 2004). 또한 국가 차원에서는 뇌기반 학습과학 연구와 관련된 정책을 수립하고 뇌기반 학습과학이라는 새로운 교육 패러다임에 근거한 간학문적·융합학문적 연구를 기획하고 적극 지원해야 할 것이다. 그래야 구체적이고 실용적인 뇌기반 교수-학습 프로그램의 개발과 학습자 개개인의 능력을 증진시키기 위한 최적의 학습환경과 제도를 설계하기 위한 개혁적인 정책을 수립하고 실천할 수 있을 것이다.

융합적 연구의 지평을 넓히고 간학문적 접근의 시너지 효과를 위해서는 신경과학과 교육학을 비롯하여 심리학, 인지과학, 컴퓨터과학, 생물학 등 다양한 분야의 활발한 소통과 협력 연구가 필수적이며 학문의 경계를 넘나드는 접근이 이루어져야 한다. 특히 교육자들이 뇌기반 학습과학의 연구 결과를 수동적으로 수용하는 존재가 아니라 교육장면에서 효과적인 교수와 학습을 주도적으로 연구해 나가도록 하기 위해서는 연구자(과학자)와 실천가(교육자)의 동반자 의식(partnerships)과 간학문적 협력(interdisciplinary collaboration)이 필요하다. 즉, 연구자와 실천가는 양방적(two-way)이고 상호호혜적(reciprocal)인 관계여야 한다. 그리고 학교는 단순히 학생들을 가르치는 교수-학습의 장을 뛰어넘어 실제와 연구와 관련된 의학기술을 다듬고 의학지식을 쌓기 위해 연구자와 실천가들이 함께 일하는 의과대학의 부설병원과 유사한 연구학교(research school)가 되어야 하며, 교사는 과학자들로부터 지식을 공급받는 수동적인 수용자가 아닌 연구과정에 적극 관여해야 하고 학습의 생물학적 · 인지적 · 발달적 측면에 관심을 갖고 실행연구(action research)를 수행해야 한다. 교사란 궁극적으로 학생들의 뇌를 변화시키는 사람들이고, 실제로 매일 뇌를 변화시키는 일을 하고 있기 때문이다. 아울러 학교는 학습공동체(learning community) 혹은 학습조직체(learning organization)가 되어야 한다. 학교를 학습공동체로 변화시키는 과정에서 관련 당사자들(학부모, 교사, 학생, 지역 인사, 학교 및 교육청 직원 등)이 뇌에 적대적인 것이 아니라 뇌에 친화적인 교육환경을 만드는 데 적극 관여하고, 뇌기반 학습의 원리와 전략을 이해하고 실천하도록 해야 할 것이다.

이 책은 지금까지 뇌의 기능에 대해 밝혀진 연구 결과를 바탕으로 교육적 함의를 도출하고, 뇌 자체의 기능에 대한 근본적인 이해를 바탕으로 하는 뇌기반 학습과학의 측면에서 효율적인 교수-학습의 원리와 실제를 다룬 것이다. 그러나 뇌는 여전히 많은 비밀을 감추고 있는 복잡하고 불가사의한 기관이어서 아직도 밝혀지지 않은 뇌의 기능이 많이 있고, 첨단 뇌 영상 기술의 발달로 새로운 연구 결과들이 계속 제시될 것이다. 새로운 연구 결과들이 일관되게 제시되고 과학적으로 입증됨에 따라 뇌기반 학습의 원리와 실제는 부분적으로 수정되면서 발전되어 갈 것이다. 그러므로 뇌기반 학습을 탐구하는 학자와 실천하는 교육자들은 뇌에 관한 여러 연구 결과 중에서 어떤 연구를 교육에 적용할 수 있는지, 그것이 학생들에게 도움이 될지, 뇌신경과학연구를 정확하게 해석해서 적용했는지를 어떻게 확신할 수 있는지, 과연 그런 지식이 학교와 교실을 변화시키는 데 실질적인 도움이 될지 의문을 제기하면서 뇌신경과학의 연구 결과를 비판적으로 고찰하고, 지나치게 확대 해석하거나 과잉 일반화하는 오류를 최소화하며, 논란의 소지가 있는 연구 결과를 성급하게 적용하여 오용되거나 남용되는 일이 없도록 해야 할 것이다. 이를 위해 교사와 부모를 비롯한 교육 관련 종사자들에게 뇌와 신경과학적 연구 결과를 올바르게 이해하는 기본 능력을 함양하기 위한 연수교육이 필요하고, 인간의 사고와 학습은 뇌에서 이루어지기 때문에 교원양성대학의 교육과정에 뇌신경과학 관련 과목이 편성되어야 하며, 뇌 연구 결과를 통해 교육적 함의를 찾아내고 의사결정을 위한 신경과학 및 인지과학 연구를 주도할 수 있는 뇌기반 학습과학이 하버드대학교의 MBE(Mind, Brain, Education) 프로그램처럼 대학원 학위과정에 전공으로 개설 · 운영될 필요가 있다.

21세기의 가장 유망하고 보수가 높은 직종은 아마도 컴퓨터로 할 수 없는 일이 될 것이다. 이러한 기회를 위해 잘 준비하려면 학생들은 아직 아무도 풀지 못한 문제들을 해결하기 위한 개념적 사고기술(conceptual thinking skills)이 필요하다. 오늘날의 학생들이 살아갈 세계에서 성공하기 위해서는 비판적으로 사고하고, 명확하게 의사소통하고, 끊임없이 변화하는 과학기술을 사용하고, 문화적 인식과 수용력이 강하고, 정확한 판단과 열린 마음으로 정확한 정보 분석을 토대로 복잡한 결정을 내릴 수 있는 능력이 요구될 것이다. 이에 교사는 더욱 효과적이고 제대로 실행할 수 있는 교수전략을 실행하기 위해서 뇌의 작동방식을 알아야 한다. 교사는 뇌가 정보를 어떻게 처리하는지를 알기 위해 신경망이나 시냅스, 신경전달물질 수준에 대해 배운 다음 그 지식을 학생들과 공유하여 교사와 학생 모두 뇌과학 지식을 갖추게 되면, 학습에 대한 동기가 높아지고, 좌절과 역경을 이겨 내는 회복탄력성(resilience)이 강해지고, 기억력이 좋아지며, 학습의 즐거움을 알게 될 것이다. 뇌를 알고 가르치는 교사는 학생들을 학습의 즐거움을 아는 평생학습자로 키울 수 있게 될 것이다(Willis, 2010). 그러므로 교사는 김유미(2002a)의 주장처럼 이제 뇌를 알고 가르쳐야 하는 책무성을 가진 상황에 직면했다고 할 수 있다. 교원 양성 및 현직연수에서 뇌기반 학습의 원리와 실제에 대한 이해 및 그에 따른 교육적 적용은 불가피하고 가능한 한 빨리 도입 · 실행되어야 할 것이다.

교육자들은 앞서 생각하는 사람들이다. 교육자는 학생들에게 미래에 맞는 교육을 하기 위해 현재의 교육방식과 결별하고 패러다임을 뇌기반 교육으로 전환시키고, 교수-학습의 과정과 활동을 뇌기반 교육으로 새롭게 설계하고 실천해 나가야 한다. 우리는 더 이상 우리의 뇌를 무시할 수 없으며 우리의 영혼을 메마르게 할 수 없다. 뇌를 이해하고 발달시키는 방법을 아는 것이 학습을 이해하는 가장 중요한 열쇠다. 모든 학생이 더 훌륭하게 학습할 수 있고, 학습하는 방법을 배우는 것이 뇌의 적극적인 힘을 발휘하는 열쇠다. 무한한 인간 뇌의 잠재성을 열어 주는 보물 창고의 열쇠를 준비하고, 뇌의 학습기제와 작용에 일치하는 뇌기반 학습을 실천하고 뇌기반 학습과학의 학문적 세상을 열어 가야 한다. 앞으로의 시대는 뇌를 얼마나 계발하고 잠재된 뇌의 능력을 얼마나 쓰느냐에 따라 개인과 국가의 성패가 좌우될 것이다. 뇌기반 학습과학이 이에 크게 공헌하고 학습혁명을 가져올 것이다.

뇌 관련 용어 설명

가소성(plasticity) 매일의 학습 결과로 변화되는 뇌의 능력. 즉, 경험과 손상에 대응하기 위해서 새로운 시냅스를 연결하고 기존의 연결을 증식하게 하는 신경체계의 능력을 말한다. 가소성은 뇌의 배선이 시간의 흐름에 따라 한결같지 않고 역동적임을 보여 준다.

가슴샘(thymus) 흉골 아래 상부 흉곽에 위치한 샘. 태아기에서 시작하며 인체의 면역체계에 중요한 역할을 한다. 임파구로 알려진 백혈구를 생산하며, 임파구는 외부 세포를 죽이고 항체를 만들도록 면역세포를 자극한다. 샘은 유년기를 지나 사춘기까지 자라며, 그러고 나서 크기가 점차 줄어든다.

각회(angular gyrus) 측두엽과 두정엽의 경계 근처에 위치한 대뇌피질의 부풀어 오른 부분. 단어에 대한 시각적 정보를 부호화하여 단어의 의미와 연결시키는 뇌의 구조물이다.

감각뉴런(sensory neuron) 감각수용기로 들어오는 정보를 척수와 뇌로 전달하는 뉴런. 감각뉴런은 감각 기관에서 발생한 자극 신호를 중추신경계로 전달하는 입력 역할을 한다.

감각적 기억(sensory memory) 우리가 주의를 기울이지 않은 누군가가 방금 말한 것을 회상하는 것과 같은 정보에 대한 짧은(대략 1,000분의 1초) 파지

감마아미노낙산(gamma-aminobutyric acid: GABA) 뇌에서 스위치를 끄는 반응 억제 및 차단 작용을 하는 신경전달물질. 모든 학습은 신경 활동(촉진 화학작용)과 신경 억압(억제 화학작용)의 적당한 조화를 요구한다. 이러한 화학적 작용이 없다면(즉, GABA가 없다면), 우리가 발작할 때처럼 신경세포(뉴런)들이 무차별하게 발화할 것이다.

거울신경(mirror neuron) 한 개체가 다른 개체의 특정 행위를 관찰할 때 발화하는 영장류 전운동피질의 세포. 뇌의 뉴런 집단으로, 어떤 과제나 정서를 경험할 때뿐만 아니라 그런 과제나 정서를 경험하고 있는 다른 사람을 볼 때에도 활성화된다.

결정적 시기(critical period) 뇌의 특정 부위가 가장 변화하기 쉽고 환경의 영향에 가장 민감한 시기 혹은 뇌에 장기간의 영향을 미치는 사건이 일어나는 발달 단계. 때로 민감기라고도 불린다.

경두개자기자극술(transcranial magnetic stimulation: TMS) 뇌에 자기에너지 파동을 보내 뉴런을 활성화시키는 우울증 치료법. 피질 부분들의 기능을 국부적으로 모이게 하는 비침습성 기술로, 두개골

을 지나 뇌조직 하부에 자기장을 보내는 것과 관련된다.

구심성 자극(afferent stimulation) 손, 발 등에 있는 감각운동세포와 운동신경세포들로부터 뇌에 이르는 신경궤도를 따라 흐르는 자극. 감각 정보를 뇌에 전달하는 입력섬유와 관련 있다.

글루타메이트(glutamate) 흥분을 유도하는 신경전달물질. 뇌 전체에 넓게 흩어져 있으며 학습과 기억을 담당한다.

기능성자기공명영상법(functional magnetic resonance imaging: fMRI) 뇌의 활성화된 영역과 덜 활성화된 영역의 위치를 정확하게 나타내는 진단방법. 혈액에 있는 헤모글로빈과 산소의 자성적(磁性的) 특성에서 나타나는 미세한 변화를 탐지하여 뇌의 구조와 기능을 측정한다. fMRI의 작동 원리는 뇌의 어떤 부분이 더 활성화될 때 산소와 영양분의 요구량이 증가한다는 사실에 바탕을 두고 있다. 산소는 헤모글로빈에 의해 뇌세포로 전달된다. 헤모글로빈은 자기장의 성격을 가진 철분을 함유한다. fMRI는 뇌세포에 들어가는 산소를 가진 헤모글로빈의 양과 뇌세포를 떠나는 산소를 잃은 헤모글로빈의 양을 비교하기 위해 큰 자기장을 사용한다.

기능해리(diaschisis) 뇌 상해를 뒤따르는 신경 쇼크로, 상해 위치와 연결된 영역들이 일시적인 기능 마비를 보이는 현상

기억상실증(amnesia) 과거 경험의 일부 또는 전부를 기억하지 못하는 현상. 이것은 정서적.신체적 요인, 혹은 양자의 결합요인으로 발생한다. 퇴행성 기억상실증은 특정 시간 이전에 일어난 사건을 기억하지 못하는 증상이며, 반퇴행성 기억상실증은 특정 시간 이후에 일어나는 사건에 대한 기억 무능력 증세로 보통 기억상실이 시작된 이후를 말한다.

기억술(mnemonics) 정보를 장기 기억에 저장할 때 사용하는 의도적이고 계획적인 활동들. 기억 전략(memory strategies)이라고도 한다. 정보를 장기 기억에 저장할 때 사용하는 체계화된 방법을 말한다. 기억술은 학습 내용에 존재하지 않는 연합들을 만들어 부호화하는 것을 의미한다. 그리고 이것은 새로운 것과 기존의 것 사이에 인위적인 고리를 만들어 주는 것이다.

기억흔적(engram) 뇌 조직이 경험에 의해 해부학적으로 바뀔 때 나타나는 영구적인 기억의 자취

기저핵(basal ganglia) 신체의 수의적 움직임에 대한 조절을 담당하는 전뇌피질하 핵들, 시상 및 중뇌와 연결되어 있는 신경핵들의 집합

기저핵(nucleus basalis) 중뇌 아래쪽에 위치하고 있는 조직. 이 조직은 학습 및 기억과 밀접한 관련이 있다. 기저핵이 활성화되면, 나머지 뇌 영역에 학습되고 있는 것이 중요하니 저장하라고 말하는 것으로 생각된다. 기저핵은 편도체와 피질에 자기의 생각을 전달하며, 기억들을 강화하기 위해 아세틸콜린을 방출한다.

기회의 창(window of opportunity) 어린 뇌가 신경망을 형성하고 공고화하기 위해 특정 유형의 정보에 반응하는 중요한 기간

길항제(anatagonists) 시냅스의 기능을 봉쇄하는 물질

난독증(dyslexia) 글자를 읽거나 인식하는 데 어려움이 있는 잘 치료되지 않는 읽기발달장애. 듣고 말하는 데는 별다른 지장을 느끼지 못하는 아동 혹은 성인이 단어를 정확하고 유창하게 읽거나 철자를 인지하지 못하는 증세. 이는 학습장애의 일종으로, 지능저하나 부모의 사회적 · 경제적 지위와는 관련이 없는 것으로 알려져 있다. 난독증은 크게 시각적 난독증, 청각적 난독증, 운동 난독증으로 분류하기도 한다. 시각적 난독증이란 단어를 보고 이를 소리로 연결시키는 데 어려움을 겪는 경우를 말하며, 청각적 난독증이란 비슷한 소리를 구분하고 발음하는 데 어려움을 겪는 경우다. 운동 난독증은 글씨 쓰기를 할 때 손을 움직이는 방향을 헷갈려 하는 경우를 말한다. 대개 미취학 시기부터 단어를 이해하는 데 어려움을 겪거나, 발음을 자주 틀리게 하거나, 말을 더듬는 등의 증상이 나타날 수 있으며, 취학 초기에는 글씨를 베껴 적는 데 어려움을 겪거나, 학습 자체에 취미를 잃기가 쉽다. 그러나 사물이나 그림, 도표의 의미를 받아들이는 능력에는 지장이 없어 지능 저하로 인한 학습장애와는 구분된다.

노르에피네프린(norepinephrine) 에피네프린의 자매 호르몬(노르아드레날린과 같은 것임). 노르에피네프린은 흥분성 신경조절자로서 주로 우리의 각성 상태에 관여하며, 긴급하거나 위험한 상황에 직면했을 때 혹은 흥분되었을 때 유발된다(야이크스![Yikes!]라는 단어를 생각해 보라).

뇌간(brain stem) 감각 정보를 받고 심장박동, 호흡, 체온, 혈압, 소화와 같이 생명 유지에 중요한 기능을 모니터하는 뇌 부위. 척수의 위쪽에 위치하고 있으며, 뇌의 중앙과 아래쪽, 그리고 좌우 뇌반구를 연결한다. 연수(숨뇌)와 뇌교(뇌다리)로 구성된 뇌간(뇌줄기)은 MacLean의 삼위일체 모형에서 '하등의 뇌' 혹은 '파충류의 뇌'로 종종 불린다.

뇌간(diencephalon) 대뇌피질로 향하는 감각 정보와 운동 정보를 통합하는 역할을 담당하는 부위

뇌교(pons) 뇌간의 꼭대기 근처와 중뇌의 위쪽에 있는 중추신경계의 일부. 뇌교는 좌우 소뇌반구와 연락되는 중소뇌각 때문에 다리처럼 보이며, 우리의 감각 정보를 중계해 주는 중요한 정거장이다.

뇌량(corpus callosum) 좌반구와 우반구를 연결하는 2억 4,000개의 백질(white matter)의 신경섬유 다발. 좌뇌와 우뇌를 연결하여 교류를 가능케 하며, 뇌의 중간 윗부분, 피질 아래, 중뇌 영역의 위에 위치하고 있다.

뇌섬엽(insula) 전두엽과 측두엽을 나누는 틈 안쪽에 있는 뇌 부위

뇌의 편재화(laterlization) 좌뇌와 우뇌 중에서 어느 한쪽의 뇌를 훨씬 많이 사용하여 기능적으로 활동이 많은 것. '상대적 뇌 편재화'라는 용어가 좀 더 정확한 표현이다. 우리는 통상적으로 좌반구와 우반구를 최소한 어느 정도는 동시에 사용하고 있기 때문이다.

뇌자도(magnetoencephalography: MEG) 두피에 부착한 전극을 통해 뇌 자기장에서 일어나는 변동을

측정하는 기구

뇌전도(electroencephalogram: EEG) 뇌의 전기 활동을 탐지하여 전위변동, 또는 그것에 의하여 일어나는 뇌전류(brain current)를 두피(頭皮)상에서 유도하여 기록한 전기기록도

뇌졸중(stroke) 뇌로 향하는 정상적인 혈류가 일시적으로 중단되어 발생하는 신경학적 증상. 한의학계에서는 뇌졸중을 중풍(中風) 혹은 이를 줄여서 풍(風)이라고 지칭하는 경우도 있지만, 한의학에서 말하는 중풍에는 서양의학에서 뇌졸중으로 분류하지 않는 질환도 포함하고 있어서 뇌졸중과 중풍은 서로 구분하여 사용하는 것이 바람직하다.

뇌척수액(cerebrospinal fluid) 뇌 안의 뇌실들을 채우고 있는 소금과 염류로 구성된 맑은 용액. 지주막 아래에 있는 지주막하강에 있으며 뇌와 척수 주위를 순환한다.

뇌하수체(pituitary gland) 시상하부의 바닥에 붙어 있는 내분비샘. 분비물질들이 다른 많은 내분비샘의 활성을 조절하고, 이는 생물학적 리듬과 연관되는 것으로 알려지고 있다.

뉴런(neuron) 뇌와 신경계를 구성하는 기본 세포. 세포체, 신경 자극을 전달하는 긴 섬유인 1개의 축색돌기와 자극을 받아들이는 짧은 섬유인 다수의 수상돌기로 구성된다. 인간은 300억~500억 개의 뉴런을 갖고 있다. 뉴런은 그 가지인 수상돌기로부터 자극을 받는다. 뉴런은 축색돌기를 따라 신경 충동을 점화함으로써 다른 뉴런들에 연락을 취한다.

다발성 경화증(multiple sclerosis) 뉴런 주변 수초의 손실에 기인한 신경계 장애

대뇌 신피질(neocortex) 고등 유기체에게만 나타나는 것으로 전뇌의 외피를 둘러싸고 있는 것. 문자 그대로 새로 돋아난 나무껍질을 의미하며, 간단히 피질(cortex)이라고도 한다. 전두엽, 두정엽, 측두엽, 후두엽으로 구성된다.

대뇌(cerebrum) 뇌의 가장 크고 주요한 부위. 좌반구와 우반구로 이루어져 있으며 전두엽, 두정엽, 측두엽, 후두엽을 포함한다. 대뇌에는 중뇌, 소뇌 혹은 뇌간이 포함되지 않는다. 감각 해석, 사고 및 기억을 통제한다.

대뇌피질(cerebral cortex) 대뇌의 맨 꼭대기 층에 위치한 회백질 부분. 4분의 1인치 두께의 신문 크기다. 주름이 져 있고, 6개 층의 피하로 되어 있으며, 뇌세포(뉴런)들로 꽉 차 있다. cortex는 '껍질(bark or rind)'이라는 뜻의 라틴어다. 우리가 외부에서 살펴보면 대뇌피질은 뇌의 꼭대기 3분의 2 부분을 덮고 있다.

대상회(cingulate gyrus) 중뇌 영역과 위쪽 이마 사이에 바로 놓여 있는 부위. 피질과 중뇌 조직들 사이의 의사소통을 중재한다. 옳고 그름, 의사결정 및 정서에 관여하며, 충동과 인지적 융통성을 조절한다. 하나의 마음-몸 상태에서 다른 마음-몸 상태로 이동하는 것을 도와준다.

도파민(dopamine) 주로 긍정적인 기분이나 감정을 일으키는 데에 관여하는 강력하면서도 일반적인 신경전달물질. 도파민은 단백질로부터 합성되며, 작업기억과 운동에 기여한다. 도파민 방출 증

가와 연관되는 학습 활동에 열중하게 되면 유쾌하게 반응할 뿐만 아니라 집중력, 기억력, 동기 수준이 높아진다. 파킨슨병(Parkinson's disease)을 앓고 있는 환자들은 통상적으로 도파민이 부족하다.

두정엽(parietal lobe) 대뇌의 중요한 영역 네 개 중의 하나로, 상뇌 영역 중에서 맨 위에 있다. 두정엽은 몸의 반대쪽 부분으로부터 들어오는 감각 정보를 수용하는 일을 담당하며, 또한 읽기, 쓰기, 언어 및 수 계산의 역할을 담당한다. 두정엽이 손상되면 무인식증(Agnosia), 즉 알지 못하는 상태가 되어 공부는 물론 어떤 일도 잘할 수 없다. 이 영역은 '서커스(circus)' 영역(감각적, 공간적, 운동적)이다. 다른 세 개의 뇌엽은 후두엽, 측두엽, 전두엽이다.

말초신경계(peripheral nervous system) 중추신경계와 함께 행동을 제어하는 신경계 일부. 외부 자극을 감지하여 중추신경계로 전달하고, 또한 중추신경계에서 오는 반응을 기관에 전달하는 역할을 한다. 말초신경계는 전체 신경계에서 중추신경계를 제외한 나머지 부분이라고 볼 수 있는데, 때문에 주된 구성은 감각뉴런과 운동뉴런이 된다. 특히 감각뉴런과 운동뉴런에서 뻗어 나와 있는 축색돌기 다발을 주로 말초신경계라고 한다.

망상활성화계(reticular activating system: RAS) 척수에서 뇌간의 중앙을 거쳐 대뇌로 올라가는 신경계. 뇌간에 뉴런이 밀집되어 형성된 구조로, 뇌의 각성과 흥분 및 주의 집중 등에 관여한다. 후뇌에서 시작하여 상부의 중뇌, 전뇌에 이르도록 신경이 망형 구조를 이루고 있어 의식의 여부를 조절하게 된다. 망상활성화계의 주요 기능은 시상과 대뇌피질에서의 뇌전도 불일치를 조절하는 것으로 알려져 있다.

망양체(reticular formation) 뇌간의 꼭대기와 뇌의 중간 아랫부분 근처에 있는 조그만 조직. 망양체는 주의력, 각성, 잠에서 깬 의식을 담당하는 조절자다.

명시적 기억(explicit memory) 의식적 기억으로, 항목을 인출할 수 있고 인출된 항목이 옳은 것인지 알고 있음을 지적할 수 있는 기억. 외현적 기억이라고도 불리며, 암묵적 기억과 대조된다.

무뇌증(anencephaly) 대뇌반구가 없고 단지 뇌간 흔적만 있는 미숙한 뇌와 불완전한 두개골 구조를 가진 태아의 장애

무동성 무언증(akinetic Mutism) 뇌손상 또는 뇌의 중앙, 전두부의 손상으로 때때로 일어나는 장애. 이 장애가 있는 사람은 방향감각을 잃고 무기력하며 말을 할 수 없다.

묶음(chunking) 서로 관련된 정보들을 하나의 정보 또는 묶음으로 인식하는 뇌의 능력

미엘린(myelin) 축색돌기를 덮고 있고 절연시키는 지방성의 백색 보호물. 수초라 불리는 미엘린은 세포(뉴런)들을 더욱 효율적으로 만들어 열두 배나 더 빨리 이동하도록 도와줄 수 있다. 미엘린을 집 주변에 있는 전기코드를 덮고 있는 고무로 생각할 수 있다.

바소프레신(vasopressin) 시상하부에서 합성되는 스트레스 관련 호르몬. 혈관 수축, 혈압 조절, 물의

보존, 기억 및 고통과 상호 관련이 있다.

베르니케 영역(Bernicke's area) 두정엽과 좌측 측두엽의 상부 뒤쪽 가장자리. 독일의 신경정신과 의사인 Carl Wernicke가 발견하였으며, 청각피질과 시각피질로부터 전달된 언어 정보의 해석을 담당한다. 베르니케 영역에서 사고가 언어로 전환된다. 일반적으로 소음을 들을 때는 일차 청각 영역이 활성화되지만, 단어와 같은 의미를 가진 소리를 들으면 뇌 좌측에 위치한 베르니케 영역에서 더 많은 활성화를 나타낸다.

변연계(limbic system) 대뇌 맨 아래에 있는 구조. 뇌량(좌우 뇌 연결 다리)을 둘러싸고 있으며, 충동과 인지적 융통성을 조절하는 대상회(띠이랑), 기억을 담당하는 해마, 정서를 담당하는 편도, 호르몬 조절부인 시상하부와 뇌하수체를 포함하는 중뇌 영역에서의 일군의 연결된 조직이다. 변연계는 포유동물에서 가장 잘 발달했기 때문에 '포유류의 뇌'라고도 부른다.

부신 피질 자극 호르몬(adrenocorticotropic hormone: ACTH) 스트레스와 관련이 있는 호르몬. 뇌하수체(pituitary gland)에서 분비된다. 이 호르몬은 우리가 손상을 입거나, 정서를 느끼거나, 고통을 당하거나, 병균에 감염되거나, 기타 외상을 경험할 때 우리의 조직 속으로 방출된다.

분리 뇌(split brain) 뇌량이 절단되어 양쪽 반구의 물리적 연결이 절단된 상태의 뇌

브로카 영역(Broca's area) 언어의 생성 및 제어와 관련 있는 좌반구 하측 전두엽의 일부 영역. 브로카 영역은 프랑스의 외과 의사 Paul Broca가 발견했으며, 주로 언어의 구사능력과 관련 있으며, 손상되었을 때 브로카 실어증(Broca's aphasia)이 나타난다. 브로카 실어증의 핵심 증상은 말을 유창하게 하지 못함에도 언어 이해와 발성 기제가 정상적인 것이다.

서술적 기억(declarative memory) 사실에 관한 지식을 표상하고 있는 기억. 의식적 접근이 가능하다는 의미에서 서술적이며, 의식적으로 기술할 수 없는 절차적 기억과 대조된다. 사건의 시간, 장소, 상황에 관한 세부사항에 관해 아는 것을 말할 수 있다.

섬광기억(flashbulb memory) 충격 또는 강력한 정서적 경험을 둘러싼 환경들에 대한 생생한 기억

성상세포(astrocytes) 뇌와 척수에 있는 크기가 가장 크고 수가 가장 많은 지주세포. 모양이 별과 같이 생긴 성상세포는 세포들 주변의 화학적 환경을 다스리고, 손상에 반응하고, 의사소통을 하고, 신경세포들에 영향을 미치는 조절 물질들을 방출하는 것을 도와준다.

세로토닌(serotonin) 대체로 긴장이완을 유도하고 식욕, 기분, 학습, 의식 및 수면을 조절하는 신경전달물질. 항울제(프로잭과 같은)는 보통 세로토닌의 흡수를 억압하여 항울작용을 더 활성화시킨다. 남자가 여자보다 평균 20~30% 적다. 세로토닌은 행동적 및 인지적 유연성을 증가시킨다. 따라서 적당한 양은 좋지만, 너무 많으면 우리를 두렵고, 자신감이 없고, 강박-충동적으로 만든다. 그리고 너무 적으면 공격성과 우울증을 가져온다.

세르톨리세포(sertoli cell) 포유류에서 정자 형성의 장소인 정세관(精細管) 벽에 있는 지지세포. 대단

히 복잡한 형상을 하고 있으며 각 단계의 정세포의 간극을 메우고 있다. 그 기능으로서는 정세포의 물리적인 지지와 영양인자의 공급 및 성숙정자의 배출 등이 알려져 있으며, 또한 태아기에서 성분화의 결정에 중요한 역할을 하고 있는 것으로 추정되고 있다.

소뇌(cerebellum) 후두엽 아래 및 뇌간 바로 옆에 위치하고 있는 콜리플라워(cauliflower, 꽃양배추) 모양의 조직. cerebellum이란 단어는 '작은 뇌(little brain)'라는 뜻의 라틴어다. 평형(균형), 몸의 자세, 공간운동을 조절하는 기능을 하며 우리 몸의 레이더 역할을 하는 운동중추로서 간단한 학습방법을 기억하는 기능도 지니고 있다.

수상돌기(dendrites) 우리의 손가락과 유사한 것으로 세포체로부터 퍼져 있는 밧줄로 꼰 끈과 같은 섬유들. 즉, 뉴런의 세포체에서 뻗어 나온 가지로, 시냅스 연결을 통해 근처 뉴런에서 자극을 받는다. 수상돌기들이 각기 시냅스를 만들기 위해 결합할 때 축색돌기들을 위한 투입과 결합 영역을 제공한다. 각 세포는 보통 상당히 많은 수상돌기를 갖고 있다.

수지상부(arborization) 뉴런에 새로운 수상돌기가 돋아나는 과정. 뉴런이 새로운 가지들이 돋아나는 나무들처럼 보이는 사실로부터 붙여진 이름이다.

수질(medulla) 뇌간에 위치하는 뇌의 일부분. 뇌반구와 척수 간의 정보를 전달한다. 수질은 호흡, 순환, 각성, 심장박동을 조절한다.

시냅스(synapse) 한 신경세포의 축색돌기와 다른 신경세포의 수상돌기 사이에 있는 미세한 틈새. 한 신경세포의 축색돌기가 다른 세포의 수상돌기를 자극하기 위해 신경전달물질들을 방출할 때 결과적으로 생기는 반응의 연접 부위다. 성인의 경우 무수히 많은 시냅스를 갖고 있다. 시냅스는 우리의 뇌에서 전기를 화학으로, 화학을 전기로 중계하는 이관 지점이다.

시상(thalamus) 뇌의 가운데에 깊숙이 위치하고 있음. 후각을 제외한 모든 감각 정보를 수용하고 추가적인 처리를 위해 이 정보를 다른 피질 영역으로 보내는 주요 중계 정거장이다. 시상은 우리가 일상적인 의식과 기억을 회복하는 데에 중요하다. 시상은 우리의 뇌를 위한 봉사자다.

시상하부(hypothalamus) 시상 아래 오른쪽에 있는 조그만 조직. 중뇌 영역의 가운데 아래에 위치하고 있다. 자동온도조절 장치와 같은 작용을 한다. 식욕, 호르몬 분비, 소화, 성욕, 순환, 정서 및 수면을 점검하고 조절한다.

시신경 교차상핵(suprachiasmatic nuclei) 시신경들이 시각피질로 가는 길에 서로 교차하는 지점 바로 위에 위치하는 뉴런들의 작은 집단. 우리 몸을 총지휘하는 생체시계(biological clock)가 있는 곳으로 외부의 빛의 강도를 판단하고 수면 주기를 시작하도록 시신경과 함께 신호들의 강도를 조정한다.

신경 효율성(neural efficiency) 반복되는 과제를 수행할 때 더 적은 뉴런들을 사용하는 뇌의 능력

신경가소성(neuroplasticity) 새로운 경험의 결과로 신경망을 재조직하는 뇌의 능력. 신경망이 새로운

정보를 습득하고, 교정을 위한 피드백을 받고, 새로운 지식과 이전 지식의 관련성을 인식함으로써 스스로를 연장하고, 쳐 내고, 재조직하고, 교정하고, 강화하는 능력으로 평생 지속된다. 즉, 신경계의 잠재적 능력으로 물리적 또는 화학적 변화가 생겼을 때 환경 변화에 대한 적응성을 높이고 손상을 극복하는 능력을 말한다.

신경과학(neuroscience) 신경체계의 활동과 관련된 과학. 신경계의 구조, 기능, 진화, 발생, 유전학, 생화학, 생리학, 약리학, 정보학, 병리학 등을 연구하는 광범위한 학문 분야로, 전통적으로 생물학의 한 분야로 간주되어 왔으나 최근 인지심리학, 신경심리학, 컴퓨터과학, 물리학, 의학 등 많은 분야가 관련된 학제적 학문이 되었다.

신경교(glia) 'neuroglia'의 축약어로, 매우 중요한 뇌세포의 두 유형 중의 하나(다른 하나는 뉴런임). 신경교는 뉴런들보다 수적으로 5~10배나 더 많다. 영양물을 운반하고, 회복을 촉진하고, 수초 생성을 도우며, 나름의 의사소통 연결망을 형성하기도 한다. 또한 신경조직 발생에 관여하기도 한다.

신경발생(neurogenesis) 새로운 뇌세포들이 성장하는 과정. 신경발생은 인간의 경우 해마와 후엽(olfactory area, 嗅葉)에서 단 한 번 일어나는 것으로 알려져 있다. 신경발생은 인간 외에도 또한 새, 쥐, 원숭이에서도 일어난다.

신경전달물질(neurotransmitter) 인간 뇌의 생화학적 전달자. 우리 인간에게는 50개 종류 이상의 신경전달물질이 있다. 우리 축색돌기 낭에 존재하는 100여 가지 화학물질로, 한 뉴런에서 다른 뉴런으로 시냅스 간격을 지나 자극을 전달한다. 신경전달물질은 보통 가까이에 있는 신경세포를 흥분시키는 자극제로서, 혹은 활성화를 억누르는 억제자로서 작용을 한다. 세로토닌, 감마아미노낙산(GABA), 도파민이 이에 해당한다.

신경조절물질(neuromodulator) 가장 잘 알려진 인간 뇌의 생화학적 전달물질로 시냅스에서 전달의 질에 영향을 주는 화학제품들. 코르티솔, 에스트로겐, 테스토스테론, 아드레날린이 이에 해당한다. 이러한 화학제품들은 행동 동기의 증폭기(신경전달물질)다. 우리는 약 50개의 신경전달물질을 갖고 있으며, 이러한 신경전달물질은 신경 활동을 촉진하거나 방해하는 조절자다.

실어증(aphasia) 정상적인 이해능력과 발성 기제를 가지고 있음에도 언어를 말하지 못하거나 이해하지 못하는 증세. 브로카 실어증은 말을 이해하는 능력을 유지하고 정상적인 발성 기제를 가지고 있음에도 말을 유창하게 하지 못하는 증세다. 베르니케 실어증은 단어를 말할 수 있음에도 언어를 이해하지 못하거나 의미 있는 말을 하지 못하는 증세다.

아드레날린(adrenaline) 위험, 흥분 및 긴급의 호르몬. 스트레스를 받거나 공포 혹은 흥분 상태에 놓이면, 부신(adrenal gland)으로부터 혈류 속으로 이 호르몬이 방출된다. 이 호르몬이 우리의 간(liver, 肝)에 도달하면, 급속 에너지(rapid energy)를 위해 포도당의 방출을 자극한다. 분노에 의해 야기된 흥분의 증가는 심장관을 압축시킬 수 있으며, 이는 심장이 더 높은 압력에 헐떡이게 한다. 이 호르몬은 또한 에피네프린(epinephrine)으로 알려져 있다.

아세틸콜린(acetylcholine) 기억 신경전달물질의 하나. 특히 장기 기억 형성에 관여한다. 주요 접합부에서 방출되는데, 수면 중에 가장 많이 방출된다.

아포토시스(apoptosis) 불필요하거나 건강하지 않은 뇌세포들을 파괴하도록 유전적으로 프로그램된 과정

알츠하이머병(Alzheimer's disease) 노인성 치매를 일으키는 가장 흔한 퇴행성 뇌질환. 1907년 독일의 정신과 의사인 Alois Alzheimer 박사에 의해 최초로 보고되었다. 알츠하이머병은 매우 서서히 발병하여 점진적으로 진행되는 경과가 특징적이다. 초기에는 주로 최근 일에 대한 기억력에서 문제를 보이다가 진행하면서 언어기능이나 판단력 등 다른 여러 인지기능의 이상을 동반하게 되고 결국에는 모든 일상생활기능을 상실하게 된다.

암묵적 기억(implicit memory) 무의식적 기억. 기술이나 조건 반응 혹은 즉각적 사건 회상과 같은 지식을 드러낼 수 있지만 외현적으로 정보를 인출할 수 없다. 명시적 기억 혹은 외현적 기억과 대조된다.

양전자방출단층촬영술(position emission tomography: PET) 방사능으로 주사된 당이 뇌 조직 안에서 대사되는 과정을 추적하여 뇌 활동을 총천연색으로 찍어 내는 기구. 혈류 속에 해가 없는 방사능 물질을 주사하여 뇌의 변화 활동을 컴퓨터의 도움을 받아 재현한 것으로, 뇌의 구조를 아주 자세히 관찰할 수 있음은 물론, 뇌의 어떤 부분이 특정 활동과 관련이 되는지, 뇌가 다양한 유형의 자극에 의해 어떤 영향을 받는지, 뇌의 여러 부위의 활동 수준을 상당히 정확하게 측정할 수 있다. 그리고 각기 다른 개인에게서 비슷하거나 다양한 뇌 발달 패턴과 신경학적 기능에 대한 결론을 내릴 수 있다. PET 스캔의 심각한 문제점은 주사를 놓기 때문에 침습적이라는 점과 방사성 용액을 사용한다는 점이며, 그래서 아이들에게는 잘 사용하지 않는다.

에피네프린(epinephrine) 아드레날린(adrenaline)을 대신하는 단어. 에피네프린은 싸움, 냉담 혹은 도피, 신진대사 속도, 혈압, 정서 및 기분과 같은 우리의 각성 상태에 주로 관여하는 신경전달물질이자 호르몬이며 신경조절자다.

엔도르핀(endorphin) 마음을 안정시키는 천연 마취제. 이 신경전달물질은 모르핀(morphine)과 유사한 것으로 뇌하수체에서 생산된다. 과도한 고통을 막아 주며 뇌 안에서 ACTH(부신피질자극호르몬)와 엔케팔린(enkephalin: 신경 펩티드의 일종)과 함께 방출된다. 고통을 덜어 주기 위해 방출되는 엔도르핀은 고통을 느낄 때만 방출된다.

옥시토신(oxytocin) 뇌에서 신경조절물질(neuromodulator)로 작용하는 포유동물에서 나타나는 호르몬. 성교와 임신 중에 방출되며 남녀 한 쌍의 결합에 영향을 준다. 여성들이 남성들보다 더 많이

갖고 있다. 여성이 진통을 하는 동안 자궁과 자궁경관이 팽창할 때, 유두가 자극을 받을 때, 출산이 이루어질 때, 모유 수유를 할 때 옥시토신이 분비된다.

운동신경(motor neuron) 뇌와 척수로부터 근육을 수축시키기 위해 정보를 전달하는 신경. 우리 몸의 내부와 외부 세계에서 일어나는 일에 대응하여 움직이는 데 관여한다. 운동신경의 기능은 중추신경의 신호를 전달하여 근육을 수축시키는 것이다. 운동신경과 근섬유 사이에는 신경과 근육의 접합부(신경근접합부)가 존재하여, 중추신경으로부터 전달된 신호가 여기에 작용하여 다량의 신경전달물질이 분비되면, 근섬유가 이에 반응하여 수축된다.

운동피질(motor cortex) 한쪽 귀에서 머리 맨 위의 전두엽과 두정엽 사이를 지나 다른 쪽 귀에 이르는 좁은 띠. 움직임을 조절한다.

의미적 기억(semantic memory) 어떤 사건과 관련되지 않은 사실과 정보들에 대한 기억

이중해리(double dissociation) 좌우 전두엽, 좌우 측두엽, 좌우 두정엽 등 대칭 구조를 가진 영역에서 발견되는 상반되는 손상 패턴. 관련된 인지기능의 선택적 결핍에서의 한 쌍의 실험 결과들이 이에 해당한다. 예를 들어, 오른쪽 두정엽 영역의 손상이 공간적 작동기억의 결핍을 만들어 내지만 언어적 작동기억은 손상되지 않은 채로 남아 있다(결과 1). 다음, 왼쪽 전두엽 영역의 손상이 언어적 작동기억의 결핍을 만들어 내지만 공간적 작동기억은 손상되지 않은 채로 남아 있다(결과 2). 두 결과가 발생되었을 때 이중해리를 갖게 된다.

일화적 기억(episodic memory) 특정 장소와 시간 맥락에 연결된 사건들에 대한 자서전적 기억. 우리가 의식적으로 접근하는 개인사적 사건들에 대한 지식을 말한다.

자기공명영상술(magnetic resonance imaging: MRI) 강한 자기장 내에서 인체에 라디오파를 전사해서 반향되는 전자기파를 측정하여 영상을 얻어 질병을 진단하는 기구. 언어 습득이나 읽기 등 복잡한 뇌의 작용을 이해하는 데 아주 유용하며, CT와 마찬가지로 뇌의 구조에 대한 영상을 제공한다. 그러나 CT와 달리 MRI는 방사선에 노출하지 않고도 뇌와 같이 부드러운 조직의 횡단면을 고화질의 영상으로 볼 수 있게 해 준다. 그 장비는 조직 내의 원자에서 신호를 일으키기 위해 강한 자기장과 라디오파를 이용한다. 방사선에 노출되지 않고도 뇌 조직을 고화질의 영상으로 볼 수 있게 해 주는 MRI는 뇌가 자기장에 접할 때 뇌 조직의 원자에 반응하는 에너지를 측정하여 그 결과를 자세한 영상으로 바꾼다. CT보다 해상도가 훨씬 높으며 모든 각도의 영상을 얻을 수 있다.

작업기억(working memory) 의식적인 정보처리가 이루어지는 일시적인 기억. 정보들을 일시적으로 보유하고, 각종 인지적 과정을 계획하고 순서 지으며 실제로 수행하는 작업장으로서의 기능을 수행하는 단기 기억이다.

작화증(confabulation) 개인이 사실이라고 믿는 왜곡된 내용. 장기 기억의 공백을 채워 넣는 것이다.

전두엽(frontal lobes) 뇌의 주요 네 영역 중의 하나로 우리의 양쪽 눈 바로 위에 있는 뇌 영역의 위쪽 앞 부위. 고차적 사고를 모니터하고 수의적(隨意的) 운동, 언어 표현, 문제해결, 의지력, 판단, 창의성, 기획 등을 조절한다. 전두엽은 성숙해짐에 따라 충동성과 성급한 행동을 억제한다. 뇌의 다른 세 영역은 두정엽, 측두엽, 후두엽이다.

전전두피질(prefrontal cortex) 전두엽의 운동피질 및 전운동피질의 앞쪽에 위치한 피질. 인간의 뇌에서 특히 크다. 이마 바로 뒤에 위치한 뇌 부위로 의사결정, 고차적 사고, 정서적 반응의 통제를 포함한 인지적 처리를 담당하는 것으로 여겨지고 있다.

절차적 기억(procedural memory) 어떤 과제를 해결하거나 행동을 수행하는 데 요구되는 일련의 지식이나 기능에 대한 기억. 운동(자전거 타기)과 인지적 기술(읽는 법 학습하기)을 학습하도록 하는 비서술적 기억의 한 형태다. 절차적 기억은 자주 사용함에 따라 의식적인 노력 없이 자동적으로 접근하여 사용할 수 있게 된다.

점화(priming) 같은 혹은 비슷한 자극이 나중에 제시될 때 신경계가 민감화되어 있음을 일컫는 현상

정서적 기억(emotional memory) 자극 혹은 사건의 정서적 속성에 대한 기억

즉각기억(immediate memory) 정보가 수 초 동안 잠재적으로 처리되는 임시 기억. 이 정보는 이후 작업기억으로 이동되거나 망각된다.

증식(proliferation) 뇌 발달 동안 새로운 뇌세포를 생성하는 과정. 뇌 발달 동안 새로운 뇌세포가 나타나는 신경관벽 내부에 있는 지역을 증식 영역(proliferative zones)이라고 한다.

지주세포(glial cell) 절연, 영양분 공급, 구조적 지지를 담당하고 뉴런의 회복을 돕고 폐기물을 제거하는 신경계 세포. 뇌에서 각각의 뉴런들을 감싸고 있으면서 영양분을 공급하고 보호하며 지원하는 역할을 한다.

초두-최신 효과(primacy-recency effect) 학습하는 동안 처음 제시된 것을 가장 잘 기억하고 마지막에 제시된 것을 두 번째로 잘 기억하는 현상

축색돌기(axons) 뇌세포(뉴런)로부터 뻗어 있는 길고 가지가 없는 신경섬유. 한 세포에서 다음 세포로 자극을 전달한다. 1미터까지 자랄 수 있다. 축색돌기가 충분히 사용되면 미엘린(myelin: 수초를 이루는 물질)이라 불리는 지방성의 하얀 절연물을 쌓아 올린다.

측두엽(temporal lobes) 대뇌의 측면(상뇌의 중간, 양쪽 귀의 근처)에 있는 부위. 듣기, 감각, 언어, 학습 및 기억 저장을 담당하는 영역으로 알려져 있다. 측두엽은 단어, 문장, 언어를 저장한다. 여러 기능을 맡고 있는 측두엽이 손상되면 환각이 나타나거나 기억장애가 나타날 수 있다. 특히 뇌졸중으로 좌측 측두엽 부위에 심한 손상을 받으면 실어증이 나타난다. 다른 세 개의 주요 대뇌 영역은 전두엽, 후두엽, 두정엽이다.

칵테일 파티 효과(cocktail party effect) 자신과 관련 있는 정보에는 선택적으로 주의하지만 다른 정보

는 무시하는 것. 필요 없는 소리를 식별해서 지워 버릴 수 있는 뇌의 기능 때문에 가능하다.

컴퓨터단층촬영술(computerized tomography: CT) X레이가 발전된 것으로, 조직의 횡단면을 영상화하는 촬영 기술. 많은 X선이 조직을 다각도로 통과하는데, 이때 흡수된 방사선의 양을 측정한다. 그 후 컴퓨터가 조직 각 부위의 밀도를 판독해서 영상화한다. CT 스캔은 뇌의 구조를 보여 준다. CT는 뇌실의 확장, 좌우비대칭성, 뇌혈관장애, 뇌종양, 두부외상 등 여러 가지 뇌질환에 대한 진단과 식별, 평가를 가능하도록 하여 뇌장애에 대한 진단적 가치를 높여 주고 있다.

코르티솔(cortisol) 부신피질에서 생성되는 스테로이드 호르몬의 일종. 신체 기관의 포도당 사용을 억제한다. 다양한 스트레스(긴장, 공포, 고통, 감염 등)에 반응하여 분비되는 부신피질 호르몬 중 하나다. 간, 근육, 지방세포 등에 작용하여 스트레스에 대항하여 몸 전체적으로 에너지를 공급하게 하는 신호를 전달한다. 위험 상황에 대비하여 우리의 뇌와 신체가 경계태세를 유지하는 데에는 중요한 역할을 하지만, 결과적으로는 학습과 기억 능력을 감소시킨다.

콜린성 관(cholinergic tract) 신경전달물질인 아세틸콜린을 시냅스로 보내는 뉴런관. 근육을 수축케 하는 뉴런이 콜린으로 활성화된다.

투렛 증후군(Tourette syndrome) 기저핵의 이상으로 발생하는 경련. 욕이나 동물의 울부짖음을 포함하는 불수의적인 발성, 신체, 특히 얼굴과 목의 불수의적인 움직임이 있다.

파킨슨병(Parkinson's disease) 대표적인 신경퇴행성 질환 중의 하나. 신경퇴행성 질환이란 뉴런들이 어떤 원인에 의해 소멸되어 이로 인해 뇌기능의 이상을 일으키는 질병을 지칭하는 말이다. 대표적인 신경퇴행성 질환으로는 흔하게 알츠하이머병이나 파킨슨병, 드물게는 루게릭병 등을 예로 들 수 있다. 파킨슨병은 1817년에 처음으로 James Parkinson이라는 영국 의사가 손 떨림, 근육 경직, 자세 불안정 등의 특징적 양상을 보이는 환자들에게 '떨림 마비'라는 이름을 붙이면서 처음 알려졌다.

펩티드(peptide) 아미노산 사슬로 구성된 호르몬의 한 종류. 이 단백질은 상태, 분위기, 사고에 대한 정보 메신저의 역할을 한다. 펩티드는 몸 전체를 이동한다.

편도체(amygdala) 뇌의 중앙(측두엽 앞쪽), 해마 밑부분의 오른쪽에 위치하고 있는 아몬드 모양의 조직. 이 두 조직은 가정에서 화재경보기가 작동하는 것과 같은 방식으로 여러 감각을 처리하는 중요한 영역이다. 편도체는 우리의 뇌에 불안, 분노, 공포, 의심의 정서를 전달한다. 편도체는 뇌의 많은 다른 영역과 관련이 있으며 학습, 인지 및 정서 기억에 중요하다.

피라미드 뉴런(pyramidal neurons) 세포체가 다소 피라미드처럼 생긴 뉴런. 뇌에 있는 뉴런의 80% 이상을 차지한다.

피질(cortex) 대뇌를 덮고 있는 얇고 질긴 세포층. 인지와 운동을 처리하는 모든 신경세포가 들어 있다.

핍돌기교세포(oligodendrocyte) 신경발생을 하고 있는 세포들을 지원하는 일에 관여하는 지주세포(glial cell)의 매우 중요한 유형. 수초의 생성을 돕는 역할을 한다.

하뇌(lower brain) 상위 척수(upper spinal cord), 수질(medulla), 뇌교(pons)로 구성되어 있는 뇌의 아랫부분. 망양체(reticular formation)라고 일컫는 사람도 더러 있다. 하뇌는 감각 정보를 흡수하고 호흡과 심장박동과 같은 우리의 생존기능을 조절한다.

해마(hippocampus) 측두엽 깊은 곳에 위치하고 있는 부위. 뇌의 좌측과 우측에 각각 하나씩 모두 두 개의 해마가 있다. 두 개의 해마는 상당히 결합되어 있고, 빨리 학습하며, 적은 양의 기억을 갖고 있다. 초승달 모양으로 생겼으며, 학습과 기억 형성에 밀접히 관여한다. 새로운 학습(명시적)은 버려지거나 아니면 장기 기억을 위해 피질에 전달되기 전에 수 시간, 수 일, 혹은 심지어 수 주 동안 해마에 보관된다. 정보를 작업기억(단기 기억)에서 장기 기억으로 부호화한다.

황금시간(golden-time) 학습회기 중 정보나 기능이 가장 잘 기억되는 시간

회백질(gray matter) 세포체들과 모세혈관들로 구성된 신경계의 일부분. 정보를 모으거나 변경하는 활동 및 이러한 활동들을 지지하는 역할을 한다.

후두엽(occipital lobe) 대뇌 뒤쪽에 위치하고 있는 부위. 상뇌(upper brain)의 중요한 영역 네 개 중의 하나인 후두엽에는 시각중추가 있기 때문에 시각피질이라고도 한다. 눈으로 들어온 시각 정보는 시각피질에 도달해 모양, 위치, 운동 상태를 분석한다. 다른 세 개의 영역은 두정엽, 전두엽, 측두엽이다.

참고문헌

강영하, 김유미, 김혜숙, 문은식, 이명숙, 정종진 공역(2008). 교육심리학: 문제중심접근[*Educational psychology: A problem-based approach*]. E. A. Jordan & M. J. Porath 공저. 서울: 아카데미프레스. (원저는 2006년에 출판).

강영하, 송재홍, 정미경, 정종진 공역(2004). 교육심리학: 수업을 위한 심리학적 원리와 적용[*Psychology applied to teaching* (10th ed.)]. J. Snowman & R. Biehler 공저. 서울: 아카데미프레스. (원저는 2003년에 출판).

국립특수교육원(2009). 특수교육학 용어사전. 서울: 하우.

권형규 역(2011). 뇌기반 수업[*Teaching with the brain in mind* (2nd ed.)]. E. Jensen 저. 서울: 문음사. (원저는 2005년에 출판).

김대식(2003). 공부혁명: 뇌를 알면 놀면서 1등한다! 서울: 에듀조선.

김동일 역(2014a). 다중지능과 교육[*Multiple intelligences in the classroom* (3rd ed.)]. T. Armstrong 저. 서울: 학지사. (원저는 2009년에 출판).

김동일 역(2014b). 신경과학과 학습장애: 진단과 교육을 위한 새 지평[*Neuropsychological perspectives on learning disabilities in the era of RTI: Recommendations for diagnosis and intervention*]. E. Fletcher-Janzen & C. R. Reynolds 공저. 서울: 학지사. (원저는 2008년에 출판).

김동일, 김이내, 신재현, 이기정(2011). 수학 기술 중재 효과성 연구의 동향과 과제: 뇌 영상 기법을 중심으로. 교육심리연구, 25(3), 475-499.

김동일, 이대식, 신종호(2009). 학습장애아동의 이해와 교육(2판). 서울: 학지사.

김명희, 이경희 공역(1998). 다중지능의 이론과 실제[*Multiple intelligences: The theory in practice*]. H. Gardner 저. 서울: 양서원. (원저는 1993년에 출판).

김성일(2003). 뇌기반 학습과학과 과학/수학 교육. 제1회 뇌기반 학습과학 심포지움 발표 논문집, 83-101.

김성일(2004). 새로운 학습패러다임으로서 두뇌기반 학습과학의 전망과 당면과제. 대구교육대학교 초등교육연구원 편저, 두뇌기반교육: 어떻게 실천할 것인가(pp. 4-37). 대구: 대구교육대학교 초등교육연구원.

김용진, 김학현, 박재근, 채희경, 박미아, 강경미, 조선희, 민윤기, 장남기(2000). 문제풀이 활동에서 뇌파 측정에 의한 두뇌 기능 상태의 평가. 한국생물교육학회지, 28(3), 291-301.

김용진, 장남기(2001). 중학교 과학수업에서 두뇌순환학습 프로그램의 적용 효과. 한국생물교육학회지, 29(2), 186-194.

김유미(1999). 교사와 부모를 위한 두뇌체조. 서울: 푸른세상.

김유미(2002a). 두뇌를 알고 가르치자. 서울: 학지사.

김유미(2002b). 두뇌기반 교수-학습의 원리와 적용방안 탐색. 교육학연구, 40(3), 247-270.

김유미(2003). 뇌 기반 교수-학습에서 동기유발. 열린유아교육연구, 8(1), 31-70.

김유미(2004). 뇌 기반 교수-학습이 아동의 자기조절능력 및 학업성취에 미치는 효과. 교육학연구, 42(1), 83-106.

김유미(2005). 뇌를 통해 본 아동의 정서. 서울: 학지사.

김유미(2009). 뇌를 알면 아이가 보인다. 서울: 해나무.

김유미 역(1996). 인간의 두뇌[*The brain book*]. P. Russell 저. 서울: 교육과학사. (원저는 1996년에 출판).

김유미 역(2008a). 영재의 뇌는 어떻게 학습하는가[*How the gifted brain learns*]. D. A. Sousa 저. 서울: 시그마프레스. (원저는 2003년에 출판).

김유미 역(2008b). 장애아의 뇌는 어떻게 학습하는가[*How the special needs brain learns* (2nd ed.)]. D. A. Sousa 저. 서울: 시그마프레스. (원저는 2007년에 출판).

김유미 역(2009). 마음, 뇌, 교육의 연결고리를 찾아[*The educated brain: Essays in neuroeducation*]. A. M. Battro, K. W. Fischer, & P. J. Lena 저. 서울: 학지사. (원저는 2008년에 출판).

김유미 역(2011). 뇌를 알면 문제 행동 해결이 보인다[*How the brain influences behavior*]. D. A. Sousa 저. 서울: 시그마프레스. (원저는 2009년에 출판).

김유미 역(2012). 뇌 친화적인 교육 리더[*The leadership brain: How to lead today's schools more effectively*]. D. A. Sousa 저. 서울: 시그마프레스. (원저는 2003년에 출판).

김재영(1999). 양쪽 뇌를 사용하는 마인드맵. 교육개발, 봄호, 78-91.

김재영, 오세웅 공역(1999). 학습혁명[*The learning revolution*]. G. Dryden & J. Vos 공저. 서울: 해냄. (원저는 1994년에 출판).

김정섭, 신경숙, 유순화, 이영만, 정명화, 황희숙 공역(2010). 스턴버그의 교육심리학[*Educational psychology* (2nd ed.)]. R. J. Sternberg & W. M. Williams 공저. 서울: 시그마프레스. (원저는 2010년에 출판).

김종백, 신종호 공역(2008). 마음, 뇌 그리고 학습[*Minds, brains, and learning: Understanding the psychological and educational relevance of neuroscientific research*]. J. P. Brynes 저. 서울: 학지사. (원저는 2001년에 출판).

김현택, 김명선, 김재진 공역(2012). 뇌와 행동의 기초[*An introduction to brain and behavior* (3rd ed.)]. B. Kolb & I. Q. Whishaw 공저. 서울: 시그마프레스. (원저는 2011년에 출판).

대한총명학회(2003). 공부가 쉬워지고 일이 즐거워지는 두뇌혁명. 서울: 조선일보사.

도경수, 박창호, 김성일(2002). 인지에 관한 뇌 연구의 개괄적 고찰, 평가, 및 전망. 한국심리학회지: 실험 및 인지, 14(4), 321-343.

라명화 역(1994). 마인드 맵 북[*The mind map book*]. T. Buzan & B. Buzan 공저. 서울: 평범사. (원저는 1994년에 출판).

라명화 역(1995). 마인드 맵핑[*Mindmapping*]. J. Wycoff 저. 서울: 상상북스. (원저는 1991년에 출판).

문용린(2004). 지력혁명. 서울: 비지니스북스.

문용린 역(2001). 다중지능: 인간 지능의 새로운 이해[*Intelligence reframed: Multiple intelligences for the 21st century*]. H. Gardner 저. 서울: 김영사. (원저는 1999년에 출판).

문정화, 안승찬, 윤선아, 이명경, 정수영, 정종진, 최정미(2011). 브레인 트레이너 한권으로 끝내기. 서울: 글로벌사이버대학교 출판부.

문정화, 하종덕(1999). 또 하나의 교육 창의성. 서울: 학지사.

박승호, 서은희 공역(2009). 뇌는 어떻게 학습하는가[*How the brain learns* (3rd ed.)]. D. A. Sousa 저. 서울: 시그마프레스. (원저는 2006년에 출판).

박재원(2005). 공부가 즐거워지는 기적의 두뇌학습법. 서울: 길벗.

박찬웅(2005). 뇌: 학습과 기억의 구조. 서울: 서울대학교 출판부.

박효정, 성용구, 신명희, 유승희, 이영만, 정재걸, 정종진, 정태희, 하대현(2006). 다중지능 이론과 수업. 서울: 양서원.

백순근(2000). 수행평가의 원리. 서울: 교육과학사.

변영계(2005). 교수-학습이론의 이해. 서울: 학지사.

서유헌(2014). 우리 아이 영재로 키우는 엄마표 뇌교육(개정 증보판). 서울: 동아M&B.

성영신, 강은주, 김성일(2004). 마음을 움직이는 뇌, 뇌를 움직이는 마음. 서울: 해나무.

성용구, 임청환, 정종진 공역(2007). 좋은 수업의 실제: 10가지 전략[*10 best teaching practices: How brain research, learning styles, and standards define teaching competencies* (2nd ed.)]. D. W. Tileston 저. 서울: 시그마프레스. (원저는 2005년에 출판).

손영숙(2004). 그 여자의 뇌, 그 남자의 뇌. 성연신, 강은주, 김성일 편저, 마음을 움직이는 뇌, 뇌를 움직이는 마음(pp. 240-280). 서울: 해나무.

신명희, 강소연, 김은경, 김정민, 노원경, 서은희, 송수지, 원영실, 임호영(2014). 교육심리학(3판). 서울: 학지사.

신종호, 김동민, 김정섭, 김종백, 도승이, 김지현, 서영석 공역(2011). 교육심리학: 교육 실제를 보는 창[*Educational psychology: Windows on classroom* (8th ed.)]. P. Eggen & D. Kauchak 공저. 서울: 학지사. (원저는 2010년에 출판).

안수경 역(2003). 건뇌식[健腦食]. 우에키 아키라 저. 서울: 조선일보사. (원저는 2002년에 출판).

양억관 역(2002). 물은 답을 알고 있다[水はこたえをっている]. 에모토 마사루 저. 서울: 나무심는사람. (원저는 2002년에 출판).

이민희 역(2013). 뇌기반 상담심리학의 이론과 실제[*The neuroscience of human relationships*]. L. Cozolino 저. 서울: 시그마프레스. (원저는 2006년에 출판).

이성은, 오은순, 성기옥(2002). 새 교수법. 서울: 교육과학사.

이세욱 역(2002). 뇌(상 · 하)[*L'Ultime secret*]. B. Werber 저. 서울: 열린책들. (원저는 2001년에 출판).

이순주 역(2000). 기적의 두뇌[*Your miracle brain*]. J. Carper 저. 서울: 학원사. (원저는 2000년에 출판).

이승헌(2005). 아이 안에 숨어 있는 두뇌의 힘을 키워라. 서울: 한문화.

이신동, 정종진, 이화진, 이정규, 김태은 공역(2006). 다중지능과 교수-학습[*Teaching and learning through multiple intelligences* (3rd ed.)]. L. Campbell, B. Campbell, & D. Dickinson 공저. 서울: 시그마프레스. (원저는 2004년에 출판).

이용남, 김은아(2013). 인간 특성과 교육. 서울: 학지사.

이찬승, 김은영 역(2013). 10대를 몰입시키는 뇌기반 수업원리[*Unleashing the potential of the teenage brain: 10 powerful ideas*]. B. Corbin 저. 서울: 교육을 바꾸는 책. (원저는 2008년에 출판).

임종원 역(2004). 새로운 뇌: 뇌는 어떻게 스스로를 변화시키는가[*The new brain*]. R. M. Restak 저. 서울: 휘슬러. (원저는 2003년에 출판).

전성연, 최병연 공역(1999). 학습동기[*Motivation to learn: From theory to practice* (3rd ed.)]. D. J. Stipek 저. 서울: 학지사. (원저는 1998년에 출판).

정봉영, 강도형, 김미영, 김성운, 안승찬, 이건호, 장래혁, 하태민, 박진선, 한성일(2011). 뇌과학에 기반한 학생 창의 · 인성 함양 및 학습력 증진 방안 연구. 교육과학기술부 2011 정책연구과제. 서울: 교육과학기술부.

정종진(1996). 학교학습과 동기. 서울: 교육과학사.

정종진(2004). 잠자는 천재성을 깨우는 데니슨 공부법. 서울: 한언.

정종진(2007). 뇌기능과 학습력 향상을 위한 브레인짐. 서울: 학지사.

정종진(2011). 내 아이의 두뇌가 춤춘다. 서울: 장원교육.

정종진(2013). 다중지능 핸드북: 다중지능이론과 교육. 성남: 한국가이던스.

정종진(2014). 행복수업: 플로리시한 삶을 위한 긍정심리 키우기. 대구: 그루.

정종진(2015). 교사를 위한 교육평가. 서울: 태영출판사.

정종진 역(2010). 뇌 기반 교육의 원리[*Introduction to brain-compatible learning* (2nd ed.)]. E. Jensen 저. 서울: 학지사. (원저는 2007년에 출판).

정종진, 성용구, 임청환 공역(2013). 좋은 수업의 실제 10가지[*10 best teaching practices: How brain research, learning styles, and standards define teaching competencies* (3rd ed.)]. D. W. Tileston 저. 서울: 시그마프레스. (원저는 2011년에 출판).

정종진, 성용구, 임청환, 류성림, 박세원 공역(2012). 학습평가의 방법[*How to assess authentic learning*]. K.

Burke 저. 서울: 시그마프레스. (원저는 2009년에 출판).

정종진, 임청환, 성용구 공역(2008). 뇌기반 교수-학습전략[*Brain-based strategies to reach every learner*]. J. D. Connell 저. 서울: 학지사. (원저는 2005년에 출판).

조주연(1996). 인지과학적 발견에 기초한 주의집중 방략. 한국초등교육, 8(2), 219-242.

최인수 역(2002). 마음의 매직 트리[*Magic trees of the mind*]. M. Diamond & J. Hopson 공저. 서울: 한울림. (원저는 1998년에 출판).

최준식 역(2006). 느끼는 뇌[*The emotional brain: The mysterious underpinnings of emotional life*]. J. E. Ledoux 저. 서울: 학지사. (원저는 1998년에 출판).

최호영 역(2008). 학습된 낙관주의[*Learned optimism: How to change your mind and your life*]. M. E. P. Seligman 저. 서울: 21세기북스. (원저는 2006년에 출판).

최희영 역(2004). 좌뇌 · 우뇌 모두 활용하는 슈퍼캠프 학습법[*Quantum learning*]. B. Deporter & M. Hernacki 공저. 서울: 바다출판사. (원저는 1992년에 출판).

하태민(2009). 심리적 안녕감 향상을 위한 뇌교육프로그램 개발연구. 한국뇌교육종합대학원대학교 박사 학위논문.

황병철, 이종숙(1990). 재미있고 효율적인 기억전략. 서울: 전원문화사.

황정규(1997). 지능의 요인이론, 요소이론, 다지능이론의 비교 분석. 교육심리연구, 11(1), 191-219.

Abbott, J., & Ryan, T. (1999). Constructing knowledge, reconstructing schooling. *Educational Leadership, 57*, 66-69.

Albin, J. L. (2008). Learning as problem design versus problem solving: Making the connection between cognitive neuroscience research and educational practice. *Mind, Brain, and Education, 2*(2), 52-54.

Alexander, J., Carr, M., & Schwanenflugel, P. (1995). Development of metacognition in gifted children. *Developmental Review, 15*, 1-37.

Alexander, J. E., O'Boyle, M. W., & Benbow, C, P. (1996). Developmentally advanced EEG alpha power in gifted male and female adolescents. *International Journal of Psychophysiology, 23*, 25-31.

Amabile, T. (1989). *Growing up creative*. New York: Crown.

Anderson, C. A., & Bushman, B. J. (2001). Effects of violent video games on aggressive behavior, aggressive cognition, aggressive affect, physiological arousal, and prosocial behavior: A meta-analytic review of the scientific literature. *Psychological Science, 12*(5), 353-359.

Anderson, J. R. (1993). Problem solving and learning. *American Psychologist, 48*, 35-44.

Anderson, J. R. (1995). *Learning and memory: An integrated approach*. New York: John Wiley.

Anderson, L. W. (Ed.), Krathwohl, D. R. (Ed.), Airasian, P. W., Cruikshank, K. A., Mayer, R. E., Pintrich, P. R., Raths, J., & Wittrock, M. C. (2001). *A taxanomy for learning, teaching, and assessing: A revision of Bloom's Taxonomy of Educational Objectives* (Completion ed.). New York: Longman.

Archbald, D. A., & Newmann, F. M. (1988). *Beyond standardized testing: Assessing authentic academic achievement in the secondary school.* Madison: University of Wisconsin. National Association of Secondary Principals.

Armstrong, T. (2009). *Multiple intelligence in the classroom* (3rd ed.). Alexandria, VA: Association for Supervision and Curriculum Development.

Ashby, F. G., Isen, A. M., & Turken, A. U. (1999). A neuropsychological theory of positive affect and its influence on cognition. *Psychological Review, 106,* 529-550.

Aslin, R., & Hunt, R. (2001). Development, plasticity, and learning in the auditory system. In C. Nelson & M. Luciana (Eds.), *Handbook of developmental cognitive neuroscience* (pp. 205-220). Cambridge, MA: MIT Press.

Aspinwall, L. G., & Richter, L. (1999). Optimism and self-mastery predict more rapid disengagement from unsolvable tasks in the presence of alternatives. *Motivation and Emotion, 23,* 221-245.

Augustyniak, K., Murphy, J., & Phillips, D. K. (2005). Psychological perspectives in assessing mathematics learning needs. *Journal of Instructional Psychology, 32,* 277-286.

Bailey, C. H., Kandel, E. R., & Si, K. (2004). The persistence of long-term memory: A molecular approach to self-sustaining changes in learning-induced synaptic growth. *Neuron, 44,* 49-57.

Baker, L. A., Vernon, P. A., & Ho, H. Z. (1991). The genetic correlation between intelligence and speed of information processing. *Behavior Genetics, 21*(4), 351-367.

Balkcom, S. (1992). Cooperative learning. *Education Research Consumer Guide,* No. 1, ED346999.

Bangert, M., & Altenmuller, E. O. (2003). Mapping perception to action in piano practice: A longitudinal DC-EEG study. *BMC Neuroscience, 4,* 26.

Bangert-Drowns, R. L., Kulik, C. C., & Kulik, J. A. (1991). The instructional effect of feedback in test-like events. *Review of Educational Research, 61,* 213-238.

Bardine, B. A. (1999). Students' perception of written teacher comments: What do they say about how we respond to them? *High School Journal, 82*(4), 239-247.

Bardo, M. T. (2004). High-risk behavior during adolescence. *Annals of the New York Academy of Sciences, 1021,* 59-60.

Barkley, R. A. (1998). Attention-deficit hyperactivity disorder. *Scientific American, 279,* 66-71.

Baron-Cohen, S. (2003). *The essential difference: Men, women and the extreme male brain.* London: Penguin.

Baroody, A. J. (1999). The development of basic counting, number, and arithmetic knowledge among children classified as mentally handicapped. In L. M. Glidden (Ed.), *International review of research in mental retardation* (pp. 55-103). New York: Academic Press.

Battro, A. M., Fischer, K. W., & Lena, P. (Eds.). (2008). *The educated brain: Essays in neuroeducation.* Cambridge: Cambridge University Press.

Beaulieu, C., Plewers, C., Paulson, L. A., Roy, D., Snook, L., Concha, L., & Phillips, L. (2005). Imaging brain connectivity in children with diverse reading ability. *Neuroimage, 25*, 1266-1271.

Bechara, A., & Damasio, H. (1997). Deciding advantageously before knowing the advantageous strategy. *Science, 275*(5304), 1293-1295.

Belgrad, S., Burke, K., & Fogarty, R. (2008). *The portfolio connection: Student work linked to standards* (3rd ed.). Thousand Oaks, CA: Corwin.

Bellisle, F. (2004). Effects of diet on behavior and cognition in children. *British Journal of Nutrition, 92*(2), S227-S232.

Berezovskii, V. A., Zelenskaia, T. M., Serebrovskaia, T. V., Zverkova, A. S., & I l'chevich, N. V. (1986). Degree of concordance of the adaptive reactions in twins under mountain climate conditions and their relationship to the reactivity of the physiological connective tissue system. *Fiziol Cheloveka, 12*(6), 992-998.

Bertucci, P. (2006). A mixed-method study of a brain-compatible education program of grades K-5 in a Mid-Atlantic inner-city public elementary/middle school. Unpublished doctoral dissertation. Johnson & Wales University.

Biederman, J., & Faraone, S. V. (2005). Attention-deficit hyperactivity disorder(diagnosis and treatment). *Lancet, 366*, 237-248.

Bishop, K. M., & Wahlsten, D. (1997). Sex differences in the human corpus callosum: Myth or reality? *Neuroscience Biobehavioral Reviews, 21*(5), 581-601.

Black, P., Harrison, C., Lee, C., Marshall, B., & William, D. (2004). Working inside the black box: Assessment for learning in the classroom. *Phi Delta Kappan, 86*(1), 9-21.

Blanchette, I., & Dunbar, K. (2002). Representational change and analogy: How analogical inferences alter target representations. *Journal of Experimental Psychology: Learning, Memory, and Cognition, 28*, 672-685.

Blanton, R. E., Levitt, J. G., Thompson, P. M., Narr, K. R., Capetillo-Cunliffe, L., Nobel, A., Singerman, J. D., McCracken, J. T., & Toga, A. W. (2001). Mapping cortical asymmetry and complexity patterns in normal children. *Psychiatry Research, 107*, 29-43.

Bloom, B. S. (Ed.) (1956). *Taxonomy of educational objectives: The classification of educational goals. Handbook 1: Cognitive domain.* New York: David McKay.

Bogolepova, I. (1994). The cytoarchitectonic characteristics of the speech center of the brain in gifted people in the plan to study individual variability of human brain structure. *Morfologiia, 106*(4-6), 31-38.

Bolger, K., Patterson, D., Thompson, W., & Kupersmidt, J. (1995). Psychosocial adjustment among children experiencing persistent and intermittent family economic hardship. *Child Development, 66*, 1107-1129.

Boulineau, T., Ill, C. F., Hagan-Burke, S., & Burke, M. D. (2004). Use of story-mapping to increase the story-grammar text comprehension of elementary students with learning disabilities. *Learning Disability Quarterly, 27*, 105-121.

Bower, B. (1987). Memory boost from spaced-out learning. *Science News, 131*, 244.

Bower, B. (1999). The mental butler did it. *Science News, 156*, 280-282.

Bowers, P. G., & Wolf, M. (1993). Theoretical links among naming speed, precise timing mechanisms and orthographic skill in dyslexia. *Reading and Writing, 5*, 69-85.

Bradley, M., & Lang, P. (2000). Measuring emotion: Behavior, feeling and physiology. In R. Lane & L. Nadel (Eds.), *The cognitive neuroscience of emotion* (pp. 242-276). New York: Oxford University Press.

Brandt, R. S. (1997). On using knowledge about our brain. *Educational Leadership, 54*, 16-19.

Brannon, E. M., & Van der Walle, G. (2001). Ordinal numerical knowledge in young children. *Cognitive Psychology, 43*, 53-81.

Brener, N. D., Billy, J. O. G., & Grady, W. R. (2003). Assessment of factors affecting the validity of self-reported health-risk behavior among adolescents: Evidence from the scientific literature. *Journal of Adolescent Health, 33*, 436-457.

Brookhart, S., Walsh, J., & Zientarski, W. (2006). The dynamics of motivation and effort for classroom assessments in middle school science and social students. *Applied Measurement in Education, 19*(2), 151-184.

Brown, E., Rush, A., & McEwen, B. (1999). Hippocampal remodeling and damage by corticosteroids: Implications for mood disorders. *Neuropsychopharmacolgy, 21*, 474-484.

Brown, K. (2012). *Educate your brain: Use mind-body balance to learn faster, work smarter and move more easily through life.* Phoenix, AZ: Balance Point Publishing.

Brown, W. E., Eliez, S., Menon, V., Rumsey, J. M., White, C. D., & Reiss, A. L. (2001). Preliminary evidence of widespread morphological variation of the brain in dyslexia. *Neurology, 27*, 781-783.

Bruner, J. S. (1974). *Toward a theory of instruction*(Revised ed.). Cambridge, MA: Belknap Press of Harvard University Press.

Brynes, J, P. (1999). The nature and development of representation: Forging a synthesis of competing approaches. In I. Siegel (Ed.), *Development of representation* (pp. 273-294). Mahwah, NJ: Erlbaum.

Brynes, J, P. (2001a). *Cognitive development and learning in instructional contexts.* Needlham Heights,

MA: Allyn & Bacon.

Bunge, S. A., Dudukovic, N. M., Thomason, M. E., Vaidya, C. J., & Gabrieli, J. D. (2002). Immature frontal lobe contributions to cognitive control in children: Evidence from fMRI. *Neuron, 33*(2), 301-311.

Burns, M. (2005). Looking at how students reason. *Educational Leadership, 63*(3), 26-31.

Burruss, J. D. (1999). Problem-based learning. *Science Scope, 22*, 46-49.

Bush, G., Frazier, J. A., Rauch, S. L., Seidman, L. J., Whalen, P. J., Jenike, M. A., Rosen, B. R., & Biederman, J. (1999). Anterior cingulate cortex dysfunction in attention-deficit hyperactivity disorder revealed by fMRI and the counting stroop. *Biological Psychiatry, 45*, 1542-1552.

Butler, K. A. (1988). *Learning and teaching style: In theory and practice* (Revised ed.). Columbia, CT: Learner' s Dimension.

Butler, S. M., & McMunn, N. D. (2006). *A teacher's guide to classroom assessment: Understanding and using assessment to improve student learning grades K-12.* San Francisco: Jossey-Bass.

Butterworth, B. (1999). *The mathematical brain.* London: Macmillan.

Buzan, T. (1974). *Use both sides of your brain.* New York: E, P. Dutton.

Byring, R. F., Haapasalo, S., & Salmi, T. (2004). Adolescent with learning disorders have atypical EEG correlation indices during reading. *Clinical Neurophysiology, 115*, 2584-2592.

Byrnes, J. P. (1992). The conceptual basis of procedural learning. *Cognitive Development, 7*, 235-257.

Byrnes, J. P. (1999). The nature and development of representation: Forging a synthesis of competing approaches. In I. Siegel (Ed.), *Developmental of representation* (pp. 273-294). Mahwah, NJ: Erlbaum.

Byrnes, J. P. (2001a). *Cognitive development and learning in instructional contexts.* Needlham Heights, MA: Allyn & Bacon.

Byrnes, J. P. (2001b) *Minds, brains, and learning: Understanding the psychological and educational relevance of neuroscientific research.* New York: Guilford Press.

Cacioppo, J. T., Berntson, G. G., Sheridan, J. F., & McClintock, M. H. (2000). Multi-level integrative analyses of human behavior: The Complementing nature of social and biological approaches. *Psychological Bulletin, 126*(6), 829-843.

Cahill, L. (2005). His brain, her brain. *Scientific American, 292*, 40-47.

Caine, R. N., & Caine, G. (1994). *Making Connections: Teaching and the human brain.* Menlo Park, CA: Addison-Wesley.

Caine, R. N., & Caine, G. (1997). *Unleashing the power of perceptual change: The potential of brain-based teaching.* Alexandria, VA: Association for Supervision and Curriculum Development.

Caine, R. N., & Caine, G. (1998). How to think about brain: A set of guiding principles for moving cautiously when applying brain research to the classroom. *School Administrator, 55*(1), 12-16.

Callicott. J. H., Mattay, V. S., Bertolino, A., Finn, K., Coppola, R., Frank, J. A., Goldberg, T. E., & Weinberger, D. R. (1999). Physiological characteristics of capacity constraints in working memory as revealed by functional MRI. *Cerebral Cortex*, *9*(1), 20-26.

Campbell, L. (1996). *Teaching & learning multiple intelligences*. Boston: Allyn and Bacon.

Campbell, L., Campbell, B., & Dickinson, D. (1996). *Teaching and learning through multiple intelligences*. Needham Heights, MA: Allyn & Bacon.

Carlson, R., Chandler, P., & Sweller, J. (2003). Learning and understanding science instructional material. *Journal of Educational Psychology*, *95*(3), 629-640.

Carr, M., Alexander, J., & Schwanenflugel, P. (1996). Where gifted children do and do not excel on metacognition tasks. *Roeper Review*, *18*, 212-217.

Carrier, C. A., & Titus, A. (1981). Effects of note-taking pre-training and test mode expectations on learning from lectures. *American Educational Research Journal, 18*, 385-397.

Carskadon, M. A., Wolfson, A. R., Acebo, C., Tzischinsky, O., & Seifer, R. (1998). Adolescent sleep patterns, circadian timing, and sleepiness at a transition to early school days. *Sleep*, *21*(8), 871-881.

Carter, R. (1998). *Mapping the mind*. Los Angeles: University of California Press.

Carter, R. (1999). Tune in turn off. *New Scientist*, *164*, 30-35.

Case, R., & Okamoto, Y. (1996). The role of central conceptual structures in the development of children's thought. *Monograph of The Society for Research in Child Development*, *61*, v-265.

Casolini, P., Babbaj, M., Leprat, F., Piazza, P. V., Rouge-Pont, F., Angelucci, L., Simon, H., Moal, M. L., & Maccari, S. (1993). Basal and stress-induced corticosterone secretion is decreased by lesion of mesencephalic dopaminergic neurons. *Brain Research*, *622*, 311-314.

Castellanos, F. X., & Acosta, M. (2002). The neuroanatomy of attention deficit/hyperactivity disorder. *Revista de neurologia*, *38*(1), S131-S136.

Castellanos, F. X., Lee, P. P., Sharp, W., Jeffries, N. O., Greenstein, D. K., Clasen, L. S., Blumenthal, J. D., James, R. S., Ebens, C. L., Walter, J. M., Zijdenbos, A., Evans, A. C., Giedd, J. N., & Rapoport, J. L. (2002). Developmental trajectories of brain volume abnormalities in children and adolescents with attention-deficit hyperactivity disorder. *Journal of the American Medical Association*, *288*, 1740-1748.

Champagne, F. A., & Curley, J. P. (2005). How social experiences influence the brain. *Current Opinion in Neurobiology*, *15*(6), 704-709.

Cherry, C., Godwin, D., & Staples, J. (1989). *Is the left brain always right?* Carthage, IL: Fearson.

Chochon, F., Cohen, L., van de Moortele, P. F., & Dehaene, S. (1999). Differential contributions of the left and right inferior parietal lobules to number processing. *Journal of Cognitive Neuroscience*, *11*, 617-630.

Christakis, D. A., Ebel, B. E., Rivara, F. P., & Zimmerman, F. J. (2004). Television, video, and computer game usage in children under 11 years of age. *Journal of Pediatrics, 145*, 652-656.

Chugani, H. (1998). A critical period of brain development: Studies of cerebral glucose utilization with PET. *Preventive Medicine, 27*(2), 184-188.

Clements, D. H. (2000). Translation lessons from research into mathematics classrooms: Mathematics and special needs students. *International Dyslexia Association: Perspectives, 26*, 31-33.

Cohen, P. (1995). Understanding the brain. *Education Update, 37*, 4-5.

Colicos, M. A., Collins, B. E., Sailor, M. J., & Goda, Y. (2001). Remodeling of synaptic actin induced by photoconductive stimulation. *Cell, 107*(5), 605-616.

Connell, D. (2005). *Brain-based strategies to reach every learner.* New York: Scholastic.

Connell, J., & Wellborn, J. (1991). Competence, autonomy, and relatedness: A motivational analysis of self-system processes. In M. R. Gunnar & L. A. Sroufe (Eds.), *Self processes and development: Minnesota symposium on child psychology* (Vol. 23, pp. 43-77). Hillsdale, NJ: Lawrence Erlbaum Associates.

Courchesne, E., Carper, R., & Akshoomoff, N. (2003). Evidence of brain overgrowth in the first year of life in autism. *Journal of American Medical Association, 290*, 337-344.

Covey, S. R. (1989). *Seven habits of highly effective people.* New York: Simon & Schuster.

Cowan, N. (2001). The magical number 4 in short-term memory: A reconsideration of mental storage capacity. *Behavioral and Brain Sciences, 24*(1), 87-114.

Cox, B. D. (1997). The rediscovery of the active learner in adaptive contexts: A developmental-historical analysis of transfer of training. *Educational Psychologist, 32*(1), 41-55.

Crane, L. D. (1989). *Alert scale of cognitive style.* Kalamazoo, MI: Department of Communication, Western Michigan University.

Crooks, T. (1988). The impact of classroom evaluation practices on students. *Review of Educational Research, 58*, 438-481.

Cross, E. S., Hamilton, A. F., & Grafton, S. T. (2006). Building a motor simulation de novo: Observation of dance by dancers. *NeuroImage, 31*(3), 1257-1267.

Csikszentmihalyi, M. (1990). *Flow: The psychology of optimal experience.* New York: Harper & Row.

Csikszentmihalyi, M. (1991). *Flow: The psychology of optimal experience.* New York: HarperCollins.

Csikszentmihalyi, M. (1996). *Creativity: Flow and the psychology of discovery and invention.* New York: HarperCollins.

Damasio, A. (1994). Descartes' *error: Emotion, reason, and the human brain.* New York: Putnam and Sons.

Damasio, A. (1999). *The feeling of what happens: Body and emotion in the making consciousness.* New York: Harcourt.

Damasio, A. (2003). *Looking for Spinoza: Joy, sorrow, and the feeling brain.* New York: Harcourt.

Davidson, R. J. (1998). Affective style and affective disorders: Perspectives from affective neuroscience. *Cognition & Emotion, 12,* 307-320.

Davidson, R. J. (2000). Cognitive neuroscience needs affective neuroscience. *Brain and Cognition, 42,* 89-92.

Davidson, R. J. (2002). The neuroscience of affective style. In R. D. Lane & L. Nadel (Eds.), *Cognitive neuroscience of emotion* (pp. 129-155). New York: Oxford University Press.

Deasy, R. (Ed.). (2002). *Critical links: Learning in the arts and student academic and social development.* Washington, DC: Arts Education Partnership.

DeBono, E. (1970). *Lateral thinking.* New York: Harper & Row.

DeBono, E. (1995). *Teach yourself to think.* London: Penguin Books.

Deci, E., & Ryan, R. (1987). The support of autonomy and the control of behavior. *Journal of Personality and Social Psychology, 53,* 1024-1037.

Deci, E., & Ryan, R. (1991). A motivational approach to self: Integration in personality. In R. Dienstbier (Ed.), *Nebraska symposium on motivation: Perspectives on motivation* (Vol. 38, pp. 237-288). Lincoln: University of Nebraska Press.

Deci, E., & Ryan, R. (2000). What is the self in self-directed learning? Finfings from recent motivational research. In Gerald A. Straka (Ed.), *Conceptions of self-directed learning.* New York, Munchen-Berlin: Waxmann.

DeGrandpre, R. J., & Hinshaw, S. P. (2000). ADHD: Serious psychiatric problem or all American copout? *Cerebrum: The Dana Forum on Brain Science,* 12-38.

Dehaene, S. (2010). The calculating brain. D. A. Sousa (Ed.), *Mind, brain, & education* (pp. 179-198). Bloomington, IN: Solution Tree Press.

Dehaene, S., & Cohen, L. (1997). Cerebral pathways for calculation: Double dissociation between rote verbal and quantitative knowledge of arithmetic. *Cortex, 33,* 219-250.

Dehaene, S., Dehaene-Lambertz, G., & Cohen, L. (1998). Abstract representations of numbers in the animal and human brain. *Trends in Neuroscience, 21,* 355-361.

Dehaene, S., Molko, N., Cohen, L., & Wilson, A. L. (2004). Arithmetic and the brain. *Current Opinion in Neurobiology, 14,* 218-224.

Dehaene, S., Piazza, M., Pinel, P., & Cohen, L. (2003). Three parietal circuits for number processing. *Cognitive Neuropsychology, 20,* 478-506.

Dehaene, S., Spelke, E., Pinel, P., Stanescu, R., & Tsivkin, S. (1999). Sources of mathematical thinking:

Behavioral and brain-imaging evidence. *Science, 284*(5416), 970-974.

Dempster, F. N. (1991). Synthesis of research on reviews and tests. *Educational Leadership, 48*, 71-76.

Dempster, F. N., & Perkins, P. G. (1993). Revitalizing classroom assessment: Using tests to promote learning. *Journal of Instructional Psychology, 20*(3), 197-203.

Denenberg, V. H., Kim, D. S., & Palmiter, R. D. (2004). The role of dopamine in learning, memory, and performance of a water escape task. *Behavioral Brain Research, 148*(1-2), 73-78.

Deshler, D., Ellis, A., & Lenz, B. (1996). *Teaching adolescents with learning disabilities: Strategies and methods*. Denver, CO: Love.

Detterman, D. K., & Sternberg, R. J. (1993). *Transfer on trial: Intelligence, cognition, and instruction*. Norwood, NJ: Ablex.

Diamond, M. C. (1988). *Enriching heredity*. New York: Free Press.

Diamond, M. C. (1998). *Magic trees of the mind*. New York: Dutton.

Diamond, D., Park., C., Hemen, K., & Fose, G. (1999). Exposing rats to a perdator impairs spatial working memory in the radial arm water maze. *Hippocampus, 9*, 542-552.

Dishman, R. K., Berthoud, H. R., Booth, F. W., Cotman, C. W., Edgerton, V. R., Fleshner, M. R., Gandevia, S. C., Gomez-Pinilla, F., Greenwood, B. N., Hillman, C. H., Kramer, A. F., Levin, B. E., Moran, T. H., Russo-Neustadt, A. A., Salamone, J. D., Van Hoomissen, J. D., Wade, C. E., York, D. A., & Zigmond, M. J. (2006). Neurobiology of exercise. *Obesity, 14*, 345-356.

Dowson, M., & McInerney, D. (2001). Psychological parameters of students' social and work avoidance: A qualitative investigation. *Journal of Educational Psychology, 93*, 35-42.

Draganski, B., Gaser, C., Kempermann, G., Kuhn, H. G., Winkler, J., Buchel, C., & May, A. (2006). Temporal and spatial dynamics of brain structure changes during extensive learning. *Journal of Neuroscience, 26*(23), 6314-6317.

Durston, S., Hulshoff-Pol, H. E., Casey, B. J., Giedd, J. N., Buitelaar, J. K., & van Engeland, H. (2001). Anatomical MRI of the developing human brain: What have we learned? *Journal of the American Academy of Child and Adolescent Psychiatry, 40*, 1012-1020.

Dyslexia International-Tools and Technology (DITT). (2001). *Language shock-dyslexia across culture*. Brussels: Author.

Easley, S. D., & Mitchell, K. (2003). *Portfolios matter: What, where, when, why and how to use them*. Markham, ON: Pembroke.

Ebbinghaus, H. (1885). Über das Gedächtnis. *Untersuchungen zur experimentellen Psychologie*. Leipzig: Duncker & Humblot.

Eckert, M. A., Leonard, C. M., Richards, T. L., Aylward, E. H., Thomson, J., & Berninger, V. W. (2003).

Anatomical correlates of dyslexia: Frontal and cerebellar findings. *Brain, 126,* 482-494.

Edwards, B. (1979). *Drawing on the right side of the brain.* Los Angeles: J. P. Tarcher.

Eger, E., Sterzer, P., Russ, M., Giraud, A. L., & Kleinschmidt, A. (2003). A supramodal number representation in human intraparietal cortex. *Neuron, 37*(4), 719-725.

Eldridge, B., Galea, M., McCoy, A., Wolfe, R., & Graham, H. K. (2003). Uptime normative values in children aged 8 to 15 years. *Developmental Medicine & Child Neurology, 45*(3), 189-193.

Elman, J., Bates, E. A., Johnson, M. H., Karmiloff-Smith, A., Parisi, D., & Plunkett, K. (1996). *Rethinking innateness: A connectionist perspective on development.* Cambridge, MA: MIT Press.

Epel, E., Blackburn, E., Lin, J., Dhabhar, F., Adler, N., Morrow, J. D., & Cawthon, R. M. (2004). Accelerated telomere shortening in response to life stress. *Proceedings of the National Academy of Sciences of the United States of America, 101*(49), 17312-17315.

Eriksson, P. S., Perfilieva, E., Bjork-Eriksson, T., Alborn, A. M., Nordborg, C., Peterson, D. A., & Gage, F. H. (1998). Neurogenesis in the adult human hippocampus. *Nature Medicine, 4*(11), 1313-1317.

Fadiga, L., Craighero, L., & Olivier, E. (2005). Human motor cortex excitability during the perception of others' action. *Current Opinion in Neurobiology, 15,* 213-218.

Farber, N. B., & Olney, J. W. (2003). Drugs of abuse that cause developing neurons to commit suicide. *Developmental Brain Research, 147*(102), 37-45.

Fassbender, C., & Schweitzer, J. B. (2006). Is there evidence for neural compensation in attention-deficit hyperactivity disorder? A review of the functional neuroimaging literature. *Clinical Psychology Review, 26,* 445-465.

Feden, P., & Vogel, R. (2003). *Methods of teaching: Applying cognitive science to promote student learning.* Boston, MA: McGraw-Hill.

Feigenson, L., Dehaene, S., & Spelke, E. (2004). Core systems of numbers. *Trends in Cognitive Sciences, 8,* 307-314.

Fernandez-Duque, D., Baird, J. A., & Posner, M. I. (2000). Executive attention and metacognitive regulation. *Consciousness and Cognition, 9,* 288-307.

Field, T., Harding, J., Yando, R., Gonzalez, K., Bendell, D., & Marks, C. (1998). Feeling and attitudes of gifted students. *Adolescence, 33,* 331-342.

Fine, I., Wade, A. R., Brewer, A. A., May, M. G., Goodman, D. F., Boynton, G. M., Wandell, B. A., & MacLeod, D. I. A. (2003). Long-term deprivation affects visual perception and cortex. *Nature Neuroscience, 6*(9), 915-916.

Fischer, H., Andersson, J. L., Furmark, T., & Fredrikson, M. (2000). Fear conditioning and brain activity: A position emission tomography in humans. *Behavioral Neuroscience, 114*(4), 671-680.

Fischer, K., & Bidwell, T. (1991). Constraining nativist inferences about cognitive capacities. In S. Carey & R. Gelman (Eds.), *The epigenesis of mind* (pp. 199-236). Hillsdale, NJ: Lawrence Erlbaum.

Fischer, K., & Heikkinen, K. (2010). The future of educational neuroscience. D. A. Sousa (Ed.), *Mind, brain, & education* (pp. 249-269). Bloomington, IN: Solution Tree Press.

Fisk, C., & Hurst, B. (2003). Paraphrasing for comprehension. *The Reading Teacher, 57*, 182-185.

Fogarty, R. (2009). *Brain-compatible classrooms* (3rd ed.). Thousand Oaks, CA: Corwin Press.

Ford, M. (1992). *Motivating humans: Goals, emotions, and personal agency beliefs*. Thousand Oaks, CA: Sage.

Foss, J. M. (2001). *Nonverbal learning disability: How to recognize it and minimize its effects* (ERIC Digest E-619). Virginia: ERIC Clearinghouse on Disabilities and Gifted Education.

Fox, M., Pac, S., Devaney, B., & Jankowski, L. (2004). Feeding infants and toddlers study: What foods are infants and toddlers eating? *Journal of the American Dietetic Association, 104*, 22-30.

Fox, N. A., Henderson, H. A., Marshall, P. J., Nichols, K. E., & Ghera, M. M. (2005). Behavioral inhibition: Linking biology and behavior within a developmental framework. *Annual Review of Psychology, 56*, 235-262.

Frank, D. A., & Greenberg, M. E. (1994). CREB: A mediator of long-term memory from mollusks to mammals. *Cell, 79*, 5-8.

Frank, J. D. (1985). Further thoughts on the antidemoralization hypothesis of psychotherapeutic effectiveness. *Integrative Psychiatry, 3*, 17-26.

Frederikse, M. E., Lu, A., Aylward, E., Barta, P., & Pearlson, C. (1999). Sex differences in the inferior parietal lobule. *Cerebral Cortex, 9*, 896-901.

Fredrickson, B. L., & Branigan, C. (2005). Positive emotions broaden the scope of attention and thought-action repertoires. *Cognition and Emotion, 19*, 313-332.

Fuchs, L. S., Compton, D. L., Fuchs, D., Paulsen, K., Bryant, J. D., & Hamlett, C. L. (2005). The prevention, identification, and cognitive determinants of math difficulty. *Journal of Educational Psychology, 97*(3), 493-513.

Fuchs, L. S., & Fuchs, D. (2002). Mathematical problem-solving profiles of students with mathematical disabilities with and without comorbid reading disabilities. *Journal of Learning Disabilities, 35*, 563-573.

Furrer, C., & Skinner, E. (2003). Sense of relatedness as a factor in children's academic engagement and performance. *Journal of Educational Psychology, 95*(11), 148-161.

Fuster, J. (1995). *Memory in the cerebral cortex*. Cambridge: Massachusetts Institute of Technology Press.

Gage, N. L., & Berliner, D. (1998). *Educational psychology* (6th ed.). Boston: Houghton Mifflin.

Gagné, R. (1976). *The psychology of teaching methods, 75th yearbook of the National Society for the*

Study of Education. Chicago: University of Chicago Press.

Gaillard, R., Naccache, L., Pinel, P., Clemenceau, S., Volle, E., Hasboun, D., Dupont, S., Baulac, M., Dehaene, S., Adam, C., & Cohen, L. (2006). Direct intracranial, fMRI, and lesion evidence for the causal role of left inferotemporal cortex in reading. *Neuron, 50*, 191-204.

Gamoran, A., Nystrand, M., Berends, M., & Lepore, P. C. (1995). An organizational analysis of the effects of ability grouping. *American Educational Research Journal, 32*, 687-715.

Gandini, L., & Kaminsky, J. A. (2004). Reconceptualizing assessment: An interview with Gunilla Dahlberg. *Innovations in Early Education: The International Reggio Exchange, 11*(3), 1.

Gardner, H. (1983). *Frames of mind: The theory of multiple intelligences*. New York: Basic Books.

Gardner, H. (1984). Human intelligence isn't what we think. *U.S. News and World Report*, 75-78.

Gardner, H. (1991). *The unschooled mind: How children think and how school should teach*. New York: Basic Books.

Gardner, H., Howard, V., & Perkins, D. (1974). Symbol systems: A philosophical, psychological and educational investigation. In D. Olson (Ed.), *Media and symbols* (pp. 37-55). Chicago: University of Chicago Press.

Gardner, H., & Wolf, D. (1983). Waves and streams of symbolization. In D. R. Rogers & J. A. Slobada (Eds.), *The aquisition of symbolic skills* (pp.19-42). London: Plenum.

Gaser, C., & Schlaug, G. (2003). Brain structures differ between musicians and non-musicians. *Journal of Neuroscience, 23*, 9240-9245.

Gazzaniga, M. S. (1988). *Mind matters: How mind and brain interact to create our conscious lives*. Boston: Houghton-Mifflin/MIT Press.

Gazzaniga, M. S., Ivry, R. B., & Mangun, G. R. (2002). *Cognitive neuroscience: The biology of the mind*. New York: Norton.

Geary, D. C. (1993). Mathematical disabilities: Cognitive, neuropsychological, and genetic components. *Psychological Bulletin, 114*, 345-362.

Geary, D. C., Hamson, C. O., & Hoard, M. K. (2000). Numerical and arithmetical cognition: A longitudinal study of process and concept deficits in children with learning disability. *Journal of Experimental Child Psychology, 77*, 236-263.

Geday, J., & Gjedde, A. (2009). Attention, emotion, and deactivation of default activity in inferior medial prefrontal cortex. *Brain and Cognition, 69*, 344-352.

Georgieff, M., & Rao, R. (2001). The role of nutrition in cognitive development. In C. Nelson & M. Luciana (Eds.), *Handbook of developmental cognitive neuroscience* (pp. 491-504). Cambridge, MA: MIT Press.

Glasser, W. (1999). *Choice theory: A new psychology of personal freedom.* New York: HarperCollins.

Glatthorn, A. A., & Jailall, J. (2000). *Curriculum for the new millennium.* In R. Brandt (Ed.), *Education in a new era.* Alexandria, VA: Association for Supervision and Curriculum Development.

Gobet, F., Lane, P. C. R., Croker, S., Cheng, P., Jones, G., Oliver, I., & Pine, J. M. (2001). Chunking mechanisms in human learning. *Trends in Cognitive Sciences, 5,* 236-243.

Goda, Y., & Davis, G. W. (2003). Mechanisms of synapse assembly and disassembly. *Neuron, 40*(2), 243-264.

Goldberg, E. (2001). *The executive brain: Frontal lobes and the civilized mind.* New York: Oxford.

Goleman, D. (1995). *Emotional intelligence: Why it can matter more than IQ.* New York: Bantam Books.

Goleman, D. (1998). *Working with emotional intelligence.* New York: Bantam Books.

Gottfried, A. (1985). Academic intrinsic motivation in elementary and junior high school students. *Journal of Educational Psychology, 82,* 525-538.

Gould, E., McEwen, B., Tanapat, P., Galea, L., & Fuchs, E. (1997). Neurogenesis in the dentate gyrus of the adult tree shrew is regulated by psychosocial stress and NMDA receptor activation. *Journal of Neuroscience, 17,* 2492-2498.

Green, F. R. (1999). Brain and learning research: Implications for meeting the needs of diverse learners. *Education, 119,* 682-687.

Greene, J. D., Sommerville, R. B., Nystrom, L. E., Darley, J. M., & Cohen, J. D. (2001). An fMRI investigation of emotional engagement in moral judgement. *Science, 293*(5537), 2105-2108.

Greenspan, S. (1997). *The endangered mind.* Reading, MA: Perseus Books.

Greenwood, C. E., & Winocur, G. (2001). Glucose treatment reduces memory deficits in young adult rats fed high-fat diets. *Neurobiology of Learning and Memory, 75*(2), 179-189.

Gregorc, A. F. (1985). *An adult's guide to style* (2nd ed.). Columbia, CT: Gregorc Associates, Inc.

Gregory, G. H., & Parry, T. (2006). *Designing brain-compatible learning* (3rd ed.). Thousand Oaks, CA: Corwin Press.

Grigorenko, E. L., & Sternberg, R. J. (1997). Styles of thinking, abilities, and academic performance. *Exceptional Children, 63,* 295-312.

Guay, F., Boivin, M., & Hodges, E. (1999). Predicting change in academic achievement: A model of peer experiences and self-system processes. *Journal of Educational Psychology, 91*(1), 105-115.

Gunnar, M. (2000). Early adversity and the development of stress reacivity and regulation. In C. Nelson & N. Mahwah (Eds.), *The effects of adversity on neurobehavioral development: Minnesota symposia on child psychology* (Vol. 31, pp. 163-200). Minneapolis, MN: Lawrence Erlbaum.

Gunnar, M. (2001). Effects of early deprivation: Findings from orphanage-reared infants and children. In C.

A. Nelson & M. Luciana (Eds.), *Handbook of developmental cognitive neuroscience* (pp. 617-630). Cambridge, MA: MIT Press.

Gur, R. C., Turetsky, B. I., Matsui, M., Yan, M., Bilker, W., Hughett, P., & Gur, R. E. (1999). Sex differences in brain gray matter and white matter in healthy young adults: Correlations with cognitive performance. *Journal of Neuroscience, 19*, 4065-4072.

Guterl, F. (2003). Overloaded? *Newsweek*, E4-E8.

Haberstick, B. C., Smolen, A., & Hewitt, J. K. (2006). Family-based association of 5HTTLPR and aggressive behavior in a general population sample of children. *Biological Psychiatry, 59*, 836-843.

Haidt, J. (2001). The emotional dog and its rational tail: A social intuitionist approach to moral judgement. *Psychological Review, 108*(4), 814-834.

Haier, R. J., Siegel, B. V. Jr, MacLachlan, A., Soderling, E., Lottenberg, S., & Buchsbaum, M. S. (1992). Regional glucose metabolic changes after learning a complex visuospatial/motor task: A positron emission tomographic study. *Brain Research, 570*(1-2), 134-143.

Halterman, J. (2001). Iron-deficient children may have impaired cognitive performance. *Pediatrics, 107*, 1381-1386.

Hannaford, C. (1995). *Smart moves: Why learning is not all in your head.* Salt Lake City, Utah: Great River Books.

Hanson, J. M., & Childs, J. (1998). Creating a school where people like to be. *Educational Leadership, 50*(1), 14-16.

Harb, J. N., Durrant, S. O., & Terry, R. E. (1993). Use of Kolb learning cycle and the 4MAT system in engineering education. *Journal of Engineering Education, 82*(2), 70-77.

Hardiman, M. M. (2003). *Connecting brain research with effective teaching: The brain-targeted teaching model.* Landam, MD: Scarecrow Press.

Hardiman, M. M. (2006). Teaching model for the brain. In S. Feinstein (Ed.), *The Praeger handbook of learning and the brain* (pp. 473-481). Westport, CT: Greenwood Publishing Group.

Hardiman, M. M. (2010). The creative-artistic brain. D. A. Sousa (Ed.), *Mind, brain, & education* (pp. 227-246). Bloomington, IN: Solution Tree Press.

Harmin, M. (1998). *Strategies to inspire active learning.* Edwardsville, IL: Inspiring Strategy Institute.

Hart, L. (1983). *Human brain and human learning.* New York: Longman.

Heilman, K. (2000). Emotional experience: A neurological model. In F. Lane & L. Nadel (Eds.), *The cognitive neuroscience of emotion* (pp. 328-344). New York: Oxford University Press.

Hellige, J. B. (1993). *Hemispheric asymmetry.* Cambridge, MA: Harvard University Press.

Henderson, N., & Milstein, M. (2003). *Resiliency in schools: Making it happen for students and educators.*

Thousand Oaks, CA: Corwin Press.

Herbert, M. R. (2005). Large brains in autism: The challenge of pervasive abnormality. *Neuroscientist, 11*, 417-440.

Herman, J. L., Aschbacher, P. R., & Winters, L. (1992). *A practical guide to alternative assessment.* Alexandria, VA: Association for Supervision and Curriculum Development.

Hirsch-Pasek, K., Eyer, D., & Golinkoff, R. M. (2003). *Einstein never used flash cards: How our children really learn-And why they need to play more and memorize less.* Emmaus, PA: Rodale Press.

Hittmair-Delazer, M., Semenza, C., & Denes, G. (1994). Concepts and facts in calculation. *Brain, 117*, 715-728.

Hodges, J., & Tizard, B. (1989). Social and family relationships of ex-institutional adolescents. *Journal of Child Psychology and Psychiatry, 30*, 77-97.

Hoffman, A. (1996). *Schools, violence and society.* Westport, CT: Praeger Publishers/Greenwood Publishing Group, Inc.

Hogan, T. P. (2007). *Educational assessment: A practical introduction.* Hoboken, NJ: John Wiley & Sons.

House, J., Landis, K., & Umberson, D. (1988). Social relationships and health. *Science, 241*, 540-545.

Howard, P. J. (2014). *The owner's manual for the brain: The ultimate guide to peak mental performance at all ages* (4th ed.). Georgia: Bard Press.

Huesmann, L. R., Moise-Titus, J., Podolski, C. L., & Eron, L. D. (2003). Longitudinal relations between children's exposure to TV violence and their aggressive and violent behavior in young adulthood: 1977-1992. *Developmantal Psychology, 39*(2), 201-221.

Humphrey, D. (Ed.). (2000). *The art of story: An international anthology of contemporary short stories.* New York: Penguin.

Hunter, M. (2004). *Mastery teaching.* Thousand Oaks, CA: Corwin Press.

Humphrey, N. (1976). The social function of intellect. P. P. G. Bateson & R. A. Hinde (Eds.), *Growing points in ethology* (pp. 303-317). Cambridge: Cambridge University Press.

Huttenlocher, P., & Dabholkar, A. (1997). Developmental anatomy of the prefrontal cortex. In N. Krasnegor, G. Lyon, & P. Goldman-Rakic (Eds.), *Development of the prefrontal cortex: Evolution, neurobiology and behavior* (pp. 69-84). Baltimore: Paul H. Brookes Publishing Company.

Iacoboni, M., Molnar-Szakacs, I., Gallese, V., Buccino, G., Mazziotta, J. C., & Rizzolatti, G. (2005). Grasping the intentions of others with one's own mirror neuron system. *PlOS Biology, 3*, e79.

Idol, L. (1987). Group story mapping: A comprehension strategy for both skilled and unskilled readers. *Journal of Learning Disabilities, 20*, 196-205.

Immordino-Yang, M. H. (2008). The smoke around mirror neurons: Goals as sociocultural and emotional organizers of perception and action in learning. *Mind, Brain, and Education, 2*(2), 67-73.

Immordino-Yang, M. H., & Damasio, A. R. (2007). We feel, therefore we learn: The relevance of affective and social neuroscience to education. *Mind, Brain, and Education, 1*(1), 3-10.

Immordino-Yang, M. H., & Faeth, M. (2010). The role of emotion and skilled intuition in learning. D. A. Sousa (Ed.), *Mind, brain, & education* (pp. 69-83). Bloomington, IN: Solution Tree Press.

Issacs, E. B., Edmonds, C. J., Lucas, A., & Gadian, D. G. (2001). Calculation difficulties in children of very low birthweight: A neural correlate. *Brain, 124*(Pt 9), 1701-1707.

Ivry, R., & Fiez, J. (2000). Cerebellar contributions to cognition and imagery. In M. Gazzaniga (Ed.), *The new cognitive neurosciences* (pp. 999-1012). Cambridge, MA: MIT Press.

Izard, C. E. (1998). *The face of emotion*. New York: Appleton-Century-Crofts.

Izard, C. E., & Ackerman, B. P. (2010). Motivational, organizational, and regulatory functions of discrete emotions. In M. Lewis & J. M. Haviland-Jones (Eds.), *Handbook of emotions* (3rd ed., pp. 253-264). New York: The Guilford Press.

Jacobs, B., Schall, M., & Scheibel, A. (1993). A quantitative dendritic analysis of Bernice's area in humans II: Gender, hemispheric and environmental factor. *Journal of Comparative Neurology, 327*, 97-111.

Jacobs, W. J., & Nadel, L. (1985). Stress-induced recovery of fears and phobias. *Psychological Review, 92*(4), 512-531.

Jausovec, N. (2000). Differences in cognitive processes between gifted, intelligent, creative, and average individuals while solving complex problems: An EEG study. *Intelligence, 28*, 213-240.

Jausovec, N., & Jausovec, K. (2000). EEG activity during the performance of complex mental problems. *International Journal of Psychophysiology, 36*, 73-88.

Jausovec, N., & Jausovec, K. (2004). Differences in induced brain activity during the performance of learning and working-memory tasks related to intelligence. *Brain and Cognition, 54*(1), 65-74.

Jensen, E. (1995). *The learning brain*. Del Mar, CA: Turning Point.

Jensen, E. (1996). *Brain-based learning & teaching*. California: Turning Point Publishing.

Jensen, E. (1997). *Completing the puzzle: The brain-compatible approach to learning*. Del Mar, CA: Turning Point.

Jensen, E. (1998). *Teaching with the brain in mind*. Alexandria, VA: Association for Supervision and Curriculum Development.

Jensen, E. (2000). *Different brains, different learners*. Thousand Oaks, CA: Corwin Press.

Jensen, E. (2003). *Tools for engagement: Managing emotional states for learner success*. Thousand Oaks, CA: Corwin Press.

Jensen, E. (2005). *Teaching with the brain in mind* (2nd ed.). Alexandria, VA: Association for Supervision and Curriculum Development.

Jensen, E. (2006). *Enriching the brain.* San Francisco: Jossey-Bass.

Jensen, E. (2007). *Introduction to brain-compatible learning.* Thousand Oaks, CA: Corwin Press.

Jensen, E. (2008). *Brain-based learning: The new paradigm of teaching.* Thousand Oaks, CA: Corwin Press.

Johnson, D. T. (2000). *Teaching mathematics to gifted students in a mixed-ability classroom.* Virginia: ERIC Clearinghouse on Disabilities and Gifted Education.

Johnson, D. W., & Johnson, R. T. (1994). *Learning together and alone: Cooperation, competition, and individualization* (4th ed.). Boston: Allyn & Bacon.

Johnson, D. W., Johnson, R. T., & Holubec, E. J. (1994). *Cooperative learning in the classroom.* Alexandria, VA: Association for Supervision and Curriculum Development.

Joy, L. A., Kimball, M., & Zabrack, M. L. (1986). Television exposure and children's aggressive behavior. In T. M. Williams (Ed.), *The impact of television: A natural experiment involving three towns* (pp. 303-360). New York: Academy Press.

Jukes, I., McCain, T., & Crockett, L. (2010). *Understanding the digital generation: Teaching and learning in the new digital generation.* Thousand Oaks, CA: Corwin Press.

Kagan, J. M. (1994). *Galen's prophecy: Temperament in human nature.* New York: Basic Books.

Kagan, S., & Kagan, M. (1998). *Multiple intelligences: The complete MI book.* San Clemente, CA: Kagan Cooperative Learning.

Kandel, E. R. (2006). *In search of memory: The emergence of a new science of mind.* New York: W. W. Norton.

Karpicke, J. D., & Roediger, H. L. (2008). The critical importance of retrieval for learning. *Science, 319*(5865), 966-968.

Kaufeldt, M. (2001). *Begin with the brain.* Thousand Oaks, CA: Corwin Press.

Kaufman, N. K., Rohde, P., Seely, J. R., Clarke, G. N., & Stice, E. (2005). Potential mediators of cognitive-behavioral therapy for adolescents with comorbid major depression and conduct disorder. *Journal of Consulting and Clinical Psychology, 73*(1), 38-46.

Kazdin, A. E. (1977). *The token economy: A review and evaluation.* New York: Plenum Press.

Keefe, J. M. (1997). *Instruction and the learning environment.* Larchmont, NY: Eye on Education.

Keller, J. M. (1979). Motivation and instructional design: A theoretical perspectives. *Journal of Instructional Development, 2*(4), 26-34.

Keller, J. M. (1981). *Motivational design research group annual report.* Syracuse: Syracuse University, Instructional Design, Development and Evaluation Program.

Kennedy, D. O., & Scholey, A. B. (2000). Glucose administration, heart rate and cognitive performance:

Effects of increasing mental effort. *Psychopharmacology, 149*(1), 63-71.

Killgore, W. D., Oki, M., & Yurgelun-Todd, D. A. (2001). Sex-specific developmental changes in amygdala response to affective faces. *Neuroreport, 12*(2), 427-433.

King, C. A., Knox, M. S., Henninger, N., Nguyen, T. A., Ghaziuddin, N., Maker, A., & Hanna, G. L. (2006). Major depressive disorder in adolescents: Family psychiatric history predicts severs behavioral disinhibition. *Journal of Affective Disorders, 90*, 111-121.

Kirsch, I. (1999). The response expectancy: An introduction. In I. Kirsch (Ed.), *How expectancies shape experiences* (p. 7). Washington, DC: American Psychological Association.

Kitabatake, Y., Sailor, K. A., Ming, G. L., & Song, H. (2007). Adult neurogenesis and hippocampal memory function: New cells, more plasticity, new memories? *Neurosurgery Clinics of North America, 18*(1), 105-113.

Kleinginna, P. R., Jr., & Kleinginna, A. M. (1981). A categorized list of emotion definitions, with suggestions for a consensual definition. *Motivation and Emotion, 5*, 345-379.

Klingberg, T., Fernell, E., Olesen, P. J., Johnson, M., Gustafsson, P., Dahlström, K., Gillberg, C. G., Forssberg, H., & Westerberg, H. (2005). Computerized training of working memory in children with ADHD: A randomized, controlled trial. *Journal of the American Academy of Child and Adolescent Psychiatry, 44*, 177-186.

Knutson, B., Fong, G. W., Bennett, S. M., Adams, C. M., & Hommer, D. (2003). A region of mesial prefrontal cortex tracks monetarily rewarding outcomes: Characterization with rapid event-related fMRI. *NeuroImage, 18*, 263-272.

Koenen, K., Moffitt, T., Caspi, A., Taylor, A., & Purcell, S. (2003). Domestic violence is associated with environmental suppression of IQ in young children. *Development and Psychopathology, 15*(2), 297-311.

Kohn, A. (1993). *Punished by rewards*. New York: Houghton Mifflin.

Koob, G., & LeMoal, M. (2001). Drug addiction, dysregulation of reward and allostasis. *Neuropsychopharmacology, 24*, 94-129.

Korol, D. L., & Gold, P. E. (1998). Glucose, memory, and aging. *American Journal of Clinical Nurtrition, 67*, 764S-771S.

Kotulak, R. (1997). *Inside the brain-revolutionary discoveries of how the mind works*. Kansas City, MO: Andrews McMeel Publishing.

Kovalik, S. (1994). *ITI, the model: Integrated thematic instruction*, Kent, WA: Books for Educators.

Kucian, K., Loenneker, T., Dietrich, T., Dosch, M., Martin, E., & von Aster, M. (2006). Impaired neural networks for approximate calculation in dyscalculic children: A functional MRI study. *Behavior and*

Brain Function, 2, 31.

Lane, K. L., Menzies, H. M., Barton-Arwood, S. M., Doukas, G. L., & Munton, S. M. (2005). Designing, implementing, and evaluating social skills interventions for elementary students: Step-by-step procedures based on actual school-based investigations. *Preventing School Failure, 49,* 18-26.

Lane, R., & Nadel, L. (Eds.). (2000). *The cognitive neuroscience of emotion.* New York: Oxford University Press.

Larson, R. W., & Verma, S. (1999). How children and adolescents spend time across the world: Work, play, and developmental opportunities. *Psychological Bulletin, 125*(6), 701-736.

Lavoie, L. (2002). Tales from the road. Teacher tip of the month(September). www.ldonline.org.

Lazear, D. G. (1999). *Multiple intelligences approaches to assessment: Assessment: Solving the assessment conundrum.* Arizona: Zephyr Press.

LeDoux, J. E. (1994). Emotion, memory, and the brain. *Scientific American, 270*(6), 50-57.

LeDoux, J. E. (1996). *The emotional brain: The mysterious underpinnings of emotional life.* New York: Simon & Schuster.

LeDoux, J. E. (2000). Cognitive-emotional interactions: Listen to the brain. In R. D. Lane & L. Nadal (Eds.), *Cognitive neuroscience of emotion.* Oxford: Oxford University Press.

LeDoux, J. E. (2002a). Emotions, memory and the brain. *Scientific American, 12,* 62-71.

LeDoux, J. E. (2002b). *Synaptic self: How our brains become who we are.* New York: Viking.

Lemer, C., Dehaene, S., Spelke, E., & Cohen, L. (2003). Approximate quantities and exact number words: Dissociable systems. *Neuropsychologia, 41,* 1942-1958.

Lengel, T., & Kuczala, M. S. (2010). *The kinesthetic classroom: Teaching and learning through movement.* Thousand Oaks, CA: Corwin Press.

Leslie, F. M., Belluzzi, J. D., Lee, A. G., & Oliff, H. S. (2004). Age-dependent effects of nicotine on lovomotor activity and conditioned place preference in rats. *Psychopharmacology, 174*(3), 389-395.

Levine, S., & Coe, C. (1989). Endocrine regulation. In S. Cheren (Ed.), *Psychosomatic medicine* (pp. 342-344). Madison, Conn.: International Universities Press.

Lewit, E. M., Terman, D. L., & Behrman, R. E. (1997). Children and poverty: Analysis and recommendations. *The Future of Children, 7,* 4-24.

Lieberman, B. (2005). Study narrows search for brain's memory site. *Brain in the News, 12,* 4.

Limb, C. J., & Braun, A. R. (2008). Neural substrates of spontaneous musical performance: An fMRI study of jazz improvisation. *PLoS One, 3*(2), e1679.

Louwman, M. W., van Dusseldorp, M., van de Vijver, F. J., Thomas, C. M., Schneede, J., Ueland, P. M., Refsum, H., & van Staveren, W. A. (2000). Signs of impaired cognitive function in adolescents with marginal cobalamin status. *The American Journal of Clinical Nutrition, 72*(3), 762-769.

Lozoff, B., Brittenham, G. M., Wolf, A. W., McClish, D. K., Kuhnert, P. M., Jimenez, E., Jimenez, R. J., Mora, L. A., Gomez, I., & Krauskoph, D. (1987). Iron-deficiency anemia and iron therapy effects on infant developmental test performance. *Pediatrics, 79*, 981-995.

Lupien, S. J., Gillin, C. J., & Hauger R. L. (1999). Working memory is more sensitive than declarative memory to the acute effects of corticosteroids: A dose-response study in humans. *Behavioral Neuroscience, 113*(3), 420-430.

MacLean, P. D. (1969). New trends in man's evolution. In *A triune concept of the brain and behavior.* (Papers presented at Queen's University, Ontario, 1969.). Ann Arbor, MI: Books on Demand, University Microfilms International.

MacLean, P. D. (1990). *The triune brain in evolution: Role in paleocerebral functions.* New York: Academic Press.

Maguire, E. A., Spiers, H. J., Good, C. D., Hartley, T., Frackowiak, R. S., & Burgess, N. (2003). Navigation expertise and the human hippocampus: A structural brain imaging analysis. *Hippocampus, 13*(2), 250-259.

Maquet, P. (2001). The role of sleep in learning and memory. *Science, 294*, 1048-1052.

Markovits, Z., & Sowder, J. (1994). Developing number sense: An intervention study in grade 7. *Journal for Research in Mathematics Education, 25*, 4-29.

Marrero, H., & Gámez, E. (2004). Content and strategy in syllogistic reasoning. *Canadian Journal of Experimental Psychology, 58*, 168-180.

Marzano, R. J. (1992). *A different kind of classroom: Teaching with dimensions of learning.* Alexandria, VA: Association for Supervision and Curriculum Development.

Marzano, R. J. (1998). *A theory based meta-analysis of research on instruction.* Aurora, CO: Mid-Continent Regional Educational Laboratory.

Marzano, R. J. (2007). *The art and science of teaching: A comprehensive framework for effective instruction.* Alexandria, VA: Association for Supervision and Curriculum Development.

Marzano, R. J., & Kendall, J. S. (2008). *Designing and assessing educational objectives: Applying the new taxonomy.* Thousand Oaks, CA: Corwin.

Marzano, R. J., Pickering, D., & Pollock, J. E. (2001). *Classroom instruction that works: Researchbased strategies for increasing student achievement.* Alexandria, VA: ASCD.

Masi, G., Milone, A., Canepa, G., Millepiedi, S., Mucci, M., & Muratori, F. (2006). Olanzapine treatment in adolescents with severe conduct disorder. *European Psychiatry, 21*(1), 51-57.

Maslow, A. H. (1943). A theory of human motivation. *Psychological Review, 50*, 370-396.

Maughan, R. J. (2003). Impact of mild dehydration on wellness and on exercise performance. *European Journal of Clinical Nutrition, 57*(2), S19-23.

Mayer, J. D., & Salovey, P. (1997). What is emotional intelligence. In P. Salovey & D. J. Sluyter (Eds.), *Emotional development and emotional intelligence*. New York: Basic Books.

Mayer, R. E. (1982). Memory for algebra story problems. *Journal of Educational Psychology, 74*, 199-216.

Mayer, R. E., & Wittrock, M. C. (1996). Problem solving transfer. In D. Berliner & R. Calfee (Eds.), *Handbook of educational psychology* (pp. 47-62). New York: Macmillan.

Mayer, R. E., & Wittrock, M. C. (2006). Problem solving. In P. A. Alexander & P. H. Winne (Eds.), *Handbook of educational psychology* (2nd ed., pp. 287-303). Mahwah, NJ: Erlbaum.

Mayseless, O. (1993). Gifted adolescents and intimacy in close same-sex relationships. *Journal of Youth and Adolescence, 22*, 135-146.

McCarthy, B. (1990). Using the 4MAT system to bring learning styles to schools. *Educational Leadership, 48*(2), 31-36.

McClelland, J. L., Rumelhart, D. E., & The PDP research group. (1986). *Parallel distributed processing: Explorations in the microstructure of cognition* (Vol. II). Cambridge, MA: MIT Press.

McCloskey, M., Aliminosa, D., & Sokol, S. M. (1991). Facts, rules, and procedures in normal calculation: Evidence from multiple single-patient studies of impaired arithmetic fact retrieval. *Brain and Cognition, 17*, 154-203.

McCloskey, M., Caramazza, A., & Basili, A. (1985). Cognitive mechanisms in number processing and calculation: Evidence from dyscalculia. *Brain and Cognition, 4*, 171-196.

McDaniel, M. A., Waddell, P. J., & Einstein, G. O. (1988). A contextual account of generation effect: A three factor theory. *Journal of Memory and Language, 27*, 521-536.

McEwen, B., & Schmeck, H. (1994). *The hostage brain*. New York: Rockefeller University Press.

McGivern, R. F., Andersen, J., Byrd, D., Mutter, K. L., & Reilly, J. (2002). Cognitive efficiency on a match to sample task decreases at the onset of puberty in children. *Brain and Cognition, 50*(1), 73-89.

McKim, R. H. (1980). *Experiences in visual thinking* (2nd ed.). Boston, MA: PWS Engineering.

McMillan, J. (2013). *Classroom assessment: Principles and practice for effective standards-based instruction* (6th ed.). Boston: Allyn & Bacon.

McNamara, D. S. (2001). Reading both high-coherence and low-coherence texts: Effects of text sequence and prior knowledge. *Canadian Journal of Experimental Psychology, 55*(1), 51-62.

McTighe, J., & Ferrara, S. (1996). Performance-based assessment in the classroom: A planning framework. In R. E. Blum & J. A. Arter (Eds.), *A handbook for student performance assessment in an era of restructuring*. Virginia: Association for Supervision and Curriculum Development(ASCD).

Meaney, M., Sapolsky, R., & McEwen, B. (1985). The development of the gluco-corticoid receptor system in the rat limbic brain II: An autoradiographic study. *Developmental Brain Research, 18*, 159-164.

Medina, J. (2008). *Brain rules: 12 principles for surviving and thriving at work, home, and school.* Seattle: Pear Press.

Mestre, J. (2002). *Transfer of learning: Issue and research agenda.* Arlington, VA: National Science Foundation.

Meyer-Lindenberg, A., Buckholtz, J. W., Kolachana, B., Hariri, A. R., Pezawas, L., Blasi, G., Wabnitz, A., Honea, R., Verchinski, B., Callicott, J. H., Egan, M., Mattay, V., & Weinberger, D. R. (2006). Neural mechanisms of genetic risk for impulsivity and violence in humans. *Proceeding of the National Academy of Science USA, 103*, 6269-6274.

Misner, D. L., Jacobs, S., Shimizus, Y., de Urquiza, A. M., Solomin, L., Perlimann, T., Luca, L. M., Stevens, C. F., & Evans, R. M. (2001). Vitamin A deprivation results in reversible loss of hippocampal long-term synaptic plasticity. *Proceedings of the National Academy of Sciences USA, 98*(20), 11714-11719.

Mogg, K., Bradley, B., & Hallowell, N. (1994). Attentional bias to threat: Roles of trait anxiety, stressful events, and awareness. *Quarterly Journal of Experimental Psychology: Section A, Human Experimental Psychology, 47*(4), 841-864.

Molko, N., Cachia, A., Riviere, D., Mangin, J. F., Bruandet, M., LeBihan, D., Cohen, L., & Dehaene, S. (2003). Functional and structural alterations of the intraparietal sulcus in a developmental dyscalculia of genetic origin. *Neuron, 40*(4), 847-858.

Morris, J. S., Friston, K. J., Büchel, C., Frith, C. D., Young, A. W., Calder, A. J., & Dolan, R. J. (1998). A neuromodulatory role for the human amygdala in processing emotional facial expression. *Brain, 121*, 47-57.

Mueller, C. M., & Dweck, C. S. (1998). Praise for intelligence can undermine children's motivation and performance. *Journal of Personality and Social Psychology, 75*(1), 33-52.

Naccache, L., & Dehaene, S. (2001). The priming method: Imaging unconscious repetition priming reveals an abstract-representation of number in the parietal lobes. *Cerebral Cortex, 11*(10), 966-974.

National Center on Addiction and Substance Abuse at Columbia University (2005). *Under the counter: The diversion and abuse of controlled prescription drugs in the U. S.* New York: Author.

National Reading Panel(NRP). (2000). *Teaching children to read: An evidence-based assessment of the scientific research literature and it implications for reading instruction.* Washington, DC: National Institute of Child Health and Human Development.

Nettles, S., Mucherah, W., & Jones, D. (2000). Understanding resiliencies: The role of social resources. *Journal of Education for Students Placed at Risk, 5*(1, 2), 47-60.

Nevills, P. (2011). The literate brain. In D. Sousa (Ed.), *Educational Neuroscience* (pp. 77-93). Thousand Oaks, CA: Corwin Press.

Newmann, F. M. (1997). Authentic assessment in social studies: Standards and examples. In G. D. Phye (Ed.), *Handbook of classroom assessment: Learning, adjustment, and achievement.* San Diego, CA: Academic Press.

Newmann, F. W., & Wehlage, G. G. (1993). Five standards of authentic instruction. *Educational Leadership, 50*(7), 8-12.

Nicolson, R. I., Fawcett, A. J., & Dean, P. (2001). Developmental dyslexia: The cerebellar deficit hypothesis. *Trends in Neuroscience, 24*(9), 508-511.

Niogi, S. N., & McCandliss, B. D. (2006). Left lateralized white matter microstructure accounts for individual differences in reading ability and disability. *Neuropsychologia, 44*, 2178-2188.

Nomura, Y., Wickramaratine, P. J., Warner, V., Mufson, L., & Weissman, M. M. (2002). Family discord, parental depression, and psychopathology in offspring: Ten-year follow-up. *Journal of the American Academy of Child and Adolescent Psychiatry, 41*, 402-409.

O'Keefe, J., & Nadel, L. (1978). *The hippocampus as a cognitive map.* New York: Claredon Press.

Oberman, L. M., Hubbard, E. M., McCleery, J. P., Altschuler, E. L., Romachandran, V. S., & Pineda, J. A. (2005). EEG evidence for mirror neuron dysfunction in autism spectrum disorders. *Cognitive Brain Research, 24*, 190-198.

OECD (2002). *Understanding the brain: Toward a new learning science.* Paris, France: OECD.

Opitz, M. (1994). *Learning centers: Getting them started, keeping them going.* Scholastic Professional Books.

Padgett, D. A., & Glaser, R. (2003). How stress influences the immune response. *Trends in Immunology, 24*(8), 444-448.

Padgett, D. A., & Sheridan, J. F. (1999). Androstenediol (AED) prevents neuroendocrine-mediated suppression of the immune response to an influenza viral infection. *Journal of Neuroimmunology, 98*, 121-129.

Paivio, A. (1991). Dual coding theory: Retrospect and current status. *Canadian Journal of Psychology, 45*, 255-287.

Palincsar, A. S., & Brown, A. L. (1984). The reciprocal teaching of comprehension-fostering and comprehension-monitoring activities. *Cognition and Instruction, 1*, 117-175.

Pallas, A. M., Entwisle, D. R., Alexander, K. L., & Stluka, M. F. (1994). Ability-group effects: Instructional, social, or institutional? *Sociology of Education, 67*(1), 27-46.

Palmer, L. (2003). *Smart start program: Evidence from two schools: Vestibular stimulation improves academic performance.* Lecture at Learning Brain EXPO, Chicago.

Paris, S. G., & Ayres, L. R. (1994). *Becoming reflective students and teacher with portfolio and authentic assessment.* Washington, DC: American Psychological Association.

Paus, T., Zijdenbos, A., Worsley, K., Collins, D. L., Blumenthal, J., Geidd, J. N., Rapoport, J. L., & Evans, A. C. (1999). Structural maturation of neural pathways in children and adolescents: In vivo study. *Science, 283,* 1908-1911.

Pelham, W. E., Gnagy, E. M., Greiner, A. R., Hoza, B., Hinshaw, S. P., Swanson, J. M., Simpson, S., Shapiro, C., Bukstien, O., & Baron-Myak, C. (2000). Behavioral vs. behavioral and pharmacological treatment in ADHD children attending a summer treatment program. *Journal of Abnormal Children Psychology, 28,* 507-526.

Pereira, A. C., Huddleston, D. E., Brickman, A. M., Sosunov, A. A., Hen, R., McKhann, G. M., Sloan, R., Gage, F. H., Brown, T. R., & Small, S. A. (2007). An in vivo correlate of exercise-induced neurogenesis in the adult dentate gyrus. *Proceedings of the National Academy of Sciences of the United States of America, 104,* 5638-5643.

Peretz, I., & Zatorre, R. J. (2005). Brain organization for music processing. *Annual Review of Psychology, 56,* 89-114.

Perkins, D., & Salomon, G. (1988). Teaching for transfer. *Educational Leadership, 46,* 22-32.

Perry, B. (1997). Incubated in terror: Neurodevelopmental factors in the cycle of violence. In J. Osofsky (Ed.), *Children in a violent society* (pp. 124-149). New York: Guilford Press.

Pert, C. (1997). *Molecules of emotion.* New York: Scribner.

Phye, G. D. (2001). Problem-solving instruction and problem-solving transfer: The correspondence issue. *Journal of Educational Psychology, 93,* 571-578.

Phye, G. D. (2005). Transfer and problem solving: A psychological integration of models, metaphors, and methods. In J. Royer (Ed.), *The cognitive revolution in educational psychology* (pp. 249-292). Greenwich, CT: Information Age Publishing.

Piaget, J. (1962). *Play, dreams, and imitation in childhood.* New York: Norton.

Pink, D. H. (2005). *A whole new mind: Moving from the informational age to the conceptual age.* New York: Riverhead Books.

Pinker, S. (1994). *The language instinct: How the mind creates language.* New York: William Morrow & Co.

Plutchik, R. (2002). *Emotions and life: Perspectives from psychology, biology, and evolution.* Washington, DC: American Psychological Association.

Poe, M. D., Burchinal, M. R., & Roberts, J. E. (2004). Early language and the development of children's reading skills. *Journal of School Psychology, 42,* 315-332.

Polan, H., & Hofer, M. (1999). Psychobiological origins of infant attachment and separation response. In J. Cassidy & P. Shaver (Eds.), *Handbook of attachment theory and research* (pp. 162-180). New York: Guilford Publishing.

Politano, C., & Paquin, J. (2000). *Brain-based learning with class*. Winnipeg: Portage & Main Press.

Pollitt, E., & Gorman, K. (1994). Nutritional deficiencies as developmental risk factors. In C. A. Nelson (Ed.), *Threats to optimal development: The Minnesota symposia on child psychology* (Vol. 27, pp. 121-147). Hilsdale, NJ: Erlbaum Associates.

Pollitt, E., Gorman, K., Engle, P. Rivera, J., & Martorelli, R. (1995). Nutrition in early life and the fulfillment of intellectual potential. *Journal of Nutrition, 125*, S1111-S1118.

Pollitt, E., Watkins, W., & Husaini, M. (1997). Three-month nutritional supplementation in Indonesian infants and toddlers benefits memory function eight years later. *American Journal of Clinical Nutrition, 66*(6), 1357-1363.

Popham, W. J. (2006). *Assessment for educational leaders*. Boston: Pearson Education.

Posner, M. I., & Badgaiyan, R. (1997). Time course of cortical activations in implicit and explicit recall. *Journal of Neuroscience, 17*, 4904-4913.

Posner, M. I., & Rothbart, M. K. (2007). *Educating the human brain*. Washington, DC: American Psychological Association.

Prensky, M. (2006). *Don't bother me Mom? I'm learning*. St. Paul, MN: Paragon House.

Pressley, M., Levin, J., & Delaney, H. D. (1982). The mnemonic keyword method. *Review of Educational Research, 52*, 61-92.

Promislow, S. (2005). *Making the brain body connection: A play guide to releasing mental, physical and emotional blocks to success* (Revised ed.). Vancouver, BC: Enhanced Learning & Integration Inc.

Proverbio, A. M., Brignone, V., Matarazzo, S., Del Zotto, M., & Zani, A. (2006). Gender differences in hemispheric asymmetry for face processing. *BMC Neuroscience, 7*(1), 44.

Ramachandran, V. S., & Blakeslee, S. (1998). *Phantoms in the brain*. New York: William Morrow.

Ramakrishna, T. (1999). Vitamins and brain development. *Physiology Research, 48*(3), 175-187.

Ramey, S. L., & Ramey, C. T. (2000). Early childhood experiences and developmental competence. In J. Waldfogel & S. Danziger (Eds.), *Securing the future: Investing in children from birth to college* (pp. 122-150). New York: Russel Sage Foundation.

Raz, A. (2004). Brain imaging data of ADHD. *Psychiatric Times, 21*. Available online at www.psychiatrictimes.com/p040842.html.

Reeve, J. (2008). *Understanding motivation and emotion* (5th ed.). New York: John Wiley & Sons.

Reid, R., Trout, A. L., & Schartz, M. (2005). Self-regulation interventions for children with attention deficit hyperactivity disorder. *Exceptional Children, 71*, 361-377.

Reilly, P. R. (2004). *Is it in your genes? The influence of genes on common disorders and diseases the affect you and your family*. New York: Cold Spring Harbor Laboratory Press.

Renvall, H., & Hari, R. (2002). Auditory cortical responses to speech-like stimuli in dyslexic adults. *Journal of Cognitive Neuroscience, 14*(5), 757-768.

Renzulli, J. (1978). What makes giftedness? Reexamining a definition. *Phi Beta Kappan, 60*, 180-184.

Restak, R. M. (2000). *Mysteries of the mind*. Washington, DC: National Geographic Society.

Restak, R. M. (2001). *The secret life of the brain*. Washington, DC: Dana Press.

Ringo, J. L., Doty, R. W., Demeter, S., & Simard, P. Y. (1994). Time is of the essence: A conjecture that hemispheric specialization arises from interhemispheric conduction delays. *Journal of the Cerebral Cortex, 4*, 331-343.

Roberts, P., & Kellough, D. (2006). *A guide for developing interdisciplinary thematic units* (4th ed.). Englewood Cliffs, NJ: Prentice Hall.

Robinson, A., & Clinkenbeard, P. R. (1998). Giftedness: An exceptionality examines. *Annual Review of Psychology, 49*, 117-139.

Rockstroh, S., & Scuweizer, K. (2001). The contributions of memory and attention processes to cognitive abilities. *Journal of General Psychology, 128*, 30-42.

Ronis, D. L. (2007). *Brain-compatible assessment* (2nd ed.). Thousand, Oaks: Corwin Press.

Roth, G., Assor, A., Niemiec, C. P., Ryan, R. M., & Deci, E. L. (2009). The emotional and academic consequences of parental conditional regard: Comparing conditional positive regard, conditional negative regard, and autonomy support as parenting practices. *Developmental Psychology, 45*, 1119-1142.

Rotzer, S., Kucian, K., Martin, E., Aster, M. V., Klaver, P., & Loenneker, T. (2007). Optimized voxel-based morphometry children with developmental dyscalculia. *Neuroimage, 3*(2), 97-103.

Rumsey, J. M., Horwitz, B., Donnohue, B. C., Nace, K. L., Maisog, J. M., & Andreason, P. (1999). A functional lesion in developmental dyslexia: Left angular gyral blood flow predicts severity. *Brain and Language, 70*, 187-204.

Ryan, M. R., & Deci, E. L. (2000). When rewards compete with nature: The undermining of intrinsic motivation and self-regulation. In C. Sansone & J. M. Harackiewicz (Eds.), *Intrinsic and extrinsic motivation* (pp. 14-54). New York: Academic Press.

Sadoski, M., & Paivio, A. (2001). *Imagery and text: A dual coding theory of reading and writing*. Mahwah, NJ: Erlbaum Associates.

Salovey, P., & Mayer, J. D. (1990). Emotional intelligence. *Imagination, Cognition, and Personality, 9*(3),

185-211.

Samaco, R. C., Hogart, A., & LaSalle, J. M. (2005). Epigenetic overlap in autism spectrum neurodevelopmental disorders: MECP2 deficiency caused expression of UBE3A and GABRB3. *Human Molecular Genetics, 14*(4), 483-492.

Santi, K., & Vaughn, S. (2007). Progress monitoring: An integral part of instruction. *Reading and Writing, 20*, 535-537.

Sapolsky, R. (1990). Stress in the wild. *Scientific American, 262*, 116-123.

Sapolsky, R. (1992). *Stress, the aging brain, and the mechanisms of neuron death.* Cambridge, MA: MIT Press.

Sarasin, L. C. (2006). *Learning style perspectives: Impact in the classroom* (2nd ed.). Madison, WI: Atwood Publishing.

Sawyer, J. E. (2006). *Explaining creativity: The science of human innovation.* Oxford: Oxford University Press.

Scaddan, M. A. (2009). *40 engaging brain-based tools for the classroom.* Thousand Oaks, CA: Corwin Press.

Schacter, D. (2001). *The seven sins of memory.* Boston, MA: Houghton-Mifflin.

Schiff, N. D., Giacino, J. T., Kalmar, K., Victor, J. D., Baker, K., Gerber, M., Fritz, B., Eisenberg, B., Biondi, T., O'Connor, J., Kobylarz, E. J., Farris, S., Machado, A., McCagg, C., Plum, F., Fins, J. J., & Rezai, A. R. (2007). Behavioral improvements with thalamic stimulation after severe traumatic brain injury. *Nature, 448*, 600-603.

Schiffer, F., Teicher, M. H., Anderson, C., Tomoda, A., Polcari, A., Navalta, C. P., & Andersen, S. L. (2007). Determination of hemispheric emotional valence in individual subjects: A new approach with research and therapeutic implications. *Behavioral and Brain Functions, 3*(1), 13.

Schlaepfer, T. E., Harris, G. J., Tien, A. Y., Peng, L., Lee, S., & Pearlson, G. D. (1995). Structural differences in the cerebral cortex of healthy female and male subjects: A magnetic resonance imaging study. *Psychiatry Research, 61*, 129-135.

Scholey, A. B., Moss, M. C., Neave, N., & Wesnes, K. (1999). Cognitive performance, hyper-oxia, and heart rate following oxygen administration in healthy young adults. *Physiological Behavior, 67*, 783-789.

Schore, A. N. (2000). Attachment and the regulation of the right brain. *Attachment and Human Development, 2*(1), 23-47.

Schunk, D. H., Meece, J. R., & Pintrich, P. R. (2013). *Motivation in education: Theory, research, and application* (4th ed.). Upper Saddle River, NJ: Prentice Hall.

Scott, M. M., & Deneris, E. S. (2005). Making and breaking serotonin neuros and autism. *International*

Journal of Developmental Neuroscience, 23, 277-285.

Seligman, M. E. P. (1975). *Helplessness.* San Francisco: W. H. Freeman.

Seligman, M. E. P. (2007). *The optimistic child: A proven program to safeguard children against depression and build lifelong resilience.* New York: Houghton Mifflin.

Seminowicz, D. A., Mayberg, H. S., McIntosh, A. R., Goldapple, K., Kennedy, S., Segal, Z., & Rafi- Tarib, S. (2004). Limbic-frontal circuity in major depression: A path modeling metaanalysis. *NeuroImage, 22,* 409-418.

Semrud, M., & Hynd, G. W. (1990). Right hemispheric dysfunction in nonverbal learning disabilities: Social, academic, and adaptive functioning in adults and children. *Psychological Bulletin, 107,* 196-209.

Serlier-van den Bergh, A. (2006). *NLD primary materials: Basic theory, approach, and hands-on strategies.* Paper presented at the Symposium of Nonverbal Learning Disorders Association. California.

Shalev, R. S., Auerbach, J., Manor, O., & Gross-Tsur, V. (2000). Developmental dyscalculia: Prevalence and prognosis. *Psychiatry, 9*(2), 58-64.

Shannon, B. J., & Buckner, R. L. (2004). Functional-anatomic correlates of memory retrieval that suggest nontraditional processing roles for multiple distinct regions within posterior parietal cortex. *Journal of Neuroscience, 24,* 10084-10092.

Shaywitz, B. A., Shaywitz, S. E., & Gore, J. (1995). Sex differences in the functional organization of the brain for language. *Nature, 373,* 607-609.

Shaywitz, S. E. (2003). *Overcoming dyslexia: A new and complete science-based program for reading problems at any level.* New York: Knopf.

Shepard, L. A. (2000). The role of assesment in a learning culture. *Educational Researcher, 29*(7), 4-14.

Shepard, L. A. (2005). Liking formative assessing to scaffolding. *Educational Leadership, 63*(3), 66-71.

Shimamura, A. P. (2000). Toward a cognitive neuroscience of metacognition. *Consciousness and Cognition, 9,* 313-323.

Shores, T. J. (2001). Neurogenesis in th adult is involved in the formation of trace memories. *Nature, 410,* 372-376.

Siegel, D. (1999). *The developing mind.* New York: Guilford Press.

Siegler, R. S. (1991). Strategy choice and strategy discovery. *Learning and Instruction, 1,* 89-102.

Siegler, R. S., & Ramani, G. B. (2008). Palying lienear numerical board games promotes low-income children's numerical development. *Developmental Science, 11*(5), 655-661.

Simos, P. G., Breier, J. I., Fletcher, J. M., Foorman, B. R., Bergman, E., Fishbeck, K., & Papanicolaou, A. C. (2000). Cerebral mechanisms involved in word reading in dyslexic children: A magnetic source imaging approach. *Cerebral Cortex, 10,* 809-816.

Simpson, J. Jr., Snyder, A., Gusnard, D., & Raichle, M. (2001). Emotion-induced changes in human medial prefrontal cortex: I. During cognitive task performance. *Proceedings of the National Academy of Sciences, 98*(2), 683-687.

Simpson, R. L. (2001). ABA and students with autism spectrum disorders: Issues and considerations for effective practice. *Focus on Autism and Other Developmental Disabilities, 16*, 1157-1162.

Sims, R. R., & Sims, S. J. (Eds.) (1995). *The importance of learning styles: Understanding the implications for learning, course design, and education.* Westport, CT: Greenwood Press.

Singer, T., Critchley, H. D., & Preuschoff, K. (2004). Empathy for pain involves the affective but not sensory components of pain. *Science, 303*, 1157-1162.

Smith, E. E., & Jonides, J. (1999). Storage and executive processes in the frontal lobes. *Science, 283*, 1657-1661.

Smith, J. K., Smith, L. F., & De Lisi, R. (2001). *Natural classroom assessment: Designing seamless instruction & assessment.* Thousand, Oaks, CA: Corwin Press.

Smith, K. S., & Geller, C. (2004). Essential principles of effective mathematics instruction: Methods to research all students. *Preventing School Failure, 48*, 22-29.

Smith, S. M., Glenberg, A. M., & Bjork, R. A. (1978). Environmental context and human memory. *Memory & Cognition, 6*, 342-353.

Sousa, D. A. (1997). *How the brain learns: New insights into the teaching/learning process* [Audiotape]. Reston, VA: National Association of Secondary School Principals.

Sousa, D. A. (2006). *How the brain learns.* Thousand Oaks, CA: Corwin Press.

Sousa, D. A. (Ed.). (2010). *Mind, brain, & education: Neuroscience implications for the classroom.* Bloomington, IN: Solution Tree Press.

Sousa, D. A. (2011a). *Educational neuroscience.* Thousand Oaks, CA: Corwin Press.

Sousa, D. A. (2011b). *How the brain learns* (4th ed.). Thousand Oaks, CA: Corwin Press.

Sowell, E. R., Thompson, P. M., Holmes, C. J., Jernigan, T. L., & Toga, A. W. (1999). In-vivo evidence for post-adolescent brain maturation in frontal and striatal regions. *Nature: Neuroscience, 2*, 859-861.

Sowell, E. R., Thompson, P. M., Welcome, S. E., Henkenius, A. L., Toga, A. W., & Peterson, B. S. (2003). Cortical abnormalities in children and adolescents with attention-deficit hyperactivity disorder. *The Lancet, 362*, 1699-1707.

Sowell, E. R., Trauner, D. A., Gamst, A., & Jernigan, T. L. (2002). Development of cortical and subcortical brain structures in childhood and adolescence: A structural MRI study. *Developmental Medicine and Child Neurology, 44*(1), 4-16.

Spence, S. J. (2004). The genetics of autism. *Seminars on Pediatric Neurology, 11*, 196-204.

Sprenger, M. (1999). *Learning and memory, the brain in action.* Alexandria, VA: Association for Supervision and Curriculum Development.

Sprenger, M. (2002). *Becoming a "wiz" at brain-based teaching.* Thousand Oaks, CA: Corwin Press.

Sprenger, M.(2008). *Differentiation through learning styles and memory* (2nd ed.). Thousand Oaks, CA: Corwin Press.

Springer, S. P., & Deutsch, G. (1998). *Left brain/righr brain* (5th ed.). New York: W. H. Freeman.

Squire, L. R. (2004). Memory systems of the brain: A brief history and current perspective. *Neurobiology of Learning and Memory, 82*(3), 171-177.

Squire, L. R., & Kandel, E. R. (1999). *Memory: From mind to molecules.* New York: W. H. Freeman.

Steinberg, L. (2005). Cognitive and affective development in adolescence. *Trends in Cognitive Science, 9*(2), 69-74.

Sternberg, R. J. (1985). *Beyond IQ: A triarchic theory of human intelligence.* New York: Cambridge University Press.

Sternberg, R. J. (1990). *Metaphors of mind: Conceptions of the nature of intelligence.* New York: Cambridge University Press.

Sternberg, R. J., Ferrari, M., Clinkenbeard, P. R., & Grigorenko, E. L. (2000). The effectiveness of triarchic teaching and assessment. *National Research Center on the Giftedness and Talented Newsletter,* 3-8.

Sterzer, P., Stadler, C., Krebs, A., Kleinschmidt, A., & Poustka, F. (2005). Abnormal neural responses to emotional visual stimuli in adolescents with conduct disorder. *Biological Psychiatry, 57,* 7-15.

Stevens, J., & Goldberg, D. (2001). *For the learners' sake: Brain-based instruction for the 21st century.* Tucson, Arizona: Zephyr Press.

Stevenson, L. M., & Deasy, R. J. (2005). *Third space: When learning matters.* Washington, DC: Arts Education Partnership.

Stiggins, R. (2005). *Student-centered classroom assessment* (4th ed.). Upper Saddle River, NJ: Merrill Prentice Hall.

Stiggins, R. (2007). Assessment through the student's eyes. *Educational Leadership, 64*(8), 22-26.

Stipek, D. J. (2002). *Motivation to learn: Integrating theory to practice* (4th ed.). Boston: Allyn & Bacon.

Strasburger, V. C., & Donnerstein, E. (2000). Children, adolescents, and the media in the 21st century. *Adolescent Medicine, 11*(1), 51-68.

Suzuki M., Hagino H., Nohara S., Zhou S. Y., Kawasaki Y., Takahashi T., Kawasaki, Y., Nohara, S., Yamashita, I., Seto, H., Taketoshi, O., & Masayoshi, K. (2005). Male-specific volume expansion of the human hippocampus during adolescence. *Cerebral Cortex, 15,* 187-193.

Swanson, J. M., Castellanos, F. X., Murias, M., LaHoste, G., & Kennedy, J. (1998). Cognitive neuroscience of attention deficit hyperactivity disorder and hyperkinetic disorder. *Current Opinion in Neurobiology*, *8*, 263-271.

Sylwester, R. (1994). How emotions affect learning. *Educational Leadership*, *52*(2), 60-65.

Sylwester, R. (1995). *A celebration of neurons: An educator's guide to the human brain*. Alexandria, VA: Association for Supervision and Curriculum Development.

Tanaka, S. (2002). Dopamine controls fundamental cognitive operations of multi-target spatial working memory. *Neural Networks*, *15*(4-6), 573-582.

Tansey, M. A., Tansey, J. A., & Tachiki, K. H. (1994). Electroen-cephalographic cartography of conscious states. *International Journal of Neuroscience*, *77*(1-2), 89-98.

Temple, E., Deutsch, G. K., Poldrack, R. A., Miller, S. L., Tallal, P., & Merzenich, M. M. (2003). Neural deficits in children with dyslexia ameliorated by behavioral remediation: Evidence from functional MRI. *Proceedings of the National Academy of Science of the United States of America*, *100*(5), 2860-2865.

Teplitz, J, V. (2001). *Switched-on living: Easy ways to use the mind-body connection to energize your life*. Virginia Beach, VA: Happiness Unlimited Publications.

Thompson, G. (2008). Beneath the apathy. *Educational Leadership*, *65*(6), 50-54.

Thompson, P. M.., Cannon, T. D., Narr, K. L., Van Erp, T., Poutanen, V. P., Huttunen, M., Lönnqvist, J., Standertskjold-Nordenstam, C. G., Kaprio, J., Khaledy, M., Dail, R., Zoumalan, C. I., & Toga, A. W. (2001). Genetic influences on brain structure. *Nature Neuroscience*, *4*, 1253-1258.

Thompson, P. M., Giedd, J. N., Woods, R. P., MacDonald, D., Evans, A. C., & Toga, A. W. (2000). Growth patterns in the developing brain detected by using continuum mechanical tensor maps. *Nature*, *404*(6774), 190-193.

Tiecher, M. H., Anderson, C. M., Polcari, A., Glod, C. A., Maas, L. C., & Renshaw, P. F. (2000). Functional deficits in basal ganglia of children with attention deficit hyperactivity disorder shown with functional magnetic resonance imaging relaxonmetry. *Nature Medicine*, *6*, 470-473.

Tileston, D. W. (2004). *What every teacher should know about media and technology*. Thousand Oaks, CA: Corwin.

Tileston, D. W. (2006). *Strategies for active learning*. Thousand Oaks, CA: Corwin Press.

Tileston, D. W. (2007). *Teaching strategies for active learning: Five essentials for your teaching pan*. Thousand Oaks, CA: Corwin Press.

Tileston, D. W. (2011). *10 Best teaching practices: How brain research and learning styles define teaching competencies* (3rd ed.). Thousand Oaks, CA: Corwin Press.

Tileston, D. W., & Darling, S. K. (2008). *Teaching strategies that prepare students for high-stakes tests*. Thousand Oaks, CA: Corwin Press.

Tombari, M. L., & Borich, G. D. (1999). *Authentic assessment in the classroom: Applications and practice.* Upper Saddle River, NJ: Merrill.

Tomlinson, C. A. (1995). *How to differentiate instruction in mixed-ability classrooms.* VA: Association for Supervision and Curriculum Development.

Tomlinson, C. A., & Kalbfleisch, M. L. (1998). Teach me, teach my brain: A call for differentiated classrooms. *Educational Leadership, 56,* 52-55.

Tomporowski, P. D. (2003). Effects of acute bouts of exercise on cognition. *Acta Psychologica, 112,* 297-324.

Tonge, B. J. (1990). The impact of television on children and clinical practice. *Australian and New Zealand Journal of Psychiatry, 24*(4), 552-560.

Treffert, D. A. (2000a). *Extraordinary people: Understanding savant syndrome.* NE: iUniverse Press.

Treffert, D. A. (2000b). The savant syndrome in autism. In P. Accardo, C. Magnusen, & A. Capute (Eds.), *Autism: Clinical and research issues.* Baltimore: York Press.

Tremblay, L., & Schultz, W. (2000). Reward-related neuronal activity during go-nogo task performance in primate orbitofrontal cortex. *Journal of Neurophysiology, 83,* 1864-1876.

Tremblay, R. E., Japel, C., Pérusse, D., McDuff, P., Boivin, M., Zoccolillo, M., Montplaisir, J. (2002). The search for the age of onset of physical aggression: Rousseau and Bandura revisited. In J. T. Cacioppo, G. G. Bernston, R. Adolphs, S. C. Carter, R. J. Davidson, M. K. McClintock, B. S. McEwen, M. J. Meaney, D. L. Schacter, E. M. Sternberg, S. S. Suomi, & S. E. Taylor (Eds.), *Foundations in social neuroscience* (pp. 965-978). Cambridge, MA: MIT Press.

Uchino, B., Cacioppo, J., & Kiecolt-Glaser, J. (1996). The relationship between social support and physiological process: A review with emphasis on underlying mechanisms and implications for health. *Psychological Bulletin, 119,* 488-531.

van Dyke, D. C., & Fox, A. A. (1990). Fetal drug exposure and its possible implications for learning in the pre-school and school-age population. *Journal of Learning Disabilities, 23*(3), 160-163.

van Geert, P., & Steenbeek, H. (2008). Brains and the dynamics of "wants" and "cans" in learning. *Mind, Brain, and Education, 2*(2), 62-66.

van Praag, H., Christie, B. R., Sejnowski, T. J., & Gage, F. H. (1999). Running enhances neurogenesis learning and long-term potentiation in mice. *Proceedings of the National Academy of Science of the United States of America, 96,* 13427-13431.

Verner, K. (2001). Making connections in the classroom: Brain-based learning. *Basic Education, 45*(8), 3-7.

Wachelka, D., & Katz, R. C. (1999). Reducing test anxiety and improving academic self-esteem in high school and college students with learning disabilities. *Journal of Behavior Therapy and Experimental Psychiatry, 30,* 191-198.

Wakeley, A., Rivera, S., & Langer, J. (2000). Can young infants add and subtract? *Child Development, 71*(6), 1525-1534.

Walters, J., & Gardner, H. (1986). *The crystallizing experience: Discovery of an intellectual gift.* (ERIC Document Reproduction Service No. ED 254 544)

Ward, C., & Daley, J. (1993). *Learning to learn: Strategies for accelerating learning and boosting performance.* Christchurch: Published by Authors.

Webb, N. M., & Palincsar, A. S. (1996). Group processes in the classroom. In D. C. Berliner & R. C. Calfee (Eds.), *Handbook of educational psychology* (pp. 841-873). New York: Simon & Schuster Macmillan.

Weber, E. (1998). Marks of brain-based assessment: A practical checklist. *National Association of Secondary School Principals, 82,* 63-72.

Weisman, D. H., & Banich, M. T. (2000). The cerebral hemispheres cooperate to perform complex but not simple tasks. *Neuropsychology, 14,* 41-59.

Werner, E. E., & Smith, R. S. (1992). *Overcoming the odds: High-risk children from birth to adulthood.* Ithaca, NY: Cornell University Press.

Wessler, S. (2004). It's hard to learn when you're scared. *Educational Leadership, 61*(1), 40-43.

Wesseling, J. F., & Lo, D. C. (2002). Limit on the role of activity in controlling the release-ready supply of synaptic vesicles. *Journal of Neuroscience, 22*(22), 9708-9720.

West, C. K., Farmer, J. A., & Wolff, P. M. (1991). *Instructional design: Implications from cognitive science.* Englewood Cliffs, NJ: Prentice-Hall.

Whalen, J., McCloskey, M., Lesser, R. P., & Gordon, B. (1997). Localizing arithmetic processes in the brain: Evidence from a transient deficit during cortical stimulation. *Journal of Cognitive Neuroscience, 9*(3), 409-417.

Wigfield, A., & Eccles, J. S. (2002). The development of competence beliefs and values from childhood through adolescence. In A. Wigfield & J. S. Eccles (Eds.), *Development of achievement motivation* (pp. 92-120). San Diego: Academic Press.

Wiggins, G. P. (1998). *Educative assessment: Designing assessment to inform and improve student performance.* San Francisco, CA: Jossey-Bass.

Williams, C., & Zacks, R. (2001). Is retrieval-induced forgetting an inhibitory process of? *American Journal of Psychology, 114,* 329-354.

Willis, J. (2010). The current impact of neuroscience on teaching and learning. In D. A. Sousa (Ed.), *Mind, brain, & education* (pp. 45-66). Bloomington, IN: Solution Tree Press.

Wilson, A. J., Dehaene, S., Dubois, O., & Fayol, M. (2009). Effects of an adaptive game intervention on accessing number sense in low-socioeconomic-status kindergarten children. *Mind, Brain and*

Education, 3(4), 224-234.

Wilson, A. J., Revkin, S. K., Cohen, D., Cohen, L., & Dehaene, S. (2006). An open trial assessment of "The Number Race," an adaptive computer game for remediation of dyscalculia. *Behavior and Brain Function, 2*(1), 20.

Wilson, H. (1993). Theories of infant visual development. In K. Simons (Ed.), *Early visual development: Normal and abnormal* (pp. 560-572). New York: Oxford University Press.

Wilson, R. J. (1996). *Assessing students in classrooms and schools.* Scarborough, ON: Allyn & Bacon.

Wiltgen, B. J., Brown, R. A., Talton, L. E., & Silva, A. J. (2004). New circuits for old memories: The role of the neocortex in consolidation. *Neuron, 44*(1), 101-108.

Witelson, S. F., Kigar, D. L., & Harvey, T. (1999). The exceptional brain of Albert Einstein. *The Lancet, 353*, 2149-2153.

Winner, E., & Hetland, L. (2007). Art for our sake school arts classes matter more than ever-but not for the reasons you think. *Arts Education Policy Review, 109*(5), 29-32.

Wolf, M., & Bowers, P. G. (2000). The question of naming-speed deficits in developmental reading disabilities: An introduction to the Double-Deficit Hypothesis. *Journal of Learning Disabilities, 33*, 322-324.

Wolf, M., & Katzir-Cohen, T. (2001). Reading fluency and its intervention. *Scientific Studies of Reading* (Special Issue on Fluency. Edits: E. Kame'enui and D. Simmons), *5*, 211-238.

Wolf, M., Miller, L., & Donnelly, K. (2000). Retrieval, Automaticity, Vocabulary, Elaboration, Orthography (RAVE-O): A comprehensive fluency-based reading intervention program. *Journal of Learning Disabilities, 33*(4), 375-386.

Wolfe, P. (1996). *Translating brain research into educational practice.* [Live Satellite Broadcasts, #297154]. Alexandria, VA: Association for Supervision and Curriculum Development.

Wolfson, A., & Carskadon, M. (1998). Sleep schedules and daytime functioning in adolescents. *Child Development, 69*, 875-887.

Woolfolk, A. E. (2012). *Educational psychology* (12th ed.). Boston: Allyn & Bacon.

Worthen, B. R. (1993). Critical issues thar will determine the future of alternative assessment. *Phi Delta Kappan, 74*(6), 450-454.

Wynn, K. (1992). Addition and subtraction in human infants. *Nature, 358*, 749-750.

Wynn, K. (1998). Psychological foundations of number: Numerical competence in human infants. *Trends in Cognitive Science, 2*, 296-303.

Zull, J. E. (2002). *The art of changing the brain: Enriching the practice of teaching by exploring the biology of learning.* Sterling, VA: Stylus Publishing.

찾아보기

인명

내용

저자 소개

◉ 정종진(Jeong, Jong-jin)

대구교육대학교 교육학과 교수이자 심리상담전문가, 학습상담전문가, 수련감독교류분석상담사로 일하고 있다. 공주대학교 사범대학 교육학과를 졸업하고 충남대학교 대학원에서 교육학 석사, 건국대학교 대학원에서 교육학 박사 학위를 취득하였다. 이후 뉴질랜드 크라이스트처치교육대학 연구교수, 호주 퀸즐랜드대학교 교육학부 객원교수, 한국교육학회 편집위원 및 학술상 심사위원, 한국초등상담교육학회 회장, 한국교육심리학회 부회장 및 편집위원장, 한국초등교육학회 부회장, 한국발달장애학회 부회장 및 편집위원장, 한국두뇌마음교육학회 창립위원, 경상북도교육청과 대구광역시교육청 자문위원 등을 역임하였다. 현재 한국인간발달학회 이사와 뇌교육학회 자문위원을 비롯하여 여러 학회에서 임원을 맡아 활동하고 있다. 교육심리학과 상담을 공부하면서 '인간의 발달과 학습은 어떻게 이루어지는가?' '즐겁고 효율적으로 공부하려면 어떻게 해야 하는가?' '긍정의 마음과 행복감을 가지도록 어떻게 도울 것인가?'라는 고민을 하다가 만난 것이 바로 '뇌과학'이다. 이후 '뇌'라는 미지의 영역을 공부하는 재미에 푹 빠져 뇌과학과 심리학 및 교육의 올바른 연결고리를 찾는 데에 관심을 쏟고 있다. 주요 저서 및 역서로는 2014년 한국연구재단 우수 저서로 선정된 『행복수업: 플로리시한 삶을 위한 긍정심리 키우기』를 비롯하여 『내 아이의 두뇌가 춤춘다』 『뇌기반 교수-학습전략』 『학습코칭』 『다중지능과 교수-학습』 등 다수가 있다.

뇌기반 학습의 원리와 실제
Principles and Practice of Brain-Based Learning

2015년 11월 10일 1판 1쇄 발행
2020년 4월 20일 1판 2쇄 발행

지은이 • 정 종 진
펴낸이 • 김 진 환
펴낸곳 • (주) 학지사
04031 서울특별시 마포구 양화로 15길 20 마인드월드빌딩 5층
대표전화 • 02) 330-5114 팩스 • 02) 324-2345
등록번호 • 제313-2006-000265호
홈페이지 • http://www.hakjisa.co.kr
페이스북 • https://www.facebook.com/hakjisabook

ISBN 978-89-997-0826-8 93370

정가 **20,000**원

이 도서의 국립중앙도서관 출판시도서목록(CIP)은 서지정보유통지원시스템 홈페이지 (http://seoji.nl.go.kr)와 국가자료공동목록시스템(http://www.nl.kr/kolisnet)에서 이용하실 수 있습니다.
(CIP 제어번호: CIP2015027470)